Veröffentlichungen aus dem Deutschen Bergbau-Museum Bochum

Band 240

Martin Baumert

Autarkiepolitik in der Braunkohlenindustrie

Ein diachroner Systemvergleich anhand des Braunkohlenindustriekomplexes Böhlen-Espenhain, 1933 bis 1965

DE GRUYTER
OLDENBOURG

Veröffentlichungen aus dem Deutschen Bergbau-Museum Bochum, Nr. 240
= Schriften des Montanhistorischen Dokumentationszentrums, Nr. 40

Aus Gründen der besseren Lesbarkeit wird bei Personenbezeichnungen stets das generische Maskulinum verwendet. Soweit aus dem Kontext nichts Anderes hervorgeht, sind jedoch immer alle Geschlechter gemeint.

Redaktion: Torsten Meyer, Stefan Przigoda

ISBN 978-3-11-073478-2
e-ISBN (PDF) 978-3-11-072996-2
e-ISBN (EPUB) 978-3-11-073002-9
ISSN 1616-9212

Library of Congress Control Number: 2021940493

Bibliografische Information der Deutschen Nationalbibliothek
Die Deutsche Nationalbibliothek verzeichnet diese Publikation in der Deutschen Nationalbibliografie; detaillierte bibliografische Daten sind im Internet über http://dnb.dnb.de abrufbar.

Druck und Bindung: CPI books GmbH, Leck

www.degruyter.com

Inhalt

Danksagung

Die vorliegende Arbeit wurde im Wintersemester 2019/20 unter dem Titel „Kontinuität im Wandel – ein diachroner Systemvergleich anhand des Braunkohlenindustriekomplexes Böhlen-Espenhain 1933 bis 1965" von der Fakultät für Geschichte, Kunst- und Orientwissenschaften der Universität Leipzig als Dissertation angenommen.

Ohne die Unterstützung, Vermittlung, Betreuung sowie die stets kritischen Hinweise meines Doktorvaters Prof. Dr. Detlev Brunner (Leipzig) wäre diese Studie wahrscheinlich niemals fertiggestellt worden, weshalb ihm hier an erster Stelle Dank gebührt. Ebenso gilt dies für Prof. Dr. Dirk van Laak (Leipzig), der die Arbeit als Zweitgutachter betreute, die Möglichkeit bot, sie in seinem Kolloquium zu diskutieren sowie bei der Finanzierung durch eine Stelle als Wissenschaftlicher Mitarbeiter am Lehrstuhl für Geschichte des 19. bis 21. Jahrhunderts half. Dem Hannah-Arendt-Institut für Totalitarismusforschung e.V., besonders dessen Leiter Prof. Dr. Thomas Lindenberger, danke ich für die Finanzierung durch ein Abschlussstipendium.

Für die Aufnahme in die Reihe „Veröffentlichungen aus dem Deutschen Bergbau-Museum Bochum" (VDBM) danke ich dem Team des Montanhistorischen Dokumentationszentrums am Deutschen Bergbau-Museum Bochum (DBM), besonders dessen Leiter Dr. Michael Farrenkopf sowie Dr. Stefan Przigoda und Dr. Torsten Meyer, herzlich.

Des Weiteren bedanke ich mich für die vielen Korrekturen und Anmerkungen bei Chris Buchholz, Jule Ehms, Freya Leinemann, Torsten Meyer, Aline Pohl, Stefan Przigoda und Max Schulz. Ebenso gilt den Teilnehmerinnen und Teilnehmern der Kolloquien und Symposien in Dresden, Gelsenkirchen, Leipzig und Steyr Dank für die Diskussion meiner Ideen. Auch die Archive und ihre Mitarbeiterinnen und Mitarbeiter seien an dieser Stelle bedacht, zuvorderst das Sächsische Staatsarchiv Leipzig und hier ganz besonders Marion Fechner und Judith Ganz, die mir stets behilflich waren und mich auf zusätzliche Bestände hinwiesen. Auch meinem Betreuer beim Bundesbeauftragten für die Unterlagen des Staatssicherheitsdienstes der ehemaligen Deutschen Demokratischen Republik (BStU), Martin Albrecht, sowie Gabriele Kämpfner und Thomas Bergner vom Museum der Stadt Borna sowie dem Personal des Bundesarchivs Berlin-Lichterfelde und dem Sächsischen Hauptstaatsarchiv Dresden gebührt mein aufrichtiger Dank.

Viele weitere Personen waren durch Rat und Tat sowie durch die Bereitstellung von Materialien beteiligt: Für seine Förderung und sein Verständnis danke ich Dr. Ulrich Heß, der mir besonders am Anfang über einige Hürden hinweghalf;

https://doi.org/10.1515/9783110729962-001

Dr. Wolfgang Sperling, der mir nicht nur seine eigenen Erkenntnisse überließ und für Nachfragen stets erreichbar war, sondern sich auch die Mühe machte, das Manuskript durchzusehen; Gerhard Stärk für die Überlassung seiner Familienchronik; den Zeitzeugen Jürgen Frisch, Hans-Jürgen Herbach, Rudi Lehmann und Thomas Schmidt, die mich an ihren umfangreichen Lebenserinnerungen und eigenen Recherchen teilhaben ließen. Abschließend gilt ein Dank meinen Eltern, die mich in schwierigen Zeiten stets unterstützten sowie meinem Freundeskreis und vor allem meiner Wohngemeinschaft, die auch an „dunklen Tagen" immer für mich da waren.

Gewidmet sei dieses Buch Peter Krümmel, ohne den ich niemals begonnen hätte, mich für das Thema Braunkohlenbergbau zu begeistern und der mir stets mit Ratschlägen, kritischen Hinweisen und seinem Erfahrungsschatz zur Seite stand.

Einleitung

Mit der Abschaltung des letzten Espenhainer Schwelofens im August 1990 endete in Deutschland das Zeitalter der Karbochemie. Und so hat auch der Braunkohlenbergbau einen Großteil seiner einstigen Bedeutung verloren. Zwar wird die Kohle auch zu Beginn des 21. Jahrhunderts noch als Brennstoff für Kraftwerke genutzt, die Zeit als unverzichtbarer Rohstoff der chemischen Industrie und als heimischer „Ersatzstoff" scheint jedoch vorbei. Mit dem Jahr 2038 steht mittlerweile ein Ende für den Braunkohlenbergbau allgemein und somit auch für Böhlen-Lippendorf fest. Wer allerdings die Landschaft rund um den Ballungsraum Halle-Leipzig erkundet, der stellt schnell die Dominanz der ehemaligen Tagebaue fest. Besonders südlich von Leipzig fällt dies auch dem ungeübten Auge auf. Wo seit der Sanierung jedes Jahr zehntausende Menschen ihre Freizeit am Cospudener, Markkleeberger, Störmthaler und Zwenkauer See verbringen, befanden sich bis Mitte der 1990er-Jahre auf über 78 Quadratkilometern Fläche die Tagebaue Espenhain und Böhlen/Zwenkau/Cospuden.[1]

Das Ende der Deutschen Demokratischen Republik (DDR) bedeutete auch das Aus der Karbochemie. Der Name Espenhain stand symbolhaft für Umweltverschmutzung, Dreck, Gesundheitsgefährdung und eine verfehlte staatliche Wirtschaftspolitik. Die Braunkohle war hierbei Ausgangsprodukt zur autarken Versorgung der Wirtschaft und der Bevölkerung mit Strom und Rohstoffen. Ob Bitterfeld-Wolfen, Leuna-Merseburg-Schkopau oder eben Böhlen-Espenhain – diese Namen symbolisieren die Verwüstung der Landschaft, der Natur, aber auch des menschlichen Lebensraums durch den Kohleabbau. Gleichzeitig hörte jeder in Schule, Ausbildung und Studium, dass die DDR auf die Braunkohle angewiesen ist.

Dabei begann das 20. Jahrhundert als eine Erfolgsgeschichte für die Braunkohle; der Rohstoff war maßgeblich für den Aufstieg des mitteldeutschen Ballungsgebietes um Leipzig und Halle zu einem der Wirtschaftszentren Deutschlands verantwortlich. Ohne die Entwicklung der Ammoniaksynthese und der Braunkohlenhydrierung hätte der Bergbau in der Region wahrscheinlich niemals

1 Vgl. Lausitzer und Mitteldeutsche Bergbau-Verwaltungsgesellschaft mbH (LMBV) (Hrsg.): Böhlen/Zwenkau/Cospuden, Senftenberg [2009] 2010 (= Wandlungen und Perspektiven/Mitteldeutsches Braunkohlenrevier, Nr. 04), S. 6, 10, und 14; dies. (Hrsg.): Espenhain, Senftenberg [2009] 2010 (= Wandlungen und Perspektiven/Mitteldeutsches Braunkohlenrevier, Nr. 02), S. 4 und 12. Die Gesamtfläche betrug bis zur Einstellung der Kohlenförderung des Tagebaus Zwenkau 1999 7876,5 Hektar, aus denen 1189,6 Mio. Tonnen Braunkohle gefördert wurden. Mindestens 13 820 Personen aus 27 Siedlungen (davon 14 komplett devastiert) mussten der Kohlenförderung weichen.

https://doi.org/10.1515/9783110729962-002

seine landschaftswandelnde Bedeutung erfahren. Aber auch in sozialer Hinsicht brachte der Braunkohlenabbau einschneidende Veränderungen mit sich. Der ökonomische Aufschwung der chemischen Industrie bedeutete – vor allem in der Weimarer Republik – Arbeit und, besonders für akademisches sowie technisches Personal, die Möglichkeit zum sozialen Aufstieg. Das galt auch für das Braunkohlenwerk Böhlen, das seit den frühen 1920er-Jahren gute Verdienstmöglichkeiten für die Landbevölkerung der Umgebung der Großstadt Leipzig bot.

Die „Machtübertragung" an die Nationalsozialisten veränderte die Bedingungen für die mitteldeutsche Chemieindustrie einschneidend. Im Kontext der nationalsozialistischen Autarkiepolitik zum Zweck der Kriegsvorbereitungen gewannen Substitutionstechnologien, wie die Herstellung von synthetischen Treibstoffen, an Bedeutung. Davon zeugen sowohl die Gründung der Braunkohle-Benzin AG (Brabag) als auch die Investitionen der Interessengemeinschaft Farbenindustrie AG (IG Farben) an ihren Standorten in Bitterfeld, Leuna, Schkopau und Wolfen. Auch der Industriekomplex Böhlen-Espenhain erlebte in dieser Zeit einen Aufschwung durch den Ausbau zu einem der wichtigsten karbochemischen Produktionsanlagen des „Dritten Reichs". Ziel war es, die militärische Aufrüstung zu ermöglichen und gleichzeitig die Wirtschaft im angestrebten Krieg unabhängig von Rohstoffimporten zu machen. Dabei betraten die beteiligten Unternehmen sowohl technisches als auch organisatorisches Neuland. Die Aktiengesellschaft Sächsische Werke (ASW), u.a. Betreiberin der Braunkohlenwerke im Untersuchungsraum, war das erste Unternehmen in Deutschland, das nach 1933 neue Schwelanlagen zur chemischen Verarbeitung der Kohle errichtete. Darüber hinaus verfügte sie über die leistungsfähigsten Braunkohlentagebaue im gesamten Deutschen Reich. Die Brabag errichtete ihr erstes Werk in Böhlen, das organisatorisch und technisch als Vorbild für ihre weiteren Anlagen fungierte. Nach den Kriegszerstörungen und dem Ende der nationalsozialistischen Herrschaft 1945 blieb Böhlen-Espenhain ein zentraler Standort der Braunkohlen- und Chemiewirtschaft, erst in der Sowjetischen Besatzungszone (SBZ) und später in der DDR. Im Rahmen der zunehmenden Entkopplung von den Weltmärkten und dem Wegfall der bisherigen Rohstoffbasis durch die Teilung Deutschlands nahm im staatssozialistischen System seine Bedeutung weiter zu, wandelte sich allerdings spätestens ab 1960. Die veraltete Technik machte nicht nur die Produktion zunehmend unrentabel, sondern führte auch zu gravierenden ökologischen Beeinträchtigungen, die wiederum die Gewinnung neuer Arbeitskräfte immer schwieriger gestalteten. Sie fehlten daher für den Regelbetrieb, was sich wiederum auf den schlechten Zustand der Anlagen auswirkte. Ein Kreislauf, aus dem die DDR bis zu ihrem Ende keinen Ausweg fand.

Die wissenschaftliche Erforschung sowohl des Nationalsozialismus als auch der SBZ und der DDR weisen bis heute noch Lücken auf. Besonders die wirtschaftlichen und produktionstechnischen bzw. technologischen Zusammenhänge in diesen drei politischen Systemen wurden bisher nur unzureichend untersucht. So lag der Forschungsschwerpunkt lange Zeit auf dem Umbau der Herrschaft, ohne die Kontinuität von Akteuren und Strukturen als Voraussetzung ausreichend zu würdigen. Dies ist umso erstaunlicher, da SBZ und DDR unmittelbare Nachfolgegesellschaften des Nationalsozialismus und seines mörderischen Rasse- und Vernichtungskrieges waren.[2] Gerade in Bezug auf die Wirtschafts- und Sozialpolitik in dieser Umbruchphase bestehen bis heute noch Forschungsdesiderate, die den Wandel und die Kontinuitäten in den Blick nehmen. Besonders Staatsunternehmen, die in autarken Ökonomien von zentraler Rolle sind, wurden bisher unzureichend betrachtet. Diese Untersuchung setzt sich daher zum Ziel, anhand des Industriekomplexes Böhlen-Espenhain – eines systemrelevanten Energie- und Ressourcenproduktionszentrums – der Frage nach Kontinuität und Transformation in staatsnahen Wirtschaftsstrukturen nachzugehen. Wie konnte ein vergleichsweiser kleiner Industriekomplex mit nur ein paar tausend Arbeitskräften für die Wirtschaft dreier unterschiedlicher Regime für mehr als 30 Jahre systemrelevant sein? Wie konnte die Arbeit von gerade einmal einem Promille der Bevölkerung der DDR eine dermaßen große Rolle für die Stabilität des Regimes spielen? Wie schafften es drei verschiedene Wirtschaftssysteme mit jeweils unterschiedlichen ökonomischen Zielstellungen, die notwendigen Funktionseliten einer High-Tech-Industrie an den ländlichen Untersuchungsraum zu binden? Wie entwickelte sich die Organisation der Werke in den drei Unterschungsphasen? Hatte sie Einfluss auf die Stabilität der Produktion, oder spiegelte sie vielmehr den ideologischen Anspruch der jeweiligen Machthaber wider?

Verbindendes Element dieser drei Regime war das Streben nach wirtschaftlicher Autarkie. Ziel der Untersuchung ist es daher, die Bedeutung der Autarkiepolitik, ihre Folgen, aber auch Unterschiede und Veränderungen anhand eines Untersuchungsraumes aufzuzeigen. Diese Forschungsarbeit leistet einen Beitrag sowohl für die Diskussionen um die stoffliche Verwertung von Kohle als auch für jene der historischen Transformationswissenschaft. Die verbindenden Linien aber auch die wesentlichen Unterschiede zwischen den drei verschiedenen Systemen werden mittels der Veränderung in Ausrichtung und Organisation des Industriekomplexes deutlich. Die hier gewählte Betrachtung des Wandels öffentlicher Unternehmen ist eher erkenntnisfördernd als ein Vergleich des Übergangs

---

2 Vgl. Kahane, Anetta: Von der ideologischen Schuldabwehr zur völkischen Propaganda, in: Heitzer, Enrico u. a. (Hrsg.): Nach Auschwitz: Schwieriges Erbe DDR. Plädoyer für einen Paradigmenwechsel in der DDR-Zeitgeschichtsforschung, Frankfurt (Main) 2018 (= Wochenschau Wissenschaft), S. 264–275, hier S. 264.

der Privatökonomie in die Planwirtschaft, da die direkte Einflussnahme durch politische Akteure und Institutionen sich besser untersuchen lässt.

Im Fokus der Untersuchung stehen die unterschiedlichen Interessenlagen und die Möglichkeiten der Durchsetzung einer autarken Industriepolitik. Den Konflikten zwischen der übergeordneten Unternehmensleitung – die sich außerhalb des Industriekomplexes Böhlen-Espenhain befanden – auf der einen Seite und der regionalen Betriebsorganisation mit ihren Handlungsspielräumen auf der anderen Seite fällt besondere Bedeutung zu. Sowohl auf der Unternehmensseite als auch in innerbetrieblicher Perspektive gilt der Organisation des Industriekomplexes und ihren Veränderungen besonderes Augenmerk. Gab es dabei ein „Primat der Politik“ oder dominierte ein „Primat der Produktion“? Zu fragen ist auch, ob die innerbetrieblichen Funktionseliten zwischen 1933 und 1965 ihre Handlungsspielräume behielten, erweiterten bzw. verloren.

Die Autarkiepolitik muss sich, wie jede andere Wirtschaftspolitik, an ihrem Erfolg bzw. Misserfolg messen lassen. Alle drei Systeme scheiterten mit ihren wirtschaftspolitischen Konzeptionen. Die Nationalsozialisten u. a. daran, dass es nicht gelang, durch Krieg, Eroberung und Versklavung ein deutsches Erdölimperium zu errichten,[3] die SBZ/DDR an den hohen Kosten der Karbochemie und den gravierenden Folgen für die Umwelt. Allerdings lohnt ein detaillierter Blick auf die Auswirkungen dieser Politiken im Raum Böhlen-Espenhain. So gelang es den Regimen immer wieder, zuverlässige Stammbelegschaften aufzubauen und zu halten, die trotz aller Schwierigkeiten durch Krieg, Mangel und komplizierte Produktionsbedingungen dafür sorgten, dass die Betriebe funktionierten. Sie selbst fühlten sich in jeder Phase als Elite und erfuhren eine entsprechende Privilegierung.

Woher kam dieses Selbstverständnis der Arbeitskräfte, das sich durch die gesamte Existenz des Industriekomplexes zog und sogar den Umbruch vom Nationalsozialismus hin zum „real existierenden Sozialismus“ überstand? Woher kam diese Kontinuität, trotz der zahlreichen gesellschaftlichen, politischen und betrieblichen Transformationen im 20. Jahrhundert?

Für die – aus heutiger historischer sowie ökonomischer Sicht irrwitzigen und irrationalen – Pläne zum Aufbau einer karbochemischen Industrie gelang es, eine Vielzahl von Managern, Technikern und Ingenieuren zu begeistern und zur Mitarbeit in der damals neuen High-Tech-Industrie zu bewegen. Ohne die technischen und kaufmännischen Eliten hätte der Industriekomplex weder ent- noch

3 Vgl. Eichholtz, Dietrich: Krieg um Öl. Ein Erdölimperium als deutsches Kriegsziel (1939 – 1943), in: ders. (Hrsg.): Deutsche Ölpolitik im Zeitalter der Weltkriege. Studien und Dokumente, Leipzig 2010, S. 366 – 479.

bestehen können. In allen drei Phasen bemühten sich daher die Betriebe, sie an sich zu binden; teilweise in direkter Kontinuität. Hierbei stellt sich mit Blick auf die unterschiedlichen Ideologien die Frage, wieso es zu keinem Bruch bei diesen wichtigen Funktionseliten kam. Gleichzeitig kann ein Wandel in ihren Einstellungen konstatiert werden, der nicht weniger interessant für diese Untersuchung ist. Besonders die Anpassung bzw. Unterordnung unter die Prämissen der jeweils gültigen politische Ideologie ist hierfür beispielhaft.

Der Braunkohlenindustriekomplex Böhlen-Espenhain bietet sich aus verschiedenen Gründen für den diachronen Vergleich zwischen Nationalsozialismus, SBZ und DDR an. Erstens stand er seit seiner Entstehung in den 1920er-Jahren unter staatlicher Kontrolle, die sich in ihrer Ausprägung veränderte. Dadurch wird nicht der Wandel von der Markt- zur Planwirtschaft, sondern die Transformation eines Staats- bzw. Parteiunternehmens in unterschiedlichen Systemen betrachtet.[4] Zweitens war er aufgrund seines ökonomischen Profils bis Mitte der 1960er-Jahre stets im Fokus der wirtschaftspolitischen Konzeptionen des Staats- bzw. Machtapparates. So schloss an die NS-Herrschaft die sowjetische Kontrolle in Form Sowjetischer Aktiengesellschaften (SAG) bis 1952/54 an, bevor eine Übergabe an die DDR und die Umwandlung in Volkseigene Betriebe (VEB) erfolgte. Drittens war er systemrelevant und somit zeigten Eingriffe der jeweiligen Wirtschaftslenkungsorgane ökonomische Dringlichkeiten. Sowohl der Ausbau unter den Schwierigkeiten der Kriegswirtschaft als auch seine Bedeutung für die DDR, die sich genötigt sah, die technisch veralteten Anlagen bis zu ihrem Ende 1990 weiter zu betreiben, belegen diese These.

Methodik und Fragestellung

Methodik

Aufgrund der thematischen Ausrichtung der Arbeit und der Einordnung in die bisherige Forschung zum Nationalsozialismus und zur DDR ist die Berücksichtigung verschiedener Methoden unumgänglich. Dabei ist ihre Anwendung durch die Aktenüberlieferung zum Industriekomplex eingeschränkt.

4 In der Forschung zur Brabag hat sich der Terminus „Parteiunternehmen" durchgesetzt, da es sich zwar um ein Unternehmen handelte, das auf Finanzmitteln der privaten Wirtschaft aufbaute, aber gleichzeitig seit seiner Gründung als „Pflichtgemeinschaft der Braunkohlenindustrie" einen staatsmonopolistischen Auftrag erfüllte. Dominiert wurde das Unternehmen dabei von Vertretern der nationalsozialistischen Wirtschaftselite, sodass nicht von einem privatwirtschaftlichen Konzern gesprochen werden kann.

Die Berücksichtigung der bisherigen Forschungen zum Diktaturenvergleich bietet methodische Ansätze. Günther Heydemann und Detlev Schmiechen-Ackermann haben auf prinzipielle Gegebenheiten für den Vergleich zwischen „Dritten Reich“ und DDR hingewiesen: Zunächst einmal wohnt der komparativen Untersuchung immer ein Erkenntnisgewinn inne, wobei man sich bei der Gegenüberstellung verschiedener politischer Systeme stets einer kritischen Betrachtung vergewissern muss.[5] Die Totalitarismustheorie ist hierfür nicht geeignet, da sie klassifizierend ist. Gleichzeitig schließt sie jedoch die Gegenüberstellung von Systemen nicht aus, weshalb einzelne Gedanken Berücksichtigung finden, begründet doch gerade die direkte Abfolge zweier unterschiedlicher Diktaturen die komparative Untersuchung.[6] Eckard Jesse, der sich ebenfalls umfangreich mit diesen Themen auseinandergesetzt hat, widerspricht dieser Auffassung, wenn er hervorhebt, dass der Vergleich auf die „demokratische Qualität“ eines Systems abzielt.[7] Er verengt hierbei den Vergleich auf die Frage des Politischen. Für die vorliegende Arbeit und vor allem in Bezug auf die Betrachtung eines speziellen Bereichs der Wirtschaft ist diese Definition irreführend, da keinerlei Aussagen über das Staatswesen und die Gesellschaft per se getroffen werden können, sondern sich diesen nur indirekt angenähert wird. Daher sollen an dieser Stelle die Systeme vor allem auf Parallelen untersucht werden, ohne eine Wertung ihrer demokratischen Eigenschaften vorzunehmen:

> „Ziel eines umfassenden Diktaturenvergleichs zwischen dem Nationalsozialismus und dem Realsozialismus in den Jahren 1933 bis 1989 muss es daher zunächst sein, Unterschiede, Ähnlichkeiten und etwaige Gemeinsamkeiten zwischen der NS- und der SED-Diktatur strukturell zu erfassen und vergleichend zu analysieren, um die jeweiligen Spezifika der einen wie der anderen Diktatur herauszuarbeiten. Dabei impliziert der zwischen ihnen vorgenommene Vergleich keine Gleichsetzung.“[8]

Die sektorale Betrachtung der Wirtschaft anhand eines ausgewählten und für diesen Wirtschaftszweig repräsentativen Industriekomplexes ist – neben den Handlungsspielräumen der Funktionseliten – ein weiteres Untersuchungsfeld.

---

5 Vgl. Vgl. Heydemann, Günther/Schmiechen-Ackermann, Detlef: Zur Theorie und Methodologie vergleichender Diktaturforschung, in: Heydemann, Günther/Oberreuther, Heinrich (Hrsg.): Diktaturen in Deutschland – Vergleichsaspekte. Strukturen, Institutionen und Verhaltensweisen, Bonn 2003 (= Bundeszentrale für politische Bildung: Schriftenreihe, Bd. 398), S. 9–54, hier S. 10.

6 Vgl. ebd., S. 11 ff.

7 Vgl. Jesse, Eckhard: Diktaturen in Deutschland. Diagnosen und Analysen, Baden-Baden 2008, S. 334.

8 Heydemann, Günther/Schmiechen-Ackermann, Detlef: Diktaturforschung (s. Anmerkung 5), S. 14.

Oliver Werner hat sich im Rahmen seiner Dissertation eingehend des Vergleichs eines Betriebes unter den beiden deutschen Diktaturen des 20. Jahrhunderts angenommen und ein Modell für den idealtypischen Unternehmensvergleich konzipiert. Er vergleicht hierbei eine im eingeschränkten Wettbewerb stehende Privatfirma im Kapitalismus mit einem Staatsunternehmen im Sozialismus. Da die in dieser Studie betrachteten Unternehmen von Anfang an monopolistische Staats- bzw. Parteiunternehmen waren, wird seine Vorarbeit entsprechend angepasst (vgl. Tab. 1). Beispielsweise ist die Budgetbeschränkung eines Staatsunternehmens im Gegensatz zur privatwirtschaftlichen Organisation weich, es gibt also nur wenige, die Ausgaben begrenzende Faktoren. Außerdem verschoben sich die Ziele des Unternehmens von der vordergründigen Gewinnsteigerung zur ausschließlichen Erfüllung der staatlichen Anforderungen. Insgesamt vergleicht Werners Modell die Interessen der Unternehmen, den Ein- und Austritt in den Markt, die systembedingte Budgetbeschränkung, die Preisfestsetzung sowie deren Auswirkungen und die Nachfrage nach den erzeugten Produkten, wie der Tabelle zu entnehmen ist.

Hauptmerkmal	**Staatseigenes monopolistisches Unternehmen im Kapitalismus mit beschränkter Einbindung in den Wettbewerb**	**Staatseigenes Unternehmen im Sozialismus**
Interesse	Steigerung des Gewinns und Erfüllung der staatlichen Anordnungen	Hauptsächlich Anerkennung durch vorgesetzte Organe; Hauptkriterium: Erfüllung von Anordnungen
Eintritt und Austritt	Eingeschränkt marktbestimmt; Markt wird durch Staat definiert; Bürokratie entscheidet weitgehend über Ein- und Austritte	Bürokratie entscheidet über alle Ein- und Austritte; keine Marktbestimmung
Budgetbeschränkung	Weich, da Staat für Budget einsteht (allerdings weiterhin betriebswirtschaftliche Kontrolle)	Weich; keine explizite betriebswirtschaftliche Kontrolle
Preisempfindlichkeit	Mittel, da Einfluss auf Zuteilung knapper Ressourcen und Preisbildung, gleichzeitig aber weiterhin in Marktwirtschaft	Schwach
Preisfestsetzung	Der Staat bzw. andere staatsnahe Unternehmen setzen den Verkaufspreis, aber Unternehmen haben Einfluss; Preis ist höher als Marginalkosten (außer unter extremen Bedingungen der Kriegswirtschaft)	Die Preisbehörde setzt Verkaufspreis; Verhältnis zwischen Preis und Marginalkosten willkürlich

Fortsetzung

Hauptmerkmal	Staatseigenes monopolistisches Unternehmen im Kapitalismus mit beschränkter Einbindung in den Wettbewerb	Staatseigenes Unternehmen im Sozialismus
Information und Nachfrage	Firma sicher, was die Nachfrage angeht, allerdings in Teilbereichen unsichere Nachfrage	Firma sicher, was die Nachfrage angeht; kaum eigene Information über Nachfrage

Tab. 1: Idealtypischer Systemvergleich – kurzfristiges Verhalten staatseigener Unternehmen in gelenkter Wirtschaft und Planökonomie[9]

Ein sektoraler Vergleich untersucht ausgewählte Strukturen und Bereiche der Vergleichsobjekte, in diesem Fall der Ökonomie. Speziell erfolgt für diese Untersuchung die Beschränkung auf den Bereich der Braunkohlenwirtschaft. Durch die Konzentration auf den Industriekomplex Böhlen-Espenhain wird das Forschungsfeld sogar noch weiter verengt. Die sektorale Gegenüberstellung muss hierfür dennoch die Wechselwirkung zwischen Regime und Industriekomplex berücksichtigen.[10] Während die jeweiligen Machthaber die Ziele definieren und den unternehmerischen Rahmen determinieren, werden auf Ebene des Untersuchungsraums die Aufgaben ausgeführt, wobei sich Handlungsspielräume in den nicht geregelten Bereichen ergeben. Die Vergleichskriterien leiten sich hierbei aus der vorhandenen Quellenbasis ab. Anschließend erfolgt eine Konzentration auf die Frage der personellen Kontinuität der lokalen wirtschaftlichen Führungsschicht in den drei Regimen sowie der strukturellen Kontinuität durch Mechanismen des Betriebsaufbaus. Dazu sind Betrachtungen der jeweiligen Wirtschaftslenkungsmechanismen, der lokalen Funktionseliten, deren Beziehungen zu den übergeordneten Organisationen sowie der ökonomischen Effizienz unerlässlich. Die Untersuchung der Wirtschaftslenkungsmechanismen ermöglicht eine Verortung der Handlungsspielräume der lokalen Funktionseliten, die wiederum durch die Aufgabenverteilung zwischen ihnen und der Unternehmensleitung

9 Vgl. Werner, Oliver: Ein Betrieb in zwei Diktaturen. Von der Bleichert Transportanlagen GmbH zum VEB VTA Leipzig 1932 bis 1963, Stuttgart 2004 (= Beiträge zur Wirtschafts- und Sozialgeschichte, Nr. 101), S. 34. Tab. 1 stellt eine Anpassung der Tabelle Werners dar.

10 Vgl. Heydemann, Günther: Integraler und sektoraler Vergleich. Zur Methodologie der empirischen Diktaturforschung, in: Heydemann, Günther/Jesse, Eckhard (Hrsg.): Diktaturvergleich als Herausforderung. Theorie und Praxis, Berlin 1998 (= Schriftenreihe der Gesellschaft für Deutschlandforschung, Bd. 65), S. 227–233, hier S. 232f.

definiert sind. Der Blick auf Kriterien der Effizienz ermöglicht eine Bewertung der betrieblichen Organisation unter volkswirtschaftlichen Gesichtspunkten.

Ein diachroner Vergleich bietet Vorteile für die komparative Forschung. Dieses hat mehrere Gründe: Erstens ermöglicht er eine adäquate zeitliche Einteilung, um ein Ungleichgewicht in den zu vergleichenden Zeiträumen zu vermeiden. Zweitens bietet er die Möglichkeit der Klassifizierung der jeweiligen Abschnitte nach politischen oder wirtschaftlichen Spezifikationen. Drittens ermöglicht er die komparative Betrachtung der einzelnen Phasen. Hierin liegt der Vorteil, auch die einzelnen Perioden gegenüberzustellen. Die beiden Phasen nach 1945 unterscheiden sich wesentlich und müssen deshalb separat betrachtet werden, um einen Erkenntnisgewinn für die Veränderung der ökonomischen Systeme zu erhalten. SAGs stellten de facto kapitalistische Aktiengesellschaften in einer entstehenden Planwirtschaft dar.[11] Es war nicht primäre Absicht der sowjetischen Besatzungsmacht, diese Betriebe wirtschaftlich-ideologisch umzugestalten, sondern möglichst hohe ökonomische Gewinne zu erzielen.[12] Die genaue Einteilung der Phasen ist im folgenden Unterpunkt definiert.

Die Auswahl des Untersuchungsobjektes erfolgt unter methodischen Gesichtspunkten. Eine Gegenüberstellung von Staatsunternehmen in einem vordergründig kapitalistischen System und volkseigenen Kombinaten einer Planwirtschaft ist als intrastruktureller Vergleich zu werten. Daraus ergeben sich zwangsläufig andere Ergebnisse als bei interstrukturellen Studien, wie beispielsweise jene von Werner. Eine intrastrukturelle Betrachtung liefert im Hinblick auf den Diktaturenvergleich wertvolle Erkenntnisse und ist in dieser Art bisher noch nicht durchgeführt worden, was der Einschätzung von Günther Heydemann entspricht.[13]

---

11 Vgl. Bähr, Johannes/Karlsch, Rainer: Die Sowjetischen Aktiengesellschaften (SAG) in der SBZ/DDR. Bildung, Struktur und Probleme ihrer inneren Entwicklung, in: Lauschke, Karl/Welskopp, Thomas (Hrsg.): Mikropolitik im Unternehmen. Arbeitsbeziehungen und Machtstrukturen in industriellen Großbetrieben des 20. Jahrhunderts, Essen 1994 (= Bochumer Schriften zur Unternehmens- und Industriegeschichte; Bd. 3), S. 214–255, hier S. 219. Zu diesem Zeitpunkt war eine „Sowjetisierung" der Wirtschaft in der SBZ weder absehbar noch geplant, weshalb die Struktur einer Aktiengesellschaft vorteilhaft war. Darüber hinaus betonte A. J. Mikojan, der als Gründer der SAGs gilt, dass das wichtigste die bestehende Zahlungsfähigkeit und der gewonnene Profit daraus sei. Damit widerspricht er grundsätzlichen Mechanismen der Planwirtschaft, die eher für eine weiche Budgetierung steht.

12 Vgl. Werner, Oliver: Betrieb (s. Anmerkung 9), S. 62.

13 Vgl. Heydemann, Günter: Vergleich (s. Anmerkung 10), S. 229. Heydemann bezieht sich in seinen Äußerungen zwar auf den integralen und gleichzeitigen Vergleich, das Beispiel lässt sich aber auch auf den sektoralen ungleichzeitigen Vergleich erweitern. Darüber hinaus meint er, dass bisher zu selten die intrastrukturelle Komparistik durchgeführt wurde.

Die Funktionseliten als zentrale Akteure im Betrieb sind für diese Studie von besonderem Interesse. Ihr Handeln, ihre Abhängigkeiten und ihre Selbstständigkeit bestimmten die Arbeit im Industriekomplex maßgeblich. Marcel Boldorf hat für die Analyse von betrieblichen Führungskräften im Nationalsozialismus, der SBZ und der DDR den Begriff Governance in die vergleichende Erforschung der Wirtschaft eingebracht. [14] Governance meint dabei das selbstständige Handeln der Führungskräfte in der Leitung der Betriebe. Dieses Management ist dabei weder von der Person (Wie leitete sie den Betrieb? Wie beeinflusste ihre Persönlichkeit die betriebliche Entscheidungsfindung?) noch vom politischen System (Wie beeinflusste der ordnungspolitische Rahmen ihre Entscheidungen? Welche Entscheidungsfreiheiten hatten sie? Welche Verantwortlichkeiten gegenüber dem Betrieb als auch der zentralen Wirtschaftsleitung bestanden?) losgelöst. Dieser Analysebegriff ist gerade in dem von zentraler Leitung geprägten drei politischen Systemen relevant. Er dient dazu, die Verantwortlichkeiten, die Möglichkeiten und Freiheiten des Einzelnen in der Betriebsführung der Systeme zu beschreiben. Auf diesen Begriff wird besonders in den Unterkapiteln zu den Funktionseliten zurückgegriffen. Abschließend sei an dieser Stelle kurz auf die Begriffe Führungskraft und Funktionselite eingegangen. Der fundamentale Unterschied dieser beiden Akteursgruppen besteht darin, dass Führungskräfte umfassende Personalverantwortung und betriebliche Steuerungsfunktionen haben, während Funktionseliten zwar Einfluss auf die inhaltliche Ausrichtung des Unternehmens besitzen, aber nicht zwingend personalverantwortlich sind. Im Folgenden werden zudem Funktionseliten in drei, den Untersuchungsraum beeinflussende Gruppen unterteilt, die politische, die wirtschaftliche und die technische Funktionselite.

Zur Operationalisierung des Vergleichs wurde die Längsschnittstudie gewählt. Hierbei werden die gleichen Parameter für die einzelnen Phasen aus den Dokumenten eruiert und miteinander verglichen. Der Fokus des Erkenntnisgewinns liegt auf den Wandlungsprozessen im Industriekomplex, die in zweifacher Hinsicht analysiert werden: Zum einen werden die individuellen und gesamtgesellschaftlichen, zum anderen die wirtschaftlichen Entwicklungen, jeweils im gesamten Untersuchungszeitraum, betrachtet. Dadurch lässt sich die Transformation, die als phasenübergreifend zu charakterisieren ist, nachvollziehen, unabhängig von der sektoralen vergleichenden Betrachtung. Besonders Führungskräfte, die in allen drei Zeiträumen auftauchen, eignen sich für diese Untersuchungsmethode. Es lassen sich dadurch ihre Handlungsspielräume als auch

14 Vgl Boldorf, Marcel: Governance in der Planwirtschaft. Industrielle Führungskräfte in der Stahl- und Textilbranche der SBZ/DDR (1945–1958), Berlin/Boston 2015 (= Jahrbuch für Wirtschaftsgeschichte, Beiheft 18), S. 11 ff.

ihre Integrationsbereitschaft erkennen. Die Analyse folgt im letzten Kapitel „Kontinuitäten und Brüche im Industriekomplex zwischen 1933 und 1965."

Untersuchungsraum, Wirtschaftsbereich und Periodisierung der Phasen

Der Untersuchungsraum ist identisch mit dem Industriekomplex Böhlen-Espenhain, für den bislang keine einheitliche Definition vorliegt, obwohl er bereits mehrfach Gegenstand von Forschungen war.[15] Die Gründe hierfür hängen mit den Forschungsansätzen zusammen, die eine konkrete Definition nicht notwendig machten. Die Veröffentlichungen der ehemaligen Beschäftigten bzw. der Ortsansässigen betonen häufig die unabhängige betriebliche Gliederung in der DDR vor allem in den VEB „Braunkohlenkombinat" (BKK) Espenhain und den VEB Kombinat „Otto Grotewohl" Böhlen.[16] Während des Nationalsozialismus bestand der Komplex aus dem Brabag-Werk Böhlen, dem ASW Braunkohlen- und Großkraftwerk Böhlen und dem ASW Braunkohlen- und Großkraftwerk Espenhain. Diese organisatorische Trennung zwischen den beiden Hauptstandorten zieht

15 Hofmann, Michael: Die Kohlearbeiter von Espenhain. Zur Enttraditionalisierung eines ostdeutschen Arbeitermilieus, in: ders./Vester, Michael/Zierke, Irene (Hrsg.): Soziale Milieus in Ostdeutschland. Gesellschaftliche Strukturen zwischen Zerfall und Neubildung, Köln 1995, S. 91–135; Hofmann, Michael/Rink, Dieter: Die Kohlearbeiter von Espenhain. Eine Studie zur Enttraditionalisierung eines Arbeitermilieus in einer alten Industrieregion, in: Geißler, Rainer (Hrsg.): Sozialer Umbruch in Ostdeutschland, Opladen 1993 (= Schriftenreihe Sozialstrukturanalyse, Bd. 2), S. 163–178; Karlsch, Rainer: Die Aktiengesellschaft Sächsische Werke (ASW) und das Hydrierwerk der Braunkohle-Benzin AG (Brabag) in Böhlen, in: Hermann, Konstantin (Hrsg.): Führerschule, Thingplatz, „Judenhaus". Orte und Gebäude der nationalsozialistischen Diktatur in Sachsen, Dresden 2014, S. 190–193; Kretschmer, Kerstin: Braunkohle und Umwelt. Zur Geschichte des nordwestsächsischen Kohlereviers (1900–1945), Frankfurt (Main) 1998 (= Europäische Hochschulschriften, Reihe 3: Geschichte und ihre Hilfswissenschaften, Bd. 768); Steinbach, Brigitte (Hrsg.): Braunkohle – Energie – Chemie. 80 Jahre Industrieentwicklung am Standort Böhlen-Lippendorf, Espenhain 2004 (= Südraum-Journal, Nr. 15). Obwohl sich die Autorinnen und Autoren der verbindenden Strukturen bewusst sind, vermeiden sie eine stringente Definition eines separaten Untersuchungsraums und beziehen sich entweder allgemein auf das Revier, auf einen einzelnen Standort oder auf ein einzelnes Unternehmen.

16 Vgl. Berkner, Andreas/Nabert, Thomas (Hrsg.): Auf der Straße der Braunkohle, Leipzig 2003, S. 113f.; Hoquél, Wolfgang/Müller, Lienhard: Strasse der Braunkohle. 22 Stationen (Ein Erhaltungskonzept für Industriekultur), Leipzig 1998, S. 35ff.; Kaufmann, Gregor/Nabert, Thomas: Böhlen. Vom Rittergut zur Industriestadt, Leipzig 2002, S. 44ff. und S. 70ff. Selbst, wenn hier einige Autoren den Begriff „Industriekomplex" nutzen, so betrachten sie doch stets nur den jeweiligen Betrieb. Dies hat zum einen fachliche (aus geologischer Sicht macht es wenig Sinn, beide Orte zusammenzuziehen), zum anderen subjektive mentale Gründe (eine Abgrenzung erfolgt hier aus vermeintlich unterschiedlichen Traditionen sowie dem jeweiligen Selbstverständnis der Autoren).

sich in der regionalen Wahrnehmung vom Beginn des Großtagebaus bis zur heutigen Sanierung.

Ein weiterer Grund für die bisher fehlende Wahrnehmung als ein zusammenhängender Industriekomplex ist den administrativen Grenzen geschuldet. Während Böhlen zum Altkreis Leipzig gehörte, war Espenhain Teil der ehemaligen Amtshauptmannschaft Borna. Erst mit der Schaffung des Landkreises Leipziger Land (1994) wurde diese Trennung aufgehoben.

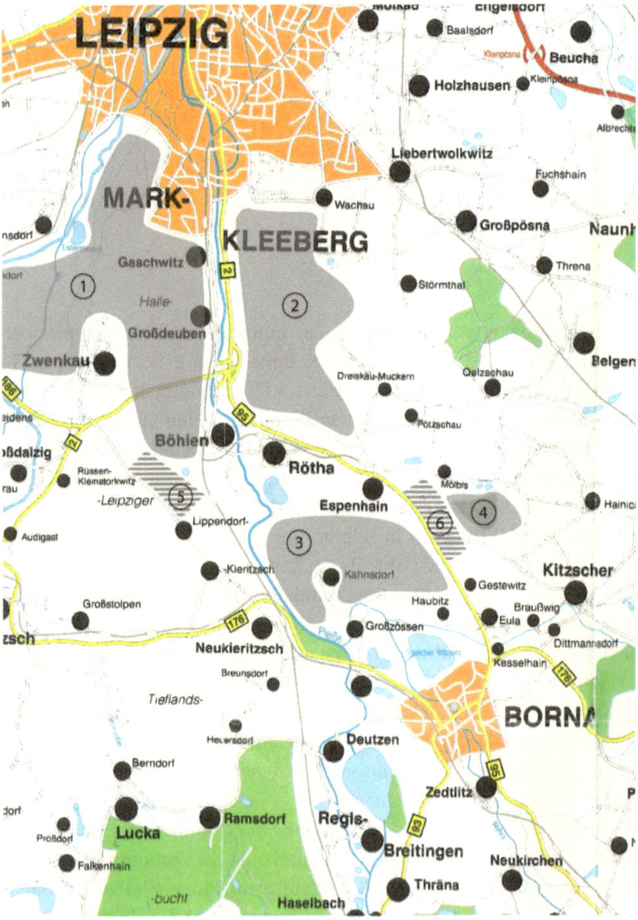

① Tagebau Böhlen / Zwenkau / Cospuden
② Tagebau Espenhain
③ Tagebau Witznitz II
④ Halde Trages
⑤ Werk Böhlen
⑥ Werk Espenhain

Abb. 1: Der Braunkohlenindustriekomplex Böhlen-Espenhain

Die bisherige Betrachtung als separate Industriestandorte übersieht ihre konstitutive, gegenseitige Abhängigkeit. Wirtschaftlich bildeten die einzelnen Bereiche des Industriekomplexes schon immer eine Einheit, die eng verzahnt und aufeinander angewiesen war. Der erste, der explizit auf diese Verschränkung von Braunkohlenbergbau bzw. der braunkohlenbasierten Chemie hinwies war Fritz Hönsch mit seiner Dissertation „Der Industriekomplex Böhlen“ von 1968, auch wenn er nur ungenügend auf die Verbindung der beiden Standorte einging.[17] Für die vorliegende Untersuchung ist gerade die verbindende Perspektive wichtig, da sie die Möglichkeit bietet, die Mechanismen der Wirtschaftslenkung in eng miteinander verbundenen Betrieben und Kombinaten zu analysieren. Außerdem erfolgte die gemeinsame Steuerung der Unternehmen der Braunkohlenindustrie von außerhalb. Daher ist es sinnvoll, auch in Hinblick auf zukünftige Forschungsarbeiten, einen Untersuchungsraum zu definieren.

Zuerst wird der Industriekomplex geteilt nach Industrieanlagen und Siedlungen bestimmt. Daran schließt sich eine wirtschaftlich determinierte Zusammensetzung für die vorliegende Untersuchung an. Abschließend wird noch die Periodisierung der einzelnen Phasen vorgenommen.

Der Industriekomplex umfasste vor 1945 jeweils ein Braunkohlenwerk mit angeschlossenen Großkraftwerken in Böhlen und Espenhain (beide zugehörig zur ASW), ein Benzinhydrierwerk der Brabag in Böhlen, eine Aluminiumhütte der Firma Dr. Walter Schmidt in der Flur Eula südlich von Espenhain (ab 1971 Standort des Kraftwerkes Thierbach), ein Elektroschmelzwerk der Gesellschaft für Elektrometallurgie Dr. Paul Grünfeld in Lippendorf sowie eine Großkelterei des Freiherren Heinrich von Friesen in Rötha. Des Weiteren wurden das Stahl- und Hartgusswerk Bösdorf und das Serumwerk Oelzschau in dieser Untersuchung kontextbezogen berücksichtigt, da sie zum einen an den Industriekomplex grenzten und zum anderen nach 1945 direkte Beziehungen zu den Unternehmen der Braunkohlenindustrie in Böhlen-Espenhain unterhielten. Die beiden Braunkohlenwerke gliederten sich nochmals auf: Böhlen verfügte 1943 über einen Großtagebau im Förderbrückenbetrieb mit einer jährlichen Förderkapazität von knapp 8 Mio. Tonnen Braunkohle, ein Großkraftwerk mit 210 Megawatt Leistung, drei Brikettfabriken, eine Großschwelerei mit 19 Lurgi-Spülgasöfen, ein Gaswerk, eine Rohsäurefabrik zur Phenolgewinnung und eine Entschwefelungsanlage zur Schwefelgewinnung. Die Espenhainer Anlagen waren noch größer dimensioniert. Der Tagebau war mit einer geplanten Leistung von 10 Mio. Tonnen Braunkohle pro

17 Hönsch, Fritz: Der Industriekomplex Böhlen. Eine ökonomisch geographische Untersuchung unter besonderer Berücksichtigung der historisch-geographischen Entwicklung, Leipzig [1968] 2011.

Jahr noch deutlich größer konzipiert. Theoretisch handelte es sich hierbei um das leistungsfähigste Bergwerk im Deutschen Reich, das diese Leistung aber erst nach 1945 erreichen sollte. Das Kraftwerk konnte eine Leistung von 420 Megawatt erreichen. In den beiden Schwelhäusern standen insgesamt 30 Lurgi-Spülgasöfen.

Darüber hinaus bestanden noch zahlreiche kleinere Betriebe, wie das Baugeschäft Süßmann in Espenhain oder die Baufirma Gustav Köster in Mölbis, die wiederum beim Aufbau des Industriekomplexes mitwirkten, ohne dass sie für diese Untersuchung von Bedeutung sind. Subunternehmen oder Scheinfirmen der ASW, wie die Handels- und Kohlenvertriebsgesellschaft (Hako) sowie die Aktiengesellschaft für Kraftstoffindustrie (AKA), finden in dieser Arbeit als selbstständige Organisationen keine Beachtung, sondern werden nur an gegebener Stelle in die Darstellung einbezogen.

Nach 1945 änderte sich die wirtschaftliche Struktur dahingehend, dass bis 1946 die drei großen Betriebe (Brabag Böhlen, ASW Böhlen, ASW Espenhain) jeweils in SAGs umgewandelt wurden. Gleichzeitig ist ein Rückgang anderer gewerblicher Aktivitäten zu beobachten. Entweder wurde ihnen durch den Braunkohlenbergbau ihre wirtschaftliche Grundlage weitestgehend entzogen, wie bei der Röthaer Großkelterei, oder sie wurden in die Kombinate der Braunkohlenindustrie integriert, wie beispielsweise die Baufirmen. An dieser Zentralisierungspolitik änderte sich auch nach der Übergabe der letzten SAG an die DDR nichts. Einzige Ausnahme stellt die Firma Raschig dar, die bis zur Restitution nach der Wiedervereinigung unter dem Namen VEB Plasta Espenhain eigenständig blieb. Die Umstrukturierungen bis zum Ende des Untersuchungszeitraums Mitte der 1960er-Jahre waren nur organisatorische Eingriffe, mit einer stärkeren Fokussierung auf das Profil als Braunkohlenindustriekomplex und ohne Veränderung in der Produktionsstruktur. So wurde beispielsweise die Karbochemie erst in den späten 1960er- bzw. frühen 1970er-Jahren auf Beschluss des Ministerrats der DDR von der Petrochemie getrennt und unter dem Namen VEB Braunkohlenveredelung Espenhain neuformiert. Dies gilt auch für das Kombinat „Otto Grotewohl“, das in diesem Zeitraum Teil des Petrochemischen Kombinats (PCK) Schwedt wurde.

Die Siedlungsstruktur wurde durch die Braunkohlenindustrie maßgeblich beeinflusst. In der Forschung hat sich der Begriff Industriedörfer etabliert, da, anders als beispielsweise im Ruhrgebiet, der Flächenbedarf der Tagebaue das Entstehen eines geschlossenen Siedlungsraumes verhinderte.[18] Neben der Stadt Böhlen und der Gemeinde Espenhain lagen noch weitere Ortschaften im Unter-

18 Vgl. Kabisch, Sigrun/Linke, Sabine: Revitalisierung von Gemeinden in der Bergbaufolgelandschaft, Opladen 2000 (= Forschung Soziologie, Bd. 97), S. 11.

suchungsraum. An erster Stelle müssen die beiden Städte Rötha und Kitzscher erwähnt werden. Besonders letztere ist als Bergarbeitersiedlung für das Werk Espenhain von Bedeutung. Selbiges gilt für Böhlen in Bezug auf die Kleinstadt Zwenkau. Die Landgemeinde Magdeborn mit ihren angegliederten Ortsteilen erfüllte einen ähnlichen Zweck. Daneben gehörten die in unmittelbarer Nähe befindlichen Dörfer Dreiskau-Muckern, Gaulis, Geschwitz, Großdeuben, Kieritzsch, Mölbis, Neukieritzsch, Oelzschau, Lippendorf, Peres, Pötzschau, Priegel, Pulgar, Rüben, Stöhna, Trachenau, Zehmen, Zeschwitz als Wohn- und Siedlungsgebiete der Arbeitskräfte zum Industriekomplex.

Der Landschaftscharakter des Industriekomplexes hat sich seit den 1920er-Jahren maßgeblich verändert. Zum einen fielen zahlreiche Ortschaften wie Magdeborn oder Zeschwitz dem Braunkohlenabbau zum Opfer, zum anderen entstanden durch Eingemeindungen und Gemeindereformen größere Gebietskörperschaften. Heute umfasst das Gebiet des ehemaligen Industriekomplexes Teile der Städte Böhlen, Borna, Kitzscher, Markkleeberg, Rötha und Zwenkau sowie der Gemeinden Großpösna und Neukieritzsch. Insgesamt lässt sich der Untersuchungsraum als das Zentrum des alten Landkreises Leipziger Land verstehen und bildet gleichzeitig das industrielle Zentrum des Leipziger Südraums.

Neben der Definition des Untersuchungsraums ist auch eine der einzelnen Phasen notwendig. Die gesamte Untersuchungszeit wird in drei Zeiträume unterteilt. Diese werden durch die wirtschaftlichen Systemtransformationen determiniert und können sowohl Systemwechsel als auch umfassende Veränderungen der Wirtschaftsstruktur meinen. Ausgangspunkte waren entweder die Neuordnung der Leitungsorgane oder der wirtschaftlichen Voraussetzungen. Gleichzeitig erfolgte nicht zwangsläufig eine personelle Umgestaltung im Industriekomplex. Nach dieser Logik stellt die Neubesetzung des Aufsichtsrates und des Vorstandes der ASW nach der „Gleichschaltung" Sachsens durch die Nationalsozialistische Deutsche Arbeiterpartei (NSDAP) 1933 einen solchen Wandel dar. Hingegen ist die Liquidation von Brabag und ASW 1946/47 nicht als eine Transformation zu betrachten, da sie eine Entwicklung darstellt, die mit der Übernahme der Besatzungsmacht im Industriekomplex durch die Sowjetunion im Sommer 1945 ihren Anfang nahm. Des Weiteren ist es wenig sinnvoll, jede organisatorische Veränderung, die insbesondere für die DDR-Wirtschaftspolitik der 1950er-Jahre kennzeichnend war, mit einer neuen Phase gleichzusetzen. Hierin ist häufig nur eine Umstrukturierung an der Spitze des Wirtschaftssystems zu sehen, meist als Reaktion auf krisenartige Zustände, die wiederum häufig ihre Ursachen in systemimmanenten Problemstellungen hatten. Auch waren Reformprogramme nicht zwangsläufig mit einer Veränderung der Wirtschaftsorganisation im Betriebsgefüge verbunden, sondern dienten meistens dem weiteren Ausbau des Industriekomplexes. Der „Vierjahresplan" ab 1936, der „Flugtreibstoff-Ausbauplan" von

1941 oder das „Chemieprogramm“ von 1958 lassen sich beispielsweise diesen zuordnen.[19] Einen anders gelagerten Fall stellt das „Neue Ökonomische System der Planung und Leitung“ (NÖSPL) dar, das als DDR-Wirtschaftsreform ab 1963 kurzzeitig zu erheblichen Veränderungen in der nationalen Ökonomie führte. Das NÖSPL bildet auf dem Höhepunkt der Reform 1965 den Endpunkt der Betrachtungen. Ab diesem Zeitpunkt verlor der Industriekomplex zunehmend an volkswirtschaftlicher Bedeutung und es setzten Transformationsprozesse ein, die eine vergleichende Untersuchung nur noch begrenzt erlauben. Beispielsweise wurde 1966 mit dem Bau der beiden Großkraftwerke Thierbach und Lippendorf begonnen, die eine Umprofilierung von der Rohstoff- zur Energieerzeugungswirtschaft darstellten. Außerdem begann die technologische Aufspaltung in die Espenhainer Braunkohlenveredelung und die Böhlener Olefin-Herstellung.

Bei der Definition der Phasen würde ein Vergleich der zwölfjährigen NS-Herrschaft mit den 20 Jahren der SBZ und DDR bis 1965 zu einem Ungleichgewicht führen, deshalb ist eine Unterteilung der letztgenannten Zeitspanne notwendig. Aus wirtschaftlicher Sicht bietet sich hierfür die Kontrolle des Industriekomplexes durch sowjetische Stellen zwischen 1945 und Ende 1953 an. Mit einer Dauer von zwölf Jahren für die NS-, neun Jahren für die SAG- und zwölf Jahren für die DDR-Zeit sind die jeweiligen Zeitspannen angemessen.

Die einzelnen Perioden stellen sich wie folgt dar: Die Ära des Nationalsozialismus beginnt in der ASW mit dem Prozess ihrer „Gleichschaltung“ 1933 und ist wirtschaftlich durch die Veränderung in der Firmenleitung und die Gründung der Brabag bestimmt. Geprägt ist diese Zeit durch die Versorgung von Wirtschaft und Militär. Sie endete mit der Besetzung des Untersuchungsraums Mitte April 1945 durch die amerikanischen Streitkräfte. Die zweite Etappe beginnt mit dem kurzen Intermezzo der amerikanischen Besatzungszeit, der Anfang Juli 1945 dann die sowjetische folgte. Bestimmend war zweifellos die Eingliederung der Unternehmen in die Struktur der SAG und somit in die Reparationspolitik der UdSSR 1946. Somit kommt sie auch mit der Übergabe der SAGs an die DDR Mitte 1952 bzw. am 01. Januar 1954 zum Ende. Die letzte Phase stellt die frühe Zeit der DDR dar. Sie ist vor allem vom Streben nach Aufbau und Stabilisierung des planwirtschaftlichen Systems geprägt. Kennzeichnend hierfür ist ein häufiger Umbau der übergeordneten Wirtschaftsorganisation, was sich beispielsweise an dem Entstehen, Zerfall und Wiedererstehen der Industrieministerien verdeutlichen lässt. Dieser Zeitraum schließt mit dem NÖSPL und seinen frühen Auswirkungen Ende 1965. Das Scheitern der Reform ist bereits nicht mehr Gegenstand dieser Darstellung.

19 Vgl. Eichholtz, Dietrich: Ende mit Schrecken. Deutsche Ölpolitik und Ölwirtschaft nach Stalingrad, in: ders. (Hrsg.): Deutsche Ölpolitik (s. Anmerkung 3), S. 480 – 576, hier S. 511.

Fragestellung, Hypothese und Aufbau der Arbeit
Historische Untersuchungen zur Bedeutung der Braunkohlenwirtschaft sowie der Autarkiepolitik im Nationalsozialismus und der DDR weisen immer noch zahlreiche Lücken auf. Die vorhandenen Forschungsarbeiten konzentrieren sich meist auf einzelne Fragestellungen aus den Bereichen der Wirtschafts-, Sozial-, Technik- oder Politikgeschichte. Das Forschungsdefizit ist umso beachtlicher, als dieser Wirtschaftszweig für die NS-Kriegswirtschaft wie auch für die Energie- und Ressourcenpolitik der DDR von eminenter Bedeutung war. Besonders fehlt bis heute eine Darstellung, die sich mit dem Aufstieg der karbochemischen Industrie von den 1930er-Jahren bis zu ihrem Höhepunkt in den 1950er-Jahren beschäftigt. Auch steht bislang eine systemübergreifende Untersuchung dieses Wirtschaftsbereiches aus. Die vorliegende Untersuchung möchte dazu beitragen, am Beispiel des Industriekomplexes Böhlen-Espenhain einen Teil dieser offenen Forschungsfragen zu beantworten.

Die Wirtschaftsgeschichte sowohl des Nationalsozialismus als auch der DDR stand bereits mehrfach im Fokus der Forschung. Auch vergleichende Aspekte bzw. die ökonomische Transformation zwischen den Regimen waren bereits Themen von Untersuchungen. Besonders die Arbeiten von Oliver Werner zur Geschichte der Bleichert Transportanlagen GmbH zwischen 1932 und 1963, von Sebastian Fink zum Stahl- und Walzwerk Riesa zwischen 1933 und 1963 und von Ulrike Schulz zu den Suhler Simson-Werken zwischen 1856 und 1993 müssen an dieser Stelle genannt werden.[20] Die vorliegende Arbeit unterscheidet sich jedoch maßgeblich von diesen drei Studien. Während Fink, Schulz und Werner den Wandel von einem privatwirtschaftlichen Unternehmen hin zu einem VEB betrachteten, handelt es sich bei den Unternehmen im Industriekomplex um staatliche bzw. parteinahe Unternehmen. Diese wahrten nur die Organisationsform von Aktiengesellschaften. Staatliche Stellen besaßen entweder die Aktienmehrheit oder bestimmten durch die Konstruktion einer Pflichtgemeinschaft die Unternehmenspolitik. Damit steht für diese Forschungsarbeit die Transformation des öffentlichen Sektors von einer gelenkten hin zu einer Zentralplanungswirtschaft im Vordergrund. Auch die Untersuchungen von Marcel Boldorf zu Handlungsspielräumen von Führungskräften der Stahl- und Textilindustrie zwischen 1933 und 1958, von Heike Förster zu den Handlungsstrategien der Führungskräfte in der DDR-Wirtschaft und von Georg Wagner-Kyora zum Identitätswandel von Funkti-

20 Vgl. Fink, Sebastian: Das Stahl- und Walzwerk Riesa in beiden deutschen Diktaturen 1933 bis 1963. Ein Vergleich, Leipzig 2012 (= Geschichte und Politik in Sachsen, Bd. 29); Schulz, Ulrike: Simson. Vom unwahrscheinlichen Überleben eines Unternehmens, 1856–1993, Göttingen [2013] 2018; Werner, Oliver: Betrieb (s. Anmerkung 9).

onseliten des Leunawerkes in der NS- und DDR-Zeit seien erwähnt.[21] Die Arbeit grenzt sich von Boldorf und Förster vor allem durch den Fokus auf einen – im Vergleich – kleinen Untersuchungsraum ab. Des Weiteren besteht zu Förster und Wagner-Kyora der Unterschied in der nicht ausschließlichen Betrachtung von Funktionseliten, sondern deren Einbindung in ökonomische Prozesse.

Ferner ist der Untersuchungszeitraum – mit Ausnahme von Schulz, die knapp 150 Jahre Unternehmensgeschichte betrachtet – umfassender gewählt. Beenden Fink und Werner ihre Betrachtung mit Beginn der DDR-Wirtschaftsreform 1963, dem NÖSPL, so werden hier explizit die Wandlungen in dessen früher Phase bis 1965 berücksichtigt. In der vorliegenden Studie wird nicht nur ein einzelnes Unternehmen fokussiert, sondern ein gesamter Industriekomplex. Hierin besteht eine Parallele zu Boldorf, der sogar zwei Industriezweige in seiner Studie erforscht. Ein wesentlicher Unterschied zu den hier genannten Arbeiten – außer von Schulz – besteht darin, dass nicht nur die NS- mit der DDR-Zeit, sondern in einer diachronen Mehrebenenanalyse auch die Phase der SAG separat untersucht und verglichen wird. Schulz hingegen zeichnet die Kontinuität eines Unternehmens über die historischen Bruchstellen hinaus nach und zeigt die Bedeutung der Identifikation mit dem Betrieb als wichtige Konstante dieser Entwicklung. Insofern unterscheidet sich ihre Studie durch ein bisher einzigartiges „longue durée" in der Betrachtung der ostdeutschen Industrie.

Die zentrale Hypothese der Untersuchung lautet, dass während des gesamten Untersuchungszeitraumes von 1933 bis 1965 im Industriekomplex Böhlen-Espenhain eine teilweise Kontinuität der Funktionseliten sowie der Wirtschaftsorganisation bestand. Hingegen fand an den historischen Bruchstellen 1933, 1945, 1952/54 und 1963 nur eine begrenzte Transformation statt. Aufgrund ihrer herausragenden Stellung als unentbehrliche Fachkräfte stellten die betrieblichen Funktionseliten eine „Kontinuität im Wandel" der betrieblichen Verhältnisse dar. Zugleich erforderte ihre ökonomische Abhängigkeit von den wechselnden politischen Machthabern Flexibilität. Sie zeigten eine erstaunliche Anpassungsfähigkeit im gesellschaftlichen sowie wirtschaftlichen Umbruch und verfügten gleichzeitig über einen beträchtlichen Handlungsspielraum in ihren beruflichen Entscheidungen. Somit reiht sich zumindest die staatliche Braunkohlenwirtschaft

---

21 Vgl. Boldorf, Marcel: Governance (s. Anmerkung 14); Förster, Heike: Entwicklung von Handlungsstrategien bei Führungskräften in der DDR-Wirtschaft. Eine empirische Untersuchung von Lebens- und Karriereverläufen ehemaliger Betriebs- und Kombinatsdirektoren, Frankfurt (Main) 1995 (= Europäische Hochschulschriften/Reihe 5: Volks- und Betriebswirtschaft, Bd. 1705); Wagner-Kyora, Georg: Vom „nationalen" zum „sozialistischen" Selbst. Zur Erfahrungsgeschichte deutscher Chemiker und Ingenieure im 20. Jahrhundert, Stuttgart 2009 (= Beiträge zur Unternehmensgeschichte, Bd. 28).

auf dem Gebiet der DDR in das Bild der personellen Konstanz lokaler wirtschaftlicher Eliten im 20. Jahrhundert ein.[22] Ebenso sind die langandauernde Permanenz und die nur langsame Transformation in betriebswirtschaftlicher Sicht zu interpretieren. Eine radikale Veränderung der Wirtschaftsorganisation in den Unternehmen, aber auch der übergeordneten Strukturen hätte das Betriebsergebnis gefährdet und damit auch die Autarkiepolitik sowie schlussendlich die Systemstabilität. Daher unterblieb sie an den historischen Schnittstellen und erfolgte jeweils in stabilen Perioden oder unter dem Zwang wirtschaftlicher Anpassungsprozesse, wie während des Zweiten Weltkrieges oder den regelmäßigen krisenhaften Erscheinungen in der DDR-Wirtschaft.

Zur Überprüfung dieser Hypothese werden die Strukturen und Interaktionen zwischen der Wirtschaftsleitung der Braunkohlenindustrie auf der einen Seite sowie den Werksleitungen im Industriekomplex auf der anderen Seite untersucht. Zentral ist auch hier die Frage nach der Kontinuität, in diesem Falle der Wirtschaftsorganisation, über den gesamten Untersuchungszeitraum. Dabei wird der Frage nachgegangen, wie dieser systemrelevante Industriekomplex sich der jeweiligen politischen Lage anpasste, ohne dabei seine Produktivität und sein Know-how einzubüßen. Zur Beantwortung dieser Frage müssen die Eingriffe sowie Bestimmungen, aber auch die Transformationen und Brüche der jeweils übergeordneten Organisationsebene berücksichtigt werden. Für die staatliche Wirtschaftslenkung im „Dritten Reich" waren Sonderstäbe und Sonderorganisationen, deren Kompetenzen sich oftmals überschnitten, charakteristisch. Nach 1945 war es wiederum eine hierarchisch durchgegliederte Rangordnung aus Hauptverwaltungen, Ministerien, Plankommission und dem Zentralkomitee der Sozialistische Einheitspartei Deutschlands (SED). Die Frage nach den Absichten des Auf- und Ausbaus des Industriekomplexes und seiner Bedeutung in der entsprechenden Phase ist essentiell.

Ohne eine hinreichende Kenntnis der Wirtschaftsorganisation der Braunkohlenindustrie bzw. der Treibstoffindustrie können diese Fragen nur unzureichend beantwortet werden. Daher ist es notwendig, die Organisationsformen separat für jede Phase zu skizzieren, da sonst die Forschungsergebnisse nur mangelhaft in das allgemeine Bild der NS- und DDR-Wirtschaft eingearbeitet werden können. Zentrale Vorgaben oder Initiativen wirkten immer auch auf den Industriekomplex ein. Die unterschiedlichen Stellen der Wirtschaftsleitung dürfen hier nicht vernachlässigt werden. Lag diese Kompetenz vor 1936 bei der Gauleitung und der Landesregierung in Dresden, so ging sie mit dem „Vierjahresplan" verstärkt an das Reich über. Nach Kriegsbeginn waren es besonders

22 Vgl. Boldorf, Marcel: Governance (s. Anmerkung 14), S. 46–52.

die Sondereinsatzstäbe, wie der „Generalbevollmächtigte für Sonderfragen der chemischen Erzeugung (GB chem)“ und die Einsatzstäbe des Mineralölplans bzw. des Geilenberg-Programmes, die als maßgebliche Leitungsgremien agierten, ohne dass ihre Rolle im Industriekomplex offiziell geregelt wurde. Nach dem Krieg ging diese Autorität zunächst auf die sowjetische Besatzungsmacht über. Ihr folgten die Staatliche Plankommission und die untergeordneten Industrieministerien. Selbst konkrete Anweisungen aus dem Ministerrat bzw. dem Zentralkomitee der SED lassen sich nachweisen. Dabei ist zu erforschen, inwiefern die Einflüsse der Wirtschaftsorganisation überhaupt wirksam wurden und ggf. den Industriekomplex Böhlen-Espenhain prägten.

Zur Beantwortung dieses ersten Fragenkomplexes müssen die Ebenen der staatlichen Wirtschaftsplanung untersucht, die Akteure benannt und die ökonomischen Rahmenbedingungen erfasst werden. Die Leitfrage lautet, ob für die Wirtschaftsorganisation des Industriekomplexes ein „Primat der Politik“ oder ein „Primat der Produktion“ entscheidend war. Der nächste Fragekomplex befasst sich mit der Arbeitsorganisation und der Belegschaft im Kontext von Struktur und Effizienz. Abschließend wird nach den Funktionseliten und ihrem Wirken und Handlungsspielräumen gefragt.

Es ist für die Leitfrage unerlässlich, den Wirtschaftsausbau im Untersuchungsraum in die politischen Intentionen der Regime einzuordnen, die die Voraussetzung für die Organisation der Betriebe schufen. Hierzu werden die Strukturen der ASW und der Brabag erforscht. Anschließend folgt eine Betrachtung der SAGs. Dabei spielt die Frage eine Rolle, ob zur schnellen Wiederaufnahme der Produktion an den Unternehmensstrukturen festgehalten wurde. Für die Zeit der DDR stehen vor allem die verschiedenen Organisationsformen, ihre Veränderungen und die dabei verfolgten Ziele im Fokus.

Daran anschließend werden Fragen nach den Akteuren und Organisationsformen der regionalen Wirtschafts- und Betriebsführungen gestellt, um überhaupt einen Vergleich vornehmen zu können. Dabei gilt den Funktionseliten im Industriekomplex besonderes Augenmerk. Sie waren die zentralen Schaltstellen auf der betrieblichen Ebene, verfügten über einen großen lokalen Einfluss und legten im Untersuchungsraum teilweise den Grundstein für ihre Karrieren. Dennoch beinhaltet ein Teil dieser Biografien Brüche bzw. soziale Prestigeverluste, die nicht immer im Zusammenhang mit den Systemtransformationen stehen. Diese Personen sind sowohl in biografischer als auch in betrieblicher Hinsicht von Bedeutung. Besonders die mit ihren Biografien verbundenen Transformationen bzw. Kontinuitäten im Zuge der Entnazifizierung dürfen nicht unbeachtet bleiben. Aber auch spätere Abwanderungswellen und Fluchtbewegungen sowie deren Ursachen fließen in die Untersuchung ein. Wer waren diese Personen der Funktionselite? Woher wurden sie rekrutiert? Über welche Handlungsspielräume und

Möglichkeiten zur Einflussnahme verfügten sie in der betrieblichen Arbeit? Wo ergaben sich Konflikte, sowohl mit der übergeordneten Leitungsebene als auch mit Gleichgestellten, und wie wurden diese gelöst? Wie wurden sie an das jeweilige System und an den Industriekomplex gebunden?

Mit Blick auf die ökonomische Effizienz des Industriekomplexes zeichnen sich aus technischer, wirtschaftlicher und politischer Perspektive unterschiedliche Ordnungen ab, die erheblichen Einfluss auf den Erfolg oder Misserfolg der Maßnahmen zur Erhöhung der Effizienz bzw. zur Rationalisierung der Produktion hatten. Diese Maßnahmen werden unter verschiedenen Gesichtspunkten betrachtet. Diese sind Produktionskapazitäten, Ressourcenallokation, Verhältnis von Investitionen und Ertrag sowie die Rationalität der technischen Abbau- und Veredelungsverfahren im Kontext der jeweiligen nationalen Gesamtwirtschaft. Zur Debatte steht mithin auch, ob ein Modernisierungsschub erfolgte. Nach der bisherigen Forschung liegt der Schluss nahe, dass die DDR-Wirtschaft deutliche Mängel in der Produktivität besaß und diese zu ihrem Scheitern beitrugen. Allerdings weist insbesondere die neuere Forschung darauf hin, dass eine umgekehrte Fragestellung von Interesse ist, nämlich warum die Planwirtschaft so lange funktionierte.[23] Besonders das Überdauern von Strukturen, aber auch der Akteure des mittleren Managements, ist nach bisherigem Forschungsstand dafür verantwortlich, wodurch direkt an die Kontinuitäts-Debatte angeknüpft wird. Der Effizienzbegriff der Wirtschaftswissenschaften – die Frage nach der Eignung einer ökonomischen Maßnahme[24] – ist an dieser Stelle nur begrenzt einsetzbar, da der Industriekomplex einzig der Autarkiepolitik diente. So verfügte maximal der Generalunternehmer, eigentlich sogar nur der staatliche Auftraggeber, über die notwendigen Informationen für diese Einschätzung. Die Forschung zeigt beispielsweise, dass die Kosten für die Produktion von synthetischem Kautschuk (Buna) während des „Dritten Reichs" deutlich höher waren als die Kosten für den Import der gleichen Menge an Naturkautschuk.[25] Allerdings wäre ein Import unter Kriegsbedingungen nahezu unmöglich gewesen, was die autarke Eigenprodukti-

---

23 Vgl. Port, Andrew I.: Die rätselhafte Stabilität der DDR. Arbeit und Alltag im sozialistischen Deutschland, Bonn 2010 (= Bundeszentrale für politische Bildung: Schriftenreihe, Bd. 1010), S. 17f.; Schulz, Ulrike/Welskopp, Thomas: Wieviel kapitalistisches Unternehmen steckte in den Betrieben des real existierenden Sozialismus? Konzeptionelle Überlegungen und ein Fallbeispiel, in: Jahrbuch für Wirtschaftsgeschichte 58, 2017, S. 331–366, hier S. 340.

24 Vgl. Fees, Eberhard u. a.: Effizienz, in: Gabler Wirtschaftslexikon (19.02.2018). Unter: https://wirtschaftslexikon.gabler.de/definition/effizienz-35160 (Eingesehen: 21.12.2020).

25 Vgl. Kroener, Bernhard R./Müller, Rolf-Dieter/Umbreit, Hans: Das Deutsche Reich und der Zweite Weltkrieg, Bd. 5: Organisation und Mobilisierung des deutschen Machtbereichs. Zweiter Halbband: Kriegsverwaltung, Wirtschaft und personelle Ressourcen 1942–1944/45, Stuttgart 1999, S. 443.

on aus Sicht der Machthaber unumgänglich machte. Daher stellt sich die Frage, ob die Anlagen nach der Logik des jeweiligen Regimes zu jeder Zeit rational funktionierten.

Diese Betrachtung kann nicht durchgeführt werden, ohne sich stets der Bedeutung des Industriekomplexes in den einzelnen Phasen bewusst zu werden. Daher sind für den Industriekomplex in jeder Phase die Auswirkungen der jeweiligen Autarkiepolitik, die bevorzugte Versorgung mit knappen Ressourcen sowie im Speziellen der Umfang der Demontagen nach Kriegsende zu untersuchen.

Zur Beurteilung der Effizienz im Sinne der Definition und vor allem in Bezug zum Industriekomplex ist zusätzlich eine Betrachtung der Arbeitsorganisation und der Belegschaft unumgänglich. Maßnahmen zur Produktivitätssteigerung der Arbeitskräfte reichten von der Umgestaltung des Arbeitsumfeldes über ideelle Maßnahmen zur Motivation bis hin zu materiellen Leistungsanreizen. Gleichzeitig ist die Einordnung dieser Arbeits- und Personalpolitik in die Leitfrage nach Kontinuität sowie ihrer Bedeutung für die Autarkiepolitik Voraussetzung für ihre Beantwortung.

Die Untersuchung eines gesamten Industriekomplexes bietet Vorteile: So lassen sich Synergieeffekte erkennen. Diese bestehen in der engen Verbindung der Betriebe, sowie in dem stetigen Austausch von Arbeitskräften zwischen ihnen. In diesem verdichteten Raum werden aufgrund der umfangreichen Quellenüberlieferung und der Überwachung der Belegschaft Entwicklungen eher sichtbar.

Die Fokussierung auf den Industriekomplex provoziert zudem die Frage nach seiner Repräsentativität für die gesamte Wirtschaft. Zur Beantwortung ist es erforderlich, nach Besonderheiten sowie Unterschieden in Stellung und Behandlung der Belegschaft zu suchen. So sind beispielsweise prinzipielle Mechanismen der Lohnpolitik und ihre Anwendung relevant. Auch stellt sich die Frage, ob die ideologische Formung der Belegschaft Auswirkungen auf die Produktivität hatte bzw. gar zu einer Mobilisierung von Reserven führte. Schließlich konnte die alleinige ideologische Indoktrinierung nicht dafür sorgen, die Masse der Belegschaft für die Arbeit im Industriekomplex zu begeistern. Vielmehr scheinen identitätsbildende Versatzstücke der Ideologie zusammen mit sozialen und kulturellen Maßnahmen wirkmächtig geworden zu sein. Das Zusammenwirken dieser drei Komponenten für die Gewinnung von neuen Arbeitskräften in einem bisher agrarisch geprägten, ländlichen Raum ist dabei zu berücksichtigen.

Die Funktionseliten und ihre Handlungsspielräume werden für alle Phasen untersucht. Die Untersuchung schließt deshalb mit dem NÖSPL, da diese Reform in mehrfacher Hinsicht eine Weichenstellung für die DDR darstellte. Das NÖSPL hatte im Allgemeinen das Ziel, die Innovationsfähigkeit zu erhöhen und gleichzeitig eine rationellere Produktionsmethode einzuführen. Die Reform bot die Möglichkeit, die verkrusteten und unflexiblen Strukturen der Planwirtschaft aufzubrechen sowie einen Weg zu einem alternativen Wirtschaftssystem mit mehr ökonomischen Freiheiten zu beschreiten. Dass die Reformen genau an diesen neuen Freiheiten, die von den maßgeblichen SED-Eliten nicht gewollt waren, scheiterten, ist mittlerweile Forschungskonsens.[26] Allerdings ist nicht klar, wie sich die systemabhängigen Eliten in dieser Zeit verhielten und welche Positionen sie gegenüber der Wirtschaftsreform einnahmen.

Da die sozialhistorischen Fragestellungen dominieren, erfolgt eine technikhistorische Betrachtung nur am Rande. Dennoch wird auf wichtige Entwicklungen bzw. herausragende Erfindungen hingewiesen, sofern sie zur Charakterisierung der Führungspersönlichkeiten oder der Wirtschaftsorganisation beitragen. Dabei steht hier die Frage im Raum, inwiefern ihr Einsatz ein Zeichen für die Bedeutung und Begünstigung des Untersuchungsraumes war.

Forschungsstand, Literatur und Quellen

Forschungsstand

Zur Geschichte der nationalsozialistischen Wirtschaft sind bereits zahlreiche Untersuchungen erschienen. Für die DDR-Planwirtschaft ergibt sich hingegen ein differenziertes Bild. Obwohl zahlreiche Darstellungen sich mit den ökonomischen Verhältnissen im ostdeutschen Teilstaat beschäftigten, ist ein Forschungskonsens noch nicht erreicht. Für das Thema der Arbeit stehen neben allgemeinen wirtschaftshistorischen Darstellungen Untersuchungen zur Rohstoffwirtschaft sowie Kohlen- und Treibstoffindustrie im Vordergrund. Daneben sind vergleichende Studien zur NS- und DDR-Wirtschaft relevant. Die Arbeitsorganisation sowie die Rolle der Arbeiter im „Dritten Reich“ sind mittlerweile ebenfalls gut erforscht, in Bezug auf die DDR bestehen hingegen immer noch Forschungsdesiderate.

Die Veröffentlichungen zur Gesamtgeschichte der Wirtschaft im Nationalsozialismus sind überschaubar, was der unübersichtlichen Struktur, den Aktenverlusten am Ende des Krieges sowie der selektiven Überlieferung vieler Betriebe geschuldet ist. Auch wurden nicht alle Studien hierzu berücksichtigt, sondern nur die für das Thema relevanten. Es lässt sich festhalten, dass die grundlegenden Forschungsfragen hinreichend beantwortet sind. Die Studie „Ökonomie der Zerstörung“ von Adam Tooze aus dem Jahr 2007 ist die aktuellste Gesamtdarstel-

26 Vgl. Steiner, André: Von Plan zu Plan. Eine Wirtschaftsgeschichte der DDR, Bonn 2007 (= Bundeszentrale für politische Bildung: Schriftenreihe, Bd. 625), S. 137–140.

lung.[27] Ihm gelang die bisher detaillierteste Analyse der gelenkten Wirtschaft. Dabei zeichnete er die ökonomischen Zwänge nach, in die sich die Nationalsozialisten mit ihrer Aufrüstungspolitik selbst begaben und die ihnen schlussendlich keine Alternative zum Krieg ließen. Die Autarkiepolitik nahm als Teil der Kriegsvorbereitungen dabei eine wichtige Rolle ein, wie er auch in seinem Aufsatz „Arming the Reich“ von 2016 zeigte.[28] Daneben sind die Studien von Dietrich Eichholtz von Bedeutung. Er rückt die nationalsozialistische Mineralölpolitik in den Kontext der Eroberungspolitik des „Dritten Reichs“. Er war der erste Historiker, der die Bedeutung des Erdöls für die Expansionspolitik der Nationalsozialisten herausstellte und ein deutsches Erdölimperium als Kriegsziel postulierte. Hierbei betrachtete er sowohl die heimische autarke Produktion als auch die angestrebte Expansion. Für diese Arbeit fand besonders der Sammelband „Deutsche Ölpolitik im Zeitalter der Weltkriege“ (unter Mitarbeit von Titus Kockel) von 2010 Berücksichtigung, der u. a. Eichholtzs Aufsätze „Krieg um Öl“ und „Ende mit Schrecken“ enthält.[29] Ebenfalls von Interesse ist Dietmar Petzinas Buch „Autarkiepolitik im Dritten Reich“ aus dem Jahr 1968,[30] indem erstmals dieser Aspekt der nationalsozialistischen Wirtschaftspolitik explizit untersucht und die daraus resultierenden ökonomischen Zwänge thematisiert wurden. Raymond Stokes Aufsatz „Primat der Politik – Primat der Technik“ befasst sich mit der Verbindung von Wissenschaft und chemischer Industrie im nationalsozialistischen Staat und hilft zum Verständnis einer High-Tech-Branche in der Wirtschaft des „Dritten Reichs“.[31] Besonders die von ihm aufgeworfene Frage nach der Priorisierung von Politik und Wissenschaft ist für den hier untersuchten Zweig der Karbochemie relevant. Tim Schanetzkys Konsumgeschichte des „Dritten Reiches“, „Kanonen und Butter“, von 2016 zeigt die andere Seite der Autarkiepolitik.[32] Während die deutsche Ökonomie in den 1930er-Jahren insgesamt boomte,

27 Tooze, Adam: Ökonomie der Zerstörung. Die Geschichte der Wirtschaft im Nationalsozialismus, Bonn 2007 (= Bundeszentrale für politische Bildung: Schriftenreihe, Bd. 663).

28 Ders.: Arming the Reich. Quantifying Armaments Production in the Third Reich 1933–1945, S. 23. Unter: https://adamtooze.com/app/uploads/2016/03/Arming-the-Reich-2016.pdf (Stand: 21.12.2020).

29 Eichholtz, Dietrich (Hrsg.): Deutsche Ölpolitik (s. Anmerkung 3).

30 Vgl. Petzina, Dietmar: Autarkiepolitik im Dritten Reich. Der nationalsozialistische Vierjahresplan, Berlin/Boston 1968 (= Schriftenreihe der Vierteljahreshefte für Zeitgeschichte, Nr. 16).

31 Stokes, Raymond: Primat der Politik – Primat der Technik. Das Verhältnis von Industrie und Staat im nationalsozialistischen Deutschland am Beispiel der IG Farbenindustrie AG, in: Lillteicher, Jürgen (Hrsg.): Profiteure des NS-Systems? Deutsche Unternehmen und das „Dritte Reich“, Berlin 2006, S. 44–59.

32 Schanetzky, Tim: „Kanonen statt Butter“. Wirtschaft und Konsum im Dritten Reich, Bonn 2016 (= Bundeszentrale für politische Bildung: Schriftenreihe, Bd. 1764).

schrumpfte u.a. die Gebrauchsgüterindustrie. Schanetzky arbeitete dabei die Zusammenhänge zwischen Aufrüstung, Konsumreduzierung und Konsumbedürfnis heraus. Seine Arbeit dient vor allem zur vergleichenden Einordnung der Versorgungslage im Industriekomplex mit dem Deutschen Reich, sie ist aber auch für das Verständnis der allgemeinen Wirtschaftspolitik des Nationalsozialismus hilfreich.

Für die DDR-Wirtschaft müssen vor allem André Steiners Darstellungen „Von Plan zu Plan", erschienen 2004, und „Die DDR-Wirtschaftsreform der sechziger Jahre" von 1999 beachtet werden.[33] Seine Forschungen bieten eine detaillierte Analyse der ostdeutschen Ökonomie und ihrer Probleme sowie Erklärungen für ihren Misserfolg. Besonders die Analyse der Möglichkeiten des NÖSPL und sein systemimmanentes Scheitern gehört zu den wichtigsten Leistungen seiner Forschung, auch wenn die Debatte über eine mögliche Reformierung des planwirtschaftlichen Systems damit noch nicht abgeschlossen ist. Steiner vertritt die These vom alternativlosen wirtschaftspolitischen Scheitern der DDR aufgrund der systemimmanenten Probleme einer zentralen Steuerung, leicht zu erfüllender Planvorgaben und der vorhandenen Innovationsschwäche. Darüber hinaus gibt es zahlreiche Darstellungen zur Wirtschaft der DDR, die sich in drei Gruppen einteilen lassen. Die erste entstand kurz nach der Wiedervereinigung und ist mehrheitlich davon geprägt, eine personelle Fehleranalyse der Zentralplanwirtschaft zu liefern, wobei ein Teil eher soziologische als ökonomische Fragestellungen verfolgte. Exemplarisch steht hierfür „Der Plan als Befehl und Fiktion" von Rainer M. Lepsius, Theo Pirkner, Rainer Weinert und Hans Hermann Hertle.[34] Diese lassen vor allem die ehemaligen Führungskader zu Wort kommen, die sich teilweise gegenseitig die Schuld am desaströsen Zustand der Wirtschaft am Ende der DDR zuschoben. Trotz dieses Makels bietet ihre Forschung Einblicke in das Selbstverständnis der Wirtschaftsführung und liefert damit Erklärungsansätze für das Scheitern der DDR-Wirtschaft. Auch Oskar Schwarzers Arbeit „Sozialistische Zentralplanwirtschaft in der SBZ/DDR" von 1999 kann hier eingeordnet werden.[35] Er war der erste, der – mit statistischem Material unterfüttert – auf die Produktionssteigerung der DDR-Wirtschaft durch Extensivierung der Arbeit hinwies. Vor allem die Leistung im Wiederaufbau nach 1945 und die Investitionsleistungen

33 Steiner, André: Die DDR-Wirtschaftsreform der sechziger Jahre. Konflikt zwischen Effizienz und Machtkalkül, Berlin 1999; ders.: Plan (s. Anmerkung 26).

34 Hertle, Hans-Hermann u.a.: Der Plan als Befehl und Fiktion. Wirtschaftsführung in der DDR. Gespräche und Analysen, Opladen 1995.

35 Schwarzer, Oskar: Sozialistische Zentralplanwirtschaft in der SBZ/DDR. Ergebnisse eines ordnungspolitischen Experiments (1945–1989), Stuttgart 1999 (= Vierteljahresschrift für Sozial- und Wirtschaftsgeschichte/Beihefte, Bd. 143).

werden von ihm allerdings unterschätzt. Ebenso gehört „Zwischen Plan und Pleite“ von Friedrich Theißen zu diesem Literaturtyp, der die Geschichte der DDR-Planwirtschaft von ihrem Scheitern aus erzählt.[36] Theißen bietet ebenfalls eine interessante Innensicht der DDR-Wirtschaft, allerdings ist diese nicht anhand der Quellen kritisch überprüft, sodass ein ähnliches Urteil wie bei der Studie von Rainer M. Lepsius, Theo Pirkner, Rainer Weinert und Hans Hermann Hertle gefällt werden muss.

Die zweite Gruppe der Literatur steht für eine stärker aktenbasierte Forschung, die vor allem ab dem Jahr 2000 einsetzte. Sie kehrt die Fragestellung um und fragt danach, warum die Planwirtschaft, trotz der mannigfaltigen Probleme, solange funktionierte. Nach ihrem Verständnis lassen sich so die Probleme und Problemlösungsstrategien, die mit der Zentralverwaltungswirtschaft verbunden waren, eher erkennen. Dies ist gerade in Bezug auf die Frage der Innovationsschwäche der DDR eine wichtige Fragestellung. Hierfür stehen die Werke von Dierk Hoffmann „Aufbau und Krise der Planwirtschaft“, erschienen 2002, und Andrew I. Ports „Die rätselhafte Stabilität der DDR“ aus dem Jahre 2010.[37] Besonders letzteres ragt durch die Betrachtung des Mikrokosmos der Kleinstadt Saalfeld heraus, in der die DDR-Wirtschafts- und Sozialgeschichte wie unter einem Brennglas konzentriert beschrieben wird. Einen guten aktuellen Überblick über den Forschungsstand zu Fragen der DDR-Wirtschaft bietet der Aufsatz „Wieviel kapitalistisches Unternehmen steckte in den Betrieben des real existierenden Sozialismus?“ von Ulrike Schulz und Thomas Welskopp, erschienen 2017.[38] Diese stellen, teilweise anhand von Einzelbeispielen, die Komplexität der wirtschaftlichen Entwicklung dar.

Die dritte Literaturgruppe stellen die Forschungen von Personen dar, die bereits in der DDR sozialisiert worden waren. Hierzu gehört federführend Rainer Karlsch, dessen Studie „Allein bezahlt?“, erschienen 1993, das Reparationsregime und das SAG-System untersucht. Bis heute ist sie die wichtigste Publikation zu Fragen der Kriegsentschädigungen und Demontagen.[39] Es ist seiner akribischen Arbeit zu verdanken, dass die wirtschaftliche Wirkung des Reparationsregimes in ihren entscheidenden Auswirkungen auf die SBZ und die DDR erforscht ist. Auch

---

36 Theißen, Friedrich: Zwischen Plan und Pleite. Erlebnisberichte aus der Arbeitswelt der DDR, Köln 2001.

37 Hoffmann, Dierk: Aufbau und Krise der Planwirtschaft. Die Arbeitskräftelenkung in der SBZ/DDR 1945 bis 1963, München 2002 (= Quellen und Darstellungen zur Zeitgeschichte, Bd. 60); Port, Andrew I.: Stabilität (s. Anmerkung 23).

38 Schulz, Ulrike/Welskopp, Thomas: Unternehmen (s. Anmerkung 23).

39 Karlsch, Rainer: Allein bezahlt? Die Reparationsleistungen der SBZ/DDR 1945–53, Berlin 1993.

die Arbeit von Jörg Roesler und Dagmar Semmelmann „Vom Kombinat zur Aktiengesellschaft" von 2005 lässt sich dieser Gruppe zuordnen.[40] Die Autoren untersuchten die Transformationen in der Energiewirtschaft von 1980 bis 2000, die für die vorliegende Untersuchung vor allem vergleichende Aspekte erbrachte. Ihre Arbeit zeigt anhand von Quellen sowie Zeitzeugeninterviews die komplexe Gemengelage in der Betriebsführung und die Faktoren, die Handlungsspielräume gewährten oder einschränkten. Roesler ist neben Steiner und Karlsch einer der Experten der DDR-Wirtschaftsgeschichte und hat sich besonders um die Geschichte der Arbeitsorganisation verdient gemacht.

Auch wissenschaftliche Untersuchungen, die noch zu DDR-Zeiten veröffentlicht wurden, finden Beachtung. Dies gilt im Speziellen für „Die Geschichte der DDR-Industrie bis 1965" von Wolfgang Mühlfriedel und Klaus Wiessner, erschienen 1989.[41] Sie bieten eine quellenkritische Beschreibung der Aufbauphase der DDR-Wirtschaft, ohne dabei den ideologischen Vorgaben der SED zu folgen. Auch Roeslers Aufsatz „Zum Strukturwandel in der Industrie der DDR in den fünfziger Jahren" von 1987 gibt Aufschluss über die Industriepolitik der DDR.[42] Beide Titel zeigen den Trend der DDR-Historiographie in den 1980er-Jahren, sich intensiver mit den Themenkomplexen zu beschäftigen und differenzierte Forschung zu betreiben. Anders muss die frühe historische und wirtschaftshistorische Literatur der DDR bewertet werden. Beispielhaft hierfür steht Rudolf Kornprobsts Dissertation „Leben und Kampf der Bergarbeiter im nordwestsächsischen Braunkohlenrevier in der Zeit der relativen Stabilisierung des Kapitalismus (1924–27)" von 1964, die nur wenige Erklärungsansätze bietet und im marxistisch-leninistischen Geschichtsduktus stecken bleibt.[43]

Eine grundlegende Darstellung zur Wirtschaftsgeschichte Sachsens und Mitteldeutschlands im Nationalsozialismus ist bis heute noch nicht erschienen, allerdings untersuchten zahlreiche Veröffentlichungen Einzelaspekte. Dadurch ist die Erforschung für viele Bereiche der Wirtschaft bereits weit vorangeschritten. Die gesamte Untersuchungszeit deckt die „Wirtschaftsgeschichte Sachsens im

40 Roesler, Jörg/Semmelmann, Dagmar: Vom Kombinat zur Aktiengesellschaft. Ostdeutsche Energiewirtschaft im Umbruch in den 1980er und 1990er Jahren, Bonn 2005 (= Reihe Politik- und Gesellschaftsgeschichte, Bd. 66).

41 Mühlfriedel, Wolfgang/Wiessner, Klaus: Die Geschichte der Industrie der DDR bis 1965, Berlin 1989 (= Forschungen zur Wirtschaftsgeschichte, Bd. 25).

42 Roesler, Jörg: Zum Strukturwandel in der Industrie der DDR in den fünfziger Jahren, in: Zeitschrift für Geschichtswissenschaft (ZfG) 35, 1987, S. 138–149.

43 Kornprobst, Rudolf: Leben und Kampf der Bergarbeiter im nordwestsächsischen Braunkohlenrevier in der Zeit der relativen Stabilisierung des Kapitalismus (1924–1927), Leipzig 1964.

Industriezeitalter“ von Rainer Karlsch und Michael Schäfer ab.[44] Diese Darstellung bietet einen Überblick, ohne vertiefend auf den hier fokussierten Zeitraum einzugehen. Jedoch ist sie für die Periodisierung und die Einordnung des Industriekomplexes in die allgemeine Wirtschaftspolitik Sachsens relevant. Hinzu kommen mehrere Aufsätze, die zwischen 1998 und 2016 publiziert wurden. Die wichtigsten Einzelveröffentlichungen sind „Die Wirtschaftsentwicklung von der Wirtschaftskrise bis zum Kriegsende“ und „Sächsische Unternehmen in der Aufrüstungs- und Kriegswirtschaft“, beide von Michael Schneider, sowie „Sachsens Industrie in der Zeit des Nationalsozialismus“ von Ulrich Heß.[45] Sie untersuchen die Rüstungsindustrie und ihren Zusammenhang zur Ressourcenpolitik, ohne tiefgreifend den Rohstoff Braunkohle zu beleuchten.

Ähnlich fehlt bisher für den Zeitraum 1945 bis 1965 eine zusammenfassende Darstellung zum mitteldeutschen bzw. sächsischen Wirtschaftsraum. Dennoch ist auch hierzu schon Fachliteratur erschienen. Besonders zu erwähnen ist Winfried Halders Habilitationsschrift „Modell für Deutschland“ aus dem Jahr 2001, die sich bisher als einzige mit der wirtschaftlichen Strukturpolitik einer Region in der SBZ auseinandersetzt,[46] allerdings nur für den Zeitraum 1945 bis 1948. Daneben sind die Aufsätze von Oliver Kiechle „Fritz Selbmann und die wirtschaftliche Neuordnung im Zeichen der Sozialisierung“, Swen Steinberg „Jenseits von Politik und Plan?“ und Rainer Karlsch „Rekonstruktion und Strukturwandel in der Sächsischen Industrie von 1945 bis Anfang der Sechziger Jahre“ erwähnenswert.[47] Diese

---

44 Karlsch, Rainer/Schäfer, Michael: Wirtschaftsgeschichte Sachsens im Industriezeitalter, Dresden/Leipzig 2006.

45 Heß, Ulrich: Sachsens Industrie in der Zeit des Nationalsozialismus. Ausgangspunkte, struktureller Wandel, Bilanz, in: Bramke, Werner/ders. (Hrsg.): Wirtschaft und Gesellschaft in Sachsen im 20. Jahrhundert, Leipzig 1998 (= Leipziger Studien zur Erforschung von regionenbezogenen Identifikationsprozessen, Bd. 2), S. 53–88; Schneider, Michael C.: Die Wirtschaftsentwicklung von der Wirtschaftskrise bis zum Kriegsende, in: Vollnhals, Clemens (Hrsg.): Sachsen in der NS-Zeit, Leipzig 2002; ders.: Sächsische Unternehmen in der Aufrüstungs- und Kriegswirtschaft, in: Schmeitzner, Mike/Vollnhals, Clemens/Weil, Francesca (Hrsg.): Von Stalingrad zur SBZ. Sachsen 1943 bis 1949, Göttingen 2016 (= Schriften des Hannah-Arendt-Instituts für Totalitarismusforschung, Bd. 60), S. 83–98.

46 Halder, Winfrid: „Modell für Deutschland“. Wirtschaftspolitik in Sachsen 1945–1948, Paderborn u. a. 2001.

47 Karlsch, Rainer: Rekonstruktion und Strukturwandel in der Sächsischen Industrie von 1945 bis Anfang der Sechziger Jahre, in: Bramke, Werner/Heß, Ulrich (Hrsg.): Wirtschaft und Gesellschaft (s. Anmerkung 45), S. 89–132; Kiechle, Oliver: Fritz Selbmann und die wirtschaftliche Neuordnung im Zeichen der Sozialisierung, in: Schmeitzner, Mike/Vollnhals, Clemens/Weil, Francesca (Hrsg.): Von Stalingrad zur SBZ (s. Anmerkung 45), S. 367–382; Steinberg, Swen: Jenseits von Politik und Plan? Langfristigkeit als Moment der Transformation sächsischer Unter-

setzen den Fokus auf die Transformation in Richtung der Planwirtschaft und haben die SAGs aufgrund ihrer Untersuchungsgegenstände nur am Rand mit einbezogen. Während Kiechle vor allem Selbmanns Rolle als Wegbereiter der Planwirtschaft betont, ihm aber nur eine geringfügige Bedeutung für den raschen Wiederaufbau zuweist, resümiert Steinberg auf der einen Seite die Kontinuität in der sächsischen Industrie, auf der anderen aber auch Forschungslücken bei der Frage nach der Kooperation von Betrieben und den Instanzen der Planwirtschaft. Karlsch wiederum betont die Einseitigkeit einer Niedergangsgeschichte der sächsischen Wirtschaft, die den komplexen Entwicklungen bis in den 1970er-Jahren nicht gerecht wird.

Da der Vergleich der Wirtschaft des Nationalsozialismus, der SBZ und der DDR für die vorliegende Untersuchung zentral ist, nehmen entsprechende komparative Studien einen wichtigen Platz ein. Hierzu zählen vergleichende Untersuchungen einzelner Betriebe und Wirtschaftszweige, wie die Dissertationen „Das Stahl- und Walzwerk Riesa in beiden deutschen Diktaturen 1933 bis 1963" von Sebastian Fink, „Simson" von Ulrike Schulz und „Ein Betrieb in zwei Diktaturen" von Oliver Werner.[48] Aus diesen genannten Arbeiten sticht jene von Schulz hervor, nicht nur wegen ihres deutlich längeren Untersuchungszeitraums, sondern auch wegen ihrer präzisen Analyse. Besonders der Ausbau Simsons zum Rüstungskonzern im Nationalsozialismus und seine Neuausrichtung auf den Fahrzeugbau in der frühen DDR sowie die damit verbundenen Tätigkeiten der Werks- und Unternehmensleitung sind relevant. Werners Verdienst hingegen ist es, dass er als erster den Diktaturenvergleich auf die unternehmerische Transformation angewandt hat und gleichzeitig dessen Möglichkeiten und Grenzen benennt. Als direkter Zulieferer der Braunkohlenindustrie war dabei die von ihm untersuchte Firma Bleichert für diese Studie zusätzlich von Interesse. Ebenso ist Marcel Boldorfs Studie „Governance in der Planwirtschaft" hervorzuheben, da sie wichtige neue Impulse, besonders in Bezug auf die Handlungsspielräume der Führungskräfte, setzte.[49] Auch wenn sein Fokus auf der direkten Nachkriegszeit liegt, steht für ihn die Transformation zwischen „gelenkter Wirtschaft" und Planwirtschaft im Zentrum des Interesses. Er vergleicht die Entwicklung der Stahl- und Textilindustrie in der SBZ sowie der frühen DDR und fokussiert auf die Gestaltungsmöglichkeiten der Managerelite. Boldorf zeigt auf, dass der Mangel an geeignetem Personal und die Probleme in der Produktion anfangs keine Experimente er-

---

nehmen nach 1945, in: Schmeitzner, Mike/Vollnhals, Clemens/Weil, Francesca (Hrsg.): Von Stalingrad zur SBZ (s. Anmerkung 45), S. 425–443.

48 Fink, Sebastian: Riesa (s. Anmerkung 20); Schulz, Ulrike: Simson (s. Anmerkung 20); Werner, Oliver: Betrieb (s. Anmerkung 9).

49 Boldorf, Marcel: Governance (s. Anmerkung 14).

laubten. Zusammenfassend lässt sich festhalten, dass diese vier Arbeiten mithin den Vergleich der Braunkohlenindustrie mit der Fahrzeug-, der Maschinenbau-, der Stahl- und der Textilindustrie ermöglichen.

Die zweite Gruppe vergleichender Literatur beschäftigt sich mit der Transformation der Funktionseliten. Die Habilitationsschrift „Vom ‚nationalen' zum ‚sozialistischen' Selbst" von Georg Wagner-Kyora ist das umfangreichste Werk.[50] Im Mittelpunkt seiner Untersuchung steht die mittlere Führungsebene der mitteldeutschen Chemieindustrie, speziell des Leuna-Werkes. Aufgrund der engen technologischen und personellen Verbindung zum Untersuchungsraum ist seine Untersuchung von zusätzlichem Interesse. Wagner-Kyoras Verdienst ist, dass er detailliert die Integration der alten Eliten in das neue System nachzeichnet. Der Aufsatzsammelband „Arbeiter in der SBZ – DDR" von Peter Hübner und Klaus Tenfelde beinhaltet zahlreiche Beiträge zu unterschiedlichen Themen in Bezug auf Arbeitswelt, Arbeitsplatzverlust am Ende des Krieges und in der Demontagezeit sowie zur Lenkung des Arbeitsmarktes und zur Rolle von ausländischen Arbeitskräften in der DDR. [51]

Die dritte Gruppe der komparativen Studien befasst sich mit den übergeordneten Institutionen der Wirtschaftslenkung bzw. mit der Transformation der Wirtschaftsorganisation. Die Veröffentlichung „Deutsche Wirtschaftsverwaltung in der Diktatur 1933–1952" von Christoph Boyer trägt zur Einordnung des Industriekomplexes in die Wirtschaftsstrukturen des „Dritten Reichs" und der SBZ bei.[52] Boyer beschreibt das seit Beginn bestehende System der administrativen Eingriffe. Zum allgemeinen Verständnis der Mineralölpolitik zwischen 1933 und 1965 dient die Untersuchung „Faktor Öl" von Rainer Karlsch und Raymond Stokes.[53] Sie ordnet die autarke braunkohlenbasierte Treibstoffproduktion in die staatliche Wirtschaftspolitik ein und bietet darüber hinaus einen vergleichenden Blick auf die Bundesrepublik Deutschland (BRD) und stellt so die Bedeutung der Mineralölwirtschaft für die deutsche Politik im 20. Jahrhundert heraus.

Das Thema Arbeits- und Arbeiterorganisation ist für die vorliegende Studie zentral. Mit Blick auf die Zeit des Nationalsozialismus liegen grundlegende Stu-

50 Wagner-Kyora, Georg: Selbst (s. Anmerkung 21).

51 Hübner, Peter/Tenfelde, Klaus (Hrsg.): Arbeiter in der SBZ – DDR, Essen 1999 (= Veröffentlichungen des Instituts zur Erforschung der Europäischen Arbeiterbewegung: Schriftenreihe A, Darstellungen, Bd. 19).

52 Boyer, Christoph: Deutsche Wirtschaftsverwaltung in der Diktatur 1933–1952. Nationalsozialismus und Staatssozialismus im Vergleich, in: Jahrbuch für Europäische Verwaltungsgeschichte 10, 1998, S. 239–265.

53 Karlsch, Rainer/Stokes, Raymond: Faktor Öl. Die Mineralölwirtschaft in Deutschland 1859–1974, München 2003.

dien vor. Eines der wichtigsten Bücher ist der Aufsatzsammelband „Arbeiten im Nationalsozialismus“ von Marc Buggeln und Michael Wildt.[54] Die Beiträge beleuchten unterschiedliche Aspekte des Arbeitslebens im „Dritten Reich“. So wendet sich Martin Becker dem Arbeitsrecht in „Die Betriebs- und Volksgemeinschaft als Grundlage des ‚neuen‘ NS-Arbeitsrechts“ zu und ordnet es in die konkurrierenden Rechtsvorstellungen ein.[55] Rüdiger Hachtmann widmet sich in „Arbeit und Arbeitsfront“ der Deutschen Arbeitsfront (DAF) und ihrer Rolle im NS-Regime, er verweist auch auf ihre ältere Vorbilder, wie den Fordismus.[56] Nicole Kramer gibt mit dem Aufsatz „Haushalt, Betrieb, Ehrenamt“ wichtige Impulse zum Verständnis und zur Bedeutung der Frauenarbeit im Nationalsozialismus.[57] Demgegenüber dient Ulrich Herberts „Geschichte Deutschlands im 20. Jahrhundert“ von 2014 zum allgemeinen Verständnis der Personalpolitik, die er in die historische Entwicklung der Durchsetzung einer Industriegesellschaft einordnet.[58] Zur Lohnpolitik und zur Belegschaftsorganisation sind Tilla Siegels „Leistung und Lohn in der nationalsozialistischen ‚Ordnung der Arbeit‘“, erschienen 1989, Wolfgang Zollitschs „Arbeiter zwischen Weltwirtschaftskrise und Nationalsozialismus“, veröffentlicht 1990, und Matthias Freses Aufsatz „Nationalsozialistische Vertrauensräte“, veröffentlicht 1992, zu nennen.[59] Während Frese die Bedeutung der Vertrauensräte und ihrer Rolle in der nationalsozialistischen Betriebsordnung herausarbeitete, kommt Siegel das Verdienst zu, die Lohnpolitik als Leistungsprinzip und gleichzeitiges Befriedungsinstrument erkannt zu haben. Zollitsch wiederum ordnet die nationalsozialistische Arbeitspolitik in die Zusammenhänge der vorangegangenen Weltwirtschaftskrise und den Zielen der Aufrüstungspolitik ein. Sie stellen zum Betriebsgefüge im „Dritten Reich“ nach

---

54 Buggeln, Marc/Wildt, Michael (Hrsg.): Arbeit im Nationalsozialismus, München 2014.

55 Becker, Martin: Die Betriebs- und Volksgemeinschaft als Grundlage des „neuen“ NS-Arbeitsrechts. Arbeitsrechtsideologie im NS-Rechtssystem, in: Buggeln, Marc/Wildt, Michael (Hrsg.): Arbeit im Nationalsozialismus (s. Anmerkung 54), S. 107–121.

56 Hachtmann, Rüdiger: Arbeit und Arbeitsfront. Ideologie und Praxis, in: Buggeln, Marc/Wildt, Michael (Hrsg.): Arbeit im Nationalsozialismus (s. Anmerkung 54), S. 87–106.

57 Kramer, Nicole: Haushalt, Betrieb, Ehrenamt. Zu den verschiedenen Dimensionen der Frauenarbeit im Dritten Reich, in: Buggeln, Marc/Wildt, Michael (Hrsg.): Arbeit im Nationalsozialismus (s. Anmerkung 54), S. 33–51.

58 Herbert, Ulrich: Geschichte Deutschlands im 20. Jahrhundert, München 2014 (= Europäische Geschichte im 20. Jahrhundert), S. 408.

59 Frese, Matthias: Nationalsozialistische Vertrauensräte. Zur Betriebspolitik im „Dritten Reich“, in: Gewerkschaftliche Monatshefte 4–5, 1992, S. 281–297; Siegel, Tilla: Leistung und Lohn in der nationalsozialistischen „Ordnung der Arbeit“, Opladen 1989; Zollitsch, Wolfgang: Arbeiter zwischen Weltwirtschaftskrise und Nationalsozialismus. Ein Beitrag zur Sozialgeschichte der Jahre 1928 bis 1936, Göttingen 1990 (= Kritische Studien zur Geschichtswissenschaft; Bd. 88), S. 227.

wie vor die wichtigsten Veröffentlichungen dar. Silke Schuhmanns Studie „Die Frau aus dem Erwerbsleben wieder herausnehmen" setzt sich mit der Frauenarbeitspolitik im Nationalsozialismus auseinander.[60] Sie zeigt, dass die Politik gegenüber der Erwerbstätigkeit von Frauen eher taktisch als ideologisch motiviert war. Zur allgemeinen Sozialpolitik ist ihr Aufsatz „Die soziale Lage der Bevölkerung und die NS-Sozialpolitik in Sachsen" hervorzuheben.[61] Schuhmann konstatiert die Akzeptanz der geringen Löhne in Sachsen wie im gesamten „Dritten Reich" durch die Arbeitskräfte, da diese immerhin eine Verbesserung im Vergleich zur Not während der Weltwirtschaftskrise darstellten. Der Beitrag ist bis heute die einzige wissenschaftliche Veröffentlichung zu dem Thema für diese Region. Zur Einordnung des Themas NS-Zwangsarbeit trug die Dissertation von Thomas Urban „Zwangsarbeit im Tagebau", das Buch „Vergessene Geschichte" von Paula Mangold und Florian Schäfer sowie der Aufsatzsammelband „Fremd- und Zwangsarbeit in Sachsen 1939–1945" von Gerald Kolditz und Jörg Ludwig bei.[62] Gerade auf Urbans Buch sei besonders hingewiesen, da es zusätzlich einen guten Überblick zur Entwicklung und zur Problemlage der Braunkohlenindustrie in der ersten Hälfte des 20. Jahrhunderts bietet. Die Standardwerke zum Thema NS-Zwangsarbeit stellen immer noch die Studien „Fremdarbeiter" von Ulrich Herbert und „Zwangsarbeit unter dem Hakenkreuz" von Mark Spoerer dar.[63] Darüber hinaus hat sich eine Vielzahl von Studien mit einzelnen Opfergruppen und deren Lebensbedingungen auseinandergesetzt. Als jüngere Zusammenfassung des

60 Schuhmann, Silke: „Die Frau aus dem Erwerbsleben wieder herausnehmen". NS-Propaganda und Arbeitsmarktpolitik in Sachsen 1933–1939, Dresden 2000 (= Hannah-Arendt-Institut für Totalitarismusforschung: Berichte und Studien, Nr. 27).

61 Dies.: Die soziale Lage der Bevölkerung und die NS-Sozialpolitik in Sachsen, in: Vollnhals, Clemens (Hrsg.): Sachsen in der NS-Zeit (s. Anmerkung 45), S. 57–71.

62 Kolditz, Gerald/Ludwig, Jörg (Hrsg.): Fremd- und Zwangsarbeit in Sachsen 1939–1945. Beiträge eines Kolloquiums in Chemnitz am 16. April 2002 und Begleitband einer Gemeinschaftsausstellung der Sächsischen Staatsarchive, Halle (Saale) 2002 (= Veröffentlichungen der Sächsischen Archivverwaltung. Reihe A: Archivverzeichnisse, Editionen und Fachbeiträge, Bd. 2); Mangold, Paula/Schäfer, Florian: Vergessene Geschichte – NS-Zwangsarbeit in Leipzig. Zwei Rundgänge durch Connewitz und Lindenau, Leipzig 2014; Urban, Thomas: Zwangsarbeit im Tagebau. Der Einsatz von Kriegsgefangenen und ausländischen Zivilarbeitern im mitteldeutschen Braunkohlenbergbau 1939 bis 1945, Essen 2006 (= Veröffentlichungen des Instituts für soziale Bewegungen; Schriftenreihe C: Arbeitseinsatz und Zwangsarbeit im Bergbau, Bd. 4).

63 Herbert, Ulrich: Fremdarbeiter. Politik und Praxis des „Ausländer-Einsatzes" in der Kriegswirtschaft des Dritten Reiches, Berlin/Bonn [1985] 1986; Spoerer, Mark: Zwangsarbeit unter dem Hakenkreuz. Ausländische Zivilarbeiter, Kriegsgefangene und Häftlinge im Deutschen Reich und im besetzten Europa 1939–1945, Stuttgart/München 2001.

Forschungstandes ist der Aufsatz „Zwangsarbeit im Nationalsozialismus" von Jens-Christian Wagner zu nennen.[64]

Die Brabag nimmt aufgrund ihrer Bedeutung für die NS-Autarkiepolitik in der Forschung eine prominente Stellung ein. Besonders in den 1960er-Jahren gab es in beiden deutschen Staaten Veröffentlichungen zu diesem NS-Musterunternehmen. Zwar ist die Geschichte der Brabag relativ gut untersucht, allerdings fehlt zu ihrem ersten Betrieb, dem Hydrierwerk Böhlen, bisher eine umfassende Aufarbeitung. Während Karlschs Beitrag „Die Aktiengesellschaft Sächsische Werke und das Hydrierwerk der Braunkohlen-Benzin AG (Brabag)" aufgrund des geringen Umfangs keine neuen Erkenntnisse bietet, ist die Betriebsgeschichte „Sächsische Olefinwerke Böhlen" von Heiner Klotzsche, Volker Schaufler und Christine Hoffmann weitestgehend auf die Geschichte der technischen Entwicklung beschränkt.[65] Allgemein zur Brabag sind zahlreiche Veröffentlichungen erschienen. Die erste und bis heute umfassendste Darstellung stellt „Der synthetische Treibstoff 1933–1945" von Wolfgang Birkenfeld, erschienen 1964, dar.[66] Es geht ihm darin vor allem um die Verortung der Kohlenhydrierung in die NS-Aufrüstungspolitik und Kriegswirtschaft. Die neueste Arbeit ist „Ein KZ in der Nachbarschaft" aus dem Jahr 2004 von Franka Bindernagel und Tobias Bütow.[67] Sie zeigen die enge Verbindung und personellen Überschneidungen zwischen dem Unternehmen und der NS-Führung auf und zeichnen die Verantwortlichkeiten für die Einrichtung von Konzentrationslagern bei Brabag-Betrieben nach. Die Arbeit bietet auch biografische Hinweise zu Führungskräften des Unternehmens. Sie gehen erstmals bei der Behandlung der Geschichte der Brabag über eine rein ökonomische Betrachtungsweise hinaus.

Für die Zeit nach 1945 sind ebenso bereits zahlreiche Veröffentlichungen erschienen, die zur Einordnung der Personal- und Sozialpolitik herangezogen wurden. Das wichtigste Werk ist „Die volkseigene Erfahrung" von Lutz Niet-

64 Wagner, Jens-Christian: Zwangsarbeit im Nationalsozialismus. Ein Überblick, in: Hördler, Stefan u. a. (Hrsg.): Zwangsarbeit im Nationalsozialismus. Begleitband zur Ausstellung, Göttingen 2016, S. 180–193

65 Karlsch, Rainer: Aktiengesellschaft Sächsische Werke (s. Anmerkung 15); Klotzsche, Heiner/Mai, Eberhard/Morgenstern, Heinz: Sächsische Olefinwerke Böhlen. Geschichte eines Unternehmens (1920–1995), Böhlen 1995.

66 Birkenfeld, Wolfgang: Der synthetische Treibstoff 1933–1945. Ein Beitrag zur nationalsozialistischen Wirtschafts- und Rüstungspolitik, Göttingen 1964 (= Studien und Dokumente zur Geschichte des Zweiten Weltkrieges, Bd. 8).

67 Bindernagel, Franka/Bütow, Tobias: Ein KZ in der Nachbarschaft. Das Magdeburger Außenlager der Brabag und der „Freundeskreis Himmler", Köln/Weimar/Wien 2003.

hammer, Alexander von Plato und Dorothee Wierling.[68] Dieses mittlerweile knapp 30 Jahre alte Oral-History-Projekt ist immer noch von zentraler Bedeutung für das Verständnis der Lebensrealität der Aufbaugeneration der DDR. Zwar stammte keiner der Befragten selbst aus dem Untersuchungsgebiet, Parallelen und vergleichbare Erfahrungen gab es aber mehrfach. Daneben sind die Studien von Renate Hürtgens „Zwischen Disziplinierung und Partizipation zum ‚Freien Deutschen Gewerkschaftsbund' (FDGB)", Thomas Lindenbergers Aufsatz „Havarie" aus „German Zeitgeschichte", Thomas Schaufuß „Die politische Rolle des FDGB-Feriendienstes in der DDR", Rita Röhrs „Polnische Arbeitskräfte in der DDR 1960 – 1970" in „Arbeiter in der SBZ – DDR" zur Arbeitsmigration in die DDR, Albrecht Wiesners Aufsatz „Taktieren und Aushandeln – Erziehen und Ausgrenzen" sowie Christoph Kleßmanns „Arbeiter im ‚Arbeiterstaat' DDR" zu nennen.[69] Lindenbergers Aufsatz sticht, nicht nur weil es sich um einen Vorfall im Industriekomplex Böhlen-Espenhain handelt, hervor, da er erlaubt, den betrieblichen Druck, der auf den Funktionseliten in der DDR lastete, nachzuvollziehen. Zu den betrieblichen Eliten – in der DDR als „Intelligenz" bezeichnet – allgemein wurde der Aufsatz „Wissenschaftspolitik, Intelligenzpolitik" von Hansgünther Meyer von 1990 genutzt.[70]

Das „Brigadewesen" ist für die Untersuchung wichtig, gleichzeitig liegen bisher nur wenige Publikationen vor. An erster Stelle seien Thomas Reichels „Sozialistisch arbeiten, leben, lernen" von 2011 und Roeslers „Die Produktions-

68 Niethammer, Lutz/Plato, Alexander von/Wierling, Dorothee: Die volkseigene Erfahrung. Eine Archäologie der Industrieprovinz der DDR, Berlin 1991.

69 Hürtgen, Renate: Zwischen Disziplinierung und Partizipation. Vertrauensleute des FDGB im DDR-Betrieb, Köln u. a. 2005; Kleßmann, Christoph: Arbeiter im „Arbeiterstaat" DDR. Deutsche Traditionen, sowjetisches Modell, westdeutsches Magnetfeld (1945 bis 1971), Bonn 2007 (= Geschichte der Arbeiter und der Arbeiterbewegung in Deutschland seit dem Ende des 18. Jahrhunderts, Bd. 14); Lindenberger, Thomas: Havarie. Die sozialistische Betriebsgemeinschaft im Ausnahmezustand, in: Lindenberger, Thomas/Sabrow, Martin (Hrsg.): German Zeitgeschichte. Studien zum modernen Deutschland in transatlantischer Perspektive, Göttingen 2016, S. 242–264; Röhr, Rita: Polnische Arbeitskräfte in der DDR 1960 – 1970, in: Hübner, Peter/Tenfelde, Klaus (Hrsg.): Arbeiter in der SBZ – DDR (s. Anmerkung 51), S. 185 – 204; Schaufuß, Thomas: Die politische Rolle des FDGB-Feriendienstes in der DDR. Sozialtourismus im SED-Staat, Berlin 2011 (= Zeitgeschichtliche Forschungen, Bd. 43); Wiesner, Albrecht: Taktieren und Aushandeln – Erziehen und Ausgrenzen. Zum Verhältnis von Mikropolitik und Produktionskampagnen in den Leuna Werken, in: Rupieper, Hermann-Josef/Sattler, Friederike/Wagner-Kyora, Georg (Hrsg.): Die Mitteldeutsche Chemieindustrie und ihre Arbeiter im 20. Jahrhundert, Halle (Saale) 2005, S. 237–258.

70 Meyer, Hansgünter: Wissenschaftspolitik, Intelligenzpolitik. Das Personal für Wissenschaft, Forschung und Technik in der DDR, in: ders. (Hrsg.): Intelligenz, Wissenschaft und Forschung in der DDR, Berlin/New York 1990, S. 1–51.

brigaden in der Industrie der DDR" erwähnt.[71] Von Roesler stammt ebenso der Aufsatz „Die Brigaden, der Meister, die Werkleitung und der Plan" von 2009.[72] Alle drei Untersuchungen kommen zu dem Schluss, dass die „Brigaden" keineswegs von unten entstanden, sondern zentral gesteuert aufgebaut wurden. Daher ist eine frühe Organisation der Belegschaft in „Brigaden" ein Hinweis auf die Nähe zum Staat.

Zur Belegschaft im Industriekomplex bestehen mehrere Beiträge aus den 1990er-Jahren. Zwei waren dabei von besonderer Bedeutung: 1995 veröffentlichte Michael Hofmann „Die Kohlearbeiter von Espenhain" und bereits 1993 einen gleichnamigen Aufsatz zusammen mit Dieter Rink.[73] Beide Aufsätze betrachten die Belegschaftsentwicklung im Untersuchungsraum und verfolgen die These, dass die Schaffung systemabhängiger Klientel im Nationalsozialismus ihre Fortsetzung in der DDR fand. Sie waren somit die ersten, die das privilegierte Bergbaumilieu der DDR und seine Wurzeln untersuchten.

Weibliche Arbeitskräfte sind charakteristisch für die Entwicklung in der ostdeutschen Wirtschaft. Eine vergleichende Studie zwischen Nationalsozialismus und Sozialismus ist bisher nicht erschienen. Für die Zeit nach 1945 ist die Monografie „Frauen in der DDR" von Anna Kaminsky hilfreich. Die Studie diente zur Einordnung der Frauenbeschäftigungspolitik im Industriekomplex Böhlen-Espenhain.[74] Für komparative Einzelaspekte ist „Der Hausarbeitstag" von Carola Sachse hilfreich.[75] Sachse stellt dabei die Entwicklung der Frauenarbeit dar und verweist dabei auch auf die Probleme von Frauen in der Arbeitswelt der DDR. So konstatiert sie eine Dreifachbelastung durch Beruf, Haushalt und Kindererziehung.

Die Literatur zur Braunkohlenindustrie im Nationalsozialismus, aber auch in der DDR, ist bisher unzureichend. Nur in wenigen Fällen erfolgt eine Auseinandersetzung mit ihrer Bedeutung für die Kriegswirtschaft, die nationale Autarkie und die chemische Industrie. Dabei bestehen zwei positive Ausnahmen. Urbans

---

71 Reichel, Thomas: „Sozialistisch arbeiten, lernen und leben". Die Brigadebewegung in der DDR (1959–1989), Köln/Weimar/Wien 2011; Roesler, Jörg: Die Produktionsbrigaden in der Industrie der DDR. Zentrum der Arbeitswelt, in: Kaelbe, Hartmut/Kocka, Jürgen/Zwahr, Hartmut (Hrsg.): Sozialgeschichte der DDR, Stuttgart 1994, S. 144–170.

72 Roesler, Jörg: Die Brigaden, der Meister, die Werkleitung und der Plan. Arbeitsregime und Arbeitsklima in den Volkseigenen Betrieben der DDR, in: Jahrbuch für Forschungen zur Geschichte der Arbeiterbewegung 2, 2009, S. 42–55.

73 Hofmann, Michael: Kohlearbeiter (s. Anmerkung 15); Hofmann, Michael/Rink, Dieter: Kohlearbeiter (s. Anmerkung 15).

74 Kaminsky, Anna: Frauen in der DDR, Berlin 2016.

75 Sachse, Carola: Der Hausarbeitstag. Gerechtigkeit und Gleichberechtigung in Ost und West 1939–1994, Göttingen 2002.

zitierte Dissertation von 2006 geht auf die verschiedenen Partizipationsebenen der Braunkohlenindustrie am nationalsozialistischen Wirtschaftssystem ein. Die zweite Ausnahme stellt die detailreiche Arbeit „Wirtschaftsorganisation der Braunkohlenindustrie in der SBZ/DDR von 1945 bis 1990" von Dieter Sperling und Wolfgang Schossig dar.[76] Ihr Buch liefert eine umfassende Organisationsgeschichte des ostdeutschen Braunkohlenbergbaus. Diese akribische Arbeit zu den übergeordneten Leitungsorganen ist unübertroffen, auch wenn sie manchmal unübersichtlich ist. Von Sperling stammt auch das „Exposé Notkohlenbergbau", das sich mit der Kohlenversorgung in der unmittelbaren Nachkriegszeit beschäftigt.[77] André Steiner hat mit dem Aufsatz „Bergbau in der DDR", erschienen 2013, ebenfalls einen Beitrag zur Erforschung der DDR-Bergbaugeschichte geleistet.[78] Sein Aufsatz bietet eine Zusammenfassung aus Sicht der Staatsführung, die vor allem mit der Ausbeutung der Kali- und Braunkohlenvorkommen versuchte, Devisen zu erzielen bzw. teure Importe in der eigenen Wirtschaft zu substituieren. Für das Verständnis der technischen und der regionalen Entwicklung sind „Die Braunkohlenindustrie in Mitteldeutschland" von Otfried Wagenbreth und „Braunkohlenbergbau im Südraum Leipzig" von Andreas Berkner grundlegend.[79] Während Wagenbreth einen Überblick zur Braunkohlenindustrie von ihrem Beginn bis zu ihrem Nachleben als Sachzeugen für das gesamte Mitteldeutsche Revier bietet, beschränkt sich Berkner auf das Revier südlich von Leipzig. Hans Kaschades dreibändige „Kohle und Energiewirtschaft in der DDR", erschienen 2015 bis 2018, bringt Innenansichten aus der Sicht eines Mitarbeiters des Ministeriums für Kohle und Energie.[80] Allerdings ist sie wenig strukturiert und bietet nur wenige neue Erkenntnisse. Seine Untersuchung arbeitet nochmals die

---

76 Sperling, Dieter/Schossig, Wolfgang: Wirtschaftsorganisation der Braunkohlenindustrie in der SBZ/DDR 1945 bis 1990, Cottbus 2015 (= Beiträge zur Geschichte des Braunkohlenbergbaus in der SBZ/DDR, Bd. 1).

77 Sperling, Dieter: Exposé Notkohlenbergbau. Kommunaler Braunkohlenbergbau in der SBZ/DDR 1945–1960, Cottbus 2014 (= Beiträge zur Geschichte des Braunkohlenbergbaus in der SBZ/DDR, Bd. 2).

78 Steiner, André: Bergbau in der DDR. Strukturen und Prozesse, in: Ziegler, Dieter (Hrsg.): Rohstoffgewinnung im Strukturwandel. Der deutsche Bergbau im 20. Jahrhundert, Münster 2013 (= Geschichte des deutschen Bergbaus, Bd. 4), S. 303–354.

79 Berkner, Andreas: Braunkohlenbergbau im Südraum Leipzig, Dresden 2004 (= Bergbau in Sachsen, Bd. 11); Wagenbreth, Otfried: Braunkohlenindustrie in Mitteldeutschland. Geologie, Geschichte, Sachzeugen, Beucha/Markkleeberg 2010.

80 Kaschade, Hans: Kohle- und Energiewirtschaft in der Sowjetisch Besetzten Zone 1945 bis 1949, Neuruppin 2015 (= Beiträge zur Kohle und Energiewirtschaft der DDR, Bd. 1); ders.: Kohle- und Energiewirtschaft in der DDR 1949 bis 1960, Neuruppin 2016 (= Beiträge zur Kohle und Energiewirtschaft der DDR, Bd. 2); ders.: Kohle- und Energiewirtschaft in der DDR 1960 bis 1990, Neuruppin 2018 (= Beiträge zur Kohle und Energiewirtschaft der DDR, Bd. 3).

Privilegierung der Bergarbeiter in der DDR auf und beinhaltet darüber hinaus allgemeines statistisches Material.

Das Thema Zwangsarbeit im Strafvollzug der DDR stand im Zentrum mehrerer wissenschaftlicher Studien der letzten Jahre. Hiervon wurden Christian Sachses „Das System der Zwangsarbeit in der SED-Diktatur", Karin Schmidts „Zur Frage der Zwangsarbeit im Strafvollzug der DDR", Marcus Sonntags „Die Arbeitslager in der DDR" und speziell zu Mitteldeutschland Justus Vestings „Zwangsarbeit im Chemiedreieck" berücksichtigt.[81] Sowohl die Veröffentlichungen, die mehrheitlich erst nach 2010 erfolgten, als auch die öffentliche Debatte um die Profite durch Ausbeutung von politischen Gefangenen zeigen die Dimension des Themas. Sonntag konzentriert sich vor allem auf die Frühzeit der DDR und kommt zu dem Schluss, dass die Zwangsarbeit sich wesentlich von der im Nationalsozialismus unterschied. Schmidt hingegen konzentriert sich auf die Arbeitspflicht in der DDR als Voraussetzung der Zwangsarbeit, sie bietet darüber hinaus eine Überblicksdarstellung für die gesamte DDR. Vesting, der mit dem Chemiedreieck einen der berüchtigtsten Einsatzorte für Zwangsarbeit untersuchte, knüpft in Bezug auf die Definition gezwungener Arbeit in der DDR an Schmidt an, vergleicht sie allerdings mit den Arbeitseinsätzen der Bausoldaten – dem Wehrersatzdienst der DDR. Sachse, der bereits in der DDR als Theologe aktiv war, betrachtet vor allem die Zusammenhänge zwischen Zwangsarbeit und deren wirtschaftlichen Implikationen. So verhandelt er beispielsweise das mittlerweile populäre Beispiel des schwedischen Möbelherstellers IKEA, der von der Arbeit politischer Häftlinge in der DDR profitierte. Erhellend in Bezug auf das Thema, aber auch hinsichtlich der Kontinuität der Verfolgung abweichenden Verhaltens vom „Dritten Reich" bis in die DDR, wirkte der Aufsatz „Asozialität in der DDR" von Katharina Lenski aus dem Sammelband „Nach Auschwitz: Schwieriges Erbe DDR".[82] Dabei behandelt sie ein Beispiel aus dem Industriekomplex.

Die Forschungen zur SBZ, besonders zur sowjetischen Besatzungsmacht, weisen bis heute noch Lücken auf. Das Handbuch „Sowjetische Militäradministration in Deutschland (SMAD) 1945–1949" von Jan Foitzik ist immer noch das

---

81 Sachse, Christian: Das System der Zwangsarbeit in der SED-Diktatur. Die wirtschaftliche und politische Dimension, Leipzig 2014; Schmidt, Karin: Zur Frage der Zwangsarbeit im Strafvollzug der DDR. Die „Pflicht zur Arbeit" im Arbeiter- und Bauernstaat, Hildesheim u. a. 2011 (= Sklaverei – Knechtschaft – Zwangsarbeit, Bd. 7); Sonntag, Marcus: Die Arbeitslager in der DDR, Essen 2011; Vesting, Justus: Zwangsarbeit im Chemiedreieck. Strafgefangene und Bausoldaten in der Industrie der DDR, Berlin 2012.

82 Lenski, Katharina: „Asozialität" in der DDR. Re-Konstruktion und Nachwirkung eines Ausgrenzungsbegriffs, in: Heitzer, Enrico u. a. (Hrsg.): Nach Auschwitz (s. Anmerkung 2).

maßgebliche Werk.[83] Gerade für regionale Persönlichkeiten oder die Leiter der einzelnen Hauptverwaltungen der Ministerien und SAGs weist es allerdings Lücken auf, die die Forschung bisher nicht geschlossen hat.

NSDAP und SED als Regierungsparteien wirkten sehr unterschiedlich auf den Industriekomplex Böhlen-Espenhain ein. Dies ist auch der jeweils stark divergierenden Parteienlandschaft geschuldet, dem Einparteienstaat der Nationalsozialisten stand ein formales Mehrparteiensystem in der DDR gegenüber. In Bezug auf die NSDAP gibt es eine Vielzahl an Literatur, wovon Jürgen Falters „Zur Soziographie des Nationalsozialismus" sowie der Aufsatz „Zur Sozialstruktur und Mitgliederentwicklung der NSDAP" von Ingo Haar aufgrund ihrer soziologischen Betrachtungsweise berücksichtigt wurden. Zur regionalen NS-Herrschaft und ihren Führungskräften sind bereits zahlreiche Studien erschienen. Besonders Mike Schmeitzner hat mit seinen Beiträgen zahlreiche Lücken zum Führungspersonal der NSDAP in Sachsen geschlossen. Dazu gehören „Der Fall Mutschmann", „Martin Mutschmann und Manfred Killinger" sowie die Herausgeberschaft für die Bände „Braune Karrieren", „Von der Stalingrad zur SBZ" und „Macht und Ohnmacht".[84] Auch der Sammelband „Führerschule, Thingplatz, ‚Judenhaus'" bietet neue Erkenntnisse zur NS-Herrschaft und ihrer Etablierung in Sachsen, besonders der Aufsatz „Sachsens Südwesten als frühe Hochburg der NSDAP" von Stefan Dehn ist aufgrund der Fokussierung auf ein Gebiet, dass maßgeblich zur Arbeitskräftegewinnung für den Industriekomplex diente, relevant.[85] Der Aufsatz „Die sächsische NSDAP nach 1933" von Armin Nolzen wurde ebenfalls berücksichtigt, da er sich mit der Partei nach der „Machtübertragung" auseinandersetzt.[86]

---

83 Foitzik, Jan: Sowjetische Militäradministration in Deutschland (SMAD) 1945–1949. Struktur und Funktion, Berlin 1999 (= Quellen und Darstellungen zur Zeitgeschichte, Bd. 44).

84 Schmeitzner, Mike: Der Fall Mutschmann. Sachsens Gauleiter vor Stalins Tribunal, Beucha/Markkleeberg 2011; ders.: Martin Mutschmann und Manfred von Killinger. Die „Führer der Provinz", in: Naser, Gerhard/Pieper, Christine/ders. (Hrsg.): Braune Karrieren. NS-Protagonisten in Sachsen am Beispiel Dresdens, Dresden 2012, S. 22–31; Schmeitzner, Mike/Vollnhals, Clemens/Weil, Francesca (Hrsg.): Von Stalingrad zur SBZ (s. Anmerkung 45); Schmeitzner, Mike/Wagner, Andreas (Hrsg.): Von Macht und Ohnmacht. Sächsische Ministerpräsidenten im Zeitalter der Extreme 1919–1952, Beucha 2006.

85 Dehn, Stefan: Sachsens Südwesten als frühe Hochburg der NSDAP, in: Hermann, Konstantin (Hrsg.): Führerschule, Thingplatz, „Judenhaus" (s. Anmerkung 15), S. 47–49.

86 Nolzen, Armin: Die sächsische NSDAP nach 1933. Sozialstrukturen und soziale Praktiken, in: Heydemann, Günther/Schulte, Jan E./Weil, Francesca (Hrsg.): Sachsen und der Nationalsozialismus, Göttingen 2014 (= Schriften des Hannah-Arendt-Instituts für Totalitarismusforschung, Bd. 53), S. 43–57.

Die Literatur zu Entnazifizierungsprozessen nach Kriegsende ist für diese Studie unverzichtbar, mittlerweile liegt hierzu eine Vielzahl an Veröffentlichungen vor. Außerdem fand in den letzten Jahren eine intensive Diskussion über die Bedeutung und den Umfang der Entnazifizierungen im Osten Deutschlands statt. István Deáks Buch „Kollaboration, Widerstand und Vergeltung in Europa des Zweiten Weltkrieges" zeigt die europäische Dimension des Themas auf und liefert Denkanstöße zur Einordnung in den transnationalen Kontext.[87] Angelika Königseders Aufsatz „Das Ende der NSDAP" findet aufgrund der Reflexion über die politische Dimension der Entnazifizierung ebenfalls Berücksichtigung.[88] Differenzierter muss über Harry Waibels Buch „Der gescheiterte Anti-Faschismus der SED" geurteilt werden.[89] Einerseits bringt er Argumente, die Entnazifizierungen als ähnlich gescheitert zu bewerten wie in der BRD, andererseits unterlaufen ihm zahlreiche fachliche Fehler. So ordnet er die Entnazifizierungspolitik nicht kritisch in ökonomische oder akademische Zwänge der Nachkriegsgesellschaft ein. Das Buch wird aber aufgrund des umfangreichen Quellenmaterials berücksichtigt, auch wenn dessen Nutzung an einigen Stellen Fragen aufwirft. Dies gilt auch für sein Buch „Diener vieler Herren", das qualitativ besser ist.[90] Speziell für Sachsen ist der Aufsatz von Vollnhals „Entnazifizierung als Instrument kommunistischer Machtpolitik" relevant.[91] Im Gegensatz zu Waibel zeigt er beispielsweise die Interessenlage der SED im Zusammenhang mit der Verurteilung ehemaliger Nationalsozialisten auf. Auch Beiträge aus dem Aufsatzsammelband „Nach Auschwitz: Schwieriges Erbe DDR" wurden in Bezug auf die Entnazifizierungen berücksichtigt, gaben aber auch Impulse zur allgemeinen Bewertung der Kontinuität zwischen NS- und DDR-Gesellschaft.[92]

Zur SED sind die Arbeiten von Andreas Malycha und Peter Winter „Geschichte der SED", von Tilman Pohlmann „Die Ersten im Kreis" sowie der Aufsatzsammelband von Jens Gieseke und Hermann Wentker „Die Geschichte der SED", aus

87 Deák, István: Kollaboration, Widerstand und Vergeltung im Europa des Zweiten Weltkrieges, Wien/Köln/Weimar 2017.

88 Königseder, Angelika: Das Ende der NSDAP. Die Entnazifizierung, in: Benz, Wolfgang (Hrsg.): Wie wurde man Parteigenosse? Die NSDAP und ihre Mitglieder, Frankfurt (Main) 2009 (= Fischer: Die Zeit des Nationalsozialismus), S. 151–166.

89 Waibel, Harry: Der gescheiterte Anti-Faschismus der SED. Rassismus in der DDR, Frankfurt (Main) 2014.

90 Ders.: Diener vieler Herren. Ehemalige NS-Funktionäre in der SBZ/DDR, Frankfurt (Main) u. a. 2011.

91 Vollnhals, Clemens: Entnazifizierung als Instrument kommunistischer Machtpolitik, in: Schmeitzner, Mike/Vollnhals, Clemens/Weil, Francesca (Hrsg.): Von Stalingrad zur SBZ (s. Anmerkung 45), S. 293–328.

92 Heitzer, Enrico u. a. (Hrsg.): Nach Auschwitz (s. Anmerkung 2).

dem der Beitrag von Sabine Kott „Die SED im Betrieb“ stammt, zu nennen.[93] Gerade die Arbeiten von Pohlmann und Kott sind für die Analyse wichtig, da sie die regionalen und lokalen Herrschaftsstrukturen berücksichtigen. Darüber hinaus verhandelt Pohlmann einen Fall aus dem Industriekomplex. Malychas und Winters Arbeit hingegen stellt die einzige Gesamtgeschichte der SED bisher dar. Besonders der Teil zur Ära Ulbricht basiert auf zahlreichen Primärquellen und zeigt z. B. die Konflikte zwischen Parteiführung und Basis.

Die Betrachtung von Aspekten der Umweltgeschichte dient in Bezug auf das Thema und die Bedeutung des Untersuchungsraumes zur Kontextualisierung, weshalb nur Studien berücksichtigt wurden, die sich mit dem Untersuchungsraum befassen. Für die Zeit vor 1945 ist vor allem die Dissertation „Braunkohle und Umwelt“ von Kerstin Kretschmer zu nennen, die zahlreiche Informationen zu umweltpolitischen Konflikten rund um Böhlen-Espenhain liefert.[94] Ihre differenzierte Darstellung der Konflikte und der Akteure zeigt, dass es keineswegs eine prinzipielle Unterstützung des Braunkohlenbergbaus vor 1945 gab. Für die Zeit nach 1945 finden die Arbeiten von Michael Beleites „Dicke Luft: Zwischen Ruß und Revolte“ und von Walter Christian Steinbach „Eine Mark für Espenhain“ Beachtung.[95] Allerdings müssen beide Autoren mit kritischer Distanz gelesen werden, da sie sowohl Zeitzeugen als auch politische Akteure vor und nach der deutschen Wiedervereinigung waren und es sich bei ihnen nicht um Fachwissenschaftler handelt. So kontextualisieren beide Autoren ihre eigenen Erfahrungen nicht ausreichend und stellen sie der Aktenlage auch nicht kritisch gegenüber. Aus wissenschaftlicher Sicht hilfreicher sind die beiden Monografien „Natur und Industrie im Sozialismus“ von Tobias Huff und „Umwelt und Herrschaft in der DDR“ von Christian Möller.[96] Ihre Ausführungen zeigen, dass eine Umweltgeschichte der DDR nicht am Industriekomplex Böhlen-Espenhain vorbei gehen kann. Beiden Autoren stellen fest, dass der in der „Nachwendezeit“ postulierte

93 Kott, Sabine: Die SED im Betrieb, in: Gieseke, Jens/Wentker, Hermann (Hrsg.): Die Geschichte der SED. Eine Bestandsaufnahme, Berlin 2011, S. 210 – 238; Malycha, Andreas/Winters, Peter J.: Geschichte der SED. Von der Gründung bis zur Linkspartei, Bonn 2009; Pohlmann, Tilmann: Die Ersten im Kreis. Herrschaftsstrukturen und Generationen in der SED (1946 – 1971), Göttingen 2017 (= Schriften des Hannah-Arendt-Instituts für Totalitarismusforschung, Bd. 73).

94 Kretschmer, Kerstin: Umwelt (s. Anmerkung 15).

95 Beleites, Michael: Dicke Luft: Zwischen Ruß und Revolte. Die unabhängige Umweltbewegung der DDR, Leipzig 2016; Steinbach, Walter C.: „Eine Mark für Espenhain“. Vom Christlichen Umweltseminar Rötha zum Leipziger Neuseenland, Leipzig 2018.

96 Huff, Tobias: Natur und Industrie im Sozialismus. Eine Umweltgeschichte der DDR, Göttingen 2015 (= Umwelt und Gesellschaft, Bd. 13); Möller, Christian: Umwelt und Herrschaft in der DDR. Politik, Protest und die Grenzen der Partizipation in der Diktatur, Göttingen 2020 (= Kritische Studien zur Geschichtswissenschaft, Bd. 234).

„sozialistische Ökozid“ eine Reduktion auf das letzte Jahrzehnt der DDR bedeutet, ohne die Umweltschutzbemühungen ausreichend zu würdigen.

Die letzte Gruppe an Literatur stellt die zum Industriekomplex und seiner unmittelbaren Umgebung (die früheren Landkreise Borna und Leipzig sowie den Stadtkreis Leipzig) dar, die in toto ambivalent zu bewerten ist. Fritz Hönschs Dissertation „Der Industriekomplex Böhlen“ aus dem Jahr 1968 ist die erste wissenschaftliche Auseinandersetzung mit dem Untersuchungsraum.[97] Darüber hinaus veröffentlichte er die Aufsätze „Hermann Eugen Müller“ (2013), „Die Aktiengesellschaft Sächsische Werke und ihr Generaldirektor Hermann Eugen Müller“ (2014) und „Die Grube ‚Margaretha‘ in Espenhain und ihr Bergdirektor Hermann Eugen Müller“ (2014).[98] In diesen betrachtet er vor allem die Entstehung des Industriekomplexes, der ASW und die Rolle des ersten Generaldirektors. Er nutzte als erster den Begriff Industriekomplex für den Untersuchungsraum und leistete Beiträge zur Erforschung der ASW. Kritisch muss bei ihm angemerkt werden, dass er vor allem die Leistungen hervorhebt, ohne Entwicklungen und Quellen historisch-kritisch zu hinterfragen. Ursula Bischoff hat mit ihrer Dissertation „Der Einfluss der bergbaulichen Traditionen und großindustriellen Entwicklungen auf das soziale Gefüge und die Mobilität der Braunkohlenarbeiterschaft von Borna“ eine Gesamtdarstellung der bergbaubedingten Arbeitsmigration für das gesamte Bornaer Revier vorgelegt, tangiert den Untersuchungszeitraum allerdings nur peripher.[99]

Fünf Sammelbände, herausgegeben vom Brigitte Steinbach, mit den Titeln „An neuen Ufern“, „Mölbis“, „Die Abraumförderbrücke Böhlen II (Zwenkau)“, „Land in Sicht“, „Braunkohle – Energie – Chemie“ und „Den Wandel zeigen – den Wandel erleben“ existieren zum Untersuchungsraum, wovon die letzten zwei berücksichtigt wurden.[100] Vor allem die Artikel „Gründung und Aufbau der Böhlener Werke“ von Fritz Hönsch, „Die Böhlener Werke im Krieg und in den ersten Nachkriegsjahren“ von Hans-Jürgen Ketzer, und „Die Böhlener Werke 1952

97 Hönsch, Fritz: Industriekomplex (s. Anmerkung 17).

98 Ders.: Hermann Eugen Müller. Ein kaum bekannter Wegbereiter der staatlichen Braunkohlen- und Energiewirtschaft in Sachsen, in: Sächsische Heimatblätter 4, 2013, S. 352–356; ders., Die Aktiengesellschaft Sächsische Werke und ihr Generaldirektor Hermann Eugen Müller, in: Sächsische Heimatblätter 1, 2014, S. 82–92; ders.: Die Grube ‚Margaretha‘ in Espenhain und ihr Bergdirektor Hermann Eugen Müller, in: Heimatblätter. Beiträge aus dem Altenburger- und Bornaer Land 15, 2014, S. 50–72.

99 Bischoff, Ursula: Der Einfluss der bergbaulichen Traditionen und großindustriellen Entwicklungen auf das soziale Gefüge und die Mobilität der Braunkohlenarbeiterschaft von Borna, Berlin 2000.

100 Steinbach, Brigitte (Hrsg.): Den Wandel zeigen – den Wandel erleben. Der Cospudener See, Rötha 2001; dies. (Hrsg.): Braunkohle – Energie – Chemie (s. Anmerkung 15).

bis 1990“ von Heiner Klotzsche entsprechen wissenschaftlichen Standards.[101] Darüber hinaus sind weitere Werke hilfreich: Zuerst sei hier das „Ortslexikon Mölbis“ von Wolfgang Sperling genannt, das ein monumentales Werk für ein kleines Dorf darstellt und nicht nur für den Untersuchungsraum seinesgleichen sucht.[102] Es dient als zentrales Nachschlagewerk für den Espenhainer Teil des Industriekomplexes. Für die Geschichte der ASW ist der Beitrag „ELDIR und ASW“ von Ulrich Krüger relevant,[103] ebenso die „Betriebsgeschichte Kraftwerk Hirschfelde 1911–1992“, verfasst von einem Kreis ehemaliger im Betrieb Beschäftigter.[104]

Gedruckte Quellen
Die gedruckten Quellen lassen sich in drei Gruppen teilen. Die erste umfasst zeitgenössische Literatur. Hierzu zählen die wissenschaftlichen Qualifizierungsarbeiten und sonstigen Veröffentlichungen der Führungskräfte. Hinzu kommen zweitens Firmenzeitschriften der Unternehmen im Industriekomplex Böhlen-Espenhain sowie in wenigen Fällen allgemeine Zeitungen. Drittens sind klassische Quelleneditionen zu erwähnen, die Dokumente aus dem Industriekomplex umfassen oder zu deren Einordnung dienen.

Zur Charakterisierung bzw. zur Ergänzung der Lebensdaten wurden die Qualifizierungsarbeiten der Funktionseliten eingesehen. Fünf Arbeiten waren hierfür relevant. 1932 erschien die Dissertation „Benzingewinnung aus Braunkohle durch Schwelung und Spaltung in einem Arbeitsgang ohne Anwendung von Druck“ von Erich Würzner, einem leitenden Mitglied der Brabag und vormaligen Mitarbeiter am Braunkohlen-Forschungsinstitut der TU Bergakademie Freiberg.[105] „Der Braunkohlenschweler oder die Böhlener Schwelfibel“ von Hans-Joachim von Alberti erschien in erster Auflage 1951 und basiert auf seinen Erfahrungen als Mitarbeiter der ASW Böhlen.[106] Hans-Günter Riedels Dissertation „Aussichten

101 Hönsch, Fritz: Gründung und Aufbau der Böhlener Werke, in: Steinbach, Brigitte (Hrsg.): Braunkohle – Energie – Chemie (s. Anmerkung 15), S. 4–21; Ketzer, Hans-Jürgen: Die Böhlener Werke im Krieg und in den ersten Nachkriegsjahren, in: Steinbach, Brigitte (Hrsg.): Braunkohle – Energie – Chemie (s. Anmerkung 15), S. 28–32; Klotzsche, Heiner: Die Böhlener Werke 1952 bis 1990, in: Steinbach, Brigitte (Hrsg.): Braunkohle – Energie – Chemie (s. Anmerkung 15), S. 33–43.
102 Sperling, Wolfgang: Mölbis. Lexikon zur Geschichte des Dorfes, Borna 2012.
103 Krüger, Ulrich: ELDIR und ASW. Etappen der sächsischen Elektroenergieversorgung, in: Energietechnik 2, 1991, S. 57–65.
104 Förderverein Technisches Denkmal und Museum Kraftwerk Hirschfelde e.V.: Betriebsgeschichte Kraftwerk Hirschfelde 1911–1992 – Kraftwerk Hagenwerda 1958–1997, Hirschfelde 2008.
105 Würzner, Erich: Benzingewinnung aus Braunkohle durch Schwelung und Spaltung in einem Arbeitsgang ohne Anwendung von Druck, Halle (Saale) 1932.
106 Alberti, Hans-Joachim von: Der Braunkohlenschweler oder die „Böhlener Schwelfibel“. Ein Handbuch für Schwelereimaschinisten und Praktikanten, Halle (Saale) 1951.

und Grenzen der Braunkohlengastechnik im System der energietechnischen und stoffwirtschaftlichen Gesamtentwicklung", erschienen 1957, zeigt seine Verbundenheit mit der entsprechenden Fachforschung.[107] Die medizinische Promotion Walter Kleebergs „Über juvenile Gangrän" verdeutlicht zudem, dass in der Kriegszeit auch auf fachfremdes Personal für Leitungspositionen zurückgegriffen wurde.[108] Abschließend muss Werner Boie Erwähnung finden. Sowohl seine berufsbegleitende Dissertationsschrift „Berechnung eines J-Hu-t-Diagramms der Brennstoffe aus neuen statistischen Gleichungen" von 1935 als auch die Veröffentlichung „Bau und Betriebsmerkmale des Kraftwerkes Espenhain", verfasst 1955 und damit nach seiner Zeit im Industriekomplex, sind von Relevanz.[109] Diese wissenschaftlichen Qualifikationsarbeiten bieten biografisches Wissen über einen Teil der Funktionseliten. Gleichzeitig können aber auch, wie bei Riedel und von Alberti, Rückschlüsse auf die Forschungen im Industriekomplex Böhlen-Espenhain vorgenommen werden.

Zur zeitgenössischen Literatur gehören veröffentlichte Dokumente zur Braunkohlenindustrie in Sachsen und Mitteldeutschland. Häufig lieferten sie vor allem wichtige statistische Hinweise. Die „Bergwerksverzeichnisse des Oberbergamtes Freiberg" für die Jahre 1934, 1939/40 und 1941/42 finden als Quelle der Bergbaustatistik in Sachsen während der NS-Zeit Verwendung.[110] Die „Statistik der Montanproduktion in Deutschland", publiziert von Wolfram Fischer, dient der statistischen Einordnung des Braunkohlenbergbaus im Untersuchungsgebiet vor 1945.[111] Zum Verständnis wirtschaftlicher Fragen gibt es zahlreiche Veröffentlichungen, von denen die Arbeit des damaligen Vorstandsmitgliedes des Deutschen Braunkohlen-Industrie Vereins (DEBRIV) Konrad Piatscheck mit dem Titel „Aus der Braunkohle" von 1937 sowie der Festband „50 Jahre Mitteldeutscher Braunkohlen Bergbau", herausgegeben vom DEBRIV im Jahr 1935, hervorzuheben

107 Riedel, Hans-Günter: Aussichten und Grenzen der Braunkohlengastechnik im System der energietechnischen und stoffwirtschaftlichen Gesamtentwicklung, Freiberg 1957.

108 Kleeberg, Walter: Über juvenile Gangrän (Thrombangiitis obliterans). Nach d. Material d. Leipziger chirurgischen Univ.-Klinik, Leipzig 1932.

109 Boie, Werner: Berechnung eines J-Hu-t-Diagramms der Brennstoffe aus neuen statistischen Gleichungen, Berlin 1935; ders.: Bau und Betriebsmerkmale des Kraftwerks Espenhain, in: Energietechnik 2, 1955, S. 50 – 59.

110 Bergwerksverzeichnis des Oberbergamts Freiberg, Jg. 1939/1940 und 1941/42; Jahrbuch für das Berg- und Hüttenwesen in Sachsen, 108, 1934.

111 Fischer, Wolfram (Hrsg.): Statistik der Montanproduktion in Deutschland. 1915 – 1985, St. Katharinen 1995 (= Quellen und Forschungen zur historischen Statistik von Deutschland, Bd. 16).

sind.[112] Zu den einzelnen Unternehmen im Untersuchungsraum gibt es hingegen keine unternehmenshistorischen Veröffentlichungen.

Eine weitere Gruppe gedruckter Quellen umfasst die Betriebszeitschriften. Diese eher zu Unterhaltungszwecken der Belegschaft gedruckten Medien enthalten im Subtext häufig Informationen über Belegschaft, Werksleiter und Funktionseliten. Für die ASW wurden die „ASW-Mitteilungen" bis 1944 herausgegeben. Besonders aufschlussreich für soziale Fragestellungen sind die edierten und veröffentlichten Zuschriften eingezogener Belegschaftsangehöriger unter dem Titel „Feldpostbrief/Aktiengesellschaft Sächsische Werke", die von 1939 bis 1943 erschienen. Sie sind im Staatsarchiv Leipzig eingesehen worden und werden gemäß ihrer dortigen Signatur zitiert. Für die Brabag ist vor allem die Betriebszeitschrift „Der Kontakt" von Bedeutung, die von 1938 bis 1944 herausgegeben wurde. Nach 1945 erschienen für jeden Standort eigene Zeitschriften. Für Espenhain war es die „Espenhainer Stimme" und für Böhlen in den Jahre 1949–1952 „Die Arbeit" und danach bis zum Ende des Untersuchungszeitraumes „Das Kollektiv".

An allgemeinen Zeitungsbeständen wurde nur die „Leipziger Volkszeitung" (LVZ) für die Zeit nach 1945 genutzt. Besonders die Ereignisse um den 17. Juni 1953, speziell ein Schauprozess mit beschuldigten Belegschaftsangehörigen aus dem Industriekomplex, konnte anhand mehrerer Artikel rekonstruiert werden.

Einzelne Zeitzeugenberichte sind Zufallsfunde aus Sammelwerken, wie das Beispiel eines Ingenieurs im Sammelband „Zwischen Humor und Repression – Studieren in der DDR", herausgegeben von Rainer Jork und Günter Knoblauch, zeigt.[113] Auch Erinnerungsberichte sind von Bedeutung. Den wichtigsten stellt Lilo Morocuttis Bericht „Als Werksfotografin bei den sächs. Werken Espenhain" dar.[114]

Des Weiteren ist „DDR-Geschichte in Dokumenten", herausgegeben von Matthias Judt, als Quellenedition von Bedeutung.[115] Dieses umfangreiche Werk bietet durch zusätzliche Aufsätze einen Zugang zum Verständnis der Dokumente.

---

112 Deutscher Braunkohlen-Industrie Verein (DEBRIV) (Hrsg.): 50 Jahre Mitteldeutscher Braunkohlen-Bergbau. Festschrift zum 50jährigen Bestehen des Deutschen Braunkohlen-Industrie Vereins e.V. Halle Saale 1885–1935, Halle (Saale) 1935; Piatscheck, Konrad: Aus der Braunkohle, Halle (Saale) 1937.

113 Jork, Rainer/Knoblauch, Günter (Hrsg.): Zwischen Humor und Repression – Studieren in der DDR. Zeitzeugen erzählen, Halle (Saale) 2017.

114 Morocutti, Lilo: Als Werksfotografin bei den sächs. Werken Espenhain, Rottenmann 1996.

115 Judt, Matthias (Hrsg.): DDR-Geschichte in Dokumenten. Beschlüsse, Berichte, interne Materialien und Alltagszeugnisse, Berlin 1997 (= Forschungen zur DDR-Gesellschaft).

In groben Zügen zeichnet es die Geschichte des Staates und der Gesellschaft zwischen 1945 und 1990 nach.

Auch Onlineressourcen fanden Berücksichtigung. Besonders das „Digitale Historische Ortsverzeichnis von Sachsen" bietet statistisches Material zur Siedlungsentwicklung im Untersuchungsraum.[116] In Bezug auf Ordensverleihungen in der DDR wurde auf das statistische Material der Deutschen Gesellschaft für Ordenskunde e.V. zurückgegriffen.[117] Hinzu kommen private Websites, die sich mit einzelnen Personen aus dem Untersuchungsraum auseinandersetzen, wie http://klauskoppe.de oder http://chemieforum-erkner.de.[118] Aber auch Seiten der Archive können Informationen über Personen enthalten, wie das Archiv der Berlin-Brandenburgischen Akademie der Wissenschaften im Fall von Hans-Günther Riedel, die Matrikel aus dem Universitätsarchiv Rostock im Falle von Walter Kleeberg sowie die TU Bergakademie Freiberg bei Johannes Bahr und Hans-Joachim von Alberti zeigen.[119] Für Espenhain besteht die Website http://tagebau-espenhain.de, betrieben von Thomas Schmidt, die eine umfangreiche Chronik für den Tagebau Espenhain darstellt.[120]

Ungedruckte Quellen

Für diese Studie sind zunächst die Aktenüberlieferungen zur Geschichte des Industriekomplexes relevant, die in allen drei Untersuchungsphasen vorrangig auf Ebene der Betriebe und Werke, der Unternehmen und den Wirtschaftsleitungsorganisationen entstanden sind. Dabei lehnt sich der folgende Überblick an die chronologische Struktur der Gliederung an.

116 Blaschke, Karlheinz/Baudisch, Susanne: Digitales Historische Ortsverzeichnis Sachsen. Böhlen. Unter: http://hov.isgv.de (Stand: 21.12.2020).

117 Wiesner, Hans J.: Verleihungsliste zum Ehrentitel „Verdienter Bergmann der DDR" von 1951 bis 1989, 2013. Unter: http://deutsche-gesellschaft-fuer-ordenskunde.de/DGOWP/links/verleihungslisten/ddr/ (Stand: 21.12.2020).

118 ChemieFreunde Erkner e.V. (Hrsg.): Birthler, Richard. Unter: http://chemieforum-erkner.de/chemie-geschichte/personen/birthler_r.htm (Stand: 21.12.2020); Koppe, Klaus: Werner Boie (1901–1978). Unter: http://klauskoppe.de.tl/Werner-Boie (21.12.2020).

119 Berlin-Brandenburgische Akademie der Wissenschaften (Hrsg.): Riedel, Hans-Günther. Unter: http://archiv.bbaw.de/archiv/archivbestaende/abteilung-nachlasse/nachlasse/riedel_hans (Stand: 21.12.2020); Krüger, Kersten (Hrsg.): Matrikelportal Rostock. Datenbankedition der Immatrikulationen an der Universität Rostock seit 1419. Unter: http://matrikel.uni-rostock.de/id/200019435 (Stand: 21.12.2020); Technische Universität Bergakademie Freiberg (Hrsg.): Geschichte des Institutes für Maschinenbau. Unter: https://tu-freiberg.de/fakult4/imb/geschichte-des-instituts (Stand: 21.12.2020).

120 Schmidt, Thomas: Der Großtagebau Espenhain. Unter: http://tagebau-espenhain.de/Tagebau-Espenhain/ (Stand: 21.12.2020).

Für die Zeit des Nationalsozialismus sind zunächst folgende Werksüberlieferungen aus dem Industriekomplex Böhlen Espenhain im Sächsischen Staatsarchiv, Staatsarchiv Leipzig (SächsStA-L) hervorzuheben: 20632 ASW (Aktiengesellschaft Sächsische Werke) Braunkohlen- und Großkraftwerk Böhlen, 20633 Brabag, Werk Böhlen, 20640 ASW (Aktiengesellschaft Sächsische Werke) Braunkohlen- und Großkraftwerk Espenhain. Die Quantität der Überlieferungen variiert stark. Während die Bestände zur ASW umfangreich erhalten sind, ist die Überlieferung zur Brabag lückenhaft. Bedenkt man, dass die Brabag Böhlen noch im Jahr 1941 48 000 Blatt Papier pro Monat verbrauchte,[121] ist die Überlieferung mit 3,5 laufenden Metern äußerst gering. Eine Erklärung liefert der Betriebsdirektor der Brabag in seinem Bericht für die amerikanische Besatzungsmacht im Juni 1945: Eine Brandstiftung im Befehlsbunker zerstörte einen Großteil der Akten, besonders die Personalakten.[122] Allerdings deutet deren Verwendung in den Entnazifizierungsprozessen darauf hin, dass ein Teil dieser Akten später noch vorhanden war. Die heute erhaltene Überlieferung umfasst vorrangig technische Akten. Jedoch finden sich korrespondierende Überlieferungen in den Beständen der ASW. Die Bestände der SAG brachten vor allem durch die teilweise hierin überlieferten Entnazifizierungsakten und durch Berichte der Betriebsleitung für die Zeit vor 1945 neue Erkenntnisse. Ergänzend finden sich Unterlagen in den Beständen 20031 Polizeipräsidium Leipzig, 20114 Landgericht Leipzig und 21962 Familiengeschichtliche Sammlungen, die vor allem zu einzelnen Personen Quellenmaterial boten.

In den Beständen des Sächsischen Staatsarchivs, Hauptstaatsarchiv Dresden (SächsStA-D) befinden sich die Überlieferungen der Hauptverwaltung der ASW sowie der gesamten AKA, einer Scheinfirma aus ASW und dem Reichsfinanzministerium zur Finanzierung des Werkes Espenhain. Vor Ort wurden Akten aus den Beständen 11605 Aktiengesellschaft Sächsische Werke (ASW) und 11606 Aktiengesellschaft für Kraftstoff-Anlagen (AKA) eingesehen.

---

121 Vgl. Sächsisches Staatsarchiv Leipzig (SächsStA-L), 20633 Braunkohle-Benzin Aktiengesellschaft (Brabag), Werk Böhlen, Nr. 30, Betriebliches Vorschlagwesen im Werk Böhlen vom 30.05.1942, S. 6. Dabei sank der Verbrauch im Zuge der Rationalisierungsmaßnahmen im Krieg kontinuierlich von 48 000 Blatt im März 1941 über 36 000 Blatt im März 1942 auf bis zu 24 000 Blatt im April 1942.

122 Vgl. SächsStA-L, 20686 SAG Kombinat Böhlen bei Borna, Nr. 169, Besetzung des Werkes Böhlen – April 1945 vom 02.06.1945, S. 7. Felbert machte hierfür marodierende ehemalige Zwangsarbeiter verantwortlich. Diese hätten zwar durchaus ein Interesse an der Zerstörung der Akten gehabt, da diese ihre betriebliche Kontrolle erlaubten und ein Symbol der Unterdrückung waren. Allerdings muss erwähnt werden, dass auch von Seiten der deutschen Führungskräfte ein Interesse an der Zerstörung bestand, um das Ausmaß der Zwangsarbeit und ihrer Beteiligung zu verheimlichen.

An dritter Stelle stehen die Bestände des Bundesarchivs Berlin-Lichterfelde (BArch). Hier befindet sich die Überlieferung zur Wirtschaftslenkung im „Dritten Reich". Besonders der Bestand R 3112 Reichsamt für Wirtschaftsaufbau findet Berücksichtigung. Er enthält Dokumente für die gesamte Zeit des Nationalsozialismus im Industriekomplex. Die Überlieferung R 2 Reichsfinanzministerium gibt Informationen zur Verbindung der Reichsregierung zu ASW und Brabag. Des Weiteren ist für den Auf- und Ausbau des Industriekomplexes der Bestand R 3101 Reichswirtschaftsministerium relevant, da er Lieferbeziehungen und Zuständigkeiten bei der Arbeitskräfteversorgung dokumentiert. Aufgrund der geringen Überlieferung aus den Sicherheitsorganen des „Dritten Reiches" sind nur einzelne Dokumente mit Bezug zum Untersuchungsraum vorhanden. Fundstellen sind NS 19 Persönlicher Stab des Reichsführers SS und R 58 Reichssicherheitshauptamt.

Auch die Verbindungen kleinerer Reichsbehörden zum Industriekomplex werden berücksichtigt. Hierzu wurden die Bestände R 113 Reichsstelle für Raumordnung, R 154 Reichsanstalt für Wasser- und Luftgüte, R 4604 Generalinspektor für Wasser und Energie und NS 5-IV Deutsche Arbeitsfront – Zentralbüro – Planbestand herangezogen.

Die relevanten Überlieferungen für die SAGs im Industriekomplex Böhlen-Espenhain – zeitweilig bestanden hier fünf verschiedene SAGs – finden sich zunächst vorrangig im SächsStA-L. Im Einzelnen handelt es sich um die Bestände 20686 SAG Kombinat Böhlen bei Borna, die auch die Überlieferungen der SAG „Brikett" (das ehemalige Braunkohlenwerk ohne Kraftwerk), der Sowjetischen Elektrowerke AG (das Kraftwerk) und der SAG „Topliwo" (das Benzinwerk der Brabag) umfasst, sowie 20680 SAG Brikett Kombinat Espenhain. Inhaltlich dominiert die technische Überlieferung. Besonders die Dokumentation der Werksleitungssitzungen war für die Studie hilfreich. Darüber hinaus sind die Überlieferungen des jeweiligen Betriebsschutzamtes (BSA) – die Nachfolgeorganisation des Werkschutzes – von Bedeutung. Bei den Findbüchern hierzu handelt es sich vermutlich um die einzigen edierten ihrer Art in Sachsen, möglicherweise sogar für die gesamte DDR.[123] Zu nennen sind die Bestände 22243 Betriebsschutzamt Böhlen und 22244 Betriebsschutzamt Espenhain. Die Ämter schätzten die betrieblichen Leitungsebene, die Sicherheitslage und die Gesamtsituation ein. Dabei gibt es teilweise differenzierte Beurteilungen von innerbetrieblichen Ereignissen, wie im Zusammenhang mit dem „Volksaufstand vom 17. Juni 1953". Auch die SED-Partei- sowie die Gewerkschaftsorganisationen finden Berücksichtigung. Diese übten nach Kriegsende Einfluss auf die Belegschaftsentwick-

---

123 Vgl. Baumert, Martin: Der Betriebsschutz als Quelle für die Wirtschafts-, Sozial- und Betriebsgeschichte der DDR, in: Sächsisches Archivblatt 2, 2018, S. 6–7, hier S. 6.

lung aus. Allerdings muss einschränkend darauf verwiesen werden, dass die Bedeutung der Betriebsparteiorganisation für die Betriebsführung eher gering war, weshalb die Bestände der Grundorganisationen der SED im Industriekomplex nicht eingesehen wurden. Anders verhält es sich mit der Kreisleitung der SED, die vor allem in der letzten Phase die politische Organisation des Industriekomplexes bewerkstelligte und somit über Einfluss verfügte. Für die SAG-Zeit sind Dokumente im Bestand 21125 SED-Kreisleitung Böhlen zusammengefasst.

Daneben finden die Überlieferungen der zentralen Verwaltungsstellen vor allem im BArch Berlin-Lichterfelde Berücksichtigung. Da die deutsche Verwaltung keinen direkten Einfluss auf die SAGs hatte, handelt es sich hierbei um korrespondierende Überlieferungen der Leitungsebene. Diese bestehen vor allem für die Bereiche Arbeitsrecht, Lohn-, Tarif- und Sozialpolitik, die wiederum Rückschlüsse auf die sowjetischen Generaldirektionen im Industriekomplex zulassen. Im Bereich Finanzen sind Akten aus dem Bestand DN 4 Garantie und Kreditbank AG, einer de facto privatrechtlich organisierten Niederlassung der sowjetischen Staatsbank und gleichzeitig Mittelpunkt des Finanzwesens der SBZ, von Bedeutung.

Als ertragreich zur Charakterisierung der Funktionseliten, nicht nur für die beiden Phasen nach 1945, sondern auch für den Nationalsozialismus, sind zwei Akten aus dem Bestand DC 1 Zentrale Kommission für Staatliche Kontrolle (ZKSK). Diese bieten eine Analyse dieser Personengruppe unter den Gesichtspunkten des „sozialistischen Aufbaus“. Selbst die Stimmungslage in den Betrieben wird nachgezeichnet.

Die staatliche Einflussnahme erfolgte durch verschiedene Instanzen der SBZ bzw. der DDR in der Phase der SAGs. Zur Rekonstruktion wurden die Bestände DC 16 Koordinierungs- und Kontrollstelle für Industrie und Verkehr, DC 20 Ministerrat der DDR Teil 1, DC 20 Bild Ministerrat der DDR, Bildbestand, DG 2 Ministerium für Schwerindustrie, DH 1 Ministerium für Bauwesen und DO 1 Ministerium des Innern (MdI) herangezogen.

Die Stiftung Archiv der Parteien und Massenorganisationen der DDR im Bundesarchiv Berlin-Lichterfelde (SAPMO) bietet vor allem Nachlässe führender Personen der DDR und die Überlieferung der Gewerkschaften. Besonders die Bestände DY 34 Bundesvorstand des Freien Deutschen Gewerkschaftsbundes, NY 4036 Pieck, Wilhelm und NY 4090 Grotewohl, Otto waren aufschlussreich. Während die ersten beiden vor allem die Lohndiskussionen auf staatlicher Seite abbilden, fanden sich im letztgenannten drei Akten mit Einschätzungen des Werkes Böhlen, seiner Führungskräfte und der politischen Orientierung der Belegschaft.

Daneben wurden Bestände kleinerer Archive genutzt. Aus dem Kreisarchiv Grimma stammt eine Akte des Bestandes Gemeindeverordnetenversammlung und Rat der Gemeinde Großdeuben. Aus der Neuseenland-Sammlung im Soziokulturellen Zentrum KuHstall e.V. Großpösna (NlSG) wurden Vor- und Nachlässe sowie der Sonderbestand – dieser umfasst vor allem „Brigadebücher“, Erinnerungsalben und Manuskripte, aber auch betriebliche Druckerzeugnisse wie Betriebskollektivverträge – zur Recherche hinzugezogen. Aus dem Museum der Stadt Borna (MdSB) wurde der Bestand Geschichte des Museums der Stadt Borna genutzt.

Die Aktenbestände zur letzten Phase von der Übergabe der letzten SAG am 01. Januar 1954 bis zum Ende des Untersuchungszeitraumes 1965 befinden sich mehrheitlich im SächsStA-L und im BArch Berlin-Lichterfelde. Einzelne Bestände stammen aus der NlSG. Insgesamt kann die Überlieferungssituation als gut bezeichnet werden, allerdings sinkt im zeitlichen Verlauf die Aussagekraft der Quellen, da sie häufig nur Ergebnisse von Besprechungen wiedergeben und nicht die Diskussionen und Konflikte.

Das SächsStA-L bewahrt auch für die letzte Phase die Überlieferung der Werke im Industriekomplex Böhlen-Espenhain auf. Die Akten der Betriebe sind in den Beständen 20681 VEB Braunkohlenveredelung Espenhain und 20687 VEB Otto Grotewohl Böhlen zu finden. Dies sind die umfangreichsten Bestände, die allerdings den Zeitraum von 1952/54 bis zur Wiedervereinigung umfassen. Ebenso wird der Bestand 20237 Bezirkstag und Rat des Bezirkes Leipzig berücksichtigt. Außerdem sind Archivalien aus den erwähnten Beständen 20680, 20686, 21125, 22243 und 22244 aufschlussreich.

Für die übergeordnete Leitungsebene sind die Bestände des BArch Berlin-Lichterfelde, in dem die Quellen zur staatlichen Wirtschaftsleitung lagern, zu nennen. Dabei enthalten sie Bestände, auf die schon in der vorherigen Phase zurückgegriffen wurden, wie DC 1, DC 20, DC 20 BILD, DG 2, DC 16, DO 1. Zusätzlich waren weitere Bestände zur wirtschaftlichen Leitung zu berücksichtigen. Diese sind DA 1 Volkskammer der DDR, DC 20-I/4 Beschluss- und Sitzungsreihen des Präsidiums des Ministerrates, DE 1 Staatliche Plankommission und DE 4 Volkswirtschaftsrat der DDR. Sie spiegeln die wechselnden Leitungsorgane der DDR-Wirtschaft wider. Die Gewerkschaftsorganisation – überliefert im SAPMO – wurde ebenfalls berücksichtigt. Obwohl ihre realpolitischen Handlungsoptionen eingeschränkt waren, gibt es in ihren Überlieferungen doch einige interessante Dokumente, besonders zur Entwicklung von Löhnen und Gehältern. Der bereits erwähnte Bestand DY 34 ist hierzu aufschlussreich, was auch für NY 4090 und zusätzlich für DY 37 IG Bergbau-Energie gilt. Daneben wurden einzelne Akten aus anderen Beständen zum Gewerkschaftswesen eingesehen, so vor allem DY 1 Deutsche Volksbühne und DY 52 IG Wismut. Ein Einzelfund stellt eine Rede von Fritz Selbmann in NY 4113 Selbmann, Fritz dar.

Die Bestände beim BStU wurden zur Charakterisierung einzelner Angehöriger der Funktionseliten, aber auch für die Beurteilung des betriebswirtschaftlichen Zustandes des Industriekomplexes quellenkritisch verwendet. Insgesamt stellen die Akten des Ministeriums für Staatssicherheit (MfS) eine nicht zu vernachlässigende Quelle für Untersuchungen zur Geschichte der DDR dar, sowohl vor als auch nach 1945. Sie wurden gezielt nach Unterlagen zu einzelnen Personen und Institutionen ausgewertet. Die meisten Akten stammen aus der Bezirksverwaltung für Staatssicherheit Leipzig, häufig aus der Kreisdienststelle Borna, die für die Objektdienststellen Böhlen und Espenhain zuständig war. Darüber hinaus wurden Operativvorgänge zu Personen der Funktionselite genutzt.

Bei den Fotodokumenten wurde weitestgehend auf die NlSG zurückgegriffen. Die Sammlung geht im Kern auf die ehemalige Regionalzentrale Espenhain der Lausitzer und Mitteldeutschen Braunkohlen-Verwaltungsgesellschaft (LMBV) zurück, die um weiteres, allgemeines Sammlungsgut zum Thema Braunkohlenbergbau angereichert wird. Der Schwerpunkt liegt neben Espenhain auf dem Südraum Leipzig. Die Sammlung ist nur begrenzt zugänglich und dient vor allem der musealen Ausstattung des Bergbau-Technik-Park e.V. Daneben wurden Bilder aus den Beständen des SächsStA-L und dem MdSB genutzt.

Zahlreiche Informationen verdankt der Autor dem Briefwechsel mit Wolfgang Sperling, der aus seiner privaten Sammlung umfangreiche Materialien zur Verfügung stellte. Diese gaben wertvolle Informationen über die Lebensumstände der Arbeitskräfte und der Funktionseliten. Die Dokumente sind mit Privatarchiv (PA) Baumert gekennzeichnet. Sie umfassen auch die Kommunikation des Autors mit anderen Wissenschaftlern, die jeweils namentlich ausgewiesen sind.

Die Zeit des Nationalsozialismus 1933 bis 1945

> „Nicht das Volk ist für die Wirtschaft da, sondern die Wirtschaft ist ein Diener am Volke. Und Volk und Wirtschaft sind nicht Sklaven des Kapitals, sondern das Kapital ist nur ein wirtschaftliches Behelfsmittel und damit ebenfalls den größeren Notwendigkeiten der Erhaltung eines Volkes untergeordnet."[124]

Die Zeit des „Dritten Reiches" war prägend für die Gestaltung des Industriekomplexes, obwohl die ASW Böhlen bereits seit 1921/25 den Standort betrieb.[125] Erst zwischen 1933 und 1944 erfolgte der radikale Ausbau. Dies ordnet sich in den allgemeinen kriegswirtschaftlichen Ausbau Mitteldeutschlands ein.[126] Kompromisslos wurden die Industrieanlagen in einer spärlich besiedelten und landwirtschaftlich geprägten Gegend errichtet. In Böhlen lebten 1925 gerade einmal 1575 Menschen, in Espenhain sogar nur 425.[127] Bis 1946 vervierfachte sich die Bevölkerung auf 6424 bzw. 2205. Das Ziel war klar –die Schaffung einer industriellen Basis zur autarken Versorgung von Wehrmacht und Kriegswirtschaft mit Ressourcen, insbesondere Mineralölprodukten. In diese Zeit fiel deshalb der Bau des Hydrierwerkes der Brabag in Böhlen 1935, die Erweiterung des Braunkohlenwerkes Böhlen ab 1935 um eine zusätzliche Brikettfabrik, eine Schwelanlage sowie mehrere Nebengewinnungsanlagen für verschiedene Rohstoffe, der Aufschluss des Tagebaus Espenhain 1937, die Errichtung des Braunkohlenwerkes Espenhain ab 1937, bestehend aus Großkraftwerk, Brikettfabriken, Schwelerei und einer Teerdestillation zur Treibstoffgewinnung, die Gründung eines Kunststoffplattenpresswerk der Raschig GmbH unmittelbar südlich der Espenhainer Anla-

124 SächsStA-L, 20633, Nr. 12, Unser Werk im Leistungskampf der deutschen Betriebe 1939/40 vom 10.01.1940, S. 35. Angebliches Zitat Adolf Hitlers.

125 Vgl. Hönsch, Fritz: Industriekomplex (s. Anmerkung 17), S. 41–51. 1921 begann der Aufschluss des Tagebaus Böhlen noch unter der Bedir. 1924 folgte die Gründung der ASW. Gleichzeitig sollte das „Westkraftwerk" zur Landesenergieversorgung Sachsens errichtet werden, das, nach anfänglichen Schwierigkeiten in der Inflations-Zeit, mit Hilfe zweier US-amerikanischer Kredite 1925/26 über insgesamt 33 Mio. $ zwischen 1924 und 1928 in zwei Ausbaustufen entstand. In die 1920er-Jahre lässt sich auch die Harthdiskussion verorten. Dabei ging es um den Harth-Wald – ein beliebtes Leipziger Naherholungsgebiet – der dem Braunkohlentagebau zum Opfer fallen sollte und deshalb zu intensiven Protesten und öffentlichen Diskussionen führte.

126 Vgl. Schanetzky, Tim: „Kanonen" (s. Anmerkung 32), S. 157. Während die Wirtschaft im Mitteldeutschen Raum allein zwischen 1936 und 1939 um 37 % wuchs, wuchs sie im Westen nur um 23 %. Dies resultierte aus der strategischen Lage fern der Reichsgrenzen.

127 Vgl. Blaschke, Karlheinz/Baudisch, Susanne: Böhlen (s. Anmerkung 116); dies.: Digitales Historisches Ortsverzeichnis Sachsen, Espenhain. Unter: http://hov.isgv.de/Espenhain (Stand: 21.12.2020).

https://doi.org/10.1515/9783110729962-003

gen, einer Aluminiumhütte der Firma Dr. Walter Schmidt ab 1940 in der Flur Eula und eines Elektroschmelzwerkes der Gesellschaft für Elektrometallurgie Dr. Paul Grünfeld in Lippendorf ab 1939. All diese Aktivitäten standen unverkennbar im Zusammenhang mit dem kriegswirtschaftlichen Ausbau Leipzigs zu einem Rüstungszentrum.[128]

Abb. 2: Abteufen des ersten Schachts für den Tagebau der ASW Espenhain am 10. Juli 1937

Trotz der unterschiedlichen Unternehmen im Untersuchungsraum kann nicht von einer privatwirtschaftlichen Organisation gesprochen werden. So war die ASW beispielweise von Anfang an ein Staatsunternehmen, welches jedoch bis zum Ende der Weimarer Republik über einen Aufsichtsrat verfügte, der sich demokratisch zusammensetzte. Zu Recht gilt die ASW deshalb als „Prototyp eines staatsmonopolistischen Unternehmens“[129] in Sachsen. Auch die Brabag, am 25. Oktober 1934 als „Pflichtgemeinschaft der Braunkohlenindustrie“ gegründet, ist als „Zwitterwesen im Spannungsfeld zwischen Staats- und Privatwirtschaft“[130]

128 Heß, Ulrich: Sachsens Industrie (s. Anmerkung 45), S. 69 und 75; Schulz, Maximilian: KZ-Alltag in Leipzig. Das Außenlager Leipzig-Thekla 1943–1945, in: Brunner, Detlev/Kenkmann, Alfons (Hrsg.): Leipzig im Nationalsozialismus. Beiträge zu Zwangsarbeit, Verfolgung und Widerstand, Leipzig 2016, S. 69–89, hier S. 71 f. Besonders prägend war für Leipzig die Munitionsproduktion und die Flugzeugherstellung, die beide in Bezug zur Braunkohlenindustrie standen.

129 Kornprobst, Rudolf: Bergarbeiter (s. Anmerkung 43), S. 37.

130 Bindernagel, Franka/Bütow, Tobias: KZ (s. Anmerkung 67), S. 40. Die Bezeichnung „Parteikonzern“ meint dabei, dass Entscheidungen nicht mehr nach wirtschaftlichem Kalkül, sondern zu charakterisieren, weshalb sich die Bezeichnung „Parteikonzern" in der Forschung etabliert hat. Selbst die Ansiedlung einer der beiden Aluminiumhütten geschah nicht freiwillig, sondern wurde vom Regime forciert: Die Wehrmacht wies 1937 die Gesellschaft für Elektrometallurgie Dr. Paul Grünfeld an, zusätzlich zu ihrem grenznahen Stammwerk im Rheinland einen Zweigbetrieb in Lippendorf zu errichten.[131] Aber nicht nur das Militär übte Einfluss auf die Werke aus. Insbesondere seit der Ausrufung des „Vierjahresplans" 1936 rückte der Industriekomplex in den Fokus zahlreicher unterschiedlicher Reichsstellen. Die wichtigsten waren dabei die „Reichsstelle für Wirtschaftsausbau" (RfW), später „Reichsamt für Wirtschaftsaufbau" (RWA), unter Carl Krauch, der auch unter der Bezeichnung GB chem auftrat. Daneben verfügten vor allem die Unternehmenszentralen der Brabag in Berlin und der ASW in Dresden über Einfluss. Nach dem Beginn der alliierten Luftangriffe ab 12. Mai 1944 traten neue organisatorische Strukturen auf – der Wirtschaftsstab des „Mineralölsicherungsplans", der unter seinem Schöpfer Edmund Geilenberg ebenfalls vor Ort tätig war.

Die NS-Zeit war von dem Versuch einer ideologischen Durchdringung der Belegschaften geprägt. Für die neugeschaffenen Musterbetriebe mit ihren exemplarischen Siedlungen Böhlen, Espenhain, Kitzscher und Magdeborn sollten neue Arbeitsgemeinschaften gebildet werden, die sich explizit von der Leipziger Arbeiterschaft abhoben, die die Nationalsozialisten als „zu sehr marxistisch verseucht"[132] bezeichneten. Daher wurde versucht, Arbeitskräfte aus Regionen anzuwerben, die für eine hohe Zustimmung zur nationalsozialistischen Weltordnung standen, wie das Vogtland, das Erzgebirge und Oberfranken. Ziel war die Schaffung einer „Volksgemeinschaft im Betrieb". Auch die Funktionseliten sollten nach Möglichkeit die Elite des Nationalsozialismus darstellen. Entsprechend hoch war der Anteil an NSDAP-Mitgliedern.

Spätestens mit dem massiven Einsatz von Zwangsarbeitern und Zwangsarbeiterinnen aus allen Teilen Europas wurde die ideologisch propagierte Zusammensetzung der Belegschaft ad absurdum geführt. Bei Kriegsende waren in manchen Teilen der Betriebe zwei Drittel der Belegschaft Nichtdeutsche.

Das soziale Prestige und die Privilegierung, die mit der Arbeit im Industriekomplex einhergingen, sind nicht zu unterschätzen. Dazu gehörten, neben höheren Löhnen und Tarifen, ein umfangreiches Kulturangebot – keine Selbstverständlichkeit im ländlichen Raum –, niedrige Mieten in den Werkswohnungen und ein umfangreiches Sportangebot. In der Kriegszeit ermöglichten die staats-

---

nach den ökonomischen Interessen der NSDAP gefällt wurden. So galten marktwirtschaftliche Prinzipien nicht mehr, wenn sie den Interessen der Kriegsvorbereitungen entgegenstanden.

131 Vgl. Hönsch, Fritz: Industriekomplex (s. Anmerkung 17), S. 60 f.

132 Hofmann, Michael: Kohlearbeiter (s. Anmerkung 15), S. 94.

nahen Betriebe eine bessere Versorgung mit seltenen Konsumgütern, und sie ermöglichten Zusatzeinkommen oder Zusatzverpflegung durch Prämien, die nur in diesem Wirtschaftsbereich gezahlt wurden, wie der „Pleigerprämie", eine Zulage, die nach Paul Pleiger, dem Reichsbeauftragten für Kohle, benannt war. Selbst 1943 gab es noch Möglichkeiten für einen Urlaub in den betriebseigenen Erholungsheimen.

Wirtschaftsorganisation im Nationalsozialismus

Wirtschaftskomplex für den autarken Staat

Der Ursprung des Industriekomplexes Böhlen-Espenhain

Der Beginn des Bergbaus im Untersuchungsraum fällt in das Jahr 1900 mit der Gründung der Grube „Margaretha" in Espenhain, die ab 1903 durch den 26-jährigen Bergwerksdirektor Hermann Eugen Müller geführt wurde, der später eine bedeutende Rolle für den sächsischen Braunkohlenbergbau, die Gründung der ASW und den Aufbau des Industriekomplexes spielen sollte.[133] Allerdings stellte das Unternehmen nur eine kurze Episode dar und war bereits zu Beginn des Ersten Weltkrieges wieder verschwunden.[134]

Daher erfolgt zunächst ein Blick auf die Entwicklung des sächsischen Energieverbundnetzes als Keimzelle des Industriekomplexes. Als erster Schritt wurden 1916 die Elektrodirektion (Eldir) und die Bergbaudirektion (Bedir) als Unterabteilungen des Finanzministeriums gegründet.[135] Als Teil des Planes, die Energieerzeugung und Energieverteilung zentral zu organisieren, wurde zusätzlich 1917 das damals modernste deutsche Braunkohlenkraftwerk Hirschfelde und der dazugehörige Tagebau erworben.[136] Erst mit dem Inkrafttreten des sächsischen Kohlegesetzes am 14. Juni 1918, an dem die späteren Vorstände der ASW Müller und Ernst Wilhelm Just beteiligt waren,[137] wurde der Weg zu einer sächsischen

---

133 Vgl. Hönsch, Fritz: Müller (s. Anmerkung 98), S. 352; ders., Aktiengesellschaft (s. Anmerkung 98), S. 82 f. und 86 ff. Müller erkannte frühzeitig die Bedeutung der Braunkohlenvorkommen und schlug 1904 dem Sächsischen Finanzministerium vor, auf dieser Basis die Landesenergieversorgung aufzubauen. Er kann zweifelsohne als Vater der zentralen Landesenergieversorgung und als Visionär für die heutigen Energieverbundnetze angesehen werden.

134 Vgl. Hönsch, Fritz: Grube (s. Anmerkung 98), S. 67 ff.

135 Vgl. Krüger, Ulrich: ELDIR (s. Anmerkung 103), S. 59.

136 Vgl. ebd., S. 60; Förderverein Technisches Denkmal und Museum Kraftwerk Hirschfelde e. V.: Betriebsgeschichte (s. Anmerkung 104), S. 22 f.

137 Vgl. Hönsch, Fritz: Müller (s. Anmerkung 98), S. 355.

Landesenergieversorgung geebnet.[138] Hirschfelde wurde fortan als Ostkraftwerk bezeichnet. Wie der Name schon impliziert, wurde noch ein weiteres Kraftwerk benötigt. Daher brachte Müller, der seit 1916 im sächsischen Staatsdienst stand, den Standort Böhlen ins Gespräch, den er bereits aus seiner vorherigen Tätigkeit kannte. Wichtige Faktoren für diese Wahl waren zum einen die Qualität der Kohle und zum anderen die relativ dünne Besiedlung, die mit der naturnahen Auenlandschaft und dem Harthwald – einem der größten Waldgebiete in Nordwestsachsen – zusammenhing.[139] Interessanterweise entsponnen sich die größten umweltpolitischen Diskussionen im Raum Leipzig, die im Zusammenhang mit dem Braunkohlenbergbau standen, an eben diesen Naturräumen.[140] Nach ersten Vorbereitungsmaßnahmen 1920, begann der Aufschluss des Tagebaus Böhlen am 11. April 1921, die erste Kohlenförderung folgte fast drei Jahre später am 02. April 1924.[141] Daran schloss sich die Errichtung einer ersten Brikettfabrik im Dezember 1925 an.[142] Hinzu kam das Kraftwerk Böhlen, das mit Hilfe US-amerikanischer Kredite im Rahmen des Dawes-Planes errichtet werden konnte.[143] Auch die Ausstattung des Tagebaus mit der zum damaligen Zeitpunkt größten Abraumförderbrücke der Welt wäre ohne zwei weitere Anleihen undenkbar gewesen.[144]

---

138 Vgl. Sächsisches Hauptstaatsarchiv Dresden (SächsStA-D), 11605 Fa. AG Sächsische Werke (ASW), Nr. 417, Kohlebergbaugesetz vom 14.06.1918.

139 Vgl. Hönsch, Fritz: Müller (s. Anmerkung 98), S. 352.

140 Vgl. Herwig, Wolfgang: „Stopp Cospuden 90“. Auseinandersetzungen um einen Tagebau, in: Steinbach, Brigitte (Hrsg.): Wandel (s. Anmerkung 100), hier S. 5ff.; Kretschmer, Kerstin: Braunkohlenbergbau in Nordwestsachsen und seine Umweltfolgen, in: Bramke, Werner/Heß, Ulrich (Hrsg.): Sachsen und Mitteldeutschland. Politische, wirtschaftliche und soziale Wandlungen im 20. Jahrhundert, Weimar/Köln/Wien 1995, S. 121–137, hier S. 129; dies.: Umwelt (s. Anmerkung 15), S. 113–124. Die erste Diskussion betraf den Harthwald und zog sich von 1911, dem Zeitpunkt der ersten Probebohrungen, bis zur „Machtübertragung“ an die Nationalsozialisten und erreichte 1925 mit zahlreichen Protesten gegen den Braunkohlenbergbau seinen Höhepunkt. Schlussendlich konnten sich die wirtschaftlichen Interessen gegenüber dem Erhalt der Naherholungsflächen durchsetzen. Die zweite betraf den Leipziger Auwald in den 1980er-Jahren, der durch den Tagebau Cospuden, der zum Industriekomplex gehörte, bedroht war. Die Initiative „Stoppt Cospuden 90“ war eine der ersten erfolgreichen Protestaktionen gegen den DDR-Braunkohlenbergbau, die sich allerdings erst nach der „Friedlichen Revolution“ formierte.

141 Vgl. Klotzsche, Heiner/Mai, Eberhard/Morgenstern, Heinz: Böhlen (s. Anmerkung 65), S. 2.

142 Vgl. Hönsch, Fritz: Industriekomplex (s. Anmerkung 17), S. 48.

143 Vgl. Ders.: Aktiengesellschaft (s. Anmerkung 98), S. 84. Nachdem eine nationale Anleihe in Höhe von 100 Mio. Reichsmark unter den Bedingungen der Hyperinflation gescheitert war, wurden 1925 Kredite von 15 Mio. Dollar und 1926 von 18 Mio. Dollar bei der National City Bank in New York aufgenommen.

144 Vgl. Ders.: Industriekomplex (s. Anmerkung 17), S. 45. Trotz der Bedingungen der Weltwirtschaftskrise gelang es Müller 1930 und 1933 erneut, zwei Anleihen in der Höhe von insgesamt

Die Gründung der ASW erfolgte im November 1923 und war eine Notgeburt aufgrund der Hyperinflation sowie der daraus resultierenden Einführung der Rentenmark. Mit der Fertigstellung des Kraftwerkes waren die Bestrebungen der ASW zum weiteren Ausbau noch nicht abgeschlossen. Das Unternehmen war bereits in den 1920er-Jahren bestrebt, über die Stromversorgung hinaus den Schritt zum Rohstoffproduzenten zu vollziehen. Hierzu war der Bau einer Anlage zum Verschwelen von Braunkohle angedacht, der jedoch an fehlenden finanziellen Mitteln scheiterte.[145] Diese Pläne sollten sich im Nationalsozialismus erfüllen.

Auf dem Weg zum Staatskapitalismus

Die wirtschaftspolitischen Maßnahmen im Nationalsozialismus waren von einem grundlegenden Paradigmenwechsel von der Austeritäts- zu einer Verschuldungspolitik geprägt, der in zwei Phasen erfolgte. Die erste begann bereits in den frühen 1930er-Jahren mit einer zunehmenden Verschärfung ab dem „Vierjahresplan" 1936. Daran schloss sich eine weitere Radikalisierung innerhalb der Kriegswirtschaft an, die in der Mobilmachung zum „Totalen Krieg" mündete.

Allerdings erfolgte die Transformation von einem marktliberalen System der 1920er-Jahre hin zur „gelenkten Wirtschaft" in einem langwierigen Prozess.[146] Dessen Ausgangspunkt war die Devisenbewirtschaftung ab Sommer 1931 zu Zeiten des Präsidialsystems am Ende der Weimarer Republik.[147] Zwar schufen die

16,7 Mio. Dollar bei diesem Kreditinstitut zur Finanzierung der Abraumförderbrücke zu platzieren. Dabei war ihre Beschaffung für den wirtschaftlichen Erfolg des Tagebaus unumgänglich.

145 Vgl. SächsStA-L, 20632 ASW (Aktiengesellschaft Sächsische Werke) Braunkohlen- und Großkraftwerk Böhlen, Nr. 1175, Generaldirektor Müller vom 22.02.1927 und Besprechung über Angebot Böhlen vom 22.02.1927. Seidenschnur errechnete einen Verarbeitungspreis pro Tonne Rohkohlen von 2,35 RM. Diese erscheinen allerdings unrealistisch, da 1943 eine Tonne Schwelteer (explizit nicht das Ausgangsprodukt) 37,55 RM kostete.

146 Vgl. Hayes, Peter: Industry and Ideology. IG Farben in the Nazi Era, Cambridge/New York [1989] 2001, S. 79. Nach Hayes lief die Entwicklung der Wirtschaft im Nationalsozialismus den allgemein gültigen Regeln eines marktwirtschaftlichen Kapitalismus zuwider. Zwar sah er den Beginn dieser Politik erst im Vierjahresplan 1936, dennoch ist die Erkenntnis eines staatlich regulierten Kapitalismus nachvollziehbar.

147 Vgl. Tooze, Adam: Ökonomie (s. Anmerkung 27), S. 35 – 39. Es war vor allem die Außenpolitik von Heinrich Brüning, die zur Bankenkrise des Sommers 1931 führte. Vorher gab es die Möglichkeit zur Verständigung mit Frankreich als potentiellem Partner, die den Anfang einer europäischen Integration hätte bedeuten können. Folge seiner Politik war eine unvermeidbare Regulierung der Importe. Diese Devisenpolitik blieb bis zum Ende des „Dritten Reichs" zentral für die Politik von Reichsbank und Reichsfinanzministerium und stellte somit den wichtigsten Beitrag dieser Institutionen zum Machterhalt der Nationalsozialisten dar. Die Präsidialkabinette

Präsidialkabinette bereits die Grundlage für die spätere Umgestaltung der Wirtschaft und legten den Grundstein für die Aufrüstungspolitik, allerdings verfolgten sie nicht das Ziel, das ökonomische System grundlegend zu verändern. Ihre Politik ermöglichte jedoch den Nationalsozialisten einen verstärkten Zugriff auf die Wirtschaft. Nach Hitlers Definition hatte die Wirtschaft kein anderes Ziel, als dem Staat zu dienen, wie er schon in „Mein Kampf" konstatierte:

> „Er [der Staat] ist nicht eine Zusammenfassung wirtschaftlicher Kontrahenten in einem bestimmt umgrenzten Lebensraum zur Erfüllung wirtschaftlicher Aufgaben, sondern die Organisation einer Gemeinschaft physisch und seelisch gleicher Lebewesen zur besseren Ermöglichung der Forterhaltung ihrer Art sowie der Erreichung des dieser von der Vorsehung vorgezeichneten Zieles ihres Daseins. Dies und nichts anderes ist der Zweck und Sinn eines Staates. Die Wirtschaft ist dabei nur eines der vielen Hilfsmittel, die zur Erreichung dieses Zieles eben erforderlich sind. Sie ist aber niemals Ursache oder Zweck eines Staates, sofern eben dieser nicht von vornherein auf falscher, weil unnatürlicher Grundlage beruht."[148]

Daher begann der Zugriff der Nationalsozialisten auf die Wirtschaft bereits unmittelbar nach der „Machtübertragung" 1933. Der erste Sektor der Ökonomie, der eine weitgehende Umgestaltung nach den Interessen des neuen Staates erfuhr, war die Landwirtschaft. Diese wurde durch den Reichsnährstand (RNS) unter Walter Darré und Herbert Backe umgebaut und führte zu einem zentralgesteuerten System.[149] Ein Vergleich mit einer Zentralplanwirtschaft liegt hier nahe, auch wenn auf eine Kollektivierung verzichtet wurde und sie auch nicht zur Diskussion stand. Der RNS spielte für die Braunkohlenindustrie im Untersuchungsraum in der Transformationsphase 1933/34 eine Rolle. Dabei stand der RNS mit der ASW im Konflikt um die expansive Landschaftsnutzung der Tagebaue, die durch das „Reichserbhofgesetz" und Bestimmungen zur selektiven

---

schufen damit bereits die Grundlage für die spätere Umgestaltung der deutschen Wirtschaft und legten den Grundstein für die Aufrüstungspolitik des „Dritten Reichs".

148 Hartmann, Christian u. a. (Hrsg.): Hitler, Mein Kampf. Eine kritische Edition, Berlin/München 2016, S. 425 ff.

149 Vgl. Tooze, Adam: Ökonomie (s. Anmerkung 27), S. 226 f. Dem RNS unterstanden neben den Bauernhöfen auch die verarbeitenden Wirtschaftszweige. Dadurch kontrollierte er ca. ein Viertel des gesamten deutschen Bruttoinlandsproduktes und 40 % der deutschen Arbeitskraft. Hinzu kam der Einfluss auf die Konsumenten durch seine Preispolitik, bei denen im Schnitt die Lebensmittelversorgung den größten Posten des Haushaltsbudgets ausmachte. Darré versuchte selbst Einfluss auf die Industrie über den Lebensmittelsektor hinaus zu nehmen, indem er beabsichtigte, den Landwirtschaftsgerätebau dem RNS unterzuordnen. Allerdings scheiterten diese ambitionierten Pläne an der Machtfülle und den Kontakten von Schacht 1934.

Massengewinnung eingeschränkt werden sollte.[150] Sogar die Forderung nach Einstellung des Braunkohlentagebaus bestand durch den RNS.

Ein zentraler Eingriff in die Wirtschaftsorganisation im „Dritten Reich" war das Gesetz zur „Ordnung der nationalen Arbeit" vom 20. Januar 1934. Mit diesem wurde de facto die „Betriebsgemeinschaft" als Gemeinschaft aus dem „Führer des Betriebes" und der „Gefolgschaft" gegründet.[151] Gleichzeitig schloss es die „Gleichschaltung" des Wirtschaftslebens ab, die mit der Zerschlagung der Gewerkschaften sowie der Schaffung der DAF und dem Einsetzen der „Reichstreuhänder der Arbeit" im Mai 1933 begonnen hatte. Diese Politik richtete sich anfangs mit ehrgerichtlichen Verfahren auch gegen die Unternehmer und entsprach dem strukturellen antisemitischen Grundtenor.[152] Die unternehmerfeindliche Periode war aber nur von kurzer Dauer.

Die Liste der staatlichen Stellen, die Einfluss auf die Wirtschaftsorganisation im Industriekomplex ausübten, ist lang, wobei viele keine oder nur geringe Auswirkungen zeigten. Beispielhaft hierfür steht die dem Reichswirtschaftsministerium (RWM) angegliederte „Reichsstelle für Wirtschaftsmoral". Sie wurde von Seiten des Direktors Hans Michael im Konflikt zwischen dem Werk Böhlen und der Hauptverwaltung der ASW in Dresden eingeschaltet.[153] Ihre Bedeutung war marginal, wie an ihrem fehlenden Einfluss bei dem Streit klar wurde. Dem gegenüber standen die „Reichsbevollmächtigten für Preisbildung", die zwar nur in wenigen Fällen Kompetenzen gegenüber den Unternehmen im Industriekomplex geltend machten, allerdings erfuhren ihre Anordnungen konsequent Be-

---

150 Vgl. Kretschmer, Kerstin: Umwelt (s. Anmerkung 15), S. 151–156; dies.: Struktur- und Umweltprobleme des Leipziger Südraumes in der ersten Hälfte dieses Jahrhunderts, in: Sächsische Heimatblätter 5, 1997, S. 283–288, hier S. 284. Der Konflikt mit dem RNS entzündete sich vor allem an der „Mutterbodenwirtschaft". Dieser forderte von den Bergbauunternehmen eine separate Gewinnung der begrünbaren Abraumschichten, damit der Boden für die Rekultivierung ausgekohlter Flächen eingesetzt werden konnte. Dadurch sollten die der Landwirtschaft entzogenen Flächen nach deren Nutzung ihr wieder zugeführt werden. Eine entsprechende Richtlinie wurde nach langen Diskussionen am 16. Juli 1940 erlassen, eine Umsetzung erfolgte während des Krieges aber kaum. Darüber hinaus gab es einflussreiche Stimmen im RNS, die am liebsten den gesamten Braunkohlentagebau verboten hätten. Aus wirtschaftlichen Gründen waren solchen Bestrebungen aber utopisch. Ebenso bestand ein Konflikt um Erbhöfe, die dem Flächenbedarf des Braunkohlentagebaus ebenfalls diametral gegenüberstanden.

151 Vgl. Wildt, Michael: Geschichte des Nationalsozialismus, Göttingen 2008, S. 91.

152 Vgl. Siegel, Tilla: „Ordnung der Arbeit" (s. Anmerkung 59), S. 46f. Explizit wurde die „Rassenzugehörigkeit" der Verurteilten erwähnt. Diese richteten sich dabei gegen die angeblichen „Wurzellosen Wirtschaftseliten". Bezeichnenderweise handelte es sich dabei jedoch meistens um klein- und mittelständische Unternehmen.

153 Vgl. SächsStA-L, 20632, Nr. 1141, Reichstelle für Wirtschaftsmoral vom 25.10.1938.

achtung.[154] Ihre Funktion war entscheidend für die Transformation von der Marktwirtschaft zur „gelenkten Wirtschaft“, da dadurch das Grundprinzip der Preisbildung außer Kraft gesetzt wurde. Daher schaltete die Brabag sie auch bei den Vertragsverhandlungen mit der ASW ein, um den Preis für Teer zu regulieren.[155] Allerdings trat der verantwortliche „Reichsbevollmächtigte“ meist nur mit den Hauptverwaltungen der Unternehmen in Kontakt, die mit ihm Entscheidungen für den Industriekomplex fällten.[156] Diese berücksichtigten dann die wirtschaftlichen Interessen beider Unternehmen.

Besonders die Entwicklung der chemischen Industrie wirkte sich auf den Industriekomplex Böhlen-Espenhain aus. Die IG Farben – in den 1930er-Jahren das weltweit größte Unternehmen mit 200 000 Mitarbeitern – schloss mit dem Deutschen Reich am 14. Dezember 1933 den „Benzinvertrag“ ab, der den Ausbau der Benzinhydrierung nach dem Bergius-Pier-Verfahren im Leuna-Werk auf 350 000 Tonnen im Jahr und deren garantierte staatliche Abnahme enthielt.[157] Dieser Vertrag basierte noch weitestgehend auf den marktwirtschaftlichen Prinzipien, auch wenn er die IG Farben, ohne ökonomische Notwendigkeit, in Abhängigkeit oder zumindest in eine enge Verbindung mit den Nationalsozialisten brachte.[158] Weitreichender waren die Folgen der Brabag Gründung im Jahr 1934. Auch hier lag die Motivation in der Autarkie von ausländischen Treibstoffeinfuhren, zum einen um die angespannte Devisensituation zu entlasten und zum anderen um die Wehrmacht, unabhängig von Erdölimporten, versorgen zu können. Der neue Wirtschaftsminister Hjalmar Schacht, seit 03. August 1934 im Amt,

---

154 Vgl. ebd., Anordnung über Höchstpreise für Nutzeisen vom 04.10.1939. Entsprechende Anordnungen waren für alle Unternehmen bindend und verhinderten die Regulierung durch freie Preisbildung.

155 Vgl. ebd., Nr. 12, Vertrag Böhlen-Erweiterung vom 30.12.1938.

156 Vgl. ebd., 20640 ASW Braunkohlen- und Großkraftwerk Espenhain, Nr. 78, Besprechung beim Reichskommissar für die Preisbildung am 09.11.1942. Nach zähen Verhandlungen legte er schlussendlich den Preis für den Dieseltreibstoff aus der Teerverarbeitung in Espenhain fest, nachdem sich lange Zeit das OKM geweigert hatte, den von der ASW geforderten Preis zu bezahlen.

157 Vgl. Kockel, Titus: Zickzackurs in den Krieg. Deutsche Ölpolitik von Achnacarry Castle bis Karinhall (1928–1938), in: Eichholtz, Dietrich (Hrsg.): Deutsche Ölpolitik (s. Anmerkung 3), S. 188–278, hier S. 212 f. Der Vertrag trat zwar erst am 01. Juli 1934 in Kraft, für die hiesige Studie ist der Dezember 1933 jedoch interessanter. Zu diesem Zeitpunkt garantierte das Reich der IG einen festen Abnahmepreis, der die Kohlenhydrierung überhaupt erst rentabel machte. Gleichzeitig profitierte auch das Reich finanziell von dem Vertrag, da es sämtliche Gewinne, die über 5% hinausgingen, einbehielt. Spätestens ab 1936 erwirtschaftete das Leuna-Werk Gewinne.

158 Vgl. Schanetzky, Tim: „Kanonen“ (s. Anmerkung 32), S. 37. Nachdem der Konzern bis 1932 Abstand zur NSDAP hielt, änderte sich diese Politik nach 1933 schlagartig. Damit ging der Konzern eine Verbindung ein, die schlussendlich zu seinem Untergang führte.

entschied sich zu diesem Eingriff in die nationale Wirtschaftsorganisation. Nachdem er im September 1934 mit einer Selbstverpflichtung der führenden deutschen Unternehmen der Mineralöl- und Kohlenindustrie gescheitert war,[159] ließ er mit Hilfe der „Verordnung über die Errichtung wirtschaftlicher Pflichtgemeinschaften in der Braunkohlenwirtschaft" am 25. Oktober 1934 die Brabag gründen.[160] Die ASW nahm bereits an der Besprechung zur Selbstverpflichtung der Braunkohlenindustrie am 21. September 1934 teil und wurde widerspruchslos Mitglied in der Pflichtgemeinschaft.[161]

Umbau und Ausbau sowie Bedeutung des Industriekomplexes

Unmittelbar nach der „Machtübertragung" an die Nationalsozialisten erlebte die ASW eine „Säuberungswelle", bei der missliebige Persönlichkeiten aus der Unternehmensspitze entfernt wurden. Der Aufsichtsrat bestand bis zu diesem Zeitpunkt aus Vertretern sämtlicher, im Sächsischen Landtag repräsentierter Parteien sowie zweier Betriebsratsangehöriger – insgesamt 72 Personen.[162] Dies änderte sich im März/April 1933 Jahres. Nachdem bereits im März/April 1933 der bisherige Aufsichtsrat abgelöst worden war, schrumpfte das Gremium 1934 auf zehn Personen, von denen neun NSDAP-Mitglieder waren oder für das Land Sachsen arbeiteten. Hierbei handelte es sich um Georg Lenk, sächsischer Wirtschaftsminister 1933–1943,[163] Rudolf Kamps, sächsischer Finanzminister 1933–1945,[164] Curt Lahr, Leiter der Sächsischen Staatskanzlei 1935–1937 und Präsident des Sächsischen

159 Vgl. Birkenfeld, Wolfgang: Treibstoff (s. Anmerkung 66), S. 38. Die Werke wären in diesem Falle Eigentümer der Anlagen geblieben und hätten durch die Abnahmegarantie des Reichs sowie Verzinsung und Abschreibung des aufgewendeten Kapitals keinerlei Verluste befürchten müssen. Allerdings waren der voraussichtliche Gewinn zu niedrig und die alternativen Investitionsmöglichkeiten im Aufschwung verlockender.

160 Vgl. Tooze, Adam: Ökonomie (s. Anmerkung 27), S. 148 f. Die Gründung der Brabag stand in erster Linie in Zusammenhang mit der katastrophalen Devisenlage bei Schachts Amtsantritt. Daher war das Reich nicht bereit, 250–300 Mio. RM für den Ausbau der Mineralölwirtschaft zu investieren. Aber auch die Unternehmen der Braunkohlenindustrie waren freiwillig nicht zur Finanzierung zu bewegen. Als Konsequenz dieser Zurückweisung durch die Unternehmen, ließ Schacht eine Verordnung entwerfen, die die Unternehmen zwang, das Projekt der Brabag zu unterstützen.

161 Vgl. SächsStA-D, 11605, Nr. 3244, Gründung der Brabag vom 25.10.1934.

162 Vgl. ebd., Nr. 3231, Geschäftsbericht für das Jahr 1931.

163 Vgl. Grosche, Thomas: Georg Lenk. Wirtschaftsminister Sachsens, in: Naser, Gerhard/Pieper, Christine/Schmeitzner, Mike (Hrsg.): Braune Karrieren (s. Anmerkung 84), S. 180–186, hier S. 181 ff.

164 Vgl. Schmeitzner, Mike/Wagner, Andreas (Hrsg.): Von Macht und Ohnmacht (s. Anmerkung 84), S. 391.

Sparkassenverbandes 1938–1945,[165] Hellmut Körner, Landesbauernführer in Sachsen 1933–1945,[166] Gotthard Böttger, 1941 Leiter des Gauamtes für Technik,[167] Ernst Erich Kunz, Leiter des Amtes für Kommunalpolitik bei der Gauleitung Sachsen 1930–1939 und Reichstagsabgeordneter der NSDAP 1933–1939,[168] Herbert Kyser, Direktor der Saaletalsperren und „Wehrwirtschaftsführer" in Thüringen,[169] Kurt Nebelung, Präsident der Sächsischen Staatsbank 1933–1945[170] sowie Erich Rosig, Oberregierungsrat und von 1930 bis Oktober 1933 Landtagsabgeordneter für die NSDAP in Sachsen.[171] Einzige Ausnahme bildete Henry Mann, der seit 1932 als Vertreter der amerikanischen Geldgeber zur Kontrolle und Einhaltung der Kreditbestimmungen bis zur Kriegserklärung des Deutschen Reiches an die Vereinigten Staaten 1941 im Aufsichtsrat saß.[172]

Auch der Vorstand erlebte eine „Gleichschaltung". Neben öffentlichen Angriffen, teilweise in der überregionalen Presse, wie in der Frankfurter Zeitung vom 31. Mai 1933, wurden mit Erich Förster, Richard Hille, Hermann Eugen Müller und Friedrich Wöhrle vier seiner Mitglieder in „Schutzhaft" genommen.[173] An ihre Stelle traten als Vorstandsvorsitzender Karl Kühn, als Leiter des Bereichs Chemie Ernst Wilhelm Just, als Verantwortlicher für die kaufmännische Leitung Alfred Stoltze, als Leiter des Rechtswesens Alfred Hertzsch, sowie als Verantwortlicher für den Bereich Bergbau Heinrich Ehlers.[174] Mit Ausnahme von Just waren alle später zusätzlich Vorstandsmitglieder der AKA, die 1940 zur Finanzierung des Aufbaus des ASW Braunkohlen- und Großkraftwerkes Espenhain gemeinsam mit

---

165 Vgl. Hillen, Barbara: Curt Robert Lahr, in: Schattkowsky, Martina (Hrsg.): Sächsische Biografie. Unter: http://saebi.isgv.de/biografie/Curt_Lahr_(1898–1974) (Stand: 21.12.2020).

166 Vgl. Stockhorst, Erich: 5000 Köpfe. Wer war was im Dritten Reich, Kiel 2000, S. 243.

167 Vgl. Nolzen, Armin: Sächsische NSDAP (s. Anmerkung 86), S. 43–57, hier S. 48.

168 Vgl. Stockhorst, Erich: 5000 Köpfe (s. Anmerkung 166), S. 258.

169 Vgl. ebd., S. 259.

170 Vgl. ebd., S. 305.

171 Vgl. Munke, Martin (Hrsg.): Historische Protokolle des Sächsischen Landtages. Unter: https://landtagsprotokolle.sachsendigital.de/personen/details/?action=detail&pers_id=432 (Stand: 21.12.2020).

172 Vgl. Schanetzky, Tim: „Kanonen" (s. Anmerkung 32), S. 37; SächsStA-L, 20632, Nr. 114, Geschäftsbericht 1934. Dies stand keinesfalls im Gegensatz zur nationalsozialistischen Ausrichtung des Unternehmens. Das Beispiel Opel zeigt, dass US-Konzerne bereit waren, mit den neuen Machthabern zu kooperieren.

173 Vgl. Hönsch, Fritz: Aktiengesellschaft (s. Anmerkung 98), S. 89f. Während Müller zu Hause seine „Schutzhaft" verbrachte, wurden Förster, Hille und Wöhrle im KZ Hohnstein inhaftiert. Allerdings blieben sie nicht lange arretiert. Bereits im Juni wurde die „Schutzhaft" für Müller wieder aufgehoben. Auch die anderen wurden spätestens im Sommer 1933 entlassen.

174 Vgl. SächsStA-L, 20632, Nr. 114, Geschäftsbericht 1934. Kühn war, neben Just, bereits vor 1933 im Vorstand aktiv.

entsprechenden Reichsstellen gegründet wurde.[175] Bis Kriegsende war die einzig relevante Personalveränderung im Vorstand der ASW die Ernennung von Werner Schmiedel, einem engen Vertrauten Mutschmanns, zum „Betriebsführer“ für die gesamte ASW im September 1943. De facto bekleidete er damit den Posten des Vorstandsvorsitzenden. Diese Besetzung richtete sich gegen Lenk-Vertraute in diesem Gremium, vor allem gegen seinen Vorgänger Kühn.[176]

Die neue Unternehmensführung schien nicht für alle überzeugten Nationalsozialisten hinnehmbar. Besonders Heinrich Ehlers, Vorstandsmitglied und gleichzeitig Direktor der Hauptverwaltung, wurde vom Direktor Hans Michael, Werksleiter der ASW Böhlen und bereits vor 1933 NSDAP-Mitglied, abgelehnt. Durch Diskreditierung versuchte er sich seines Vorgesetzten zu entledigen:

> „Ehlers ist, wie mir der Parteigenosse Michael vertraulich mitteilte, kein Nationalsozialist und ein Mann mit 2 Gesichtern. […] Weiterhin habe ich festgestellt, dass Ehlers der Deutschen Arbeitsfront gegenüber feindlich eingestellt ist und zwar hat er im Gespräch mit Parteigenosse Michael folgendes geäussert: ‚Was ist den schon die Deutsche Arbeitsfront? Wenn man zu Tagungen geht, dann langweilt man sich nur, denn was dort gesagt wird ist nur sinnloses Zeug. Was ist den schon Ley? Der starke Mann in Deutschland ist Dr. Schacht.‘ […] Auch hat er mehrfach versucht [,] den Parteigenossen Michael und den Parteigenossen Dehler von der Mitarbeit in der Deutschen Arbeitsfront zurückzuhalten, mit der stillen unausgesprochenen Absicht: ‚Warten sie nur ab, man weiss ja noch nicht, wer überhaupt in Frage kommt, Ley oder Schacht!‘“[177]

Die Eingriffe in die ASW erfolgten nahezu ausschließlich auf den obersten Ebenen der Unternehmenshierarchie, auf den unteren Ebenen fanden hingegen weder Personal- noch Organisationsveränderungen statt. Die Gründe hierfür sind in der Belegschaftsentwicklung der 1920er-Jahre zu suchen, bei der die ASW bereits auf eine möglichst unpolitische Arbeiterschaft zurückgriff.[178] Daher war eine Reaktion der neuen Machthaber nicht notwendig und der Übergang erfolgte ohne Probleme. Grundlegende Strukturveränderungen kamen hingegen erst ab Kriegsbeginn 1939 vor und waren Ausdruck von Rationalisierungsmaßnahmen. Mit der „Säuberung“ von Aufsichtsrat und Vorstand hingegen erfolgte eine Einschüchterung und Disziplinierung der Führungsebene. Dabei wurde die parlamentarische Kontrolle über das Unternehmen genutzt, um eine antidemokratische Umwälzung durchzuführen. Das einstmals demokratisch geführte

175 Vgl. SächsStA-D, 11605, Nr. 916, Vertrag über die Gründung der Aktiengesellschaft für Kraftstoff-Anlagen vom 25.10.1940.

176 Vgl. ebd., Nr. 915, Geschäftsbericht für das Jahr 1943.

177 SächsStA-L, 20632, Nr. 1141, der Kreiswalter, Stimmungsbericht vom 20.01.1936.

178 Vgl. Hofmann, Michael: Kohlearbeiter (s. Anmerkung 15), S. 94.

Staatsunternehmen wurde somit leichte Beute für die Nationalsozialisten, ohne dass ihr Vorgehen bereits im Zusammenhang mit dem Aufbau einer autarken Mineralölwirtschaft stand. Ein Vergleich mit anderen Branchen zeigt den Unterschied. Beispielsweise zog sich die „Machtübertragung" beim jüdischen Waffenhersteller Simson in Suhl über drei Jahre hin.[179] Allerdings war in Bezug auf den Wandel zum Rohstoffproduzenten auch gar keine Entmachtung der weiteren Unternehmensführung notwendig gewesen, da die ASW eine derartige Strategie schon seit den 1920er-Jahren verfolgte und ab 1933 umsetzte, wie die in diesem Jahr geführten Verhandlungen über den Aufbau einer Schwelerei zeigen.[180] Damit stellte sich die ASW in eine Reihe mit anderen Bergbauunternehmen, die ebenfalls vor 1933 entsprechende Ideen hatten und diese sogar teilweise umsetzten.[181] Die Pläne gingen bei der ASW soweit, dass sie eigenständig zum Bau einer Hydrieranlage übergehen wollte, wie Ehlers in einem Schreiben an seine Vorstandskollegen festhielt:

> „Ich habe es immer als einen Misserfolg bezeichnet, daß seinerzeit infolge Dazwischentretens vieler Personen und Stellen, insbesondere durch die Gründung der BRABAG selber, meine Pläne [,] welche auf die Erstellung eines eigenen Hydrierwerkes hinausliefen, unmöglich gemacht wurden."[182]

Die Produktion des Industriekomplexes war in seiner Ausrichtung nach 1933 einzig im militärisch-industriellen Bereich angesiedelt. Die Bedeutung, die das nationalsozialistische Deutschland der Kohle beimaß, offenbart sich in einem Artikel in der Zeitschrift „Energie", der detailliert den Kohlenbedarf je Einheit von Waffen auflistet.[183] Eine zivile Nutzung der Grundstoffproduktion des Untersuchungsraumes war nicht geplant und hätte unter marktwirtschaftlichen Voraussetzungen wahrscheinlich auch nicht funktioniert, wie die Entwicklung der synthetischen Treibstoffproduktion in der BRD nach 1945 zeigt.[184]

---

179 Vgl. Schulz, Ulrike: Simson (s. Anmerkung 20), S. 163 ff. Diese war dann auch keine „Säuberung" wie bei der ASW, sondern eine Enteignung.

180 Vgl. SächsStA-L, 20632, Nr. 247, projektierte Entteerungsanlage Böhlen vom 20.10.1933.

181 Vgl. Schanetzky, Tim: „Kanonen" (s. Anmerkung 32), S. 85.

182 SächsStA-D, 11605, Nr. 3162, Brief von Ehlers vom 15.04.1940.

183 Vgl. Energie. Technische Fachzeitschrift für Maschinenbau, Metallbearbeitung, Elektrotechnik, Krafterzeugung und Rationalisierung, 21, 1942, Heft 11, S. 197. So wurde der Kohlenbedarf je gefertigtem Panzer mit 90 Tonnen, je Bomber mit 115 Tonnen und für ein Schlachtschiff mit 120 000 Tonnen angegeben. Aber auch für Benzin, Strom, Stahl, Aluminium sowie für Lebensmittel, wie Zucker oder Bier, und Waren des täglichen Gebrauchs, wie Zeitungspapier, wurde er angegeben.

184 Karlsch, Rainer/Stokes, Raymond: Faktor Öl (s. Anmerkung 53), S. 258 – 262; Stärk, Gerhard: Fritz & Bertel. Eine Chronik von 1909 bis 2009, Guntersblum 2020, S. 36 ff.

Erste Pläne zur Treibstoffproduktion stammten aus der Zeit vor 1933. Die ASW bestellte beim Leiter der „Wärmewirtschaftlichen Abteilung" des Braunkohlenforschungs-Instituts in Freiberg, Prof. Dr.-Ing. Fritz Seidenschnur, eine Studie zur Realisierung einer Benzingewinnungsanlage auf Braunkohlenbasis, die dieser im November 1932 vorlegte.[185] Diese Pläne wurden nach der „Machtübertragung" durch die Nationalsozialisten weitergeführt:

> „Das nunmehr vorliegende Projekt einer ‚Treibstoff-Gewinnungsanlage Böhlen' liegt durchaus in der Linie der für die Aktiengesellschaft Sächsische Werke vorgesehenen Entwicklung, da die Gesellschaft [...] alle Bestrebungen verfolgt hat, die die Möglichkeit einer volkswirtschaftlich günstigen Auswertung der in ihrem Besitz befindlichen Braunkohlenvorkommen zu bieten schienen."[186]

Das skizzierte Projekt ist neben der parallelen Entwicklung des Benzinvertrages mit der IG Farben eine der ersten Initiativen der wirtschaftlichen Autarkiepolitik.[187] Zumal das Reichsverkehrsministerium im September 1933 seine Bereitschaft zur Unterstützung dieser Pläne erklärte, auch wenn das eher symbolischer Charakter hatte.[188] Darüber hinaus führte die ASW von Frühjahr bis September 1934 Verhandlungen mit der IG Farben über Patente zum Aufbau einer Benzingewinnungsanlage nach dem Bergius-Pier-Verfahren.[189] Insgesamt zeigen diese Bestrebungen, dass der Industriekomplex von Beginn der nationalsozialistischen Herrschaft an eine zentrale Rolle für die wirtschaftlichen Autarkiebestrebungen spielte und dass die ASW selbstständig als Akteur auftrat.

Die Gründung der AKA spiegelt ebenfalls die Kooperation von Reichsbehörden, sächsischen Amtsträgern und der ASW beim Auf- und Ausbau der Grundstoffindustrie, besonders für die Zeit nach Kriegsbeginn. Die 1940 gegründete AKA diente zur Finanzierung des Braunkohlen- und Großkraftwerkes Espenhain, das neben Tagebau, Brikettfabriken, Kraftwerk und Schwelerei zusätzlich eine

---

185 Vgl. SächsStA-L, 20632, Nr. 1109, Bedeutet die Errichtung einer Anlage zur Benzingewinnung aus Braunkohle in Böhlen für die Aktiengesellschaft Sächsische Werke ein Risiko? vom 09.11.1932. Die Planungen waren in einem sehr frühen Stadium und behandelten vordergründig die Frage, ob überhaupt die Böhlener Braunkohle in Frage kommt. Dabei galt ihr Einsatz weder als technisches noch als finanzielles Wagnis. Allerdings war die konzipierte Anlage mit ca. 10 000 Tonnen Benzinerzeugnissen pro Jahr von geringer Kapazität. Außerdem ist der Gestehungspreis, den er mit 2 Pfennig pro Kilogramm Reinbenzin angab, zu niedrig veranschlagt, wie die Gestehungskosten von 19 Pfennig für das im Großverfahren hergestellte Benzin der IG Farben beweisen.

186 Ebd., Abteilung Bergbau vom 16.12.1933.

187 Vgl. Tooze, Adam: Ökonomie (s. Anmerkung 27), S. 147 f.

188 Vgl. SächsStA-L, 20632, Nr. 1109, Treibstoffgewinnungsanlage, Besprechung im Finanzministerium am 13.09.1933.

189 Vgl. ebd., Nr. 14, Treibstoffanlage Böhlen vom 14.09.1934.

separate Treibstoffgewinnung umfasste. Der ASW als auch dem sächsischen Staat waren die Finanzierung dieser Anlagen nicht möglich, weshalb das Reich einsprang.[190] Während der Vorstand, als ausführendes Organ, von sächsischen Personen dominiert war, bestimmte das Reich im Aufsichtsrat.[191] Die Errichtung des Espenhainer Teils des Industriekomplexes stand dabei in Zusammenhang mit dem Ausbau der Kraftstoffindustrie im „Vierjahresplan". Neben der eigenen Erzeugung von Diesel sowie Schwer- und Heizöl im Blasendestillationsverfahren war die Versorgung des Hydrierwerkes Zeitz mit Teer und Koks aus der Schwelerei geplant.[192] Damit war Espenhain der erste vertikal integrierte Treibstoffhersteller der Braunkohlenindustrie, der von der Rohstoffförderung bis zum fertigen Endprodukt produzierte.

Die Bedeutung von Böhlen-Espenhain für die Autarkiepolitik des „Dritten Reiches" wird besonders an der Brabag ersichtlich, die 1934 aus der „Pflichtgemeinschaft der Braunkohlenindustrie" hervorging.[193] Ihre Stellung als NS-Musterbetrieb verdeutlicht bereits ihre rechtliche Konstruktion. Zwar handelte es sich um eine Aktiengesellschaft, die jedoch nicht mehr nach den Prinzipien der Marktwirtschaft handelte:

> „Die Brabag hat seit ihrer Gründung keine Dividende verteilt, obwohl sie insbesondere in den letzten Jahren nicht unerhebliche Gewinne erzielt hat und die vertraglichen Abma-

---

190 Vgl. Baumert, Martin: Nationalsozialistische Autarkiepolitik in der Braunkohlenwirtschaft. Tagebau und Braunkohlenwerk Espenhain 1936 bis 1945, Magisterarbeit Universität Leipzig 2011, S. 76–79.

191 Vgl. Bundesarchiv Berlin-Lichterfelde (BArch), R 2 (Reichsfinanzministerium)/17757, ASW – Kraft- und Schwelwerke Espenhain September 1940; SächsStA-D, 11605, Nr. 916, Vertrag über die Gründung der Aktiengesellschaft für Kraftstoff-Anlagen vom 25.10.1940. Neben den bereits erwähnten Vertretern aus dem Aufsichtsrat der ASW waren dies je ein Vertreter des Reichswirtschafts- und Reichsfinanzministeriums (Römer und Friedrich Mundt), der Präsident des Statistischen Reichsamtes (Wolfgang Reichardt), ein Vertreter der Brabag (Ernst Hochschwender), ein Vertreter der Sudetenländische Treibstoffwerke AG (Paul Damm) sowie der Leipziger „Wehrwirtschaftsführer" Otto Sack.

192 Vgl. SächsStA-D, 11605, Nr. 3162, Teerpreis vom 12.07.1938; SächsStA-L, 20640, 172, Staubgehalt vom 13.09.1941. Zusätzlich waren auch Lieferungen nach Böhlen geplant.

193 Vgl. Bammel, Ilse: Die Entwicklung des mitteldeutschen Braunkohlenbergbaus von 1918 bis 1939, Köln 1953, S. 142; Birkenfeld, Wolfgang: Treibstoff (s. Anmerkung 66), S. 37; Tooze, Adam: Ökonomie (s. Anmerkung 27), S. 149. Die umfangreiche Vorgeschichte, die zur Gründung der Brabag und zur Verpflichtung der führenden Braunkohlenunternehmen am 25. Oktober 1934 führte, war bereits mehrfach Gegenstand von Untersuchungen, weshalb, mit Verweis auf die angeführte Literatur, auf die weitere Darstellung verzichtet wird.

chungen mit dem Reich hinsichtlich der Preisgestaltung für die abzunehmenden Produkte eine Dividendenausschüttung in Höhe von 5 v. H. vorsehen.“[194]

Böhlen entstand als erstes Werk 1935 und galt in organisatorischer und technischer Hinsicht als Musterbeispiel für die weiteren Produktionsstätten,[195] wie jener in Magdeburg, die eine exakte Kopie darstellte.[196] In mehreren Ausbaustufen bis 1943 erhöhte sich die Produktionskapazität in Böhlen auf 260 000 Tonnen Benzin im Jahr.[197] Aufgrund der hochwertigen Kohle und der kurzen Transportwege war es das wirtschaftlichste und effizienteste Hydrierwerk des Unternehmens.[198] Während das ökonomisch ineffiziente Fischer-Tropsch-Synthese-Werk in Schwarzheide die Tonne Benzin zu 445 RM erzeugte und Magdeburg-Rothensee immerhin noch die Kosten mit 236 RM bezifferte, produzierte Böhlen zu einem Preis von 208 RM.[199] Die ASW versorgte dieses Werk mit den benötigten Rohstoffen, wie Teer und Koks, sowie Energie, was den Ausbau entsprechender Förderungs- und Produktionskapazitäten erforderte.[200]

Die Brabag selbst nahm sich dabei als NS-Musterbetrieb wahr, wie sie 1939 in der Ausstellung „Das Werk und seine Betriebsgemeinschaft“ (vgl. Abb. 3) zusammenfasste.[201] Diese Exposition sollte einen „berufserzieherischen Wert“ ha-

194 BArch, R2/17779, Besprechung mit den Herren Dr. Lindenberg und Tange von der Braunkohlen und Benzin AG bei Ministerial Rat Dr. Meuschel unter Beteiligung von Ministerial Rat Dr. Mundt vom 29.01.1943.

195 Vgl. Karlsch, Rainer: Aktiengesellschaft Sächsische Werke (s. Anmerkung 15), S. 191.

196 Vgl. Birkenfeld, Wolfgang: Treibstoff (s. Anmerkung 66), S. 46.

197 Vgl. SächsStA-L, 20686, Nr. 50, Geschäftsbericht 1946 vom 4. Februar 1947; Nr. 51, Geschäftsbericht zum Jahresabschluß 1948, S. 1. Nachdem das Hydrierwerk seit Dezember 1935 im Probebetrieb lief, konnte im Februar 1936 der erste Kesselwagen mit Autobenzin das Werk Böhlen verlassen. Ein weiterer Ausbau in drei Stufen erfolgte 1938/39 im Zuge des „Schnellplans“ sowie 1941 und 1942/43. Schlussendlich lag die Kapazität der Anlagen bei 258 000 Tonnen Autobenzin bzw. 192 700 Tonnen hochwertigem Flugbenzin. Andere Quellen berichten von einer Maximalleistung von 238 000 Tonnen Autobenzin im Jahr 1943.

198 Vgl. Birkenfeld, Wolfgang: Treibstoff (s. Anmerkung 66), S. 45 und 47. Die Anlagen in Böhlen kosteten 47,5 Mio. RM, die in Magdeburg 54 Mio. RM und die in Schwarzheide sogar 72 Mio. RM, aufgrund das neuartigen Fischer-Tropsch-Verfahrens.

199 Vgl. BArch, R2/1777, Erlösabrechnung vom Oktober 1942.

200 Vgl. SächsStA-D, 11605, Nr. 890, Geschäftsbericht 1935. Die ASW lieferte 200 000 Tonnen Braunkohlenschwelteer, stellte die Energie zur Verfügung und erweiterte für die Bedürfnisse der Brabag die Leistung des Tagebaus, der Brikettierung und des Wasserwerkes. Auch der Braunkohlenschwelkoks als Nebenprodukt der Schwelerei wurde an das Hydrierwerk geliefert. Hinzu kam ein Ausbau der Siedlungen.

201 Vgl. SächsStA-L, 20633, Nr. 73, Braunkohle-Benzin AG, Werk Böhlen, Lehrlingsausbildung, Berufserziehung, S. 27.

Abb. 3: Werkausstellung „Unser Werk und seine Betriebsgemeinschaft" der Brabag 1939

ben und wurde „insbesondere von den eigenen Gefolgschaftsmitgliedern mit größtem Interesse aufgenommen."[202]

Auch in die zweite Phase des „Vierjahresplans" war der Untersuchungsraum involviert. Während man in Böhlen die bestehenden Werke erweiterte, begann der Bau der Anlagen in Espenhain erst 1937.[203] Die Realisierung der Ausbau- und Neubaupläne setzte die Zusammenarbeit verschiedener Behörden zur Versorgung des Industriekomplexes mit Arbeitskräften und Rohstoffen voraus. Die Bedeutung Böhlen-Espenhains lässt sich an den involvierten Stellen ablesen, die vor allem für die Zuteilung von knappen Materialien und die Genehmigung der Bauausführungen zuständig waren. Beteiligt waren RfW und später RWA,[204] das „Amt für deutsche Roh- und Werkstoffe",[205] der GB chem,[206] die „Bezirksgruppe Mitteldeutscher

---

202 Ebd.

203 Vgl. Baumert, Martin: Autarkiepolitik (s. Anmerkung 190), S. 48; Hönsch, Fritz: Böhlener Werke (s. Anmerkung 101), S. 15; SächsStA-L, 20632, Nr. 695, Bauten des sächsischen Braunkohlenbergbaues im Rahmen der Vierjahrespläne vom 07.11.1938.

204 Vgl. SächsStA-L, 20632, Nr. 152, Aktenvermerk Tagebau Espenhain, Teerlieferung Espenhain-BRABAG, Entphenolungsanlage Böhlen vom 27.04.1938; Nr. 695, Erweiterung der Schwelanlage, geplante Erweiterung vom 24.02.1938. Zwei Beispiele aus dem Frühjahr 1938 verdeutlichen ihren Einfluss. Dabei mischte sich einmal das spätere Vorstandsmitglied der Brabag, Erich Würzner, ein und sorgte bei der Reichsstelle für die bevorzugte Versorgung mit Stahl zur Fertigstellung eines Baggers im Tagebau Espenhain. Ein anderes Mal sicherte die RfW direkt zu, dass sie Arbeitskräfte und Material zur Erweiterung der Schwelerei Böhlen liefert.

205 Vgl. BArch, R 4604 (Generalinspekteur für Wasser und Energie)/121, Gegendruckanlage Espenhain vom 09.12.1937. Das „Amt für deutsche Roh- und Werkstoffe" vergab beispielsweise eine

Braunkohlenbergbau der Wirtschaftsgruppe Bergbau“,[207] die „Wirtschaftsgruppe Kraftstoff“,[208] die „Reichsstelle für Raumordnung“[209] sowie die „Reichsgruppe Energiewirtschaft“.[210] Über ihnen stand das RWM, das die Planungen koordinierte. Der Einfluss des sächsischen Wirtschaftsministeriums (ab 1943 Landeswirtschaftsamt) blieb marginal.[211] Für die Versorgung mit Arbeitskräften spielte zusätzlich das Arbeitsamt eine Rolle, die zuständige Behörde in Borna schuf extra eine Außenstelle in Espenhain.[212] Auch die Rüstungsinspektion sorgte für einen stetigen Fluss an Arbeitskräften.[213] Als weitere Institution arbeitete der „Reichstreuhänder der Arbeit für das Wirtschaftsgebiet Sachsen“ mit den Werken, aber auch den jeweiligen Hauptverwaltungen zusammen.[214] Dabei hatte für den Untersuchungsraum ein beim Arbeitsamt Borna ansässiger Vertreter des Treuhänders die Aufsicht.[215] Selbst Vertreter des „Reichkriegsministers und Oberbefehlshaber der Wehrmacht“ wurden zumin-

---

Kontrollnummer für die Beschaffung der kontingentierten Eisen- und Stahlmengen. Es war Teil der „Vierjahresplanbehörde“ unter Hermann Göring.

206 Vgl. SächsStA-L, 20632, Nr. 12, Minöl P Dr. Alt/Schw vom 30.04.1942; 20640, Nr. 26, Arbeitseinsatz bei der Großbaustelle der ASW in Espenhain vom 09.05.1941. So entschied der Vertreter des GB chem, Dr. Altpeter, dass das Kraftwerk Espenhain bevorzugt ausgebaut wird, da es geeignet war, die Hydrierwerke Magdeburg und Zeitz der Brabag zu versorgen. Außerdem drohte der Vertreter des GB chem für den Wehrkreis IV, Dr. Sternberg, den Baufirmen bei der Errichtung der ASW Espenhain mit Dienstverpflichtungen, falls sie nicht ihre gesamte Stammbelegschaft einsetzen würden, da die Baustelle zur höchsten Dringlichkeitsstufe gehöre.

207 Vgl. ebd., 20632, Nr. 1141, Richtlinien für die Verteilung von Unterleder zur Schuhausbesserung im Bergbau vom 12.03.1940; 20640, Nr. 237, Lieferschwierigkeiten vom 31.10.1939. Ihre Aufgabe bestand im Regeln von Lohnangelegenheiten und in der Unterstützung bei der Beschaffung seltener Rohstoffe.

208 Vgl. ebd., Nr. 19, Besprechung Wirtschaftsgruppe Kraftstoff am 11.02.1937. Diese war besonders für die Brabag zuständig, nahm aber auch Einfluss auf die Geschäfte der ASW und konnte beispielsweise die Teerqualität bemängeln.

209 Vgl. BArch, R 113 (Reichstelle für Raumordnung)/1366, An den Herrn Vorsitzenden der Landesplangemeinschaft Sachsen vom 18.10.1940.

210 Vgl. ebd., R 4604/121, Anzeige E 237 vom 15.12.1937.

211 Vgl. ebd., En 30 619/44 vom 26.04.1944.

212 Vgl. SächsStA-L, 20640, Nr. 255, Aktenvermerk vom 24.06.1939.

213 Vgl. ebd., Nr. 112, Vermittlung von Fachkräften durch die Rüstungsinspektion Dresden vom 01.09.1942 und BKW Esp – Abteilung E vom 15.08.1942.

214 Vgl. ebd., Nr. 36, Direktionsbesprechung vom 16.01.1943; Nr. 112, Gegen die Entscheidung des Treuhänders erhebe ich Einspruch und Lohnerhöhung vom 08.09.1943. Dabei kam es häufiger zu Konflikten zwischen Treuhänder und den Unternehmen, die gerne höhere Löhne zahlen wollten, um Arbeitskräfte zu gewinnen bzw. zu binden. Seit Kriegsbeginn musste der Treuhänder über alle Lohnerhöhungen entscheiden, was das Konfliktpotenzial nochmals erhöhte.

215 Vgl. ebd., Nr. 112, Werkzulage vom 13.05.1942.

dest teilweise über die Planungen im Industriekomplex informiert bzw. nahmen im Fall von Espenhain an Besprechungen teil.[216]

Die Bedeutung des Industriekomplexes wird auch an seinen Anlagen ersichtlich. Das Hydrierwerk Böhlen stellte das bedeutendste Werk dar. Von allen mitteldeutschen Standorten der Brabag verfügte es über die zweitgrößte Leistung (vgl. Tab. 2). Unter Berücksichtigung der Teerverarbeitungsanlage in Espenhain, die über eine Kapazität von ca. 12 000 Tonnen flüssige Brennstoffe pro Monat verfügte,[217] war der Industriekomplex an fünfter Stelle unter den Produzenten synthetischen Kraftstoffes im „Dritten Reich".[218] 1942 erzeugte allein die Brabag Böhlen 12% des gesamten Flugbenzins der Wehrmacht.[219] Dabei erreichte der Treibstoff aber nur die relativ niedrige Oktanzahl von 87 im Vergleich zum Isooktan-Benzin der westlichen Alliierten.

Ort	Böhlen	Magdeburg	Schwarzheide	Zeitz
Produktion	22 500 t	18 000 t	11 000 t	25 000 t

Tab. 2: Monatsproduktion der mitteldeutschen Brabag Werke in Tonnen 1941[220]

Auch mit Blick auf die Braunkohlenförderung hatte der Untersuchungsraum eine systemrelevante Bedeutung. Die Leistung der Tagebaue, deren Förderung die Rohstoffbasis für den Industriekomplex lieferten, gehörte zu den höchsten in Deutschland. Wäre die Inbetriebnahme der Grube Espenhain planmäßig erfolgt, wäre sie die erste mit einer Jahresleistung von über 10 Mio. Tonnen Rohbraunkohle gewesen.[221] 1943 machte die Förderung des Industriekomplexes fast 5% der gesamten Braunkohlenförderung des Deutschen Reiches aus (vgl. Tab. 3). Die Abhängigkeit Sachsens und der regional ansässigen Kriegswirtschaft war bedeutend

216 Vgl. BArch, R 4604/121, Anzeige E 237 vom 29.12.1937 und Bauvorhaben Espenhain bei Böhlen vom 21.01.1938.

217 Vgl. Baumert, Martin: Autarkiepolitik (s. Anmerkung 190), S. 84.

218 Vgl. Eichholtz, Dietrich: Schrecken (s. Anmerkung 19), S. 508.

219 Vgl. Birkenfeld, Wolfgang: Treibstoff (s. Anmerkung 66), S. 106, 123 und 149. Böhlen erzeugte ab dem 01. April 1939 80 000 Tonnen Flugbenzin bei einer Gesamterzeugung von 350 000 Tonnen Flugtreibstoffen, was 22,9% entsprach. Daneben produzierte das ebenfalls braunkohlenbasierte Hydrierwerk in Leuna sowie die steinkohlenbasierten Anlagen in Scholven und Gelsenberg ab 1939 Treibstoffe für die Luftwaffe. In der zweiten Jahreshälfte 1942 produzierten die Hydrierwerke 85% des Bedarfs an Flugbenzin der Wehrmacht, die sich wie folgt aufschlüsselten: Böhlen 12%, Pölitz 20%, Leuna 15–20%, Scholven 16% und Brüx (Sudentenländsiche Treibstoff AG) 17%.

220 Vgl. BArch, R 3101 (Reichswirtschaftsministerium)/31171, Verflechtung der Rohstoff- und Energieversorgung der Brabag-Werke vom 29.05.1941.

221 Vgl. Baumert, Martin: Autarkiepolitik (s. Anmerkung 190), S. 80.

höher. Allein die drei Großtagebaue der ASW besaßen 1941 einen Anteil von über 46 % an der sächsischen Förderung. Der Industriekomplex allein förderte 1943, trotz der massiven Leistungssteigerungen im gesamten Gau, mehr als 30 %. Dabei lagen die Zuwachsraten im Untersuchungsraum und in der Region deutlich über denen im restlichen Reich. Entsprechend war Sachsen, das eines der bedeutendsten Rüstungsgebiete darstellte, abhängig von der Energiegewinnung des Industriekomplexes. Das neugebaute Kraftwerk Espenhain war das modernste Deutschlands, in dem europaweit erstmals auch Technologien wie Strahlungs- und Schottenüberhitzer sowie hyperbolische Kühltürme installiert bzw. errichtet worden waren.[222]

	Deutsches Reich	**Sachsen**	**Tagebau Hirschfelde**	**Tagebau Böhlen**	**Tagebau Espenhain**	**Anteil des Industriekomplex an der Gesamtförderung**	
						im Deutschen Reich	**in Sachsen**
1933	125 580 294	10 899 803	1 339 457	2 491 383	-	2 %	22,9 %
1936	160 276 036	15 805 833	2 778 369	4 418 432	-	2,8 %	28 %
1939	210 870 518	20 711 702	4 245 158	3 964 581	10 604	1,9 %	19,1 %
1941	234 980 929	26 420 182	4 678 285	5 851 064	1 648 418	3,2 %	28,4 %
1943	251 672 835	38 830 823	n. a.	7 911 677	3 926 000	4,7 %	30,5 %
Steigerung	200,4 %	356,3 %	349 %	318 %	37 023,8 % (seit 1939)		

Tab. 3: Braunkohlenförderung der ASW im Vergleich zu Sachsen und dem Deutschen Reich 1933 bis 1945 (in Tonnen)[223]

222 Vgl. Bernstein, Wolfgang/Sturm, Alfred: Werner Boie. Ein Pionier der Kraftwerkstechnik, in: VGB Kraftwerkstechnik 77, 1997, S. 1001–1007, hier S. 1002; Wayss & Freytag Ingenieurbau AG (Hrsg.): Erster Bau eines hyperbolischen Naturzugkühlturmes in Deutschland. Unter: https://wf-ib.de/ueber-uns/historie/ab-1910/1938/erster-bau-eines-hyperbolischen-naturzugkuehlturmes-in-deutschland/ (Stand: 21.12.2020).

223 Vgl. Fischer, Wolfram (Hrsg.): Montanproduktion (s. Anmerkung 111), S. 1 und 39; Bergwerksverzeichnis: 1940 (s. Anmerkung 110), S. 23 f. und 32; Bergwerksverzeichnis 1941/42 (s. Anmerkung 110), S. 19 ff.; Jahrbuch 1934 (s. Anmerkung 110), S. 23 f.; SächsStA-L, 20632, Nr. 901, Tagebau BKW Böhlen vom 10.01.1946. Der Rückgang der Förderleistung des Tagebaus Böhlen Ende der 1930er-Jahre hing mit dem Einsturz seiner Abraumförderbrücke 1937 zusammen. Der Tagebau Espenhain wurde erst 1937 aufgeschlossen, die erste Förderung erfolgte 1939, was die enorme Steigerungsrate bis 1943 erklärt.

Der Aufbau des Braunkohlenwerkes Espenhain stellte sogar im Industriekomplex ein Novum dar; war es doch der erste Betrieb, der von Beginn an die Förderung und chemische Verarbeitung der Kohle plante und in einem Unternehmen konzentrierte. Dabei blieben die Ergebnisse, trotz großer finanzieller Investitionen,[224] hinter den Erwartungen zurück, bis zum Ende des Nationalsozialismus erreichte die Produktion in keinem Bereich das geplante Niveau (vgl. Tab. 4). Nur bei Koks und Briketts entsprach die Produktion annähernd den Planzahlen.

	Braunkohle	Briketts	Teer	Treibstoffe	Koks
1941	1 648 418	499 964	55 198	9357	234 631
1942	2 684 861	1 526 158	149 022	30 542	767 866
1943	3 926 000	2 668 088	248 587	84 773	1 342 478
1944	3 620 000	2 839 838	246 389	144 195	1 428 745
Geplant	10 300 000	3 000 000	350 000	200 000	1 500 000
Erfüllung	38,1 %	94,7 %	70,4 %	72,1 %	95,2 %

Tab. 4: Produktion des BKW Espenhain 1941 bis 1944 (in Tonnen)[225]

Mangel an Material und Arbeitskräfte

Trotz der Protektion durch die weiter oben genannten einflussreichen Institutionen prägte der Mangel häufig die NS-Zeit und beeinträchtigte damit die Pläne zum Ausbau der Anlagen. Symbolhaft stehen hierfür die projektierten Bauten der ASW Espenhain, die von Beginn an unter der angespannten Situation auf dem Arbeitsmarkt und bei der Versorgung mit Stahl litten.[226] Es waren vor allem die Zulieferbetriebe, die dieser Mangel betraf, da sie nicht über dieselbe Priorität wie

224 Vgl. SächsStA-D, 11605, Nr. 2804, Bilanz 1934 und 1944; SächsStA-L, 20640, Nr. 45, Gesamtwert der Anlagen zum 31.12.1940; Nr. 60 Anleihe von 70 Mill. Reichsmark für die AKA, Bürgschaft des Sächsischen Wirtschaftsministeriums vom 30.01.1943. Allein bis Ende 1941 beliefen sich die Kosten der fertiggestellten Anlagenteile auf 61 928 148,13 RM und weitere 41 283 563,17 RM an Anzahlungen sowie 29 171 038,06 RM an Aufwendungen. Eine Bürgschaft über 70 Mio. RM des sächsischen Wirtschaftsministers reichte hierfür bei weiten nicht aus. Allein zwischen 1934 und 1944 stieg der Gesamtwert der ASW von knapp 460 Mio. RM auf über 830 Mio. RM, eine Steigerung von über 80 %, trotz der Schäden durch Luftangriffe ab Frühjahr 1944.

225 Vgl. SächsStA-L, 20640, Nr. 87, Gesamtproduktion 1942 bis 1945 vom 07.04.1946; Nr. 227, Produktionsziel ASW Espenhain vom 06.11.1938; Nr. 237, Arbeitseinsatz Schwelerei vom 15.09.1939; Nr. 611 Zugförderung, Kohlenförderung 1943 – 45.

226 Vgl. ebd., Nr. 255, Betriebsbesprechung vom 15.09.1938. Hierbei war beispielsweise die Bereitstellung von Abraumwagen für den Zugbetrieb des Tagebaus problematisch.

die ASW verfügten. So konnte beispielweise ein Krupp-Bagger im Tagebau Espenhain aufgrund des Mangels an Stahl bis Kriegsende nicht fertiggestellt werden, wenngleich er essentiell für die Förderleistung der Grube war.[227] Hierbei handelte es sich nicht um einen Einzelfall in der deutschen Kriegswirtschaft.[228] Selbst das Musterunternehmen Brabag blieb nicht verschont, wie bei einer Besichtigung durch ihre Hauptverwaltung in Böhlen 1937 von den leitenden Mitarbeitern vor Ort konstatiert wurde:

> „Die Leitung hat Sorgen wegen der Lieferung des Ersatzmaterials für die laufende Produktion. Bei einer derartig großen Anlage ist ständig ein gewisser Bedarf an Weißmetall und Kupfer vorhanden, der bis jetzt nur mit großen Schwierigkeiten gedeckt werden konnte. Die Leitung befürchtet, daß Betriebsstörungen, die sich unmittelbar auf die Produktion auswirken, eintreten können, sofern der plötzlich auftretende Metallbedarf nicht sofort gedeckt werden kann. [...] Die Mitteilung wurde nur entgegengenommen, irgendwelche Stellung dazu konnte nicht genommen werden."[229]

Insgesamt lassen sich zwei unterschiedliche Phasen des Materialmangels erkennen. Die erste begann mit der Kontingentierung im Rahmen des „Vierjahresplanes" 1936, in dessen Zusammenhang auch das Zitat steht.[230] Der Kriegsbeginn mit den entsprechenden Konflikten um die Priorität von Kriegs- und Rüstungswirtschaft läutete die zweite ein.[231] Dabei war die unzureichende Versorgung mit Ausrüstung sowie Bau- und Werkstoffen der wichtigste Grund für den geringen Ausstoß an Endprodukten.[232]

Dennoch blieb für den Industriekomplex selbst unter den Bedingungen der Kriegswirtschaft die Beschaffung von Materialien, im Vergleich zu anderen Bereichen der Volkswirtschaft, relativ problemlos. Beispielsweise konnten noch 1943 Wohnungsbauprojekte umgesetzt werden, die keinen direkten Bezug zur Produktion hatten. Dabei wurden während des Krieges komplette Wohnviertel gebaut, wohingegen in weiten Teilen des Reiches der zivile Wohnungsbau bereits

---

227 Vgl. Urban, Thomas: Zwangsarbeit (s. Anmerkung 62), S. 115.

228 Vgl. Schanetzky, Tim: „Kanonen" (s. Anmerkung 32), S. 218. Krupp selbst hatte beispielsweise aufgrund der knappen Ressourcen Probleme, ein neues kriegswichtiges Steinkohlenwerk am Niederrhein aufzuschließen.

229 Vgl. BArch, R 3101/18222, Vermerk über die Besichtigung des Werkes Böhlen am 20.03.1937.

230 Vgl. Tooze, Adam: Ökonomie (s. Anmerkung 27), S. 274 f.

231 Vgl. ebd., S. 510 – 513. An dieser Stelle sei nur beispielhaft an die Diskussionen um den Ausbau der Kriegswirtschaft sowie die Ziele der Rüstungsproduktion zwischen Herbst 1940 und Frühjahr 1941 erinnert, in denen wiederum ein Ausbau der synthetischen Treibstoffproduktion gefordert wurde.

232 Vgl. ders.: Reich (s. Anmerkung 28).

vor Kriegsbeginn massiv eingeschränkt wurde.[233] Allerdings gestaltete sich in diesem speziellen Fall die Materialbeschaffung schwieriger, weil sowohl der „Generalbevollmächtigte für die Regelung der Bauwirtschaft" als auch das RfW involviert waren.[234]

Die Möglichkeiten zur Einflussnahme sowie die Macht der ASW und der Brabag zeigten sich besonders im Bereich der Arbeitskräfte- und Lohnpolitik, den die lokalen Führungskräfte verantworteten. Daher konnte die ASW Espenhain autonome Entscheidungen gegenüber ihren Subunternehmern fällen. Diese hatten zur Folge, dass beispielsweise eine 60-Stundenwoche für die Belegschaften der Bauunternehmen eingeführt wurde, die noch dazu ein Viertel der Wegegelder für ihr Stammpersonal selbst tragen mussten.[235] Bemerkenswert ist auch, dass die Löhne bei der Brabag im Vergleich zum mitteldeutschen Braunkohlenbergbau eher unter- als überdurchschnittlich waren. Bekam ein Maschinist bei der Brabag nach einjähriger Zugehörigkeit einen Stundenlohn von 0,77 RM, so betrug er für denselben Beruf im Braunkohlenbergbau der mitteldeutschen Kernreviere, wozu der Industriekomplex zählte, durchschnittlich 0,83 RM pro Stunde.[236] Selbst Meister bekamen bei der Brabag nur einen Stundenlohn von 1,00 RM.[237] Dies ist erstaunlich, da die Forschung besonders auf die Zugkraft der höheren Stundenlöhne der chemischen Industrie und der Unternehmen des „Vierjahresplans" verweist, die in anderen Gebieten zu einer Abwanderung aus Landwirtschaft, Textil- und Braunkohlenindustrie geführt hat.[238] Es spricht vieles dafür, dass der Anreiz für die Brabag zu arbeiten in den besseren Arbeitsbedingungen, den höheren betrieblichen Sozialleistungen und der Aussicht auf eine Betriebswohnung

---

233 Vgl. Führer, Karl C.: Anspruch und Realität. Das Scheitern der nationalsozialistischen Wohnungsbaupolitik 1933–1945, in: Vierteljahreshefte für Zeitgeschichte 2, 1997, S. 225–256, hier S. 244; SächsStA-L, 20640, Nr. 8, Ausbau d. Grundst. „Alte Mühle" in Ki. vom 30.03.1943, Siedlung Kitzscher, Bauabschnitt III 1942 vom 08.01.1942 und Wohnungsbau für das Alu-Werk vom 23.09. 1941; Nr. 31, 20 Wohnungen in Rötha vom 26.05.1942; Schanetzky, Tim: „Kanonen" (s. Anmerkung 32), S. 125. Dabei stand der Wohnungsbau in Kitzscher, der im dritten Bauabschnitt 1942 allein 200 von insgesamt 2000 geplanten Wohnungen umfasste, im Zusammenhang mit der AKA und dem Aluminiumwerk der Firma Dr. Walter Schmidt. In den Städten Rötha, Böhlen und Zwenkau sowie der Gemeinde Neukieritzsch erfolgte ebenfalls ein umfangreicher Ausbau der Wohnsiedlungen für alle Unternehmen des Industriekomplexes. Gleichzeitig fehlten im gesamten Deutschen Reich bereits 1938 ca. eine Million Wohnungen und 400 000 galten als abbruchreif.

234 Vgl. SächsStA-L, 20640, Nr. 6, Wohnheim Espenhain vom 23.03.1943.

235 Vgl. ebd., Nr. 26, Lohnbestimmungen vom 03.09.1940.

236 Vgl. ebd., 20633, Nr. 17, Bau 9, C-Schicht vom 01.01.1940; Urban, Thomas: Zwangsarbeit (s. Anmerkung 62), S. 136 f. Allerdings muss hier einschränkend gesagt werden, dass die Lohndokumente der Brabag nicht vollständig erhalten sind und sich nur dieser Beleg findet.

237 Vgl. SächsStA-L, 20633, Nr. 17, Lohnstaffelliste Bau A9 vom 01.01.1940.

238 Vgl. Urban, Thomas: Zwangsarbeit (s. Anmerkung 62), S. 132–142.

lag. Außerdem waren die Löhne im Vergleich mit der Landwirtschaft und der Textilindustrie tatsächlich höher. 1936 verdienten knapp zwei Drittel der Deutschen gerade einmal 0,60 RM in der Stunde, sodass immer noch eine gewisse Werbewirkung vom Stundenlohn ausging.[239] Anders verhielten sich die Löhne der ASW, die für 1941 bei 0,86 RM lagen und zu der nochmals eine Werkszulage von 0,07 RM pro Stunde kam. Damit befanden sie sich über dem Durchschnitt im Lausitzer und Mitteldeutschen Braunkohlenbergbau von 0,89 RM.[240] Die Werkszulagen waren in der Kriegszeit geeignet den Lohnstopp zu umgehen. Noch 1942 konnte die Werksleitung ohne Zustimmung des „Reichstreuhänders" Werkszulagen erhöhen, um neue Arbeitskräfte zu gewinnen bzw. die Abwanderung von Arbeitskräften zu verhindern. Ab Mai 1942 war seine Zustimmung notwendig.[241] Anfangs musste durch ihn jede Erhöhung bestätigt werden. Im September 1943 war sie nur noch bei einer Erhöhung über 0,24 RM genehmigungspflichtig. Ablehnungen blieben die Ausnahme. Von 53 beantragten Erhöhungen wurden 38 ohne Einschränkungen angenommen und bei den anderen 15 erfolgte eine begrenzte Erhöhung.[242] Darüber hinaus verhinderten die Unternehmen im Industriekomplex das Abwerben von Arbeitskräften zwischen den einzelnen Subunternehmern, womit sie den freien Arbeitsplatzwechsel beschränkten.[243] Der Mangel an Facharbeitskräften machte eine Reaktion der Unternehmen notwendig. Besonders Metallarbeiter wurden gesucht, wobei hierzu auch in den Betrieben ausgebildet wurde:

> „Männer der Arbeit! – Kameraden! Großdeutschland braucht – bedingt durch den uns aufgezwungenen Krieg – in gewaltigen Umfange Metallarbeiter, um die gestellten ungeheuren Aufgaben durchzuführen. Da die vorhandenen Fachkräfte nicht ausreichen, sollen im Wege der Umschulung die noch benötigten Kräfte bereitgestellt werden. Es wird daher einer Anzahl von Euch Gelegenheit gegeben, sich für den Metallberuf in kurzfristigen Kursen ausbilden zu lassen."[244]

239 Vgl. Schanetzky, Tim: „Kanonen" (s. Anmerkung 32), S. 69.
240 Vgl. SächsStA-L, 20640, Nr. 112, Lohnbedingungen der Arbeitskräfte vom 30.01.1941. Für Ungelernte betrug der Lohn nur 0,74 bis 0,77 RM zuzüglich der Werkszulage.
241 Vgl. ebd., Werkzulage vom 13.05.1942.
242 Vgl. ebd., Lohnerhöhung vom 08.09.1943. Bei den 15 Fällen, bei denen die ursprünglichen Werkszulagen vom Treuhänder nicht angenommen wurden, erfolgte eine Erhöhung im Bereich zwischen 0,04 und 0,16 RM.
243 Vgl. ebd., Nr. 26, Abwanderung von Arbeitskräften vom 11.09.1940. Die ASW argumentiert hierbei mit einem Erlass des „Reichstreuhänders der Arbeit", der nicht näher bezeichnet wird. Bei den Arbeitskräften handelte es sich um Richtmeister und Poliere.
244 Ebd., Männer der Arbeit! vom 08.09.1940.

„Vertrauensräte"

Zur Durchsetzung des innerbetrieblichen Führungsanspruches der Unternehmen diente der „Vertrauensrat". Dieser war ein Gremium, das dem „Betriebsführer" half, den Betrieb zu leiten. Offiziell wurde es nach Auflösung der Betriebsräte zur Beratung geschaffen, um Konflikte zwischen Arbeitnehmern und Arbeitgebern beizulegen,[245] wurde jedoch niemals dieser Aufgabe gerecht, weil bereits seine Wahl eine Farce darstellte. „Betriebsführer" und „Betriebsobmann" bestimmten, wer überhaupt zur Wahl stand.[246] Beide waren automatisch im „Vertrauensrat" vertreten, während die einfachen Mitglieder mindestens der DAF angehören mussten.[247] Bei der ASW Böhlen gehörten sieben von elf Vertrauensmänner der NSDAP an.[248] Bei der Brabag waren sogar alle Mitglieder Parteigenossen (Pg.).[249] Das Feigenblatt der Arbeiterrepräsentation durch den „Vertrauensrat" fiel spätestens mit dem Aufstieg des „Betriebsobmanns der DAF", dessen Einfluss erheblich größer war.[250] Da letztere, wie das Beispiel des „Betriebsobmanns" der ASW Fritz Dehler zeigt, dem „Betriebsführer" näher standen als der Belegschaft, vertraten sie nicht die Interessen der Arbeitnehmerinnen und Arbeitnehmer.[251] Um die Kontrolle zu erhöhen, wurden die Wahlen wieder abgeschafft.[252] Bei der Brabag schlug nun der „Betriebsobmann" die Kandidaten dem „Betriebsführer"

245 Vgl. Frese, Matthias: Vertrauensräte (s. Anmerkung 59), S. 281–297, hier S. 282f.; Zollitsch, Wolfgang: Arbeiter (s. Anmerkung 59), S. 227.

246 Vgl. Hürtgen, Renate: Disziplinierung (s. Anmerkung 69), S. 35.

247 Vgl. Frese, Matthias: Vertrauensräte (s. Anmerkung 59), S. 283.

248 Vgl. SächsStA-L, 20632, Nr. 1141, Vertrauensrats-Mitglieder vom 13.07.1937. Neben Dehler und Michael waren noch fünf weitere Personen Mitglieder der NSDAP. Bis auf Kurt Gleisenberg waren auch alle Mitglieder in der NSBO, vier sogar schon vor 1933. Sechs hatten gleichzeitig ein Amt in einer Parteiorganisation inne. Auch von den neun Stellvertretern waren sechs NSDAP-Mitglieder und sieben in der NSBO organisiert.

249 Vgl., ebd., 20633, Nr. 12, Leistungskampf der deutschen Betriebe 1939/40 vom 10.01.1940, S. 2a-2b.

250 Vgl. Hachtmann, Rüdiger: Überlegungen zur Vergleichbarkeit von Deutscher Arbeitsfront und Freiem Deutschen Gewerkschaftsbund, in: Heydemann, Günther/Oberreuther, Heinrich (Hrsg.): Diktaturen in Deutschland (s. Anmerkung 5), S. 366–395, hier S. 380.

251 Dehler war vor allem mit dem Direktor und „Betriebsführer" der ASW Böhlen eng verbunden, wie seine Verwicklung in den Konflikt mit Heinrich Ehlers belegt.

252 Vgl. Zollitsch, Wolfgang: Arbeiter (s. Anmerkung 59), S. 220ff. Während anfangs die Zustimmung zumindest in den politisch ausgerichteten Betrieben, wie beispielsweise der IG Farben, hoch war, sank sie seitdem kontinuierlich. Da häufig abgelehnte Kandidaten des „Vertrauensrates" von den „Reichstreuhändern der Arbeit" im Nachgang dennoch berufen wurden, war die Wahl eine Farce. Folglich wurden die Räte direkt bestimmt bzw. ihre Verträge einfach um ein Jahr verlängert.

vor, der sie entsprechend bestätigte oder ablehnte.[253] Die Kontrolle in diesem Betrieb des Industriekomplexes ging so weit, dass jedes Mitglied des „Vertrauensrates" monatlich einen Bericht über seinen definierten Aufgabenbereich an den „Betriebsführer" verfassen musste.

Über die Zusammensetzung der „Vertrauensräte" im „Dritten Reich" ist relativ wenig bekannt. Milert und Tschirbs weisen in ihrer Studie darauf hin, dass bei der Auswahl eine Repräsentation der Belegschaft erfolgte.[254] Die Firmen orientierten sich bei der Besetzung der „Vertrauensräte" an der Struktur der Belegschaft.[255] Dies galt ebenso für den Untersuchungsraum. Die Brabag verfügte beispielsweise über einen höheren Anteil von Angestellten und Ingenieuren, sodass das Gremium aus „6 Handarbeitern und 4 Kopfarbeitern"[256] bestand. Da bei der ASW die körperliche Arbeit überwog, fanden sich „Handarbeiter" verstärkt in ihm wieder. So waren bei der ASW Espenhain nur drei von zehn und bei der ASW Böhlen nur zwei von zehn Personen des „Vertrauensrates" im Angestelltenverhältnis beschäftigt.[257] Zudem richtete sich die Zusammensetzung nach der Größe der Abteilungen. Beispielsweise berief die ASW Espenhain für 2500 „Gefolgschafter" der Abteilung Bergbau vier Personen in den „Vertrauensrat", für 1000 aus dem Bereich Chemie zwei, für 900 aus dem Bereich Energie zwei sowie für die 850 Angestellten der Kaufmännischen Abteilung und der Verwaltung ebenfalls je zwei.[258]

Nachdem die Nationalsozialisten ihre Macht gefestigt hatten und als Reaktion auf die niedrige Wahlbeteiligung bei den Wahlen zum „Vertrauensrat" wurde diese Form der Partizipation und Legitimation im Betrieb ab 1936 nicht weiterverfolgt.[259] In einer Mitteilung des „Betriebsführers" der Brabag Böhlen, Ernst

---

253 Vgl. SächsStA-L, 20633, Nr. 12, Leistungskampf der deutschen Betriebe 1939/40 vom 10.01.1940, S. 2ff.

254 Vgl. Milert, Werner/Tschirbs Rudolf: Zerschlagung der Mitbestimmung. Das Ende der ersten deutschen Betriebsdemokratie, Düsseldorf 2013, S. 83ff.

255 Vgl. Frese, Matthias: Vertrauensräte (s. Anmerkung 59), S. 286.

256 Vgl. SächsStA-L, 20633, Nr. 12, Leistungskampf der deutschen Betriebe 1939/40 vom 10.01.1940, S. 2a–2b.

257 Vgl. ebd., 20632, Nr. 1141, Vertrauensrats-Mitglieder vom 13.07.1937; 20640, Nr. 26, Mitteilung Nr. 199 Betrifft: Vertrauensrat vom 21.05.1941. Bei beiden wurden bei der Gesamtzahl der „Vertrauensrats"-Mitglieder die „Betriebsführer" nicht berücksichtigt, da sie offiziell nicht in diesem vertreten waren.

258 Vgl. ebd., 20640, Nr. 26, Direktionsbesprechung am 16.07.1943.

259 Vgl. Frese, Matthias: Vertrauensräte (s. Anmerkung 59), S. 282; Zollitsch, Wolfgang: Arbeiter (s. Anmerkung 59), S. 224. Die letzten Wahlen zum „Vertrauensrat" fanden 1935 statt. Da die Ergebnisse aus Sicht der Nationalsozialisten unbefriedigend waren, entschieden sie sich ab 1936 keine Abstimmungen mehr durchzuführen, sondern verlängerten die Amtszeit der Mitglieder des Gremiums jährlich.

Hochschwender, vom April 1938 hieß es lapidar, dass die Amtszeit der „Vertrauensräte“ aufgrund einer Anordnung Adolf Hitlers verlängert wird.[260]

Struktur und Einflüsse auf die Wirtschaftsorganisation

Struktur der Wirtschaftsorganisation im Industriekomplex

Die Strukturen von ASW und Brabag entsprachen jenen von Aktiengesellschaften. Da bei der ASW der sächsische Staat alleiniger Anteilseigner war, wurde auch nur er im Aufsichtsrat repräsentiert. Die Konstruktion der Brabag war hingegen komplizierter. Entsprechend ihres Charakters als „Pflichtgemeinschaft der Braunkohlenindustrie“ waren die beteiligten Bergbauunternehmen im Aufsichtsrat vertreten, übten allerdings keine Kontrolle aus und standen dem Projekt anfangs aus wirtschaftlichen Gründen eher ablehnend gegenüber, auch wenn sie die Autarkiepolitik prinzipiell befürworteten.[261] Einen ersten Eingriff in die übliche Organisationsform einer Aktiengesellschaft stellte die Berufung eines „Reichskommissars“ dar.[262] Er bestellte den Aufsichtsrat ein und hatte das Recht, Beschlüsse, die gegen das „Interesse von Reich und Volk“ verstießen, zu verhindern – so Hjalmar Schachts Anweisung an den ersten Reichskommissar Bernhard Regel. Mit Wilhelm Keppler stand des Weiteren ein Vertrauter Hitlers dem Gremium vor.[263] Der vom Aufsichtsrat berufene Vorstand wiederum war mit Heinrich Koppenberg, einflussreicher Manager der Junkers Flugzeug- und Motorenwerke AG, Alfred von Vollard-Bockelberg, Treibstoffspezialist der Reichswehr, Fritz Kranefuß, Adjutant Himmlers sowie Mitarbeiter in „Vierjahresplanbehörde“ und RWA, und dem einflussreichen GB chem Carl Krauch, Aufsichtsratsvorsitzender der IG Farben sowie „Wehrwirtschaftsführer“, im Sinne des Reiches besetzt.[264]

260 Vgl. Der Kontakt. Werkzeitschrift der Betriebsgemeinschaft Braunkohle-Benzin AG, 1, Ausgabe Mai 1938, S. 16.

261 Vgl. Bindernagel, Franka/Bütow, Tobias: KZ (s. Anmerkung 67), S. 29 f.

262 Vgl. ebd., S. 30.

263 Vgl. Klee, Ernst: Das Personenlexikon zum Dritten Reich. Wer war was vor und nach 1945, Frankfurt (Main) [2003] 2015, S. 304.

264 Vgl. Birkenfeld, Wolfgang: Treibstoff (s. Anmerkung 66), S. 41. Die Zusammensetzung zeigt sowohl den Einfluss des Reiches (Kranefuß und Vollard-Bockelberg) als auch der Wirtschaft (Koppenberg und Krauch). Allerdings waren auch die beiden Wirtschaftsvertreter tief in das nationalsozialistische Herrschaftssystem verstrickt. Die Wahl des Vorstandes legt nahe, dass die Unternehmen dem Projekt Brabag von Beginn an positiv gegenüberstanden.

Die Zentralisierung der Wirtschaftsorganisation entsprach durchaus der Entwicklungstendenz der NS-Zeit.[265] Das galt ebenso für Sachsen, wo die ASW als Energieversorgungsmonopolist eine Schlüsselposition für die Durchsetzung der politischen Kontrolle über die Wirtschaft einnahm.[266] Diese organisatorischen Veränderungen konnten dazu führen, dass Manager von Privatunternehmen, wie Otto Sack, eine bedeutende Machtposition innerhalb des Unternehmens, aber auch gegenüber anderen Unternehmen, wie im Falle des Flick-Konzerns, gewannen.[267] Im Endeffekt stellte diese Entwicklung nur die konsequente Weiterführung des „Gesetzes zur Ordnung der nationalen Arbeit" dar, die dem „Betriebsführer" nahezu absolute Macht verlieh. So verschob sich dann auch die „klassische" Konfliktlinie zwischen Arbeitnehmern/Betriebsrat und Betriebsleitung hin zu Betriebsleitung und Unternehmensleitung. Bei dieser vertikalen Organisationsform musste sich notwendigerweise der Betriebsleiter gegenüber der Unternehmensleitung dem „Führer-Prinzip" unterwerfen.

Auf regionaler Ebene war besonders der Einfluss der Brabag groß. Dies hing mit der Ämterhäufung des Direktors in Böhlen, Herbert von Felbert, Jahrgang 1899, zusammen. Mal als „Beauftragter des Generalbevollmächtigten des Vierjahresplanes für Sonderfragen der chemischen Industrie", mal als „Kommissar von Prof. Krauch", später zusätzlich als „Werkbeauftragter im Arbeitsstab Geilenberg" tituliert,[268] zeichnete er auch verantwortlich für den Bau des Brabag

265 Vgl. Tooze, Adam: Ökonomie (s. Anmerkung 27), S. 146 ff. Die IG Farben stand mustergültig für einen Konzern im Nationalsozialismus, obwohl er eigentlich horizontal gegliedert war (seine Nachfolgekonzerne wie Bayer und BASF bestehen bis heute), entwickelte er doch, ausgehend von den Synthetisierungstechnologien und dem Leuna-Werk eine zunehmende Zentralisierung der Investitionsvergabe zum Konzernausbau.

266 Bereits vor 1933 wurde die ASW, beispielsweise durch subventionierte Strompreise, als politisches Instrument genutzt. Nach 1933 wuchs ihre Bedeutung durch die Rohstoffproduktion, so dass weitere Abhängigkeiten entstanden. Da die ASW direkt dem sächsischen Wirtschaftsministerium (ab 1943 Landeswirtschaftsamt) unterstand, konnte es sie für seine Zwecke nutzen. Gleichzeitig wurde das Unternehmen genutzt, um verdiente sächsische Manager der Privatwirtschaft in die wirtschaftliche Leitung zu integrieren. Für die Manager wiederum bot sich durch ihre politische Verbindung nun die Möglichkeit, den Einfluss gegenüber anderen Unternehmen geltend zu machen. Im Endeffekt erhöhte dieses Verhalten wiederum die Bedeutung der ASW im Gau Sachsen.

267 Vgl. Heß, Ulrich: Sachsens Industrie (s. Anmerkung 45), S. 65 f., 68 und 75; Schneider, Michael C.: Sächsische Unternehmen (s. Anmerkung 45), S. 92.

268 Vgl. BArch, R 3112/179, Einsetzung eines Werksbeauftragten vom 13.06.1944; SächsStA-L, 20640, Nr. 237, 2. Terminkontrolle im Wehrkreis IV – Dresden vom 15.04.1940, Ausbau der Mineralölanlagen der ASW, Besprechung am 13.01.1941.

Werkes in Zeitz.[269] Seine Doppelfunktion als Werksleiter und Beauftragter des GB chem begünstigten den Untersuchungsraum bei der Versorgung mit kriegsbedingten Engpassmaterialien. Die ASW war ebenso auf seine Verbindungen angewiesen, da keine ihrer Führungskräfte im Industriekomplex über eine ähnliche Machtfülle verfügte.[270]

Schema 1: Struktur der ASW 1935[271]

Die Struktur der ASW förderte Einflussmöglichkeiten der Hauptverwaltung auf betriebliche Belange. Heinrich Ehlers, Direktor der Hauptverwaltung und gleichzeitiges Vorstandsmitglied, war die wichtigste Persönlichkeit für die ASW-Werke Böhlen und Espenhain. Neben dem Vorstandsposten als Verantwortlicher für den Bergbau, war er seit 1936 in ähnlicher Position bei der „Bezirksgruppe Mitteldeutschland der Fachgruppe Braunkohlenbergbau" und beim DEBRIV tätig.[272] Hinzu kam 1940 ein Vorstandsposten bei der AKA, 1943 die stellvertretende Unternehmensführung der ASW und ein Aufsichtsratsposten bei der Brabag sowie der Vorsitz des Aufsichtsrates des Mitteldeutschen Braunkohlensyndikates.[273] Das

269 Vgl. Arndt, Veronika/Schwarz, Heidrun: Hydrierwerk Zeitz. Die Geschichte eines Chemieunternehmens (1937–1996), Zeitz 1999, S. 22.

270 Vgl. SächsStA-L, 20632, Nr. 1103, Besprechungsbericht vom 14.01.1935; 20640, Nr. 237, Ausbau der Mineralölanlagen der ASW, Besprechung am 13.01.1941.

271 Vgl. ebd., Nr. 1034, Organisation Ausgabe 15.09.1930 und 13.06.1934.

272 Vgl. ebd., 20640, Nr. 281, Rundschreiben Nr. 63 Hz. vom 04.05.1936. Eventuell handelte es sich bei einem dieser beiden um einen Aufsichtsratsposten.

273 Vgl. ebd., 20632, Nr. 1185, Liste der Aufsichtsratsmitglieder vom 30.09.1944; 20633, Nr. 35, Geschäftsbericht 1943. Beim Mitteldeutschen Braunkohlensyndikat handelte es sich um einen Verkaufsverein, der seit 1919 bestand und den Kohlenabsatz für die Provinz Sachsen, das Land Sachsen sowie Thüringen organisierte.

Organigramm der ASW deutet nicht notwendigerweise auf Ehlers als die bestimmende Person hin (vgl. Schema 1), da er nicht Vorstandsvorsitzender war. Er nahm jedoch diese Position aufgrund seiner guten politischen Verbindungen und dem mangelnden Interesse des Vorstandsvorsitzenden Karl Kühn am operativen Geschäft ein. Zusätzlich spielte das hohe Alter des Vorstandes für chemische Produktion, Ernst Wilhelm Just – er war Jahrgang 1865 –, eine Rolle, da er ebenfalls kaum in der operativen Leitung der chemischen Anlagen in Erscheinung trat.

Die hierarchische Struktur der Hauptverwaltung setzte sich in den einzelnen Werken fort. Die Betriebsstruktur der ASW war für jedes Werk einheitlich (vgl. Schema 2), ihm standen der Werksleiter und das Direktorium der Abteilungsleiter vor. Dabei bestand die betriebliche Organisation der Werke bis 1943, mit Ausnahme der neuen „Gefolgschaftsabteilung" und des Büros des „Betriebsführers", unverändert aus der Weimarer Republik fort.[274]

Eine intensive Diskussion von Beschlüssen zwischen Hauptverwaltung und Werken fand bei der ASW nicht statt. Der Austausch beschränkte sich auf Anweisungen der Hauptverwaltung nach dem Top-Down-Prinzip.[275] Bei der Brabag hingegen deutete vieles darauf hin, dass der „Betriebsführer" Felbert, aufgrund seiner Kompetenzen, vielfach selbst entscheiden konnte. So zeigte seine Teilnahme als Führungsmitglied der Brabag an Besprechungen mit der ASW über die Ausgestaltung des Industriekomplexes seine Befugnisse.[276]

Kennzeichnend für die NS-Zeit, vor allem für die späteren Kriegsjahre, war die Schaffung immer neuer Zirkel und Arbeitskreise, die in die Arbeitsorganisation eingriffen. Allerdings waren dies häufig reine administrative Eingriffe ohne Auswirkungen auf Produktivität oder Rationalisierung. Ingenieure, die in diesen Gremien tätig waren, erhielten zusätzlich zu ihrer beruflichen Funktion an Einfluss, besonders in der Parteistruktur. Exemplarisch für den Untersuchungsraum ist der „Arbeitsausschuss für den totalen Kriegseinsatz", der 1944 geschaffen wurde.[277] Die Gründung erfolgte auf Veranlassung von Werner Schmiedel, dem „Betriebsführer" der gesamten ASW ab 1943. Der Ausschuss wurde ausschließlich mit Personen aus der Hauptverwaltung besetzt, die allerdings bereits Erfahrungen

---

274 Vgl. ebd., 20632, Nr. 1034, Organisation der ASW vom 15.09.1930.

275 Vgl. ebd., Nr. 1141, Brief Heinrich Ehlers vom 25.10.1938. Nachweislich gab es den Austausch sowohl in Dresden als auch im Industriekomplex. Allerdings sind nur in wenigen Fällen die Beratungen überliefert.

276 Vgl. ebd., 20632, Nr. 1103, Besprechungsbericht vom 14.01.1935, Niederschrift über die Besprechung am 01.02.1935; Nr. 1107, Über die Besprechung mit der BRABAG im Leunawerk am 19.03.1935; 20640, Nr. 237, Ausbau der Mineralölanlagen der ASW, Besprechung am 13.01.1941.

277 Vgl. ebd., 20632, Nr. 1141, Maßnahmen für den totalen Kriegseinsatz vom 17.08.1944.

in den Betrieben gesammelt hatten. Dieser setzte sich aus „Hauptbetriebsobmann der DAF“ Paul Franke, der vorher kaufmännischer Leiter der ASW Böhlen gewesen war,[278] dem Arbeitseinsatzingenieur Bruno Wehner, der auch die Zuteilung von Zwangsarbeiterinnen und Zwangsarbeitern übernahm,[279] Werner Oelmann, Arbeitsgebietsleiter in der kaufmännischen Abteilung der Hauptverwaltung, und einem Vertreter der technischen Abteilung zusammen. Dabei war mindestens Franke NSDAP-Mitglied.[280] Über die Wirkung dieses Ausschusses kann nur spekuliert werden. Wahrscheinlich übernahm er Funktionen der Verwaltung, die durch die Einberufung zur Wehrmacht von den Werken nicht mehr wahrgenommen werden konnten. Gleichzeitig zeigt er die zunehmende Zentralisierung während des Krieges, die mit einem Bedeutungsverlust der Führung der einzelnen Werke verbunden war.

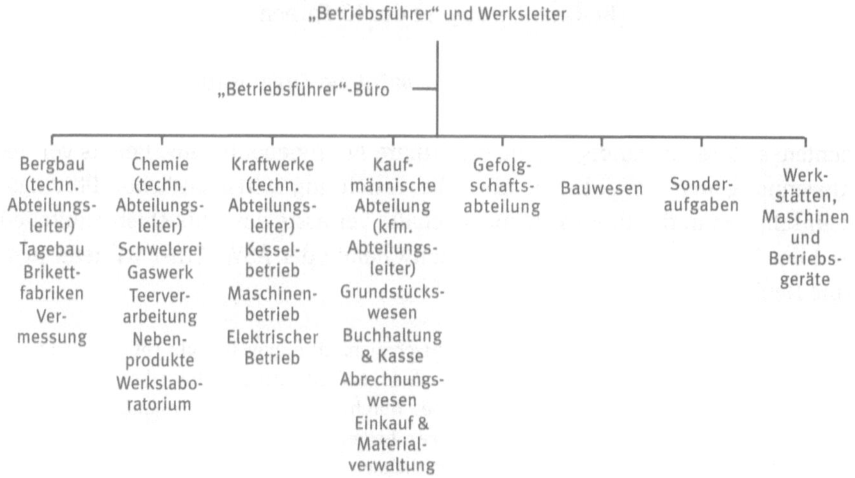

Schema 2: Struktur der ASW Espenhain September 1943[281]

278 Vgl. ebd., Nr. 1147, Kasseninspektor Franke vom 17.02.1938; Nr. 308, Pachtvertrag Oskar Bürger vom 09.09.1942. Franke wurde im Zusammenhang mit dem Fall Heeger als inkompetent beschrieben, was allerdings keine negativen Auswirkungen auf seine Karriere hatte.

279 Vgl. ebd., 20640, Nr. 112, Braunkohlen- und Großkraftwerk Espenhain – Arbeitseinsatz vom 06.01.1943.

280 Vgl. ebd., 20686, Nr. 172, Protokoll der Entnazifizierungskommission vom 26.01.1947.

281 Vgl. ebd., 20640, Nr. 34, Aufbau des Braunkohlen- und Großkraftwerkes Espenhain September 1943. Der einzige Unterschied zu Böhlen bestand in dem Fehlen der Teerverarbeitung im Bereich Chemie, sonst waren sie identisch.

Konflikte um die Wirtschaftsorganisation des Industriekomplexes

Die organisatorische Transformation des Industriekomplexes im Nationalsozialismus beschreibt den Wandel von Unternehmen des öffentlichen Sektors hin zu Staatsunternehmen in der „gelenkten Wirtschaft". Zwar entsprach die gewählte Organisationsform offiziell einer Aktiengesellschaft, allerdings befanden sich ASW und Brabag unter der Kontrolle des Staates und wurden aus Berlin bzw. Dresden gesteuert. Dabei nahm die Brabag als „Parteikonzern" eine Extrarolle ein (vgl. Schema 3). Dieses Unternehmen gehörte zu jenen, die im Nationalsozialismus aufgrund ihrer organisatorischen als auch politischen Nähe zum Regime – sowohl im Vorstand als auch im Aufsichtsrat saßen zahlreiche Vertreter von Wehrmacht und NS-Organisationen – maßgeblich profitierten.[282] Gleichzeitig war es im Rahmen der NS-Autarkiepolitik eine der wenigen ökonomisch erfolgreichen Unternehmensgründungen des „Dritten Reichs". Als maßgebliche Gründe lassen sich die organisatorische Orientierung an der IG Farben (inkl. Nutzung ihrer Patente), die Durchdringung der Funktionseliten mit technischen und wirtschaftlichen Spezialisten sowie die privatwirtschaftliche Organisation anführen. Aber auch die ASW suchte explizit die Nähe zu politischen Entscheidungsträgern und richtete sich selbstständig auf die erwartbare Autarkiepolitik aus. Bereits vor der Anwendung der „Verordnung über die Errichtung wirtschaftlicher Pflichtgemeinschaften in der Braunkohlenwirtschaft" verfasste das Aufsichtsratsmitglied und der Verantwortliche für den Bereich Chemie der ASW, Ernst Wilhelm Just, eine Denkschrift für das RWM:

> „Böhlen bei den Planungen des Reichswirtschaftsministeriums berücksichtigen, heißt Zeit und Geld sparen; Böhlen nicht berücksichtigen, bedeutet Ausschaltung des größten deutschen Braunkohlenvorkommens und eines durch weitschauende Planung auf künftige Treibstofferzeugung zugeschnittenen Werkes, bedeutet Vernichtung einer gegebenen Möglichkeit, schnell und mit bester Wirtschaftlichkeit sehr beachtliche Treibstoffmengen zu erzeugen, bedeutet hohen Kapitalaufwand zur Schaffung umfangreicher Anlagen, die in Böhlen bereits vorhanden sind."[283]

---

282 Vgl. Karlsch, Rainer/Stokes, Raymond: Faktor Öl (s. Anmerkung 53), S. 182f.; Stokes, Raymond: Primat (s. Anmerkung 31), S. 47; Tooze, Adam: Ökonomie (s. Anmerkung 27), S. 149f. Hierbei ging es vor allem um die gezielte Förderung von forschungsintensiven High-Tech-Unternehmen und weniger von ideologisch nahestehenden Wirtschaftssektoren, wie beispielsweise der Textilindustrie. Der Hintergrund lag vor allem in der Bedeutung der Synthesetechnologien für das „Dritte Reich" und der angestrebten wirtschaftlichen Autarkie. ASW und Brabag vereinten die Voraussetzungen, wodurch sie zu den bedeutendsten NS-Unternehmen aufstiegen, die Brabag im nationalen und die ASW im regionalen Rahmen.

283 Hönsch, Fritz: Industriekomplex (s. Anmerkung 17), S. 56. Justs Denkschrift datiert auf den 10. Oktober 1934.

Die Denkschrift zeigt zum einen die Möglichkeit und Bereitschaft zum Einwirken auf staatliche Stellen und zum anderen, dass der Aufsichtsrat der ASW bereits zwei Wochen vor der Bekanntgabe der „Pflichtgemeinschaft der Braunkohlenindustrie" von dieser wusste. Daran wird die Wechselwirkung zwischen dem Staat auf der einen und dem Unternehmen auf der anderen Seite deutlich. So zahlte die ASW verhältnismäßig wenig in die Pflichtgemeinschaft ein.[284] Gleichzeitig bestand zwischen den beiden Unternehmen im Industriekomplex erhebliche Konkurrenz um die finanziell lohnenswerte Produktion von Treibstoffen als Endprodukte, wie das Vorstandsmitglied der ASW Ehlers schreibt:

> „Wenn die BRABAG uns verlockende Angebote macht, so tut sie dies lediglich in primitivem privatwirtschaftlichem Interesse, insbesondere aber auch weil sie befürchtet, daß wir den Böhlener Teer in eigenen Verarbeitungsanlagen einmal einsetzen könnten, nachdem wir in Espenhain jetzt zu eigener Verarbeitung übergehen. Dies möchte die BRABAG offenbar im Eigeninteresse verhindern bzw. weitmöglichst hinausschieben."[285]

Der Vorstand der ASW sah als Ziel die selbstständige Produktion von Treibstoff. Bei diesem Konflikt handelte es sich um das Abstecken der eigenen Unternehmenspositionen im Zusammenhang mit dem kriegsbedingten Ausbau der Kraftstoffproduktion. Dabei hätte der Konflikt durch eine straffe organisatorische Führung in der Treibstoffindustrie vermieden werden können. Ähnlich wie in anderen Bereichen der NS-Herrschaft wirkten hier jedoch parallele Strukturen. So sicherte sich die ASW durch Verhandlungen mit dem Oberkommando der Kriegsmarine (OKM) die Möglichkeit zum Bau einer eigenen Gewinnungsanlage in Espenhain.[286] Um diese verwirrenden Beziehungen noch komplexer zu gestalten, empfiehlt sich ein Blick auf die Planung der Teerdestillation. Hier war die Brabag in die notwendigen Untersuchungen und Versuche für den Bau der Fabrikationsstätte involviert, da der ASW offensichtlich das technische Know-how hierzu fehlte.[287] Auch an anderer Stelle unterstützte sie das Projekt.[288]

---

284 SächsStA-D, 11605, Nr. 3244, Gründung der Brabag vom 25.10.1934. Die Beteiligung der ASW war mit 2 723 000 RM von 100 Mio. RM gering. Zum Vergleich, die IG Farben zahlten 13 179 000 RM und die Anhaltinischen Kohlewerke 15 127 000 RM.

285 Ebd., Nr. 3162, Brief von Ehlers vom 15.04.1940.

286 Vgl. Baumert, Martin: Autarkiepolitik (s. Anmerkung 190), S. 83 f.

287 Vgl. SächsStA-L, 20640, Nr. 160, Schwelprojekt Espenhain, Heizölgewinnung vom 15.06. 1938. So übernahm die Forschungsabteilung Ruhland, die wiederum zum unmittelbar angrenzenden Hydrierwerk Schwarzheide der Brabag gehörte, teilweise die Forschung für die Destillations- bzw. Crackungsverfahren.

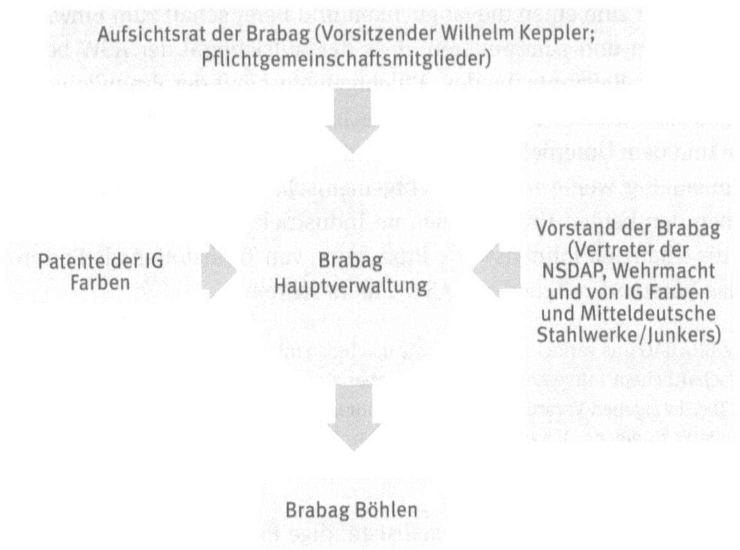

Schema 3: Struktur der Brabag 1935[289]

Wenngleich in diesem konkreten Fall eine Zusammenarbeit der beiden Unternehmen stattfand, waren es weniger Kooperationen als oftmals Konkurrenzen, die sowohl die übergeordnete als auch die regionale Wirtschaftsorganisation kennzeichneten. Besonders die Auseinandersetzung der verschiedenen Wehrmachtsteile um die Espenhainer Produktion zeigt dies im Industriekomplex.[290] Hierbei standen Luftwaffe und Heer dem OKM gegenüber. Aber auch zwischen ASW und Brabag gab es in diesem Punkt wesentliche Meinungsverschiedenheiten. Schlussendlich wurde ein Kompromiss gefunden, der den Forderungen der un-

288 Vgl. ebd., Heizölgewinnung vom 19.04.1938 und Schwelprojekt Espenhain vom 14.05.1938. Auch in die Planung der Bauarbeiten war die Brabag, die in diesem Bereich bereits über Expertise verfügte, involviert.

289 Vgl. Karlsch, Rainer/Stokes, Raymond: Faktor Öl (s. Anmerkung 53), S. 182 f.; Stokes, Raymond: Primat (s. Anmerkung 31), S. 47; Tooze, Adam: Ökonomie (s. Anmerkung 27), S. 149 f.

290 Vgl. Baumert, Martin: Autarkiepolitik (s. Anmerkung 190), S. 77 f. Der Aufsichtsrat der AKA zeigt diese Konfliktlinie. Während die Brabag, durch die Zusammensetzung des Aufsichtsrates, dem Oberkommando des Heeres bzw. dem Oberkommando der Luftwaffe nahestand, befand sich auf der anderen Seite das OKM, das mit Espenhain eine eigene Treibstoffquelle erschließen wollte. Der GB chem verfolgte das alleinige Ziel des schnellstmöglichen Ausbaus der Kraftstoffproduktion, speziell der Dieselgewinnung. Schlussendlich war es die technologisch einfachere Dieselölgewinnung, die den Konflikt zu Gunsten der Marine entschied. Bei den Plänen spielte die Umsetzung des Z-Planes des OKM eine Rolle.

terschiedlichen Gruppen gerecht wurde. Während das in Espenhain gewonnene Diesel-, Heiz- und Schweröl an die Marine ging, erhielt die Brabag über 40 % des erzeugten Teers und 30 % des Kokses.[291] Einen weiteren Streitpunkt bildete der Luftschutz. Hier waren die ASW, die steigende Produktionskosten monierte, und die Wehrmacht Kontrahenten.[292] Die Bauausführungen lassen dabei erkennen, dass auch hier beide Seiten einen Kompromiss eingingen, da schlussendlich die Anlagen weder vollständig dezentral, noch ähnlich konzentriert wie in Böhlen errichtet wurden.[293] Der Einfluss der militärischen Administration nahm im Kriegsverlauf immer stärker ab, vor allem nach dem Scheitern des Überfalls auf die Sowjetunion und der Ernennung von Albert Speer zum „Reichsminister für Bewaffnung und Munition" im Februar 1942.[294] Allerdings blieb das Militär im Industriekomplex auch weiterhin aktiv.[295]

Vor allem ab der „Verordnung zur Durchführung des Vierjahresplans" im Herbst 1936 wirkte eine neue Institution auf die Unternehmen im Industriekomplex ein. Die „Vierjahresplanbehörde"[296] bestimmte nicht nur die wirtschaftlichen

---

291 Vgl. SächsStA-D, 11606 AG für Kraftstoff-Anlagen (AKA), Nr. 1023, AG für Kraftstoff-Anlagen (AKA) Aufsichtsratssitzung im März 1941. Die Brabag ging bei der Espenhainer Produktion nicht leer aus. Vertraglich wurde ihr die jährliche Menge von 150 000 Tonnen Teer und 450 000 Tonnen Koks zugesichert. Dies entsprach 42,8 % bzw. 30 % der geplanten Jahresproduktion. Diese dienten zur Versorgung der Hydrierwerke Böhlen und Zeitz.

292 Vgl. BArch, R 4604/121, Schwelerei und Kraftwerk Espenhain vom 23.03.1938. Die Wehrmacht forderte eine dezentrale Errichtung von Kraftwerk und Schwelerei, um bei Luftangriffen den Produktionsausfall niedrig zu halten. Die ASW hingegen argumentierte mit den steigenden Kosten bei der Erzeugung von Teer und Leichtöl, die sich ihrer Meinung nach um 19,73 RM pro Tonne erhöhen sowie einen zusätzlichen Eisenbedarf von ca. 10 000 Tonnen bedeuten würden. Des Weiteren führte sie eine Verlängerung der Bau- und Montagezeit an. Zuletzt wurde auch auf den zusätzlichen Personalbedarf im Regelbetrieb verwiesen, der für Kraftwerk und Schwelerei um insgesamt 310 Personen steigen würde.

293 Vgl. ebd., betr. Kraftwerk Espenhain vom 06.07.1938 und Anzeige E 237 Kraftwerk Espenhain vom 19.07.1938. Die Maximallösung, sprich eine räumliche Trennung des Kraftwerks von drei Kilometern, die die Baukosten um 31 %, den Eisenbedarf um 24 %, den Personalbedarf um 41 % und die schlussendlichen Stromkosten um 35 % erhöht hätte, wurde nicht vorgenommen. Eine Trennung von 300 Metern führte dennoch zu einer Erhöhung der Anlagekosten um 13 %, des Eisenbedarfs um 10 %, des Personals um 5 % sowie der Stromkosten um 12 %. Dabei wurden die Kraftwerke getrennt errichtet und durch eine gemeinsame Schaltwarte verbunden. Schlussendlich stand vor allem die Bauverzögerung im Fazit für das „Dritte Reich".

294 Vgl. Tooze, Adam: Ökonomie (s. Anmerkung 27), S. 583 f. und 634 ff.

295 Vgl. BArch, R 4604/121, En 30 619/44 vom 26.04.1944.

296 Vgl. Petzina, Dietmar: Autarkiepolitik (s. Anmerkung 30), S. 64 ff. Die „Vierjahresplanbehörde" hatte zwar nur eine kurze Institutionengeschichte, diese verlief aber sehr dynamisch. Umfasste sie bei ihrer Gründung gerade einmal 58 Personen, wuchs sie innerhalb weniger Monate auf über 1000 Mitarbeiterinnen und Mitarbeiter. Die Folge waren Kompetenzüberschneidungen,

Voraussetzungen, sondern griff mit konkreten Forderungen in den Untersuchungsraum ein.[297] Zusätzlich war sie ab diesem Zeitpunkt bis zum Kriegsbeginn wesentlich in die Deckung des Material- und Personalbedarfs der Betriebe involviert.

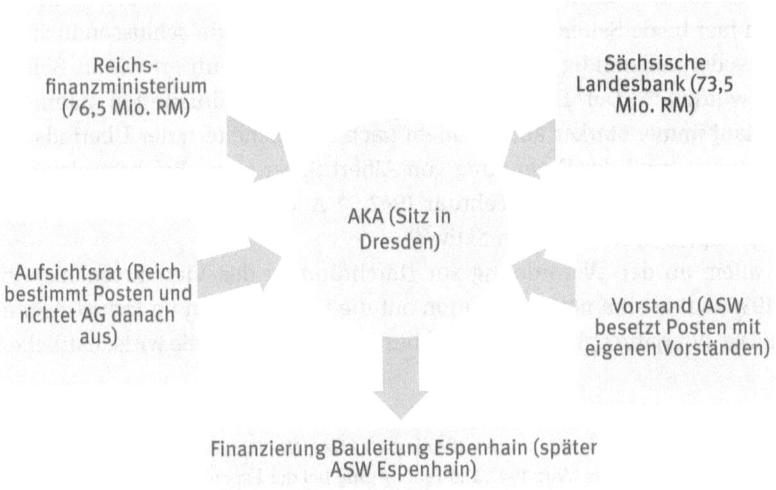

Schema 4: Finanzierungsstruktur der AKA 1940[298]

Des Weiteren übte das Reichsfinanzministerium im Industriekomplex Einfluss aus. Es war entscheidend an der Finanzierung der AKA beteiligt (vgl. Schema 4). Entsprechend sicherte es den Einfluss des Reiches durch die Besetzung des Aufsichtsrates, während die ASW, gestützt auf die Finanzierung der Sächsischen Landesbank, den Vorstand stellte. Besonders in Bezug auf die AKA wird der ministerielle Einfluss deutlich. Aufgrund mangelnden Eigenkapitals war es der ASW nicht möglich, ein eigenes Hydrierwerk in Espenhain zu errichten, weshalb man

---

Dopplung der Arbeit sowie der unrationale Einsatz von Personal und Finanzmitteln. So stiftete die Stahl-Kontingentierung durch das „Amt Löb" durch Doppelvergabe mehr Chaos als Ordnung. Deshalb kam es bereits 1938 zu einer Umorganisation. Die Aufgaben des „Amtes für Roh- und Werkstoffe", das auch für den Industriekomplex wichtig war, teilte sich das Reichswirtschaftsministerium mit der neu geschaffenen „Reichsstelle für Wirtschaftsausbau".

297 Vgl. SächsStA-L, 20640, Nr. 196, Treibstoffverarbeitung Espenhain vom 17.12.1938. Sie bestimmte beispielsweise die Fokussierung Espenhains auf die Produktion von Dieselöl und somit die wirtschaftliche Ausrichtung des Werkes. Die geplante Produktion belief sich auf 145 000 Tonnen Diesel, 35 000 Tonnen Paraffin und 80 000 Tonnen Benzin pro Jahr.

298 Vgl. SächsStA-D, 11606, Nr. 1023, AG für Kraftstoff-Anlagen (AKA) Aufsichtsratssitzung im März 1941.

auf das Reichsfinanzministerium angewiesen war.[299] Noch im März 1945 weigerte sich dieses wiederum, einem Aktientausch mit der Vereinigten Industrieunternehmungen AG zuzustimmen, da „die Zukunftsaussichten der AKA günstig [sind], insbesondere auf dem Gebiet der Energiewirtschaft."[300] Die Realitätsferne dieser Aussage lässt sich daran ablesen, dass Espenhain seit September 1944 regelmäßig von massiven Luftangriffen im Rahmen der Treibstoffoffensive betroffen war und nur anderthalb Monate nach diesem Schreiben von den Alliierten besetzt wurde.

Die Nähe des Industriekomplexes zur politischen Macht wirkte sich besonders durch politische Einflussnahme aus. Der Charakter des sächsischen „Gauleiters und Reichsstatthalters" Martin Mutschmann spielte schlussendlich auch für den Industriekomplex Böhlen-Espenhain eine Rolle.[301] Sein Paladin Georg Lenk war als sächsischer Wirtschaftsminister Hauptverantwortlicher für die ASW. Einst engster Vertrauter Mutschmanns und mit dem wichtigsten Ministerium bedacht,[302] begann 1941 sein Abstieg, der im Februar 1943 in seiner Beurlaubung wegen angeblich parteischädigendem Verhaltens sowie in der Einleitung eines Parteiausschlussverfahrens kulminierte.[303] Nach der Entlassung Lenks griff Mutschmann sogar direkt in die Leitung der ASW ein, indem er seinen Vertrauten

299 Vgl. Birkenfeld, Wolfgang: Treibstoff (s. Anmerkung 66), S. 131. Die geplante Anlage mit einer Leistung von 460 000 Tonnen im Jahr scheiterte, da die ASW als „nicht kapitalkräftig" galt.

300 BArch, R 2/17757, Vermerk, Berlin März 1945. Dabei sollten Anteile der Ilseder Hütte im Wert von 17 120 000 RM gegen AKA-Anteile in Höhe von 76 500 000 RM ausgetauscht werden, was auf die Kriegszerstörungen im Untersuchungsraum hinweist.

301 Vgl. Dehn, Stefan: Hochburg (s. Anmerkung 85), S. 48 f.; Schmeitzer, Mike: Mutschmann und von Killinger (s. Anmerkung 84), S. 31 f.; Wagner, Andreas: Martin Mutschmann. Der braune Gaufürst (1935–45), in: Schmeitzner, Mike/Wagner, Andreas (Hrsg.): Von Macht und Ohnmacht (s. Anmerkung 84), S. 287 f. und 300. Mutschmann verteidigte nahezu eifersüchtig seine Machtstellung und schaltete innerparteiliche Widersacher gezielt aus. Sein Geltungswahn und seine Selbstherrlichkeit führten dazu, dass er neben sich keine anderen einflussreichen Persönlichkeiten duldete. Beispielhaft ist der Konflikt mit seinen Konkurrenten Fritz Tittmann (1921–1924) und Manfred von Killinger (1933–1935). Auch Ortsgruppen bis hin zu ganzen Untergauen konnten im Konflikt mit ihm aufgelöst werden.

302 Vgl. Grosche, Thomas: Lenk (s. Anmerkung 163), S. 181 f.; Wagner, Andreas: Mutschmann (s. Anmerkung 301), S. 299 f. Lenk erhielt 1933 die Leitung des Wirtschaftsministeriums, welches sich nach der „zweiten Machtergreifung" – hiermit ist die Übernahme der Regierungsgewalt durch Martin Mutschmann gemeint – 1935 in seiner Größe nahezu verdoppelte. 1936 übernahm er das Amt eines „Gauwirtschaftsberaters" und „Gauamtsleiters" in der Gauleitung Sachsens. Gleichzeitig saß er in den Aufsichtsräten der AKA, der ASW und zehn weiterer sächsischer Unternehmen.

303 Vgl. Wagner, Andreas: Partei und Staat. Das Verhältnis von NSDAP und innerer Verwaltung im Freistaat Sachsen 1933–1945, in: Vollnhals, Clemens (Hrsg.): Sachsen in der NS-Zeit (s. Anmerkung 45), S. 41–56, hier S. 54 f.

Werner Schmiedel zum Direktor der ASW machte.[304] Sein Einfluss war somit ab Lenks Absetzung direkt in der ASW spürbar. Beispielsweise führte 1943 das von ihm persönlich unterzeichnete Organisationsschema der ASW zum größten organisatorischen Eingriff in die Unternehmensorganisation im Industriekomplex in der Zeit des Nationalsozialismus.[305] Darüber hinaus war ein persönliches Wirken von ihm unwahrscheinlich und bei vielen Aussagen handelte es sich um Propagandaformeln:

> „Dank der besonderen Förderung seitens des Gauleiters und Reichstatthalters Martin Mutschmann konnte der Vorstand mit Zustimmung des Aufsichtsrates nunmehr beschließen, daß die Altersversorgung für die Gefolgschaftsmitglieder der ASW ab 01. Januar 1945 in Kraft tritt."[306]

„Betriebsführer", „Treuhänder der Arbeit", „Wehrwirtschaftsführer" sowie die Arbeitskräftelenkung im Industriekomplex

Die Wirtschaftsleitung im Industriekomplex erfuhr ebenfalls Veränderungen. Am bedeutendsten waren „Wehrwirtschaftsführer", die in ihren regionalen Wirkungskreisen Einfluss auf die ansässigen Unternehmen ausübten. Diese hatten eine wichtige Position in der Kriegswirtschaft, ohne dass mit diesem Titel eine feste Stellung verbunden gewesen wäre.[307] Die bedeutendsten „Wehrwirtschaftsführer" im Industriekomplex waren Edmund Geilenberg und Otto Sack.[308]

304 Vgl. Schmeitzner, Mike: Fall Mutschmann (s. Anmerkung 84), S. 41, 56 und 118; SächsStA-D, 11605, Nr. 915, Geschäftsbericht der „Aktiengesellschaft für Kraftstoff-Anlagen" (AKA) für 1943. Das genaue Datum von Schmiedels Eintritt in das Direktorium der ASW lässt sich nicht bestimmen, allerdings ersetzte er in der AKA im September 1943 den Vorstandsvorsitzenden Prof. Karl Kühn. Vermutlich übernahm er zeitgleich dessen Funktion in der ASW. Die Nähe zu Mutschmann reichte soweit, dass er im Mai 1945 mit ihm flüchtete und verhaftet wurde. Sein Leben endete am 10. Juni 1946 mit der Vollstreckung des Todesurteils in Moskau.

305 Vgl. SächsStA-L, 20640, Nr. 34, Gefolgschaftsamt vom 24.08.1943.

306 Ebd., Errichtung einer Alters- und Invaliditätsversorgung vom 14.12.1944.

307 Vgl. Rauh-Kühne, Cornelia: Hans Constantin Paulssen. Sozialpartnerschaft aus dem Geiste der Kriegskameradschaft, in: Erker, Paul/Pierenkemper, Toni (Hrsg.): Deutsche Unternehmer zwischen Kriegswirtschaft und Wiederaufbau. Studien zur Erfahrungsbildung von Industrie-Eliten, München 1999, S. 109 – 192, hier S. 165 f.

308 Vgl. BArch, R 3112 (Reichsamt für Wirtschaftsausbau)/179, Einsetzung eines Werksbeauftragten vom 13.06.1944; Klee, Ernst: Personenlexikon (s. Anmerkung 263), S. 177 f.; SächsStA-L, 20632, Nr. 1142, Betriebsbesprechung Nr. 31 vom 28.08.1944; 20640, Nr. 64, Aufsichtsratssitzung vom 31.03.1942; Stockhorst, Erich: 5000 Köpfe (s. Anmerkung 166), S. 355. Der Leipziger Fabrikbesitzer Otto Sack war als „Wehrwirtschaftsführer" im Vorstand der AKA vertreten. Edmund Geilenberg trug ebenfalls diesen Titel. Im Untersuchungsraum war er in seiner Funktion als „Generalkommissar für Sofortmaßnahmen" für den Wiederaufbau der Anlagen nach den Luftangriffen zuständig.

Ihnen folgten die „Betriebsführer" als Teil der nationalsozialistischen Betriebsorganisation, die gleichermaßen von eminenter Bedeutung waren. Sie nahmen eine zentrale Rolle im Gefüge der Unternehmen vor Ort ein und konnten eine Einflusszunahme gegenüber der Belegschaft verzeichnen.[309] Die „Betriebsführer" standen anfangs in Konflikt mit den „Treuhändern der Arbeit", der aber nur kurz währte. Letztere wurden von den ASW Werken Böhlen und Espenhain der Hauptverwaltung in Dresden vorgeschlagen, diese wiederrum beriet darüber und stimmte sich mit dem „Reichstreuhänder" ab.[310] Hieran zeigt sich exemplarisch der schlussendlich geringe Einfluss der Treuhänder und gleichzeitig der größere Gestaltungsspielraum des „Betriebsführers".[311] Ein Beispiel stellten die Werkszulagen dar, die zur Arbeitskräftegewinnung gewährt wurden. Trotz eines allgemeinen Lohnstopps erfolgte stets die Erlaubnis zur Erhöhung der Werkszulagen, selbst bei Zwangsarbeitern.[312] Dabei wahrte der „Reichstreuhänder" den Schein einer selbstständigen Entscheidung nach der Kriegswirtschaftsordnung vom 12. Oktober 1939, obwohl für ihn keine Alternative zur Bestätigung bestand. Ihr geringer Einfluss hing hauptsächlich mit ihrer isolierten Position, ohne die Anbindung an eine zentrale Institution zusammen.[313] Das wird abermals an den Werkszulagen deutlich. Bis zu einem Wert von 0,48 RM pro Stunde musste bei einer deutschen Arbeitskraft nicht einmal eine Meldung an den Treuhänder erfolgen.[314] Hingegen blieb für Ausländer auch bei geringeren Erhöhungen die

309 Vgl. Rauh-Kühne, Cornelia: Paulssen (s. Anmerkung 307), S. 142.

310 Vgl. SächsStA-L, 20640, Nr. 36, Direktionsbesprechung vom 16.01.1943.

311 Vgl. Becker, Martin: Volksgemeinschaft (s. Anmerkung 55), S. 113 f. Hierin unterscheiden sich auch maßgeblich „Volksgemeinschaft" und „Betriebsgemeinschaft". Während in ersterer nebeneinander bestehende Systeme ausgeschlossen waren, war dies bei den Betrieben durchaus üblich, da sie beispielsweise weiterhin in privater Hand blieben.

312 Vgl. SächsStA-L, 20640, Nr. 112, Betr. Tschechischen Arbeiter Jaroslaw P. vom 24.08.1943. P., der später Opfer einer Misshandlung wurde, da er einen Werkschutzmann an die Betriebsleitung wegen einem möglichen Verhältnis zu einer polnischen Zwangsarbeiterin meldete, erhielt 1943 eine Erhöhung seiner Werkszulage von 0,06 auf 0,12 RM.

313 Vgl. Broszat, Martin/Frei, Norbert: Das Dritte Reich im Überblick. Chronik, Ereignisse, Zusammenhänge, München/Zürich [1989] 1990, S. 223; Siegel, Tilla: „Ordnung der Arbeit" (s. Anmerkung 59), S. 38 ff. Die „Reichstreuhänder" hatten weniger diktatorische Freiheiten, als lange Zeit in der Forschung angenommen, was besonders durch Einzelfälle im Jahr 1933 gestützt wurde. Allerdings änderte das „Gesetz zur Ordnung der nationalen Arbeit" vom 20. Januar 1934 ihre rechtliche Stellung und brachte sie eher in die Nähe der Arbeitgeberpositionen. In ihrer neuen Rolle erlebten sie einen permanenten Abstieg, da sie durch ihre Angliederung an das Reichsarbeitsministerium schlussendlich nur noch zur Arbeitskräftelenkung dienten.

314 Vgl. SächsStA-L, 20640, Nr. 112, Zusammenstellung von Anträgen auf Lohnerhöhung vom 05.08.1943. Hieran ist die Höhe durchaus erstaunlich, da sie mehr als die Hälfte des Durchschnittsstundenlohns von 0,89 RM entsprach.

Werkszulage genehmigungspflichtig. Des Weiteren konnte der „Reichstreuhänder" die Zuteilung von Arbeitskräften regeln. Besonders nach den Luftangriffen auf die Werke griffen die Unternehmen auf diese Möglichkeit zurück.[315]

Neben seiner Funktion in der Gestaltung des Lohngefüges nahm der „Treuhänder" zusätzlich noch die Arbeit als Richter in innerbetrieblichen Konflikten wahr.[316] Auch hier entschied er in den meisten Fällen im Sinne der Unternehmen, sodass nicht von einer unabhängigen Position gesprochen werden kann.

Für den Untersuchungsraum lässt sich auch nach Kriegsbeginn eine weitestgehend reibungslose Zusammenarbeit mit dem „Reichstreuhänder der Arbeit" feststellen. Meistens trat er nur im Zusammenhang mit dem im Oktober 1939 erlassenen Ordnungsstrafrecht in Erscheinung. Dabei stand er offensichtlich den Unternehmen nahe, da vorgeschlagene Bestrafungen in allen Fällen mitgetragen wurden.[317]

Die Arbeitsämter spielten ebenfalls eine wichtige Rolle bei der Rekrutierung von neuen Belegschaftsmitgliedern. Diese sorgten für einen kontinuierlichen Fluss an Arbeitskräften, vor allem nach dem Erreichen der Vollbeschäftigung und dem Beginn des Zweiten Weltkrieges. Meistens funktionierte die Zusammenarbeit reibungslos und die Behörde setzte die Forderungen der Unternehmen um.[318] Allerdings entsprachen die Arbeitskräfte nicht immer den Vorstellungen und

315 Vgl. ebd., 20632, Nr. 1141, Auslösung und Unterkunft von Einsatzkräften zur Beseitigung von Fliegerschäden vom 30.06.1944. Der zuständige „Reichstreuhänder" saß beim Arbeitsamt Borna. Daher war die Organisation scheinbar so gewählt, dass die unterste Ebene der Institution schnell auf entsprechende Gesuche reagieren konnte und ihr die regionalen Großbetriebe bekannt waren.

316 Vgl. documentArchiv.de (Hrsg.): Gesetz zur Ordnung der nationalen Arbeit. Unter: http://www.documentarchiv.de/ns/nat-arbeit.html (Stand: 21.12.2020). In § 19 und § 22 des Gesetzes ist die Aufgabe des „Reichstreuhänders" in Bezug auf den Arbeitsfrieden und seine Durchsetzung beschrieben. Dabei hatte er die Aufgabe, diesen zu wahren und gleichzeitig gegen Verstöße vorzugehen. Das beinhaltete auch Strafen. Im Gesetz werden explizit nur Geldstrafen erwähnt, aber auch Freiheitsentzug wurde von ihnen, insbesondere gegen ausländische Arbeitnehmer, ab Kriegsbeginn verhängt.

317 Vgl. SächsStA-L, 20640, Nr. 26, Der polnische Zivilarbeiter vom 07.01.1943 und Mitteilung Nr. 547 vom 07.10.1942. Dabei wurden teils drakonische Strafen verhängt. So erhielt ein polnischer Zivilarbeiter Ende 1942/Anfang 1943 eine Strafe von einem Jahr Straflager für Arbeitsvertragsbruch und Diebstahl. Für Deutsche waren die Strafen hingegen deutlich milder. Für ein ähnliches Vergehen erhielt Willy S. nur eine Geldstrafe von 30 RM. Ein zeitgleich verurteilter Slowake wurde beispielsweise bereits zu 35 RM verurteilt.

318 Vgl. ebd., 20632, Nr. 1103, Niederschrift über die Besprechung am 01.02.1935 in Böhlen; 20640, Nr. 112, Bereitstellung von Arbeitskräften für Abteilung E vom 06.06.1942. Sie garantierte nicht nur die Versorgung mit Arbeitskräften, sondern sicherte auch deren politische Überprüfung zu.

Bedürfnissen der Unternehmen, was Konflikte hervorrufen konnte.[319] Die Gründe für eine Ablehnung reichten von körperlicher über gesundheitlicher bis hin zu politischer Nichteignung.

Mit Kriegsbeginn wandelte sich die Zuständigkeit bei der Arbeitskräftebeschaffung. Die Möglichkeiten der einzelnen Werke des Industriekomplexes trat endgültig hinter die der Hauptverwaltungen in Dresden und Berlin zurück, die ihrerseits versuchten, zur Aufrechterhaltung der Produktion Arbeitskräfte vor dem Einzug zur Wehrmacht zu bewahren. Am 26. März 1941 wurde eine grundsätzliche Entscheidung über den Schutz vor Einberufungen zur Wehrmacht erlassen, dem ein „Führerbefehl" vom 20. Dezember 1940 vorausgegangen war.[320] Danach sollte der Abzug von Arbeitskräften aus der Energiewirtschaft, der Rohstoff- und Grundstoffchemieindustrie unterbleiben. Allerdings erhielten anfangs nur die Abteilung Butan-Trennung der Brabag Böhlen sowie die Schwelerei und das Kraftwerk der ASW Espenhain den Status eines „Oberkommando der Wehrmacht-Spezialbetriebes".[321] Daraufhin intervenierte die Hauptverwaltung der Brabag beim RWM und forderte, dass sowohl das gesamte Hydrierwerk Böhlen als auch die Zulieferbetriebe der ASW Böhlen und Espenhain sowie die Landkraftwerke Kulkwitz AG nachträglich ebenfalls in diese Liste aufgenommen werden.[322] Nahezu zeitgleich schaltete die Hauptverwaltung der ASW die übergeordnete Bergbehörde ein und wies darauf hin, dass der weitere Einzug von Belegschaftsmitgliedern der Tagebaue einen erheblichen Produktionsausfall nach sich ziehen würde und daher eine nachträgliche Anerkennung erfolgen müsse.[323] Das Oberbergamt Freiberg

---

319 Vgl. Baumert, Martin: Autarkiepolitik (s. Anmerkung 190), S. 93; SächsStA-L, 20640, Nr. 112, Personal für Kesselbetrieb vom 07.11.1941, Personal für Kesselbetrieb, Kurt Schönfelder vom 21.11.1941, Braunkohlen- und Großkraftwerk Espenhain – Arbeitseinsatzes vom 06.01.1943. Beispielsweise lehnte die ASW Espenhain von zwölf vermittelten Metallfacharbeitern aus Pirna drei aus gesundheitlichen Gründen ab. Auch vermittelte das Arbeitsamt einen an Rheuma leidenden Arbeiter in den Tiefbau, wofür er ungeeignet war. Selbst der Kommunist Kurt Schönfelder wurde trotz erheblicher politischer Bedenken im Herbst 1941 angestellt.

320 Vgl. BArch, R 3101/31171, Richtlinien über die Einschränkungen der Fertigung. Nr. 4 Energiewirtschaft, rohstoffschaffende und Grundindustrien vom 26.03.1941.

321 Vgl. ebd., Spezialbetriebe und Zeitplan vom 11.05.1941. Die gesamte ASW Böhlen sowie die anderen Betriebsteile der ASW Espenhain und der Brabag Böhlen blieben hingegen vorerst unberücksichtigt.

322 Vgl. ebd., Verflechtung der Rohstoff- und Energieversorgung der Brabag-Werke vom 29.05.1941.

323 Vgl. ebd., Anerkennung der ASW-Bergbaubetriebe als „Spezialbetriebe" vom 02.04.1941. In Böhlen waren von 2474 Arbeitskräften in der Grube 1574 bzw. 61% von der Einberufung zur Wehrmacht bedroht. Gleichzeitig hätte der Abzug von 15% der Arbeitskräfte zu einem Absinken der Produktion um ca. ein Drittel bzw. 2,2 Mio. Tonnen Kohle geführt. Im Tagebau Espenhain waren immerhin 808 bzw. 57% der 1453 Belegschaftsangehörigen bedroht.

erwirkte, dass für die Gruben der ASW eine „Unabkömmlichstellung“ der Schlüsselarbeiter galt, womit die ASW aber nur teilweise zufrieden war:

> „Wir bitten daher, daß auch Sie beim Berichten an das Reichswirtschaftsministerium immer wieder darauf hinweisen, daß Betriebe wie die Aktiengesellschaft Sächsischen Werke [...] in ihrer Gesamtheit geschützt werden müßten.“[324]

Schlussendlich konnten sich die Firmen des Industriekomplexes durchsetzen und die Ernennung der gesamten Brabag Böhlen sowie der ASW Espenhain zu Spezialbetrieben erfolgte Anfang Dezember 1941.[325] Dennoch nahm der Anteil Deutscher unter der Belegschaft kontinuierlich ab, wie beispielhaft die Bau- und Montagearbeiter der ASW Espenhain zeigen (vgl. Tab. 5). Selbst unter der Stammbelegschaft in sensiblen Bereichen, die tendenziell sabotageanfällig waren, konnten Nichtdeutsche die Mehrheit der Belegschaft stellen. In manchen Abteilungen, wie der Teerverarbeitung Espenhain, waren 1944 nahezu zwei Drittel der Belegschaft ausländische Arbeitskräfte.[326]

	1. Mai 1941	**31. Mai 1942**	**31. Dezember 1942**	**31. August 1943**	**31. Januar 1944**
Arbeitskräfte gesamt	8814	5333	3933	1934	1604
Ausländische Arbeitskräfte	4324	2877	2307	1134	920
Anteil	49 %	54 %	59 %	59 %	57 %

Tab. 5: Belegschaftsentwicklung der Bau- und Montagearbeiter der ASW Espenhain 1941 bis 1944[327]

Die „Deutsche Arbeitsfront“

Die Arbeitnehmervertretung im Nationalsozialismus kam der DAF zu, obwohl sie weder eine Gewerkschaft war, noch eine sein wollte. Vielmehr handelte es sich bei ihr um eine Massenorganisation, die den Frieden im Betrieb wahren sollte.

324 Ebd., UK-Stellung von Arbeitskräften bei der Aktiengesellschaft Sächsische Werke vom 02.08.1941.

325 Vgl. ebd., Auszug aus der Liste der OKW-Spezialbetriebe vom 01.12.1941. Wenn auch nicht explizit genannt, deutet die weitere Entwicklung im Untersuchungsraum darauf hin, dass dieser Status auch für die ASW Böhlen galt.

326 Vgl. SächsStA-L, 20640, Nr. 78, Teerverarbeitung Espenhain, Monatsbericht Nr. 25 – Dezember 44 vom 06.02.1945.

327 Vgl. ebd., Nr. 112, Bestand an Bau- und Montagearbeitern vom 01.05.1941, 31.05.1942, 31.12.1942, 31.08.1943 und 31.01.1944.

Gleichzeitig diente sie dem Ziel der Etablierung der „Volksgemeinschaft im Betrieb". Dabei vertrat sie, gerade im Industriekomplex, die Interessen der Unternehmen und degradierte die Arbeitskräfte in ihrer Selbstwahrnehmung zu „Soldaten der Arbeit".[328] Eine Repräsentation der Arbeitnehmerbelange gegenüber dem „Betriebsführer" erfolgte nicht. Vielmehr hatte die DAF einen allgemeinen Vertretungsanspruch für die gesamte Belegschaft, die sowohl Arbeitgeber als auch Arbeitnehmer umfasste. Daher konnte sie schon per Definition keine Arbeitnehmerinteressen vertreten.

DAF-Funktionäre, besonders die „Betriebsobmänner", nahmen keine herausragende, aber doch eine wichtige Position im Industriekomplex Böhlen-Espenhain ein. Ihre Aufgabe war die Belegschaftsbetreuung. Dabei war eine NSDAP-Mitgliedschaft Voraussetzung. Die innerbetriebliche Position hing dabei stärker von ihrem Beruf als von ihrer Stellung in der NS-Hierarchie ab. Daher stellten sie keine homogene Gruppe dar. Beispielhaft stehen hierfür die „Betriebsobmänner der DAF" der ASW Espenhain, Kurt Wolf und Eugen Dorer, sowie der Brabag Böhlen, Rudi Fröhlich. Wolf, der in der Abteilung Elektrobetrieb Bergbau tätig war und gleichzeitig im „Vertrauensrat" saß, verfügte für einen Angehörigen der Funktionselite über ein geringes Gehalt von 325 RM.[329] Seine Verwicklung in den Korruptionsskandal um den kaufmännischen Direktor Georg Ockwitz zeigt, dass er durchaus in anderer Weise von seiner Position ökonomisch zu profitieren wusste. In diesem Fall bereicherten sich Funktionseliten durch die Unterschlagung von Lebensmitteln aus der Zwangsarbeiterversorgung. Dabei war Wolf im Prozess vor dem Sondergericht Leipzig in einem erlesenen Kreis von Angeklagten zu finden, der zwei Direktoren, einen stellvertretenden Direktor, vier Betriebs- bzw. Büroleiter, den „Hauptbetriebsobmann" der Hauptverwaltung in Dresden sowie den „Kreisobmann der DAF" im Kreis Borna umfasste. Wolfs Nachfolger, Eugen Dorer, übernahm zusätzlich die Funktion des „Betriebsobmannes" in der ASW Böhlen 1943 und war ab 1944 zudem Leiter der Gemeinschaftslager der ASW

328 Vgl. Hachtmann, Rüdiger: Arbeitsfront (s. Anmerkung 56), S. 89 f. und 92 f.

329 Vgl. SächsStA-L, 20632, Nr. 1141, Verhandlung vor dem Sondergericht in Leipzig am 04.08.1942 gegen Ockwitz und 20 andere; 20640, Nr. 26, Vertrauensrat vom 23.05.1941. Wolf wurde im Zusammenhang mit dem Korruptionsskandal um die Unterschlagung von Lebensmitteln aus den Verpflegungssätzen der Zwangsarbeiterinnen und Zwangsarbeiter zu einen Jahr Gefängnis und einer Geldstrafe von 200 RM verurteilt. Konkret hatte er 40 Stück Butter sowie Wurst und Seife erhalten. Insgesamt entnahm die Gruppe 6500 Kilogramm Teigwaren, 2500 Kilogramm Roggenmehl, 1800 Kilogramm Weizenmehl, 225 Kilogramm Fleisch, 200 Kilogramm Butter, 150 Kilogramm Gries und 10 000 Stück Eier aus der Verpflegung der Zwangsarbeiterinnen und Zwangsarbeiter.

Espenhain, die mehr als 10 000 Schlafplätze umfassten.[330] Die Lagerleitung lag stets bei der DAF, da ihr die allgemeine Verantwortlichkeit für die Betreuung der Arbeitskräfte oblag, auch wenn nicht immer der „Betriebsobmann" diese in Personalunion ausfüllte. Darüber hinaus nahm er an Werksleitungssitzungen teil, wodurch er Einfluss auf betriebliche Entwicklungen nehmen konnte.[331] Allerdings waren Einflussnahme auf Belegschaft und Wohnlager beschränkt. Ihm gegenüber stand der „Betriebsobmann der DAF" bei der Brabag: Rudi Fröhlich verfügte über eine bessere betriebliche Position, da er dem Direktorium beigeordnet und hauptamtlich beschäftigt war.[332] Hinzu kam seine zusätzliche berufliche Einbindung als Diplom-Kaufmann und kaufmännischer Leiter in Böhlen.[333] Entsprechend war seine Stellung im Betrieb und in der Partei abgesichert, wodurch er sowohl im Werk als auch in der „NSDAP-Ortsgruppe Böhlen" Einfluss ausübte.

Die DAF war im Unternehmen streng hierarchisch gegliedert. An ihrer Spitze stand der in der Hauptverwaltung ansässige „Hauptbetriebsobmann", ihm folgten „Betriebsobmann", „Hauptbetriebszellenobmann", „Betriebszellenobmann" und „Betriebsblockobmann".[334] Diese Betriebsorganisation der DAF bettete sich in das gesamte zentralistische Gefüge der Organisation ein, so waren „Gau- und Reichswaltung" weisungsbefugt und traten in dieser Funktion bei der Anordnung von „Reichs- bzw. Gauappellen" in den Betrieben auf.[335]

Trotz ihrer Stellung in der innerbetrieblichen Hierarchie waren die Gestaltungsmöglichkeiten der DAF-Funktionäre begrenzt, besonders wenn es um die Wirtschaftsorganisation ging. Eine Beschwerde aus dem Jahr 1936 der DAF-Orts-

---

330 Vgl. ebd., 20640, Nr. 34, Stellenbesetzung, Ernennungen und Handlungsvollmachten vom 30.01.1944, Betriebsorganisation vom 08.12.1943; Nr. 36, Arbeitszeit vom 27.03.1945; Nr. 38, Niederschrift vom 14.07.1944, Unterschriftenberechtigung für Ausgehende Post.

331 Vgl. ebd., Nr. 36, Direktionsbesprechung am 23.10.1942.

332 Vgl. ebd., 20632, Nr. 1141, Ort Böhlen vom 23.11.1937; 20633, Nr. 12, Unser Werk im Leistungskampf der deutschen Betriebe 1939/40 vom 10.01.1940; Nr. 35, an die Braunkohle-Benzin AG Werk Böhlen vom 10.10.1938. Seine Tätigkeit als „Vertrauensrats-Mitglied" bestätigt das. Im Fall von Wolf war dies ebenfalls der Fall, jedoch stärkte es seine Position nicht. Im Rahmen seiner Tätigkeit als „Betriebsobmann" kümmerte er sich vor allem um Freizeitgestaltung, Soldatenbetreuung und Krankenbesuche. Fröhlichs Einbindung in überregionale Strukturen der DAF aber auch die Bedeutung der Brabag als NS-Musterbetrieb, inkl. der entsprechenden Auszeichnungen, zeugen von seiner Position im Vergleich zu seinen Espenhainer Kollegen.

333 Vgl. BArch, R 3101/18222, Baureiferklärung für den Ausbau des Werkes Böhlen vom 25.01.1940.

334 Vgl. SächsStA-L, 20640, Nr. 26, Rundschreiben Nr. 57 vom 07.08.1940.

335 Vgl. ebd., Betriebsappell vom 07.10.1942, Reichsappell der schaffenden Jugend vom 28.04.1943 und Reichsappell der DAF vom 28.04.1943.

Abb. 4: Rudi Fröhlich (rechts), „Betriebsobmann der DAF" bei der Brabag Böhlen, beim Verteilen von „Weihnachtsgaben" an kranke deutsche Belegschaftsangehörige, Winter 1938/39

gruppe in Böhlen zeigt den geringen Einfluss.[336] Dabei kritisierte der „Betriebsobmann" Fritz Dehler die fehlende Möglichkeit des Betriebsdirektors den Leistungslohn zu erhöhen. Dies oblag den Direktoren der Hauptverwaltung in Dresden. Trotz der Unterstützung des „Kreiswalters der DAF", Schiemann, und des Direktors der Böhlener ASW, Hans Michael,[337] gab es keine Änderung der bestehenden Regeln. Vielmehr war diese Beschwerde Ausgangspunkt eines Konfliktes zwischen der Leitung des Böhlener Werkes und dem Vorstandsmitglied Ehlers.

Die Tätigkeiten der DAF im Industriekomplex Böhlen-Espenhain beschränkten sich auf zahlreiche propagandistische bzw. kulturelle Veranstaltungen zur Beeinflussung der Belegschaft.[338] Auch betreute sie die Freizeitgestaltung und

336 Vgl. ebd., 20632, Nr. 1141, Stimmungsbericht Der DAF – Ortsgruppe, Werk Böhlen vom 03.01.1936. Neben dem oben geschilderten Fall wurde auch die ungerechte Verteilung der Weihnachtsbeihilfen bemängelt, von der Angestellte nur vereinzelt profitierten.

337 Vgl. ebd., Kreiswalter, Stimmungsbericht vom 20.01.1936.

338 Vgl. ebd., 20632, Nr. 1141, Weihnachtsfeier am 18.12.1940, Sommersporttag der Betriebe vom 29.08.1940, 1. Mai 1941 vom 28.04.1941; 20640, Nr. 237, Grundsteinlegung vom 31.05.1938; 20633, Nr. 33, Rechenschaftsbericht vom 01.03.1941, S. 18 f. Die Veranstaltungen umfassten verschiedene Themen. Sie konnten von der traditionellen Weihnachtsfeier inkl. anderthalbstündiger Rundfunkansprache von Robert Ley und Adolf Hitler über verpflichtende Betriebsappelle und Sportfeste bis hin zu Konzerten, Theatervorführungen und Vorträgen reichen. Selbst familienfreundliche Veranstaltungen, bei denen Pony- und Eselreiten angeboten wurden, gehörten in diesen Bereich. Dabei waren In- und Exklusion stets den Veranstaltungen inhärent. Besonders die regte zur Schaffung entsprechender Einrichtungen, wie Kinos und Theater, an.[339] Die Überwindung der Klassenschranken im Sinne einer „Volksgemeinschaft im Betrieb“ fand nicht statt. Die DAF-Aktivitäten zielten zum einen auf die Befriedigung des Gestaltungsanspruchs der Nationalsozialisten, zum anderen auf die Aufrechterhaltung des Betriebsfriedens im Sinne der Werksleitung, für die die Produktion im Vordergrund stand. Dies lässt sich als „Primat der Produktion“ beschreiben. Ein aufrichtiges Interesse an der Belegschaft in Form ihrer Interessenvertretung in Konflikten mit dem Arbeitgeber ist nicht belegbar. Einzige Ausnahme waren die angebotenen Weiterbildungs- und Qualifizierungskurse.[340] Aber auch diese blieben im Vergleich zum betrieblichen Ausbildungswesen bedeutungslos.

Belegschaftspolitik im Nationalsozialismus

„Volksgemeinschaft im Betrieb“?

Aufbau einer nationalsozialistischen „Gefolgschaft“

> „1. Betriebsgemeinschaft: Betriebsführer und Gefolgschaft bilden eine nationalsozialistische Betriebsgemeinschaft, deren Grundlage das gegenseitige Vertrauen zwischen Führer und Gefolgsmann ist. [...] In unerschütterlicher Arbeitskameradschaft und Betriebsdisziplin führt unsere Gemeinschaft den Kampf um die Rohstoff-Freiheit Deutschlands und setzt für dieses Ziel alle ihre Kräfte im Sinne des Willens unseres Führers Adolf Hitler ein.“[341]

Die Forschungsdiskussion um die betrieblichen Lebenswelten im Nationalsozialismus hat bisher noch kein abschließendes Urteil gefunden.[342] In den bisherigen

Trennung nach „Rasse“ war selbstverständlich. Aber auch deutsche Dienstverpflichtete konnten explizit benachteiligt werden.

339 Vgl. ebd., 20640, Nr. 26, Freizeitgestaltung vom 08.08.1938.

340 Vgl. ebd., 20632, Nr. 1161/2, Ak. K. vom 21.02.1942; 20640, Nr. 26, Urlaubsgewährung vom 17.12.1942. Konkret handelt es sich um eine Weiterbildung zum Labor-Helfer. Überlieferung fand dieses Exempel nur, da der Teilnehmer des Kurses gleichzeitig nicht arbeiten ging, da er sich hatte krankschreiben lassen.

341 Ebd., 20633, Nr. 105, Betriebsordnung der Braunkohle-Benzin AG, Werk Böhlen, S. 5.

342 Vgl. Becker, Frank/Schmidt, Daniel (Hrsg.): Industrielle Arbeitswelt und Nationalsozialismus. Der Betrieb als Laboratorium der „Volksgemeinschaft“ 1920–1960, Essen 2020; Danker, Uwe/Schwabe, Astrid (Hrsg.): Die NS-Volksgemeinschaft. Zeitgenössische Verheißung, analytisches Konzept und ein Schlüssel zum historischen Lernen?, Göttingen 2017; Reeken, Dietmar von/Thießen, Malte: „Volksgemeinschaft“ als soziale Praxis. Neue Forschungen zur NS-Gesellschaft vor Ort, Paderborn u. a. 2013; Gießmann-Konrads, Antonia/Harwardt, Darius: Industrielle Arbeitswelt und Nationalsozialismus. Der Betrieb als Laboratorium der „Volksgemeinschaft“ 1920–

Veröffentlichungen zum Industriekomplex spielte die Untersuchung der Arbeitskräfte sowie ihrer politischen Verortung bereits eine Rolle, dabei stand Espenhain und die damit verbundene Belegschaftsentwicklung im Vordergrund, ohne dass auf die Frage einer „Volksgemeinschaft im Betrieb" eingegangen wurde.[343] Die Forschung stellte bereits fest, dass die ASW und die Brabag eine gezielte Belegschaftspolitik zur Gewinnung zuverlässiger, nationalsozialistisch geprägter Arbeitskräfte verfolgten:

> „Auch wurde der größte Teil der über 10 000 neu eingestellten Industriearbeiter in Böhlen und Espenhain ganz bewußt nicht aus der traditionsverwurzelten und SPD-geprägten Metallarbeiterschaft im nahegelegenen Leipzig geworben, obwohl es in der Kreishauptmannschaft Leipzig 1932 200 000 Arbeitslose gab. Aber die Leipziger Arbeiter waren ‚zu sehr marxistisch verseucht'. Vielmehr kam es der ASW darauf an, eine ‚zusammengewürfelte Gefolgschaft' zu rekrutieren. Bei der Arbeitskräftebeschaffung spielten die sächsischen Textilregionen um Chemnitz und Glauchau eine bedeutende Rolle. So gab es etwa im Industriearbeiterdorf Magdeborn ganze Straßenzüge, die von erzgebirgischen ‚Umsiedlern' errichtet wurden und die dann den Namen des jeweiligen Herkunftsortes trugen. Charakteristisch für die sächsischen Textilarbeiterhochburgen aber war, daß sie bereits in den 1920er-Jahren mehrheitlich zum Wählerklientel der Nationalsozialisten übergegangen waren, während die Leipziger Arbeiterschaft zu den sehr stabilen Hochburgen der SPD gehörte."[344]

In der Forschung wurde die Bedeutung der südwestsächsischen Regionen für die politische und wirtschaftliche Elite der NSDAP und deren Netzwerke im Freistaat herausgearbeitet, wie sich exemplarisch am Innenminister Karl Fritsch,[345] dem

---

1960. Unter: http://hsozkult.de/conferencereport/id/tagungsberichte-7507 (Stand: 21.12.2020). Die „Volksgemeinschaft" erlebte nach 2010 eine eingehende Betrachtung in der Zeitgeschichtsforschung, ohne dass eine abschließende Bewertung bereits vorliegt. Vielmehr zeigt dieser Begriff die Vielfältigkeit der nationalsozialistischen Gesellschaft auf. Dass dabei die Betriebe als zentrale öffentliche Orte der „Volksgemeinschaft" notwendigerweise ebenfalls Beachtung fanden, ist wenig verwunderlich.

343 Vgl. Hofmann, Michael/Rink, Dieter: Kohlearbeiter (s. Anmerkung 15), S. 163–178 und Hofmann, Michael: Kohlearbeiter (s. Anmerkung 15), S. 91–152.

344 Hofmann, Michael: Kohlearbeiter (s. Anmerkung 15), S. 94.

345 Vgl. Pieper, Christine/Schmeitzner, Mike: Karl Fritsch. Stellvertretender Gauleiter und Sächsischer Innenminister in: Naser, Gerhard/dies./ders. (Hrsg.): Braune Karrieren (s. Anmerkung 84), S. 32–40, hier S. 33. Fritsch wurde zwar nicht in Sachsen, sondern im oberfränkischen Hof geboren, allerdings stand diese Region sowohl räumlich als auch den Netzwerken innerhalb der frühen NSDAP dem sächsischen Vogtland nahe, wo ihm schlussendlich der Durchbruch als Politiker gelang.

Leiter des Ministeriums für Volksbildung Artur Hugo Göpfert,[346] dem Wirtschaftsminister Georg Lenk,[347] dem „Gauleiter und Reichsstatthalter" Martin Mutschmann[348] sowie dem ersten „Gauleiter" Sachsens von 1921 bis 1924 Franz Tittmann zeigt.[349] Das Erzgebirge und das Vogtland zählten auch für die ASW und die Brabag zu den bevorzugten Rekrutierungsgebieten.[350] Besonders das Arbeitskräftepotenzial der südwestsächsischen Textilindustrie wurde hierzu genutzt, da erstens diese Personen als systemtreu galten und zweitens diese Branche unter den Importreglementierungen ab 1933 litt. Nach Kriegsbeginn hielten ASW und Brabag an dieser Rekrutierungsstrategie fest. Albert Hartmann, Jahrgang 1888, aus Chemnitz ist ein Beispiel für eine aus dieser Region angeworbene Arbeitskraft.[351] Er hatte die niedrige NSDAP-Mitgliedsnummer 41 603, war Ehrenzeichenträger und Schutzstaffel (SS)-Mann. Nach Kriegsbeginn wurde er für den Werkschutz der ASW Espenhain geworben. Die Brabag bekam sogar einen Großteil ihrer Dienstverpflichteten aus diesen Regionen, was mit der kriegsbedingten Schließung von Fabriken der Konsumgüter-, Spielzeug- und Textilindustrie zusammenhing.[352]

Die regionale Herkunft aus dem Vogtland und dem Erzgebirge lässt sich ebenfalls bei der Anstellung von Frauen nachweisen. Exemplarisch hierfür ist Ruth M. aus Oelsnitz im Vogtland. Sie bemühte sich im Februar 1942 um eine Anstellung beim Böhlener Hauptlabor.[353]

Neben den aktiven Rekrutierungsmaßnahmen wirkte der Industriekomplex Böhlen-Espenhain auch auf Menschen aus anderen Regionen anziehend. So ist beispielsweise die Einwanderung deutschsprachiger Arbeitskräfte aus Böhmen

346 Vgl. Hermann, Konstantin: Arthur Göpfert. Zehn Jahre kommissarischer Leiter des Volksbildungsministeriums, in: Naser, Gerhard/Pieper, Christine/Schmeitzner, Mike (Hrsg.): Braune Karrieren (s. Anmerkung 84), S. 222–227, hier S. 223.

347 Vgl. Grosche, Thomas: Lenk (s. Anmerkung 163), S. 180.

348 Vgl. Schmeitzner, Mike: Fall Mutschmann (s. Anmerkung 84), S. 23 f. Mutschmann wurde in Thüringen, genauer in Hirschberg (Saale), im Dreiländereck Sachsen, Thüringen, Bayern, geboren. Allerdings lebte er bereits vor seinem politischen Aufstieg im vogtländischen Plauen. Dabei ist er, ähnlich wie Lenk, als Textilfabrikant tätig gewesen.

349 Vgl. Dehn, Stefan: Hochburg (s. Anmerkung 85), S. 47.

350 Vgl. SächsStA-L, 20640, Nr. 104, Leerstellung Unterkunft Lippendorf vom 16.03.1938; 20686, Nr. 173, Politische Erfassung aller Belegschaftsmitglieder. Teilweise pendelten Belegschaftsmitglieder aus dem Vogtland bzw. Erzgebirge täglich in den Industriekomplex.

351 Vgl. Bundesbeauftragter für die Unterlagen des Staatssicherheitsdienstes der ehemaligen Deutschen Demokratischen Republik (BStU), Ministerium für Staatssicherheit (MfS), HA IX/11 (MfS Archiv zur NS-Zeit), Nr. 59/67, Politische Beurteilung vom 10.12.1940, Personalkarteitasche Hartmann, Albert.

352 Vgl. SächsStA-L, 20633, Nr. 33, Rechenschaftsbericht vom 01.03.1941, S. 19.

353 Vgl. ebd., 20632, Nr. 1161/2, Ruth M., Ölsnitz/Vgtl. vom 18.02.1942.

belegt. Wilhelm Stanke, Großvater des letzten Espenhainer Bürgermeisters, ist ein Beispiel.[354] Wie viele andere Personen war er allerdings seit den 1920er-Jahren im Raum Leipzig ansässig. Ebenso gab es Zuwanderung aus Ostsachsen, wie im Falle von Lilo Morocutti, die als Werksfotografin tätig war und aus dem heutigen Bogatynia stammt.[355]

Besonderen Wert legten die Unternehmen auf die politische Gesinnung der Arbeitskräfte. So übertraf der Anteil von NSDAP-Mitgliedern bei der Brabag Böhlen den reichsweiten Durchschnitt.[356] Dies entsprach dem Selbstverständnis der Unternehmensführung, die mit dem Aufsichtsratsvorsitzenden SS-Oberführer Wilhelm Keppler sowie den Vorstandsmitgliedern Heinrich Koppenberg, Carl Krauch, Fritz Kranefuß und Heinrich Bütefisch von Nationalsozialisten dominiert war.[357] Die genaue Anzahl der NSDAP-Mitglieder ist allerdings nicht ermittelbar. Hofmann und Hönsch gehen von 50–60 %[358] und einem „sprichwörtlichen ‚Brabag-Geist', einer nationalsozialistischen Form von Verbundenheit mit dem Konzern",[359] aus. Ähnlich äußerte sich auch der „Betriebsobmann" Rudi Fröhlich 1940: Er glaubte, die DAF hätte „diesen Betrieb [Brabag, Werk Böhlen] zu einer Zwingburg des Nationalsozialismus"[360] gemacht. Aufgrund der fehlenden Aktenüberlieferung müssen diese Aussagen kritisch hinterfragt werden. Nachweislich befanden sich 1947/48 mindestens 424 registrierungspflichtige Angehörige von NS-Organisationen bei der Brabag, von denen mindestens 259 einem Entnazifizierungsverfahren unterzogen wurden.[361] Unklar blieb allerdings, ob alle

---

354 Vgl. Privatarchiv (PA) Baumert, Gespräch mit Jürgen Frisch vom 09.01.2019 und Einbürgerungsurkunde vom 09.12.1925.

355 Vgl. Morocutti, Lilo: Werksfotografin (s. Anmerkung 114), S. 2.

356 Vgl. Karlsch, Rainer: Aktiengesellschaft Sächsische Werke (s. Anmerkung 15), S. 191.

357 Vgl. Bindernagel, Franka/Bütow, Tobias: KZ (s. Anmerkung 67), S. 31–35. Der Einfluss von Partei und Staat wird zusätzlich anhand des Aufsichtsratsmitgliedes Helmuth Wohlthat deutlich, der als Ministerialdirektor im Reichswirtschaftsministerium und als Vertrauter Hjalmar Schachts tätig war. Ähnlich lässt sich über Alfred von Vollard-Bockelberg urteilen, der als Chef des Heereswaffenamtes bereits vor der „Machtübertragung" an die Nationalsozialisten die geheime Aufrüstung forcierte und sich besonders für synthetische Treibstoffe interessierte. Nachdem Krauch und Koppenberg in den Aufsichtsrat wechselten, besetzte, neben Bütefisch, der Physiker Ernst Hochschwender den freien Posten im Vorstand.

358 Vgl. Hofmann, Michael: Kohlearbeiter (s. Anmerkung 15), S. 95; Hönsch, Fritz: Industriekomplex (s. Anmerkung 17), S. 58.

359 Hofmann, Michael: Kohlearbeiter (s. Anmerkung 15), S. 95.

360 SächsStA-L, 20633, Nr. 56, der erste NS-Musterbetrieb im Kreis Borna, S. 4.

361 Vgl. ebd., 20686, Nr. 172, Liste Registrierungspflichtige, Protokoll Sitzung der Entnazifizierungskommission 26.01.1947; Nr. 174, Abschluss der Entnazifizierung vom 03.03.1948. Mit NS-Organisationen sind an dieser Stelle ausschließlich die NSDAP, SA und SS gemeint. Die hier wiedergegebenen Zahlen stellen nur die minimale Zahl dar. Manche Personen, die nachweislich bereits vor 1945 im Industriekomplex tätig waren bzw. wie viele den Betrieb schon verlassen hatten.

Einzig das Landesarbeitsamt sicherte zu, „dass es bei der Zuteilung von Arbeitskräften auf die politische Zuverlässigkeit von Leuten besonders achten wird.“[362] Speziell bei den Funktionseliten war die Zugehörigkeit zur NSDAP weit verbreitet. Unter den Schichtmeistern im Gaswerk gab es beispielsweise nur einen, der nicht Pg. war, und 1942 nur auf Fürsprache des Betriebsleiters Dr. Uhlmann seinen Posten erhalten hatte.[363] Wie wichtig zumindest das Anliegen war, eine politisch zuverlässige Belegschaft aufzubauen, zeigt sich an der Überprüfung neuer Mitarbeiter durch die Gestapo.[364] Normalerweise waren ein polizeiliches Führungszeugnis und eine politische Beurteilung der NSDAP vorzulegen, bei SS-Mitgliedschaft zusätzlich eine Information vom entsprechenden SS-Sturm.[365] Mindestens ein Mitarbeiter war Träger des „Goldenen Parteiabzeichens“.[366]

Auch die ASW achtete auf die politische Gesinnung ihrer Arbeitskräfte, inspiriert durch die Situation bei der Brabag und ihrer eigenen Nähe zu den nationalsozialistischen Machthabern in Dresden. Genaue Zahlen fehlen auch hier. Die aus der Nachkriegszeit stammenden Behauptungen von über 50 % NSDAP-Mitgliedern[367] lassen sich aus zeitgenössischen Quellen nicht verifizieren, wie die überlieferten Zahlen für den Kesselbetrieb im Kraftwerk und der ihm unterste-

NS-Organisationen angehörten und zu dem Zeitpunkt noch im Werk tätig waren, tauchen in den entsprechenden Listen nicht auf. Darüber hinaus schieden zahlreiche Personen nach Kriegsende aus dem Werk aus, ohne dass ihre Zugehörigkeit erfasst wurde.

362 Ebd., 20632, Nr. 1103, Niederschrift über die Besprechung am 01.02.1935 in Böhlen. Einschränkend muss gesagt werden, dass hier das Argument der Industriespionage vorgebracht wurde. Daher ist unklar, ob die Kategorie der politischen Zuverlässigkeit eine nationalsozialistische Gesinnung implizierte.

363 Vgl. BStU, Bezirksverwaltung für Staatssicherheit (BV) Leipzig, Nr. 648/53, Bericht vom 29.11. 1951.

364 Vgl. ebd., Nr. 173, Lage der operativen Arbeit auf der Linie der Konzerne vom 31.10.1957 und MfS, HA IX/11, Nr. 59/67, Geheime Staatspolizei, Staatspolizeileitstelle Leipzig vom 04.12.1940. In einem Fall handelte es sich um Hans-Günther Riedel, der als Leiter des IZ in der DDR Karriere machte. Der andere war Albert Hartmann, der nur ca. ein Jahr als Werkschutzmann in Espenhain tätig war.

365 Vgl. ebd., MfS, HA IX/11, Nr. 59/67, Politische Beurteilung vom 10.12.1940 und Ihre Bewerbung vom 12.10.1940.

366 Vgl. SächsStA-L, 20686, Nr. 174, NS-Belastete mit Vorwurf. Dabei handelte es sich um den 1902 geborenen Eberhard Lange, der während des Krieges als Wachmann im KZ-Außenlager Colditz diente und dafür nach dem Krieg angeklagt wurde.

367 Vgl. Hofmann, Michael: Kohlearbeiter (s. Anmerkung 15), S. 94 f.

henden Instandhaltung andeuten.[368] Im Herbst 1944 besaßen fünf von 70 deutschen Männern (7,1 %) der Instandhaltung und zwölf von 180 (6,7 %) des Kesselbetriebes die NSDAP-Mitgliedschaft.

Ideologie und Überzeugung

Die Wirkung von Propaganda und Ideologie in Diktaturen ist bis heute umstritten. Besonders die Forschung zu den Wehrmachtssoldaten hat sich in den letzten Jahren mit diesem Themenkomplex beschäftigt. Sie tendiert dazu, ihnen eher eine untergeordnete Rolle zuzuweisen, ohne gleich eine unpolitische Einstellung zu unterstellen.[369] Für den Industriekomplex Böhlen-Espenhain geben nur wenige Quellen Auskunft in Bezug auf die Wirkung von Ideologie. Einzelne in Feldpostbriefen überlieferte Aussagen zeigen die Zustimmung zum Nationalsozialismus in der Belegschaft, ohne dass eine Allgemeingültigkeit behauptet werden kann. Kurt R. ist ein solches Beispiel. Er arbeitete in der Abteilung Elektrobetrieb der Bergbaumaschinen. Seine Aussagen zum Nationalsozialismus lesen sich wenig reflektiert und zeugen vielmehr von einem naiven „Führervertrauen“:[370]

> „Wollen hoffen, dass unser Führer Adolf Hitler es ermöglicht[,] uns den Krieg im Westen zu ersparen und den Frieden zu sichern. Hier herrscht aber auch der Wille, wenn es sein muss, sofort alles daran zu setzen, um auch die größenwahnsinnigen Staaten zu überrennen.“[371]

Auch antisemitische Positionen waren unter der Belegschaft verbreitet. Das Beispiel von Martin K. aus der Abteilung Eisenbahnbetrieb im Tagebau, der sogar von Übergriffen berichtete, verdeutlicht dies:

> „Es ist sogar mitleiderregend in punkto Wohnung und Sauberkeit [in Polen]. Es gibt da nur noch den Unterschied zwischen den National-Polen und Juden. Letztere beherrschen nun aber auch alles und wenn es der kleinste Senfladen ist. Als Hausbesitzer, denn es gibt auch grosse Häuser. Da ist nun aber jedes kleine Loch bis in die Grundmauern vermietet. [...] Das waren die Unterschlupfe für die Rückenschützen, welche unseren Truppen schwere Verluste beigebracht haben. [...] Aber hier in Grozex haben wir nun auch mal die Juden bisschen

368 Vgl. SächsStA-L, 20640, Nr. 34, Personalliste TKK vom 31.10.1944, Personalliste TKKJ vom 31.10.1944.

369 Vgl. Neitzel, Sönke/Welzer, Harald: Soldaten. Protokolle vom Kämpfen, Töten und Sterben, Frankfurt (Main) [2011] 2011, S. 292 f.; Römer, Felix: Kameraden. Die Wehrmacht von innen, Bonn [2012] 2012 (= Bundeszentrale für politische Bildung: Schriftenreihe, Bd. 1010), S. 73 ff.

370 Vgl. Dieckmann, Christoph: Irrlicht und Sumpf, in: Krause, Joachim (Hrsg.): Fremde Eltern. Zeitgeschichte in Tagebüchern und Briefen 1933–1945, Beucha/Markkleeberg 2016, S. 381–385, hier S. 382.

371 SächsStA-L, 20640, Nr. 26, Kurt R. (Feldpost Dresden 28624) BME 03.10.1939.

schmuck gemacht. Das konnte doch nicht angehen, dass diese Leutchen mit Vollbärten umherirren und das ging mit der Schere ganz famos."[372]

Aussagen, die auf ein geschlossenes politisches Weltbild schließen lassen, sind jedoch die Ausnahme. Auffällig ist, dass die Teile der Belegschaft, die kein Studium absolviert hatten, sich kaum politisch, aber häufig über den Betrieb bzw. die Zeit in Espenhain äußerten.[373] Die Identifikation mit der Arbeitsstelle war für einige Arbeitskräfte Teil ihrer eigenen Identitätskonstruktion, unabhängig von der politischen Einstellung.

Die unter Parteigängern der NSDAP kursierende Wahrnehmung Leipzigs als Zentrum sozialistischen Gedankenguts vor 1933 provoziert die Frage nach der Verbreitung abweichender Einstellungen unter der Belegschaft. Für überzeugte Nationalsozialisten war ein – tatsächliches oder angenommenes – Engagement für die SPD oder die Kommunistische Partei Deutschlands (KPD) einer der Gründe für das Bemühen um eine „Volksgemeinschaft im Betrieb". Für die Behauptung des „Betriebsobmannes" Dehler der ASW Böhlen, wonach vor 1933 90 % der Belegschaft marxistisch geprägt waren, fand sich kein Beleg.[374] Aussagen, die in Böhlen eine „rote Hochburg" sahen, waren überspitzt. Es ließen sich die Verhaftung von mindestens fünf Mitgliedern der KPD und fünf der SPD sowie Aktionen zur Einschüchterung oppositioneller Kräfte rekonstruieren.[375] Der Ort war jedoch mehrheitlich konservativ bis nationalistisch geprägt, wie das Beispiel des Bürgermeisters Franz Goldmann zeigt, der von 1926 bis 1945 amtierte.[376] Dr.-Ing. Burghagen war vermutlich das einzige bekannte Mitglied der lokalen Funktionselite der ASW, das verhaftet und in ein Konzentrationslager (KZ) überführt

372 Ebd., Martin K. (Feldpost 22780) BBG 03.11.1939.

373 Vgl. ebd., Alfred V. BBA 18.10.1939, Georg N. 19.10.1939, Heinrich B. WAB 09.10.1939, Kurt R. (Feldpost Dresden 28624) BME 03.10.1939, Otto K. (Feldpost Dresden 06899) 06.10.1939, Walter K. 08.10.1939 und 17.10.1939, Walter W. (Feldpost Dresden 18588) BBA 19.10.1939.

374 Vgl. ebd., 20632, Nr. 1141, Mein größtes Weihnachtserlebnis!

375 Vgl. BArch, R 3003 (Oberreichsanwalt beim Reichsgericht)/11381, Böhlen b/Leipzig, am 24.02.1931, Böhlen b. Leipzig am 26.02.1931; Dietrich, Gerhard: Großdeuben. Drei Bauernsiedlungen entwickeln sich zur Arbeiterwohngemeinde der Kombinate Böhlen und Espenhain, Großdeuben 1967, S. 26; Kaufmann, Gregor/Nabert, Thomas: Böhlen (s. Anmerkung 16), S. 62 ff.; SächsStA-L, 20632, Nr. 1141, Meldung von Werkangehörigen vom 30.05.1942. Zwei Plakataktionen, die zur Solidarisierung der Polizei mit Arbeitern aufrief, wurden ohne Beleg der KPD zugeordnet. Ebenso kann die Behauptung aus der DDR-Memoiren-Literatur, dass sich im selben Jahr 200 SPD und KPD-Anhänger in Großdeuben zu einer Einheitsfront zusammengeschlossen hätten, nicht verifiziert werden.

376 Vgl. Kaufmann, Gregor/Nabert, Thomas: Böhlen (s. Anmerkung 16), S. 62 ff. Aussagen des Bürgermeisters Goldmann vom 21. März 1933, in denen er behauptete, dass Böhlen eine „kommunistische Hochburg" gewesen sei, sind nicht durch Quellen zu verifizieren.

wurde.[377] In Großdeuben gab es ebenfalls einen Fall, bei dem ein Mitglied der KPD im KZ Colditz festgehalten wurde.[378] Andererseits lässt sich nicht leugnen, dass die Amtshauptmannschaften Borna und Leipzig sowie allgemein Bergbau und Chemieindustrie in Mitteldeutschland Zentren der revolutionären Arbeiterbewegung waren, wie besonders die Zeit der Revolution 1918/19, der mitteldeutsche Generalstreik ab Februar 1919 und die Märzkämpfe in Mitteldeutschland 1921 zeigten.[379] So kam es auch im Untersuchungsraum zu Zusammenstößen zwischen Rotfrontkämpferbund und Sturmabteilung (SA).[380]

Unter diesen Voraussetzungen muss der Gedanke einer „Volksgemeinschaft im Betrieb" als eine Illusion bezeichnet werden. Die Kontrolle und Überwachung der „Gefolgschaft" zeigt, dass selbst die Betriebsführung, die zweifelsohne der NSDAP nahestand, ihrer „Gefolgschaft" nur bedingt vertraute. Der Werkschutz führte daher penibel Liste über diejenigen Belegschaftsangehörigen, die als potentielle Unruhestifter galten.[381] Hierbei agierte er weitestgehend nach eigener Überzeugung bzw. interpretierte sein Handeln als im Interesse der Werksleitung liegend. Die Liste zeigt, dass von 46 Personen mindestens zwölf der KPD angehörten, eine Person galt aufgrund ihrer Religionszugehörigkeit als unzuverlässig. Mindestens sieben von ihnen stammten aus Südwestsachsen, das pauschale, weiter oben erwähnte Urteil einer nationalsozialistischen Region erscheint daher fraglich. Eine Begründung für die Skepsis gegenüber der Belegschaft fand sich nicht, auch Unmutsäußerungen, wie die demonstrative Verweigerung des „Hitlergrußes", waren selten.[382]

Doch zeigt sich, dass nicht potentielle Unruhstifter im Fokus der Überwachung standen, sondern das vielmehr dienstliche Verfehlungen, besonders „Arbeitsbummelei", zur Überwachung führten. Für die Brabag waren politische

377 Vgl. ebd., S. 66. Dabei soll es sich um das KZ Hohenstein gehandelt haben aus dem er angeblich schon am Folgetag entlassen wurde.

378 Vgl. Dietrich, Gerhard: Großdeuben (s. Anmerkung 375), S. 28. Unklar ist, ob er im Industriekomplex arbeitete.

379 Vgl. Bramke, Werner/Reisinger, Silvio: Leipzig in der Revolution von 1918/19, Leipzig 2009, S. 28 f. und 118 f.; Knatz, Christian: „Ein Heer im grünen Rock"? Der Mitteldeutsche Aufstand 1921, die preußische Schutzpolizei und die Frage der inneren Sicherheit in der Weimarer Republik, Berlin 2000, S. 26 ff.

380 Vgl. Dietrich, Gerhard: Großdeuben (s. Anmerkung 375), S. 26 f. Nach einer Veranstaltung der NSDAP 1931 kam es zu einer Auseinandersetzung. Mehr Informationen sind nicht bekannt.

381 Vgl. SächsStA-L, 20632, Nr. 1141, Meldung von Werkangehörigen vom 30.05.1942. Dabei waren drei Kategorien für die Meldung ausschlaggebend: „1. mehrfache betriebliche Bestrafungen", „2. Bestrafungen wegen krimineller Delikte" und „3. wegen illegaler oder asozialer Einstellungen vorbestraft".

382 Vgl. ebd., Georg Eichler, Zwenkau vom 17.09.1938.

Abweichungen, wie „nationale Unzuverlässigkeit", „böswillige Aussagen gegen Staat und Volk" sowie der „Verstoß gegen die nationalsozialistische Bewegung und ihre Weltanschauung", Entlassungsgründe, ohne dass Zahlen hierzu überliefert wurden.[383] Ein Vergleich mit anderen Unternehmen in Mitteldeutschland zeigt, dass Entlassungen aus ähnlichen Gründen erfolgten.[384] Andererseits wurden Personen von der eingangs erwähnten Liste nach einem KZ- oder Zuchthausaufenthalt durchaus wieder eingestellt, wie unter anderen Josef Kahn, der nach Kriegsende noch eine kurze aber beeindruckende Karriere haben sollte. Mit dieser Personalpolitik beschritten die Unternehmen im Industriekomplex keinen Sonderweg, vielmehr kann sie als typisch für die deutsche Wirtschaft in der Kriegszeit angesehen werden.[385]

Eine vormalige Mitgliedschaft in der KPD war kein Grund für die ASW, sich nicht dennoch um ein potentielles Belegschaftsmitglied zu bemühen, wie zahlreiche Beispiele verdeutlichen. So bewarb sich Kurt Schönfelder (1898 – 1948) im Jahr 1941 als Feuerungsmaschinist bei der ASW.[386] Als ehemaliges KPD-Mitglied war er mehrfach in „Schutzhaft" genommen worden und schien der Werksleitung suspekt. Sie lehnte seine Einstellung daher ab. Diese Weigerung stieß bei dem Betriebsleiter des Kesselbetriebes auf Widerstand, er konnte aufgrund der beruflichen Qualifikation Schönfelders dessen Anstellung schlussendlich durchsetzen. Dies mag angesichts des Arbeitskräftemangels im Krieg wenig wundern, doch selbst in den 1930er-Jahren sind Beschäftigungsverhältnisse mit ehemaligen KPD-Mitgliedern nachweisbar. Alfred Umlauf, KPD-Mitglied von 1928 bis 1933 und gelernter Schuhmacher aus Schlesien, wurde 1935 zunächst bei der Brabag und

---

383 Vgl. ebd. 20633, Nr. 105, Betriebsordnung der Braunkohle-Benzin AG, Werk Böhlen, S. 12.
384 Vgl. Schulz, Ulrike: Simson (s. Anmerkung 20), S. 210.
385 Vgl. Schanetzky, Tim: „Kanonen" (s. Anmerkung 32), S. 28. Im gesamten „Dritten Reich" lassen sich zumindest vereinzelt Entlassungswellen von politisch Andersdenkenden nachweisen.
386 Vgl. SächsStA-L, 20640, Nr. 112, Personal für Kesselbetrieb vom 07.11.1941 und 27.11.1941, Kurt Schönfelder vom 21.11.1941, Personal Kraftwerk vom 07.11.1941 und Betrifft unseren Heizer Kurt Schönfelder vom 01.11.1941. Schönfelder, der seit 1936 als Heizer in der Papierfabrik Schmidt & Co KG in Langenhennersdorf tätig war, wollte zur ASW wechseln. Sein Betrieb lehnte das aus Arbeitskräftemangel ab und behauptete, dass er ein wehrwirtschaftlich bedeutsamer Betrieb sei. Gleichzeitig teilte er der ASW die politische Zugehörigkeit Schönfelders zur KPD, zwei KZ-Aufenthalte vor 1936 und ihre Unzufriedenheit über seine Arbeit mit. Dabei handelte es sich offensichtlich um Kalkül zum Erhalt seiner Arbeitskraft. Schönfelder war seit 1929 KPD-Mitglied und verbrachte 30 Monate in KZ-Haft. Die ASW widerlegte das wehrwirtschaftliche Argument. Während der Betriebsleiter des Kesselbetriebes im Kraftwerk der Anstellung positiv gegenüberstand und wahrscheinlich vordergründig den Personalmangel beheben wollte, lehnte die Werksleitung sie tendenziell ab, verwies aber zur Entscheidung an die Hauptverwaltung. Schönfelders Grabstätte und die Benennung einer Straße in Kitzscher sprechen für seine Anwesenheit im Industriekomplex.

1936 bei der ASW Böhlen beschäftigt und konnte immerhin vom Schlosser zum Häuer aufsteigen.[387] Das galt ebenso für den gelernten Rauchwarenzurichter Albert Noack, Jahrgang 1902, der von 1919 bis 1933 der KPD angehörte und ab 1938 bei der ASW Böhlen beschäftigt wurde.[388]

Die richtige politische Einstellung war übrigens keine Garantie für eine Anstellung. Der Fall des „Ortsgruppenleiters" von Neukieritzsch, Naundorf, belegt die qualitative Auswahl der Arbeitskräfte unabhängig von ihrer Parteizugehörigkeit. Am 19. Mai 1938 schrieb der Kreisleiter der NSDAP an das Werk Böhlen und bat um die Beschäftigung das „Ortgruppenleiters" als Angestellten.[389] Die Antwort der Personalabteilung der ASW war ablehnend, da aktuell kein Bedarf bestünde.[390] Allerdings wollte Naundorf auch nicht als Arbeiter tätig werden. Abschließend forderte die ASW ihn auf, sich in Espenhain zu bewerben.

Wie verschlungen, vielschichtig und ambivalent Lebens- und Berufswege im „Dritten Reich" sein konnten, offenbart sich signifikant in der Person Helmut Fritzsches, Jahrgang 1910.[391] Fritzsche war von 1930 bis 1933 SPD-Mitglied und wurde aufgrund illegaler Gewerkschaftsarbeit von 1934 bis 1935 inhaftiert. Nach mehreren Verwundungen als Soldat an der Ostfront kam er 1944 zur Bewachung der Kriegsgefangenen nach Böhlen und repräsentierte damit das NS-Unrechtsregime, obwohl er selbst Verfolgter war. Erst 1951 kehrte er dann als Instrukteur der SED nach Böhlen zurück. Allerdings wurde ihm seine SPD-Vergangenheit später zum Verhängnis worauf noch eingegangen wird.

Sozialer Aufstieg

Vielen Arbeitern und Arbeiterinnen gelang in der Zeit des Nationalsozialismus der soziale Aufstieg, indem sie zu Facharbeitern aus- oder weitergebildet wurden.[392]

387 Vgl. BStU, MfS, D-SKS Archivmaterial über Strafnachweise, Nr. 10034, Vernehmung eines Beschuldigten vom 02.07.1958, 7.25 Uhr.

388 Vgl. ebd., Vernehmung eines Beschuldigten vom 02.07.1958, 14.45 Uhr.

389 Vgl. SächsStA-L, 20632, Nr. 1141, Der Kreisleiter vom 19.05.1938. „Ortsgruppenleiter" Naundorf wurde am 23. Dezember 1909 geboren und war seit dem 01. April 1932 Mitglied der NSDAP (Mitgliedsnr. 1 039 089). Bevor er sich bei der ASW bewarb, arbeitete er als Schulhausmann in Neukieritzsch.

390 Vgl. ebd., Einstellung des Pg. Naundorf vom 30.05.1938.

391 Vgl. BStU, MfS, BV Leipzig, Nr. 1993/64, Vernehmungsprotokoll vom 31.01.1964 und 04.02.1964.

392 Vgl. Gillingham, John: The „Deproletarization" of German Society. Vocational Training in the Third Reich, in: Journal of Social History 19, 1986, S. 423–432, hier S. 429; Hachtmann, Rüdiger: Arbeitsfront (s. Anmerkung 56), S. 103f.; Lüdtke, Alf: The „Honor of Labor". Industrial workers and the power of Symbols under National Socialism, in: Crew, David F. (Hrsg.): Nazism and German Society. 1933–1945, London 1994, S. 67–109, hier S. 92f.; Schanetzky, Tim: „Kanonen" (s. Anmerkung 32), S. 123; Tooze, Adam: Ökonomie (s. Anmerkung 27), S. 177.

Doch auch ohne diese Aus- bzw. Fortbildung konnten einfache Arbeiter zu Vorarbeitern oder Kolonnenführern in der sozialen Firmenhierarchie aufsteigen. Die Aufwertung der deutschen Arbeitskraft diente dazu, sie an das System zu binden,[393] im Untersuchungsraum gelang dies ebenfalls. Ihr neuartiger Arbeitsstolz und ein stärkeres Selbstbewusstsein gegenüber ihren unausgebildeten bzw. angelernten Kollegen mag zum einen die zahlreichen Übergriffe auf Zwangsarbeiterinnen, Zwangsarbeiter und Kriegsgefangene erklären,[394] zum anderen wirkte es integrativ in die „Volksgemeinschaft im Betrieb", besonders bei der Brabag. Eine Verbindung zwischen sozialen Aufstieg und NSDAP-Mitgliedschaft liegt nahe, wie eine Liste des Benzinwerkes aus der Nachkriegszeit belegt. Hierbei hatten von 81 NSDAP-Mitgliedern 57 eine Berufsausbildung abgeschlossen, drei waren Meister und nur 18 besaßen keine abgeschlossene Lehre.[395]

Auch für die ASW lässt sich ein Zusammenhang zwischen Ausbildung und Aufstieg in der „Betriebsgemeinschaft" konstatieren.[396] Im Verlauf der NS-Herrschaft wurde eine abgeschlossene Berufsausbildung zum Distinktionsmerkmal zwischen deutschen und ausländischen Arbeitskräften. Auffällig ist dies besonders beim Bau des Braunkohlenwerkes Espenhain. Mehr als 75 % der Deutschen zählten zur Gruppe der Facharbeiter (vgl. Tab. 6). Unter den Hilfskräften dominierten hingegen Kriegsgefangene und ausländisches Personal.

	Facharbeiter	Hilfskräfte
Deutsche	1736	564
Zivile Ausländer	605	1237
Kriegsgefangene	442	759
Gesamtbelegschaft	2783	2560

Tab. 6: Bestand an Bau- und Montagearbeitern des BKW Espenhain am 31. Mai 1942[397]

393 Vgl. Buggeln, Marc/Wildt, Michael: Arbeit im Nationalsozialismus (Einleitung), in: Buggeln, Marc/Wildt, Michael (Hrsg.): Arbeit im Nationalsozialismus (s. Anmerkung 54), S. IX-XXXVII, hier S. XXIII.

394 Vgl. SächsStA-L, 20031 Polizeipräsidium Leipzig, Nr. 2494/39, Strafsache gegen Georg Karl Otto; 20632, Nr. 1141, Aussage des Arbeiters Klaus, Curt vom 06.07.1945; 20640, Nr. 413, Freches Benehmen eines Polen vom 30.10.1943; Nr. 710, Jaroslaw P. vom 13.04.1944; 20686, Nr. 174, NS-Belastete mit Vorwurf.

395 Vgl. ebd., 20686, Nr. 174, Politische Erfassung aller Belegschaftsmitglieder.

396 Vgl. ebd., 20640, Nr. 112, Zusammenstellung von Anträgen zur Lohnerhöhung vom 05.08.1943.

397 Vgl. ebd., Bestand und Bedarf an Bau- und Montagearbeitern vom 03.06.1942.

Die Gewinnung von Fachkräften erfolgte hauptsächlich über ihre Aus- und Weiterbildung im Industriekomplex. Die Lehrlingswerkstätten waren dabei auch ein Ort zur politischen Indoktrinierung. Appelle in Hitlerjugend-Uniform waren verpflichtend.[398] Politische Schulungen, bei denen die Weltanschauung des Nationalsozialismus, seine ideologischen Termini, das Programm der NSDAP und die Lektüre von „Mein Kampf" auf dem Lehrplan standen, sollten die Lehrlinge zu linientreuen Nationalsozialisten formen.[399] Das Ziel der betrieblichen Lehrlingsausbildung lautete, „durch richtige Erziehung und Betreuung der Jugendlichen arbeitsfreudige und einsatzbereite Menschen zu erziehen, die dereinst den Kern einer verantwortungsbewussten Gefolgschaft bilden sollen."[400]

Neben der Berufsausbildung, besaß die Weiterbildung, auch der Ingenieure und Meister, einen hohen Stellenwert im Betrieb. Auffällig ist dabei die Verschränkung von wirtschaftlichen und politischen Themenfeldern bei der Brabag. In einer Vortragsreihe zur Berufserziehung ab November 1938 dominierten Themen der NS-Autarkiepolitik.[401] Auch die ASW forcierte die fachliche Weiterbildung ihrer Belegschaft,[402] häufig qualifizierte man Hilfsarbeiter durch eine Facharbeiterprüfung.[403]

	1939	1940	1941	1942	1943	1944
Frauen	180	218	375	465	623	691
Männer	1741	2346	2283	2573	2885	3195
Ausländer (m/w)	–	–	403	213	376	480
Gesamtzahl	1921	2564	3062	3342	3884	4366

398 Vgl. ebd., Nr. 26, Besuch der Gaujugendwaltung in Espenhain vom 17.11.1942 und Betriebsjugendnachmittag vom 23.06.1943.

399 Vgl. ebd., 20633, Nr. 73, Braunkohle-Benzin AG, Werk Böhlen, Lehrlingsausbildung, Berufserziehung, S. 20.

400 Ebd., S. 26.

401 Vgl. ebd., Nr. 17, Plan für die in unserem Werke vorgesehene Berufserziehung vom 07.11.1938. Die Themenbereiche umfassten zahlreiche Aspekte der Autarkiepolitik, wie die „deutsche Treibstoffwirtschaft", „Die Gewinnung des natürlichen Schwefels", „Holz als Rohstoff für Textilfasern", „Chemie und Industrie der Kunststoffe" und „Kohle als Rohstoff". Im Anschluss gab es praktische Vorträge zu konkreten Arbeitsthemen.

402 Vgl. ebd., 20640, Nr. 26, Urlaubsgewährung vom 17.12.1942; Nr. 112, Personal EK vom 21.01. 1942.

403 Vgl. ebd., 20632, Nr. 1141, Facharbeiterprüfung der Umschüler vom 08.12.1939. Insgesamt legten 16 Personen ihre Prüfung ab, davon neun zum Elektriker und sieben zum Schlosser.

Fortsetzung

	1939	1940	1941	1942	1943	1944
Frauenanteil	9,4 %	8,5 %	12,2 %	13,9 %	16 %	15,8 %
Ausländeranteil	–	–	13,2 %	6,4 %	9,7 %	11 %

Tab. 7: Belegschaftsentwicklung der Brabag zwischen 1939 und 1944[404]

Frauen in der Belegschaft

Aus dem kriegsbedingten Mangel an deutschen Facharbeitern ergaben sich für Frauen Aufstiegs- und Qualifizierungschancen. Ihnen boten sich in bestimmten Bereichen neue Möglichkeiten, wie die Ausbildung zur Laborantin als eine der ersten Facharbeiterinnenqualifikationen im Industriekomplex.[405] Diese Entwicklungen ähnelten sich seit Kriegsbeginn im gesamten Deutschen Reich und ermöglichten den Aufstieg zur qualifizierten Arbeiterin.[406]

Der Krieg ermöglichte Frauen den vermehrten Einstieg in das Berufsleben, auch wenn ihre Anzahl insgesamt niedrig blieb. Propagandistisch wurde aus der verpönten „Doppelverdienerin" jetzt eine „Heldin des Alltages".[407] Offiziell beschäftigte die Brabag Böhlen erst seit April 1939 Frauen,[408] doch sind vermutlich nur Arbeitnehmerinnen außerhalb von „Frauenberufen" gemeint, da nachweislich im April 1938 bereits eine „Werkfrauengruppe" bestand.[409] Aufgrund der Einberufung von Männern zur Wehrmacht betrug der Anteil weiblicher Beschäftigter im Oktober 1939 bereits 9,4 %, bis 1944 erhöhte er sich kontinuierlich auf 15,8 % (vgl. Tab. 7). Betrachtet man nur die deutschen Belegschaftsmitglieder lag ihr Anteil 1944 sogar bei 21 %.

404 Vgl. BArch, R 3101/18222, Baureiferklärung für den Ausbau des Werkes Böhlen auf Flugbenzin-Erzeugungsmöglichkeit vom 27.10.1939; SächsStA-L, 20633, Nr. 33, Rechenschaftsbericht vom 1.03.1941, S. 5; Nr. 182, 1. Vierteljahresbericht der Gefolgschaftsabteilung.

405 Vgl. SächsStA-L, 20632, Nr. 1161/2, Ausbildung von lernenden Laborantinnen vom 10.11.1941 und Jugendliche im Hauptlaboratorium Böhlen vom 28.07.1941. Bei Brabag und ASW Böhlen erfolgte die Ausbildungen von Frauen zumindest zu Laborantinnen.

406 Vgl. Kramer, Nicole: Haushalt (s. Anmerkung 57), S. 39. Der Anteil von Frauen, die eine Ausbildung anfangen konnten, stieg kontinuierlich. Waren es reichsweit im Ausbildungsjahr 1934/35 nur 84 000, so vervierfachte sich der Wert bis 1942/43 auf 357 000. Jedoch hatten nur knapp 25 % der Frauen die Möglichkeit zu einer Berufsausbildung, bei den gleichaltrigen Männern betrug der Anteil 90 %.

407 Schanetzky, Tim: „Kanonen" (s. Anmerkung 32), S. 118.

408 Vgl. SächsStA-L, 20633, Nr. 33, Rechenschaftsbericht vom 01.03.1941, S. 9.

409 Vgl. Der Kontakt, 1, Ausgabe Mai 1938, S. 7. Dieser stand ebenfalls der „Betriebsobmann" Fröhlich vor.

Bei der ASW blieb ihre Anzahl hingegen niedrig und hinter dem Ausländeranteil zurück. In der Abteilung Elektrobetrieb des Kraftwerks Espenhain betrug er im Januar 1944 12%, der Zwangsarbeiteranteil 14%.[410] In anderen Abteilungen war er sogar noch niedriger, wie bei der Abteilung Kesselbetrieb. Hier lag der Frauenanteil bei 2%, im Vergleich zu 31% bei Zwangsarbeitern und 36% bei Dienstverpflichteten.[411] Dies stand dem eigenen Anspruch diametral gegenüber, wie ihn der Direktor Chemie der ASW Böhlen, Georg Böhm, formulierte:

> „In der heutigen Zeit, wo in jeder Woche mit der Einziehung zahlreicher deutscher Arbeitskräfte gerechnet werden muß und wo wir dazu übergehen müssen, sowjetische Arbeitskräfte einzustellen, muß mit allen Mitteln danach gestrebt werden, so viel wie möglich deutsche Arbeitskräfte hereinzubekommen."[412]

Ob Böhm hier auch Frauen meinte, bleibt unklar. Fakt ist, dass es gravierende Unterschiede zwischen den unterschiedlichen Abteilungen bei der ASW gab. Im Labor der ASW Böhlen stellten Frauen ab November 1943 kontinuierlich über 50% der Belegschaft.[413] Trotz ihrer numerischen Überlegenheit nahmen sie in diesem Betriebsteil keine Führungsposition ein.

Bei der Arbeitsvergütung blieben die Frauen deutlich hinter ihren Kollegen zurück. Repräsentativ stehen hierfür die Gehälter, die die Brabag für die Arbeit in den Gemeinschaftslagern zahlte (vgl. Tab. 8). Lag der Stundenlohn für Handwerker ohne Ausbildung bei 0,66 RM und für Hof- und Transportarbeiter bei 0,62 RM, verdienten Frauen mit 0,42 bis 0,45 RM knapp ein Drittel weniger. Bei der ASW machte der Unterschied selbst bei gelernten Arbeitskräften ein Drittel aus. Beispielsweise wurde Ruth M. als ausgebildete Drogistin ein Stundenlohn von 0,60 RM inkl. Werkszulage angeboten, während Männer mit der gleichen Qualifikation 0,90 bis 0,92 RM bekamen.[414] Besonders für das Labor blieb die Lohnfrage problematisch, da dieser Bereich, selbst nach dem nationalsozialistischen Rollen- und Geschlechtermodell, prädestiniert für den Einsatz von Frauen war. Allerdings

410 Vgl. SächsStA-L, 20640, Nr. 34, Elektrobetrieb EE vom 08.01.1944.
411 Vgl. ebd., Personalliste TKK vom 31.10.1944. Von 238 Arbeitskräften waren ganze acht Frauen. Gleichzeitig waren 105 Zwangsarbeiter und 124 Dienstverpflichtete hier beschäftigt.
412 Ebd., 20632, Nr. 1161/2, Einstellung von Laborhelferinnen vom 11.06.1942.
413 Vgl. ebd., 20632, Nr. 1161/1, Tätigkeitsberichte des Werkslaboratoriums für November 1943, Dezember 1943, Januar 1944 und Februar 1944. Ihr Anteil betrug dabei 51% im November 1943, erreichte im Januar 1944 mit 57% seinen Höchststand und lag im Februar 1944, dem letzten Berichtsmonat, bei knapp 56%.
414 Vgl. ebd., 20632, Nr. 1161/2, Ruth M., Ölsnitz/Vgtl. vom 18.02.1942, Gefolgschaftsmitglieder des Hauptlaboratoriums vom 19.08.1941.

fand die ASW kaum geeignete Laborantinnen, da die Entlohnung nicht der Qualifikation entsprach:

> „Der jetzige ASW-Tarif für Chemotechnikerinnen ist wesentlich niedriger als der Tarif, den die Chemische Industrie bezahlt (RM 210.– für Anfängerinnen). Wegen dieses niedrigen Tarifes ist es unmöglich, ausgebildete Laborantinnen usw. nach Böhlen zu bekommen."[415]

Das Einstiegsgehalt für eine 19-jährige Chemotechnikerin lag im Sommer 1943 bei gerade einmal 158,95 RM.[416] Erst mit der Vollendung des 25. Lebensjahres zahlte die ASW ein Grundgehalt, das mit 225,– RM über dem Tarif der chemischen Industrie lag.

Neben der Diskriminierung bei der Vergütung bestanden sexistische Zuschreibungen. Eine Veranstaltung mit dem Titel „Volksdeutsche und Fremdländische", ausschließlich für Frauen konzipiert, sollte sie davor warnen, „Rassenschande" zu begehen.[417] Eine vergleichbare Veranstaltung für Männer gab es nicht. Während der Werkschutz „Rassenschande" bei Ausländern ahndete, wurden deutsche Männer hingegen pauschal von entsprechenden Vorwürfen entlastet.

Exemplarisch zeigt ein überlieferter Fall aus dem Hauptlaboratorium in Böhlen die Zustände im Industriekomplex. Zwei Mitarbeiterinnen beschwerten sich über die verbalen Übergriffe ihres Vorgesetzten Dr. Walter Kleeberg.[418] Diese standen im Gegensatz zum Bild der „Volksgemeinschaft". Kleeberg fiel durch seinen unbeherrschten Charakter auf und machte die Frauen für sein eigenes Versagen verantwortlich. Gerade für eine der Frauen, die bereits seit 20 Jahren im Labor arbeitete, war ein solches Verhalten inakzeptabel, weshalb sie sich offiziell beschwerte und mit Kündigung drohte. Bis zu diesem Zeitpunkt schienen die Arbeitsumstände in der Abteilung positiv gewesen zu sein. Der Konflikt zeigt zweierlei: Erstens verfügten die Frauen über einen Handlungsspielraum. In einer Zeit zunehmender Verknappung der Ressource Arbeitskraft war es für die ASW nicht hinnehmbar, Zustände zu dulden, die zum Verlust von erfahrenen und qualifizierten Mitarbeiterinnen führten. Zweitens wird ersichtlich, dass weder die ideologische Ausrichtung, noch die politische Durchdringung der Belegschaft entscheidend für das Betriebsklima waren.

---

415 Ebd., Nr. 1161/1, DBC Bö/Kl. Böhlen am 01.07.1943.

416 Vgl. ebd., Chemotechnikerinnen vom 30.06.1943. Dieses setzte sich aus 139,50 RM Lohn sowie 17,50 RM Wohngeldzuschuss und 1,95 RM Deputat-Briketts zusammen.

417 Vgl. ebd., 20640, Nr. 26, Betrifft 30.01.1941.

418 Vgl. ebd., 20632, Nr. 1161/2, Beschwerde über Herrn Dr. Kleeberg vom 08.11.1940, Betrifft Herrn Dr. Kleeberg vom 08.11.1940.

Für weibliche Belegschaftsmitglieder gab es auch exklusive Vergünstigungen, wie beispielsweise Zusatzurlaub für Ehepartnerinnen von Wehrmachtsangehörigen, teilweise auch für Soldatenmütter.[419] Auch gab es Bestrebungen, die Arbeitsbedingungen für Frauen zu verbessern. Dazu gehörte z. B. die Schaffung einer Kindertagesstätte bei der Brabag.[420]

Amt	Männer	Frauen
Lagerführer 1. Jahr	275 RM	250 RM
Lagerführer 2. Jahr	300 RM	270 RM
Lagerführer 3. Jahr	325 RM	290 RM
Unterlagerführer 1. Jahr	225 RM	200 RM
Unterlagerführer 2. und 3. Jahr	250 RM	225 RM
Lagerhelfer 1. Jahr	180 RM	160 RM
Lagerhelfer 2. und 3. Jahr	200 RM	180 RM
Dolmetscher (mehrere Sprachen)	300 RM	270 RM
Dolmetscher (eine Sprache)	250 RM	225 RM
Sprachmittler (mehrere Sprachen)	200 RM	180 RM
Sprachmittler (eine Sprache)	160 RM	145 RM
Küchenleiter (Chef von 4 – 5 Köchen)	360 RM	325 RM
Küchenleiter (Chef von 2 – 3 Köchen)	330 RM	300 RM
Küchenleiter (Chef von 1 Koch)	300 RM	270 RM
Magazinverwalter	240 RM	215 RM
Kantinenverkäufer mit Ausbildung 1. und 2. Jahr	135 RM	120 RM
Kantinenverkäufer ohne Ausbildung 1. und 2. Jahr	120 RM	100 RM

Tab. 8: Monatsgehälter für Arbeitskräfte in Gemeinschaftslagern der Brabag nach Geschlechtern aufgeteilt[421]

419 Vgl. ebd., 20640, Nr. 112, Wehrmachtsurlaub des Ehemannes vom 16.07.1943.
420 Vgl. ebd., 20633, Nr. 33, Rechenschaftsbericht vom 01.03.1941, S. 8.
421 Vgl. ebd., Nr. 105, Gehalts- und Tarifordnung vom 02.11.1944, S. 2 – 8.

Privilegierung
Zur Schaffung einer systemabhängigen Industriearbeiterschaft gehörte auch die Wohnungsbaupolitik im Industriekomplex. Die ASW hatte schon in den 1920er-Jahren den Wohnungsbau in Böhlen forciert, den die Brabag seit 1935 fortführte.[422] Die Einwohnerzahl vervierfachte sich zwischen 1925 und 1946.[423] Die „Volkswohnungen" und „Siedlerstellen" der Brabag Böhlen bildeten sogar Mustertypen für Mitteldeutschland und verfügten über eine gehobene Ausstattung.[424] Ähnlich entwickelte sich das Dorf Espenhain, dessen Bevölkerung sich im gleichen Zeitraum nahezu verfünffachte.[425] Der Siedlungsbau umfasste auch die Orte Kitzscher, Magdeborn und Rötha.[426] Die ASW betrieb hierzu mit der Bergmanns-Wohnstättengesellschaft Borna mbH eine eigene Wohnungsbaugesellschaft.[427] 1942 erfolgte für die geplanten 2368 Werkswohnungen der ASW Espenhain eine Erhöhung des Zuschusses von 7500 auf 9000 RM je Wohnung.[428] Die Errichtung von Mietswohnungen, „Siedlerstellen", Eigenheimen und Einfamilienhäusern wurde für die Brabag bis Dezember 1940 statistisch erfasst (vgl. Tab. 9). Zumindest im ersten Kriegsjahr ging ihr Bau unvermindert weiter. Bei der Vermietung verfolgte die Brabag eine nach Einkommen differenzierte Sozialpolitik. Zahlten einfache Arbeitskräfte für eine 48 Quadratmeter-Wohnung 24,50 RM monatlich, wurden für die 60 bis 90 Quadratmeter großen Meister- und Ingenieurswohnungen zwischen 36,25 RM und 97,50 RM verlangt.[429] Auch bei der ASW waren die Mietkosten moderat. Eine 65 Quadratmeter-Wohnung wurde für monatlich 35,50 RM vermietet.[430] Bei dem bestehenden Wohnungsmangel im Deutschen Reich, der sich ab Kriegsbeginn weiter verschärfte, war eine geräumige und gleichzeitig günstige Wohnung ein seltener Luxus.[431]

---

422 Vgl. Hönsch, Fritz: Industriekomplex (s. Anmerkung 17), S. 74f. Zwischen 1920 und 1943 entstanden in Böhlen mindestens 1130 Wohnungen, von denen 613 auf den Zeitraum 1935 bis 1943 entfielen.

423 Vgl. Blaschke, Karlheinz/Baudisch, Susanne: Böhlen (s. Anmerkung 116). Die Einwohnerzahl entwickelte sich von 1575 1925 über 4169 1939 auf 6424 Menschen 1946.

424 Vgl. BArch, NS5-IV (Deutsche Arbeitsfront – Zentralbüro – Planbestand)/Plan/94, Mitteldeutschland Volkswohnung – Bauabteilung DAF, Siedlerstelle Typ A für Standort Magdeburg u. Böhlen, Mitteldeutschland Brabag-Siedlung Typ F, Böhlen bei Leipzig, Mitteldeutschland Brabag-Siedlung Typ G, Böhlen bei Leipzig. Drei Mustertypen wurden am Standort umgesetzt. Eine „Volkswohnung Typ Mitteldeutschland" umfasste beispielsweise 38 Quadratmeter Wohnraum und eine innenliegende Toilette. „Volkswohnung Typ F" hatte 45,5 Quadratmeter Wohnfläche, Bad mit Badewanne und Toilette sowie einen geräumigen Keller. „Siedlerstelle A", direkt für die Brabag Böhlen und Magdeburg entworfen, hatte 63,5 Quadratmeter Wohnraum, zu dem noch Arbeitsraum, Futterboden und Stall kamen. Selbst ein Bad mit Toilette und Badewanne war vorhanden. Den größten Luxus boten die Einfamilienhäuser der Brabag-Siedlung Böhlen. Diese

Abb. 5: Werkssiedlung der Brabag, 1939

besaßen 65 Quadratmeter Wohnraum mit zwei Kinderzimmern sowie Bad mit Badewanne. Sämtliche Planungen erfolgten durch die DAF.

425 Vgl. Blaschke, Karlheinz/Baudisch, Susanne: Espenhain (s. Anmerkung 127). Das Dorf wuchs von 445 Menschen 1925 über 1126 1939 bis auf 2205 Einwohner 1946.

426 Vgl. SächsStA-L, 20640, Nr. 8, Niederschrift der Besprechung vom 29.09.1941 mit Herrn Baurat Mackowsky, Siedlung Kitzscher vom 26.09.1941; Nr. 104, Wohnungsbau vom 09.09.1940; Blaschke, Karlheinz/Baudisch, Susanne: Digitales Historisches Ortsverzeichnis Sachsen, Kitzscher. Unter: https://hov.isgv.de/Kitzscher (Stand: 21.12.2020); dies.: Digitales Historisches Ortsverzeichnis Sachsen, Magdeborn. Unter: https://hov.isgv.de/Magdeborn (Stand: 21.12.2020); dies.: Digitales Historisches Ortsverzeichnis Sachsen, Rötha. Unter: https://hov.isgv.de/Rötha (Stand: 21.12.2020). Allein bis 1941 waren für Espenhain 211 Wohnungen in Kitzscher, 48 in Rötha und 52 in Magdeborn geplant. Dabei verzehnfachte sich zwischen 1939 und 1946 die Bevölkerung in Kitzscher, das als Wohnstadt für Espenhain errichtet wurde, von 325 auf 4193 Personen. Die Planungen gingen von 4000 – 6000 Arbeitern inkl. ihrer Familien aus, weshalb das Reichsarbeitsministerium einen eigenen Bahnanschluss forderte. Magdeborn verdoppelte sich nahezu im selben Zeitraum von 2002 auf 3939 Personen. Rötha wuchs immerhin zwischen 1925 und 1946 von 3762 auf 6206 Einwohner.

427 Vgl. SächsStA-L, 20640, Nr. 104, Vertrag Zwischen ASW und Bewo vom 24.09.1938, Vertrag vom 15.04.1942.

428 Vgl. ebd., 20640, Nr. 64, Sitzung des Aufsichtsrates der AKA am 31.03.1942.

429 Vgl. Der Kontakt, 1, Ausgabe Mai 1938, S. 8.

430 Vgl. SächsStA-L, 20640, Nr. 104, Vertrag Zwischen ASW und Bewo vom 24.09.1938.

431 Vgl. Schanetzky, Tim: „Kanonen" (s. Anmerkung 32), S. 125. So fehlten 1938 anderthalb Millionen Wohnungen, eine Million war überbelegt und 400 000 waren in abbruchreifem Zustand.

	Dezember 1939		Dezember 1940	
	Fertig	im Bau	Fertig	im Bau
Eigenheime	29	-	29	-
Siedlerstellen	150	-	150	-
Wohnungen	294	153	418	95
Einfamilienhäuser	45	3	48	6
Gesamt	518	156	645	101

Tab. 9: Wohnungsbau der Brabag 1939/40[432]

Besonders seit Kriegsbeginn spielte für das Regime die ausreichende Versorgung der Arbeitskräfte und ihrer Familien eine maßgebliche Rolle. Dabei lag die Loyalität und deren Erhaltung im Fokus. Ulrich Herbert konstatierte hierzu:

> „Wenn es der Regimeführung bis 1939 gelungen war, die deutsche Arbeiterschaft politisch mindestens zu neutralisieren, Teile von ihr jedenfalls partiell zu integrieren, so war den Verantwortlichen bewusst, dass dies neben den außenpolitischen Erfolgen Hitlers vor allem auf das nationalsozialistische ‚Wirtschaftswunder' zurückzuführen war. Wie es angesichts des Krieges und der zu erwartenden zusätzlichen Belastungen der Bevölkerung gelingen konnte, die Loyalität und das Vertrauen in die Regimeführung zu erhalten, war daher eine Frage von großer Bedeutung."[433]

Wie für das Reich bestand diese Problemlage auch im Mikrokosmos des Industriekomplexes Böhlen-Espenhain, dessen Firmen ebenso vor der Herausforderung standen, die Loyalität der Belegschaft im Krieg zu sichern, der potentiell ähnliche Probleme der Entbehrung und des Mangels aufwarf wie der Erste Weltkrieg.

ASW und Brabag war der nahende Kriegsausbruch bereits Ende August 1939 bekannt, sodass sie mit Landratsamt und „Kreisbauernschaft" kooperierten, um die Lebensmittelversorgung des Werkes sicherzustellen.[434] Im November 1939

432 Vgl. SächsStA-L, 20633, Nr. 33, Rechenschaftsbericht vom 1. März 1941, S. 17; Tooze, Adam: Ökonomie (s. Anmerkung 27), S. 194f. Hinzu kommen noch 80 Wohnungen und acht Einfamilienhäuser, deren Fertigstellung für 1941 geplant war, deren Bau aber noch nicht begonnen hatte.
433 Herbert, Ulrich: 20. Jahrhundert (s. Anmerkung 58), S. 408.
434 Vgl. SächsStA-L, 20640, Nr. 26, Lebensmittel-Bezugsscheine vom 28.08.1939, Anweisung vom 18.11.1939. Hierzu sollte die Belegschaft ihre Lebensmittelkarten abgeben, was auf wenig Begeisterung stieß. Erst nach der entsprechenden Strafandrohung erfolgte ein Einlenken der

erließ das Reichsarbeitsministerium die „Verordnung zur Vergabe von Zusatzkarten für Lang- und Nachtarbeiter", zusätzlich zu der am 16. September 1939 bekanntgegebenen Extraversorgung für Schwer- und Schwerstarbeiter.[435] Durch diese Regelung kam die Mehrzahl der deutschen Arbeitskräfte in den Genuss einer verbesserten Versorgung im Vergleich zur Mehrheit der Bevölkerung, da die Kriterien weitestgehend den allgemeinen Arbeitsbedingungen entsprachen.[436]

Auch die Verpflegung aus den Betriebsküchen verbesserte die Lebensumstände für die Arbeitskräfte. Ursprünglich zur Versorgung der Arbeitskräfte im Schichtbetrieb gedacht, transformierte sich dieses System während des Kriegs zu einer allgemeinen Speisung für die gesamte Belegschaft.[437] Bereits in den dreißiger Jahren wendete die Brabag große Summen auf, um vergünstigtes bzw. kostenloses Essen bereitzustellen. Dies war bereits im Anhang zum Gesellschaftsvertrag zwischen dem Deutschen Reich und der Brabag festgelegt worden, der unter dem Stichwort „Betriebsstoffe" auch Aufwendungen für Lebensmittel, Rauch- und Trinkwaren regelte.[438] Für den Zeitraum Januar 1939 bis Januar 1940 wendete sie allein 75 000 Reichsmark für Küchenzuschüsse und nochmals 40 000 Reichsmark für kostenlose Verpflegung auf, während sie gleichzeitig ein Werksessen für 0,30 RM an die Belegschaft abgab.[439]

Ebenso zeugte die finanzielle Vergütung von einer Privilegierung, zumindest bei der ASW. Galt sie schon vor 1933 als lukrativer Arbeitgeber, so blieben die Löhne und Gehälter im Verhältnis zu anderen mitteldeutschen Braunkohlenta-

---

Arbeitskräfte. Besonders die Abgabe der Zusatzkarten für Fett, Fleisch, Zucker, Marmelade und Eier war unbeliebt.

435 Vgl. ebd., Verpflegungszulagen an Schwerarbeiter vom 16.09.1939, Lebensmittelzusatzkarten für Lang- und Nachtarbeiter vom 18.11.1939. Die am 16. September bekanntgegebene Zusatzversorgung ging auf eine Verordnung des Ministeriums für Ernährung und Landwirtschaft vom 29. August 1939 zurück.

436 Vgl. ebd., 20632, Nr. 1141, Arbeitszeit vom 28.11.1939. Kriterien waren 10-stündige Arbeitszeit inkl. Pausen für Männer, 9-stündige Arbeitszeit für Frauen und Jugendliche bzw. mindestens 4-stündige Arbeit zwischen 20 und 6 Uhr. Da bis November 1939 die Arbeitszeiten im Industriekomplex bei 12 Stunden lagen und erst danach gesenkt wurden, dürften viele Belegschaftsmitglieder diese Karten erhalten haben.

437 Vgl. ebd., 20640, Nr. 26, Mittagessen für Mittagsgäste aus Küche I und II vom 02.11.1939.

438 Vgl. BArch, R 2/17779, Anhang zum Vertrage zwischen dem Reich und der Braunkohle-Benzin Aktiengesellschaft vom 24.05.1939.

439 Vgl. SächsStA-L, 20633, Nr. 12, Leistungskampf der deutschen Betriebe 1939/40 vom 10.01.1940, S. 18. Berechnungsgrundlage war, dass ca. 3000 Arbeitskräfte im Betrieb beschäftigt wurden und diese im Durchschnitt 260 Tage, nach Abzug von Wochenenden, Urlaub und Feiertagen, arbeiteten. Dabei betrug die Förderung pro Essen 0,15 RM, also ungefähr ein Drittel des Essenspreises von 0,45 RM. Des Weiteren wurden Kaffee, Tee sowie Himbeer- und Zitronenwasser kostenlos zur Verfügung gestellt.

gebauen überdurchschnittlich und stiegen mit dem zunehmenden Arbeitskräftemangel ab 1937 an.[440] Dabei bestand eine Konkurrenz zwischen Brabag und ASW im Untersuchungsraum. Ein Abkommen, wie im Lausitzer Braunkohlenrevier, das eine Anstellung von Arbeitskräften aus Bergbauunternehmen bei der Brabag Schwarzheide verbot, existierte nicht.[441] Dennoch bestanden im Untersuchungsraum Absprachen. Beispielsweise einigten sich im Industriekomplex beide Unternehmen bereits 1935 auf eine gemeinsame Lohnhöhe bei besonders begehrten Gruppen, wie Handwerkern.[442] Auch nach Kriegsbeginn konnte die Belegschaft im Industriekomplex von einer Erhöhung ihrer Bezüge profitieren, trotz eines verfügten Lohnstopps für die Braunkohlenindustrie.[443] Da jedoch weiterhin ein Bedarf an neuen Arbeitskräften bestand, versuchten die Unternehmen diesen zu umgehen. Besonders die Gewährung von Werkszulagen wurde genutzt, um das Lohnniveau der Belegschaft zu erhöhen.

Neben den Werkszulagen nutzten die Unternehmen das Instrument der Prämie als Zusatzvergütung, um verdiente Beschäftigte mit weiteren Zusatzvergütungen zu belohnen. Eine war die Gewährung von einem Tag Urlaub ohne Lohnausfall alle drei Wochen ab 1938 bei der Brabag.[444] Auch wurden teilweise Verbesserungsvorschläge im Betrieb prämiert. Bei der Brabag gingen 272 Verbesserungsvorschläge in einem Jahr ein, von denen 44 mit insgesamt 1030 RM ausgezeichnet wurden.[445] Auch bei der ASW wurden Prämierungen im Vorschlagswesen gezahlt.[446] Weitere Belohnungen erfolgten für Mehrarbeit im Rahmen von reichsweiten Programmen. Hier ist besonders die „Pleigerprämie“ zu

---

440 Vgl. Jehnich, Günter/Kaufmann, Gregor: Böhlen. Vom Tagebau zur Braunkohlenverarbeitung, Böhlen/Neukieritzsch 2010, S. 13 f.; Urban, Thomas: Zwangsarbeit (s. Anmerkung 62), S. 134–139. Die Tabelle 4 zeichnet die Lohnentwicklung nach.

441 Vgl. Urban, Thomas: Zwangsarbeit (s. Anmerkung 62), S. 139 f. Die Brabag Schwarzheide einigte sich mit der Arbeitsverwaltung darauf, dass keine Personen aus dem Bergbau mehr eingestellt wurden und alle Neueinstellungen vom zuständigen Arbeitsamt genehmigt werden mussten.

442 Vgl. SächsStA-L, 20632, Nr. 1107, Stundenlohnsätze vom 25.04.1935.

443 Vgl. Mason, Timothy W.: Arbeiterklasse und Volksgemeinschaft. Dokumente und Materialien zur deutschen Arbeiterpolitik 1936–1939, Opladen 1975 (= Schriften des Zentralinstituts für Sozialwissenschaftliche Forschung der Freien Universität Berlin, Bd. 22), S. 1033 f. Dieser wurde auf Anlass des Reichsarbeitsministers an die „Reichstreuhänder der Arbeit“ verfügt.

444 Vgl. Der Kontakt, 1, Ausgabe Juni 1938. Die Bekanntmachung erfolgte im Rahmen einer Veranstaltung zum „Tag der nationalen Arbeit“ durch den „Betriebsführer“ Ernst Hochschwender.

445 Vgl. SächsStA-L, 20633, Nr. 5, Anzahl und Bewertung der Vorschläge. Das Jahr dieser Prämierung ist unklar, lag allerdings vor Kriegsbeginn.

446 Vgl. ebd., 20640, Nr. 36, Direktionsbesprechung vom 21.12.1942.

nennen, die ab Ende 1942 in der ASW gezahlt wurde.[447] Auch Ausländer konnten davon profitieren. Ihre Belohnung erfolgte individuell und wurde mit zunehmender Kriegsdauer an immer größere Personenkreise ausgezahlt. Allerdings muss der Begriff Prämie bei der Zusatzvergütung von Zwangsarbeiterinnen und Zwangsarbeitern insgesamt mit Vorsicht verwendet werden, da sie darauf abzielte, die maximale Arbeitsleistung aus den Menschen herauszupressen. Während Mehrleistung zu Belohnung führte, sollte bei „Minderleistung" eine Bestrafung durch Lebensmittelentzug erfolgen.[448] Dadurch konnte ein lebensbedrohliches Szenario kreiert werden, dass den Gedanken der Belohnung pervertierte. Darüber hinaus wurden Weihnachtszuwendungen im Untersuchungsraum ausschließlich an die deutsche Belegschaft gezahlt.[449] Auch dies wurde, wie in weiten Teilen des Reiches üblich, zur Lohnerhöhung genutzt.[450] Um 1944 den Durchhaltewillen der Belegschaft besonders zu stärken, genehmigte „Gauleiter" Mutschmann persönlich horrende Geldsummen anlässlich von Dienstjubiläen, die bis zu einem durchschnittlichen Jahresverdienst reichten.[451]

Die Privilegierung von Teilen der Belegschaft erfolgte nicht nur durch Zahlungen, sondern auch durch die Vergabe von seltenen Waren und zusätzlichen Lebensmitteln. So stellte die ASW Böhlen schon seit 1937 ihrer Belegschaft Beleuchtungsmittel sowie Koch- und Heizgeräte als Prämie zur Verfügung.[452] Ein-

447 Vgl. ebd., Nr. 26, Pleigerprämie für geleistete Mehrarbeit vom 8.12.1942.

448 Vgl. ebd., Prämienzahlung vom 08.03.1943; Nr. 36, Mitteilung 497 vom 12.08.1942. Diese sah vor allem Lebensmittelentzug vor.

449 Vgl. ebd., 20633, Nr. 12, Leistungskampf der deutschen Betriebe 1939/40 vom 10.01.1940, S. 20; Nr. 33, Rechenschaftsbericht vom 01.03.1941, S. 29; 20640, Nr. 26, Weihnachtssonderzuwendungen 1939 vom 18.12.1939, Freiwillige Sonderzuwendung Weihnachten 1940 vom 14.12. 1940. Die ASW zahlte 1939 zwischen 12 RM für Ledige ohne Kinder bis hin zu 25 RM für Verheiratete mit einem Kind und 10 RM für jeden weiteren Nachwuchs. Die Brabag wendete Weihnachten 1939 200 000 RM und ein Jahr später 240 000 RM auf, wobei die Verteilung unklar ist. Bei ca. 3000 Arbeitskräften wären das pro Person 80 RM.

450 Vgl. Schanetzky, Tim: „Kanonen" (s. Anmerkung 32), S. 123.

451 Vgl. SächsStA-L, 20640, Nr. 34, Sonderzuwendungen aus Anlaß von Dienstjubiläen vom 14.08.1944; Tooze, Adam: Ökonomie (s. Anmerkung 27), S. 174. Verdiente ein durchschnittlicher Arbeiter 1936 1761 RM und eine Arbeiterin sogar nur 952 RM im Jahr im Deutschen Reich, variierten die Summen für Dienstjubiläen zwischen 500 und 1000 RM für 25-jährige Betriebszugehörigkeit. Bei 40 Jahren gab es bereits 800 bis 1500 RM sowie bei 50 Jahren zwischen 1000 und 2000 RM. Beim vorzeitigen Ausscheiden sollten die Prämien anteilsmäßig gezahlt werden, entsprechend der nächsthöheren Stufe.

452 Vgl. SächsStA-L, 20632, Nr. 1034, Warenabgabe an die Gefolgschaft vom 17.07.1937.

schränkend muss hier erwähnt werden, dass vor allem deutsche Belegschaftsmitglieder davon profitierten.[453]

Mehrleistungen oder die Bereitschaft, über den normalen Beruf hinaus Tätigkeiten, wie den Luftschutz, zu übernehmen, führte zur Bereitstellung von zusätzlichen Lebensmitteln.[454] Dennoch war die Zusatzvergütung mit Nahrungsmitteln eher die Ausnahme und erfolgte erst in der späten Kriegsphase 1944/45. Beliebter waren Genuss- bzw. Konsumgüter, wie beispielsweise Alkohol und Tabak.[455] 1939 legte ein Vertrag zwischen der Brabag und dem Reich die Versorgung der Belegschaft mit Rauch- und Trinkwaren sowie Bekleidung fest.[456] Besonders die Abgabe von Alkohol war jedoch ein zweischneidiges Schwert, da sie teilweise zum Alkoholmissbrauch am Arbeitsplatz führte. Selbst alltägliche Güter wie Zahnpasta wurden von den Werken besorgt und an die Arbeitskräfte ausgegeben bzw. verkauft.[457] Dies gestaltete die Versorgung günstiger als bei der allgemeinen Bevölkerung.

Sport war ebenfalls geeignet, den Zusammenhalt in der Belegschaft zu erhöhen, das Konzept des Sports war für die nationale Identifikation von unpolitischen Teilen der Gesellschaft zentral.[458] Darüber hinaus hatte er auch den positiven Effekt der körperlichen Ertüchtigung. Dabei stellte der Sport im Untersuchungsraum durch moderne Anlagen, kostenlose Teilnahme und den Unterhaltungswert von Veranstaltungen eine Form der Privilegierung dar. Die Sportprogramme wurden zentral von der DAF in den Betrieben geleitet und zielten darauf, die Belegschaft für den Betriebssport zu gewinnen.[459] Dazu gab es ein breites Angebot an Sportarten, um eine flächendeckende Partizipation zu ermöglichen.[460] Es bestanden betriebseigene Sportanlagen, die sogar ein von der ASW finanziertes Schwimmbad bzw. ein 120 000 Quadratmeter großes Stadion

---

453 Vgl. Mangold, Paula/Schäfer, Florian: Vergessene Geschichte (s. Anmerkung 62), S. 74; Wagner, Jens-Christian: Zwangsarbeit (s. Anmerkung 64), S. 187 f.

454 Vgl. SächsStA-L, 20640, Nr. 36, Direktionsbesprechung vom 12.03.1945.

455 Vgl. ebd., Nr. 26, Alkoholmißbrauch vom 14.01.1943; Nr. 36, Direktionsbesprechung am 23.10.1942.

456 Vgl. BArch, R 2/17779, Anhang zum Vertrage zwischen dem Reich und der Braunkohle–Benzin Aktiengesellschaft vom 24.05.1939.

457 Vgl. SächsStA-L, 20640, Nr. 26, Zahnpasta vom 11.12.1943.

458 Vgl. Hobsbawm, Eric J.: Nationen und Nationalismus. Mythos und Realität seit 1780, Frankfurt (Main) [1991] 2005, S. 167 f.

459 Vgl. SächsStA-L, 20633, Nr. 12, Leistungskampf der deutschen Betriebe 1939/40 vom 10.01.1940, S. 6–14; 20640, Nr. 26, Betriebssport vom 12.08.1940, Betriebssport vom 24.09.1940.

460 Vgl. ebd., 20640, Nr. 26, Übungsplan der Betriebssport-Gemeinschaft und Betriebssport vom 18.06.1941.

der Brabag in Böhlen umfassten.[461] Allerdings konnten die verpflichtenden Sporttage durchaus das Gegenteil bewirken und den Arbeitskräften das Gefühl geben, dazu gezwungen zu werden.[462] Zwar wurde die ASW Espenhain 1941 „Gausieger der DAF“ für ihre sportlichen Leistungen, allerdings gab es bei dem in diesem Rahmen durchgeführten Frühjahrslauf bei einzelnen „Betriebszellen“ nur eine Beteiligung von 30 %.[463] Dennoch beurteilten die Unternehmen die Partizipation an sportlichen Veranstaltungen insgesamt positiv.[464] Aber auch wirtschaftliche Anliegen konnten damit verfolgt werden, wie z. B. der „Wandertag der Betriebe“ zeigt, bei dem, um Benzin zu sparen, der Arbeitsweg zu Fuß erfolgen sollte.[465]

Zu den hier bereits beschriebenen Maßnahmen, die der Belegschaft ein Gefühl der Privilegierung gaben, gehörten auch Betriebsfeiern und andere kulturelle Veranstaltungen. Diese wurden von der DAF organisiert. Dabei wurde an ältere Traditionen bzw. traditionelle Veranstaltungen angeknüpft, die sowohl vor als auch nach dem Nationalsozialismus bestanden. Symbolhaft stehen hierfür die Weihnachtsfeiern.[466] Diese umfassten separate Programme, die sich an unterschiedliche Belegschaftsgruppen richteten.[467] Bei anderen Feiern stand hingegen die Unterhaltung im Vordergrund. So gelang es der Brabag für ihre Weihnachtsfeier 1941 den Leipziger Thomanerchor zu buchen.[468] Aber auch Propaganda konnte Teil der Feiern sein, wie eine anderthalbstündige Rundfunkansprache des Reichsleiters der DAF, Robert Ley, und des „Reichministers für Bewaffnung und Munition“, Fritz Todt, bei der Weihnachtsfeier der ASW Espenhain 1940 belegt.

Die Betreuung der „Gefolgschaft“ umfasste eine ganze Reihe von weiteren Veranstaltungen. Ein Bericht der DAF für das Jahr 1939 im Hydrierwerk Böhlen zeigt die Bandbreite: Diese reichten von Kinovorführungen über Kulturveranstaltungen sowie „Kameradschaftsabende“ bis hin zu Betriebsausflügen nach

461 Vgl. ebd., 20632, Nr. 305, von der Eröffnung des ASW Bad Böhlen; 20633, Nr. 97, Freizeitanlagen der Brabag.

462 Vgl. ebd., 20640, Nr. 26, Sommersporttag der Betriebe 1940 vom 29.08.1940.

463 Vgl. ebd., Leistungskampf der deutschen Betriebe vom 20.05.1941.

464 Vgl. ebd., 20633, Nr. 33, Rechenschaftsbericht vom 01.03.1941, S. 25. Regelmäßig nahmen am Betriebssport 1634 Männer und 255 Frauen teil. Am Sommersporttag 1940 waren es sogar 2287 Personen. Dennoch bemängelten der „Betriebsobmann“ Wolf und der stellvertretende Betriebsleiter Wahle die niedrige Beteiligung.

465 Vgl. ebd., 20640, Nr. 26, Wandertag der Betriebe am 17.04.1943.

466 Vgl. ebd., 20633, Nr. 12, Leistungskampf der deutschen Betriebe 1939/40 vom 10.01.1940, S. 6 ff.; 20640, Nr. 26, Weihnachtsfeier am 18.12.1940.

467 Vgl. ebd., 20640, Nr. 26, Weihnachtsmärchen vom 10.01.1943. So gab es beispielsweise Weihnachtsmärchenvorführungen für Familien.

468 Vgl. ebd., 20633, Nr. 33, Rechenschaftsbericht vom 01.03.1941, S. 18 f.

Bad Klosterlausnitz und Freyburg/Unstrut.[469] Für das Jahr 1940 wurde der gesamte Veranstaltungskalender der ASW überliefert.[470] Zumindest bei der ASW Espenhain bestand ein Kinosaal, der im August 1939 geplant und bis mindestens Mai 1944 genutzt wurde.[471] Andere Veranstaltungen hatten hingegen einen suggestiven Charakter.[472] Zwischen dem 01. Mai 1938 und dem 30. April 1939 führte allein die Brabag in Böhlen sechs verpflichtende „Betriebsappelle" durch.[473] Eine Veranstaltung in Espenhain war sogar für die reichsweite Propaganda der NSDAP von Bedeutung.[474] Andererseits kamen auch überregional bedeutsame Persönlichkeiten zu Reden in den Industriekomplex, beispielsweise der „Reichshauptamtsleiter der DAF", Claus Selzner, und der „Reichstatthalter und Gauleiter" Mutschmann.[475] Dies stellte übrigens nicht den einzigen Besuch des letztgenannten im Untersuchungsraum dar. Fotodokumentarisch ist auch sein Besuch, zusammen mit anderen Repräsentanten des Nationalsozialismus, bei der ASW Böhlen verbürgt.[476] Daneben stellte die Besichtigung der Baustelle der Brabag 1935 durch Carl Bosch ebenfalls eine Ehrung dar.[477]

---

469 Vgl. ebd., Nr. 12, Leistungskampf der deutschen Betriebe 1939/40 vom 10.01.1940, S. 6 ff. An Kinofilmen liefen „Olympia" von Leni Riefenstahl und „Heimat" mit Zarah Leander. Unter Kulturveranstaltungen verstand die DAF Kammermusikabende, Dichterlesungen, sowie Reiseberichte. Ballett, Varieté und Theater zählten hingegen zu den Feierabend-Veranstaltungen.

470 Vgl. ebd., Nr. 33, Rechenschaftsbericht vom 01.03.1941, S. 18 f. Das Programm setzte sich aus 16 Veranstaltungen zusammen. Insgesamt richteten sie sich an ein unterschiedliches Publikum, wie eine Keramikausstellung, Märchenspiele oder Radfahrwettbewerbe zeigen.

471 Vgl. ebd., 20640, Nr. 6, Espenhain, Rittergut, Kino vom 01.04.1942 und Nr. 14, Filmveranstaltungen im Gemeinschaftslager vom 09.03.1944; Nr. 26, Freizeitgestaltung vom 08.08.1939. Die Idee stammte von der DAF. Geplant war ein Bau im Wohnlagerkomplex II-V. Zur Finanzierung sollte sich jeder Arbeiter, inkl. der Montagearbeiter der Subunternehmer, durch eine Umlage von 0,05 RM beteiligen. Schlussendlich wurde kein separates Kino errichtet, sondern ein Kinosaal in den Gasthof Aspe eingebaut, der 1942 durch die Grundstücksabteilung realisiert wurde.

472 Vgl. ebd., Nr. 26, Mitteilung Nr. 575 Espenhain 12.11.1942, Besuch der Gaujugendwaltung in Espenhain vom 17.11.1942, Pflichtappell der weiblichen Gefolgschaftsmitglieder vom 18.11.1942, Betriebsveranstaltung am 27.11.1942. Hierzu gehörten Pflichtappelle für weibliche Belegschaftsmitglieder bzw. Jugendliche und Vorträge eines Ritterkreuzträgers und einer zum „Afrikafeldzug".

473 Vgl. ebd., 20633, Nr. 97, Betriebsappelle.

474 Vgl. ebd., 20640, Nr. 26, Betriebskonzert am 14.11.1939. Die KdF-Kreiswaltung führte an diesem Tag ein Konzert durch, das im gesamten Reich sowie in Böhmen und Mähren ausgestrahlt wurde.

475 Vgl. ebd., Betrifft: 09. November 1939, Gauleiter Pg. Martin Mutschmann vom 11.02.1941.

476 Vgl. Jehnich, Günter/Kaufmann, Gregor: Böhlen (s. Anmerkung 440), S. 64.

477 Vgl. Klotzsche, Heiner/Mai, Eberhard/Morgenstern, Heinz: Böhlen (s. Anmerkung 65), S. 11.

Urlaub und Ausflüge banden die Belegschaft an Betrieb und Regime.[478] War früher Urlaub nur für die wirtschaftliche und kulturelle Elite möglich, änderte sich dies im Nationalsozialismus.[479] Im Industriekomplex wurde dieser Wandel für jede Arbeitskraft sichtbar. Besonders das Urlaubsgeld, das zumindest bei der Brabag gezahlt wurde, ermöglichte einer breiteren Masse Ausflüge an ihren freien Tagen.[480] Darüber hinaus diente das Programm dazu, die Leistungsbereitschaft im Betrieb zu erhöhen.[481] Besonders die DAF – über ihre Unterorganisation KdF – sollte dem deutschen Arbeiter die Möglichkeit zum Reisen geben. [482] Die KdF organisierte im Industriekomplex die Freizeitgestaltung der Belegschaft, wodurch sie einen politischen Charakter gewann.[483] Exkursionen – meist Tagesausflüge – in die möglichst intakte Heimat, weg von den betriebsbedingten Umweltzerstörungen,[484] sollten, durch eine unterhaltsame Freizeitgestaltung, gleichzeitig sowohl in die „Volksgemeinschaft" integrieren als auch Spannungen abbauen. Insgesamt waren die Arbeitskräfte im Untersuchungsraum privilegierter als die Durchschnittsbevölkerung. ASW und Brabag unterhielten eigene Ferien- und Erholungsheime, in denen Belegschaftsangehörige ihren Urlaub verbringen konnten. Die Brabag besaß mindestens ein Erholungsheim in Hartenstein im Erzgebirge.[485] Die ASW verfügte sogar über eine eigene Erholungs-Infrastruktur, die aus den Erholungs- und Ferienhäusern Berghof „Raupennest" bei Altenberg, den Gasthöfen „Goldener Stern" und „Bahnhotel" in Frauenstein, dem „Bergmannserholungsheim" Hartenstein, der Pension „Friedrichsheim" in Kipsdorf, dem

478 Vgl. Schanetzky, Tim: „Kanonen" (s. Anmerkung 32), S. 101 f. Es waren überhaupt erst die Nationalsozialisten, die einen allgemeinen Urlaubsanspruch von sechs bis zwölf Tagen etablierten. Ein von der Bevölkerung angenommenes Novum.

479 Vgl. Schallenberg, Claudia: KdF: „Kraft durch Freude". Innenansichten der Seereisen, Bremen 2005 (= Volkskunde und historische Anthropologie, Bd. 11), S. 16.

480 Vgl. SächsStA-L, 20633, Nr. 17, Anträge zur Auszahlung von Urlaubsgeld vom 20.06.1938.

481 Vgl. Schallenberg, Claudia: KdF (s. Anmerkung 479), S. 18.

482 Vgl. Hachtmann, Rüdiger: Arbeitsfront (s. Anmerkung 56), S. 95.

483 Vgl. SächsStA-L, 20633, Nr. 74, Kraft durch Freude.

484 Vgl. BArch, R 154 (Reichsanstalt für Wasser- und Luftgüte)/11907, Staub- und Geruchsbelästigung, Bericht der Werksleitung vom 11.03.1942, S. 3. Lag der durchschnittliche Staubniederschlag in der Stahl- und Koksmetropole Essen bei 1515 Gramm pro 100 Quadratmeter innerhalb von 24 Stunden, so waren es 250 Meter vom Benzinwerk Böhlen 82 000 Gramm. In 800 Metern Entfernung betrug dieser Wert immer noch 13 261 Gramm.

485 Vgl. SächsStA-L, 20633, Nr. 12, Unser Werk im Leistungskampf der deutschen Betriebe 1939/40 vom 10.01.1940, S. 6 ff.; Nr. 33, Rechenschaftsbericht vom 1. März 1941, S. 14 ff.; Nr. 74, Kraft durch Freude und Feierabendgruppen.

Landhaus „Charlotte“ bei Oybin, dem Haus „Westfalia“ in Bad Schwarzbach sowie dem „Enag-Heim“ am Tegernsee bestand.[486]

Eine weitere Maßnahme zur Privilegierung der Belegschaft stellte die Gesundheitsfürsorge dar. Auch hier konnten die Unternehmen die „Gefolgschaft“ mit guter Betreuung durch Betriebsärzte und eine zahnärztliche Versorgung für sich gewinnen. Dadurch bekamen die Arbeitskräfte den Eindruck eines umfassenden fürsorglichen Staats- bzw. Parteiunternehmens. Allerdings zeigen Konflikte um Krankschreibungen bzw. die Überwachung der „Volksgesundheit“, dass sich diese Mechanismen auch gegen sie wenden konnten im Sinne von In- und Exklusion.[487] Allein die ASW Espenhain verfügte über ein Lagerkrankenrevier und zusätzlich über ein Gesundheitshaus. Zur medizinischen Betreuung im Industriekomplex gehörten auch Heilbäder und Bestrahlungstherapien sowie Kuraufenthalte.[488]

Zur „Volksgemeinschaft im Betrieb“ gehörte auch ein positives Arbeitsklima. Dazu wurde die Wertschätzung des Einzelnen durch den Betrieb gefordert. Eine Möglichkeit stellte der Geburtstag des „Gefolgschaftsmitglieds“ dar. Ein Präsent und die Glückwünsche durch die Vorgesetzten sollten ein Gefühl der Teilhabe und der Wertschätzung erzeugen.[489]

Die soziale Privilegierung durch die Unternehmen musste nicht mit dem Verlassen des Werkes enden. Besonders eine Gruppe erfuhr trotz ihrer Abwesenheit geistige und materielle Zuwendung durch die Werke. Dabei handelte es sich um die Wehrmachtssoldaten, die ab Sommer 1939 eingezogen wurden, jedoch formal weiterhin zu den Betrieben zählten. Zwar waren die Unternehmen nicht gezwungen, die Löhne und Gehälter ihrer dienenden Belegschaft weiterzuzahlen, da der Staat Ausgleichszahlungen an die Familien übernahm. Dennoch unterstützten sie diese. Die ASW Espenhain organisierte z.B. zu Weihnachten 1942 eine Märchenvorstellung für Soldaten-Familien im Leipziger Schauspielhaus.[490] Aufwendiger war die direkte Unterstützung der Soldaten. Diese erfolgte

---

486 Vgl. ebd., 20632, Nr. 1141, Verpflegungssätze für Berghof Raupennest und Landhaus Charlotte vom 21.06.1940; 20640, Nr. 26, Bergmannserholungsheim Hartenstein vom 19.01.1943, Erholungsheime vom 16.03.1943. Die Anlagen in Frauenstein und Kipsdorf waren dabei nur angemietet. Der tägliche Verpflegungskostensatz betrug zwischen 5 und 5,50 RM, sodass sie für die einfachen Arbeitskräfte zu teuer waren.

487 Vgl. SächsStA-L, 20640, Nr. 36, Direktionsbesprechung vom 05.03.1943; Schanetzky, Tim: „Kanonen“ (s. Anmerkung 32), S. 121f. Die „Volksgesundheit“ wurde nicht von Medizinern, sondern von der „Werkschar“ kontrolliert, woran ihr Charakter als Disziplinierungselement erkennbar wird.

488 Vgl. ebd., 20633, Nr. 33, Rechenschaftsbericht vom 01.03.1941, S. 14ff.

489 Vgl. ebd., Nr. 17, Geburtstag der Gefolgschaftsmitglieder vom 04.11.1938.

490 Vgl. ebd., 20640, Nr. 26, Weihnachtsmärchen vom 10.01.1943.

durch Feldpostpäckchen, die von den Werken zusammen mit einem Brief versandt wurden. Die Brabag ließ nachweislich ihrem dienenden Personal im Zeitraum von September 1939 bis zum Januar 1940 zweimal Päckchen zukommen.[491] Die ASW sendete 1939 mindestens zwei Päckchen.[492] 1942 schickte die ASW ihnen einen Weihnachtsbrief und Ausgaben der Werkszeitschrift „ASW-Mitteilungen".[493] Daneben erfuhren die Angestellten auch eine ideelle Wertschätzung bei der ASW, indem die Betriebe den Kontakt zu ihnen hielten. Insbesondere die Veröffentlichung der Feldpostbriefe im Betrieb trug zu ihrer Anerkennung bei. Auch gab die ASW in ihrer Mitarbeiterzeitschrift die Namen von Kollegen bekannt, die einen Orden erhalten hatten, befördert worden oder im Krieg gefallen waren.[494] Ebenso publizierte die Brabag entsprechende Meldungen in ihrer Betriebszeitung „Der Kontakt".[495] Hinzu kamen Briefwechsel zwischen den Soldaten und den Werken.[496] Selbst Erfahrungsberichte junger Wehrmachtsangehöriger fanden ihren Weg in die Zeitschriften.[497] Des Weiteren erhielten die Soldaten während ihrer militärischen Dienstzeit finanzielle Gratifikationen durch die ASW.[498] Diese Zahlungen hatten vor allem drei Ziele: erstens unterstützten sie Soldatenfamilien finanziell, sodass eine Arbeit der Soldatenfrau, vor allem aus bürgerlichen Gesellschaftsschichten, zur ökonomischen Absicherung nicht notwendig war.[499] Zweitens wurde damit die Verbundenheit der Unternehmen zu den Kriegsanstrengungen des Reichs zum Ausdruck gebracht. Drittens sollte damit die junge Generation über den Krieg hinaus an den Industriekomplex gebunden werden.

491 Vgl. ebd., 20633, Nr. 12, Leistungskampf der deutschen Betriebe 1939/40 vom 10.01.1940, S. 24f. Diese enthielten u.a. Rauchwaren, Kekse und Süßigkeiten. Zumindest die zweite Sendung wurde durch eine Spende von 1000 RM durch die Belegschaft mitfinanziert.

492 Vgl. ebd., 20640, Nr. 26, Kriegs-Weihnachten 1939 vom 18.12.1939, Feldpostgrüsse von Espenhainer Kameraden von Martin Adler vom 27.10.1939, Robert Scheibe vom 06.11.1939. Das erste Paket enthielt ausschließliche Rauchwaren, wohingegen das Weihnachtspaket zusätzlich Stollen, Pfefferkuchen und Schokolade beinhaltete.

493 Vgl. ebd., Frohe Weihnachten 1942. Die Formulierungen lassen darauf schließen, dass die ASW ihren Mitarbeitern, die zur Wehrmacht eingezogen waren, regelmäßig die aktuelle Ausgabe der ASW-Mitteilungen zukommen ließ.

494 Vgl. ASW-Mitteilungen, 21, Heft 3/4 Juli/August 1944, S. 20-24.

495 Vgl. Der Kontakt, 2, Ausgabe März 1940, S. 3 und 11, Ausgabe Juli 1940, S. 3f., Ausgabe Dezember 1941, S. 15. So wurde beispielsweise ein Fallschirmjäger, der als Tischler in Böhlen beschäftigt und am Angriff auf die Festung Eben Emael beteiligt war, in einem zweiseitigen Porträt vorgestellt.

496 Vgl. Der Kontakt, 2, Ausgabe November 1939, S. 6f.

497 Vgl. ASW-Mitteilungen, 21, Heft 5/6 September/Dezember 1944, S. 4ff.; Der Kontakt, 2, Ausgabe März 1940, S. 10f.

498 Vgl. SächsStA-L, 20640, Nr. 26, Freiwillige Zuwendung vom 14.12.1944.

499 Vgl. Kramer, Nicole: Haushalt (s. Anmerkung 57), S. 47.

Am symbolisch ausdrucksstärksten offenbarte sich die Nähe der Betriebe zum NS-System allerdings in der Anerkennung kollektiver Leistungen. Das Brabag Werk Böhlen erhielt am 01. Mai 1940 in Essen durch Rudolf Heß die Auszeichnung als NS-Musterbetrieb für das „Leistungskampfjahr 1939/40“, womit es als erster Betrieb im Landkreis/Amtshauptmannschaft Borna diese erhielt.[500] Vorangegangen waren bereits das „Gaudiplom für hervorragende Leistungen“, das „Leistungsabzeichen für vorbildliche Heimstätten und Wohnungen“ und das „Leistungsabzeichen für vorbildliche Förderung für Kraft durch Freude“.[501] Die Gründe für die Verleihungen waren vor allem die deutliche Erhöhung der Sozialausgaben bzw. der Aufwendungen für die kulturelle und ideologische Arbeit.[502] Auch die ASW erhielt Auszeichnungen, die ihre Bedeutung unterstrichen. Beispielsweise erhielt das Werk Espenhain das „Leistungsabzeichen der DAF in Silber“.[503]

Altersstruktur und Überalterung

Das Problem der Überalterung war im Industriekomplex virulent, wie in der gesamten deutschen Wirtschaft während des Krieges. Bei der Brabag war im Durchschnitt die männliche deutsche Belegschaft über 40 Jahre alt, wohingegen deutsche Frauen sowie Zwangsarbeiterinnen und Zwangsarbeiter ähnliche Altersstrukturen aufwiesen (vgl. Tab. 10). Auch bei der ASW entwickelte sich in der NS-Zeit eine zunehmende Überalterung. Die Gründe hierfür lagen in der Einberufung von Belegschaftsangehörigen zur Wehrmacht, wie die Abteilung Instandhaltung des Kesselbetriebes in Espenhain zeigt. Das Durchschnittsalter der männlichen deutschen Belegschaft stieg allein zwischen Anfang September und Ende Oktober 1944 von 40,5 auf 43,1 Jahre, wobei sich die Gruppe gleichzeitig von 70 auf 52 Personen verringerte.[504] Mindestens zwei Personen waren bereits im Rentenalter.

500 Vgl. SächsStA-L, 20633, Nr. 33, Rechenschaftsbericht vom 01.03.1941.

501 Vgl. ebd., Nr. 12, Unser Werk im Leistungskampf der deutschen Betriebe 1939/40 vom 10.01.1940, S. 1.

502 Vgl. ebd., S. 29. Wandte die Brabag Böhlen im Leistungswettkampf 1938/39 eine Summe von 2 645 067,32 RM auf, so waren es im Zeitraum 1939/40 bereits 5 222 974,23 RM. Selbst wenn an dieser Stelle kriegsbedingte Sonderausgaben, wie für Feldpostpäckchen und Weihnachtszuwendung, unberücksichtigt blieben, verdoppelte sich der Betrag nahezu.

503 Vgl. ebd., 20640, Nr. 36, Direktionsbesprechung vom 16.01.1943.

504 Vgl. ebd., Nr. 34, Personalliste TKKJ vom 31.10.1944. Von den 18 Abgängen wurden zehn zur Wehrmacht und einer zum Reichsarbeitsdienst eingezogen. Sechs Personen wurden in andere Abteilungen versetzt und nur einer entlassen.

Gruppe	Durchschnittsalter
Deutsche, männlich	40,8 Jahre
Deutsche, weiblich	28,3 Jahre
Ausländer, männlich	27,8 Jahre
Ausländer, weiblich	28,0 Jahre
Gesamt	37,4 Jahre

Tab. 10: Altersstruktur der Belegschaft der Brabag Böhlen im I. Quartal 1944[505]

Bei den Funktionseliten gab es hingegen eine umgekehrte Entwicklung. Für 40 von 62 Akademikern der Brabag Böhlen wurde die Altersstruktur überliefert. 37 von ihnen waren nach 1900 geboren (vgl. Tab. 11). Beispielhaft hierfür steht Erich Würzner: 1902 geboren, durchlief er sein Studium an der Bergakademie Freiberg und promovierte 1931 zum Thema der Benzingewinnung aus Braunkohle bei Prof. Seidenschnur.[506] Nachdem er bereits 1930 dem Stahlhelm beigetreten war, erfolgte 1933 der Eintritt in die SA, 1938 in die SS und schließlich 1940 in die NSDAP.[507] Noch im November 1933 war er wissenschaftlicher Mitarbeiter in Freiberg und an den Planungen für das Hydrierwerkprojekt der ASW in Böhlen beteiligt.[508] Nach der Gründung der Brabag nahm er bei ihr eine Arbeit auf und wurde, nach einer Beschäftigung in Böhlen, ab 1937 in deren Vorstand tätig. Nachdem er durch seinen Protegé Fritz Kranefuß 1938 zum Direktor des Werkes Magdeburg wurde, übernahm er außerdem die Ingenieurtechnische Zentralstelle (IZ) in Böhlen, die er bis 1946 leitete.[509] Nach seiner Entlassung durch die sowjetischen Stellen und die Flucht in die westliche Besatzungszone wickelte er als alleiniges Vorstandsmitglied die Brabag in der BRD ab.[510]

505 Vgl. ebd., 20633, Nr. 182, 1. Vierteljahresbericht der Gefolgschaftsabteilung.
506 Vgl. Würzner, Erich: Benzingewinnung (s. Anmerkung 105).
507 Vgl. Bindernagel, Franka/Bütow, Tobias: KZ (s. Anmerkung 67), S. 114.
508 Vgl. SächsStA-L, 20632, Nr. 247, Aktennotiz über Besprechung mit Prof. Seidenschnur vom 01.12.1933; Nr. 1102, Niederschrift über eine Aussprache mit der BRABAG am 17.11.1936; Nr. 1194, Aktennotiz über die Besprechung auf der Reichen Zeche am 30.11.1933.
509 Vgl. Bindernagel, Franka/Bütow, Tobias: KZ (s. Anmerkung 67), S. 114; SächsStA-L, 20640, Nr. 606, Versandteer und Leichtöl der ASW-Schwelereien vom 11.03.1946. Nach Bidnernagel und Bütow soll er bereits im Oktober 1945 entlassen worden sein, allerdings nahm er nachweislich noch im März 1946 seine Position im IZ wahr.
510 Vgl. Bindernagel, Franka/Bütow, Tobias: KZ (s. Anmerkung 67), S. 114.

Altersgruppe nach Geburtsjahr	Anzahl
Vor 1890	1
1890 – 1899	2
1900 – 1909	21
1910 – 1919	16

Tab. 11: Altersstruktur der Hochschulabsolventen der Brabag[511]

Die Anzahl der Krankentage und ihre Verteilung auf die Berufsgruppen bieten einen Hinweis darauf, wie die Belegschaft zum Betrieb stand und damit auf die konstatierten Privilegierungen reagierte. Die überlieferten Daten für den Industriekomplex vor 1945 stammen ausschließlich von der Brabag und finden sich in Tab. 12 und 13 wieder.

511 Vgl. SächsStA-L, 20632, Nr. 852, Besprechungsbericht vom 01.12.1941, Besprechungsbericht Böhlener Asche vom 25.05.1946; Nr. 951, Besprechung über die Tri-Entphenolungsanlage der Brabag vom 01.06.1940; Nr. 1102, Niederschrift über die Besprechung mit der Brabag über zusätzliche Teerlieferungen vom 08.02.1937, Besprechung am 05.11.1936 auf der Hochkippe, Niederschrift über eine Aussprache mit der Brabag am 17.11.1936, Leichtöl-Verrechnung Monat September und Oktober 1936 vom 05.11.1936, Schaltberechtigung vom 17.03.1937, Koksverrechnung Brabag vom 07.07.1936; Nr. 1103, Niederschrift über die Besprechung in Böhlen am 18.01. 1935, Besprechungsbericht vom 14.01.1935, Niederschrift über die unverbindliche Besprechung mit den Herren von der Brabag vom 18.01.1935, Niederschrift über die Besprechung in Böhlen am 14.02.1935, Besuchsbericht vom 16.04.1935, Betrifft Kreuzung der BF-Straße und der Rangiergleise vom 18.07.1935, Benzinanlage vom 21.01.1935, Anschlussgleiserweiterung vom 22.05.1935; Nr. 1104, Niederschrift über den Grenzbegang des Brabag-Geländes am 01.08.1940, Betrifft Verlegung der Überschußgasleitung auf der Hochkippe vom 13.04.1939, Gasleitung zur Fackel auf der Hochkippe vom 25.03.1939, Betrifft Gasleitung zur Fackel auf der Hochkippe vom 18.03.1939, Betrifft Verlegung der Überschußgasleitung Brabag vom 22.03.1939, Vereinbarungen über Luftansaugleitungen in Böhlen vom 08.11.1939, Betr. Gaswerk Böhlen vom 21.09.1938, Kondensatpumpe unter der Sieb-Anlage 11.02.1938, Leihweise Überlassung von Hochspannungskabel vom 20.03.1937; Nr. 1107, Erste gemeinsame Betriebsbesprechung Brabag – ASW vom 04.01.1936, Schwelanlage Böhlen vom 16.12.1935, Über die Besprechung mit Brabag und Lurgi über die Lieferung von Koks, Inbetriebnahmetermin für Stromlieferung an Hydrierung vom 19.11.1935, Liefertermine für Rohstoffe und Energien vom 25.11.1935; 20633, Nr. 1, Niederschrift über Monatsbesprechung vom 20.08.1941; 20686, Nr. 72, Abwesende; Nr. 171, Leipzig Land vom 14.02.1946, Aufstellung der leitenden Angestellten, die nach den hier vorliegenden Unterlagen der NSDAP oder ihrer Gliederung angehörten; Nr. 174, Angehörige BRABAG Böhlen NSDAP, Protokoll der Kreisentnazifizierung im Benzinwerk Böhlen am 21.01.1948, NS-Belastete mit Vorwurf.

	1939	1940	1941	1942	1943	Durchschnitt
Stammarbeiter	12	11	12	16	22	15
Dienstverpflichtete	-	20	24	22	19	20

Tab. 12: Krankentage Brabag Böhlen[512]

Mehrere Aspekte sind aufschlussreich: Erstens lässt sich vor allem unter der Stammbelegschaft ein sukzessiver Anstieg der Krankentage, vor allem 1942 und 1943, beobachten. Hierbei bestand eine Verbindung zu den verlängerten Arbeitszeiten und der Belastung durch zusätzliche Flak- sowie Luftschutzdienste.[513] Zweitens ist ein Zusammenhang zwischen Einkommen und Fehltagen erkennbar. Die wenigsten Krankentage hatten dabei die Abteilungsleiter und Meister, gefolgt von den Angestellten. Hingegen waren Lohnempfänger häufiger krank, unabhängig vom Geschlecht, was für starke Belastung bzw. geringe Zufriedenheit spricht. Drittens waren die Gesundheitsbedingungen im Industriekomplex schlecht, weshalb der Krankenstand besonders bei den einfachen Arbeitskräften hoch lag. Ein langer Aufenthalt im Industriekomplex förderte das Risiko von chronischen Erkrankungen.[514]

Berufsgruppe	Krankentage	Berufsgruppe	Krankentage
Abteilungsleiter	5	Kaufmännische Angestellte	10
Meister	7	Lohnempfänger	15
Technische Angestellte	8	Lohnempfängerinnen	15

Tab. 13: Krankenstand nach Berufsgruppe bei der Brabag Böhlen 1943[515]

512 Vgl. BArch, R 154/11907, Erhebung über den Gesundheitszustand der Gefolgschaftsmitglieder vom 15.09.1943, S. 2 und 11. Als Grundlage wurden über mehrere Jahre 115 Stammarbeiter und 157 Dienstverpflichtete untersucht.

513 Vgl. ebd., S. 12; SächsStA-L, 20640, Nr. 36, Direktionsbesprechung am 16.07.1943, Betriebsbesprechung vom 26.01.1944.

514 Vgl. BArch, R 154/11907, Erhebung über den Gesundheitszustand der Gefolgschaftsmitglieder vom 15.09.1943, S. 14. Lag der Anteil der chronisch Erkrankten unter den Dienstverpflichteten bei 10 %, waren es bei den Stammkräften 52 %. Hinzu kam die unterschiedliche Altersstruktur. Das Durchschnittsalter der Dienstverpflichteten war dabei bedeutend niedriger.

515 Vgl. ebd., S. 2 und 11.

Deutsche Dienstverpflichtete

Dienstverpflichtete bildeten eine eigene Gruppe in der Belegschaft. Da sie ihre Arbeitsstelle nicht frei gewählt hatten, besaßen sie unter den deutschen Belegschaftsteilen das geringste soziale Prestige. Ihre Unterbringung erfolgte nahezu ausschließlich in den wenig komfortablen Wohnlagern, zusammen mit den Kriegsgefangenen, Zwangsarbeiterinnen und Zwangsarbeitern.[516] Ihr erhöhter Krankenstand bei der Brabag lässt sich als Zeugnis der Ablehnung ihrer Zwangsverpflichtungen interpretieren. Dabei lag dieser um ein Viertel höher als bei der Stammbelegschaft (vgl. Tab. 12). Innerhalb der Gemeinschaftslager kam es immer wieder zu Auseinandersetzungen, bei denen sie häufig als Sündenböcke identifiziert und kollektiv herabgesetzt wurden – zumindest vor Kriegsbeginn.[517] Zur Entschärfung dieser Problemlagen erließ die Werksleitung im Sommer und Herbst 1939 mehrere Anordnungen, die ihre Gleichstellung mit der deutschen Stammbelegschaft regeln sollten.[518] Dessen ungeachtet jedoch diskriminierten die festgesetzten Löhne, die hinter denen der deutschen „Gefolgschaftsmitglieder" zurückblieben, sie weiterhin sozial.[519] Nur Lehrlinge und Frauen rangierten finanziell unter ihnen. In der Betriebshierarchie standen nur Nichtdeutsche unter ihnen. Trotz ihrer Herabsetzung waren sie eine bedeutende Arbeitskräftegruppe, so arbeiteten im Februar 1942 insgesamt 240 Personen in der Schwelerei der ASW Espenhain, von denen 40 deutsche Stammkräfte (16,6%), 60 Ausländer (25%) und 140 Dienstverpflichtete (58,3%) waren.[520]

Dienstverpflichtete hatten auch die Möglichkeit, sich dem Zwang der autoritären Betriebsstrukturen zu verweigern und der Willkür der Arbeitsplatzzuweisung zu entgehen: Ernst K., der seit Herbst 1942 dienstverpflichtet in der Abteilung

516 Vgl. SächsStA-L, 20640, Nr. 26, Besprechung vom 28.07.1939.

517 Vgl. ebd. Nachdem ein Teil der Dienstverpflichteten, bei denen Härtefälle vorlagen, von der Dienstpflicht entbunden worden war, verlangten die restlichen ebenfalls nach einer besseren Behandlung und reagierten mit „blau machen" oder kriminellen Aktivitäten wie Diebstählen, Schlägereien, Messerstechereien und Nichteinhalten der Polizeisperrstunde. Dass diese Probleme aus der Ungleichbehandlung der Arbeitskräfte resultierten, verschloss sich der Reflexion der Werksleitung.

518 Vgl. ebd., Bezahlung von Beihilfen und Trennungszuschlägen für Dienstverpflichtete vom 21.08.1939, Neuregelung der Unterstützung für dienstverpflichtete Arbeitskräfte vom 16.09.1939. Allerdings spricht ihre wiederholte Anordnung für eine mangelnde Einhaltung. Dies betraf auch Urlaubstage, die ihnen trotz ihres Anspruchs scheinbar nicht immer gewährt wurden.

519 Vgl. ebd., 20632, Nr. 1161/2, Zusammenstellung 1 und 2 vom 19.08.1941.

520 Vgl. ebd., 20640, Nr. 165, Monatsberichte der Schwelanlage Espenhain für Februar 1942.

Maschineninstandsetzung des Kraftwerks Espenhain beschäftigt war,[521] sollte Ende des Jahres 1942 von dort in die Brabag Böhlen wechseln; ein Wechsel, der seitens der Rüstungsinspektion Leipzig und des Arbeitsamtes Borna initiiert worden war.[522] Am 27. Dezember 1942 teilte ihm die ASW seine Versetzung mit und setzte ihn nach Böhlen in Marsch, wo er allerdings nie ankam.[523] Sein mysteriöses Verschwinden klärte sich erst zwei Monate später auf, als ein Brief von ihm bei der Werksleitung der ASW Espenhain eintraf:

> „Es sind gerade 3 Monate her, als ich in der ASW aufhörte und nach Böhlen sollte. Sie haben geglaubt, ich wäre so dumm, haben sich aber getäuscht. Ich bin noch am selben Tag nach Hause gefahren und habe am 28. Dezember 1942 in meinem alten Betrieb die Arbeit wieder aufgenommen. Am 10. Januar 1943 kam ich wieder zu den Soldaten."[524]

Offensichtlich empfand er es als unwürdig, wie eine Ware behandelt zu werden, sodass er beschloss, sich der Dienstpflicht zu entziehen. Sein respektloser, mit der Werksleitung abrechnender Ton blieb ohne persönliche Konsequenzen.

Die Gruppe der Dienstverpflichteten war keinesfalls homogen, wie der Lebenslauf Werner Sanders, Jahrgang 1915, exemplarisch verdeutlicht.[525] Er stammte aus Glauchau, dem traditionellen Rekrutierungsgebiet des Industriekomplexes. Nach seinem Chemiestudium in Dresden und seinem Kriegsdienst in der Wehrmacht wurde er 1943 nach Böhlen verpflichtet und bereits nach einem Jahr als Untergruppenleiter bei der Brabag fest angestellt. Auch nach 1945 blieb er und ließ sich bis Anfang der 1960er-Jahre in Böhlen nachweisen.[526] Dies zeigt, dass sich unter den Bedingungen eines beruflichen Aufstiegs auch die Integration dieser Arbeitskräftegruppe vollziehen konnte. Dennoch ist festzuhalten, dass bereits das Prinzip der Dienstverpflichtung die propagierte „Volksgemeinschaft

---

521 Vgl. ebd., Personal EMI vom 05.10.1942. Am 04. Oktober 1942 war er nicht zur Arbeit erschienen und hatte deswegen eine Strafe von 3 RM erhalten. Ergo bestand bereits vor dem Vorfall um seine Umsetzung ein angespanntes Verhältnis zu seinem Arbeitgeber.

522 Vgl. ebd., Umsetzung des Vg. Ernst K. gegen Rü-Urlauber Kurt G. vom 22.12.1942. Dabei sollte er den Rüstungsurlauber Kurt G. bei der Brabag ersetzen, der wiederum nach Espenhain wechselte.

523 Vgl. ebd., Umsetzung der Vg. Kurt G./Ernst K. vom 15.01.1943. Am 11.01.1943 erkundigte sich das Arbeitsamt Borna bei der ASW, die ihr antwortete, dass er seit dem 27.12.1942 nicht mehr im Werk sei und er auf den Weg nach Böhlen geschickt worden sei. Vorausgegangen war offensichtlich eine Beschwerde der Brabag, dass er nicht bei ihnen eingetroffen war.

524 Ebd., Umsetzung des Vg. G./K. vom 04.03.1943.

525 Vgl. BArch, DC 1 (Zentrale Kommission für Staatliche Kontrolle)/1568, Anlage 2 Charakteristika der leitenden Angestellten vom 17.04.1950 und BStU, BV Leipzig, Nr. 19/01, Ermittlungsbericht vom 24.03.1953.

526 Vgl. BArch, DE 1 (Staatliche Plankommission)/48113, Jahresbericht Böhlen 1960, S. 11.

im Betrieb“ ad absurdum führte und zudem die deutsche „Gefolgschaft“ keine sozial homogene Gruppe bildete.

Zwangsarbeit im Industriekomplex

Im Industriekomplex waren mehrere 10 000 Zwangsarbeiterinnen und -arbeiter aus 21 Nationen beschäftigt; von ihnen starben zwischen 610 und 743,[527] mindestens ein Pole wurde aufgrund eines geringfügigen Vergehens hingerichtet.[528] Sie mussten jedwede Art von Arbeit ausführen und lebten in verschiedenen nationalsozialistischen Lagerformen. Neben 16 „Gemeinschaftslagern“ bestanden sieben Kriegsgefangenenlager, drei Arbeitserziehungslager (AEL) der Gestapo und ein Außenlager des KZ Buchenwald.[529] Möglicherweise bestand ein zweites KZ-Außenlager mit 500 Häftlingen in Espenhain, für die eine Anforderung an den Geilenberg-Stab überliefert ist und das nach Unterlagen der IG Farben Leuna bereits organisiert war.[530] Zusätzlich übernahmen Funktionseliten aus dem Untersuchungsraum Verantwortung für die KZ-Außenlager Berga (Elster) und Königstein und wirkten unmittelbar auf die dortigen Lebensbedingungen ein.[531] Der Einsatz von KZ-Häftlingen erfolgte erst ab Sommer 1944, erforderte doch die Arbeit in der chemischen Industrie ausgebildete Arbeitskräfte. Auch andere rüstungswirtschaftlich bedeutende Unternehmen setzten deshalb erst 1944 KZ-

---

527 Vgl. ebd., S. 103 und 110 f.

528 Vgl. SächsStA-L, 20640, Nr. 413, Todesstrafe für nächtlichen Einbruch vom 05.11.1941.

529 Vgl. Baumert, Martin: KZ-Außenlager Böhlen, in: Kulturbahnhof e.V. (Hrsg.): Die Zukunft des Vergangenen. Künstlerische Positionen zur Erinnerung an die KZ-Außenlager im Landkreis Leipzig, Markkleeberg 2013, S. 42–43, hier S. 42 f.; ders.: NS-Zwangsarbeit (s. Anmerkung 424), S. 98 f. und 106–109; Bergholtz, Detlev/Reichel, Andrea: Höhensonne und Alpenrose. Die Arbeitserziehungslager Lippendorf und Peres in der Zeit des 2. Weltkrieges und der Leidensweg niederländischer Zwangsarbeiter, Neukieritzsch 2012, S. 50, 54 und 113; Bindernagel, Franka/Bütow, Tobias: Böhlen, in: Benz, Wolfgang/Distel, Barbara (Hrsg.): Der Ort des Terrors. Geschichte der nationalsozialistischen Konzentrationslager, Bd. 3: Sachsenhausen, Buchenwald, München 2006, S. 402–404, hier S. 402 ff.; dies.: KZ (s. Anmerkung 67), S. 95 und 103; BStU, MfS, HA IX/11, Nr. 421, Lager „Alpenrose“ vom 29.05.1973; SächsStA-L, 20640, Nr. 571, Aufstellung der holländischen Arbeits-Erziehungs-Häftlinge vom 06.11.1944, Arbeitserziehungslager holländische Häftlinge vom 15.09.1944.

530 Vgl. BArch, R 3112/179, an Standartenführer Maurer Oranienburg vom 10.07.1944 und Landesarchiv Sachsen-Anhalt (LASA), Abteilung Merseburg, I 525 Leuna-Werke 1916–1990, Nr. 920, Arbeitseinsatz organisiert vom 03.07.1944. Ob es tatsächlich bestanden hat, konnte nicht abschließend geklärt werden.

531 Vgl. BStU, MfS, HA IX/11, Nr. 4, Bericht über Besprechung am 06.03.1945. Neben Hochschwender und Felbert waren die Ingenieure Weigle, Ledderboge, Hoppe und Graichen anwesend. Dabei wurden explizit „Arbeitserziehungsmethoden“ aus den KZ Böhlen und Tröglitz übernommen. Aus Böhlen stammte dabei die Idee zur Kürzung der Nahrungsmittel.

Häftlinge ein.[532] Daneben gab es an beiden Standorten jeweils ein „Ausländerbordell" – das Bordell in Zeschwitz verschwand mit der Devastierung des Ortes, weshalb ein neues im Gemeinschaftslager Pulgar der Brabag entstand.[533] Die Tatsache, dass von 110 Bordellen dieser Art drei im Untersuchungsraum waren, unterstreicht seine Bedeutung für das Thema Zwangsarbeit in „Dritten Reich", besonders in Sachsen.[534]

In den Wohnlagern II-V der ASW Espenhain auf dem Gelände der ehemaligen Grube „Margarethe", dem heutigen Gewerbegebiet Margarethenhain, kulminierte die Belegschaftsgeschichte an einem Ort: An dieser Stelle begann die Bergbaugeschichte des Industriekomplexes 1900, hier war das größte Zwangsarbeiterlager in der Umgebung von Leipzig (wahrscheinlich sogar in ganz Sachsen) und in der DDR-Zeit durchliefen sämtliche Espenhainer Lehrlinge ihre Ausbildung in diesen Baracken. Alle Nationen, die im Untersuchungsraum arbeiteten, lebten hier streng getrennt nach der NS-Rassenhierarchie. Besonders zwei Gruppen wurden dabei separiert – sowjetische Kriegsgefangene und die Zwangsprostituierten. Ihr Dasein sollte nur in den entlegenen Ecken des Lagers stattfinden, außerhalb des Sichtfeldes der deutschen „Volksgemeinschaft".[535] Auch das Gemeinschaftslager Pulgar der Brabag zeigt die unterschiedlichen Lebensbedingungen deutlich. Waren für 450 französische Kriegsgefangene vier Baracken vorgesehen (112 je

532 Vgl. Schulz, Ulrike: Simson (s. Anmerkung 20), S. 225.

533 Vgl. BArch, R 58 (Reichssicherheitshauptamt)/3117, Meldung wichtiger Staatspolizeilicher Ereignisse, Nr. 13 vom 29.07.1942; Winkler, Werner: Bordelle in der Rüstungsindustrie sollen Arbeitsmoral steigern, in: Leipziger Volkszeitung, Ausgabe Borna-Geithain v. 06.07.2015, S. 28; ders.: Nur für Ausländer, in: Leipziger Zeitung v. 10.07.2015, S. 19; ders.: Bordelle in der NS-Zeit. Unter: http://hirendo.de (Stand: 21.12.2020); ders.: Ein Bordell für Zwangsarbeiter. Unter: http://hirendo.de (Stand: 21.12.2020). Die „Ausländerbordelle" in Böhlen (ab März 1944), Espenhain (ab April 1943) und Zeschwitz (bis 1943/1944) stellten die perfideste Ausbeutungsform im Industriekomplex dar. Ein SD-Bericht über eine Fluchthilfeorganisation weist bereits im Sommer 1942 auf die Anwesenheit von französischen Prostituierten in Espenhain hin, ohne dass weiterführende Informationen bekannt sind.

534 Vgl. Schanetzky, Tim: „Kanonen" (s. Anmerkung 32), S. 229. Ende 1943 bestanden 60 „Ausländerbordelle" und weitere 50 waren im Bau.

535 Vgl. SächsStA-L, 20640, Nr. 14, Rüstungsbereich Leipzig vom 17.11.1941; 21145 SED-Stadtleitung Leipzig, Nr. IV/5/01/560, An die Entnazifizierungskommission vom 14.10.1947. Die Wehrmacht forderte, dass das „Russen"-Lager mindestens 400 Meter von der Reichsstraße 95 entfernt zu sein habe. Offensichtlich ging es darum, die Zustände vor der Öffentlichkeit zu verschweigen. Genaue Opferzahlen sind nicht belegt, aber allein im März 1942 starben von 68 zugeteilten sowjetischen Kriegsgefangenen vier innerhalb weniger Tage an Unterernährung.

Baracke), mussten sich 700 sowjetische Soldaten gerade einmal dreieinhalb Gebäude teilen (200 je Baracke).[536]

Es lassen sich beim Zwangsarbeitseinsatz Besonderheiten im Untersuchungsraum feststellen. Während im gesamten Reich im Rahmen des Zwangsarbeitseinsatzes bis zum Sommer 1942 fast drei Millionen Menschen aus dem Ausland zum Einsatz kamen, war ihr Anteil in der Industrie niedrig.[537] Ausländische Zwangsarbeiter stellten im Deutschen Reich zu Kriegsende die Hälfte aller Arbeitskräfte in der Landwirtschaft, ein Drittel in der Industrie und ein Viertel im Bergbau.[538] Die Entwicklung im Industriekomplex unterschied sich hiervon deutlich: Bereits im Oktober 1939 kamen die ersten polnischen Kriegsgefangenen in Böhlen im Tagebaubetrieb zum Einsatz, wodurch dies den ersten Nachweis für ihre Arbeit im deutschen Bergbau darstellt.[539] Bisher ging die Forschung von ihrer Beschäftigung ab November 1939 in der Braunkohlenindustrie aus.[540] Auch für die Zeit nach dem Westfeldzug ließ sich eine Privilegierung des Industriekomplexes bei der Versorgung mit Kriegsgefangenen konstatieren, der allgemein kennzeichnend für den mitteldeutschen Braunkohlenbergbau war.[541] Die Unternehmen im Industriekomplex versuchten durch die Gewährung von höheren Löhnen, verbesserten Wohnverhältnissen sowie einer besseren Lebensmittelversorgung, Einfluss auf den Einsatz der Zwangsarbeiter und vor allem auf deren Produktivität zu nehmen. Ein Beispiel unter vielen für die teilweise besseren Lebensbedingungen war Roman D., der seit Mai 1942 erst für ein Subunternehmen als Transportarbeiter und ab Juli desselben Jahres bei der ASW als Schwelereihelfer beschäftigt wurde.[542] Im April 1942 wurde eine Erhöhung seines Lohns beantragt

536 Vgl. BStU, MfS, HA IX/11, Nr. 421, Barackenlager für sowjetische und französische Kriegsgefangene in Pulgar vom 28.06.1973.

537 Vgl. Herbert, Ulrich: 20. Jahrhundert (s. Anmerkung 58), S. 488; ders.: Fremdarbeiter (s. Anmerkung 63), S. 90. Herbert belegt ihren Einsatz erst ab November 1939 im Steinkohlenbergbau.

538 Vgl. Hördler, Stefan u. a. (Hrsg.): Zwangsarbeit im Nationalsozialismus (s. Anmerkung 64), S. 91.

539 Vgl. Baumert, Martin: NS-Zwangsarbeit und Erinnerungskultur im Landkreis Leipzig. Das Beispiel Böhlen-Espenhain, in: Brunner, Detlev/Kenkmann, Alfons (Hrsg.): Leipzig im Nationalsozialismus (s. Anmerkung 128), S. 91–114, hier S. 97 und 104. Polnische Kriegsgefangene lassen sich in Böhlen in Zusammenhang mit dem Werk bereits ab dem 13. Oktober 1939 nachweisen. Dies stellt den ersten Nachweis ihres Einsatzes außerhalb der Landwirtschaft dar. In Espenhain tauchen sie hingegen erstmals im Dezember 1939 in den Akten auf.

540 Vgl. Urban, Thomas: Zwangsarbeit (s. Anmerkung 62), S. 184 ff. Das zeigt die Begünstigung der ASW im NS-System. Im Oktober 1939 vertröstete die Wirtschaftsgruppe Bergbau noch die Unternehmen in Bezug auf den Einsatz polnischer Kriegsgefangener.

541 Vgl. Urban, Thomas: Zwangsarbeit (s. Anmerkung 62), S. 213. Die ersten französischen Kriegsgefangenen lassen sich ab Juni 1940 im Braunkohlenrevier nachweisen.

542 Vgl. SächsStA-L, 20640, Nr. 423, Personal-Meldung Roman D. vom 24.07.1942.

und von Betriebsleiter und Betriebsdirektion bestätigt, sodass die Erhöhung sowohl seines Stundenlohnes als auch der Werkszulage um je 0,02 RM erfolgte.[543]

Durch eine bessere Lebensmittelversorgung ließ sich die Produktivität der Zwangsarbeiter ebenfalls positiv beeinflussen, wozu u. a. Gartenanbau in den Kriegsgefangenen- und Zwangsarbeiterlagern betrieben wurde.[544] In Espenhain wurde auf ca. 1,4 Hektar Gemüse angebaut, was 1942 einen Gesamtertrag von 6000 Tomaten und 80 000 Stück sonstiges Gemüse erbrachte.[545] Allerdings sollte die Ernte der Zusatzversorgung aller Belegschaftsangehörigen dienen.

Gleichzeitig behinderten rassistische Ausgrenzung, Leistungszwang und Einschränkungen der persönlichen Freiheiten den wirtschaftlichen Nutzen der Zwangsarbeit. So unterlagen die Zwangsarbeiterinnen und Zwangsarbeiter der Willkür der deutschen Administration, die penibel darauf achtete, dass sie nicht der deutschen Belegschaft gleichgestellt wurden. So teilte die HV im Oktober 1944 den Werksleitungen der ASW mit, dass der Verkauf von Brot und Wurst an Ausländer umgehend einzustellen sei.[546]

Schon in den 1930er-Jahren nahm die Anzahl ausländischer Arbeitskräfte im gesamten Deutschen Reich zu,[547] so auch im Industriekomplex: Der Fall von Josef C. dokumentiert, wie sich die Arbeitsbeziehungen durch den Nationalsozialismus veränderten.[548] Laut seinem Führungszeugnis war er seit dem 08. Dezember 1938 im Werk Espenhain beschäftigt. Offiziell staatenlos, wurde er von der ASW aber als Pole geführt. Gleichzeitig wohnte er bis Februar 1941 in einem normalen Mietverhältnis in Regis-Breitingen. Seine Verurteilung durch das Amtsgericht Borna am 12. März 1931 wegen Beamtenbeleidigung und Hehlerei zeigt, dass er bereits länger in der Region ansässig war. Damit war er Repräsentant der zahlreichen polnischen Einwanderer in die Gebiete des Braunkohlenbergbaus rund um Leipzig.[549] Sein Status verschlechterte sich permanent und so wurde aus ihm 1941 ein polnischer Zwangsarbeiter, der sich nicht gegen die Willkür wehren

---

543 Vgl. ebd., Meldung D., Roman vom 11.05.1942.

544 Vgl. Urban, Thomas: Zwangsarbeit (s. Anmerkung 62), S. 315.

545 Vgl. SächsStA-L, 20640, Nr. 14, Gemüseanlage im Lager III vom 15.08.1942.

546 Vgl. ebd., 20686, Nr. 302, Betr. Verkauf von Brot und Wurst vom 16.10.1944.

547 Vgl. Mangold, Paula/Schäfer, Florian: Vergessene Geschichte (s. Anmerkung 62), S. 12. Deren Anzahl vervierfachte sich nahezu bis Kriegsbeginn. Sie stieg von 109 000 im Jahr 1932 über 227 000 1935/36 bis auf 436 000 1938/39.

548 Vgl. SächsStA-L, 20640, Nr. 413, Personalkarteitasche C., Josephine und Führungszeugnis von Josef C. C. wurde 1911 in der polnischen Gemeinde Chocz (Woiwodschaft Großpolen, Powiat Plezewski) geboren.

549 Vgl. Bischoff, Ursula: Einfluss (s. Anmerkung 99), S. 59 und 70. Es lassen sich zahlreiche polnische Einwanderer bereits ab der Jahrhundertwende in der Region feststellen. Sie zählten, nach Personen aus Bayern, zur wichtigsten Zuwanderergruppe des frühen 20. Jahrhunderts.

konnte.[550] So musste C. beispielsweise in ein „Gemeinschaftslager“ umziehen. Gerade polnische oder vermeintlich polnische Arbeiter erlebten Diskriminierungen, die bis zur Auslöschung der nationalen Identität durch Fremdzuschreibung führen konnten. Beispielhaft hierfür steht ein französischer Zwangsarbeiter, der 1902 in Kozlow (Kreis Tarnopol) geboren worden war, aber mindestens seit 1920 durchgehend in Frankreich gelebt hatte.[551] Seine, von ihm angegebene Heimatadresse lag in Lyon.[552] Trotzdem wurde er als „rassischer Pole“ bei der ASW Espenhain eingeordnet. Wie diffus die Kategorie „Rasse“ war, zeigt auch das Beispiel eines vermeintlichen polnischen Zwangsarbeiters, der sich als Volksdeutscher bezeichnete und sich daher weigerte, das stigmatisierende „P“ auf der Kleidung zu tragen.[553] Er war Teilnehmer des Ersten Weltkrieges auf deutscher Seite und lebte vor seiner Verpflichtung nach Espenhain ebenfalls in Frankreich.

Ab September 1938 kamen slowakische und tschechische dienstverpflichtete Arbeitskräfte in den Industriekomplex Böhlen-Espenhain. [554] Im Juni 1939 waren bereits über 1000 tschechische Arbeitskräfte im Industriekomplex.[555] Schon bei diesen beiden Gruppen wurde die rassistische Politik des „Dritten Reiches“ deutlich. Während die Slowaken als Verbündete eine relativ gute Behandlung erfuhren, waren die tschechischen Arbeiter zahlreichen Ausgrenzungen ausgesetzt. Slowaken wurden geringer für Vertragsbruch bestraft und hatten eher die Möglichkeit, den Lohn ihren Familien zukommen zu lassen.[556] Tschechen hingegen wurden ab Kriegsbeginn sowohl durch zentrale Gesetze als auch durch lokale Anordnungen und Anweisungen im Betrieb ausgegrenzt. Sie waren die ersten, die für den sogenannten Arbeitsvertragsbruch bestraft wurden, wobei die

---

550 Vgl. SächsStA-L, 20640, Nr. 413, An den Kreisleiter der NSDAP vom 27.06.1941, Feststellungsbericht vom 17.07.1944 und Vernehmungsniederschrift vom 10.03.1944. Nicht nur, dass Josef C. durch die NSDAP als unzuverlässig befunden wurde, was übrigens seiner betrieblichen Einschätzung widersprach, er wurde auch zusätzlichen Gefahren ausgesetzt, indem er beispielsweise keine Luftschutzräume aufsuchen durfte.

551 Vgl. ebd., Nr. 546, Arbeitsbuch von Sebastien C.

552 Vgl. ebd., Nr. 413, Personalkarteitasche von Sebastien C. Als Adresse gab er die 113 rue de Bugeaud im 6. Arrondissement von Lyon, eines der wohlhabendsten Viertel der Stadt, an.

553 Vgl. BStU, MfS, HA IX/11, Nr. 59/67, An die Betriebsführung vom 08.11.1941.

554 Vgl. SächsStA-L, 20640, Nr. 26, Verschiedenes vom 07.08.1939.

555 Vgl. Herbert, Ulrich: 20. Jahrhundert (s. Anmerkung 58), S. 411; SächsStA-L, 20640, Nr. 255, Aktennotiz vom 16.06.1939. Dieser Tatsache widerspricht Ulrich Herbert, der bis 1939 ausländische Arbeitskräfte ausschließlich als Saisonkräfte in der Landwirtschaft beschreibt.

556 Vgl. SächsStA-L, 20640, Nr. 255, Ausgabe der Bankausweise für die slowakischen Arbeiter vom 12.07.1940 und Mitteilung Nr. 547 vom 07.10.1942. Sie erhielten nur eine Geldstrafe anstelle von Freiheitsentzug oder Haft in einem Arbeitserziehungslager.

Initiative hier vom Betrieb ausging.[557] Dabei war ihnen bereits in Friedenszeiten der Urlaub erschwert worden.[558] Auch bei der Zuteilung von Sonderprämien wurden tschechische Arbeiter benachteiligt.[559] Hieran wird ersichtlich, über welchen Spielraum in der Behandlung der Zwangsarbeiter die jeweilige Werksleitung verfügte und wie sie in die Diskriminierungspraxis involviert war.

Veränderte politische Umstände konnten auch die Lebensverhältnisse im Industriekomplex transformieren. Am eindrucksvollsten war der Unterschied in der Behandlung von italienischen Zivilarbeitern vor September 1943 und Italienischen Militärinternierten (IMI) ab diesem Zeitpunkt. Sie waren vor der Kapitulation Italiens die am meisten begünstigte Gruppe ausländischer Arbeiter und gehörten nicht zu den Zwangsarbeiterinnen und Zwangsarbeitern. Beispielsweise teilte das Arbeitsamt Borna mit, dass Weihnachtsgeld ebenfalls an Italiener zu zahlen sei, die bei der ASW Espenhain arbeiteten.[560] Auch hatten sie Anspruch auf einen höheren Lohn an italienischen Feiertagen.[561] Es bestand sogar eine Schlechtwetterregelung mit Ersatzzahlungen.[562] Beschwerden von Italienern, vor allem den Lohn betreffend, wurden vor September 1943 positiv beschieden. Beispielsweise beschwerten sich italienische Bauarbeiter, die für Espenhain angeworben wurden, jedoch in Kitzscher Belegschaftswohnungen für Subunternehmer bauten, dass ihr Lohn entsprechend ihres Arbeitsvertrages angepasst werden sollte.[563] Die Werksleitung übernahm auch die Initiative, um die Angehörigen des „Waffenbruders" kulturell zu unterhalten. Anlässlich des „Gedenktages des Marsches auf Rom" fand am 27. Oktober 1940 eine Feier für die italienischen

557 Vgl. ebd., ohne Genehmigung des Arbeitsamtes abgekehrte Tschechen vom 19.09.1939.

558 Vgl. ebd., Verschiedenes vom 07.08.1939.

559 Vgl. ebd., Freiwillige Sonderzuwendung Weihnachten 1940 vom 14.12.1940. Dies ging aus einer Anordnung des „Betriebsobmanns" Wolf und des stellvertretenden „Betriebsführers" Wahle über Sonderzuwendungen zu Weihnachten hervor.

560 Vgl. ebd., Nr. 26, Weihnachtsbeihilfe für italienische Bauarbeiter vom 22.05.1941. Verheirateten sollte pro Tag 2,50 RM an bis zu 12 Tagen (maximal 30 RM) gezahlt werden. Ledige hingegen bekamen für denselben Zeitraum 1,75 RM (maximal 21 RM).

561 Vgl. ebd., Italienische Feiertage vom 14.11.1940. Die Liste mit den konkreten Feiertagen ist nicht in der Akte überliefert. Allerdings gehörte der „Gedenktag des Marsches auf Rom" am 28. Oktober zu diesen Tagen.

562 Vgl. ebd., Nr. 8, Siedlung Kitzscher, Schlechtwetterregelung für Italiener vom 21.01.1941 und 27.01.1941. Es wurde ein Aufschlag von 60 % auf den Tariflohn gezahlt.

563 Vgl. ebd., Lohnzahlung an italienische Bauarbeiter der Siedlung Kitzscher vom 29.08.1940. Hierbei beschwerten sie sich, dass ihr Stundenlohn nur 0,75 RM für Maurer und 0,68 RM für Bauhilfsarbeiter betrug, obwohl ihnen der in Espenhain übliche Lohn von 0,83 RM bzw. 0,75 RM vertraglich zugesichert worden war. Sie erreichten, dass ihnen der zu wenig gezahlte Lohn nachträglich ausgezahlt wurde.

Beschäftigten in der großen Speisehalle im Wohnlager IV statt.[564] Auch Urlaub und Heimatbesuch waren mindestens bis Januar 1943 möglich.[565] Ihre Privilegierung reichte bis zum Ende der deutsch-italienischen „Waffenbrüderschaft". Noch im Juli 1943 wies die Werksleitung Espenhain darauf hin, dass deutsches Personal Italiener nicht beleidigen dürfe.[566] Schlagartig ändert sich ihre Situation nach dem Waffenstillstand von Cassibile. Ab diesem Zeitpunkt bildeten sie eine der untersten Gruppen in der NS-Rassenhierarchie.[567] Bereits am 24. September 1943, also nur 16 Tage nach Bekanntwerden der Kapitulation, trafen die ersten IMI im Industriekomplex ein.[568] Ihre Lebensumstände unterschieden sich fundamental von ihren Landsleuten, die als Verbündete in dem Industriekomplex arbeiteten:

> „Im besonderen Maße sind die italienischen Militärinternierten zur vollen Arbeitsleistung anzuhalten und laufend zu überwachen. Bei Nachlässigkeit müssen sie hart aber gerecht angefaßt werden. Bei unbefriedigender Leistung ist für die gesamte Arbeitseinheit ohne Rücksicht auf einzelne Willige die Verpflegung zu kürzen. Eingesparte Verpflegung steht als Leistungszulage für fleißigere Kriegsgefangene bzw. italienische Militärinternierte anderer Arbeitseinheiten zur Verfügung."[569]

Solche angedrohten Maßnahmen hatten Folgen: Im Januar und Februar 1944 wurden 46 IMI aus Böhlen zum „Auffüttern" – ein Euphemismus, der häufig nur ihre Aussonderung bedeutete – ins Stalag IV B Mühlberg/Elbe verlegt.[570] Und bereits zum Ende des Jahres 1943 hatte die Gestapo einen 17-jährigen IMI aus dem „Gemeinschaftslager" Espenhain festgenommen, da er um Lebensmittel gebettelt

564 Vgl. ebd., Italienische Feier am Sonntag, den 27.10.1940. Dabei war offensichtlich eine Parteiorganisation der „Partito Nazionale Fascista" (Nationale faschistische Partei; Faschistische Partei Italiens) in Espenhain aktiv, da sie dafür sorgen sollte, dass alle Italienerinnen und Italiener als Ausgleich am Montag den 28. Oktober 1940 arbeiten gingen.

565 Vgl. ebd., Nr. 36, Direktionsbesprechung vom 16.01.1943.

566 Vgl. ebd., Direktionsbesprechung vom 30.07.1943. Eine entsprechende Regelung war wahrscheinlich aufgrund solcher Vorfälle notwendig, da seit den Kriegswenden von Stalingrad und El Alamein Italiener als „Sündenböcke" für Teile der deutschen Bevölkerung herhalten mussten. Hieran zeigte sich bereits die langsame Transformation ihres Status.

567 Vgl. Baumert, Martin: NS-Zwangsarbeit (s. Anmerkung 539), S. 93 und 103.

568 Vgl. SächsStA-L, 20640, Nr. 36, Direktionsbesprechung am 24.09.1943. Die ersten 300 IMI trafen zusammen mit 110 „Ostarbeitern" ein. Dabei wies die Werksleitung auf den Einsatz entsprechend den Bestimmungen für westliche Kriegsgefangene hin. Dies war keine rechtliche Aufwertung ihrer Position, sondern ein Hinweis darauf, dass sie wie Kriegsgefangene nur unter permanenter Bewachung arbeiten durften.

569 Ebd., Nr. 34, Bekämpfung von Disziplinschwierigkeiten in den Werken und Betrieben vom 15.07.1944.

570 Vgl. ebd., 20632, Nr. 295, Wochenstandsmeldung vom 11.01.1944 und 07.02.1944.

haben soll.[571] Sein weiteres Schicksal ist nicht bekannt, allerdings war eine Einweisung in ein AEL oder KZ möglich.

Körperliche Misshandlungen, Sexualdelikte und Korruption bildeten ein weiteres Bedrohungspotenzial für Zwangsarbeiterinnen und Zwangsarbeiter im Industriekomplex. Beispielhaft ist der bereits geschilderte Korruptionsfall unter den deutschen Angestellten bei der ASW Espenhain. Trotz der offenkundigen Verwicklungen weiterer Teile der Führungsriege bis hin zur Landesregierung wurden schlussendlich nur ein kleiner Teil der involvierten Führungskräfte verurteilt.[572] Ihre verhältnismäßig milde Bestrafung verdankten sie dem Umstand, dass sie nach der Kriegswirtschaft- und nicht nach der Volksschädlingsverordnung verurteilt wurden.[573] Für die Zwangsarbeiterinnen und Zwangsarbeiter bedeutete die Unterschlagung eine Verringerung der Rationen, die normalerweise geradeso für das Überleben reichten, mithin eine unmittelbare Gefährdung. Zur Bestrafung von Zwangsarbeiterinnen und Zwangsarbeitern gab es des Weiteren in Espenhain eine eigene „Erziehungsbaracke", die de facto der körperlichen Misshandlung diente.[574] Sie wurde durch den Werkschutz betrieben. Einweisungen erfolgten wegen geringster Vergehen oder sogar komplett willkürlich.[575] Aber auch außerhalb der Baracke sind Misshandlungen belegt.[576] Für Frauen kam noch die Gefahr sexueller Übergriffe hinzu. In einem Fall ging es um die wiederholte sexuelle Belästigung zweier ukrainischer Zwangsarbeiterinnen durch einen deutschen Bandwärter.[577] Dabei wurde den Aussagen der Frauen kein Glauben geschenkt und der deutsche Beschäftigte nicht bestraft.

---

571 Vgl. ebd., 20025 Amtshauptmannschaft Borna, Nr. 492, vom 31.12.1943.

572 Vgl. ebd., 20640, Nr. 26, Gauleiter Pg. Martin Mutschmann vom 11.02.1941. Die Hauptschuldigen Ockwitz und Gasch wurden zum Tode verurteilt, allerdings begnadigt. Die anderen Beteiligten erhielten teils mehrjährige Haftstrafen. Die Direktoren Wahle und Voigt sowie der Kreisleiter der NSDAP Dr. Kurt Schmidt wurden trotz ihrer Beteiligung hingegen nicht belangt.

573 Vgl. Schanetzky, Tim: „Kanonen" (s. Anmerkung 32), S. 206 ff. Entgegen der Propagandaformel „die Kleinen laufen lassen und die Großen hängen", wurde gegenüber angesehenen Bürgerinnen und Bürgern eher Milde walten gelassen.

574 Vgl. SächsStA-L, 20640, Nr. 366, Der Russe A., Gawil.

575 Vgl. ebd., Nr. 413, Freches Benehmen eines Polen vom 30.10.1943. Roman C. wurde wegen „frechen Benehmens" eingewiesen und misshandelt. Sein Fall wird nochmals in Bezug zur Verantwortung der Führungskräfte für die Zwangsarbeit aufgegriffen.

576 Vgl. ebd., Nr. 26, Behandlung Ostarbeiter vom 17.12.1942; ebd., 20680, Nr. 27, Laut Beschluss der Kreisentnazifizierungskommission.

577 Vgl. SächsStA-L, 20640, Nr. 413, Verstoß gegen die Betriebsordnung vom 15.12.1944, Herr Schmidt gibt am 20.12.1944 in Gegenwart von Kilian an. Interessanterweise war der spätere Hauptdirektor Richard Kilian in diesen Fall verstrickt. Der Bandwärter Otto Schmidt (Jahrgang 1896) war bis 1954 im Betrieb noch nachweisbar. Eine Bestrafung nach 1945 ist nicht bekannt.

Diskriminierungen und Bedrohungen zogen Widerstandshandlungen der Zwangsarbeiter und Zwangsarbeiterinnen nach sich. Die einfachste Form stellte die persönliche Verweigerung der Arbeitskraft durch langsameres Arbeiten oder Flucht dar, beides fand vielfach im Untersuchungsraum statt.[578] Hierzu bestand eine Fluchthilfeorganisation inkl. Passfälscherwerkstatt im Industriekomplex.[579] Arbeitsverweigerung bzw. langsames Arbeiten hatte schwerwiegende Konsequenzen, wie im Fall eines polnischen Zwangsarbeiters, der nach der fünften innerbetrieblichen Bestrafung durch den Werkschutz festgenommen und in das berüchtigte „Ausländer-Gefängnis“ in der Leipziger Riebeckstraße verbracht wurde.[580] Des Weiteren gab es Widerstandsgruppen, wie beispielsweise eine Sektion der „Franctireurs et Partisans“, die von ehemaligen Mitgliedern der Kommunistischen Partei Frankreichs gegründet worden war.[581] Ihre Mitglieder stellten Hieb- und Stichwaffen her und planten im Falle eines Umsturzes, das Lager gewaltsam zu übernehmen. Dazu hatten sie bereits das Waffenlager der Wachmannschaften ausgespäht. Nach der Aufdeckung wurden mindestens 49 der ca. 60 Mitglieder durch die Gestapo verhaftet. Ihr weiteres Schicksal ist nicht überliefert.

Funktionseliten im Nationalsozialismus

Konflikte um den „Betriebsführer“

Die „Betriebsführer“ der ASW und der Brabag waren die wichtigsten lokalen Führungskräfte. Ihre Handlungsspielräume waren sowohl für die Produktion als auch für die Arbeit im Industriekomplex determinierende Faktoren. Gleichzeitig

---

578 Vgl. Baumert, Martin: NS-Zwangsarbeit (s. Anmerkung 539), S. 104 und 110.

579 Vgl. BArch, R 58/3117, Meldung wichtiger Staatspolizeilicher Ereignisse, Nr. 13 vom 29.07.1942. Hierbei organisierten französische Zivilisten seit spätestens Anfang 1941 die Herstellung entsprechender Papiere und verkauften diese an französische Kriegsgefangene, um ihnen die Flucht zu ermöglichen. Die Profite wiederum dienten der weiteren Finanzierung der Fluchtversuche. Allerdings war dies durchaus gefährlich. Auf die Entdeckung erfolgte die Verhaftung von acht französischen Kriegsgefangenen, einer Französin und eines Italieners durch die Gestapo.

580 Vgl. BStU, MfS, HA IX/11, Nr. 59/67, An die Geheime Staatspolizei vom 12.01.1945 und Arbeitsbummelei vom 22.12.1944. Das Schicksal des Polen Kasimir B. ist nicht überliefert. Die Akte zeugt davon, dass seine Misshandlung später im Rahmen von Ermittlungen der polnischen Justiz eine Rolle spielte. Bemerkenswert war auch die Eigeninitiative des Werkschutzes bei der Verfolgung von Zwangsarbeiterinnen und Zwangsarbeitern. So forderte die Werksleitung im ersten Schreiben vom 22. Dezember 1944 eine „fühlbare Bestrafung“.

581 Vgl. BArch, R 58/210, Meldung wichtiger Staatspolizeilicher Ereignisse, Nr. 5 vom 30.04.1943, S. 7 f.

waren sie abhängig von ihren Vorgesetzten in den Hauptverwaltungen in Berlin und Dresden, deren Nähe zu den politischen Machtzentren die Gestaltungspotentiale der „Betriebsführer" begrenzte, da der Vorstand nach dem „Führerprinzip" und aufgrund seiner Verbindungen zu Parteiinstanzen im Zweifel seine Vorstellungen im Industriekomplex durchsetzen konnte. Durch die unklare Regelung der Kompetenzverteilung zwischen Werks- und Vorstandsdirektoren im „Gesetz zur Ordnung der nationalen Arbeit" waren Konflikte vorprogrammiert und entzündeten sich besonders an der Frage nach dem Einfluss im Betrieb. Dem „Betriebsführer" kam im Nationalsozialismus, als Vorsitzendem der „Betriebsgemeinschaft" – eine Einheit aus Unternehmer und Arbeitnehmer –, eine besondere Rolle im betrieblichen Machtgefüge zu.[582] Daher war er häufig nicht bereit, sich der nächsthöheren Leitungsebene unterzuordnen. Dabei bestanden im Untersuchungsraum deutliche Unterschiede. Während die Brabag ihren Werksleitern Gestaltungsfreiräume in der Betriebsführung zubilligte, existierten bei der ASW Spannungen zwischen beiden Instanzen.[583] Entsprechend hatte der „Betriebsführer" der Brabag, Herbert von Felbert, gleichzeitig weitere Ämter inne, die ihm Governance ermöglichte, aber auch in nationalsozialistische Verbrechen verstrickte, da er beispielsweise für den Einsatz von KZ-Häftlingen im Werk verantwortlich war.[584] Die Kooperation der Funktionseliten der Brabag mit dem NS-Regime bis in die letzten Kriegstage unterstreicht ihre Bedeutung für die mitteldeutsche Treibstoffindustrie.[585] So waren sie über den Industriekomplex hinaus, wie im Fall der KZ-Außenlager Schwalbe II in Königstein und Schwalbe V in Berga (Elster), teilweise unmittelbar für die Zustände und die damit verbundenen Toten unter den Häftlingen verantwortlich.

---

582 Vgl. Schmitz-Berning, Cornelia: Vokabular des Nationalsozialismus, Berlin New York, [1998] 2007, S. 93 ff.

583 Vgl. Bindernagel, Franka/Bütow, Tobias: KZ (s. Anmerkung 67), S. 65.

584 Vgl. Baumert, Martin: NS-Zwangsarbeit (s. Anmerkung 539), S. 96 f.; Bindernagel, Franka/Bütow, Tobias: KZ (s. Anmerkung 67), S. 100; SächsStA-L, 20640, Nr. 237, Berücksichtigung der Transportlage bei Baustellenbesichtigungen vom 05.01.1940, 2. Terminkontrolle im Wehrkreis IV – Dresden vom 15.04.1940, Ausbau der Mineralölanlagen der ASW, Besprechung am 13.01.1941; Stärk, Gerhard: Fritz (s. Anmerkung 184), S. 31.

585 Vgl. BStU, MfS, HA IX/11, Nr. 4, Bericht über Besprechung am 09.01.1945 und 06.03.1945. Zwei Monate vor Kriegsende versuchten noch Hochschwender, Felbert, Weigle, Ledderboge, Lackner, Nemetz, Norhard, Müller-Quntrum, Börner und Graichen Arbeitskräfte aus allen Teilen des Reiches für die Verlagerung der Treibstoffproduktion im Rahmen des „Schwalbe"-Programms zu gewinnen. Dabei war beispielsweise Hochschwender für die Arbeitsorganisation in Berga (Elster) verantwortlich, dem berüchtigtsten KZ-Außenlager der Brabag. Verantwortlich für diese Zustände war auch die Leistungsverpflegung, die aus Böhlen übernommen wurde.

Ein Grund für Herbert von Felberts Bedeutung lag in seinen netzwerkartigen Verbindungen sowohl zur Brabag als auch zur IG Farben, für die er vorher am Standort Leuna tätig war. So lässt seine Berufung zum Vertreter des GB chem auf Verbindungen zu Carl Krauch schließen. Dabei pflegte er sowohl zu seinen Untergebenen als auch zu seinen Vorgesetzten freundschaftliche Beziehungen. Besonders zu Erich Würzner haben die Verbindungen auch das Kriegsende überstanden, sodass Felbert wieder in leitender Funktion für das Unternehmen tätig wurde.[586]

Der Disput zwischen dem Vorstandsmitglied Heinrich Ehlers und dem Direktor der ASW Böhlen, Hans Michael, zeigt die schwache Position der lokalen Führungskräfte im Unternehmen, selbst wenn sie in der Hierarchie der NSDAP verwurzelt waren. Dieser ist nicht zwangsläufig repräsentativ, sondern aufgrund der dürftigen Aktenlage von Interesse. Auch handelte es sich weniger um einen strukturellen als vielmehr um einen persönlichen Konflikt zweier Führungskräfte.

Die bereits länger bestehende Abneigung zwischen beiden führte, durch die Verstrickung von Michael in den Veruntreuungsskandal um den Kasseninspektor Paul Heeger, zu einem offenen Konflikt. Der 1878 geborene Heeger war als Kasseninspektor verbeamtet. Bereits seit 1894 stand er in den Diensten des sächsischen Staates und kam in den 1920er-Jahren zur ASW.[587] Durch seine Position hatte er Zugriff auf sämtliche Finanzen der ASW Böhlen. Seine Entlassung erfolgte zum 01. Januar 1938, kurz darauf beging er Suizid.[588] Am 26. Januar 1938 meldete die ASW Böhlen an die Hauptverwaltung die Unterschlagung von mindestens 2500 Reichsmark durch Heeger. Nach einem halben Jahr Recherche wurde bekannt, dass sich der Gesamtbetrag auf 47 500 RM seit 1929 belief und aus den Zahlungen für die Knappschaft stammte.[589] Der Verbleib des Geldes blieb unklar und sein Sohn vermutete, dass er es für soziale Belange aufgewendet hatte, bei denen auch die Ehefrau des „Betriebsführers" Michael zu den Begünstigten gehörte.[590]

586 Vgl. Stärk, Gerhard: Fritz (s. Anmerkung 184), S. 37 f.
587 Vgl. SächsStA-L, 20632, Nr. 1147, Tätigkeitsbericht von Paul Heeger vom 05.03.1937. Hierbei war er für das Hauptkassenbuch, die Auszahlung von Löhnen und Gehältern, Bareinzahlungen sowie die Konten verantwortlich. Privat war er ehrenamtlich als Kirchenrechnungsprüfer tätig.
588 Vgl. ebd., Nr. 1141, Prüfungen vom 26.01.1938 und Unterschlagung Heeger vom 22.04.1939. Eigentlich sollte er bereits 12 Monate vorher ausscheiden, blieb aber. Die Gründe hierfür wurden nicht überliefert, genauso wenig wie der Anlass für seinen Selbstmord. Sowohl der Skandal als auch private Ursachen erschienen den Ermittlern plausibel.
589 Vgl. ebd., Kasseninspektor Heeger vom 03.07.1938.
590 Vgl. ebd., Besprechung mit Herrn Erich Heeger am 27.06.1939. Neben Michaels Gattin wurden mit Claasen und Dr. Bughagen zwei weitere Personen aus der Leitungsebene der ASW Böhlen beschuldigt.

Dies war die Ausgangsgeschichte des Konfliktes zwischen Michael und Ehlers. Der Streit kulminierte im Sommer/Herbst 1938. Der zur ASW Espenhain abgeschobene Ingenieur Walter Häntzschel äußerte gegenüber Ehlers, dass er vom Werkschutzleiter der ASW Böhlen erfahren habe, dass die Verhaftungen von „Betriebsführer" Hans Michael und „Betriebsobmann der DAF" Fritz Dehler in den nächsten Tagen anstünden.[591] Nachdem Michael dies bekannt wurde, zeigte er dies bei der Polizei an. Bei einem Gespräch am 21. Oktober 1938 erläuterte ihm Ehlers seine Sicht auf diesen Fall. Dabei bezeichnete er einen Werkschutzmann sowie Dehler als alte Kommunisten, die er loswerden wolle. Michael berichtete Dehler davon und setzte den Vorstand darüber in Kenntnis, dass er diese Informationen weitergegeben habe. Nun echauffierte sich Ehlers über den Vertrauensbruch durch die von Michael geführten Aufzeichnungen über das Gespräch und die Informationen an den „Betriebsobmann". Vor allem letzteres hätte ihm nicht zugestanden, da es sich um ein Gespräch im Direktorenkreis gehandelt habe. Ehlers bezeichnete dabei die ursprüngliche Konversation als Versuch „endlich Ruhe und Frieden zu stiften."[592] An dieser Stelle entschied sich Michael die „Reichsstelle für Wirtschaftsmoral", speziell einen ihm persönlich bekannten Vertreter, einzuschalten.[593]

Dehler war seit dem 01. März 1932 NSDAP-Mitglied (Mitgliedsnummer 1 064 676) und seit dem 01. September 1932 in der Nationalsozialistischen Betriebszellenorganisation (NSBO) aktiv.[594] Aus einem Selbstzeugnis von 1933 geht seine politische Weltsicht hervor.[595] Auf der einen Seite war er antimarxistisch eingestellt. Auf der anderen Seite beklagte er die zu hohen Bezüge der Direktoren sowie der Generaldirektoren und betonte, dass er selbst „nationalSOZIALIS-

---

591 Vgl. ebd., Nr. 1141, An die Reichsstelle für Wirtschaftsmoral vom 25.10.1938. Dehler, Michael und der Werkschutzmann waren schon vor dem 30. Januar 1933 NSDAP-Mitglieder.

592 Ebd.

593 Vgl. ebd. Über die „Reichstelle für Wirtschaftsmoral" ist bisher noch kein Forschungsbeitrag erschienen. Im Bundesarchiv bestehen Akten für den Zeitraum 1939 bis 1943. Darüber hinaus besteht eine gedruckte Fassung ihrer Satzung von September 1937. Außerdem ist bekannt, dass Albert Pietzsch, ab 1940 Chef der Industrie- und Handelskammer München, im März 1936 zum Leiter dieser Reichstelle ernannt wurde. Allerdings fanden sich in den Personenlexika des „Dritten Reichs" keine entsprechenden Einträge in den Beiträgen zu seiner Person. Ein Antwortschreiben ist nicht überliefert.

594 Vgl. ebd., Vetrauensrats-Mitglieder vom 13.07.1937. Fritz Dehler, geboren am 12. August 1895 und seit dem 15. März 1928 als Arbeiter bei der ASW beschäftigt, war zusätzlich in der DAF aktiv. Des Weiteren fungierte er als Stützpunktleiter der NSDAP in Böhlen. Als „Betriebsobmann" saß er auch im „Vertrauensrat" der ASW Böhlen.

595 Vgl. ebd., Mein größtes Weihnachtserlebnis. So beklagte er Direktorengehälter von ca. 3000 – 4000 Reichsmark im Monat und 160 000 bis 200 000 Reichsmark im Jahr für die Generaldirektoren.

TISCH" eingestellt sei. Ebenso lehnte er ein liberales Wirtschaftssystem ab. Gleichzeitig zeigte seine Nähe zur Böhlener Betriebsführung, dass er der Werksleitung insgesamt näher stand als der Belegschaft, deren Interessen er vertreten sollte – ein häufig zu beobachtendes Phänomen im „Dritten Reich".[596]

Am 25. Oktober 1938 sandte Ehlers einen Brief an Michael, der wiederum seine Position klarstellte.[597] Dieser ist insofern aufschlussreich, als er einige Aussagen von Michael in ein anderes Licht rückt. Beispielsweise wurde Häntzschel auf Anweisung Michaels durch den Werkschutz ausspioniert. Speziell ging es um angebliche Verbindungen von ihm zum Vorstand und zu Wirtschaftsminister Lenk. Ehlers kritisierte Michael für den Gebrauch des Werkschutzes sowie des „Vertrauensrates" – ein Angriff auf seine Kompetenzen als „Betriebsführer".[598] Darüber hinaus wies er ihn darauf hin, dass solche Berichte mit Diskretion genutzt werden sollten und dass der Vorstand als auch Lenk diese entschieden ablehnten. Gleichzeitig schien Dehler tatsächlich im Streit mit verschiedenen Personen gestanden zu haben, darunter dem „DAF-Kreiswalter". Ehlers schloss den Brief mit einer Warnung an Michael:

> „Meine Stellungnahme zu diesem neuerlichen Vorfalle wie insbesondere zu Ihrem persönlichen Verhalten dürfte Ihnen aus diesem Schreiben klar geworden sein, so dass ich Sie nur bitten kann [,] in Zukunft auch die Folgerungen daraus zu ziehen."[599]

Mit der Zurechtweisung des Direktors des wichtigsten Werkes der ASW durch ein Vorstandsmitglied war der Konflikt aber noch nicht abgeschlossen. In einem zentralistischen Unternehmen mit „Führerprinzip" hatte sich der Werksleiter notwendigerweise dem Vorstand unterzuordnen. Genau dies forderte Ehlers von Michael. Er wollte Gehorsam erzwingen, auch wenn er sich dazu mit einem Parteimitglied anlegen musste. Ein Stimmungsbericht des DAF-Kreiswalters Schiemann bestätigte, dass es in dem Konflikt um Machtverteilung ging und dass der „Betriebsführer" bereits vor dem Fall Heger an Macht verloren hatte:

> „Mit dem Parteigenossen Michael als Direktor der ASW und als Mensch arbeiten wir eng und freundschaftlich zusammen. Ich muss aber immer wieder feststellen, dass dem Parteigenossen Michael Woche um Woche mehr von seiner Autorität und ausserdem von seinem eigenen Entschluss abgestrichen wird. Dieses hat zur Folge, dass sich das Werk Böhlen langsam aber sicher auf die Linie, die in der DEA eingehalten wird, hinbewegt und zwar Entmündigung des ‚Betriebsführers' der mit der Gefolgschaft direkt zu tun hat. [...] Ich habe

596 Vgl. Rauh-Kühne, Cornelia: Paulssen (s. Anmerkung 307), S. 164 f.
597 Vgl. SächsStA-L, 20632, Nr. 1141, Sehr geehrter Herr Michael vom 25.10.1938.
598 Vgl. ebd.
599 Ebd.

> nun nach dem Hauptdirigenten in Dresden gesucht und bin hierbei auf den Direktor Ehlers gestossen. Ich habe festgestellt, dass Ehlers mit den DEA-Direktoren durch Bundesbruderschaft verbrüdert ist. [...] Auch ist Ehlers mit Rademacher befreundet."[600]

Auffallend ist der negative Verweis auf Walther Rademacher[601] und die „Deutsche Erdöl AG" (DEA), einer der wichtigsten Produzenten von Mineralöl im „Dritten Reich".[602] Diese hatte durchaus Vorbildfunktion für die ASW. Bereits 1917 hatte sie ein Verfahren entwickelt zur Gewinnung von Diesel, Schwer- sowie Heizöl aus Braunkohle und dazu in Ramsdorf und Rositz Veredelungsanlagen errichtet. Wie die ASW war auch die DEA in der Brabag engagiert.

Michaels Position als „Betriebsführer" war bereits zu diesem Zeitpunkt geschwächt: „Ich gebe ihnen diese Dinge zur Kenntnis [...], bitte Sie aber, vorläufig nicht einzugreifen, damit wir den Parteigenossen hier nicht gefährden, da er sowieso schon einen äußerst schweren Stand hat."[603]

Allerdings gab er den Konflikt nicht verloren bzw. fühlte sich als „alter Kämpfer" der NSDAP im Recht. Er versuchte im Anschluss daran seine politischen Kontakte zu aktivieren, um sich Rückendeckung zu besorgen. In dieser Hinsicht kann bereits das Schreiben an die „Reichstelle für Wirtschaftsmoral" gedeutet werden. In einem Schreiben an den Kreisleiter der NSDAP in Borna, Kurt Schmidt, berichtete er seine Befürchtung, dass Ehlers seine Kontakte in die Gauleitung bzw. auf Reichsebene nutzen könnte.[604] Michael versuchte seine Macht als „Betriebsführer" zu festigen. Er selbst betonte, dass es ihm ausschließlich um die Klärung des Sachverhaltes ginge, gleichzeitig bat er den Kreisleiter darum, den „Reichsstatthalter und Gauleiter" Martin Mutschmann zu informieren:

---

600 SächsStA-L, 20632, Nr. 1141, Der Kreiswalter, Stimmungsbericht vom 20.01.1936.

601 Vgl. Schuhmacher, Martin: M.d.R. Die Reichstagsabgeordneten der Weimarer Republik in der Zeit des Nationalsozialismus. Politische Verfolgung, Emigration und Ausbürgerung 1933–1945, Düsseldorf [1991] 1994, S. 376; SächsStA-L, 20632, Nr. 1185, Liste der Aufsichtsratsmitglieder nach dem Stande vom 30.09.1944. Dr. jur. Walther Rademacher (1879–1952) stammte aus Merseburg und kam dadurch schon frühzeitig mit dem Braunkohlenbergbau im Geiseltal in Berührung. Zwischen 1924 und 1928 sowie 1933 saß er für unterschiedliche Wahlkreise als Abgeordneter der Deutschnationalen Volkspartei (DNVP) im Reichstag. Ab 1922 war er als Direktor für die DEA-Niederlassung Borna tätig. Dieses Engagement überdauerte sogar das Kriegsende. Gleichzeitig saß er sowohl im Vorstand des DEBRIV als auch im Aufsichtsrat des Mitteldeutschen Braunkohlensyndikats. Darüber hinaus wirkte er im Vorstand des Verbandes Sächsischer Industrieller (VSI). In seinen Publikationen trug er zur Verbreitung der wirtschaftspolitischen Ziele der NSDAP bei. Er selbst war jedoch kein Parteimitglied.

602 Vgl. Bavedamm, Dirk: 100 Jahre RWE-DEA. 1899–1999, Hamburg 1999, S. 184; Berkner, Andreas: Braunkohlenbergbau (s. Anmerkung 79), S. 132.

603 SächsStA-L, 20632, Nr. 1141, Der Kreiswalter, Stimmungsbericht vom 20.01.1936.

604 Vgl. ebd., Werter Parteigenosse Dr. Schmidt vom 28.01.1939.

„Ich kenne seine [Ehlers] Art und weiss auch, dass er nicht wahrheitsgemäß seine Berichte abgeben wird. [...] Man kann durch eine einseitige Beleuchtung wohl erreichen, dass übergeordnete Stellen tatsächlich der Meinung sind, von mir sei etwas geschehen, was gegen die guten Sitten und die Gesetze verstößt. [...] Nach meinem Dafürhalten ist die Zeit gekommen, wo von Seiten der Partei zur Klärung der Verhältnisse vorgegangen werden müsste. Unser Aufsichtsratsvorsitzender, Pg. Lenk, ist im Bilde, nicht aber der Herr Reichsstatthalter. Es wäre gut, wenn diesem jetzt die ganzen Verhältnisse einmal mit aller Schärfe und Klarheit geschildert würden[...].“[605]

Der Machtkampf zwischen den beiden Kontrahenten schwelte weiter. Im Jahr 1941 gab es eine anonyme Denunziation bei der Gestapo.[606] Die Hintergründe lassen sich nicht aufklären, waren aber scheinbar Teil einer Intrige. Bei einer Besprechung, bei der neben dem Böhlener Bergbaudirektor Franz Maschke auch Minister Lenk anwesend war, verdächtigte Ehlers Michael Urheber des Berichtes an die Gestapo zu sein. Offensichtlich war auch der Kreisleiter Schmidt in diesen Fall involviert. Gleichzeitig sah Michael weiterhin in Ehlers den entscheidenden Intriganten. Sein Urteil, mit dem er versuchte den Kreisleiter auf seine Seite zu ziehen, ist in Bezug auf Ehlers eindeutig:

„Der ganze Vorfall lässt leider wieder einmal erkennen, mit wie wenig Aufrichtigkeit von Seiten des Vorstandsmitgliedes Dr. Ehlers gearbeitet wird und welches Misstrauen und welche Verärgerungen ständig in die Werke hineingetragen werden.“[607]

Allerdings schien Michael mit seiner Meinung allein geblieben zu sein, da keinerlei Konsequenzen aus dem Fall erwuchsen. Der Ausgang des Konfliktes zwischen Ehlers und Michael ließ sich nicht abschließend rekonstruieren. Während Michael mindestens bis Mai 1944 „Betriebsführer“ blieb,[608] verlor sich Ehlers Spur auf dem Höhepunkt seiner Karriere 1944.[609] Möglicherweise geriet er in den Konflikt zwischen Mutschmann und Lenk.[610] In betrieblicher Hinsicht gewann der

605 Ebd. Bemerkenswert ist, wie Michael versuchte, den Kreisleiter auf seine Seite zu ziehen und mit Floskeln eines nationalsozialistischen Gerechtigkeitssinnes kokettierte. Sein Verhalten war intrigant. Gleichzeitig wirkte es naiv zu glauben, dass sich ein Kreisleiter für einen solchen Disput mit Personen anlegte, die Mutschmann nahestanden.

606 Vgl. ebd., Kreisleiter Dr. Schmidt vom 23.07.1941.

607 Ebd.

608 Vgl. ebd., 20640, Nr. 34, Material- und Maschinenausgleich vom 10.05.1944.

609 Vgl. ebd., 20632, Nr. 1185, Liste der Aufsichtsratsmitglieder vom 30.09.1944. Für das Jahr 1944 ist er als Aufsichtsratsmitglied des Mitteldeutschen Braunkohlensyndikats ausgewiesen, daher scheint es plausibel, dass er weiterhin eine Führungsfigur der ASW war. Allerdings taucht er sonst in den Akten ab 1943 nicht mehr auf.

610 Vgl. Grosche, Thomas: Lenk (s. Anmerkung 163), S. 184.

Vorstand und konnte seine Vorstellungen zur Unternehmensführung gegenüber den Werksleitungen durchsetzen. Ein Vergleich mit Herbert von Felbert zeigt, dass eine kooperative Führung zu mehr Handlungsspielräumen führte als der direkte Konflikt.

Das Beispiel des „Betriebsführers" Friedrich Schwarz, der 1944/45 in Personalunion als Werksleiter sowohl in Böhlen als auch in Espenhain tätig war und zusätzlich den Posten eines Geilenberg-Beauftragten für diese Betriebe einnahm, zeigt, dass prinzipiell auch bei der ASW Leitungspersonal eine bedeutende lokale Machtfülle erreichen konnte.[611] Insofern stellte er eine Ausnahme für dieses Unternehmen im Industriekomplex dar. Seine Biographie deutet gute Verbindungen zur Unternehmensleitung an, da er mindestens von 1934 bis 1936 bei der Dresdener Hauptverwaltung tätig war.[612] Außerdem nahm er erst nach der Ablösung Ehlers die Position eines „Betriebsführers" ein, sodass der Konterpart des beschriebenen Konfliktes fehlte. Eventuell lässt sich hierin auch eine veränderte Unternehmenskultur unter der Ägide von Werner Schmiedel ab 1943 erkennen, was aber aufgrund der Quellenlage spekulativ bleibt.

Governance im Nationalsozialismus

Konflikte um die Freiheit in der Betriebsführung waren symptomatisch für das Verhältnis zwischen den Führungskräften der ASW im Industriekomplex und der Hauptverwaltung in Dresden. Beispielsweise hatte die Bauleitung der ASW in Espenhain keine planerischen Freiheiten gegenüber dem Vorstand und Aufsichtsrat der AKA, der selbst in Detailfragen eingriff.[613] Schlussendlich überwachte die lokale Leitung der ASW in Espenhain die Bauausführungen und durfte bei kleineren Problemen selbstständig entscheiden, wurde aber durch die Dresdener Hauptverwaltung bzw. den Vorstand permanent kontrolliert. Diese Kontrolle erfolgte über das Budget, da sämtliche Rechnungen erst nach Genehmigung

---

611 Vgl. BArch, R 3112/179, Geheime Reichssache, Böhlen den 07.07.1944. Dabei war Schwarz beispielsweise Geilenberg-Beauftragter der ASW im Industriekomplex und in dieser Funktion für den Einsatz von KZ-Häftlingen verantwortlich.

612 Vgl. SächsStA-L, 20632, Nr. 1034, Handlungsbevollmächtigte vom 30.09.1933 und Maschinentechnisches vom 31.05.1934; ebd., Nr. 905, Abraumförderbrücke Böhlen vom 05.10.1936.

613 Vgl. ebd., 20640, Nr. 64, Sitzung des Aufsichtsrates der AKA am 31.03.1942. Speziell ging es um die Lieferung von Tagebauausrüstung (einen Abraumbagger der Firma Krupp und die Abraumförderbrücke der Mitteldeutschen Stahlwerke AG). Der Aufsichtsrat ließ sich dabei ausführlich über den Fortgang des Aufbaus, die Lieferverzögerungen und evtl. Alternativen berichten. Außerdem entschied er über den weiteren Ausbau der Anlagen und die Prioritäten, wie beispielsweise bei der Fertigstellung der Schwelerei und der Verzögerung bei Kessel 15 im Kraftwerk. Allerdings muss einschränkend erwähnt werden, dass durch die Verträge mit den verschiedenen staatlichen Institutionen die Bebauung teilweise vorgegeben war.

durch den Vorstand der AKA von der Abteilung Abrechnung der kaufmännischen Direktion in Dresden beglichen wurden. Die notwendige Erweiterung der Kraftwagenhalle 1941 über das ursprünglich geplante Maß hinaus zeigt diesen Ablauf:[614] Der Abteilungsleiter Abrechnung schrieb einen Brief an das Vorstandsmitglied der AKA und gleichzeitigen Direktor der kaufmännischen Abteilung der ASW, Dr. Alfred Stoltze. Vorausgegangen war eine Anfrage des Kaufmännischen Direktors der ASW Espenhain, Georg Ockwitz, zur Begleichung einer Rechnung über 47 000 RM der Baufirma Wilhelm Ebenrecht aus Markkleeberg, die bereits drei Wochen zuvor in Dresden wegen der Summe vorstellig geworden war. Nachdem sich der Besitzer der Firma nochmals bei Ockwitz im Industriekomplex beschwerte, fragte dieser telefonisch in Dresden an. In der Antwort des Abteilungsleiters klang die Machtlosigkeit der Hauptverwaltung gegenüber dem Vorstand durch:

> „Wir hatten dabei angenommen, daß der Antrag zur Kraftwagenhallenerweiterung in der Zwischenzeit vom Vorstand unterschrieben sein würde. Da wir diesen Antrag aber bis heute noch nicht erhalten haben, bitten wir sie um gefällige Entscheidung, wie wir in diesem Falle verfahren sollen. U. E. [Unseres Erachtens] läßt es sich kaum mehr vertreten, der Firma die Bezahlung für die bereits ausgeführten Arbeiten ohne jegliche Begründung vorzuenthalten."[615]

Auch bei der ASW Böhlen erfolgte der Zahlungsverkehr bei größeren Investitionen ausschließlich über die Hauptverwaltung.[616] Die Böhlener Transaktionen spielten sich deutlich vor dem Krieg ab und zeigten, dass die finanzielle Abhängigkeit kein Phänomen der Kriegszeit war. Offensichtlich durften die Führungskräfte im Industriekomplex nur bei kleineren Summen selbstständig entscheiden. Dies betraf vor allem Material für Reparaturen. Bei größeren Investitionssummen hingegen musste der Vorstand zustimmen. Dies ist ein eindeutiger Beleg für die Zentralisierung der Entscheidungen, die sich allerdings wenig von heutigen Unternehmensstrukturen unterscheidet.

In anderen Bereichen besaßen die betrieblichen Führungskräfte hingegen erheblichen Entscheidungsspielraum, wie beispielsweise die Erhöhung des Arbeitslohnes zeigt. Sowohl für Deutsche als auch für Ausländer konnte der „Betriebsführer" Lohnerhöhungen fordern, deren Bestätigung dem „Reichstreuhän-

---

614 Vgl. ebd., Erweiterung der Kraftwagenhallen Espenhain vom 09.07.1941.

615 Ebd.

616 Vgl. ebd., 20632, Nr. 1135, Antriebsturbinen für Saugzug- und Zweitluftventilatoren vom 16.04.1935. Bei alltäglichen Anschaffungen, wie einer Antriebsturbine, ließ sich dieser Verlauf feststellen. Die technische Seite der Bestellung, also die Auswahl und der Kontakt, waren dem Betrieb vorbehalten, bedurften jedoch der Zustimmung bzw. Absprache mit der Hauptverwaltung.

der der Arbeit" oblag,[617] der nahezu ausnahmslos zustimmte. Im Falle einer Ablehnung unterstützte allerdings die Hauptverwaltung die Werke. Insgesamt war die Kooperation beim Thema Arbeitskräfte zwischen dem Industriekomplex und Dresden besonders gut, wie der folgende Vorgang um den Maschineningenieur Engelbert Nowak verdeutlicht. Auch zeigt es das selbstbewusste Verhalten der Ingenieure als Vertreter der Funktionseliten im Betrieb.

Nowak stammte aus Österreich und war bereits seit 1932 in der österreichischen NSDAP politisch aktiv und Mitglied in der SA und der SS.[618] Im Januar 1934 erfolgte seine Verurteilung zu einer sechsmonatigen Gefängnisstrafe wegen einer, wie er selbst schreibt, „Sprengstoffaktion". Nach der Niederschlagung des Putsches der NSDAP in Österreich im Juli 1934, an dem er aktiv teilnahm, floh er über Jugoslawien ins Deutsche Reich. Im Juli 1935 trat er eine Stelle beim „DAF-Schulungswerk" in Leipzig an. Hier verblieb er aber nur kurz und kam danach als Hochbautechniker der Firma „Dortmunder Union" auf die Baustelle der Brabag. Nach Ende der Montage trat er im Dezember desselben Jahres als Ofenmaschinist in die Schwelerei der ASW Böhlen ein. Hier stieg er 1939 zum Maschineningenieur der Schwelerei auf. Diese Position füllte er bald für die gesamte Abteilung Chemie aus. Nach der Annexion Österreichs wollte er in seine alte Heimat zurückkehren. Daher bewarb er sich bei den „Reichswerken Hermann Göring" in Linz. Nachdem anfangs seine Bewerbung mit Verweis auf den fehlenden Bedarf abgelehnt wurde, erhielt er im Zeitraum März/April 1941 ein Angebot. Am 09. April 1941 reichte er daher seine Kündigung ein. Nach einer Aussprache mit Direktor Franz Maschke wurde sein Kündigungsschreiben am 15. April 1941 zurückgewiesen. Daraufhin wandte sich Nowak an den Vorstand der ASW, worauf dessen Mitglied, Direktor Ehlers, seine Forderung nach Auflösung des Arbeitsverhältnisses am 24. April 1941 ebenfalls ablehnte.[619] Aufgrund der Zurückweisung seines Anliegens wandte sich Nowak an den Kreisleiter der NSDAP, Kurt Schmidt, um Druck auf das Unternehmen auszuüben. Ähnlich wie im Fall Michael, blieben die Möglichkeiten zur Einflussnahme für den Parteifunktionär gering, ja er wies anfangs den Direktor des Arbeitsamtes Borna sogar an, das Begehren zurückzuweisen. Als Nowak allerdings mit einer Dienstaufsichtsbeschwerde beim Landesarbeitsamt drohte, setzte Schmidt ein Schreiben an den Vorstand der ASW auf, in dem er argumentierte, dass Nowaks unfreiwilliger Verbleib keine Vorteile bringe, da er danach unwillig arbeiten würde. Im Antwortschreiben wies Ehlers die Freigabe

617 Vgl. ebd., 20640, Nr. 36, Direktionsbesprechung vom 16.01.1943.
618 Vgl. ebd., 20632, Nr. 1141, Freigabe vom 18.04.1941.
619 Vgl. ebd., Lösung des Dienstverhältnisses des Ing. Engelbert Nowak im Werk Böhlen der ASW vom 27.05.1941.

von Nowak zurück.[620] Er begründete dies damit, dass es für die ASW derzeit nicht möglich wäre Ersatz zu bekommen und gerade Nowaks Tätigkeit essentiell für den Betrieb der Schwelanlagen wäre. Zudem machte Ehlers darauf aufmerksam, dass die Führungsschicht der ASW Böhlen befürchtete, dass ein Präzedenzfall für weitere Abwanderungswillige geschaffen werden könnte. Des Weiteren führte er aus, dass Nowak sich der ASW gegenüber dankbar zeigen sollte, da sie ihn „bereitwillig aufgenommen und beruflich gefördert“[621] hatte. Das Ende des Konfliktes ließ sich aus den Akten nicht rekonstruieren. Die harte Haltung der ASW deutet darauf hin, dass sie ohne Ersatz nicht bereit war, Nowak gehen zu lassen.

Dieser Fall zeigt exemplarisch das Selbstbewusstsein und die Möglichkeiten eines Ingenieurs bzw. einer Fachkraft im Nationalsozialismus gegenüber seinem Arbeitgeber. Sicherlich war Nowak auf Grund seiner langjährigen Mitgliedschaft und seiner Verdienste um die NSDAP in einer günstigen Verhandlungsposition. Andererseits war er gerade deshalb kein typisches Beispiel für Führungskräfte im Industriekomplex, die häufig erst nach 1933 NS-Organisationen beigetreten waren. Deutlich zeigt sich auch die Machtlosigkeit der lokalen und regionalen NSDAP-Führung gegenüber dem Unternehmen. Des Weiteren hatte die Sicherung von Arbeitskräften für das Unternehmen höchste Priorität. Hierin wiederum zeigte sich die gut abgestimmte Zusammenarbeit von Vorstand, Hauptverwaltung und Werksleitung, die erfolgreich auf unterschiedlichen Ebenen kooperierten und schlussendlich ihr Anliegen durchsetzen konnten.

Die NSDAP und die Funktionseliten

Der Einfluss der NSDAP und ihrer Organisationen auf die Funktionseliten und speziell die Leitung der Betriebe muss differenziert betrachtet werden. Prinzipiell griffen die Nationalsozialisten nicht in die Betriebsorganisation ein. Entsprechend brachten Parteiämter nur dann Einfluss, wenn sie mit einer ebenso einflussreichen betrieblichen Position verbunden waren. Daher war die Stellung des „Betriebsobmanns“ schwach, solange er nicht, wie im Falle der Brabag, auch in einer betrieblichen Führungsposition tätig war.

Die Meinung über lokale Parteistellen war, trotz zahlreicher NSDAP-Mitglieder sowohl unter der Arbeiterschaft als auch dem Führungspersonal im Industriekomplex, gering. Im Mai 1938 fragte der Leiter der „Ortsgruppe Espenhain-Pötzschau“ der NSDAP, Otto Becker, zwecks der Planung einer feierlichen

620 Vgl. ebd., Lösung des Dienstverhältnisses des Ing. Engelbert Nowak, BKW Böhlen vom 03.06.1941.
621 Ebd.

Grundsteinlegung für das Werk Espenhain an.[622] Hierzu wollte er Prominenz aus der Staats- und Parteiführung einladen. Direktor Richard Wahle, der zu diesem Zeitpunkt der Bauleitung Espenhain vorstand, antwortete Becker bereits einen Tag später. Intern teilte er in einem zweiten Schreiben seine ablehnende Haltung gegenüber der Idee mit:

> „Die Wünsche, die der Ortsgruppenleiter bezüglich des Umfangs einer Grundsteinlegung hegt, und die Hoffnungen, die er daran knüpft, können wir nicht ohne weiteres teilen. Bezüglich des Eindämmens der Parteimüdigkeit können wir uns mehr von gelegentlichen Vorträgen versprechen, wie sie im hiesigen Gasthof alle 1 bis 2 Wochen von der Deutschen Arbeitsfront veranstaltet werden."[623]

Schon zum feierlichen Abteufen des ersten Schachtes am 20. Juli 1937 war „Ortsgruppenleiter" Otto Becker offenkundig nicht eingeladen worden, wenngleich damals auch viele Parteimitglieder teilnahmen, wie eine zeitgenössische Aufnahme (vgl. Abb. 2) zeigt.[624] Außerdem wurde der Weiheakt mit „Hitlergruß" unter einer Hakenkreuz- und einer DAF-Flagge begangen. [625] Die Anbindung der Führungselite der ASW Espenhain an die lokale Struktur der NSDAP schien weit weniger stark als in Böhlen. Dieser Umstand hing damit zusammen, dass es keine gewachsenen Beziehungen auf lokaler Ebene gab. Im Gegensatz zu Böhlen befanden sich unter den lokalen Funktionseliten der ASW Espenhain kaum „Alte Kämpfer". Daher war das Interesse an Parteiveranstaltungen gering. Allerdings versicherte sich die Bauleitung der Rückendeckung aus Dresden, indem sie den Entwurf des Antwortschreibens und das Schreiben der „Ortsgruppe" dorthin weiterleitete.[626] Außerdem spielten Gründe der Geheimhaltung eine Rolle. Durch öffentliche Berichte wäre die Bedeutung der Anlagen für Beobachter leichter zu erkennen gewesen. In der regionalen Presse tauchte die ASW Espenhain ebenfalls nicht auf, was dieses Argument untermauert. Selbst in den Betriebszeitschriften

---

622 Vgl. PA Baumert, Sammlung Dissertation, Brief von Wolfgang Sperling vom 23.03.2020, S. 7; SächsStA-L, 20640, Nr. 237, Nationalsozialistische Deutsche Arbeiterpartei Espenhain-Pötzschau am 30.05.1938. Die „Ortsgruppe" verwies hierbei auf die herausragende Bedeutung des Werkes im Rahmen des „Vierjahresplans". Zusätzlich war es ihr Ziel, mit einer solchen Veranstaltung gegen die Parteimüdigkeit der „Volksgenossen" zu agitieren. „Ortsgruppenleiter der NSDAP" war der Kantor und Schulleiter von Espenhain, Otto Becker.

623 SächsStA-L, 20640, Grundsteinlegung vom 31.05.1938.

624 Vgl. ebd., 20632, Nr. 305, Weiherede von Dr. Riefs am 10.07.1937. Bei den beiden Personen handelte es sich um Dr. Riefs von der Hauptverwaltung, der die Weiherede hielt, und um Schachtmeister Wernter, der den Handwerksspruch beitrug. Die anderen Teilnehmenden ließen sich nicht zweifelsfrei identifizieren.

625 Vgl. ebd., Gruppenaufnahme der Taufpaten.

626 Vgl., ebd., 20640, Nr. 237, Grundsteinlegung vom 31.05.1938.

gab es nur wenige konkrete, besonders technische Informationen zum Untersuchungsraum – meistens wurden sie allgemein gehalten.[627]

Die Führungseliten im Industriekomplex konnte ihren Einfluss auch in der Besetzung des „Vertrauensrates" zum Ausdruck bringen. Waren in den Betriebsräten der Weimarer Republik mehrheitlich Arbeiter repräsentiert, änderte sich dies im Nationalsozialismus.[628] Hierbei war gleichzeitig eine NSDAP-Mitgliedschaft weit verbreitet. Besonders Akademiker, die seit der „Machtübertragung" einen bedeutenden Anteil der Pg. ausmachten, drängten in diese „Arbeitnehmervertretung". Sie bot ihnen gesellschaftliche Aufstiegschancen, die mit den Aufgabengebieten zusammenhingen, die sie als Mitglieder des „Vertrauensrates" bekleideten. Unter den zehn Vertrauensratsmitgliedern bei der ASW Böhlen befanden sich sechs Personen, die keine einfachen Arbeitskräfte waren. So leitete Arno Koch, „Ortsobmann der DAF" in Rötha und zuständig für „Reisen – Wandern – Urlaub", die Personalabteilung.[629] Teilweise waren die Mitglieder nur Vorarbeiter oder Aufseher. Dennoch waren sie Teil der Funktionselite, da sie als Mittler zwischen Betriebs- sowie Abteilungsführern auf der einen und der „Gefolgschaft" auf der anderen Seite wirkten. Außerdem gewannen sie durch ihre Position im „Vertrauensrat" an innerbetrieblicher Bedeutung. Beispiele hierfür sind Otto Martin,[630] Vorarbeiter in der Schwelerei und „Betriebszellenwalter", Curt Jacob,[631] Meister in der Abteilung Abraum und als „Arbeitsschutzwalter der DAF" verantwortlich für die Sicherheit im Betrieb, sowie Paul Böhme[632] und Kurt

627 Vgl. ASW-Mitteilungen, 16, Hefte 1–6 Januar bis August 1939. Nur eines der Hefte widmete sich ausführlich dem Ausbildungswesen, technische Details wurden hingegen vermieden.

628 Vgl. Zollitsch, Wolfgang: Arbeiter (s. Anmerkung 59), S. 109.

629 Vgl. SächsStA-L, 20632, Nr. 1141, Vertrauensrats-Mitglieder vom 13.07.1937, Abschrift Betriebsgemeinschaft ASW Böhlen; Nr. 1034, Alphabetisches Verzeichnis der Betriebe und Büros; 20640, Nr. 104, Wohnungsbedarf in Rötha vom 21.03.1938. Der 1905 geborene Koch arbeitete seit 1926 bei der ASW Böhlen und war seit dem 01. März 1931 NSDAP-Mitglied (Nr. 439 455). In Rötha war er als Beigeordneter des Bürgermeisters tätig.

630 Vgl. ebd., Nr. 1141, Ort Böhlen vom 23.11.1937, Vertrauensrats-Mitglieder vom 13.07.1937. Der 1881 geborene Martin war seit dem 01. November 1926 bei der ASW Böhlen beschäftigt und auch im Ort wohnhaft. Er war sowohl in der DAF als auch der NSBO aktiv.

631 Vgl. ebd. 20031, Nr. 2494/39, Strafsache gegen Georg Karl Otto; 20632, Nr. 1141, Vertrauensrats-Mitglieder vom 13.07.1937, Abschrift Betriebsgemeinschaft ASW Böhlen, Betrieb Aktiengesellschaft Sächsische Werke, Braunkohlen und Großkraftwerk Böhlen. Der 1897 geborene Jacob, der seit März 1925 bei der ASW Böhlen arbeitete, war nur in der NSBO und der DAF organisiert, beides erst nach der „Machtübertragung". Nach dem Krieg wurde er wegen Misshandlung von Zwangsarbeitern zu vier Jahren Haft verurteilt.

632 Vgl. ebd., 20632, Nr. 1141, Vertrauensrats-Mitglieder vom 13.07.1937, Bekanntmachung für die Hauptwerkstatt vom 04.06.1942. Böhme, Jahrgang 1893, Vorabreiter und Aufseher einer Kriegsgefangenenkolonne, war Mitglied der NSDAP, der DAF und der NSBO seit April 1933.

Gleisberg,[633] die als Vorarbeiter tätig waren. Die Verhältnisse im „Vertrauensrat" der ASW Espenhain unterschieden sich nur punktuell. Hier waren von zehn Mitgliedern zwar nur drei Führungskräfte, allerdings waren es durchaus gewichtige Personen. Diese umfassten neben dem „Betriebsobmann der DAF", Kurt Wolf, die Leiter der Abteilung Luftschutz und der Abteilung Material-Verwaltung.[634]

Der „Vertrauensrat" der Brabag enthielt nachweislich eine größere Anzahl von Funktionseliten.[635] Demnach waren vier von zehn Personen sogenannte Kopfarbeiter. Allerdings gestaltete sich die Identifizierung ihrer Stellungen im Betrieb schwierig, da hierzu Unterlagen fehlen. So ließ sich aus dem „Vertrauensrat" von 1940 nur bei zwei Personen die berufliche Stellung identifizieren. Neben dem „Betriebsobmann" Fröhlich, war dies der Ingenieur Johannes König, ein NSDAP-Mitglied.[636] Im davor bestehenden „Vertrauensrat" war mit Dr. Hans Schmid der Prokurist der Brabag und somit eine Person des Direktoriums vertreten.[637]

Die stellvertretenden Vertrauensratsmitglieder gewannen durch den Wegfall der Wahlen für dieses Gremium an Bedeutung.[638] Bei der ASW Espenhain stammten mindestens zwei Ersatzmänner aus der beruflichen Funktionselite. Albin Zetsche war stellvertretender Leiter der Material-Verwaltung und Johann Phillipens arbeitete als Schwelmeister in der Teergewinnung.[639] Bei der ASW Böhlen gab es dergleichen drei: Ernst Kral,[640] erster Statistiker in der Abteilung

633 Vgl. ebd., Vertrauensrats-Mitglieder vom 13.07.1937. Der 1902 geborene Gleisberg, der seit Oktober 1928 bei der ASW Böhlen beschäftigt wurde, war das einzige Mitglied des „Vertrauensrates", das außer der DAF keiner weiteren NS-Organisation angehörte.

634 Vgl. ebd., 20632, Nr. 1034, Fernsprech-Teilnehmer der ASW Bauleitung Espenhain vom Dezember 1940; 20640, Nr. 26, Mitteilung Nr. 199, Betrifft: Vertrauensrat vom 21.05.1941.

635 Vgl. ebd., 20633, Nr. 12, Leistungskampf der deutschen Betriebe 1939/40 vom 10.01.1940, S. 2a–2b.

636 Vgl. ebd., 20633, Nr. 12, Leistungskampf der deutschen Betriebe 1939/40 vom 10.01.1940, S. 2ff.; 20686, Nr. 186, Großproduktionsbesprechung vom 10.10.1949. König übernahm hier den Aufgabenbereich Gesundheit und Verpflegung. Hierbei hatte er sich um die betriebliche Gesundheitsfürsorge und die Werkverpflegung zu kümmern. Nach 1945 war er weiterhin als Ingenieur im Werk tätig.

637 Vgl. ebd., 20632, Nr. 152, Verhandlung mit der BRABAG am 06.12.1939; 20633, Nr. 17, Aufstellung der DAF-Walter.

638 Vgl. Frese, Matthias: Vertrauensräte (s. Anmerkung 59), S. 286.

639 Vgl. SächsStA-L, 20632, Nr. 1034, Fernsprech-Teilnehmer der ASW Bauleitung Espenhain vom Dezember 1940; 20640, Nr. 26, Mitteilung Nr. 199, Betrifft: Vertrauensrat vom 21.05.1941.

640 Vgl. ebd., 20632, Nr. 1141, Vertrauensrats-Mitglieder vom 13.07.1937; Nr. 1034, Alphabetisches Verzeichnis Betriebe und Büros. Der 1898 geborene Kral war seit Juli 1922 im Unternehmen tätig, also bereits vor der Gründung der ASW. Seit Juni 1932 war er Mitglied der NSDAP und seit No-

Betriebsabrechnung, Arno Obst,[641] stellvertretender Brandschutzmeister bei der Betriebsfeuerwehr, sowie Erich Holzmann,[642] der als stellvertretender schichtführender Vorarbeiter in der Instandhaltung arbeitete.

Der „Vertrauensrat“ stellte das einzige Gremium dar, in dem Frauen im Industriekomplex verantwortliche Positionen besetzen konnten. Sonst traten sie meistens als Hilfsarbeiterinnen im Labor oder der Verwaltung auf. Ausnahmen waren hierbei Laborantinnen, wie die bereits erwähnte Ruth M., oder die Werksfotografin Lilo Morocutti,[643] die als Facharbeiterinnen angestellt waren.

Die weiblichen Mitglieder des „Vertrauensrats“ besaßen nur niedrige berufliche Qualifikationen, so übte die „Vertrauensfrau“ der ASW Böhlen, Elsbeth Osthoff, eine Tätigkeit als „Reinemachfrau“ in der kaufmännischen Abteilung aus.[644] Alle weiteren Frauen waren nur als Stellvertreterinnen gelistet. Es bestand – wie bei den Männern – offensichtlich ein Zusammenhang zwischen den Frauenvertretungen („NS-Frauenschaft“ und „Deutsches Frauenwerk“) und der Mitgliedschaft in diesem Gremium. Gertrud Schmidt und Käte Heilmann, Beschäftigte der ASW Espenhain, waren „Vertrauensfrau“ bzw. „Ersatzfrau“ und nahmen gleichzeitig das Amt einer „Betriebsfrauenwalterin“ bzw. „Werksfrauengruppenführerin“ wahr.[645] Die „Werkfrauenwalterin“ der Brabag Böhlen, Hildegard Oettinghausen, war hingegen nicht Teil eines anderen Gremiums und somit in ihrem Einfluss beschränkt.[646]

Insgesamt muss nach der Bedeutung des „Vertrauensrat“ und seinen konkreten Einflüssen gefragt werden. Da er keine Arbeitnehmervertretung war und

---

vember desselben Jahres in der NSBO. Zusätzlich übernahm er das Amt eines „Schulungsleiters“ in der Parteiorganisation.

641 Vgl. ebd., Nr. 1141, Vertrauensrats-Mitglieder vom 13.07.1937. Obst, Jahrgang 1896, war seit 1922 im Unternehmen. Im Mai 1933 wurde er Mitglied der NSBO. Außerdem hatte er die Funktion eines Zellenleiters der DAF inne.

642 Vgl. ebd., Nr. 1141, Vertrauensrats-Mitglieder vom 13.07.1937; Nr. 698, den Vorstand des Bergamtes Leipzig vom 22.08.1936. Der 1907 geborene Holzmann war seit 1926 in der ASW tätig. 1936 bestätigte ihn das Bergamt Leipzig als schichtführenden Vorarbeiter, was der Funktion eines Meisters gleichkam. Im April 1933 trat er der NSBO bei, dem im April 1937 der Eintritt in die NSDAP folgte.

643 Vgl. Morocutti, Lilo: Werksfotografin (s. Anmerkung 114), S. 7.

644 Vgl. SächsStA-L, 20632, Nr. 1141, Vertrauensrats-Mitglieder vom 13.07.1937; Aufstellung der DAF-Walter und Warte der DAF – Ortsgruppe Werke Böhlen. Osthoff, Jahrgang 1902, arbeitete seit 1932 bei der ASW Böhlen. Sie war Mitglied in der DAF und füllte das Amt der „Ortsfrauenwalterin“ in Böhlen aus.

645 Vgl. ebd., 20640, Nr. 26, Betriebsversammlung für die weibliche Gefolgschaft vom 06.05. 1941, Vertrauensrat vom 23.05.1941 und Pflichtappell der weiblichen Gefolgschaftsmitglieder vom 18.11.1942.

646 Vgl. ebd., 20633, Nr. 17, Aufstellung der DAF-Walter.

für den „Betriebsführer" nur beratende Funktion hatte, blieb sein struktureller Einfluss gering. Allerdings standen seine Mitglieder in direkten Kontakt zur Werksleitung. Daher bestand ihr Einfluss in den persönlichen Kontakten und nicht in der strukturellen Einbindung in die Betriebsleitung. Gerade die Mitgliedschaft in der NSDAP konnte dabei das Eintrittstor zum beruflichen Aufstieg sein, wenn sie mit der Partizipation in einem informellen Netzwerk verbunden war.

Nationalsozialistische Funktionseliten?

Zur Charakterisierung der Funktionseliten im „Dritten Reich" liegen nur wenige Quellen vor. Besonders ihr Verhältnis zum und ihre Beteiligung am Nationalsozialismus ist von Interesse und gleichzeitig selten überliefert. Anhand von Feldpostbriefen ließ sich zumindest bei einem Teil von ihnen die Einstellung erkennen.

Der bereits erwähnte Walter Häntzschel, der als leitende Kraft im Bereich des Wasserleitungsbaus tätig war, diente im Herbst 1939 als Feldwebel in der Wehrmacht.[647] Beim Konflikt zwischen Michael und Ehlers zeigte sich seine Nähe zum Nationalsozialismus und besonders zur sächsischen Gauleitung. Seine Einstellung bezeugt auch seine offen geschilderte Beteiligung an Kriegsverbrechen in Polen in einem Brief vom 06. September 1939:

> „Die Polen sind ein hinterlistiges, heimtückisches Volk. In Tschenstochau haben sie starkes Feuer auf durchfahrende Kolonnen gegeben. Die Folge war, dass eine Anzahl an die Wand gestellt wurden [sic], das hat etwas geholfen. Die Polen reissen dauernd aus. Wir kommen gar nicht nach."[648]

Friedrich-Wilhelm Uffrecht diente bereits im Ersten Weltkrieg, vermutlich als Offizier. Nach dem Krieg trat er dem Stahlhelm bei, 1933 der SA und schließlich 1937 der NSDAP.[649] Im Werk Espenhain war er zuerst als stellvertretender Leiter des Bergbaus tätig. Nach seiner Rückkehr aus dem Kriegsdienst im Oktober 1942 war

647 Vgl. ebd., 20632, Nr. 1141, Reichstelle für Wirtschaftsmoral vom 25.10.1938, Brief Heinrich Ehlers vom 25.10.1938; Nr. 1034, alphabetisches Telefonverzeichnis der ASW Espenhain vom Dezember 1940. Nach seinem Kriegseinsatz war er spätestens ab Dezember 1940 wieder im Untersuchungsraum tätig.

648 Ebd., 20640, Nr. 26, Feldpostgrüsse von Espenhainer Kameraden 29.08.-20.09.1939, Walter Häntzschel BMR 06.09.1939. Erstaunlich ist auch, dass offensichtlich keinerlei Zensur über die Ortsangabe Tschenstochau erfolgte. Normalerweise war es Soldaten verboten, ihren aktuellen Aufenthaltsort zu nennen.

649 Vgl. ebd., 20686, Nr. 174, Protokoll Sitzung der Entnazifizierungskommission 26.01.1947.

er wieder in seiner alten Position beschäftigt.[650] Am Kriegsende schrieb er mit an einem Bericht über die Geschichte des Werkes, die ausschließlich die technische Entwicklung fokussierte.[651] Entsprechend seiner politischen Orientierung vertrat er sowohl Ressentiments gegen Polen als auch antisemitische Einstellungen:

> „Dort oben [ca. 60 Kilometer vor Warschau] sah ich den Führer auf der Fahrt an die Front. Er fuhr durch den Ort hindurch, in dem wir noch wenige Stunden zuvor wüste Strassenschiessereien, vor allem aus der Kirche von den Zivilisten hatten. In seiner Begleitung befand sich ausser etlichen Generälen auch Himmler. [...] Widerlich ist das Judenpack in Polen. Ich habe Aufnahmen von Juden gemacht, wie sie selbst der Stürmer nicht gebracht hatte."[652]

Auch andere Führungskräfte vertraten antisemitische Positionen, wie aus Feldpostbriefen hervorgeht, doch zeigten sie diese nicht so offen wie Uffrecht. Kurt Zimmermann, bis mindestens 1935 bei der Hauptverwaltung in Dresden im Bereich Bergmaschinen beschäftigt, danach in gleicher Stellung in Espenhain tätig,[653] ließ solche weitverbreiteten antisemitischen Ressentiments erkennen: „Jeder hofft und erwartet wohl in diesem Falle eine Abrechnung mit England und mit einer Dämpfung der Herrschaftsbedürfnisse dieses gewissenlosen Krämerstaates."[654] Die Wirkung der NS-Propaganda ließ sich auch bei nicht Partei gebundenen Personal des Industriekomplexes nachweisen. So reproduzierte Georg Neumann, der als Diplom-Ingenieur in den Chemiebetrieben tätig war, in seinen Aussagen über die Lebensverhältnisse im besetzten Polen offenkundig die NS-Weltanschauung:

> „Ich kann euch nur mitteilen, dass es mit der polnischen Wirtschaft so ist[,] wie es unser Führer sagte. Wer so etwas noch nicht gesehen hat, für den sind diese Zustände unglaubhaft, aber unser Führer hat auch hier reine Arbeit geleistet."[655]

650 Vgl. ebd., 20632, Nr. 1034, Alphabetisches der Betriebe und Büros der ASW Böhlen vom Oktober 1942.

651 Vgl. ebd., Nr. 1187, Bericht über die Entwicklung des Braunkohlenwerkes Böhlen 1921–1946, S. 146. Hier schrieb er besonders an dem Teil über sein Fachgebiet, die Wasserversorgung, mit.

652 Ebd., 20640, Nr. 26, Feldpostgrüsse von Espenhainer Kameraden 29.08.-20.09.1939, Friedrich Uffrecht BA 16.09.1939.

653 Vgl. ebd., 20632, Nr. 1034, Büro BM: Maschinentechnisches vom 31.05.1934; Nr. 1103, Niederschrift über die Besprechung in Böhlen am 14.02.1935.

654 Ebd., 20640, Nr. 26, Feldpostgrüsse von Espenhainer Kameraden 29.08.-20.09.1939, Kurt Zimmermann BM 20.09.1939.

655 Ebd., Georg Naumann 19.10.1939.

Der Ingenieur Fritz Stärk kann ebenfalls für die Charakterisierung der politischen Gesinnung unter den Führungskräften herangezogen werden.[656] Der 1909 in Mannheim geborene Stärk war bereits seit 1932 Mitglied im Nationalsozialistischen Deutschen Studentenbund, trat dann im Mai 1933 der NSDAP und Ende des Jahres der SS bei. Diese Schritte waren für ihn weder opportunistisch noch politisch motiviert, sondern wurden als Selbstverständlichkeit in einem völkisch geprägten Elternhaus erwartet. Hierfür spricht, dass sich Stärk nicht durch besonderes parteipolitisches Engagement auszeichnete. Allerdings verantwortete er während des Krieges den Einsatz von Zwangsarbeiterinnen und Zwangsarbeitern sowie KZ-Häftlingen im ASW Böhlen. Eigene kritische Positionen hierzu aus der Nachkriegszeit sind nur in Bezug auf die gegenseitige Schuldzuweisung mit dem Werksleiter Herbert von Felbert belegt.[657]

Das Werk schien eine starke integrative Wirkung auf die Führungskräfte ausgestrahlt zu haben. Eine Verbindung zum „Brabag-Geist" bzw. zur nationalsozialistischen Ideologie ließe sich zweifelsohne in die Zitate interpretieren. Hierin bestand durchaus ein Unterschied zur restlichen Belegschaft, über die deutlich ambivalenter aus Selbstzeugnissen und Fremdwahrnehmung zu urteilen ist.

Zwischen Weltniveau und Inkompetenz

Eine wichtige Funktion der Führungskräfte in den Betrieben war es, Innovationen für Betriebsabläufe und Technik zu fördern bzw. selbst vorzunehmen. Die Brabag prämierte entsprechende Vorschläge aus der Belegschaft.[658] Die Betriebsleitung versuchte durch Werbemittel das Aufkommen von Verbesserungsvorschlägen zu erhöhen.[659] Allerdings wurden Ideen nicht gleichermaßen gewürdigt. Gerade von den gut bezahlten Akademikern wurde ein selbstständiger Beitrag zur Verbesserung der Anlagen erwartet. Das ist ein wesentlicher Unterschied zum Zeitraum nach 1945, wie noch gezeigt wird.

Werner Boie (1901–1978) ist ein geeignetes Beispiel für eine herausragende Führungskraft. Boie, der 1935 an der Technischen Hochschule (TH) Dresden berufsbegleitend in der Wärmewirtschaft promoviert wurde,[660] etablierte mehrere technische Neuerungen in der Kraftwerkstechnik der ASW. Besonders sein Wirken im Industriekomplex zwischen 1936 und 1950 blieb aufgrund seiner Innovationen

656 Vgl. Stärk, Gerhard: Fritz (s. Anmerkung 184), S. 5, 18 f., 31 und 53.
657 Vgl. ebd., S. 31 und 37. Da sie in den 1950er-Jahren wieder zusammenarbeiteten, scheint auch keine wirkliche Zwietracht zwischen beiden geherrscht zu haben.
658 Vgl. ebd., 20633, Nr. 5, Anzahl und Bewertung der Vorschläge.
659 Vgl. ebd., Werbeplakate.
660 Vgl. Boie, Werner: Berechnung (s. Anmerkung 109).

in Erinnerung.[661] Nachdem er bereits 1931 den weltweit ersten Strahlungsüberhitzer für die Feuerung im Kraftwerk Böhlen entwickelt hatte, gelang ihm 1939 die Weiterentwicklung zum ersten Schottenüberhitzer für das Kraftwerk Espenhain.[662] Darüber hinaus wurden auf seinen Vorschlag hin die ersten hyperbolischen Kühltürme (Abb. 6) in Deutschland errichtet:

Abb. 6: Bau der hyperbolischen Kühltürme in Espenhain 1939

> „Nachdem Herr Prof. Kühn dann auf Anfrage noch über die bisherigen Erfahrungen mit dem Bau der Betonkühltürme, die in der in Espenhain verwendeten Form erstmalig in Deutschland gebaut werden, kurz berichtet hatte, wies er noch darauf hin, dass auch für die Kraftwerke dieselben Schwierigkeiten in der Beschaffung der Betriebsleute gegeben sind […].“[663]

Der bereits erwähnte stellvertretende Leiter des Laboratoriums Böhlen, Dr. Walter Kleeberg, ist eines der besonders negativen Beispiele unter den Funktionseliten. Er stammte aus dem Raum Bitterfeld und hatte in Halle (Saale) und Rostock studiert.[664] 1932 wurde er in Leipzig im Fachbereich Medizin promoviert.[665]

---

661 Vgl. SächsStA-L, 20632, Nr. 1102, Abgabe von Heizgas vom 12.09.1936; 20640, Nr. 153, Handlungsvollmacht für Obering. Backhoff vom 31.01.1940. Dabei war er sowohl im Kraftwerk Böhlen als auch im Kraftwerk Espenhain tätig.

662 Vgl. Boie, Werner: Espenhain (s. Anmerkung 109), S. 50–59, hier S. 56f. Entgegen den Darstellungen in einigen populärwissenschaftlichen Werken erfolgte der erste Einbau nicht im Kraftwerk Böhlen, sondern im Kraftwerk Espenhain.

663 SächsStA-L, 20640, Nr. 64, Sitzung des Aufsichtsrates der AKA vom 08.11.1941 um 10.30 Uhr.

664 Vgl. Krüger, Kersten (Hrsg.): Matrikelportal (s. Anmerkung 119). Kleeberg, 1899 geboren, hatte 1925 bis 1927 in Rostock studiert, nachdem er vorher bereits in Halle immatrikuliert gewesen war.

Nachdem sein Vorgänger, Dr. Georg Gölz, 1939/40 zum Aufbau des Labors zur ASW Espenhain ging, wurde er Stellvertreter des Laborleiters Dr. Richard Müller.[666] Kleeberg war anfangs mit seinen Aufgaben überfordert, wodurch ihm bei Analysen Fehler unterliefen, die er allerdings nicht eingestand, sondern zu vertuschen suchte:

„Sein überaus herrischer und empfindlicher Charakter läßt Herr Dr. Kl[eeberg] bei oft geringfügigen Anlässen sofort aufbrausen und seine Arbeitskameraden anbrüllen. Bei dem heutigen krassen Fall handelt es sich um zwei zahlenmäßige Aufstellungen, die er im handschriftlichen Konzept meiner Arbeitskameradin, Frau S, am 5. ds. Mts. zum Abschreiben mit der Maschine überbrachte. [...] Am darauffolgenden Tag rief Herr S von unserer Buchhaltung Herrn Dr. Kl[eeberg] an und machte ihn auf mehrere Fehler aufmerksam [...]. Dr. Kl[eeberg] kam darauf sofort zu Frau S[...] und sagte ihr, er persönlich würde eine Berichtigung zu diesen Briefen schreiben, die mit dem Labor-Stempel seiner Unterschrift versehen werden sollten, ohne dass Dr. Müller davon Kenntnis erhielte. [...] Während seiner Abwesenheit kam nun ein Anruf von Dr. Böhm, Hv [Hauptverwaltung] Dresden, der ebenfalls auf die Fehler in beiden Briefen aufmerksam geworden war. Dazu kam noch am gleichen Nachmittag eine Unstimmigkeit in unserem, von Herrn Dr. Kleeberg aufgestellten Arbeitsplan, die ich auf Anordnung von Herrn Dr. Müller berichtigen sollte. Heute Morgen machte mir nun Herr Dr. Kleeberg in wenig vornehmer Art und Weise die heftigen Vorwürfe, dass wir bzw. ich allein die Schuld daran hätte, dass diese (genau nach seinem Konzept abgeschriebenen und verglichenen) herausgegangen wären. Er würde jede Verantwortung für ausgehende Briefe ablehnen, die er vorher nicht durchgesehen und abgezeichnet hätte."[667]

Auch die zweite Aussage zeichnet ein negatives Bild von ihm. Die Angaben von Johanna S., die zusammen mit M. arbeitete und von Kleeberg maßgeblich attackiert worden war, decken sich nahezu mit der ersten Aussage, sodass die Darstellungen glaubhaft scheinen:

„Am 8.11.40 gegen 7^{30} Uhr ereignete sich im Schreibzimmer der Abt. BCL [Labor der Abteilung Chemie] folgender Fall: Herr Dr. Kleeberg kam ins Schreibzimmer, dabei sagte ich ihm, dass in dem Arbeitsplan, den ich am Vortag nach seinem Konzept geschrieben habe, Fehler wären. Vorausschicken muss ich, dass in zwei verschiedenen Briefen, die 3 Tage vorher von mir, ebenfalls nach Dr. Kleebergs Konzept geschrieben worden waren, Fehler von Herrn S[...] (WAB) und Hv Dresden (Dr. Böhm) festgestellt wurden. Herr Dr. Kleeberg wurde von Herrn S[...] (WAB) am Tage nach dem herausgehen der Briefe angerufen und H[err] Sp. teilte Herrn Dr. Kl[eeberg] mit, dass in den Briefen Fehler seien. Dr. Kl[eeberg] kam zu mir und sagte ‚Wir schreiben an die betr. Firmen die Berichtigungsbriefe, setzen den Laborstempel darunter, ich

665 Vgl. Kleeberg, Walter: Gangrän (s. Anmerkung 108).

666 Vgl. SächsStA-L, 20632, Nr. 710, Tätigkeitsbericht des Hauptlaboratoriums für März 1939; Nr. 1034, Fernsprech-Teilnehmer der ASW Bauleitung Espenhain vom Dezember 1940.

667 Ebd., Nr. 1161/2, Beschwerde über Herrn Dr. Kleeberg Abt. BCL vom 08.11.1940.

> unterschreibe die Briefe allein und wir schicken sie ab.' Herr Dr. Müller konnte also demnach von den Fehlern nichts erfahren, aber Herr Dr. Böhm (Hv BC) rief am Donnerstag hier an und teilte Herrn Dr. Müller mit, dass etwas in den Briefen nicht ganz richtig sei."[668]

Scheinbar hatte Kleebergs Verhalten für seinen weiteren beruflichen Werdegang keinerlei Konsequenzen. Allerdings muss dies nicht unbedingt an seiner fachlichen Kompetenz gelegen haben. Der kriegsbedingte Mangel an Arbeitskräften, besonders mit einer hohen Qualifikation, ließ dem Unternehmen nicht die Möglichkeit zu seiner Entlassung. Außerdem wurden nach diesem Konflikt mit seinen Untergebenen keine weiteren Klagen von Mitarbeiterinnen und Mitarbeitern aktenkundig.

Neben mangelnder dienstlicher Eignung gab es auch strafrechtlich relevante Verfehlungen unter der Funktionselite, wie eine Beschwerde von Fritz Kranefuß an einen Mitarbeiter im persönlichen Stab des Reichsführers SS zeigt. Dabei waren es Angehörige der NSDAP und ihrer Untergliederungen, die negativ auffielen:

> „Es interessiert Sie vielleicht, zu hören, dass im Laufe der letzten Jahre aus der Betriebsgemeinschaft der Braunkohle-Benzin AG insgesamt sieben SS-Führer wegen strafrechtlicher Vergehen bzw. Verhaltens krimineller Art ausgeschlossen werden mussten. Einer dieser Männer hat Selbstmord verübt. Aus Gründen sachlichen und charakterlichen Versagens haben wir uns von drei SS-Führern trennen müssen, während in einem Falle die Trennung nach dem Kriege vorgenommen werden muss. Bei SA-Führern sind mir Vorfälle der ersteren Art in keinem Falle bekannt geworden, während zwei SA-Führer wegen charakterlichen bzw. sachlichen Versagens ausscheiden mussten."[669]

Rekrutierung der Funktionseliten

Die Anwerbung der Funktionseliten, als Teil der Belegschaftsbildung, hatte eine große Bedeutung für den Industriekomplex. Dabei zeigen sich Unterschiede zwischen den Unternehmen. Für beide war die Gewinnung von akademischen Führungskräften unumgänglich, da gerade die chemische Industrie auf sie angewiesen war. Die unterschiedlichen Rekrutierungsstrategien waren vor allem der Bedeutung der Firmen geschuldet. Während die ASW nur eine regionale Relevanz hatte, war die Brabag ein NS-Musterbetrieb in einer High-Tech-Branche, die besonders viele Experten benötigte.

---

668 Ebd., Betrifft: Herrn Dr. Kleeberg vom 08.11.1940.

669 BArch, NS 19 (Persönlicher Stab des Reichsführers SS)/1363, Brief an SS-Obersturmbannführer Dr. Rudolf Brandt, Persönlicher Stab des Reichsführers SS vom 02.06.1942. Ob sich darunter Böhlener befanden, bleibt unklar. Allerdings lassen Kranefuß' Äußerungen darauf schließen, dass es sich um ein allgemeines Phänomen handelte.

Die ASW gewann ihre Spezialisten, Manager und Techniker meistens aus ihren bestehenden Betrieben, besonders aus der Oberlausitz.[670] Beispielsweise wurden während des Krieges 54 qualifizierte deutsche Arbeitnehmer gemeinsam mit zehn italienischen Zivilarbeitern von der ASW Hirschfelde in das neue Werk in Espenhain versetzt.[671] Die Lenkung der Führungskräfte von Hirschfelde in den Industriekomplex erfolgte durch wirtschaftliche Privilegierung, wie Lohnzulagen.[672] Besonders für die oberste Leitungsebene in Espenhain waren Versetzungen aus Hirschfelde bedeutsam. Zwei von zahlreichen Beispielen sind Johannes Bahr und Georg Ockwitz. Bahr kam als Führungskraft spätestens im Februar 1941 aus Hirschfelde nach Böhlen und leitete die Abteilung Bergmaschinen und Werkstätten.[673] Ockwitz war vor seiner Tätigkeit als Kaufmännischer Direktor in Espenhain in ebendieser Funktion in Hirschfelde tätig.[674] Nach dem bereits geschilderten Fall von Lebensmittelunterschlagung wurde er 1942 durch das Sondergericht Leipzig zum Tode verurteilt, allerdings begnadigt.[675]

Ebenso wurden die benötigten Fachkräfte für den Tagebau aus anderen Betrieben der ASW in den Industriekomplex versetzt, so kamen Häuer für die Tiefbauanlagen in Espenhain aus dem Werk Leipnitz bei Grimma und dem Steinkohlenbergwerk Zauckerode bei Freital.[676] Ebenso stammten Führungskräfte aus

---

670 Vgl. Hofmann, Michael: Kohlearbeiter (s. Anmerkung 15), S. 94; SächsStA-L, 20640, Nr. 112, Ernst P. vom 19.08.1943.

671 Vgl. SächsStA-L, 20640, Nr. 112, Umsetzung italienischer Arbeitskräfte nach Espenhain vom 20.10.1943, Umsetzungsaktion Hirschfelde vom 11.02.1943.

672 Vgl. ebd., Maschinenbetrieb vom 04.08.1941. Während den Maschinisten in den Kraftwerken Böhlen und Espenhain eine Schwerarbeiterzulage gewährt wurde, erfolgte dies in Hirschfelde nicht.

673 Vgl. ebd., 20632, Nr. 1141, BM-Organisation vom 17.02.1941.

674 Vgl. ebd., Nr. 1034, Fernsprech-Teilnehmer der ASW Bauleitung Espenhain vom Dezember 1940.

675 Vgl. Schmeitzner, Mike: Fall Mutschmann (s. Anmerkung 84), S. 78; SächsStA-L, 20031, Nr. 2494/5, Straftabelle Ockwitz vom 17.12.1942; 20114 Landgericht Leipzig, Nr. 6180, Strafsache gegen Ockwitz, Kurt Georg 1942; 20632, Nr. 1141, Verhandlung vor dem Sondergericht in Leipzig am 04.08.1942 gegen Ockwitz und 20 andere. Beim Prozess wurde den Angeklagten zugutegehalten, dass durch ihre Tat niemand geschädigt worden war, obwohl die unterschlagenen Lebensmittel aus der Versorgung des ausländischen Personals stammten. Eventuell war sogar Mutschmann persönlich in den Fall involviert, da beim Prozess Andeutungen über Verstrickungen der Hauptverwaltung und der sächsischen Politik getätigt wurden. Nach dem Krieg wurde behauptet, dass Mutschmann die Verurteilung angeordnet hätte, was aber nicht plausibel ist.

676 Vgl. Reichel, Wolfgang/Schauer, Manfred: Das Döhlener Becken bei Dresden. Geologie und Bergbau, Freiberg 2007, S. 211; SächsStA-L, 20640, Nr. 198, Häuer für die Entwässerungsstrecken vom 22.12.1937, Häuer für Tagebau Espenhain vom 04.12.1937. Vor allem junge Bergleute wurden in die großen Braunkohlenwerke gesandt. Der Autor Reichel gehörte selbst zu diesem Personenkreis.

diesen Tiefbaubetrieben, wie der Obersteiger Erich Mühlot, der als Leiter der betriebstechnischen Abteilung 1937 begann und 1945 zum Leiter des Gruben- und Entwässerungsbetriebes aufstieg.[677] Hinzu kamen Funktionseliten, die vor allem von den Braunkohlenunternehmen der Randreviere stammten und von der ASW abgeworben wurden.[678]

Aufgrund ihrer Neugründung konnte die Brabag nicht auf eigene Funktionseliten und Fachkräfte zurückgreifen. Zusätzlich hatte sie als Hochtechnologieunternehmen einen erhöhten Bedarf an Expertenwissen von Universitäten und Ingenieurschulen. Die Brabag verfolgte zwei Rekrutierungsstrategien: Erstens stammten nicht nur die Patente von der IG Farben, sondern auch ein wesentlicher Anteil des personellen Know-hows. Dies galt sowohl für die Hauptverwaltung in Berlin, als auch für den Industriekomplex. Beispielhaft für letztere Gruppe stehen die beiden Direktoren des Hydrierwerks zwischen 1935 und 1945, Ernst Hochschwender und Herbert von Felbert.[679] Die meisten Abteilungsleiter in Böhlen kamen aus dem Werk Leuna der IG Farben.[680] Noch 1950 hatten mindestens sechs von 81 Führungskräften im Benzinwerk ihre beruflichen Wurzeln im Konzern.[681] Aber auch subalterne Funktionseliten, wie Meister, kamen teilweise aus Leuna.[682] Die Bedeutung der IG Farben wird besonders an der Bauabteilung der Brabag deutlich, die anfangs sogar ihren Sitz in Leuna hatte.[683] Auffällig ist der hohe Bildungsgrad vieler Brabag-Mitarbeiter, so wurden im Industriekomplex min-

677 Vgl. SächsStA-L, 20632, Nr. 307/1, Besprechung über Betriebsumstellung vom 27.05.1937; 20640, Nr. 38, Aushang vom 26.09.1945.

678 Vgl. Urban, Thomas: Zwangsarbeit (s. Anmerkung 62), S. 134–139.

679 Vgl. BArch, R 2/17779, Braunkohle-Benzin Aktiengesellschaft Geschäftsbericht über das 4. Geschäftsjahr vom 01.01.1937 bis zum 31.12.1937; Der Kontakt, 1, Ausgabe Oktober 1938, S. 3; SächsStA-L, 20632, Nr. 1107, Über die Besprechung mit der BRABAG im Leunawerk am 19.03.1935, Schreiben vom 09.12.1935; Stärk, Gerhard: Fritz (s. Anmerkung 184), S. 37 ff. Felbert agierte bis Oktober 1938 als Stellvertreter von Hochschwender in der Werksleitung. Gleichzeitig war er zu diesem Zeitpunkt stellvertretender „Betriebsführer" der Bau- und Montageleiter der Brabag Zeitz. Selbst nach seinem Aufstieg zum Werksleiter blieb Hochschwender offiziell „Betriebsführer". Felbert blieb auch nach 1945 der Brabag bis mindestens 1952 verbunden.

680 Vgl. BStU, BV Halle, Nr. 4/59, Vorführungsbericht über Deutloff, Erwin vom 16.02.1955; SächsStA-L, 20632, Nr. 1102, Niederschrift über eine Aussprache mit der BRABAG am 17.11.1936; Nr. 1103, Niederschrift über die Besprechung in Böhlen am 18.01.1935, Besprechungsbericht vom 14.01.1935. Als Gruppenleiter bzw. Untergruppenleiter traten Issel, Fischer (Leiter der Bauabteilung), Feltes, Deutloff, Berger, Huld, Roessler, Ernst, Schulze, Stoffregen, Hofmann und Przybylka (Leiter technische Abteilung) auf.

681 Vgl. BArch, DC 1/ 1568, Elektro-Kombinat Espenhain Böhlen vom 17.04.1950.

682 Vgl. BStU, BV Leipzig, Nr. 648/53, Bericht vom 23.02.1952.

683 Vgl. SächsStA-L, 20632, Nr. 1103, Über die Besprechung mit der Bauabteilung der BRABAG in Leuna am 17.12.1934.

destens 19 Promovierte und 41 Ingenieure beschäftigt.[684] Vielfach handelte es sich um junge Akademiker, die mehrheitlich nicht zur „Frontkämpfer"-Generation gehörten, allerdings zur Trägergeneration des Nationalsozialismus, der um 1900 geborenen Personen, die die zweite Gruppe bildeten.

Bei der Anwerbung der Funktionseliten waren vor allem die Gehälter – hierin wichen sie von den Lohnempfängern maßgeblich ab – Grund für eine Arbeitsplatzübernahme im Untersuchungsraum. Hinzu kam die bereits erwähnte bessere Wohnsituation.[685] Schließlich darf nicht übersehen werden, dass die herausfordernden und neuartigen Tätigkeiten attraktiv wirkten.[686]

---

684 Vgl. SächsStA-L, 20632, Nr. 852, Besprechungsbericht vom 01.12.1941, Besprechungsbericht Böhlener Asche vom 25.05.1946; Nr. 951, Besprechung über die Tri-Entphenolungsanlage der Brabag vom 01.06.1940; Nr. 1102, Niederschrift über die Besprechung mit der Brabag über zusätzliche Teerlieferungen vom 08.02.1937, Besprechung am 05.11.1936 auf der Hochkippe, Niederschrift über eine Aussprache mit der Brabag am 17.11.1936, Leichtöl-Verrechnung Monat September und Oktober 1936 vom 05.11.1936, Schaltberechtigung vom 17.03.1937, Koksverrechnung Brabag vom 07.07.1936; Nr. 1103, Niederschrift über die Besprechung in Böhlen am 18.01. 1935, Besprechungsbericht vom 14.01.1935, Niederschrift über die unverbindliche Besprechung mit den Herren von der Brabag vom 18.01.1935, Niederschrift über die Besprechung in Böhlen am 14.02.1935, Besuchsbericht vom 16.04.1935, Betrifft Kreuzung der BF-Straße und der Rangiergleise vom 18.07.1935, Benzinanlage vom 21.01.1935, Anschlussgleiserweiterung vom 22.05.1935; Nr. 1104, Niederschrift über den Grenzbegang des Brabag-Geländes am 01.08.1940, Betrifft Verlegung der Überschußgasleitung auf der Hochkippe vom 13.04.1939, Gasleitung zur Fackel auf der Hochkippe vom 25.03.1939, Betrifft Gasleitung zur Fackel auf der Hochkippe vom 18.03.1939, Betrifft Verlegung der Überschußgasleitung Brabag vom 22.03.1939, Vereinbarungen über Luftansaugleitungen in Böhlen vom 08.11.1939, Betr. Gaswerk Böhlen vom 21.09.1938, Kondensatpumpe unter der Sieb-Anlage 11.02.1938, Leihweise Überlassung von Hochspannungskabel vom 20.03.1937; Nr. 1107, Erste gemeinsame Betriebsbesprechung Brabag – ASW vom 04.01.1936, Schwelanlage Böhlen vom 16.12.1935, Über die Besprechung mit Brabag und Lurgi über die Lieferung von Koks, Inbetriebnahmetermin für Stromlieferung an Hydrierung vom 19.11.1935, Liefertermine für Rohstoffe und Energien vom 25.11.1935; 20633, Nr. 1, Niederschrift über Monatsbesprechung vom 20.08.1941; 20686, Nr. 72, Abwesende; Nr. 171, Leipzig Land vom 14.02.1946, Aufstellung der leitenden Angestellten, die nach den hier vorliegenden Unterlagen der NSDAP oder ihrer Gliederung angehörten; Nr. 174, Angehörige BRABAG Böhlen NSDAP, Protokoll der Kreisentnazifizierung im Benzinwerk Böhlen am 21.01.1948, NS-Belastete mit Vorwurf; Stärk, Gerhard: Fritz (s. Anmerkung 184), S. 21 und 24 ff. Nach den hier zugrunde liegenden Recherchen verfügten 59 von 132 Brabag-Mitarbeitern in dieser Kartei über einen Hochschulabschluss. Da diese Zusammenstellung selektiv erfolgte, Benennungen der Abschlüsse fehlten und zahlreiche Akten der Brabag verloren gegangen sind, ist davon auszugehen, dass es noch mehr Akademiker gab.

685 Vgl. ebd., 20640, Nr. 105, an Büro VB 19.02.1940.

686 Vgl. Stärk, Gerhard: Fritz (s. Anmerkung 184), S. 25–30.

Die Rolle der Funktionseliten in der NS-Zwangsarbeit

Nach Kriegsbeginn nahm die Zahl ausländischer Arbeitskräfte im Industriekomplex stark zu. Dabei bestanden beträchtliche Unterschiede zwischen den einzelnen Unternehmen. Während die ASW von Anfang an zahlreiche Zwangsarbeiterinnen und Zwangsarbeiter als Alternative zur Beschäftigung deutscher Frauen einsetzte, stand die Brabag einem solchen Einsatz lange Zeit skeptisch gegenüber. Da die regionale sowie die zentrale Führung Sabotageakte befürchtete, blieb ihre Anzahl bis 1942 gering.[687] Dies darf nicht darüber hinwegtäuschen, dass die Brabag eine wichtige Rolle beim zwangsweisen Arbeitseinsatz spielte. Der Direktor der Brabag, Herbert von Felbert, nahm als Bevollmächtigter des GB chem eine Schlüsselrolle ein.[688] Zusätzlich war er als Geilenberg-Werksbeauftragter weisungs- und entscheidungsbefugt gegenüber der SS, wodurch er unmittelbaren Einfluss auf die Lebensumstände der KZ-Häftlinge hatte.[689] Aber auch andere Ingenieure waren, durch die konkreten Planungen der Anlagen und Bauvorhaben im Rahmen der „Schwalbe"-Untertageverlagerungsprojekte für die Treibstoffindustrie, an den Verbrechen in der Endphase des Krieges beteiligt.[690] Diese Bauten waren unterirdische Kleinproduktionsanlagen, die im Rahmen des „Mineralölsicherungs-Planes" die Treibstoffversorgung von Wehrmacht und Kriegswirtschaft sicherstellen sollten.[691]

Die 1941 verfügten Strafandrohungen der ASW Espenhain wiesen verblüffende Ähnlichkeiten mit der Anordnung des „Generalbevollmächtigten für den Arbeitseinsatz" 1943/44 auf.[692] Sie enthalten abgestufte Sanktionen sowie eine Weiterleitung an behördliche Instanzen, in diesem Falle die Gestapo. Das Vorgehen in Espenhain war innerbetrieblichen Regeln unterworfen: Eine Anzeige

687 Vgl. Baumert, Martin: NS-Zwangsarbeit (s. Anmerkung 539), S. 98.

688 Vgl. ebd.; SächsStA-L, 20640, Nr. 237, Terminplan und Kontrolle für Espenhain Teer I vom 13.03.1940; Stärk, Gerhard: Fritz (s. Anmerkung 184), S. 27.

689 Vgl. Bindernagel, Franka/Bütow, Tobias: Böhlen (s. Anmerkung 529), S. 402; Stärk, Gerhard: Fritz (s. Anmerkung 184), S. 27.

690 Vgl. BStU, MfS, HA IX/11, Nr. 421, Verzeichnis der in Berga verstorbenen KZ-Häftlinge; Nr. 4, Bericht über die Besprechung vom 07.12.1944 und 07.02.1945, Bericht über die Besprechung am 12.12.1944 in Berga, Tagesordnung vom 19.12.1944; Eichholtz, Dietrich: Schrecken (s. Anmerkung 19), S. 546 ff. Riedel, Lackner, Kandler und Pröhl waren beispielsweise in Berga vor Ort und müssen die katastrophalen Lebensumstände der Häftlinge wahrgenommen haben. Selbst über den Bau und den Zustand der Unterkünfte waren sie nachweislich informiert. Bis zum Beginn der Todesmärsche kamen mindestens 314 Häftlinge im Außenlager ums Leben.

691 Vgl. Eichholtz, Dietrich: Schrecken (s. Anmerkung 19), S. 541–549.

692 Vgl. Reichsarbeitsblatt (RArbBl.) 1943 I, S. 543.

erfolgte durch die Direktoren und den Werkschutz.[693] Diese entschieden über eine Überstellung an die Gestapo oder andere Instanzen. Der „Reichstreuhänder der Arbeit" bestätigte abschließend nur noch die Strafen.[694] Insofern besaßen die Betriebs- und Abteilungsleiter einen Entscheidungsspielraum über die Gestaltung der Lebensumstände von Zwangsarbeiterinnen und Zwangsarbeiter. Durch die Überstellung an die Gestapo profitierten die Werke ebenfalls, da diese im Untersuchungsraum mindestens drei AELs betrieb. Die Unternehmen erschlossen sich ein neues Arbeitskräftereservoir, konnten die Arbeitskraft weiter nutzen und verfügten zusätzlich über eine Abschreckungsmaßnahme für die restliche ausländische Belegschaft. Die Umsetzung dieser Strafandrohungen ist, wie im Falle eines holländischen Zwangsarbeiters, belegt: „Ich sehe mich gezwungen diesen unverbesserlichen Arbeitsbummelanten der Gestapo Außendienststelle Rötha anzuzeigen."[695]

Führungskräfte waren entscheidend für die Lebensumstände der Zwangsarbeiterinnen und Zwangsarbeiter, das zeigte schon der Unterschlagungsfall Ockwitz. Die Misshandlung des polnischen Zwangsarbeiters Roman C. durch einen Werkschutzmann belegt hingegen die beschränkten Möglichkeiten der Führungskräfte, einem solchen Verhalten der Wachmannschaften entgegenzutreten.[696] Nach seiner Misshandlung beschwerte C. sich beim Leiter des Abraumbetriebs. Als dieser wiederum das Verhalten des Werkschutzes bemängelte, wurde dies von selbigem zurückgewiesen und die Schuld für die Misshandlung dem Opfer selbst zugeschoben. Die Kritik über die Misshandlung des polnischen Zwangsarbeiters quittierte der Werkschutz mit einem Hinweis auf seine alleinigen Kompetenzen gegenüber im Werk beschäftigten Ausländern.

Auch die Behandlung von Senko B. stellt ein Beispiel für die Möglichkeiten zur Einflussnahme durch Führungskräfte dar. B. sollte ein Fahrrad gestohlen haben und wurde hierfür von der Polizei festgenommen und inhaftiert.[697] Seine Strafe saß er vom 07. September bis zum 12. November 1943 im Gefängnis des Amtsgerichtes Rötha ab und wurde danach wieder als Gleisarbeiter in der Grube beschäftigt. Es erfolgte weder eine Überstellung an die Gestapo, noch wurde er zum Verbüßen seiner Strafe in ein AEL oder KZ eingewiesen. Der finanzielle

---

693 Vgl. SächsStA-L, 20640, Nr. 26, Arbeitsdisziplin vom 28.01.1941; 20632, Nr. 1034, Fernsprech-Teilnehmer der ASW Bauleitung Espenhain vom Dezember 1940.

694 Vgl. ebd., Nr. 26, der polnische Zivilarbeiter vom 07.01.1943, Mitteilung Nr. 524 vom 17.09.1942, Mitteilung Nr. 547 vom 07.10.1942.

695 Ebd., Nr. 434, Arbeitsbummelei vom 01.03.1945.

696 Vgl. ebd., Nr. 413, Freches Benehmen eines Polen vom 30.10.1943.

697 Vgl. ebd., Nr. 366, Aktennotiz vom 13.11.1943.

Schaden wurde ihm vom Lohn abgezogen.[698] Offensichtlich wurde er auch nicht nach den restriktiven „Ostarbeitererlassen“ verurteilt.[699] Dabei war es sein Abteilungsleiter, der sich um seine Wiederanstellung bemühte.

Grundsätzlich lässt sich feststellen, dass die Werksführung nahezu alle rassistischen Erlasse des Deutschen Reichs umsetzte oder durch Eigeninitiative etablierte. So forderte die ASW Espenhain in Eigeninitiative einen Ausschluss bestimmter Gruppen von Zwangsarbeitern vom öffentlichen Personennahverkehr.[700]

Mit dem Themenkomplex NS-Zwangsarbeit sind auch andere Aspekte verknüpft, wie die Qualifikation von Zwangsarbeiterinnen und Zwangsarbeitern sowie Kriegsgefangenen. Hierbei nahm der Industriekomplex Böhlen-Espenhain eine Vorreiterrolle ein. An dem repräsentativen, bebilderten Bericht „Ausländer-Werkstätten Böhlen“ des Oberingenieurs Dr. Reinhard Wolf wird dies ersichtlich.[701] Nachdem sich die Führungskräfte der Brabag lange Zeit gegen den Einsatz von Zwangsarbeiterinnen und Zwangsarbeitern gewehrt hatten, stieg er ab 1942 sprunghaft an. Da ein Hochtechnologieunternehmen jedoch vor allem ausgebildete Personen benötigte und diese nur begrenzt aus dem Angebot der Arbeitsämter bekam, ging die Werksleitung seit Ende 1941 selbstständig zur Aus- und Weiterbildung über. Der Einsatz dieser ausländischen Fachkräfte war auch über das Kriegsende hinaus geplant.[702] Die Ausbildung brachte auch den Zwangsarbeiterinnen und Zwangsarbeitern Vorteile. Teilweise wurden sie nach der Qualifikation besser behandelt bzw. die deutschen Vorgesetzten waren eher bereit für sie einzutreten. Ein sowjetischer Zwangsarbeiter, der als Weichensteller im Abraumbetrieb der Grube zum Einsatz kam, ist nur einer von mehreren Fällen, der die Verhaltensänderung der Vorgesetzten verdeutlicht.[703] Durch seine Unachtsamkeit entgleiste ein beladener Zug, was zu einem erhöhten Arbeitsaufwand führte und gleichzeitig den Betriebsteil partiell stilllegte. Dennoch nahm sein unmittelbarer Vorgesetzter ihn in Schutz. Er behauptete, dass es sich um ein Versehen gehandelt hätte, definitiv keine Sabotage vorläge und A. im Betrieb seine Arbeit zufriedenstellend erledige. Einzig dem Verlangen des übergeordneten Tagebauleiters war es geschuldet, dass A. doch noch eine Verwarnung durch den Werkschutz erhielt.

---

698 Vgl. ebd., Ukrainer B., Senko vom 31.12.1943.

699 Vgl. Herbert, Ulrich: Fremdarbeiter (s. Anmerkung 63), S. 154 ff.

700 Vgl. SächsStA-L, 20640, Nr. 36, Direktionsbesprechung vom 22.01.1943.

701 Vgl. ebd., 20633, Nr. 132.

702 Vgl. ebd., S. 2.

703 Vgl. ebd., Nr. 366, Falsche Weichenstellung an der Flugkippe vom 16.09.1943.

Ein Bewusstsein über die eigene Verantwortung für die Zwangsarbeit im Industriekomplex war unter den Umständen der Bombenangriffe und des Zusammenbruchs 1945 weder unter den Funktionseliten noch der einfachen Belegschaft entstanden. Entsprechend tauchten selbst in den Entnazifizierungsprozessen nach 1945 immer wieder Aussagen auf, die eine wohlwollende Behandlung von Kriegsgefangenen sowie Zwangsarbeiterinnen und Zwangsarbeitern postulierten, obwohl entsprechende Zeugenaussagen von Opfern nicht vorliegen:

> „Als Vorgesetzter seinen Mitarbeitern gegenüber in der Nazizeit sehr anständig. Den ausländischen Arbeitern gegenüber sehr human. Sehr gute Kraft, bewährter Fachmann. Seit Kriegsende positiver Mitarbeiter am Neuaufbau. Die Genossen treten für das Vorgesagte jederzeit ein."[704]

Die einzige Aussage einer Führungskraft über die Ungleichbehandlung von Zwangsarbeiterinnen und Zwangsarbeitern stammt von Herbert von Felbert. In seinem Bericht für die amerikanische Besatzungsmacht schilderte er die Diskriminierung der Zwangsarbeitenden bei der Lebensmittelversorgung, nicht ohne vorher seine rassistischen Ressentiments über „Ostarbeiter" einzustreuen:

> „Die im Lager untergebrachten französischen Staatsangehörigen ersuchten mehrfach um deutschen Schutz, da sie sich gegenüber den Ostarbeitern unsicher fühlten, insbesondere da Lebensmittelvorräte und Küche von ihnen verwaltet wurden. [...] Die Ostarbeiter verhielten sich ruhig und erhielten das gleiche Essen wie die französischen Kriegsgefangenen. Die Lebensmittelrationen waren auf gleiche Höhen gebracht worden"[705]

In der Behandlung der gezwungenen Arbeitskräfte unterschieden sich die Direktoren, Ingenieure und Meister wenig von den Beamten, Offizieren und Parteikadern. Sie legten ihrem Handeln eine Logik der Nützlichkeit zu Grunde. Die Erhaltung der Arbeitskraft oder die Aus- und Weiterbildung von Zwangsarbeiterinnen und Zwangsarbeitern sowie Kriegsgefangenen war ausschließlich vor dem Hintergrund der staatswirtschaftlichen Aufgabe des Industriekomplexes relevant. Sobald rassistische Definition, wirtschaftliche Belange oder persönliche Loyalitäten bzw. Abhängigkeiten es erforderten, wurde auf Repressionsmechanismen zurückgegriffen.

---

704 Ebd., 20686, Nr. 174, Protokoll der Kreisentnazifizierung im Benzinwerk Böhlen am 21.01.1948.

705 Ebd., Nr. 169, Besetzung des Werkes Böhlen – April 1945 vom 02.06.1945, S. 4.

Die Zeit der Sowjetischen Besatzungszone und der Sowjetischen Aktiengesellschaften von 1945 bis 1952/54

> „Nach dem Umsturz 1945 wurden die Werke der ASW von zwei russischen Gesellschaften übernommen. Danach gehört der Tagebau zu der Sowjetischen Staatlichen Aktiengesellschaft für Brennstoffindustrie ‚Brikett' (SSAGB ‚Brikett'). Der Betrieb geht genau wie früher weiter, nur dass russisches Aufsichtspersonal in den einzelnen Abteilungen vorhanden ist."[706]

Das Jahr 1945 stellte für den Industriekomplex die größte Zäsur dar: Zum einen unterbanden die Kriegseinwirkungen die weitere Produktion und ließen sie während der Befreiung Mitteldeutschlands gänzlich zusammenbrechen; zum anderen gab es in diesem Jahr gleich drei verschiedene politische Herrschaften im Untersuchungsraum. Zuerst besetzten amerikanische Soldaten zwischen dem 16. und 18. April 1945 die Werke, nachdem bereits seit dem 12. April 1945 jegliche Produktion stillgestanden hatte.[707] Danach wechselten am 01. Juli 1945 die Besatzungsmächte und das Gebiet kam zur SBZ. Bereits einen Tag später trafen die ersten sowjetischen Repräsentanten im Hydrierwerk Böhlen ein und am 05. Juli 1945 besichtigte eine sowjetische Kommission Böhlen-Espenhain.[708] Diese besichtigte daneben nur das Leunawerk der IG Farben sowie das Hydrierwerk Zeitz der Brabag. Die sowjetische Besatzungsmacht war sich daher der strategischen und ökonomischen Bedeutung des Industriekomplexes von Beginn an bewusst. Mit der Gründung der DDR am 07. Oktober 1949 gab es einen erneuten Wechsel der politischen Herrschaft, die zweite Hälfte der vierziger Jahre stellt mithin eine Zeit des politischen Wandels dar. Diese Transformationen waren Teil einer allgemeinen Entwicklung. Besonders die Errichtung einer sozialistischen Diktatur sowjetischen Typs in ihrer Besatzungszone entsprach dem Sicherheitsbedürfnis der Union der Sozialistischen Sowjetrepubliken (UdSSR) nach dem mörderischen Krieg, bei dem sie – aufgrund der deutschen Aggression – den Tod von 27 Millionen Staatsangehörigen zu beklagen hatte.[709]

Auch in betrieblicher Hinsicht rief das Kriegsende einschneidende Veränderungen hervor. Sowohl die Vertreter der amerikanischen als auch der sowje-

---

706 Vgl. ebd., 20681 VEB Braunkohlenveredelungswerk Espenhain, Nr. 268, Die Abraumförderbrücke der ASW Espenhain zwischen 1945 und 1948.

707 Vgl. ebd., 20686, Nr. 169, Besetzung des Werkes Böhlen – April 1945 vom 02.06.1945, S. 3 ff.

708 Vgl. ebd., Nr. 186, Betriebsversammlung vom 13.02.1946.

709 Vgl. Kahane, Anetta: Schuldabwehr (s. Anmerkung 2), S. 268.

https://doi.org/10.1515/9783110729962-004

tischen Besatzungsbehörden wollten Reparationen aus der Konkursmasse des Deutschen Reiches ziehen. Während die amerikanischen Behörden vor allem an Patenten und dem Know-how der wissenschaftlichen Funktionseliten Interesse hatten,[710] wollte die Sowjetunion darüber hinaus gesamte Industrieanlagen. Im Untersuchungsraum betrafen die sowjetischen Demontagen vor allem die Aluminiumhütte der Firma Dr. Walter Schmidt, in der Flur Eula gelegen. Aber auch in einzelnen Abteilungen der Braunkohlenwerke fanden Demontagen statt. Allerdings blieben die Werke weitestgehend von Eingriffen in das Anlagekapital verschont, ganz im Gegensatz zu anderen Braunkohlenunternehmen in Nordwestsachsen. Die Gründe hierfür waren vermutlich der hohe Zerstörungsgrad der Anlagen, die einen Abbau anfangs wenig sinnvoll erscheinen ließen, und die Systemrelevanz des Industriekomplexes. Daher verfolgte die Sowjetische Militäradministration in Deutschland (SMAD) andere Pläne mit den Werken: Sie sollten Teil der SAGs werden und Reparationsgüter für die UdSSR produzieren. Durch die organisatorische Übernahme wurden die Braunkohlenwerke der ASW und das Hydrierwerk der Brabag zum 01. August 1946 Teil der sowjetischen Reparationspolitik.[711] Gleichzeitig markierte diese Übernahme das Ende der beiden ursprünglichen Staatsunternehmen, die 1947 im Osten Deutschlands liquidiert wurden.[712]

Vordringliches wirtschaftliches Ziel nach Kriegsende war zunächst die Wiederinbetriebnahme der nicht zerstörten Anlagen. Dies hatte praktische Gründe: Ohne die ständige Wasserhaltung drohten die Tagebaue mit Grundwasser vollzulaufen. Außerdem drängte die Leipziger Stadtverwaltung auf eine Notproduktion zur Versorgung der Bevölkerung mit Brennstoffen. Selbst die Schaffung neuer Arbeitsplätze wurde angeführt, um die Produktion wiederaufzunehmen. Da die Wiederingangsetzung der Fabriken nur Minimalbedürfnisse erfüllte, war ihr Wiederaufbau von Beginn der Nachkriegszeit an ein Hauptziel der zentralen Wirtschaftslenkung und der lokalen Führungsebene.

Verschiedene Faktoren, wie die zunehmende Unterbrechung der Wirtschaftsbeziehungen in die westlichen Besatzungszonen, aber auch die anfängliche Abschottung der einzelnen Länder der SBZ, erschwerten die Wiedererrichtung der Anlagen. Dennoch sollte über den reinen Wiederaufbau hinausgegangen werden. Die SAGs waren dabei als wirtschaftspolitisches Instrument Mittel zum

---

710 Vgl. Karlsch, Rainer: Allein bezahlt? (s. Anmerkung 39), S. 161. Einige mussten die amerikanische Besatzungmacht – in vielen Fällen nicht unfreiwillig – in den Westen begleiten.

711 Vgl. SächsStA-L, 20686, Nr. 24, Anordnung Nr. 1 des Generaldirektors vom Kombinat „Böhlen" vom 22.07.1946 und Anordnung Nr. 1 des Generaldirektors des Benzinwerkes Böhlen vom 07.08.1946.

712 Vgl. Krüger, Ulrich: ELDIR (s. Anmerkung 103), S. 65.

Zweck. Dabei besteht bis heute die Frage, ob die SAGs Vorbild beim Aufbau der sozialistischen Planwirtschaft standen.

Marcel Boldorf teilte die wirtschaftliche Entwicklung der Nachkriegszeit in vier Perioden ein. Die erste stellt den Zeitraum vom Kriegsende bis zur Sequestrierung dar. Daran schließt die zweite von der Sequestrierung bis zur Schaffung der VEBs an. Die dritte umfasst den Eintritt des zentralen Planungsregimes während des 1. Fünfjahresplans und die vierte beschreibt den Zustand der entwickelten Planwirtschaft.[713] Diese schlüssige Einteilung kann nur begrenzt für den Untersuchungsraum übernommen werden, da sich die Entwicklung durch die – im Vergleich zur Textil- und Stahlindustrie – lange Organisation der Betriebe als SAGs, vor allem in der zweiten Periode, unterscheidet. Zwischen 1946 und 1952/54 durchlief der Industriekomplex eine andere Entwicklung, die die Vielfältigkeit und Verschiedenheit der politischen und ökonomischen Möglichkeiten in diesem Zeitraum unterstreicht.

Ein von Fritz Hönsch wiedergegebener Vorgang aus der Hauptverwaltung der ASW verdeutlicht die neuen Prämissen in der Wirtschaftspolitik der SBZ.[714] Dabei standen sich mit Fritz Selbmann und Hermann Eugen Müller zwei, auf den ersten Blick ähnliche Charaktere gegenüber. Beide waren Opfer des NS-Regimes, wiesen allerdings auch Unterschiede auf: Der eine, Müller, verlor nur seinen Posten als Generaldirektor, der andere, Selbmann, verbrachte hingegen die gesamte Zeit des Nationalsozialismus in Zuchthäusern und KZs. Nach 1945 konnten beide an ihre vorherigen Karrieren anknüpfen. Selbmann wurde stellvertretender Vorsitzender der Deutschen Wirtschaftskommission (DWK) sowie Wirtschaftsminister von Sachsen und Müller Hauptdirektor der ASW. Dennoch kam es zu einem Konflikt über das zu schaffende Wirtschaftssystem: Selbmann griff in Müllers direkte Zuständigkeit ein und besetzte den Posten eines Betriebsdirektors mit einem angeblich unfähigen, aber politisch genehmen Zeitgenossen. Hiermit verdeutlichte Selbmann den Anspruch der politischen Eingriffe durch die neue zentralisierte Wirtschaftsleitung. Müller, Teil der alten wirtschaftlichen Eliten, opponierte dagegen erfolglos und trat frustriert von seinem Posten zurück. Das neue sozialistische System saß am längeren Hebel. Die Expertise Müllers als Repräsentant der alten Eliten wurde allerdings noch weiter benötigt. So wirkte er als Berater im Energiebezirk Ost weiter. Von nun an zählte für Industriemanager in erster Linie ihre Loyalität. Wenn sie zu dieser bereit waren, konnten sie durchaus einen Platz in der Führung des Industriekomplexes behalten und eigene Ideen,

713 Vgl. Boldorf, Marcel: Governance (s. Anmerkung 14), S. 20.
714 Vgl. Hönsch, Fritz: Industriekomplex (s. Anmerkung 17), S. 92.

sofern sie der entstehenden Planwirtschaft nicht diametral gegenüberstanden, umsetzen.

Wirtschaftsorganisation in der Zeit der Sowjetischen Aktiengesellschaften

Wiederaufbau für Reparationen

Neustart unter schwierigen Bedingungen

Wie in anderen Bereichen stellte das Kriegsende 1945 für die Wirtschaft keine „Stunde Null" dar. Mochte die Befreiung bzw. das Kriegsende den Stillstand der Produktion und anderer wirtschaftlicher Tätigkeiten nach sich ziehen, so änderte sich zunächst wenig im Industriekomplex. Kurz nach der Besetzung wurden Tagebaue und Anlagen notdürftig wieder in Betrieb genommen. Trotz der schweren Kriegsschäden schien ein Wiederaufbau möglich. Insgesamt hat die bisherige Forschung festgestellt, dass die Ausgangslage der Wirtschaft in der SBZ am 08. Mai 1945 bedeutend besser war als in den westlichen Besatzungszonen, da sie weniger stark von den strategischen Luftangriffen betroffen war und gleichzeitig von den zahlreichen Betriebsverlagerungen profitiert hatte.[715] Dieses Urteil trifft insbesondere auf Sachsen zu, das zu einem Hauptgebiet der Verlagerung von Rüstungsbetrieben in den letzten Kriegsjahren gehörte.[716] Anders stellte sich hingegen die Situation in der Braunkohlenindustrie, speziell im Untersuchungsraum, dar. Zum einen war sie Ziel der alliierten Treibstoffoffensive ab Mai 1944, zum anderen hatte die Stilllegung der Betriebe zur Folge, dass, aufgrund der eingestellten Wasserhaltung, die Tagebaue drohten, mit Wasser vollzulaufen. Letzteres konnte zum Stillstand der Braunkohlenförderung führen, wie das Beispiel der Grube Niemtsch bei Senftenberg zeigt.[717] Des Weiteren behinderten die

---

715 Vgl. Karlsch, Rainer: Allein bezahlt? (s. Anmerkung 39), S. 36 f.; Schanetzky, Tim: „Kanonen" (s. Anmerkung 32), S. 246; Steiner, André: Plan (s. Anmerkung 26), S. 20 – 24. Dabei war die Lage der deutschen Wirtschaft insgesamt besser als 1935, was den schnellen Wiederaufbau begünstigte.

716 Vgl. Karlsch, Rainer: Rekonstruktion (s. Anmerkung 47), S. 90 f.; Karlsch, Rainer/Schäfer, Michael: Wirtschaftsgeschichte (s. Anmerkung 44), S. 226 f.; Schneider, Michael C.: Wirtschaftsentwicklung (s. Anmerkung 45), S. 83 f.; Steinberg, Swen: Jenseits (s. Anmerkung 47), S. 429.

717 Vgl. Kupfer, Rudolf/Sawall, Dieter/Wiese, Ulrich: Der Senftenberger See. Eine Chronik, Senftenberg 2003, S. 51 f.

zahlreichen Blindgänger der Bombenangriffe und der Flak-Geschütze den Tagebaubetrieb regelmäßig, wie für den Tagebau Espenhain belegt ist.[718]

Am Kriegsende kam die Produktion des Industriekomplexes nach fast einem Jahr kontinuierlicher Bombenangriffe vollständig zum Erliegen. „Das Hydrierwerk Böhlen wurde dem Erdboden gleichgemacht",[719] meldete Radio London nach dem letzten und verheerendsten Angriff am 21. März 1945. Mit dem Herannahen der amerikanischen Streitkräfte wurde der Betrieb am 12. April 1945 eingestellt und stand bis zum 02. Mai 1945 still. [720] In den Wirren der ersten Tage nach der Befreiung brannte u. a. der Befehlsbunker des Werksleiters Herbert von Felbert im Brabag-Werk aus, in dem nach seinen Angaben die meisten Personalunterlagen aufbewahrt worden waren. Die amerikanischen Besatzungstruppen erkannten die Bedeutung der Anlagen, sodass sie noch vor Kriegsende in Europa den Befehl zum Wiederaufbau gaben. Allerdings herrschte ein gravierender Arbeitskräftemangel, da die befreiten Zwangsarbeiterinnen und Zwangsarbeiter abwanderten und viele deutsche Belegschaftsangehörige dem Industriekomplex vorerst fernblieben.[721]

Die ersten Schritte zum Wiederaufbau waren zögerlich und mit zahlreichen Problemen verbunden. Anfangs kehrten die Arbeitskräfte nur vereinzelt und langsam zurück, sodass die Verfügbarkeit von Personal, neben den Baumaterialien, zu den größten Problemen gehörte.[722] Beispielhaft entwickelte sich die Be-

718 Vgl. SächsStA-L, 22244, Betriebsschutzamt Espenhain, Nr. 11, Geschichte des BS-Kdo. Espenhain im Ersten 5-Jahresplan 1951-1955, S. 58.

719 Vgl. ebd., 20686, Nr. 307, Bildbericht über den Wiederaufbau des Benzinwerkes Böhlen 1945 – 1949, S. 2.

720 Vgl. ebd., Nr. 169, Besetzung des Werkes Böhlen – April 1945 vom 02.06.1945, S. 3 – 10. Nach ersten Gesprächen am 24. April 1945 zwecks Wiederaufnahme der Produktion scheiterte der erste Versuch an einem Konflikt zwischen Displaced Persons und Deutschen, bei dem ein deutscher Wachmann erschossen wurde. Daher forderte die Werksleitung Schutz durch amerikanische Soldaten.

721 Vgl. ebd., S. 3 – 9. Die Ereignisse um das unmittelbare Kriegsende wurden nur im Benzinwerk Böhlen überliefert. Für die anderen Werke kann von einer ähnlichen Situation ausgegangen werden. Die angestaute Frustration der Zwangsarbeiterinnen, Zwangsarbeiter und Kriegsgefangenen entlud sich vor allem in Plünderungen und Sachbeschädigungen. Zusätzlich wurden ca. 100 Fahrzeuge des Werkes von Displaced Persons für ihre Heimkehr requiriert. Zwischen dem 12. und dem 30. April 1945 befand sich nur eine deutsche Notbelegschaft aus der Werksleitung, Ingenieuren und Meistern in Böhlen.

722 Vgl. ebd., Braunkohle-Benzin Aktiengesellschaft, Böhlen vom 29.04.1945. Diese Planung erfolgte für die amerikanischen Besatzungstruppen und wurde in Englisch geschrieben. Eventuell wurde deshalb von Beginn an ein unrealistischer Plan für den Wiederaufbau gefasst, um der Besatzungsmacht den Industriekomplex wichtig erscheinen zu lassen und an die notwendigen Ressourcen zu gelangen.

legschaft der Brabag (vgl. Tab. 14), die vor Kriegsende durch das Geilenberg-Programm bevorzugt mit Arbeitskräften versorgt worden war.[723] Daher sah sich die amerikanische Verwaltung gezwungen, durch einen Befehl die Abwanderung zu verhindern und die Rückkehr des Personals zu begünstigen.[724] Der Befehl zur Wiederinbetriebnahme der Tagebaue erfolgte am 11. Mai 1945, begann aber aus eigener Initiative schon früher.[725] Der Befehl war mit einem anderen verbunden, der am 25. April 1945 von Lieutenant Colonel John E. Purman vom „Headquarters Provsional Detachment A" erlassen wurde und der die Wiederaufnahme der Produktion regelte.[726] Die beiden Befehle zielten darauf, die Brennstoff- und Energieversorgung der Großstadt Leipzig zu gewährleisten, wodurch die Besatzungsmacht eigene Kapazitäten sparte sowie zugleich die Situation der Bevölkerung stabilisierte und somit de facto verbesserte. Insofern hing der Wiederbeginn der Belegschaftsentwicklung unmittelbar mit dem Wiederaufbau des Werkes zusammen, der der einzige, wirtschaftspolitische Impuls der amerikanischen Besatzungsmacht blieb. Allerdings ist ihr geringer Einfluss aufgrund ihrer kurzen Wirkmächtigkeit wenig verwunderlich.

	Anfang Mai 1945	Mitte Mai 1945	Ende Mai 1945
Anzahl der Arbeitskräfte	160	600	1000

Tab. 14: Belegschaftsentwicklung der Brabag Böhlen im Mai 1945[727]

Die kurze Zeit der amerikanischen Besatzung prägte nicht nur das Problem der Versorgung der Bevölkerung mit Energie und Brennstoffen. Eine amerikanische Expertenkommission mit mindestens einem Hochdruckspezialisten besuchte den Industriekomplex am 28. April 1945 und beschlagnahmte technische Unterlagen.[728]

723 Vgl. BArch, R 3112/179, Einsetzung eines Werksbeauftragten vom 13.06.1944, Betrifft: Arbeitsstab Geilenberg vom 07.07.1944 und an Standartenführer Maurer Oranienburg vom 10.07.1944.

724 Vgl. SächsStA-L, 20686, Nr. 170, Braunkohle-Benzin Aktiengesellschaft vom 12.05.1945.

725 Vgl. ebd., Military Government Leipzig Area of Control vom 11.05.1945.

726 Vgl. ebd., Herstellung der notwendigen Güter für die Zivilbevölkerung vom 25.04.1945; Kaschade, Hans: Sowjetisch Besetzten Zone (s. Anmerkung 80), S. 35. Zusätzlich forderte Purman die Eigenversorgung mit Lebensmitteln, Seife und Düngemittel. Hans Kaschade beschrieb hingegen die Inbetriebnahme des Kraftwerks Böhlen durch Initiative von fünf kommunistischen Arbeitern, die von einigen Ingenieuren unterstützt wurden. In den betrieblichen Quellen ließ sich hierfür kein Beleg finden.

727 Vgl. SächsStA-L, 20686, Nr. 153, Kurze Übersicht über das Werk Böhlen vom 14.07.1945.

728 Vgl. ebd., Betr. Zeichnungen Rochlitz vom 03.05.1945; Schanetzky, Tim: „Kanonen" (s. Anmerkung 32), S. 239. Die ausgelagerten Akten wurden hierzu in Rochlitz gesichtet. Viele Firmen versuchten durch die Verbringung in sichere Orte ihre Akten zu schützen.

Bereits am 04. Mai folgten britische Spezialisten, die sich besonders für Details der Teer- und Benzinkammern interessierten.[729] Schlussendlich wurden mindestens vier leitende Angestellte der Brabag mit ihren Familien „von Amerikanern mitgenommen".[730] Aus Espenhain wurden Kabelpläne abtransportiert.[731] Solche Beschlagnahmen durch die westlichen Alliierten stellten in Mitteldeutschland keine Ausnahme dar.[732] Den Besatzungswechsel im Industriekomplex vollendete am 02. Juli 1945 die Ankunft der ersten sowjetischen Offiziere in Böhlen.[733]

Die Prioritäten unterschieden sich nicht von denen in anderen Gebieten der SBZ oder den westlichen Besatzungszonen.[734] Die Braunkohlenförderung ging in der östlichen Besatzungszone auf 49 % im Vergleich zum Höchststand 1943/44 zurück.[735] Die Brikettherstellung sank im selben Zeitraum sogar auf 44 % ab. Da in der NS-Zeit ein massiver Kapazitätsausbau der mitteldeutschen Braunkohlenindustrie stattgefunden hatte, sanken die Produktionsmengen im Vergleich zum Jahr 1936 allerdings nur auf 78 bzw. 86 %. Weitaus problematischer war der Rückgang in der Abraumgewinnung – das Freilegen der Kohle im Tagebau –, der in der gesamten Besatzungszone in Relation zu 1943/1936 auf 30 bzw. 45 % sank, und somit Auswirkungen auf die folgenden Jahre haben sollte. Gleichzeitig waren SBZ und DDR in einem deutlich größeren Maße von der Braunkohle abhängig als das „Dritte Reich".[736]

---

729 Vgl. SächsStA-L, 20686, Nr. 153, Bericht über Besprechung mit englischen Offizieren vom 14.05.1945.

730 Vgl. BStU, BV Leipzig, Nr. 3/52, Absetzen des Betriebsdirektors des Benzinwerkes Böhlen vom 30.11.1950; SächsStA-L, 20686, Nr. 141, Abteilungsleiterbesprechung am 09.01.1946; Nr. 153, Kurze Übersicht über das Werk Böhlen vom 14.07.1945; Stärk, Gerhard: Fritz (s. Anmerkung 184), S. 30 f. Es handelte sich hierbei um den Werksdirektor Felbert, den technischen Leiter Dr. Reinhard Wolf, den Oberingenieur und Planungsleiter Richard Lackner sowie Dr. Kurt Schneider, dem stellvertretenden Leiter der Hydrierung. Die letzten beiden kehrten allerdings kurze Zeit später an ihre Arbeitsplätze zurück. Zumindest Schneider blieb bis Herbst 1950 als Betriebsleiter des Benzinwerkes und floh danach in den Westen. Darüberhinaus flohen auch erheblich belastete Personen, wie Fritz Stärk, als sie von dem bevorstehenden Wechsel der Besatzungsmacht erfuhren.

731 Vgl. Kaschade, Hans: Sowjetisch Besetzten Zone (s. Anmerkung 80), S. 44.

732 Vgl. ebd., S. 43.

733 Vgl. Ketzer, Hans-Jürgen: Böhlener Werke (s. Anmerkung 101), S. 30.

734 Vgl. Echternkamp, Jörg: Die Bundesrepublik Deutschland 1945/49 – 1969, Paderborn u. a. 2013, S. 107 f.; Görtemaker, Manfred: Geschichte der Bundesrepublik Deutschland. Von der Gründung bis zur Gegenwart, München 1999, S. 120 f., 130 f. und 134 ff.

735 Vgl. Sperling, Dieter/Schossig, Wolfgang: Wirtschaftsorganisation (s. Anmerkung 76), S. 62. Allein die Fördermenge an Rohbraunkohle sank von 167,2 Mio. auf 82,6 Mio. Tonnen. Die Brikettproduktion brach sogar noch stärker ein, von 45,2 Mio. auf 20,1 Mio. Tonnen 1945.

736 Vgl. Kaschade, Hans: Sowjetisch Besetzten Zone (s. Anmerkung 80), S. 20; Steiner, André: Bergbau (s. Anmerkung 78), S. 303 ff. Das Gebiet der SBZ/DDR war vor 1945 auf Rohstoffe aus

Jahr	Abraum in m³	Rohkohlen in t	Briketts in t	Teer in t
1943	15 352 031	3 976 136	2 707 066	302 695
1944	11 631 627	3 677 889	2 731 572	296 939
1945	4 926 714	1 418 504	840 674	86 195
1946	12 926 890	3 893 683	1 988 099	170 633

Tab. 15: Produktionsstatistik für Espenhain 1943 bis 1946[737]

Dieser Produktionsrückgang lässt sich auch für den Industriekomplex bestätigen. Aufgrund der Kriegszerstörungen war der Rückgang sogar stärker als im SBZ-Schnitt. Allein in Espenhain ging 1945 die Abraumbewegung auf 32,1 %, die Kohlenförderung auf 35,7 % und die Brikettherstellung auf 31,1 % zurück (vgl. Tab. 15). Zumindest bei der Braunkohle erreichten die Kennzahlen den Stand von 1943 bereits wieder im folgenden Jahr.

Monat	Rohkohlenförderung in t	Brikettherstellung in t
April	19 157	-
Mai	63 398	10 582
Juni	148 869	48 490
Juli	193 278	69 424
August	217 821	71 547
September	268 647	85 811
Oktober	336 800	103 595
November	366 255	94 450

Tab. 16: Produktionsstatistik des Braunkohlenwerks Böhlen April bis November 1945[738]

anderen Teilen Deutschlands angewiesen. Nur Kali und Braunkohle waren an relevanten Ressourcen bedarfsdeckend vorhanden. Daher wurde ihr Abbau gesteigert und in der Industrie an Stelle anderer Güter eingesetzt. Allein bei der Verstromung war die Braunkohle mit über 85 % der wichtigste Energieträger. Die Steinkohlenförderung der SBZ entsprach hingegen nur 2,3 % der Vorkriegsförderung des Deutschen Reichs.

737 Vgl. SächsStA-L, 20680, SAG Brikett Kombinat Espenhain, Nr. 179, Störung im Kombinat Espenhain und ihre Ursachen in objektiver Betrachtung vom 08.02.1947, S. 2.

738 Vgl. ebd., 20686, Nr. 3, Direktionsbesprechung Nr. 24 vom 05.12.1945.

Die Statistiken zeigen für Böhlen einen Wiederanstieg der Produktion bis zum Spätherbst 1945, ohne dass das Produktionsvolumen von 1943 erreicht wurde (vgl. Tab. 16). Dieser hing vor allem mit der Rückkehr und der Neuanwerbung von Personal, sowie dem noch aus der Kriegszeit vorhandenen Material, vor allem von Ersatzteilen, zusammen. Daher konnte innerhalb von sieben Monaten die Rohkohlenförderung versechs- und die Brikettförderung verzehnfacht werden.

Die Wiederingangsetzung der Tagebaue war weniger kompliziert, da sie den Krieg weitestgehend ohne Beschädigung an den mechanischen Großfördergeräten überstanden hatten. Die Instandsetzung der Schwelereien, Teerverarbeitungsanlagen und Hochdruckhydrieranlagen hingegen erforderte mehr Zeit und vor allem Material. Daher fiel die frühe Produktion gering aus. Die Kapazität lag 1943 vor den Bombenangriffen bei ca. 20 000 Tonnen Treibstoff im Monat. Die Führung der Brabag ging Anfang Mai 1945 von einem schnellen Wiederaufbau aus und plante nur zwei Monate Reparaturzeit für das Erreichen der Hälfte der früheren Produktionsmenge ein.[739] Einen Monat später reduzierte sie die Erwartung bereits für Juni und Juli 1945 auf 3000 Tonnen sowie ab Oktober auf monatlich 7500 Tonnen flüssige Brennstoffe,[740] wollte jedoch bis zum Ende des Jahres wieder den Ausstoß von 1943 erreichen. Die Realität sah jedoch anders aus: Im August betrug der Ausstoß gerade einmal 380 Tonnen Benzin und 760 Tonnen Diesel.[741] Die eigenen Pläne konnten nicht erreicht werden und so konstatierte Hauptdirektor Ewald Hausmann im Januar 1946:

> „Was haben wir erreicht? Im Januar knapp 3000 t, d. h. wesentlich weniger als in den Monaten Oktober, November, Dezember. Das gibt sehr zu denken! Es ist ein Zustand [,] der nicht tragbar ist."[742]

Das Scheitern der Zielsetzungen erklärte Hausmann durch die seiner Meinung nach niedrige Arbeitsdisziplin und die zahlreichen Betriebsstörungen. Schlussendlich erreichte das Benzinwerk erst 1948 mit 238 000 Tonnen annähernd die Jahreskapazität von 1943.[743]

Das Ende des Wiederaufbaus ist nur schwerlich konkret zu bestimmen, da sich die Rekonstruktionen verschlissener Maschinen zeitlich mit der Beseitigung der Kriegsschäden überlagerten. In Teilen zog sich der Wiederaufbau bis in die

---

739 Vgl. ebd., Nr. 169, Braunkohle-Benzin Aktiengesellschaft, Werk Böhlen vom 02.05.1945.
740 Vgl. ebd., Nr. 72, Voraussichtliche Erzeugung und Rohstoffbedarf vom 28.07.1945; Nr. 169, Besetzung des Werkes Böhlen – April 1945 vom 02.06.1945, S. 10.
741 Vgl. ebd., Nr. 72, Monatskapazität vor den Bombenschäden vom 06.08.1945.
742 Ebd., Nr. 186, Betriebsversammlung vom 13.02.1946.
743 Vgl. ebd., Nr. 51, Geschäftsbericht zum Jahresabschluß 1948, S. 1.

1950er-Jahre, so wurde der Wasserstoff-Gasometer als einer der letzten Teile des Benzinwerkes erst im Jahr 1951 fertiggestellt.[744]

Demontagen und Übernahme in sowjetischen Besitz

Die wirtschaftliche Transformation nach Kriegsende spielte sich in der SBZ im antagonistischen Spannungsfeld von Demontage- und Wiederaufbaupolitik ab.[745] Trotz der Tatsache, dass der Industriekomplex nicht zu den militärischen Spezialindustrien gezählt wurde, deren Abbau die Alliierten beschlossen hatten, bestand bei den sowjetischen Besatzungstruppen ein besonderes Interesse sowohl an der Braunkohlen- und der chemischen Industrie als auch an der Energieerzeugung.[746] Im Untersuchungsraum waren Demontagen dennoch die Ausnahme, was zumindest für das Gesamtunternehmen Brabag konstatiert werden kann.[747] Für die ASW sind entscheidende Demontagen ebenfalls nicht nachzuweisen. Belegen lassen sich nur der Abbau von zwei Kesseln des Kraftwerkes Böhlen, sieben Dampfkesseln und zwei Turbinen aus dem Kraftwerk Espenhain sowie die Beschlagnahmung von insgesamt 15 Lastkraftwagen. [748] Darüber hinaus gibt es Hinweise auf Demontagen im Bereich der Kesselinstandhaltung in Espenhain,[749] die angeblich erst nach der Übernahme durch die SAG stattfanden.[750] Hingegen gab es weder den Abbau von Großfördergeräten im Tagebau noch der

744 Vgl. ebd., Nr. 62, Aufgliederung der nicht abgeschlossenen Kapitalarbeiten vom 20.01.1951.
745 Vgl. Karlsch, Rainer: Allein bezahlt? (s. Anmerkung 39), S. 84, 88 und 196. Die Auswirkungen und die Summe der Gesamtreparationen zu bestimmen, ist bis heute kompliziert. Karlsch, der den fundiertesten Einblick in die Berechnung der gesamten Reparationsleistungen hat, beziffert die Kosten allein für die Entnahmen aus Produktion, Pachten und Gewinnen der SAG auf mindestens 15 Milliarden US-Dollar. Hierbei bleiben allerdings sowohl der technologische Transfer als auch die Demontagen unberücksichtigt. Letztere umfassten 2000 – 2400 Betriebe und machten ungefähr einen Wert von 6 Milliarden RM aus.
746 Vgl. ebd., S. 79 f., 81, 102 ff., 176; Schulz, Ulrike: Simson (s. Anmerkung 20), S. 239. Besonders die vierte und fünfte Demontagewelle betrafen die Braunkohlenindustrie sowie die Energieerzeugung. Hierbei verlor die SBZ ca. 70 % ihrer staatlichen Kapazitäten zur Brikettherstellung (von 22 080 auf 6550 Tonnen am Tag). Als im Winter 1946/47 ein allgemeiner Demontagestopp durch Verhandlungen mit Stalin erreicht wurde, waren nur sieben Kohlengruben davon ausgenommen.
747 Vgl. BArch, DG 2 (Ministerium für Schwerindustrie,)/12718, Betrifft: Demontage Magdeburg Rothensee vom 24.11.1946. Nur Magdeburg, das über keine regionale Ressourcenversorgung verfügte, wurde komplett demontiert.
748 Vgl. Kaschade, Hans: Sowjetisch Besetzten Zone (s. Anmerkung 80), S. 80; SächsStA-L, 20686, Nr. 3, Direktionsbesprechung Nr. 26 vom 18.12.1945. Dabei wurden die moderneren Anlagen aus Espenhain, das damals das leistungsfähigste Kraftwerk der SBZ war, bevorzugt demontiert.
749 Vgl. SächsStA-L, 22244, Nr. 21, Espenhain, den 16.06.1947.
750 Vgl. Karlsch, Rainer: Allein bezahlt? (s. Anmerkung 39), S. 79 f.

chemischen Anlagen, obwohl letztere dem High-Tech-Segment zuzuordnen waren. Das ist insofern erstaunlich, da in anderen Gebieten der SBZ gerade in diesen Bereichen umfangreiche Demontagen durchgeführt wurden.[751] Die größten Anlagenverluste im Industriekomplex betrafen das Kunststoffpressplattenwerk Raschig sowie die Aluminiumwerke.[752] Ihre Verlagerung stand im Zusammenhang mit dem Abbau der Leipziger Flugzeugindustrie. Die Böhlener Hütte wurde als Ferrolegierungswerk Lippendorf später wiedererrichtet, das Kunststoffwerk Raschig bestand weiter und ist noch heute in Espenhain ansässig. Nur die Aluminiumhütte der Firma Dr. Walter Schmidt in der Flur Eula wurde nicht wiedererrichtet.

Allerdings führten die Demontagen zu indirekten Problemen, da durch den Abbau von zentralen Produktionseinrichtungen andere Wirtschaftsbereiche betroffen wurden. So wirkte sich der Abtransport von Zulieferbetrieben für Ersatzteile und technische Anlagen am stärksten auf den Industriekomplex aus. Die Demontage des Büssing-NAG-Werkes in Leipzig-Wahren 1946 verursachte zum Beispiel einem Mangel an Baggerbolzen und Buchsen.[753] Der dadurch bedingte Stillstand führte zu einer Verzögerung des Wiederaufbaus, wie die Werksleitung des Braunkohlenwerks Böhlen klagte. Diese Auswirkungen traten auch durch Demontagen bei den Leipziger Firmen Rudolf Sack sowie Unruh & Liebig auf, die als Zulieferer für den Untersuchungsraum tätig waren.[754] Des Weiteren konnten die Demontagen zu einem vorübergehenden Arbeitskräftemangel beitragen. Eine Anfrage nach Arbeitskräften für den Straßenbau im Industriekomplex musste vom Arbeitsamt Leipzig abgelehnt werden, da die verfügbaren Personen zuerst für die Demontage und danach für den direkten Wiederaufbau verplant waren.

Der Wandel in der Reparationspolitik durch Gründung der SAGs war aus Sicht der SMAD ein notwendiger Schritt, um sowohl die SBZ zu stabilisieren als auch die finanziellen und materiellen Gewinne aus der Besatzungszone zu maximie-

---

751 Vgl. Sperling, Dieter/Schossig, Wolfgang: Wirtschaftsorganisation (s. Anmerkung 76), S. 247. Bei Schaufelradbaggern wurden 42 %, bei Abraumförderbrücken 41 %, bei Eimerkettenbaggern 25 % und bei Löffelbaggern immerhin noch 13 % demontiert. Dies lähmte die Braunkohlenförderung aufgrund der fehlenden Möglichkeit zur Ersatzbeschaffung. Die Auswahl zeigt die Präferenz für moderne Bergbautechnik.

752 Vgl. PA Baumert, Sammlung Dissertation, Leichtmetallhütte Dr. Walther Schmidt Eula von Wolfgang Sperling, S. 39 ff.; Sperling, Wolfgang: Mölbis (s. Anmerkung 102), S. 429.

753 Vgl. Minjuk, Andrej: Deutsche Betriebsanlagen und Technologien in der sowjetischen Automobilindustrie 1945 – 1950, in: Karlsch, Rainer/Laufer, Jochen (Hrsg.): Sowjetische Demontagen in Deutschland 1944 – 1949. Hintergründe, Ziele und Wirkungen, Berlin 2002 (= Zeitgeschichtliche Forschungen, Bd. 17), S. 147 – 186, hier S. 160; SächsStA-L, 20686, Nr. 270, Demontagebefehl für Büssing-NAG vom 15.03.1946.

754 Vgl. Ketzer, Hans-Jürgen: Böhlener Werke (s. Anmerkung 101), S. 31.

ren.[755] Daher wählte sie die ökonomisch vielversprechendsten Betriebe aus, was besonders das industrialisierte Sachsen betraf.[756] Die Unternehmen des Industriekomplexes zu übernehmen, die zu den wirtschaftlich potentesten in der SBZ zählten, war nur konsequent. Nicht umsonst war Espenhain – neben dem Synthesewerk Schwarzheide – die letzte SAG der Brennstoffindustrie, die an die DDR übergeben wurde.[757] Unrentable Unternehmen wurden hingegen deutlich eher übereignet.[758] Die rechtliche Grundlage zur Übernahme bildete der Befehl Nr. 167 der SMAD vom 05. Juni 1946, die praktische Umsetzung erfolgte hingegen nach Befehlen der Sowjetischen Militäradministration in Sachsen (SMAS), wie im Falle des Kraftwerkes Espenhain auf Befehl Nr. 187 vom 19. Juli 1946.[759] Zusätzlich regelten die Befehle Nr. 202 bis 204 und 268 die Übernahme der einzelnen Betriebsteile.[760] Der Wert der Anlagen wurden von einer deutsch-sowjetischen Kommission ermittelt, deren deutsche Mitglieder sich im Fall Böhlens sowohl aus dem Direktorium des Benzin- als auch des Braunkohlenwerkes rekrutierten und die sowjetischen aus dem ersten Generaldirektor sowie dem Kommandanten der Stadt und des Kreises Borna bestanden.[761] Der ermittelte Wert wurde auf dem Reparationskonto verbucht. Im Falle des Benzinwerkes, der Zentralwerkstätten und der IZ wurden 1946 beispielsweise 82 074 914,29 RM als Reparation vermerkt. Für das Braunkohlenwerk inkl. der Schwelerei und der Nebengewinnungsanlagen wurde ein Wert von 43 294 663 RM angegeben. Diese Summen waren im Vergleich zu den Anlagewerten vor 1945 sehr niedrig. Allein die ASW hatte 1944 einen

---

755 Vgl. Karlsch, Rainer: Allein bezahlt? (s. Anmerkung 39), S. 110 f. Espenhain gehörte somit zu den letzten 33 SAGs, die zum 01. Januar 1954 in den Besitz der DDR übergeben wurden.

756 Vgl. Karlsch, Rainer/Schäfer, Michael: Wirtschaftsgeschichte (s. Anmerkung 44), S. 234.

757 Vgl. Karlsch, Rainer: Allein bezahlt? (s. Anmerkung 39), S. 131 f.

758 Vgl. Halder, Winfrid: „Modell für Deutschland" (s. Anmerkung 46), S. 373; Steiner, André: Plan (s. Anmerkung 26), S. 31.

759 Vgl. SächsStA-L, 20680, Nr. 17, Verfügung Nr. 1 vom 27.07.1946.

760 Vgl. Sperling, Dieter/Schossig, Wolfgang: Wirtschaftsorganisation (s. Anmerkung 76), S. 249. Alle Befehle wurden ebenfalls am 19. Juli 1946 erlassen. Nr. 202 betraf das Braunkohlenwerk Böhlen mit Tagebau, Brikettfabriken, Schwelerei und Gaswerk. Nr. 203 regelte die Übernahme des Kraftwerkes Böhlen. Nr. 204 wiederum galt für Tagebau, Brikettfabriken, Schwelerei und Teerverarbeitung Espenhain. Nr. 268 diente als Anweisung für das Benzinwerk Böhlen.

761 Vgl. Foitzik, Jan/Petrow, Nikita W.: Sowjetische Kommandanturen und deutsche Verwaltung in der SBZ und frühen DDR, Berlin u. a. 2015, S. 284; SächsStA-L, 20686, Nr. 106, Gesamtverzeichnis der Ermittlung vom Dezember 1946, Befehl des Chefs der SMA f. d. BLS Nr. 239 vom 05.08.1946. Die Mitglieder waren der erste Generaldirektor des Braunkohlenwerkes Böhlen, Wasiliy Wasilewitsch Michailow, Oberstleutnant Weniamin Stepanowitsch Kopnin von der Militäradministration Borna und der Hauptdirektor des Benzinwerkes Ewald Hausmann, der kaufmännische Direktor Georg Rahn sowie der Leiter der Schwelanlage des Braunkohlenwerkes Norbert Martinak.

Gesamtwert von 833 195 898 RM, von dem der Industriekomplex den größten Anteil ausmachte.[762] Sicherlich war eine Minderung auf Kriegszerstörungen, aber auch auf das Verlangen der Besatzungsmacht, möglichst hohe Reparationen zu erzielen, zurückzuführen.[763] Sachsenweit lag die Differenz in der Bewertung der SAGs zwischen Landesregierung und SMAS bei 18 %.[764]

Bedeutung des Industriekomplexes in der Phase der SAG

Bereits die Übernahme des Industriekomplexes in die Hauptverwaltung des sowjetischen Eigentums im Ausland beim Ministerrat der UdSSR zeigte seine ökonomische Systemrelevanz. Wie stellte sich jedoch seine wirtschaftliche Bedeutung für den östlichen Teil Deutschlands dar? Vor allem drei Bereiche waren für die SBZ und die DDR wichtig: Die Brennstoffgewinnung für den Hausbrand, die Energiegewinnung zur allgemeinen Elektrizitätsversorgung sowie die Treibstoffherstellung. In allen diesen Bereichen besaß der Industriekomplex eine herausragende Rolle. Als einer der größten Rohkohlenförderer war er für die gesamte SBZ von Bedeutung; besonders der Zeitraum 1945 bis 1949 war von Brennstoffmangel geprägt:

> „Der Landabsatz von Rohkohle und Briketts war zu dieser Zeit sehr groß [...]. Fahrzeugschlangen der LKW's, von oft über 200 m Länge aus beiden Richtungen auf der Fernverkehrsstrasse 95, hatten sich zur Beladung von Kohle angestaut. Die Kohletransportfahrzeuge kamen nicht nur aus den Kreisgebieten des Bezirkes Leipzig, sondern auch aus anderen Bezirken der DDR. Diese Umstände hatten lange Wartezeiten zur Folge."[765]

Insgesamt belief sich die Förderung an Rohbraunkohle im Industriekomplex ab 1949 auf über 10 % der Gesamtfördermenge der DDR (vgl. Tab. 17), wodurch die Produktion spätestens ab diesem Zeitpunkt wieder systemrelevant war. Damit stieg auch die nationale Bedeutung im Vergleich zur NS-Zeit weiter an. Hinzu kam die Abhängigkeit der DDR von der Braunkohle, die nur über geringe und minderwertige Steinkohlenvorkommen verfügte.[766]

---

762 Vgl. SächsStA-D, 11605, Nr. 890, Geschäftsbericht für 1944.

763 Vgl. Schulz, Ulrike: Simson (s. Anmerkung 20), S. 260 f. Schulz beschreibt für Simson die sich gegenüberstehenden Interessen bei der Bewertung der Anlagen.

764 Vgl. Halder, Winfrid: „Modell für Deutschland" (s. Anmerkung 46), S. 283.

765 SächsStA-L, 22244, Nr. 11, Geschichte des BS-Kdo. Espenhain im Ersten 5-Jahresplan 1951–1955, S. 18. Obwohl die Quelle von Bezirken spricht, beschreibt sie den Zeitraum um 1947/1948. Allerdings ist sie als Chronik tatsächlich erst nach 1952 verfasst worden.

766 Vgl. Judt, Matthias: Aufstieg und Niedergang der „Trabi-Wirtschaft", in: Judt, Matthias (Hrsg.): DDR-Geschichte (s. Anmerkung 115), S. 87–164, hier S. 89; Steiner, André: Plan (s. Anmerkung 26), S. 20; Spittmann, Ilse/Helwig, Gisela: DDR-Lesebuch. Von der SBZ zur DDR 1945–1949, Berlin 1989, S. 161. In der SBZ waren bei 22 % der Fläche und 23 % der Bevölkerung des

	1945	1947	1949	1951
Böhlen-Espenhain	4 559 000 t	9 588 000 t	13 623 000 t	17 451 000 t
Gesamte DDR	82 600 000 t	101 700 000 t	124 900 000 t	151 300 000 t
Anteil	5,52 %	9,43 %	10,91 %	11,53 %

Tab. 17: Rohkohlenförderung im Industriekomplex sowie in der DDR 1945 bis 1951[767]

Ähnlich sah es in der Energiegewinnung aus: „Das Kombinat nahm im Gesamtsystem der Ökonomie der DDR einen bedeutsamen Platz ein. Die [Espenhainer] Kraftwerke I und II waren zu diesem Zeitpunkt die größten der DDR."[768] Allein 1946 hatten sie einen Anteil von 28 % an der gesamten sächsischen Energieversorgung, sodass die SMAS befahl, die Produktion zu erhöhen, um die für eine stabile Stromversorgung notwendigen 40 % zu gewährleisten.[769] Hinzu kam, dass von Espenhain aus über das Umspannwerk „Silberstraße" die Wismut AG, das wichtigste Unternehmen der SBZ/DDR, versorgt wurde.[770] Auch das Kraftwerk Böhlen verfügte mit 210 Megawatt über eine erhebliche Leistung, die dazu beitrug, die Leipziger Großindustrie zu versorgen.[771]

Auch die Treibstoffgewinnung war bedeutend. Diente das in Böhlen produzierte Benzin bis 1945 der Versorgung der deutschen Kriegsmaschinerie, so lieferte es nach dem Kriegsende zuerst Kraftstoffe für die Armeen der Sowjetunion.[772] Bis 1952 schien Böhlen auf bestimmte Treibstoffe für turbinengetriebene Flugzeuge sogar ein Monopol für die Sowjetunion und die Staaten in ih-

---

Deutschen Reichs nur 2 % der Steinkohlen- und Roheisengewinnung konzentriert. Bei der Stahlherstellung waren es 8 %.

767 Vgl. Sperling, Dieter/Schossig, Wolfgang: Wirtschaftsorganisation (s. Anmerkung 76), S. 318 und 335. Allerdings bewegte sich bereits in den Jahren davor die Produktion bei annähernd 10 %. Daher war der Industriekomplex bereits für die SBZ systemrelevant.

768 SächsStA-L, 22244, Nr. 11, Geschichte des BS-Kdo. Espenhain im Ersten 5-Jahresplan 1951-1955, S. 37.

769 Vgl. ebd., 20680, Nr. 17, Befehl Nr. 335 vom 21.11.1946. Dieser Befehl ging einher mit Anweisungen an die Abteilungen Bergbau und Metallurgie, Arbeit und Lohn, Planung und Ökonomie sowie an die Kommandanten der sächsischen Bezirke, dieses Vorhaben vorrangig zu unterstützen.

770 Vgl. ebd., 22244, Nr. 11, Geschichte des BS-Kdo. Espenhain im Ersten 5-Jahresplan 1951-1955, S. 74. Heute befindet es sich in einem Ortsteil von Wilkau-Haßlau.

771 Vgl. Wagenbreth, Otfried: Braunkohlenindustrie (s. Anmerkung 79), S. 135. Dies entsprach der Hälfte der Espenhainer Maximalleistung.

772 Vgl. SächsStA-L, 22243, Betriebsschutzamt Böhlen, Nr. 46, Die wirtschaftliche und politische Bedeutung unseres VEB vom 25.05.1956. Eine Versorgung der UdSSR mit Flugtreibstoffen erfolgte mindestens bis 1952.

rem Machtbereich zu besitzen; dem Benzinwerk fiel somit eine strategische Bedeutung zu. Auch spielte es in der Weiterverarbeitung von flüssigen Brennstoffen eine Rolle. Schwerbenzine aus Rositz und Zeitz konnten mit Hilfe der Dehydrierungs-Anlage in geeignetere Kraftstoffe umgewandelt werden. Des Weiteren war die Schwelerei Espenhain die größte in der SBZ, und das Gaswerk Böhlen deckte mit 550 000 Kubikmetern Gas pro Tag den größten Teil des Bedarfs im mitteldeutschen Ferngasnetz.[773] Ausfälle führten daher regelmäßig zu einem Zusammenbruch des Gasnetzes.[774] Ein Ausfall 1946 beeinträchtigte weite Teile der Produktion in Westsachsen und hatte sogar noch Auswirkungen auf die feinmechanischen und glasherstellenden Betriebe in Thüringen sowie im Raum Halle, wie die Deutsche Zentralverwaltung der Brennstoffindustrie (DZVB) beklagte.[775]

Die Systemrelevanz des Industriekomplexes nahm durch die Fokussierung auf die Grundstoffchemie nach 1945 zu. Dies stand im Zusammenhang mit den strukturbedingten Wirtschaftsproblemen der SBZ/DDR, die u. a. auch Profiländerungen bestehender Firmen im Industriekomplex nach sich zogen. Zwei Beispiele verdeutlichen dies: Während die Großkelterei Rötha durch den zunehmenden Mangel an Anbauflächen und den Umweltschädigungen rapide an Bedeutung verlor,[776] wurde das Stahl- und Hartgusswerk Bösdorf auf die Bedürfnisse der Braunkohlenwerke umprofiliert,[777] eine derartige vertikale Integration von Zuliefererbetrieben brachte aber nicht immer Vorteile mit sich.[778] Zusätzlich wurden auch Produktionseinrichtungen und Werke ausgebaut, die im Zusammenhang mit der Verarbeitung der gewonnenen Rohstoffe im Industriekomplex standen. Hier ist an erster Stelle das Serumwerk Oelzschau zu

---

773 Vgl. BArch, DG 2/12718, Betr. Werk Espenhain von 1946; DG 2/9752, Gasversorgung im mitteldeutschen Raum vom 21.08.1950. Hinzu kamen die Großgaserei Magdeburg mit 180 000 Kubikmetern am Tag, die Kokereien in Zwickau mit 140 000 Kubikmetern am Tag und das Gaswerk Watenstedt mit 45 000 Kubikmetern am Tag. Somit stellte Böhlen 60,1 % der gesamten Kapazität im Verbund.

774 Vgl. ebd., DG 2/9752, Betriebsstillstand des Großgaswerkes vom 01.07.1949. Verantwortlich war der Druckabfall bei Leistungsausfall, der in diesem Beispiel bei einem Stillstand von 3 bis 4 Stunden das Gasnetz für 3 Tage stilllegte.

775 Vgl. ebd., Vermerk über die Stillegung der Ferngasversorgung in Westsachsen vom 17.12.1946.

776 Vgl. Berkner, Andreas u. a.: Schloss und Stadt Rötha. Landschaft, Archäologie und Geschichte, Dresden 2011 (= Archaeonaut, Nr. 10), S. 3 ff.

777 Vgl. BArch, DC 16 (Koordinierungs- und Kontrollstelle für Industrie und Verkehr)/46, Verzeichnis der Werks- und technischen Leiter der einzelnen Werke. Die Bergbauunternehmen im Industriekomplex profitierten von der Nähe der Fabrik, ohne dass diese jemals unter ihrer Kontrolle gestanden hätte. Dabei produzierte sie in dieser Zeit ausschließlich Ersatzteile für die Werke des Industriekomplexes.

778 Vgl. Schulz, Ulrike: Simson (s. Anmerkung 20), S. 330.

nennen, das das aus dem Leichtöl gewonnene Pyridin verarbeitete.[779] Allerdings stand der Aufbau neuer Werke stets in Konkurrenz zu dem Flächenbedarf der Tagebaue, sodass Neuansiedlungen im Untersuchungsraum nach 1945 nicht erfolgten.

Auch unterstrichen neue Verfahren, die teilweise erstmals in Deutschland zur Anwendung kamen, die Bedeutung des Untersuchungsraumes. So wurde 1947 ein über Festbettkatalysatoren arbeitendes Mitteldruck-Benzinreformierungsverfahren erstmals in Böhlen angewandt.[780] Durch die Erweiterung stieg auch das Angebot der produzierten Waren (vgl. Abb. 7).

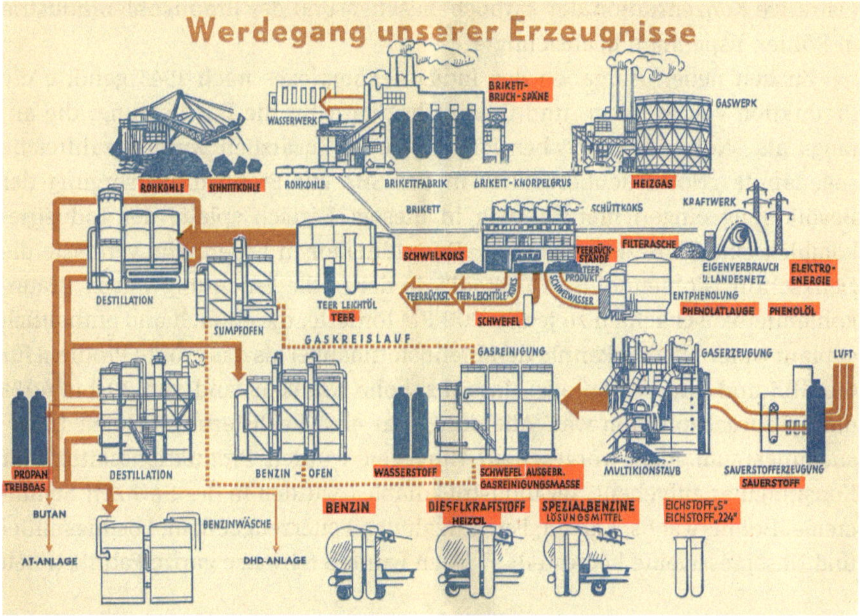

Abb. 7: Produktionsprozess und Produkte des Benzinwerkes Böhlen seit den frühen 1950er-Jahren

779 Vgl. Stiftung Archiv der Parteien und Massenorganisationen der DDR im Bundesarchiv (SAPMO), DY34 (Bundesvorstand des Freien Deutschen Gewerkschaftsbundes)/759, Plan für den Einzel-Instrukteur-Einsatz vom 13.02. bis 30.03.1951.

780 Vgl. Klotzsche, Heiner/Mai, Eberhard/Morgenstern, Heinz: Böhlen (s. Anmerkung 65), S. 16.

Da der Industriekomplex als SAG organisiert war, verfügte er über privilegierten Zugriff auf Material, Arbeitskräfte und Know-how, die der Privatwirtschaft aber auch den landeseigenen Unternehmen fehlten. Besonders die Struktur der „Technab", die eine Art Versorgungskontore bildeten, hatte große Bedeutung für den ökonomischen Erfolg der SAGs in der SBZ.[781]

Der Bedeutungszuwachs des Industriekomplexes spiegelte sich im Umgang mit den 1945/46 noch bestehenden Zentralverwaltungen von ASW und Brabag wider. So veranlasste der Vizepräsident der DZVB die Überführung der Akten der Brabag nach Auflösung der Berliner Hauptverwaltung nach Böhlen.[782] Dies spricht dafür, dass die deutsche Wirtschaftsverwaltung eine regionale administrative Konzentration der karbochemischen und der Braunkohlenindustrie in Böhlen-Espenhain beabsichtigte.

Zu den neuen Aufgaben des Industriekomplexes nach 1945 gehörte die Produktion von Konsum- und Gebrauchsgütern für die Bevölkerung, die anfangs als „Notproduktion" bezeichnet wurde. Zusätzlich wurden zahlreiche sogenannte „Notkohlenbergbaue" in der SBZ zur Brennstoffversorgung der Bevölkerung eingerichtet.[783] Auch in diesem Bereich spielte der Industriekomplex eine Rolle: Ernst Markus, Hauptdirektor in Espenhain, verfasste die Denkschrift „Kohlennot ist Volkstod!", in der er die Errichtung von 91 Braunkohlentiefbauschächten zu je 650 000 RM forderte, die einfach und einheitlich geplant waren.[784] Er erkannte den Brennstoffmangel als das größte Problem für die SBZ und ging davon aus, dass der hohe Krankenstand von 30 bis 40 % darauf zurückzuführen war. Allerdings war eine Realisierung für den Untersuchungsraum nicht vorgesehen. Hingegen wurden Produktionsstätten für Konsumgüter aufgebaut. Im Industriekomplex wurden in der SAG-Zeit Schuhcreme, Bohnerwachs, Kerzen, Feueranzünder, Feuerzeugbenzin, Lösungsmittel und Nasspresssteine hergestellt.[785] Dazu wurden teilweise ganze Fabriken neu

---

781 Vgl. Schulz, Ulrike: Simson (s. Anmerkung 20), S. 254.

782 Vgl. BArch, DG 2/12718, Entwurf eines Schreibens an die Sowj. r. Administration vom 28.09. 1945.

783 Vgl. Sperling, Dieter: Notkohlenbergbau (s. Anmerkung 77), S. 4 ff.; Sperling, Dieter/Schossig, Wolfgang: Wirtschaftsorganisation (s. Anmerkung 76), S. 101–115. Insgesamt waren 166 dieser Gruben in der SBZ nachweisbar, davon 96 im Mitteldeutschen Revier. In 73 % wurde die Kohle im Tagebau gewonnen. Sie dienten der Versorgung der Städte und Gemeinden von weniger als 50 000 Einwohnern mit Brennstoffen für den Hausbrand. Da sie wirtschaftlich ineffizient waren, betrug ihre Nutzung im Durchschnitt nur 4,3 Jahre.

784 Vgl. SächsStA-L, 20680, Nr. 144, Denkschrift über Sofortmaßnahmen gegen Brennstoffnot.

785 Vgl. ebd., 20632, Nr. 1161/1, Herstellung von Schuhkreme und Bohnermassen durch Dr. Günther vom 16.10.1945; 20680, Nr. 182, Nasspresssteinfabrikation vom 25.11.1947; 20686, Nr. 184, Protokoll über die Sitzung des leitenden Personals der Böhlener Werke am 09.03.1950 11 Uhr bei errichtet, wie die Beispiele der Kerzengießerei und der Feueranzünder-Fabrik zeigen, die 1947 eine Jahresproduktion von 469 773 Stück bzw. 878 Tonnen hatten.[786]

Die Besuche hochrangiger Persönlichkeiten der SBZ und DDR unterstreichen die wirtschaftspolitische Bedeutung des Industriekomplexes in der Phase der SAG. Den Anfang machte der damalige Vorsitzende der SED, Otto Grotewohl, der am 05. Juni 1947 in Böhlen eine Rede mit dem Titel „Was wird aus Deutschland?“ hielt.[787] Zu seinen Ehren erfolgte auch die Umbenennung nach der Übergabe in den Besitz der DDR in VEB „Otto Grotewohl“ Böhlen. Zur Namensverleihung besuchte er den Industriekomplex im November 1952 ein weiteres Mal.[788] Zudem pflegte er eine umfassende Korrespondenz mit Böhlen, die beispielsweise Ausdruck in einem repräsentativen Erinnerungsalbum fand, das ihm überreicht wurde.[789] Zusätzlich ließ er sich über innerbetriebliche Konflikte und die Zusammensetzung der Belegschaft informieren. Auch der Präsident der DDR, Wilhelm Pieck, kam am 21. September 1950 in den Untersuchungsraum.[790] Mit dem Vizepräsidenten der DWK, Fritz Selbmann, sowie mit Hermann Matern, Fred Oelßner und Otto Buchwitz besuchten weitere hochrangige Funktionäre den Untersuchungsraum.[791] Den Initiator der „Aktivistenbewegung“ und „Nationalpreisträger der DDR“, Adolf Hennecke, lud

Herrn Generaldirektor Schitnik; Karlsch, Rainer: Allein bezahlt? (s. Anmerkung 39), S. 116. Möglicherweise handelte es sich bei dem Feuerzeugbenzin nur um eine entsprechende Bezeichnung, um Benzin auf dem Schwarzmarkt zu handeln. Die Bezeichnung Feuerzeugbenzin diente zur Verschleierung des illegalen Handels mit Treibstoffen, die für Privatpersonen nicht verfügbar waren. Dabei war die Tarnbezeichnung in der gesamten SBZ üblich. Mit der Nasssteinproduktion aus Klärschlamm der Schwelereien verfolgten die Unternehmen sogar Recycling-Ideen.

786 Vgl. SächsStA-L, 20680, Nr. 181, Jahresproduktion 1947 der SSAG „Brikett“ Espenhain vom 02.01.1948. Die tatsächlichen Leistungen hinkten wesentlich hinter den Planungen her. Allein für die Feueranzünder-Fabrik war eine Leistung von 20 Tonnen täglich vorgesehen.

787 Vgl. ebd., 22244, Nr. 21, Kundgebung mit Otto Grotewohl am 05.06.1947.

788 Vgl. SAPMO, NY 4090 (Grotewohl, Otto)/63, Programm der Veranstaltung im Kombinat Böhlen anläßlich der Namensgebung am 22.11.1952.

789 Vgl. BArch, DC 20BILD (Ministerrat der DDR, Bildbestand)/166, S. 1.

790 Vgl. SächsStA-L, 22244, Nr. 11, Geschichte des BS-Kdo. Espenhain im Ersten 5-Jahresplan 1951-1955, S. 10 ff.; Neuseenland-Sammlung im Soziokulturellen Zentrum KuHstall e.V. Großpösna (NlSG), Sonderbestand, Buch „Gute Gedanken sind hier willkommen“, Eintrag von Wilhelm Pieck vom 21.09.1950.

791 Vgl. SAPMO, NY 4090/63, Werter Genosse Grotewohl von 1947, Werter Genosse Grotewohl! vom 23.09.1948.

man als Ehrengast zu einer Propagandaveranstaltung in den Industriekomplex ein.[792]

Die Herausforderung des Mangels in der Nachkriegszeit

Insgesamt hatten die Unternehmen während der Zeit der SAGs vor allem mit Problemen im Bereich der Arbeitsorganisation, der Betriebskosten und des Qualitätsmanagements zu kämpfen, wobei dies dem allgemeinen Trend in der SBZ/DDR entsprach.[793] Auffällig ist daher die hohe Übererfüllung der Pläne, die vor allem für die Zeit ab 1950 kritisch zu sehen ist. Beispielhaft hierfür steht das Kraftwerk Böhlen mit einer Erfüllung des Jahresplans 1950 von 116,2 % bzw. sein vorzeitiges Erreichen am 29. November 1950, um 9.55 Uhr und das obwohl es häufig reparaturbedingte Stillstandszeiten verzeichnete.[794] Ferner verwies die Werksleitung auf ein Anwachsen der Arbeitsproduktivität um 4,9 % im Vergleich zum Vorjahr und um 4,4 % zu den Planvorgaben, beschwerte sich aber gleichzeitig über die neuen Tariflöhne, die zu einem Überschreiten des Lohnfonds führten. Die widersprüchliche Argumentation – die höheren Löhne waren vermutlich der Grund für den Anstieg bei der Arbeitsproduktivität – fiel scheinbar nicht ins Gewicht. Das System der „weichen Pläne", sprich der leicht zu erfüllenden Planvorgaben, bestand offensichtlich von Beginn an (vgl. Tab. 18). Die steten Klagen über die niedrige Leistung im Abraumbetrieb und der damit verbundene Kohlenmangel deuten darauf hin, dass die Planvorgaben zu niedrig waren bzw. beide Bereiche in den Plänen nicht ausreichend in Relation standen. Daher sind die hier wiedergegebenen Planerfüllungskennziffern kritisch zu sehen. Eine Erklärung für die Diskrepanz zwischen den erfüllten Plänen und den Klagen der zentralen Wirtschaftsverwaltung über die niedrige Produktion findet sich in Espenhain. Hier verbrannte das Kraftwerk nicht mehr den Koks der Schwelereien, sondern die minderwertige Rohbraunkohle, um den Gewinn des Gesamtbetriebes durch den Absatz des teu-

---

792 Vgl. BArch, DC 20BILD/166, S. 13.

793 Vgl. Schulz, Ulrike/Welskopp, Thomas: Unternehmen (s. Anmerkung 23), S. 336 f.; Steiner, André: Plan (s. Anmerkung 26), S. 12–17. Die SED-Führung befand sich von Anfang an in dem Dilemma, sowohl als Unternehmer als auch als Arbeitnehmervertreter aufzutreten. Dabei bestanden zwangsläufig die Probleme „weicher Pläne" und einer geringen Arbeitsmotivation. Das wurde nur unzureichend erkannt. Gegenmaßnahmen, wie das NÖSPL, wurden nur zeitlich begrenzt umgesetzt. Dennoch funktionierte die Planwirtschaft, trotz aller Mängel, weitestgehend bis zum Ende der DDR.

794 Vgl. SächsStA-L, 20686, Nr. 26, Erläuterungen zu Formblatt 6 – Bericht über die Erfüllung des Arbeitsplanes für 1950 vom 13.01.1950, Bewegung der Arbeitskräfte 1950 vom 29.11.1950, Aushang vom 30.11.1950, Produktionserfüllung für das Abrechnungsjahr 1950 vom 10.01.1951.

reren Produktes zu steigern.[795] Der hohe Sandgehalt des neuen Brennstoffes führte jedoch zu einer verstärkten Schlackebildung und zu niedrigeren Leistungen des Kraftwerkes.

Bereich	Jan.	Feb.	April	Mai	Juni	Juli	Sep.	Okt.	Nov.
Abraum	111,9	83,6	96,6	106,2	103,5	87,0	102,0	115,8	141,8
Rohkohlen	111,6	110,5	100,0	100,1	110,0	107,1	110,3	110,3	117,8
Briketts & Trocken-kohle	112,0	113,8	101,3	100,2	108,1	105,4	113,8	118,2	115,5
Teer & Öl	111,5	116,3	101,9	110,8	120,0	114,5	129,1	134,1	133,6
Koks	117,2	110,8	105,1	105,5	111,2	107,4	123,7	129,5	128.,2
Gas	113,2	114,9	103,3	104,8	125,8	124,2	128,3	133,3	135,4
Phenolat-lauge	113,3	126,3	100,8	107,9	134,1	145,1	126,1	120,1	130,3

Tab. 18: Monatliche Planerfüllung der SAG Kombinat Böhlen 1948 in Prozent[796]

Ein deutliches Indiz für die strukturellen Probleme der SAGs zeigt ein Vergleich der Betriebskosten zwischen 1943 und 1948 (vgl. Tab. 19), der ihren massiven Anstieg vor Augen führt, hier am Beispiel der SAG „Topliwo" Böhlen. Zwar versuchte die sowjetische Direktion durch eine Entlassungsaktion dieses Problem zu beheben, scheiterte jedoch.[797] Die gestiegenen Löhne waren auch gar nicht der Hauptgrund für die Kostensteigerung, sondern die erheblichen Preissteigerungen bei den benötigten Rohstoffen. Da die Preise allerdings aus der Zeit vor der Währungsreform stammen, ist notwendigerweise quellenkritisch auf die Inflation hinzuweisen, die in der Nachkriegszeit herrschte. Damit ist der Vergleich nicht als absolut zu verstehen.

795 Vgl. ebd., 20680, Nr. 181, Maßnahmen zur Hebung der Wirtschaftlichkeit vom 04.09.1947, S. 17.

796 Vgl. ebd., Nr. 138, Betriebsleiterbesprechung Nr. 1–24 der C-Betriebe 1948.

797 Vgl. ebd., Betriebsleiterbesprechung Nr. 17 der C-Betriebe am 22.07.1948, Betriebsleiterbesprechung Nr. 13 der C-Betriebe am 04.06.1948. Im Mai beklagte das Werk noch die mangelnde Besetzung der Sollstellen, während sie im Juli überbelegt waren. Interessanterweise orientierten sich die neuen Planstellen ungefähr an dem Bestand von Mai, so dass de facto das wirtschaftliche Problem bestehen blieb.

	RM je Tonne Teer 1943	RM je Tonne Teer 1948	Steigerung
Betriebskosten (Löhne, Gehälter, Betriebsmittel)	5,16	10,87	221 %
Instandsetzungskosten (Rep.-Löhne, Rep.-Material, Fremdreparaturen)	2,74	14,25	520 %
Gemeinsame Kosten[798] (Feuerwehr, Werkschutz, Küche, Fuhrpark, Poliklinik, Wohnlager, HV, etc.)	1,48	10,87	735 %
Roh- und Hilfsstoffe (Briketts, Wasser, Dampf, Strom)	28,17	115,50	410 %
Gesamt	37,55	151,49	403 %

Tab. 19: Betriebskosten je Tonne produzierten Teers der Brabag Böhlen 1943 sowie der SAG Kombinat Böhlen 1948[799]

Die Gewinnmaximierung der SAGs war das wirtschaftliche Hauptanliegen der sowjetischen Besatzungspolitik ab 1946.[800] Daher war den Betrieben nicht an einer wirtschaftlichen Planung für die mittel- und langfristige Zukunft gelegen, auch wenn diese Betriebe deutlich besser versorgt wurden. So verfolgte die sowjetische Besatzungsmacht einerseits einen konsequenten Wiederaufbau des Industriekomplexes, andererseits zeigte sie kein Interesse daran, die strukturellen Probleme zu beheben.

Durch den rasanten Auf- und Ausbau der Anlagen in den 1930er- und 1940er-Jahren und der gleichzeitig angespannten Situation in Baubranche und Maschinenbau blieb die Kohlenversorgung im Industriekomplex bis 1945 unzureichend, nicht zuletzt da es an Großfördergeräten mangelte. Ging die Abraumförderbrücke 17 in Espenhain erst im März 1945 in Betrieb, konnte der zugehörige Bagger 6 hingegen nicht mehr fertiggestellt werden.[801] Dieses strukturelle Problem blieb auch für die Zeit nach 1945 bestehen. Zwar bemühte sich die Werksleitung um die Auslieferung des bei der Firma Krupp bestellten Baggers, allerdings verhinderte

798 Zu diesem Zeitpunkt bestanden mit dem Kombinat und dem Benzinwerk zwei SAGs in Böhlen, die sich gewisse betriebliche Einrichtungen teilten.

799 Vgl. SächsStA-L, 20686, Nr. 138, Betriebsleiterbesprechung Nr. 16 der C-Betriebe am 15.07.1948.

800 Vgl. Karlsch, Rainer: Allein bezahlt? (s. Anmerkung 39), S. 111.

801 Vgl. Urban, Thomas: Zwangsarbeit (s. Anmerkung 62), S. 115 ff. Der Einsatz von mindestens zwei Eimerkettenbaggern D 1400 der Firma Krupp war entscheidend für die Ausnutzung der Kapazität der Förderbrücke. Die ASW behalf sich mit der Verwendung des technisch veralteten Baggers 6a, der aber nicht die notwendige Leistung erbrachte und zu einem Rückstand in der Abraumgewinnung führte.

der aufkommende Ost-West-Konflikt dies.[802] Da die mangelnden Kapazitäten im ostdeutschen Schwermaschinenbau bzw. seine Auslastung mit Reparationsaufträgen die Neubeschaffung verhinderten, zog sich dieses Strukturproblem bis in die zweite Hälfte der 1950er-Jahre hinein.

Die sowjetische Leitung vor Ort versäumte die technische Überholung bzw. technologische Weiterentwicklung des Industriekomplexes aus mangelndem Interesse am Anlagenbestand. So galt die Teerverarbeitung in Espenhain bereits 1953 als stilllegungswürdig und blieb nur auf Grund des bestehenden Kapazitätsmangels in Betrieb.[803] Gleichzeitig stellte die sowjetische Leitung bereits 1951 das Bohrprogramm zur weiteren Erkundung des Tagebaufeldes ein. Eventuell hing diese Entscheidung mit der Beschlagnahme von modernen Bohrgeräten im Zuge der Reparationen zusammen,[804] führte aber zu Problemen in der Planung des Abbauverlaufes der Grube. Zumindest für Espenhain ließ sich die unzureichende Lagerstättenexploration nachweisen, die wiederum einer der Gründe für die schlechten qualitativen als auch quantitativen Ergebnisse bei der Kohlenförderung war –[805] ein symptomatisches Problem des DDR-Braunkohlenbergbaus, das hier seinen strukturellen Ausgangspunkt nahm. Bis zur Wiedervereinigung ertönten immer wieder Beschwerden über den Sandgehalt der Briketts bzw. der Kohle.[806]

Die gravierendsten Probleme der SBZ/DDR-Wirtschaft waren allerdings Arbeitskräfte- und Materialmangel.[807] Auch hierin unterschied sich die Entwicklung im Industriekomplex nicht von den Tendenzen in der gesamten SBZ/DDR, wie ein Mitglied der Werksleitung Espenhain für das fehlende Material kritisch reflektierte:

---

802 Vgl. BArch, DG 2/10129, Ausrüstung für den 3. Brückenschnitt vom 21.12.1954.

803 Vgl. ebd., DG 2/18739, S. 4.

804 Vgl. Karlsch, Rainer: Allein bezahlt? (s. Anmerkung 39), S. 86. Dies war ein doppelter Verlust: Die sowjetische Besatzungsmacht beschlagnahmte die modernen Bohrgeräte und demontierte gleichzeitig die Maschinenbau- und stahlverarbeitende Industrie.

805 Vgl. BArch, DG 2/10129, Ausrüstung für den 3. Brückenschnitt vom 21.12.1954.

806 Vgl. Schroeder, Klaus: Der SED-Staat. Geschichte und Strukturen der DDR, München 1998, S. 505. Grund war vor allem die „Tonnen-Ideologie", die eine Gewinnung nach qualitativen Maßstäben nicht berücksichtigte.

807 Vgl. Ihme-Tuchel, Beate: Die DDR, Darmstadt [2002] 2007, S. 47; Port, Andrew I.: Stabilität (s. Anmerkung 23), S. 20; Schroeder, Klaus: Der SED-Staat (s. Anmerkung 806), S. 114 f.; Steiner, André: Plan (s. Anmerkung 26), S. 12-15. Dabei ist Mangel eigentlich das falsche Wort. Das Defizit entstand teilweise durch Hortung, die wiederum damit zusammenhing, dass die Betriebe auf ein unsicheres Handels- und Vertragssystem reagieren mussten. Damit wiederum stellten sie ihre individuelle Produktion sicher, wendeten jedoch für die Beschaffung mehr Ressourcen auf und erlangten tendenziell immer „weiche Pläne", die sich übererfüllen ließen.

> „Die Ursachen sind in den weitaus meisten Fällen auf den bereits seit zwei Jahren bestehenden Materialmangel und auf die Verwendung ungeeigneter oder geringwertigerer Ersatzmaterialien zurückzuführen. Direkte Sabotageakte konnten bisher trotz eingehender Untersuchung nicht festgestellt werden, obwohl [...] verschiedene Störungen der letzten Zeit sehr nach Sabotageakten aussehen, z. B. der Brand der Böhlener Brücke und der Brand in der Teerdestillation.“[808]

Besonders das fehlende Fachpersonal wirkte sich negativ auf die Produktion aus. Ein aufschlussreicher Vorfall in der Hauptwerkstatt Espenhain verdeutlicht dies: Da ein dringender Bedarf an Handwerkern für die Reparatur der Großgeräte im Tagebau Espenhain bestand, wurden diese aus der Werkstatt abgezogen.[809] Das führte wiederum dazu, dass letztere ihre Reparaturaufträge für die Waggons zum Transport von Kohle und Abraum nicht erfüllen konnte und dadurch schlussendlich die Leistung des Tagebaus beeinträchtigt wurde.

Nicht nur systemimmanente Gründe führten zu Problemen im Industriekomplex. Erschwerend trat vor allem der Abriss der bisherigen innerdeutschen Wirtschaftsbeziehungen hinzu, wie ein Bericht an Otto Grotewohl festhielt. Dieses war eine weitere Ursache für diese Entwicklung in den ersten Nachkriegsjahren:

> „Das Benzinwerk Böhlen ist in vielen Belangen auch heute noch auf Lieferungen aus der Westzone angewiesen. Infolge Ausbleibens dieser Lieferungen ist das Werk, das durch Kriegseinwirkungen fast vollständig zerstört war und in der Nachkriegszeit aus dem vorhandenen Material wieder aufgebaut werden musste, in einem betriebsunsicheren Zustand geraten. Die Betriebsleiter und die Belegschaften der einzelnen Bauten wissen oft nicht mehr, wie sie den Betrieb nur einigermassen den Sicherheitsvorschriften entsprechend aufrecht erhalten sollen.“[810]

Der Mangel betraf vor allem benötigte High-Tech-Produkte, wie Hochdruckrohre und Hochspannungsmotoren. Aber auch bei anderen Materialien lag der einzige Lieferbetrieb in einer der westlichen Besatzungszonen. 1945 berechnete das Hydrierwerk Böhlen, dass mindestens ein Drittel der für den Wiederaufbau benö-

---

808 SächsStA-L, 20680, Nr. 179, Die Störung im Kombinat Espenhain und ihre Ursachen in objektiver Betrachtung vom 08.02.1947, S. 7. Während rationale Gründe für den Produktionsausfall, wie Überalterung der Anlagen, mangelnde Qualifizierung des Personals oder problematische Lieferbeziehungen negiert wurden, vermutete der Autor – getreu dem System des Stalinismus – hinter jedem Problem eine feindliche Handlung.

809 Vgl. NlSG, Vor- und Nachlässe, Bestand Rainer Dietrich, SSAG „Brikett“ – Tagebau vom 11.01.1950.

810 SAPMO, NY 4090/63, Engpassmaterial des Benzinwerkes Böhlen vom 19.09.1950.

tigten Lieferbetriebe nicht in der SBZ lagen.[811] Bereits 1950 war das Problem des Materialmangels so gravierend, dass die Werksleitung des Benzinwerkes Böhlen in dem bereits zitierten Bericht an Grotewohl einen Kostenaufwand von 720–750 000 DM und noch einmal 700 000 DM an Devisen kalkulierte, nur um den Betrieb aufrecht zu erhalten. Unter den schwierigen Bedingungen der Nachkriegszeit, besonders nach der weitgehenden Unterbrechung des Interzonenhandels 1948, wurden Reisen durch die Einkaufsabteilung durchgeführt, bei denen sie versuchte, eigene Produkte im Westen abzusetzen, um dringend benötigte Ersatzteile bezahlen zu können.[812] Diese Fahrten waren häufig mit Schwierigkeiten verbunden und erforderten Improvisationen, beispielsweise durch Umdeklarierungen, um die Kontrollen an den Zonengrenzen zu überwinden. Geldtransfers erfolgten ausschließlich in westdeutschen DM, welche bis zu einer Höhe von 30 000 DM den Beschaffenden zur Verfügung standen. Daher waren Kompensationsgeschäfte an der Tagesordnung, obwohl man diesen Eindruck zu vermeiden suchte, da sie offiziell verboten waren. Ein typischer Handel bestand darin, dass das Werk, neben den Materialien für das benötigte Produkt, noch Kohle oder ein anderes Fertigprodukt lieferte.[813]

Neben dem Mangel war die Qualität der gelieferten Ersatzteile ein Problem, die häufig nur eine bedingte Verwendung zuließen. 1946 bestellte das Werk Espenhain 5000 gehärtete Schwerspannstifte, die zwar im Umfang geliefert wurden, jedoch im Maß abwichen bzw. aus nichtgehärtetem Stahl bestanden und somit nur begrenzt nutzbar waren.[814]

Die Betriebe im Industriekomplex versuchten die gravierendsten Mängel in Eigenregie zu beheben, im Zentrum standen die benötigten Baumaterialien. Der Aufbau einer autonomen Baustoffgewinnung war daher folgerichtig, wenn auch nicht Teil des eigentlichen Unternehmenszwecks. Die Tagebaue boten die Mög-

811 Vgl. SächsStA-L, 20686, Nr. 72, Bedarf an Material für Wiederaufbau vom 11.07.1945. Bezeichnenderweise ließ die sowjetische Besatzungsmacht bereits unmittelbar nach ihrem Machtantritt den Bedarf aus anderen Zonen separat erfassen.

812 Vgl. ebd., 20680, Nr. 146, Reisebericht über die Westfahrt vom 29.03.1950, Interzonenwestreise vom 25.02.1948; Nr. 170, Gästehaus Braunschweig vom 19.12.1948, Westfahrt Direktor Stolle vom 09.11.1948. Bevorzugte Handelsgüter für diese Kompensationsgeschäfte waren Kerzen (ein weiterer Grund für den Aufbau einer Kerzengießerei Espenhain) und Benzin (das eigentlich streng rationiert war, aber unter der Bezeichnung „Feuerzeugbenzin“ weiterverkauft wurde), aber auch Konsumgüter wie Damengarnituren wurden hierzu genutzt.

813 Vgl. ebd., Reisebericht vom 09.05.1947. Brennstoffe aller Art waren sowohl als Gebrauchs- als auch als Handelsgut begehrt. Verbunden mit Aufträgen aus solchen Unternehmen war auch häufig die Hoffnung auf eine bevorzugte Rolle im Zuteilungssystem der unmittelbaren Nachkriegsordnung.

814 Vgl. ebd., Nr, 146, Reisebericht vom 14.12.1946.

lichkeit, Lehm und Holz zu gewinnen. Zur Verarbeitung des Lehms betrieben die Unternehmen in Audigast und Stöhna Ziegeleien.[815] Das Holz stammte hingegen aus dem Harthwald, der im Tagebauvorfeld in Böhlen gerodet wurde.[816] Besonders um dieses Gut bestand eine erhebliche Konkurrenz mit den Neubauern.[817] Selbst aus der Asche der Kraftwerke wurden Filteraschesteine hergestellt.[818] Der Mangel an Baumaterialien führte zur Entwicklung eines eigenen „Böhlener Wohnhauses", bei dem schwer zu beschaffende Materialien durch Ersatzprodukte substituiert wurden.[819] Es ging sogar so weit, dass in Espenhain eine eigene Abteilung bestand, die den aus den Ruinen des alten Werkes geborgenen Metallschrott täglich nach Ersatzteilen durchsuchte.[820] Diese Schrottgewinnung führte dazu, dass Ernst Markus eine weitere Denkschrift („Vorschläge zur Materialbeschaffung aus Trümmerstätten") verfasste, die sogar bis zu Wilhelm Pieck gelangte.[821]

Die Instandhaltung und Erneuerung des Fuhrparks erwiesen sich ebenfalls als problembehaftet. War zumindest branchenbedingt die Versorgung mit Kraftstoffen sichergestellt, wenn auch nicht problemlos,[822] gestaltete sie sich in anderen Bereichen schwieriger. Besonders Reifen und neue Fahrzeuge waren nur zu horrenden Summen zu erwerben. Gebrauchte Reifen kosteten 1000 RM, ein kleiner Lastwagen sogar 250 000 bis 300 000 RM. Sie waren ausschließlich in den

815 Vgl. BArch, DG 2/21763, Abbruch Ziegelei Stöhna vom 16.07.1955; SächsStA-L, 20680, Nr. 179, Rechenschaftsbericht I. und II. Quartal 1950 vom 18.07.1950. Für Audigast ist ein jährlicher Ausstoß von 350 000 Ziegeln belegt.

816 Vgl. SächsStA-L, 20686, Nr. 133, Böhlen, den 11.09.1947.

817 Vgl. ebd., Nr. 187, Besprechung am 23.05.1946 mit Herrn Unger, Betreff: Bodenreform und Bergbau vom 25.01.1946. Mit den Neubauern bestanden in den Jahren 1946/47 Konflikte um die Nutzung des Holzes aus dem Harthwald, welche jedoch die Bergbauunternehmen für sich entscheiden konnten.

818 Vgl. ebd., 20680, Nr. 89, Bericht über den Stand der Siedlung am „Heiligen Holz" vom 10.02.1948. Bei Filteraschesteinen handelt es sich um Hohlblocksteine.

819 Vgl. SAPMO, DY 34/1699, Böhlener Wohnhaus vom 18.06.1949.

820 Vgl. SächsStA-L, 20680, Nr. 181, Betr. Material vom 21.08.1946, Schrottverwertung vom 20.09.1946, Betr. Materialmangel vom 20.09.1946, Schrottverwertung! vom 20.09.1946, Unsere Schrottaktion! vom 04.10.1946. Allein in Espenhain konnten auf diese Weise 6,5 Tonnen Kupfer recycelt werden. Hinzu kam der Gummi für Transportbänder, der ebenfalls schwierig zu beschaffen war. Allerdings hatten diese Aktionen nur einen begrenzten Nutzen, da der wiederverwertbare Schrott ebenfalls quantitativ beschränkt war.

821 Vgl. SAPMO, NY 4036 (Pieck, Wilhelm)/687, Vorschläge zur Materialbeschaffung aus Trümmerresten vom 10.06.1947.

822 Vgl. SächsStA-L, 20686, Nr. 139, Niederschrift über die 4. KP-Abteilungsleiterbesprechung vom 08.02.1947. Beispielsweise scheiterte die Überprüfung der Krankheit von Personen aus dem Raum Chemnitz am fehlenden Benzin für Motorräder.

westlichen Besatzungszonen zu beschaffen.[823] Die Unternehmen versuchten die betriebsgefährdenden Umstände abzumildern. Die Aufwertung der Bedeutung von Material- und Einkaufsabteilungen sowie die Schaffung neuer Arbeitsgebiete, wie „Mangelwaren-Abteilung", in der unmittelbaren Nachkriegszeit zeugen davon.[824] Dies stand im Gegensatz zu der Abwertung der kaufmännischen Abteilungen in der entstehenden Planwirtschaft.[825]

Der zusätzlichen Lebensmittelversorgung der Belegschaft zollte die Betriebsleitung hohes Augenmerk, nicht nur in der unmittelbaren Nachkriegszeit, sondern noch in der DDR, da eine Rationierung der Lebensmittel endgültig erst in den 1960er-Jahren abgeschafft wurde. Dies geschah schon allein aus den praktischen Gründen, ihre qualifizierten Arbeitskräfte zu binden und die Arbeitsproduktivität zu gewährleisten. Hierbei erinnerte die Problemlösung mit dem Schaffen einer „Werksgärtnerei", die freie Flächen in den Wohnlagern zum Gemüseanbau nutzte, an die NS-Zeit.[826] In der Nachkriegszeit wurde dieses Prinzip durch die Einrichtung einer Schweinemästerei noch erweitert.[827] Die Bedeutung der Lebensmittelversorgung lässt sich auch dadurch erahnen, dass sogenannte „Pajok- oder Stalin-Lebensmittelpakete" bzw. „Stachanow-Essen" zur Prämierung dienten, da normale Lebensmittelrationen ein Überleben nahezu unmöglich machten.[828] Umgekehrt war der Entzug des warmen Mittagessens eine Form der Bestrafung. Beides sollte die Arbeitskräfte disziplinieren.[829] Es wurden sogar zwei eigene Landwirtschaftliche Produktionsgenossenschaften (LPG) unterhalten.[830] Die Zusatzversorgung der Arbeitskräfte konnte auch zur Belastung werden, wie die Schweinemästereien zeigen. Schon ihre bloße Existenz war vom Standpunkt einer komplexen Arbeitsteilung fragwürdig, aber durch die Umstände der Nachkriegszeit zumindest nachvollziehbar. Massentierhaltung birgt aber auch Gefah-

823 Vgl. ebd., 20680, Nr. 146, Reisebericht nach der Westzone vom 21.-25.10.1946.

824 Vgl. ebd., 20686, Nr. 139, Niederschrift über die 2. KP-Abteilungsleiterbesprechung vom 25.01.1947.

825 Vgl. Boldorf, Marcel: Governance (s. Anmerkung 14), S. 114; Fink, Sebastian: Riesa (s. Anmerkung 20), S. 54 und 361.

826 Vgl. ebd., 20680, Nr. 179, Rechenschaftsbericht I. und II. Quartal 1950 vom 18.07.1950.

827 Vgl. ebd., Nr. 170, Befehl 234 – Werkverpflegung vom 23.12.1948, Ferkellieferung vom 29.01.1949.

828 Vgl. ebd., Abgabe von Lebensmittelpajok vom 07.12.1948, Betr. Stachanow-Essen vom 12.12.1948; Nr. 179, Unentschuldigtes Fernbleiben von 5 E-Lokführern am 14.06.1947.

829 Vgl. Boldorf, Marcel: Governance (s. Anmerkung 14), S. 124 f.

830 Vgl. SächsStA-L, 20686, Nr. 104, Kostenstellenplan für das Benzinwerk Böhlen gültig ab 01.01.1950, S. 14 f. Dabei wurden nicht nur brachliegende Flächen des Bergbauschutzgebietes im Untersuchungsraum genutzt. Eine LPG befand sich in Groß Daberkow in der Uckermark.

ren. Der Ausbruch der Schweinepest 1952 in Böhlen belegt diese Bedrohung.[831] Nicht nur, dass sich dadurch die Fleischversorgung problematischer gestaltete, sondern sie gefährdete auch die Gesundheit der Belegschaft.

Die Unternehmen des Industriekomplexes hatten eine bevorzugte Stellung im wirtschaftlichen Gefüge der SBZ und waren daher in der Lage, ihren Bedarf an Ersatzteilen eher zu decken. Entgegen der bisherigen Forschungsthese, die eine einseitige Zuteilung der Lieferanten durch die SMAD postulierte,[832] gab es Abweichungen bei der Versorgung im Industriekomplex. Der zuständige Oberstleutnant der SAG „Brikett" wies die deutsche Werksleitung im Januar 1948 auf den Abbruch des Interzonenhandels und auf die damit verbundenen Schwierigkeiten bei der Ersatzteilbeschaffung hin.[833] Gleichzeitig forderte er das Werk auf, seine bevorzugten Lieferanten zu benennen sowie den Bedarf zu beziffern. Dem kam die Werksleitung nach und meldete einen gesamten Ersatzteilbedarf in Höhe von 787 Tonnen. Neben der Besatzungsmacht war es, zumindest bis zur Etablierung der DWK im Frühjahr 1948 als Planungsregime,[834] die Landesverwaltung, die über Möglichkeiten zur Hilfe verfügte. Besonders der Leiter des Wirtschaftsressorts, Fritz Selbmann, und die DZVB unter Ferdinand Friedensburg begünstigten die Versorgung des Industriekomplexes.[835] Dabei war zu Beginn zusätzlich die Hauptverwaltung der ASW in Dresden unter Hermann Eugen Müller hilfreich, die als Scharnier funktionierte und den Bedarf weiterleitete.[836]

Ein weiteres Problem, das für die gesamte Zeit und alle Branchen der DDR bestand, war die im Vergleich zur BRD niedrige Arbeitsproduktivität.[837] Dieses galt auch für den Industriekomplex nach 1945, da wirksame betriebswirtschaftliche Kontrollmechanismen für deren Kontrolle fehlten.[838] Die Werke meldeten durch-

831 Vgl. ebd., 22243, Nr. 3, Quartalsbericht für das III. Quartal 1952 vom 27.09.1952. Sowohl die 190 Schweine des Benzinwerkes als auch die 450 des Braunkohlenwerkes mussten deshalb geschlachtet werden.

832 Vgl. Boldorf, Marcel: Governance (s. Anmerkung 14), S. 22f.

833 Vgl. SächsStA-L, 20680, Nr. 146, Ersatzteile – Westbezug vom 16.01.1948.

834 Vgl. Boldorf, Marcel: Governance (s. Anmerkung 14), S. 17.

835 Vgl. Halder, Winfrid: „Modell für Deutschland" (s. Anmerkung 46), S. 149 und 161f.

836 Vgl. SächsStA-L, 20686, Nr. 270, Bedarf an Bleiblech vom 06.02.1946. Konkret ging es hier um die Beschaffung von Bleiblechen für die Werke Böhlen (zehn Tonnen), Espenhain (15 Tonnen) und Hirschfelde (drei Tonnen).

837 Vgl. Martens, Bernd: Die Wirtschaft in der DDR, Bonn 2010. Unter: http://bpb.de/geschichte/deutsche-einheit/lange-wege-der-deutschen-einheit/47076/ddr-wirtschaft (Stand: 21.12.2020), S. 8.

838 Vgl. SächsStA-L, 20686, Nr. 40, Bericht zur Erfüllung der Forderungen des Befehls Nr. 234 vom 04.10.1948. So war beispielsweise in Böhlen 1948 vor allem das Fehlen von Rohstoffen und ein häufiger Verzug bei deren Lieferung ein Grund für die geringe Produktion.

aus Steigerungen, die den Plan übertrafen.[839] Allerdings erscheint diese Berechnung, bei den gleichzeitig steigenden Kosten bei Material und Belegschaft, wenig realistisch. Eine kritische Überprüfung ist aufgrund fehlenden statistischen Materials nicht möglich. Die SBZ/DDR selbst wies dem Thema eine große Bedeutung zu, so nahm die Arbeitsproduktivität beispielsweise in den Betriebskollektivverträgen stets eine wichtige Rolle ein.[840] Insgesamt entwickelte sie sich in der Braunkohlenwirtschaft ab Anfang der 1950er-Jahre positiv.[841] Daher kann davon ausgegangen werden, dass die ökonomischen Prozesse sich effizienter gestalteten als im Vergleich zur folgenden Phase, da eine weitestgehende Überwachung der wirtschaftlichen Ergebnisse sowohl im Betrieb durch die sowjetischen Führungskräfte als auch von außen durch die Hauptverwaltung erfolgte.[842] Ebenso bestand eine Bevorzugung der SAGs in der Versorgung mit Rohstoffen und anderen Produktionsvoraussetzungen.

Transformation der Wirtschaftsorganisation unter sowjetischer Kontrolle

Übergang des Industriekomplexes in Besitz der UdSSR

Das Kriegsende 1945 stellt weit weniger eine wirtschaftspolitische Zäsur in der SBZ dar, als lange Zeit in der Forschung angenommen wurde, neuere Publikationen bewerten es deutlich differenzierter.[843] Im Besonderen für den Industrie-

---

839 Vgl. ebd., Nr. 26, Erläuterungen zu Formblatt 6 – Bericht über die Erfüllung des Arbeitsplanes für 1950 vom 13.01.1950. War im Plan eine Steigerung um 4,4 % vorgesehen, so lag sie schlussendlich bei 4,9 %.

840 Vgl. NlSG, Sonderbestand, Betriebskollektivvertrag des Kombinates und der Kraftwerke Espenhain Planjahr 1953, S. 8 ff.; Betriebskollektivvertrag 1956 VEB Kombinat Espenhain, S. 8 ff.; SächsStA-L, 20686, Nr. 176, Betriebsvertrag für das Jahr 1950, S. 4 f. So sollte sie im Braunkohlenwerk 1950 im Vergleich zu 1949 um 121 % steigen, was ohne gleichzeitige Investitionen unrealistisch erscheint.

841 Vgl. Kaschade, Hans: DDR 1949 bis 1960 (s. Anmerkung 80), S. 128.

842 Vgl. Schulz, Ulrike: Simson (s. Anmerkung 20), S. 268 und 278 f.

843 Vgl. Boldorf, Marcel: Governance (s. Anmerkung 14), S. 22 f.; Schulz, Frank U.: Demontagen in Leipzig – „geeignet, den Lebensnerv der Stadt abzutöten"?, in: Karlsch, Rainer/Laufer, Jochen (Hrsg.), Sowjetische Demontagen in Deutschland (s. Anmerkung 753), S. 403 – 445, hier S. 438 f.; Schulz, Ulrike: Simson (s. Anmerkung 20), S. 239 ff.; Steiner, André: Plan (s. Anmerkung 26), S. 19 – 24. So müssen sowohl die Kriegszerstörungen als auch die Demontagen und die Enteignungen im Zuge des Volksentscheids differenziert betrachtet werden. Dabei ergeben sich sowohl regionale als auch branchenbedingte Unterschiede. Während die Leipziger Flugzeugindustrie inkl. Zuliefererbetriebe weitestgehend demontiert wurde, war der Anlagenverlust in Thüringen im Vergleich zur restlichen SBZ gering. Gleichzeitig lässt sich nicht negieren, dass mit der neuen komplex, der bereits Teil des öffentlichen Sektors war, bedeutete das Kriegsende keinen Bruch. Die Zeit der amerikanischen Besatzung blieb ohne Eingriffe in die Organisation der Unternehmen. Kriegszerstörungen und der Abbruch der Kommunikationswege zwischen den Werken und ihren Hauptverwaltungen erschwerten zwar die Kontrolle, doch blieb der Einfluss letztgenannter, trotz anfangs unterschiedlicher Besatzungsmächte, in den ersten Nachkriegsmonaten erhalten. Während bei der ASW die zu Beginn des Nationalsozialismus entlassenen Generaldirektoren Hermann Eugen Müller und Friedrich Wöhrle wieder die Leitung in Dresden übernahmen,[844] blieb bei der Hauptverwaltung der Brabag in Berlin von den alten Vorstandsmitgliedern nur Erich Würzner im Amt.[845] In Berlin kontrollierte die SMAD bereits seit Juli 1945 die Brabag, aber beließ vorerst die Organisation unter der alten Administration, da sie sich bereitwillig der Autorität der DZVB unterordnete.[846] Erst die Überführung der Brabag Böhlen in sowjetischen Besitz führte zu Veränderungen.[847]

Das Auftreten der sowjetischen Besatzungsmacht im Industriekomplex unterschied sich von der in Berlin sowie Dresden und veränderte die Situation. Sie regierte von Beginn an dominant. Unmittelbar nach Übernahme der Besatzungszone Anfang Juli 1945 kamen die ersten Vertreter der SMAD in den Industriekomplex und gaben Anweisung, den bereits aufgenommenen Wiederaufbau und die Produktion weiter zu verfolgen.[848] Tatsächlich aktiv wurden sie aber erst im August 1945 durch Oberst Fokin von der Militäradministration in Borna, der für

Besatzungsmacht auch eine Regulierung der Wirtschaft erfolgte, beispielsweise durch Zuteilungen.

844 Vgl. Hönsch, Fritz: Aktiengesellschaft (s. Anmerkung 98), S. 92; Krüger, Ulrich: ELDIR (s. Anmerkung 103), S. 65.

845 Vgl. SächsStA-L, 20686, Nr. 153, Zentrale Verwaltung der Brennstoffindustrie vom 31.08.1945 und Ausstellung von Reisepässen vom 14.06.1945. Würzner blieb als einziges Vorstandsmitglied der Brabag in der Leitung nach 1945 aktiv. Er war mit dem Untersuchungsraum, durch seine berufliche Tätigkeit im IZ, unmittelbar verbunden. Dies stellte eine Stärkung des Werkes Böhlen im Gesamtunternehmen dar. Der Zusammenhalt funktionierte innerhalb der Brabag so gut, dass für das flüchtige Vorstandsmitglied Ernst Hochschwender sogar ein Reisepass besorgt werden konnte.

846 Vgl. BArch, DG 2/12718, Konferenz des Generals mit Vertretern der mitteldeutschen Benzinwerke am 05.07.1945, Entwurf eines Schreibens an die Sowj. r. Administration vom 28.09.1945.

847 Vgl. ebd., Besprechung der früheren Braunkohle-Benzin-Werke vom 23.07.1946. In den Abwicklungsprozess waren auch Böhlener Führungskräfte involviert.

848 Vgl. SächsStA-L, 20686, Nr. 72, Aktenvermerk vom 09.07.1945. Hierbei handelte es sich um zwei Offiziere eines technischen Stabes, die am 05. Juli 1945 Böhlen besichtigten, sich Unterlagen zeigen ließen und konkrete Aufstellungen über das Benzinwerk verlangten.

etwa ein Jahr der wichtigste Ansprechpartner für die Werksleitungen im Industriekomplex war.[849]

Der Konflikt zwischen den deutschen und sowjetischen Verwaltungsstellen um den Industriekomplex zeigt seine strukturelle Bedeutung für den Wiederaufbau. Entsprechend der Einflussnahme der DZVB auf die Berliner Hauptverwaltung der Brabag versuchte die sächsische Landesregierung auf die beiden Braunkohlenwerke durch den Ministerialdirektor Gerhart Ziller 1946 einzuwirken, um die Kohlenversorgung zu verbessern.[850] Schon ein Jahr zuvor hatte der sächsische Ministerpräsident Rudolf Friedrichs persönlich eine Sitzung der sächsischen Bergbaubetriebe geleitet, um durch Einfluss auf diesen Industriesektor die Kohlenversorgung aufrecht zu erhalten.[851] Diese Versuche zur Kontrolle des Untersuchungsraumes liefen allerdings den Interessen der SMAD entgegen.

Spätestens mit der Schaffung der SAGs durch den SMAD-Befehl Nr. 167 vom 05. Juni 1946 und den SMAS-Befehlen Nr. 187, 202 bis 204 und 268 vom 19. Juli und 02. September 1946 löste die Besatzungsmacht diesen Konflikt zu ihren Gunsten und änderte die wirtschaftliche Kontrolle im Industriekomplex einschneidend.[852]

Offiziell war die Hauptverwaltung für sowjetisches Vermögen im Ausland beim Ministerrat der UdSSR Eigentümerin sämtlicher SAGs. In monetärer Hinsicht wachte die Garantie- und Kreditbank AG über die Einhaltung von Budgets und vergab Kredite. Die einzelnen SAGs wurden wiederum in Gruppen zusammengefasst und verschiedenen Hauptverwaltungen zugeteilt. Die Braunkohlenförderung und -verarbeitung nahm einen wichtigen Platz in den Aktivitäten der SAGs ein und umfasste neun Gesellschaften mit 25 zugehörigen oder selbstständigen Betrieben.[853]

Im Untersuchungsraum wurden die Werke der ASW und Brabag von der sowjetischen Besatzungsmacht in fünf separate Unternehmen aufgegliedert (jeweils zwei Braunkohlen- und Kraftwerksgesellschaften sowie ein Benzingewinnungswerk), die bis 1950 zwei unterschiedlichen Hauptverwaltungen angehörten

849 Vgl. ebd., Nr. 72, Es fehlen noch vom 06.08.1945; Nr. 141, Abteilungsleiterbesprechung am 13.08.1945 und 15.10.1945; Nr. 153, Besprechung mit Herrn Oberst Fokin am 20.06.1946. Oberstleutnant, später Oberst, Fokin wirkte als Scharnier. Er übermittelte Befehle der SMAD und nahm polizeiliche Aufgaben wahr. Gleichzeitig sorgte er für eine überdurchschnittliche Lebensmittelzuteilung.

850 Vgl. ebd., 20632, Nr. 901, Abraumbetrieb Böhlen vom 10.05.1946.

851 Vgl. ebd., 20686, Nr. 24, Sitzung der in Sachsen ansässigen Bergbaubetriebe am 28.08.1945.

852 Vgl. Sperling, Dieter/Schossig, Wolfgang: Wirtschaftsorganisation (s. Anmerkung 76), S. 249.

853 Vgl. ebd., S. 94. Die Petergrube bei Borna, das Kombinat Hirschfelde bei Zittau, das Kraftwerk Kulkwitz bei Leipzig und das Mineralölwerk Lützkendorf im Geiseltal bei Merseburg wurden keiner Hauptverwaltung zugeordnet.

(„Topliwo" Böhlen und „Brikett" Espenhain).[854] Ab 1950 war der Industriekomplex erstmals organisatorisch zusammengefasst unter der SAG „Brikett". Beide Hauptverwaltungen befanden sich in Leipzig.[855] Die Teilung der Unternehmen führte zu administrativen und organisatorischen Problemen. Selbst Lieferungen zwischen Tagebau und Kraftwerk benötigten nun separate Verträge inkl. Ausgleichszahlungen.[856] Allein die Veredelungsanlagen in Espenhain waren, aufgrund der fehlenden Ausstattung mit Bergbaugroßgeräten, auf die tägliche Lieferung von 5000 Tonnen Rohkohlen aus dem Tagebau Böhlen angewiesen.[857] Ein Abbruch der Lieferbeziehungen hätte fatale Konsequenzen für die Produktion der Werke gehabt. Dennoch wurde der Anordnung von General-Baurat A. P. Mitjukow, dem ersten Vorsitzenden der SAG „Topliwo", über die Lieferung von jährlich 60 000 Tonnen Kohle von Böhlen nach Espenhain nur unzureichend Folge geleistet.[858]

Das sowjetische Wirtschaftsregime im Industriekomplex hatte den finanziellen Gewinn zum Ziel. Daher bemühten sich die SAGs, durch den Wiederaufbau der Anlagen möglichst die Betriebs- und Selbstkosten zu senken, weshalb wenig rentable Verträge mit anderen SAGs nicht immer eingehalten wurden. Dadurch kam es in diesen Betrieben zu Stillständen, die schlussendlich größere ökonomische Verluste bedeuteten. Auch andere Maßnahmen waren nicht ausreichend durchdacht, da sie teilweise die Produktion an sich bedrohten. Repräsentativ steht hierfür die Belegschaftspolitik. Um die Fixkosten zu senken, erschien es folgerichtig, vermeintlich überzählige Arbeitskräfte und solche, die durch „Arbeitsbummelei" auffielen, zu entlassen.[859] Zusätzlich wirkte die Entlassung disziplinierend auf die verbleibende Belegschaft. Entsprechende Anordnungen erfolgten durch die Hauptverwaltungen in Leipzig und legten die Anzahl von 800 Personen sowie die betroffenen Gruppen für 1947 wie folgt fest:

---

854 Vgl, ebd., S. 250 und SächsStA-L, 20686, Nr. 184, Protokoll über die Sitzung des leitenden Personals der Böhlener Werke am 09.03.1950 11 Uhr bei Herrn Generaldirektor Schitnik.

855 Vgl. BArch, DN 4 (Garantie- und Kreditbank AG)/ 2015, Postamt Leipzig C1 vom 18.10.1947; DN 4/2022, Betr.: Konto 1825 vom 31.07.1948.

856 Vgl. ebd., DN 4/2290, Überweisungen zwischen den Konten vom 18.12.1952.

857 Vgl. SächsStA-L, 20680, Nr. 181, Maßnahmen zur Hebung der Wirtschaftlichkeit vom 04.09. 1947, S.10 f.

858 Vgl. ebd., Nr. 24, Durchschlag vom 13.12.1946. Damit lag man weit unter dem Bedarf der Anlagen im Nationalsozialismus. Höchstwahrscheinlich hing dies mit den Kriegszerstörungen zusammen.

859 Vgl. ebd., 20686, Nr. 40, Erfüllung der Forderungen des Befehls 234 vom 30.09.1948.

„1. Notorische Bummelanten, 2. Latent Kranke, 3. Belegschafter, die Auslösung und Trennungsgeld beziehen und in den Randgebieten Sachsens beheimatet sind, 4. Dienstverpflichtete (die gegen ihren Willen im Werk beschäftigt sind), 5. Schlechte Arbeiter, 6. Frauen.“[860]

Allerdings waren die Personalreduzierungen nicht von Dauer. Bereits im Dezember hatte die Belegschaft den Stand vom Mai wieder deutlich übertroffen und erreichte fast den vom Jahresbeginn (vgl. Tab. 20). Insofern spricht vieles dafür, dass die definierten Produktionsziele und existierenden -bedingungen eine Reduzierung der Belegschaft nicht erlaubten. Diese betriebswirtschaftliche Maßnahme war daher unwirksam.

Monat der Erfassung	Februar	Mai	Dezember
Belegschafsmitglieder	7815	6700	7516

Tab. 20: Belegschaftsentwicklung der SAG Espenhain 1947[861]

Die Prämienkürzungen bei Führungskräften und Funktionseliten stellten einen weiteren Versuch dar, den Gewinn durch Senkung der Selbstkosten zu erhöhen. Im Dezember 1950 führte eine Erhöhung der Selbstkosten um 10,8 % im Braunkohlenwerk Böhlen zur Kürzung der Monatsprämien um 35 %,[862] im Benzinwerk zog eine Steigerung von 0,4 % eine Reduzierung von durchschnittlich 20 % nach sich. In einzelnen Fällen, wie beim Hauptbuchhalter, konnte sie sogar bis zu 50 % ausmachen.[863] Die Generaldirektoren versprachen sich mit Hilfe des finanziellen Drucks, die Abteilungen und Werke zu einer wirtschaftlichen Arbeitsweise zu disziplinieren. Ebenfalls versuchte die sowjetische Werksleitung auf die mangelnde Planerfüllung sowie die niedrige Qualität der Produktion durch Gehalts- und/oder Prämienkürzungen einzuwirken.[864] Allerdings bildeten diese Bestrafungen eher die Ausnahme, da den Generaldirektoren der Materialmangel sowie das Fehlen von Führungskräften bekannt waren und sie keine weiteren Abwanderungswellen erzeugen wollten. Neben der Bezahlung zählte die Versorgung mit Lebensmitteln zu einem wichtigen Faktor, um das notwendige Personal zu halten.

860 Ebd., 20680, Nr. 179, Niederschrift über die Direktionsbesprechung am 05.05.1947.

861 Vgl. ebd., Die Störung im Kombinat Espenhain und ihre Ursachen in objektiver Betrachtung vom 08.02.1947, S. 3, Belegschaftserhöhung der einzelnen Abteilungen vom 04.12.1947.

862 Vgl. ebd., 20686, Nr. 37, Verfügung des Kombinats Böhlen Nr. 18 vom 20.02.1951.

863 Vgl. ebd., Nr. 36, Befehl Nr. 32 vom 10.04.1951. Im April 1951 betraf es die Leitungskräfte des Tagebaus (Tagebaudirektor, Hauptmechaniker und Hauptingenieur).

864 Vgl. ebd., Befehl 210 vom 26.09.1951, Befehl für das Braunkohlenwerk des Kombinates Böhlen vom 10.03.1951.

Die Belegschaft wurde in drei Kategorien eingeteilt, an erster Stelle standen Schwerarbeiter, Ingenieure und Chemiker, gefolgt von leitenden Angestellten. Den Abschluss bildeten unqualifizierte, daher ersetzbare, Arbeitskräfte. Hiermit versuchte die sowjetische Leitung durch die Bindung wichtiger Funktionseliten auf die ökonomischen Resultate der Betriebe einzuwirken.[865]

Die hierarchische Organisation der SAGs im Untersuchungsraum führte zu wenigen, aber nachhaltigen strukturellen Veränderungen. Die sowjetischen Generaldirektoren bestimmten die Unternehmen. Ihre Machtstellung in den Werken war für den gesamten Untersuchungszeitraum unübertroffen. Anordnungen kommunizierten sie in Form von Befehlen und unterstrichen so den militärischen Charakter ihrer Leitung.[866] Die Machtfülle der Generaldirektoren manifestiert sich u. a. darin, dass sie eigenverantwortlich über Prämierungen oder Geschäftsbeziehungen entschieden.[867] Allerdings vermieden sie es, tiefgreifend in die Organisationsstruktur der einzelnen Werke und ihrer Betriebsteile einzugreifen, um die eingespielten Produktionsabläufe nicht zu gefährden.

Gleichzeitig waren für die sowjetischen Generaldirektoren die Hauptverwaltungen der SAGs und die verschiedenen Instanzen der SMAD befehlsgebend.[868] Offiziell pachteten die Generaldirektoren die Betriebe von den Hauptverwaltungen, blieben jedoch an deren Weisungen gebunden.[869] Die komplizierte Nachkriegssituation schuf jedoch Möglichkeiten zum eigenständigen Handeln. Vor allem den beiden ersten sowjetischen Generaldirektoren in Espenhain wurde aufgrund ihrer Flexibilität und Selbstständigkeit, aber auch ihrem innerbetrieblichen Durchsetzungswillen, ein hoher Anteil am Wiederaufbau zugeschrieben.[870] Auch Ablehnung bzw. Widerstand gegen Anordnungen der Hauptverwaltung sprechen für Freiheiten in der Betriebsführung.[871] Ähnliches kann für die Orga-

865 Vgl. ebd., Abteilungsleiterbesprechung am 19./23.07.1945.

866 Vgl. ebd., Nr. 25, Befehl Nr. 10 vom 20.08.1947, Befehl Nr. 2 des Generaldirektors des Benzinwerkes Böhlen vom 17.05.1949; Nr. 26, Befehl des Generaldirektors des Kraftwerkes vom 25.10.1948.

867 Vgl. ebd., Nr. 133, Böhlen, den 20.06.1947, Verteilerplan vom 11.02.1948.

868 Vgl. ebd., 20680, Nr. 17, Befehl Nr. 335 vom 21.11.1946; 20686, Nr. 36, Befehl Nr. 49 vom 22.03.1952.

869 Vgl. Foitzik, Jan: Sowjetische Militäradministration (s. Anmerkung 83), S. 182.

870 Vgl. PA Baumert, Sammlung Dissertation, Brief von Wolfgang Sperling vom 04.03.2018. Sperling bezieht sich hierfür auf Dokumente des Bundesbeauftragten für die Stasi-Unterlagen, Außenstelle Leipzig.

871 Vgl. SächsStA-L, 20686, Nr. 1, Direktionsbesprechung vom 08.10.1947. Im konkreten Fall ging es um einen Befehl zur täglichen Erfassung aller deutschen und sowjetischen Arbeiter und Angestellten inkl. der Direktorien. Ein solcher Befehl, vor allem unter den Bedingungen der Nachkriegszeit, war unwirtschaftlich. Die tägliche Erfassung der Belegschaftsangehörigen hätte den nisation der Direktorien festgestellt werden. Zwar gab es Vorstellungen der SMAD, wie diese zu strukturieren seien,[872] schlussendlich setzten die jeweiligen Generaldirektoren ihre Vorstellungen in ihren SAGs um.[873] Gleichzeitig fürchteten sie die Missgunst ihrer Vorgesetzten. So versuchte sich der erste Generaldirektor des Braunkohlenwerkes Böhlen durch Rückfragen bei der Hauptverwaltung stets abzusichern.[874]

Ähnlich wie in anderen Branchen, nahm die Bedeutung der Personalabteilungen zu, die zunehmend auch als Kontroll- und Disziplinierungsorgane der Belegschaft fungierten und dazu gezielt mit KPD- bzw. SED-Mitgliedern besetzt wurden.[875] Die Personalleiter des Benzinwerkes Böhlen, Kurt Kretzsch ab 1945, und des Kraftwerks Böhlen, Herbert Buchmann ab 1948, stehen hierfür stellvertretend.[876] Erhard Krause stellt hingegen eine Ausnahme dar und zeigt, dass selbst in diesen sensiblen Bereichen Kontinuitäten zur NS-Zeit bestanden. Er bekleidete bereits ab 1942 kommissarisch eine Stelle für den Arbeitseinsatz und stieg später bis zum Arbeitsdirektor in Espenhain auf.[877]

Während die Personalabteilung bzw. Arbeitsdirektion einen Bedeutungszuwachs erlebte, lässt sich ein Bedeutungsverlust der kaufmännischen Direktion konstatieren. Dieser Prozess weist Parallelen zur Stahl-, Textil- und chemischen Industrie auf,[878] verlief jedoch im Industriekomplex nicht konsistent. Zumindest der kaufmännische Direktor in Böhlen, Josef Klimke, spielte, auch aufgrund sei-

Verwaltungsapparat der Werke vergrößert und somit zur Verteuerung der Produkte beigetragen. Daher wurde er nicht umgesetzt. Im konkreten Fall arbeitete hier der Hauptdirektor mit Betriebsgruppe und Betriebsrat zusammen. Teilweise wurden diese durch informelle Beziehungen zu Vertretern des SMAD abgeblockt.

872 Vgl. Sperling, Dieter/Schossig, Wolfgang: Wirtschaftsorganisation (s. Anmerkung 76), S. 92.

873 Vgl. SächsStA-L, 22244, Nr. 21, Befehl Nr. 6 vom 28.05.1947. Nachdem Issajew zum neuen Generaldirektor bestimmt wurde, regelte er zum einen die interne Organisation neu, zum anderen verteilte er die Aufgaben zwischen ihm und seinen Stellvertretern D. M. Smoktij und Knjasew. Issajew hatte den Auftrag den Betrieb profitabler zumachen, dabei war er relativ frei und konnte eigene Vorstellungen sowohl entwickeln als auch realisieren.

874 Vgl. ebd., 20686, Nr. 1, Erweiterte Betriebsgruppenleiter-Sitzung am 29.08.1947. Anhand von Personalabteilung, Kaufmännischer Direktion und Hauptbuchhaltung wird dies klar.

875 Vgl. Boldorf, Marcel: Governance (s. Anmerkung 14), S. 114 und 162 f.; Wagner-Kyora, Georg: Selbst (s. Anmerkung 21), S. 270 f.

876 Vgl. SächsStA-L, 20686, Nr. 1, Erweiterte Betriebsgruppenbesprechung am 23.05.1947; Nr. 24, Anordnung Nr. 7 des Generaldirektors des Benzinwerkes Böhlen vom 20.12.1946.

877 BArch, DG 2/13939, Abschrift vom 25.04.1954. Das Jahr ließ sich nicht bestimmen, seine Ernennung zum Personalleiter muss aber vor 1953 erfolgt sein, wie aus dem Bericht zu schließen ist.

878 Vgl. Boldorf, Marcel: Governance (s. Anmerkung 14), S. 114 und 150 ff.; Wagner-Kyora, Georg: Selbst (s. Anmerkung 21), S. 286.

ner Parteizugehörigkeit, eine bedeutende Rolle in der Werks- und Parteileitung.[879] Klimke verblieb bis mindestens 1965 auf diesem Posten und nahm über den gesamten Zeitraum an Partei- und Werksleitungssitzungen teil,[880] verfügte mithin über innerbetrieblichen Einfluss. Espenhain hingegen stellte das Gegenbeispiel dar. Anfangs kam es zu zahlreichen Fluktuationen, deren Gründe in der mangelnden Wertschätzung der nicht-technischen Werksleitung zu suchen sind. Die beiden kaufmännischen Direktoren Eduard Beume und Walter Herrmann nahmen selten an den Sitzungen der Werksleitung teil. Gerhard Servais (vgl. Abb. 8), der 1948 ihre Nachfolge antrat, wohnte hingegen verstärkt den Leitungssitzungen bei, was er seiner SED-Mitgliedschaft verdankte. Zusätzlich handelte es sich bei ihm um einen Mann mit technischer statt kaufmännischer Vorbildung, was sein innerbetriebliches Prestige erhöhte.[881] Deutlich tritt zu Tage, dass das entscheidende Kriterium für die Bedeutung der kaufmännischen Abteilung die Mitgliedschaft und Position ihres Leiters in der SED war.

Der Auftrag der SAGs, möglichst hohe Gewinne zu erzielen, spiegelte sich auch im Aufstieg der Hauptbuchhalter in der Betriebshierarchie wider. Eine Besetzung mit vertrauensvollen Personen war daher an der Tagesordnung, wobei eine SED-Mitgliedschaft nicht zwingend, aber vorteilhaft war.[882] Der Hauptbuchhalter hatte eine zentrale Rolle für die Abrechnung und Kontrolle der Produktion sowie die Verteilung der Prämien.[883] In den regelmäßigen Teilnahmen an den Betriebsleiterbesprechungen und dem Erhalt von Prämien und „Pajok- oder Stalin-Lebensmittelpaketen" drückt sich seine neue Stellung in der Betriebshierarchie sinnfällig aus.[884]

879 Vgl. BArch, DC 1/1568, Anlage 2 Charakteristika der leitenden Angestellten vom 17.04.1950; SächsStA-L, 21125 SED-Kreisleitung Böhlen, Nr. IV/5/01/310, Bericht über die Sitzung des Parteiaktivs vom 14.05.1949.

880 Vgl. SächsStA-L, 20687 VEB „Otto Grotewohl" Böhlen, Nr. 45, Werksleitungssitzung vom 12.08.1965; 21125, Nr. IV/4/03/006, Aussprache von Aktivisten des Kombinates „Otto Grotewohl" mit unserem Ministerpräsidenten vom 13.10.1954.

881 Vgl. ebd., 20640, Nr. 78, Teerverarbeitung Espenhain, Jahresbericht 1945 vom 13.02.1946; Nr. 166, Wochenbesprechung am 11.11.1941. Servais war anfangs als Ingenieur in der Schwelerei eingesetzt und wechselte später aus der Ölgewinnung in die Position des kaufmännischen Direktors. Die Umstände für seine Umsetzung sind nicht bekannt.

882 Vgl. BArch, DC 1/1568, Anlage 2 Charakteristika der leitenden Angestellten vom 17.04.1950. In einem Fall wurde der Direktor trotz seiner SED-Mitgliedschaft kritisch beurteilt und entlassen.

883 Vgl. SächsStA-L, 20686, Nr. 36, Befehl Nr. 82 vom 09.07.1951.

884 Vgl. ebd., 20680, Nr. 170, Abgabe von Lebensmittelpajok vom 07.12.1948; Nr. 21, Zeitweilige Verfügung von 1950; 20686, Nr. 184, Protokoll über die Sitzung des leitenden Personals der Böhlener Werke am 09.03.1950 11 Uhr bei Herrn Generaldirektor Schitnik, Befehl Nr. 54 vom 25.05.1951.

Abb. 8: Der kaufmännische Leiter von Espenhain, Gerhard Servais, 1953/54

Wandlung der Struktur der Wirtschaftsorganisation

Die Werksleitung einer SAG bestand aus einer sowjetischen und einer deutschen Verwaltung. An der Spitze stand der sowjetische Generaldirektor. Ihm beigeordnet war sein Stellvertreter, der gleichzeitig als Hauptingenieur fungierte und dem die technische Leitung des Betriebes unterstand. Darüber hinaus gehörte dem sowjetischen Führungspersonal ein Kaufmännischer Direktor, ein Chef der Planabteilung und ein Hauptbuchhalter, jeweils inkl. Stellvertretern an.[885] Außerdem unterstand der Generaldirektion das Lehrwerk, das die betriebliche Ausbildung und somit den Facharbeitskräftebedarf sicherstellte.[886] Die einzelnen Betriebsteile, wie Tagebau oder Schwelerei, verfügten ebenfalls über sowjetische Direktoren,[887] sowjetische Soldaten in Kompaniestärke (ca. 150 Personen) sorgten für die Sicherheit.[888]

885 Vgl. ebd., 20686, Nr. 31, Befehl an die Abteilung der Sowjetischen Staatlichen AG „Topliwo" vom 08.12.1949. Teilweise gab es auch zeitliche Differenzen bei der Etablierung einzelner Führungspositionen in den Generaldirektionen.

886 Vgl. ebd., Nr. 37, Befehl Nr. 3 An die Hauptdirektoren der 3 Böhlener Werke.

887 Vgl. ebd., Nr. 184, Protokoll über die Sitzung des leitenden Personals der Böhlener Werke am 09.03.1950 11 Uhr bei Herrn Generaldirektor Schitnik.

888 Vgl. BArch, DO 1 (Ministerium des Inneren)/27544, Bewachung des Kombinates Böhlen vom 17.06.1952; SächsStA-L, 22243, Nr. 34, S. 3.

Die Organisation der einzelnen Betriebsabteilungen blieb weitestgehend gleich zu der Zeit vor 1945, wie das Beispiel des Benzinwerkes zeigt (vgl. Schema 5). Die Veränderungen umfassten ausschließlich die Verwaltung und die Eingliederung der IZ der Brabag in das Benzinwerk. Ähnlich verhielt es sich in den Unternehmen der ehemaligen ASW. Maßgebliche Ausnahme bildete die Aufteilung in Kohlengewinnung, Chemie und Kraftwerke, die sogar eigene, formal unabhängige Werke wurden. Diese Entwicklung ist anhand der SAG „Brikett" Espenhain dargestellt (vgl. Schema 6). In der untersten Ebene der Betriebs- und Arbeitsorganisation gab es hingegen eine weitestgehende Kontinuität, die nur partiell durchbrochen wurde. Dabei spielten vor allem die Interessen der Arbeitnehmerinnen und Arbeitnehmer nach 1945 eine größere Rolle. Ein entsprechendes Beispiel aus dem Kesselbetrieb des Kraftwerkes Espenhain zeigt dies.[889] Aus Arbeitsschutzgründen sollte ab 1946 im Kesselhaus jeder Feuerungsmaschinist alle 14 Tage einem anderen Kessel zugeteilt werden. Der positive Effekt wurde durch den negativen der mangelnden Vertrautheit mit der jeweiligen Anlage aufgehoben, was besonders für den Maschinenverschleiß problematisch war.

Schema 5: Das Benzinwerk Böhlen in der SAG „Topliwo" 1946/47[890]

889 Vgl. BStU, BV Leipzig, Nr. 947/09, Bericht über das Ergebnis der bisherigen Untersuchung vom 30.07.1959. Hierbei ging es um die stark schwankenden klimatischen Bedingungen am Arbeitsplatz.

890 Vgl. Sperling, Dieter/Schossig, Wolfgang: Wirtschaftsorganisation (s. Anmerkung 76), S. 94; SächsStA-L, 20686, Nr. 153, Organisation vom 09.10.1946.

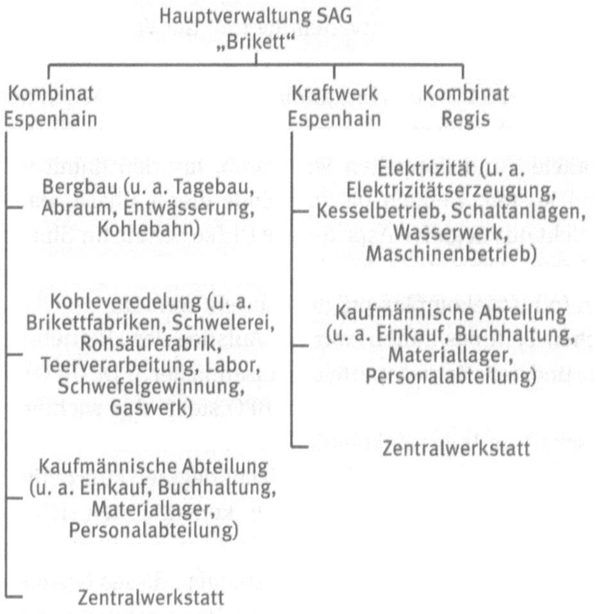

Schema 6: Gliederung der SAG „Brikett" Espenhain im Gefüge der Hauptverwaltung SAG „Brikett" 1947/48[891]

Die Organigramme werfen die Frage nach dem Zweck der Teilung der Werke auf. Bis 1946 bestanden die jeweiligen ASW-Werke als ein Betrieb, der auf Lieferungen der jeweiligen anderen Bereiche angewiesen war. So wurde die gewonnene Braunkohle aus dem Tagebau in den Brikettfabriken aufbereitet, die Briketts kamen danach in die Schwelerei, der Schwelkoks wurde anschließend in der Mahlanlage der Kraftwerke zerkleinert und schließlich in den Kesselanlagen verfeuert. Am 02. August 1946 traf der Generaldirektor des Kombinats Espenhain (Braunkohlenwerk), Birjukow, mit seinem Pendant vom Kraftwerk, Generaldirektor Andreew, zusammen.[892] Dabei regelten sie nicht nur die zukünftigen Wirtschaftsbeziehungen – das Kombinat war auf Strom und Dampf aus dem Kraftwerk, das Kraftwerk auf Brennstoffe aus dem Kombinat angewiesen –, sondern auch die Aufteilung der bisher gemeinsamen genutzten Ressourcen an Lagerräumen, Verwaltung, Material und Personal. Die Vereinbarungen reichten

891 Vgl. Sperling, Dieter/Schossig, Wolfgang: Wirtschaftsorganisation (s. Anmerkung 76), S. 94 und SächsStA-L, 20680, Nr. 170, Niederschrift über die Besprechung am 13.12.1948.

892 Vgl. SächsStA-L, 20680, Nr. 17, Protokoll Aufteilung des Kombinates und der E-Werke am 02.08.1946.

bis zum Personaltransport mit Bus und Bahn. Die Neuregelung der Beziehung zwischen den einzelnen SAGs zeigt die Machtverteilung und die Veränderungen seit der Übernahme in sowjetischen Besitz auf. Dabei war die unvorteilhafte Trennung der Werke in bis zu drei SAGs auch Bestandteil von Diskussionen in den Generaldirektionen, mit dem Ziel, eine engere Verzahnung zu erreichen.[893] Dennoch bestanden die parallelen und doppelten Strukturen, mit den damit verbundenen Problemen und Kosten, vielfach bis zum Ende dieser Phase. Dabei hatte diese Arbeitsweise nicht nur negative Aspekte, wie Ulrike Schulz für Simson stichhaltig nachwies.[894] Positiv kann der schlanke Charakter der sowjetischen Verwaltung, der auch den Industriekomplex prägte, beurteilt werden.

Neben den sowjetischen Leitungskräften, war der Aufstieg der „Betriebsgewerkschaftsleitung" (BGL) und der „Betriebsparteiorganisation der SED" (BPO) zu zentralen betrieblichen Akteuren von Bedeutung; die BPO stellte das wichtigste Instrument der SED-Herrschaft im Industriekomplex bis in den Herbst 1989 dar. Allerdings wies die Entwicklung in der unmittelbaren Nachkriegszeit kurzzeitig in eine andere Richtung. Ähnlich wie in anderen Regionen, konstituierten sich zunächst Betriebsräte als Interessenvertretung.[895] Zumindest für das Benzinwerk lässt sich diese Geschichte rekonstruieren.[896] Anfangs arbeitete dieses Gremium mit der Werksleitung in der Betriebsvertretung zusammen. Von Beginn an stellte sich der Betriebsrat als „kommunistisch und antifaschistisch" dar. Diese Selbstdarstellung trug ihm eine führende Rolle in den frühen Entnazifizierungsverfahren ein. Er setzte sich bis Oktober 1945 ausschließlich aus KPD-Mitgliedern

---

893 Vgl. ebd., 21125, Nr. IV/4/03/061, Sitzung des Zentralsekretariats der 3 Böhlener Werke vom 11.02.1950. Diese Absprachen im Industriekomplex, ohne dass die Hauptverwaltung involviert war, sicherte die Erfüllung der ökonomischen Aufgaben.

894 Vgl. Schulz, Ulrike: Simson (s. Anmerkung 20), S. 269, 278 und 422f. So stand das wirtschaftliche Interesse im Vordergrund, weshalb Simson beispielsweise in der gesamten Zeit der SAGs, mit Ausnahme von 1946, Gewinne erwirtschaftete. Allerdings waren gewisse Strukturen so verworren, vor allem die zwei unterschiedlichen Bilanzierungssysteme und die Kreditvergabe an das Unternehmen, dass ein abschließendes Urteil diese als negative Punkte ins Feld führen muss.

895 Vgl. Dowe, Dieter/Kuba, Karlheinz/Wilke, Manfred (Hrsg.): FDGB-Lexikon. Funktion, Struktur, Kader und Entwicklung einer Massenorganisation der SED (1945–1990), Berlin 2009, Artikel Betriebsrätegesetz. Unter: http://library.fes.de/FDGB-Lexikon/texte/sachteil/ (Stand: 21.12.2020); SächsStA-L, 20680, Nr. 1, Niederschrift über die Sitzung am 07.01.1947 in Espenhain; 20686, Nr. 140, Gemeinsame Sitzung der Betriebsvertreter und Werksleitung am 07.07.1945; 22244, Nr. 21, Befehl Nr. 9 vom 20.05.1947. Für das Benzinwerk Böhlen ist eine erste Sitzung des Betriebsrates für den 07. Juli 1945 nachgewiesen. Für Espenhain fehlen entsprechende Daten. Allerdings bestand auch hier ein Betriebsrat, der auf das Jahr 1945 zurückging.

896 Vgl. SächsStA-L, 20686, Nr. 140, Forderungen der Betriebsvertretung vom 23.08.1945, 20. Besprechung der Werksleitung mit der Betriebsvertretung am 28.09.1945 und 22. Besprechung der Werksleitung mit der Betriebsvertretung am 12.10.1945.

zusammen. Erst ab diesem Zeitpunkt wurde er paritätisch von je zehn KPD- und SPD-Vertretern besetzt. Möglicherweise erfolgte dies auf sowjetische Weisung. Sein Einfluss reichte soweit, dass einige Mitglieder an der Abwicklung der Brabag 1946 in Berlin beteiligt waren.[897] Die Mitgliedschaft im Betriebsrat schuf Aufstiegsmöglichkeiten in der Betriebshierarchie: Alfred Umlauf und Wilhelm Kaschig, Mitglieder seit der Gründung 1945, stiegen von Facharbeitern zu Direktoren auf und saßen seit 1955 in der SED-Kreisleitung.[898] Gleichzeitig zeigt ihre Teilnahme an den Direktoriumssitzungen ihre Bedeutung.

Trotz seiner paritätischen Besetzung diente der Betriebsrat zur Durchsetzung der Parteilinie der KPD/SED. Abweichende Ansichten zum Sozialismus konnten zum Verlust der Position im Betriebsrat führen. Dies zeigt das Beispiel eines SPD-Genossen, der für eine Trennung von Partei, Betriebsrat und Gewerkschaft in Espenhain eintrat sowie gegen die Vereinigung von SPD und KPD argumentierte und daraufhin aus dem Gremium verschwand.[899]

Bis 1948 verfügten die Betriebsräte über eine wichtige Position im Betrieb, so waren sie zeichnungsberechtigt für die Beantragung der Lohn- und Gehaltszahlungen bei der „Garantie- und Kredit-Bank".[900] Es ist unklar, wann genau der Übergang vom Betriebsrat zur BGL erfolgte. Die Überlieferung deutet auf den

897 Vgl. BArch, DG 2/12718, Besprechung der früheren Braunkohle-Benzin-Werke vom 23.07.1946. Beispielsweise wies der Betriebsrat Johannes Grünbauers Forderungen nach Begleichung von Restzahlungen durch den Verwalter Heinrich Pabst mit Verweis auf den sowjetischen Werkskommandanten zurück.

898 Vgl. BStU, BV Leipzig, Nr. 3773/63, Charakteristik vom 30.01.1953; SächsStA-L, 20686, Nr. 1, Direktionsbesprechung vom 09.09.1947; 21125, Nr. IV/4/03/001, Vorschläge für die Kreisleitung vom 24.04.1955; Nr. IV/5/01/310, Beurteilung des Betriebs-Leiters des Maschinenhauses vom 11.04.1947. Beide stiegen vom Betriebsrat bis in die spätere Kreisleitung der SED auf. Verbunden mit dem Aufstieg in der Parteiorganisation war auch ein Positionsgewinn in der Werkshierarchie. Der 1907 geborene Umlauf, vor 1945 als Schlosser und Hauer bei der ASW Böhlen beschäftigt, wurde nach 1945 Tagebauleiter. Kaschig, Jahrgang 1898, stammte gebürtig aus der Niederlausitz und war in verschiedenen Positionen im Braunkohlenbergbau tätig. 1928 kam er nach Böhlen und erreichte als gelernter Maschinist die Stelle eines Ingenieurs. Nach 1945 konnte er bis zum Posten des Hauptdispatchers aufsteigen.

899 Vgl. Mayr, Lothar/Zimmermann, Siegfried: Die Rolle und Bedeutung der SAG-Betriebe für den Aufbau des Sozialismus im Kreis Borna und die Nutzung der sowjetischen Erfahrungen durch die Arbeiterklasse des Kreises, Borna 1975, S. 20. Angeblich wirkten Mitglieder des ZK, wie Walter Ulbricht und Otto Schön, an der Überzeugung der Sozialdemokraten mit. Über das weitere Schicksal des SPD-Genossen Mühlberg ist wenig bekannt, auch wenn er noch mindestens bis 1947 im Industriekomplex tätig war.

900 Vgl. BArch, DN 4/2022, Lohn- und Gehaltszahlungen vom 28.06.1948. Dabei zeichnete der Betriebsratsvorsitzende Lohn- und Gehaltssummen in der Größenordnung von 750 000 RM zusammen mit dem Hauptdirektor Kilian und dem Hauptbuchhalter ab.

Zeitraum zwischen Frühjahr und Herbst 1948 hin.[901] Dies entsprach der Entwicklung auch in anderen Teilen der DDR.[902] Dabei bestand ein wesentlicher Unterschied zur NS-Zeit: Während die DAF nur anfangs, aus Gründen der Legitimation, Wahlen für das Amt des „Vertrauensrates" durchführte, gehörten diese beim FDGB zum festen Kennzeichen der Organisation.[903] Allerdings büßte die BGL, im Vergleich zum Betriebsrat, erheblich an Einfluss ein, der an die BPO überging.

Die Betriebsgruppe war eine weitere neue Organisation, die seit Kriegsende in den Werken wirkte. Sie stellte ein wichtiges Instrument für die Macht der SED im Betrieb dar und war Vorläuferin der BPO. Die Betriebsgruppe nahm Einfluss auf die politische Organisation im Untersuchungsraum, was durch ihre Partizipation an den Direktoriumssitzungen untermauert wird.[904] Daher verwundert es nicht, dass es in Espenhain bereits am 10. Januar 1946 zur Gründung einer Einheitsbetriebsgruppe kam, die die Gründung der SED mehr als drei Monate vorwegnahm.[905] Das Braunkohlenwerk Böhlen folgte drei Tage später.[906]

Mit der Gründung der BPO, die in Böhlen unter diesem Namen spätestens seit April 1948 firmierte, nahm die SED Einfluss auf die Entwicklungen und Verhältnisse im Werk.[907] Auch in anderen Branchen der DDR-Wirtschaft lässt sich ihr Bedeutungszuwachs beobachten.[908] Gleichzeitig waren ihre gestalterischen Möglichkeiten anfangs von der Beteiligung der Werksleitung in dem Gremium abhängig. Erst später kehrte sich dies um und eine führende Position in der BPO war notwendig, um Einfluss in der Werksleitung zu bekommen. Im Industriekomplex trifft dies für den Hauptdirektor des Braunkohlenwerkes Böhlen, Josef Kahn, zu, der bereits vor 1933 KPD-Mitglied gewesen war, als ehemaliger KZ-Insasse als zuverlässig galt und den Aufstieg vom Betriebsrat über die Leitung der

---

901 Vgl. SächsStA-L, 20680, Nr. 229, Betriebsrat vom 29.08.1948; 20686, Nr. 174, Vorschläge der Parteiorganisation der SED vom 02.02.1948.

902 Vgl. Dowe, Dieter/Kuba, Karlheinz/Wilke, Manfred (Hrsg.): FDGB-Lexikon (s. Anmerkung 895), Artikel Betriebsgewerkschaftsleitung (BGL).

903 Vgl. Hürtgen, Renate: Disziplinierung (s. Anmerkung 69), S. 40.

904 Vgl. SächsStA-L, 20686, Nr. 140, Gemeinsame Sitzung der Betriebsvertreter und Werksleitung am 15.06.1945.

905 Vgl. Mayr, Lothar/Zimmermann, Siegfried: SAG-Betriebe (s. Anmerkung 899), S. 20.

906 Vgl. Kaschade, Hans: Sowjetisch Besetzten Zone (s. Anmerkung 80), S. 110.

907 Vgl. SächsStA-L, 21125, Nr. IV/4/03/061, Reorganisation KE vom 03.04.1948. Das Dokument zeigt auch ihren Einfluss, da sie direkt in die Organisation betrieblicher Angelegenheiten eingebunden war.

908 Vgl. Boldorf, Marcel: Governance (s. Anmerkung 14), S. 17; Werner, Oliver: Betrieb (s. Anmerkung 9), S. 101. Mindestens für den Transportanlagenbau sowie die Textil- und Stahlbranche verlief dieser Prozess ähnlich, der den Einfluss der SED nochmals erhöhte.

Personalabteilung bis hin zur Werksleitung vollzog.[909] Richard Kilian, Hauptdirektor in Espenhain zwischen 1950 und 1955, stellt das Gegenbeispiel dar, da er nicht in dem Gremium vertreten war und sich dennoch behauptete. Hierin besteht ein Unterschied zur letzten Phase, in der eine Mitgliedschaft in der BPO für den Werksleiter vorausgesetzt wurde. Zum Verhältnis der sowjetischen Führungskräfte zur BPO sind nur wenige Informationen vorhanden. Beispielsweise wurde der erste Sekretär der SED-Betriebsgruppe in Espenhain, Otto Heinig, 1946 direkt vom sowjetischen Generaldirektor berufen, was ein Indiz für eine Kooperation ist.[910] In dieser Position nahm er an den Direktoriumssitzungen teil. Ein wesentlicher Mangel in Bezug auf die Leitungstätigkeit der BPO war die geringe Anzahl von Akademikern. Die BPO versuchte die sowjetischen Generaldirektionen in ihren wirtschaftlichen Entscheidungen zu beeinflussen und vertrat daher ein „Primat der Politik". In der Betriebsparteileitung des Benzinwerkes verfügten von 26 Personen gerade einmal drei über einen entsprechenden Abschluss, sodass Entscheidungen von fachlich unqualifizierten Belegschaftsangehörigen getroffen wurden.[911] Gleichzeitig wurde der „Intelligenz" vorgeworfen, sich nicht ausreichend in der Parteiorganisation zu engagieren.[912]

Betriebsrat und Betriebsgruppe wirkten politisch zusammen und befanden sich auf der Linie der SED. Ein Konflikt im Herbst 1947 verdeutlicht diese Kooperation. Der Hauptdirektor des Braunkohlenwerkes Böhlen, Karl Moeser, ehemaliges NSDAP- und nach 1945 SED-Mitglied, lud zu einer Direktionsbesprechung anlässlich der schriftlichen Forderung des Betriebsrates nach Abschaffung der Kompensationsgeschäfte.[913] Moeser kommunizierte, dass dies seiner Meinung nach gravierende Auswirkungen habe: „Wenn wir den Willen haben, mit dem obigen System zu brechen, so müssen wir uns auch darüber klar sein, dass unser Betrieb der erste ist, der zum Erliegen kommt."[914] Betriebsratsvertreter Umlauf betonte hingegen die Bedeutung der Umsetzung des Verbotes, um die Gesetze durchzusetzen. Durch die zustimmende Haltung der Betriebsgruppe zu Umlaufs Position entstand eine geschlossene Front. Einwürfe von Moeser und des Kraftwerksleiters Bahr zeigen hingegen, dass diese Geschäfte auf Anweisung des sowjetischen Generaldirektors Aksarow erfolgten. Schlussendlich einigten sich die Besprechungsteilnehmer auf die Erweiterung der Kontrollkommission, was

909 Vgl. BArch, DC 1/1568, Anlage 2 Charakteristika der leitenden Angestellten vom 17.04.1950; SächsStA-L, 20687, Nr. 1090, An das Kombinat Böhlen vom 23.09.1952.
910 Vgl. Hofmann, Michael: Kohlearbeiter (s. Anmerkung 15), S. 100 f.
911 Vgl. SächsStA-L, 21125, Nr. IV/4/03/061, Aufstellung der Prämien ab 01.01.1950.
912 Vgl. ebd., erweiterte Leitungssitzung am 23.11.1950.
913 Vgl. ebd., 20686, Nr. 1, Direktions-Besprechung vom 09.09.1947.
914 Ebd.

vermutlich weitestgehend folgenlos blieb. Dennoch schied Moeser noch im selben Jahr aus der Leitung aus. Die genauen Umstände hierfür sind nicht bekannt, ein Zusammenhang mit seinem Konflikt mit Betriebsrat und Betriebsgruppe aber möglich.

Dieser Konflikt zwischen der Forderung der SED und der betriebswirtschaftlichen Abwehrhaltung der Betriebsleitung charakterisiert den schwierigen Umgang der neuen Machthaber mit der benötigten, aber gleichzeitig verfemten technischen Elite. Gerade für den Hochtechnologie-Sektor stellte die Auseinandersetzung eine erhebliche Gefahr dar. Am deutlichsten tritt dies im Umgang mit der IZ hervor, die bis zum Kriegsende die Planungsinstanz für alle Bau- und Forschungsprojekte der Brabag gewesen war.[915] Mit der Übernahme der Brabag Böhlen wurde sie Teil der SAG „Topliwo" Böhlen, arbeitete jedoch für die gesamte Petro- und Karbochemie der DDR als Planungs- und Konstruktionsbüro.[916] Sie war z. B. in die Konzeption der Großkokerei des VEB Braunkohlenveredelung Lauchhammer involviert, die Braunkohlenhochtemperaturkoks zur Eisenverhüttung produzierte. Die Rolle als Hauptprojektant nahm sie für die Hauptverwaltung Flüssige Brennstoffe ein und in den 1950er-Jahren für die Hauptverwaltung für Kohlewerkstoffe.[917] Hierbei arbeitete die IZ eng mit dem späteren „Deutschen Brennstoffinstitut" der Bergakademie Freiberg unter Karl Kegel, Erich Rammler und Georg Bilkenroth zusammen und füllte die Lücke zwischen universitären und betrieblichen Forschungseinrichtungen. Diese kontinuierliche Zusammenarbeit gründete sowohl in der jeweiligen Spezialisierung als auch in den personellen Kontakten, die durch Beruf und Studium bestanden.[918] Die BPO als auch das BSA Böhlen betrachteten die Ingenieure der IZ als potentielle Konterrevolutionäre und ließen sie intensiv überwachen.[919] Hierzu gehörte auch der Vorwurf der Spionage:

---

915 Vgl. Ingenieurtechnische Zentralstelle im VEB Kombinat „Otto Grotewohl" Böhlen (Hrsg.): 1946 – 1961. 15 Jahre im Dienste des friedlichen Aufbaues, Leipzig 1961, S. 5.

916 Vgl. SächsStA-L, 20686, Nr. 153, Auflösung der Hauptverwaltung Berlin vom 28.09.1945, Zentrale Verwaltung der Brennstoffindustrie vom 31.08.1945.

917 Vgl. ebd., 22243, Nr. 46, Die wirtschaftliche und politische Bedeutung unseres VEB vom 25.05.1956.

918 Vgl. Alberti, Hans-Joachim von: „Böhlener Schwelfibel" (s. Anmerkung 106); SächsStA-L, 20686, Nr. 2, Direktionsbesprechung Nr. 22 am 11.06.1946. Kegel hatte sowohl vor als auch nach 1945 Kontakte zur ASW im Industriekomplex. Bilkenroth hatte in Deutzen für den Salzdetfurth-Konzern gearbeitet. Hans-Joachim von Alberti, Autor der „Böhlener Schwelfibel", war ab 1953 Professor in Freiberg. Hinzu kommen zahlreiche Ingenieure, die ihr Studium in Freiberg absolvierten.

919 Vgl. BArch, DO 1/27544, Bericht über die Überprüfung des Betriebsschutzes im Benzinwerk Böhlen am 17.07.1950; DC 1/1568, Anlage 2 Charakteristika der leitenden Angestellten vom 17.04. 1950. Dabei kam es zu Verhaftungen bzw. zu Entlassungen von unliebsamen Personen.

„Zu beachten ist, daß die Mehrzahl der leitenden Kräfte der IZ heute noch eine abwartende und z.T. ablehnende Haltung zur gesellschaftlichen Entwicklung einnehmen. Unter diesen Umständen ist die Gefahr der Spionage für die Westmächte subjektiv gegeben und wird objektiv durch die mangelhafte Sicherung und Kontrolle verstärkt."[920]

Neue betriebliche Institutionen und Ausbau der Überwachung

Die Bedürfnisse der unmittelbaren Nachkriegszeit und der sich konstituierenden sozialistischen Planwirtschaft erforderten Institutionen und Mechanismen nach sowjetischem Vorbild. Bereits 1946 erfolgte im Untersuchungsraum die Einführung des Dispatchersystems,[921] das in der UdSSR zur Überwachung der Produktion diente. Damit nahm der Industriekomplex eine Vorreiterrolle in der SBZ ein, da selbst in anderen SAGs erst 1947 dieses System etabliert wurde.[922] Zum Vergleich baute die Stahlindustrie, die ebenfalls zu den strukturell bevorzugten Industriebranchen gehörte, teilweise erst in den 1950er-Jahren entsprechende Abteilungen auf.[923] Eine generelle Anordnung zur Einrichtung des Dispatcherdienstes in der Planwirtschaft der DDR erfolgte erst 1953.[924] Die Einführung dieses Dienstes ist eines der wenigen Beispiele, bei denen die SAG-Betriebe nachweislich von Beginn an Pate beim Aufbau der Planwirtschaft standen. Die neuen Abteilungen schufen ein umfangreiches Berichts- und Rapportsystem, das teilweise stündlich über die Lage im Betrieb informierte und dazu dienen sollte, drohende Probleme zu identifizieren und somit Produktionsausfälle zu minimieren. Beim täglichen Planrapport waren der Generaldirektor, der Kaderleiter (bzw. der Personalabteilungsleiter), der 1. Sekretär der BPO, ein Vertreter des Betriebsrats (später ein Vertreter der BGL) und der Hauptdispatcher anwesend. Sie besprachen und analysierten die Produktion sowie die Probleme des Vortages für die weitere Planerfüllung. Die Zusammensetzung zeigt gleichzeitig die neuen Machtverhältnisse, da dieses Gremium das wichtigste Instrument der Planung im Werk war und die SED es gleichzeitig dominierte.

Bereits in der ersten sächsischen Landesregierung nach Kriegsende bestand weitestgehende Einstimmigkeit hinsichtlich der Überlegenheit der zentralen Wirtschaftsplanung, sodass die Implementierung planwirtschaftlicher Mechanismen auf allen Ebenen als selbstverständlich galt.[925] Spätestens mit dem Konflikt auf der Sechsmächtekonferenz und der daraus resultierenden Berlin-Krise

920 Ebd., DC 1/1568, Elektro-Kombinat Espenhain Böhlen vom 17.04.1950, S. 4.

921 Vgl. SächsStA-L, 20686, Nr. 24, Tabelle der Terminmeldungen und periodischen Rechenschaftsberichte vom 21.11.1946.

922 Vgl. Mühlfriedel, Wolfgang/Wiessner, Klaus: Industrie (s. Anmerkung 41), S. 69.

923 Vgl. Fink, Sebastian: Riesa (s. Anmerkung 20), S. 369.

924 Vgl. Sperling, Dieter/Schossig, Wolfgang: Wirtschaftsorganisation (s. Anmerkung 76), S. 118.

925 Vgl. Kiechle, Oliver: Fritz Selbmann (s. Anmerkung 47), S. 370 f.

1948 zeichnete sich die Eingliederung der SBZ in die Wirtschaftsordnung der Sowjetunion und der Staaten in ihrem Machtbereich ab. Mit der Verabschiedung des ersten Zweijahresplans 1949/50 erfolgte auch in den Betrieben der SAGs die Ausrichtung auf die Planwirtschaft.[926] Im Industriekomplex entstanden in diesem Zeitraum auf Befehl der sowjetischen Generaldirektoren eigene Planabteilungen, allerdings mit einer verhältnismäßig kleinen Belegschaft.[927] Die geringe Größe der Abteilung spricht für eine anfängliche Improvisation, die durch den kurzfristigen Übergang zum System einer zentralen Planung gegeben war. Die Qualifizierung des Personals erfolgte durch sowjetische Fachkräfte.[928]

An dieser Stelle lohnt sich ein Blick auf die Stahlindustrie. Auch in dieser Branche wurde durch die Anordnung des Zweijahresplanes eine Zentralplanung im Betrieb notwendig. Im Stahl- und Walzwerk Riesa wurde mit der Schaffung einer Wirtschaftskommission durch die BPO im Dezember 1948 de facto eine Planabteilung geschaffen, die mit wenig Personal auskommen musste.[929] Gleichzeitig wurde die Abteilung mit politisch zuverlässigen Kadern der BPO und BGL beschickt. Auch hier bestand eine Parallele zum Untersuchungsraum, wo beispielsweise im Braunkohlenwerk Böhlen ein Mitglied der BGL zum ersten Leiter der Planabteilung wurde.[930]

Der Aufbau neuer Überwachungsinstitutionen im Industriekomplex bildete ein wichtiges Teilstück für die Transformation der Wirtschaftsorganisation und markiert einen offensichtlichen Bruch zum Nationalsozialismus. In der NS-Zeit beruhte die Überwachung der Belegschaft vor allem auf dem Prinzip der gegenseitigen Kontrolle, das persönliche Denunziationen, vor allem von Beschäftigten die außerhalb der „Volksgemeinschaft“ standen, hervorbrachte. Die einzige betriebliche Überwachungsinstanz war der Werkschutz. Nach 1945 wandelte sich dies maßgeblich.

---

926 Vgl. Karlsch, Rainer/Schäfer, Michael: Wirtschaftsgeschichte (s. Anmerkung 44), S. 53.

927 Vgl. SächsStA-L, 20680, Nr. 21, Befehl Nr. 23 vom 29.06.1950; 20686, Nr. 31, Befehl an die Abteilung der Sowjetischen Staatlichen AG „Topliwo“ vom 08.12.1949. Nach Befehl Nr. 23 des sowjetischen Generaldirektors in Espenhain sollte die Planabteilung vier Personen umfassen. Hinzu kamen noch 18 Belegschaftsangehörige in der allgemeinen statistischen Abteilung und der Betriebsstatistik.

928 Vgl. Mayr, Lothar/Zimmermann, Siegfried: SAG-Betriebe (s. Anmerkung 899), S. 16f. Paul Renner, Leiter der Planabteilung im Benzinwerk Böhlen bis in die 1970er-Jahre, dankte seiner Ausbilderin Torowski. Ab 1951 ließen sich keine sowjetischen Fachkräfte mehr nachweisen und die Abteilung arbeitete selbstständig unter deutscher Leitung.

929 Vgl. Fink, Sebastian: Riesa (s. Anmerkung 20), S. 290f.

930 Vgl. SächsStA-L, 20686, Nr. 184, Protokoll über die Sitzung des leitenden Personals der Böhlener Werke am 09.03.1950 11 Uhr bei Herrn Generaldirektor Schitnik; Nr. 186, Betriebsversammlung vom 13.02.1946.

Nach einer kurzen Periode der Bewachung durch amerikanische und sowjetische Streitkräfte erfolgte der Aufbau einer „Betriebspolizei".[931] Dazu wurden zum einen BSAs geschaffen, denen auch die Betriebsfeuerwehr unterstand, zum anderen die ehemaligen Werkschutzangehörigen entlassen. Die Unterstellung unter die „Deutsche Volkspolizei" (DVP), die spätestens ab 1949/50 erfolgte, knüpfte institutionell an die Unterstellung des Werkschutzes unter die SS im letzten Kriegsjahr an, ohne dass es eine Verbindung zwischen beiden Institutionen gab.[932] Der Auftrag des BSA lautete, den Betrieb und das Volkseigentum zu schützen. Im Stalinismus konnten auch Unfälle und technische Störungen der Belegschaft und den Führungskräften als Sabotage ausgelegt werden. Diese paranoide Angst förderte eine wesentlich schärfere Überwachung und Bestrafung im Vergleich zum Nationalsozialismus. Beispielsweise wurde ein Lokführer wegen eines Zugunfalls bei Nebel mit einem Gesamtschaden von 56 000 Mark zu einer dreieinhalbjährigen Haftstrafe verurteilt.[933] Mit dem Erlass des „Gesetzes zum Schutz des Volkseigentums und anderen gesellschaftlichen Eigentums" 1952 wurde es möglich, Personen für geringfügige Diebstähle zu mehrjährigen Haftstrafen zu verurteilten, allerdings blieb die Verhängung derartiger, harter Strafen im Industriekomplex die Ausnahme, zumeist beließ man es bei Geldstrafen.[934] Dies gilt auch für Kompensationsgeschäfte, die einen wichtigen Teil der Freiheiten der Direktoren, besonders der kaufmännischen, in der unmittelbaren Nachkriegszeit darstellten und vom entstehenden Planungsregime konsequent bekämpft wurden.[935]

Fotografieren und Interesse an technischen Anlagen zogen den Verdacht der Spionage bzw. der Sabotage nach sich. In einem Fall führten solche Anschuldigungen sogar zu Todesurteilen: Der Anlagenfahrer Heinz Fritzsche aus Markkleeberg und der Pumpenfahrer Fritz Müller aus Stöhna, die im Juli 1951 auf einer Rückreise aus Westberlin mit Exemplaren der Zeitschrift „Tarantel" aufgegriffen wurden und im Verhör Kontakte zum „Untersuchungsausschuss Freiheitlicher Juristen" (UFJ) zugaben, verurteilte ein sowjetisches Militärgericht wegen des

931 Vgl. ebd., Nr. 169, Besetzung des Werkes Böhlen – April 1945 vom 02.06.1945, S. 8; Nr. 140, Gemeinsame Sitzung der Betriebsvertreter und Werksleitung am 20.06.1945; Forderungen der Betriebsvertretung vom 23.08.1945; 22243, Nr. 3, Quartalsbericht für das III. Quartal 1952 vom 27.09.1952. So bestanden zwar sowjetische Posten bis zur Übergabe an die DDR, allerdings in einem weit geringeren Umfang als zu Beginn der Besetzung 1945.

932 Vgl. ebd., 20632, Nr. 1141, Unterstellung des Werkschutzes unter die SS- und Polizeigerichtsbarkeit vom 08.11.1944.

933 Vgl. ebd., 22244, Nr. 3, II. Wortbericht vom 26.09.1952.

934 Vgl. ebd., II. Wortbericht vom 05.01.1953.

935 Vgl. ebd., 20686, Nr. 36, Befehl Nr. 47 vom 07.06.1950.

Spionageverdachtes zum Tod, beide wurden in Moskau hingerichtet.[936] Zusätzlich wurden zwei angebliche Mitglieder der „Kampfgruppe gegen Unmenschlichkeit" (KgU) im Herbst 1953 aufgrund des gleichen Vorwurfs verhaftet,[937] ihr weiteres Schicksal bleibt ungeklärt. Tatsächlich versuchten diese Gruppen vor dem Bau der Berliner Mauer, Netzwerke in der DDR aufzubauen. Ein Anwerbungsschreiben der UFJ an den Leiter der Abteilung Chemie in Böhlen Georg Böhm 1955 belegte dies.[938] Das Schreiben zeigt, dass diese Gruppen nicht zu Unrecht in der neueren Forschung dem Systemwiderstand von rechts zugeordnet werden.[939]

Seit ihrer Gründung 1950 war auch die Staatssicherheit im Untersuchungsraum aktiv, Arbeitsgruppen bestanden in Böhlen und Espenhain. Auch hier waren die Konsequenzen einer Verhaftung drastisch. So reichte der Verdacht der Sabotage vollkommen aus. Ein Versuchsingenieur aus Espenhain wurde deshalb 1953 für drei Monate in Untersuchungshaft genommen.[940] Nach seiner Haft wurde er direkt als „Geheimer Informant" (GI) verpflichtet. Selbst das „Volkskommissariat für innere Angelegenheiten" (NKWD) unterhielt in dieser Phase ein Büro in Espenhain.[941] Der Industriekomplex nahm bei der geheimdienstlichen Überwachung eine Entwicklung vorweg, die später in der gesamten DDR-Wirtschaft zu beobachten war, was nochmals seine Bedeutung unterstreicht.

Die institutionelle Reorganisation verzahnte sich mit dem Neuaufbau von betrieblichen Strukturen. Da das System der Planwirtschaft u. a. an einem Mangel technischer Innovationen litt,[942] erschien auf betrieblicher Ebene die Imple-

---

936 Vgl. Rudolph, Jörg/Drauschke, Frank/Sachse, Alexander: Hingerichtet in Moskau. Opfer des Stalinismus aus Sachsen 1950–1953, Leipzig 2007(= Schriftenreihe des Sächsischen Landesbeauftragten für die Stasi-Unterlagen, Bd. 6), S. 79 f.

937 Vgl. SächsStA-L, 22243, Nr. 34, Hinweg mit den Provokateuren des ‚Tages X', vom 08.10.1953.

938 Vgl. BStU, BV Leipzig, Nr. 2158/63, Bericht vom 09.09.1962; Nr. 711/62, Sehr geehrter Herr Böhm vom 28.10.1955. Im Zuge der Verleihung des Titels „Verdienter Erfinder" wurde er durch die UFJ angeschrieben. Dabei wurde ihm nahegelegt, um einer Bestrafung als Handlanger des Regimes durch die Bevölkerung zu entgehen, seine Prämien zu spenden. Böhm ließ im Gegenteil das Schreiben dem MfS zu kommen. Nach der zweiten Quelle galt nach Aussage einer Gegnerin der DDR Böhm als Kommunist, was die Weitergabe erklären würde. Andererseits hatte Böhm Kontakt zum ehemaligen Ankläger beim Reichsgericht und späteren Generalbundesanwalt Fränkel.

939 Vgl. Heitzer, Enrico: DDR-Systemgegnerschaft von rechts. Anregungen für eine Perspektiverweiterung, in: ders. u. a. (Hrsg.): Nach Auschwitz (s. Anmerkung 2), S. 64–83, hier S. 64 f.

940 Vgl. BStU, MfS – Allgemeine Sachablage (AS), Nr. 50/56, Borna den 23.01.1954.

941 Vgl. ebd., BV Leipzig, Nr. 28/55, Niederschrift der Besprechung mit Herrn Generaldirektor Andrejew am 27.11.1948.

942 Vgl. Ahrens, Ralf/Boldorf, Marcel: Systembedingte Innovationsschwäche und betriebliches Innovationsverhalten in der DDR, in: Technikgeschichte 79, 2012, S. 3–9, hier S. 3 ff.; Bauer, Reinhold: PKW-Bau in der DDR. Zur Innovationsschwäche von Zentralverwaltungswirtschaften, Frankfurt (Main) u. a. 1999 (= Studien zur Technik-, Wirtschafts- und Sozialgeschichte, Bd. 12), mentierung eines Prämiensystems für Verbesserungsvorschlägen plausibel, das bis zum Ende der DDR bestehen blieb. Im Untersuchungsraum brachte die seit mindestens 1950 bestehende Innovationsförderung unterschiedliche Ergebnisse. Dabei bestanden zwei Probleme, zum einen die geringe Zahl an Vorschlägen und zum anderen ihre Umsetzung. Ersteres hatte seine Ursache in der unerfahrenen Belegschaft, die nicht praktikable oder wirtschaftlich unnütze Ideen unterbreitete. Dafür spricht die ausgezahlte Prämiensumme. Von 1 209 684,10 Mark, die 1950 für Prämierungen im Braunkohlenwerk Böhlen bereitstanden, kamen nur 80 501,36 Mark (6,6 %) zur Ausschüttung.[943] Gleichzeitig wurden von 477 eingereichten Anregungen schlussendlich nur 161 angenommen.[944] Diese brachten immerhin noch eine Ersparnis von 763 000 Mark. Im Kraftwerk Böhlen waren die potentiellen Einsparungen so gering, dass ihre Umsetzung nicht immer als sinnvoll erachtet wurde.[945] Ein weiteres Problem bestand in der Einführung der Innovationen. Nachdem ein Arbeiter einen Vorschlag abgegeben hatte, wurde dieser vom „Büro für Vorschlags- und Erfindungswesen" geprüft und, wenn für gut befunden, einer sowjetischen Kommission, bestehend aus Generaldirektor, technischem Direktor und drei weiteren Mitgliedern, zur Entscheidung vorgelegt. Nur bei geringfügigen Einsparungen konnte das Büro auch selbstständig entscheiden. Danach, sofern die materielle Voraussetzung für die Umsetzung geklärt werden konnte, ging der Vorschlag zur jeweiligen Betriebsleitung, die diesen umzusetzen hatte. Dieses bürokratische Vorgehen wirkte sich hemmend auf die Realisierung der Verbesserungen aus, wie an der oben beschriebenen niedrigen Auszahlungsquote der Prämien offensichtlich wird. Auch die Bearbeitung dauerte lange. In Espenhain waren die meisten Verbesserungsvorschläge aus dem Jahr

S. 124–135; Baumert, Martin: „In der Landschaft eine klare Ordnung setzen" oder „die Verunstaltung der Umwelt"? Konjunkturen der Braunkohlenbergbausanierung in der Lausitz 1949 bis 1990, in: Der Anschnitt. Zeitschrift für Montangeschichte 72, 2020, S. 75–83, hier S. 76; Roesler, Jörg: Strukturwandel (s. Anmerkung 42), S. 144; Steiner, André: DDR-Wirtschaftsreform (s. Anmerkung 33), S. 16 f.; Theißen, Friedrich: Zwischen Plan und Pleite (s. Anmerkung 36), S. 17 f. und 158. Schon die DDR-Geschichtsforschung erkannte den strukturellen Innovationsmangel. Die Forschungsarbeiten nach der Wiedervereinigung haben dies explizit bestätigt, sodass heute diese zentrale Problematik der DDR-Wirtschaft nicht mehr in Frage gestellt wird. Allerdings zeichnen jüngste Untersuchungen in Bezug auf die Umweltpolitik der Braunkohlenindustrie in der Frühphase ein abweichendes Bild.

943 Vgl. SächsStA-L, 20686, Nr. 37, Befehl des Kombinates Böhlen Nr. 9 vom 01.02.1951.

944 Vgl. ebd., Nr. 15, Arbeitsbesprechung Nr. 2 des Braunkohlenwerkes am 15.01.1951.

945 Vgl. ebd., Nr. 26, Aufstellung der im I/51 ausgezahlten und realisierten Verbesserungsvorschläge vom 08.06.1951. Von insgesamt 60 Verbesserungsvorschlägen mit einer potenziellen Gesamtersparnis von 63 487 Mark brachte ein einzelner 38 400 Mark. Dieser war gleichzeitig der einzige der 10 000 Mark überschritt.

1950 Anfang 1951 noch nicht bearbeitet.[946] Die Prämiensumme betrug normalerweise 2 bis 3 % der Einsparungen, ohne dass eine Untergrenze formuliert wurde.[947] Um den Anreiz zu erhöhen, befahl der sowjetische Generaldirektor, monatlich drei Ideen mit 1500, 1000 und 750 Mark zu prämieren.[948] Wie bereits erwähnt, lag eine nachhaltige Förderung des Industriekomplexes nicht im Interesse der neuen Machthaber, sondern vor allem seine wirtschaftliche Ausbeutung im Sinne der Reparationspolitik. Große Investitionen in den Maschinenpark der SAGs waren daher die Ausnahme.[949]

Belegschaftsentwicklung in der Zeit der Sowjetischen Aktiengesellschaften

Schaffung eines neuen Arbeitskräftestammes

Wiederaufbau der Belegschaft

Mit dem Kriegsende 1945 stand nicht nur die Produktion im Industriekomplex still, sondern es veränderte sich auch die Zusammensetzung der Belegschaft. Ausgangspunkt war die Zerstreuung der Arbeitskräfte während der Kampfhandlungen um den Industriekomplex.

Das Ende des Krieges brachte für die Unternehmen im Industriekomplex, wie in vielen anderen Branchen auch, grundlegende Probleme in der Personalpolitik mit sich. Die lokalen Kriegshandlungen im April 1945 führten zu Fluchtbewegungen aus dem Untersuchungsraum bzw. zum Fernbleiben vom Arbeitsplatz.[950] Zu Beginn des Wiederaufbaus im Benzinwerk Böhlen am 04. Mai 1945 konnten gerade einmal 160 Personen von über 5500 einen Monat zuvor mobilisiert wer-

---

946 Vgl. SAPMO, DY 34/759, Berichterstattung Monat Januar 1951.

947 Vgl. SächsStA-L, 20686, Nr. 15, Arbeitsbesprechung Nr. 2 des Braunkohlenwerkes am 15.01.1951; Nr. 26, Besprechung über Verbesserungsvorschläge vom 07.06.1951.

948 Vgl. ebd., Nr. 37, Befehl des Kombinates Böhlen Nr. 9 vom 01.02.1951.

949 Vgl. Schulz, Ulrike: Simson (s. Anmerkung 20), S. 276.

950 Möller, Jürgen: Kriegsschauplatz Leipziger Südraum 1945. Der Vorstoß des V. US Corps im April 1945 zur Weißen Elster, die Kampfhandlungen im Leipziger Südraum, die letzten Kriegstage an Mulde und Elbe und die amerikanische Besatzungszeit im Leipziger Südraum, Bad Langensalza [2006] 2011 (= Kriegsende in Mitteldeutschland, Bd. 2), S. 134 und 146 ff. Besonders Böhlen wurde zum Schlachtfeld. Hier war die 14. Flakdivision, speziell die Flak-Untergruppe Böhlen-Südost konzentriert. Die Kämpfe vom 14. bis 17. April 1945 bedingten im Untersuchungsraum nochmals zahlreiche Tote. Dabei wurden die Werksanlagen weiter beschädigt oder zerstört.

den.[951] Allgemein herrschte in diesen ersten Monaten eine hohe Personalfluktuation im Industriekomplex, die in den chaotischen Zuständen am Kriegsende, einer allgemeinen Ost-West-Fluchtbewegung und der Rückkehr von Evakuierten in ihre ursprünglichen Siedlungsgebiete gründete. Der wichtigste Grund war jedoch die Befreiung der Zwangsarbeiterinnen und Zwangsarbeiter sowie der Kriegsgefangenen, deren Rückkehr in ihre Heimatländer die Betriebe erheblich beeinträchtigte, zumal sie häufig die einfachen, aber wichtigen Arbeiten ausgeführt hatten.

Die Personalentwicklung der ASW Böhlen war für die ersten Monate nach Kriegsende repräsentativ für den Industriekomplex (vgl. Tab. 21). Während bei der Zahl der Angestellten bis Mitte Mai nur ein Rückgang von knapp 29 % durch das Kriegsende zu verzeichnen war, betrug er bei den Arbeiterinnen und Arbeitern 72 %. Dies führte dazu, dass sich das Zahlenverhältnis von Angestellten zu Arbeiterinnen und Arbeitern zu Beginn der Wiederinbetriebnahme von eins zu zehn auf bis zu eins zu fünf verschob. In der vergleichsweisen geringen Fluktuation in der Gruppe der Angestellten scheint sich ihre stärkere Verbundenheit mit dem Betrieb auszudrücken, was aufgrund der Dominanz der technischen und kaufmännischen Funktionseliten wenig verwunderlich erscheint. Allerdings war dies nur ein kurzfristiger Zustand. Während die Zahl der Angestellten von Mitte Mai bis Ende Juni nur um knapp 15 % anstieg, wuchs sie bei Arbeiterinnen und Arbeiter um 66 %.

Datum	Angestellte	Arbeiterinnen und Arbeiter	Gesamt	Anteil Angestellte in Prozent
01. April	519	5001	5520	9,4 %
15. Mai	369	1400	1769	20,9 %
28. Mai	342	2077	2419	14,1 %
01. Juni	413	1943	2356	17,5 %
28. Juni	423	2326	2749	15,4 %

Tab. 21: Belegschaftsentwicklung der ASW Böhlen April bis Juni 1945[952]

951 Vgl. SächsStA-L, 20686, Nr. 169, Besetzung des Werkes Böhlen – April 1945 vom 02.06.1945, S. 10.
952 Vgl. ebd., Nr. 3, Direktionsbesprechung Nr. 6 vom 29.06.1945.

Die amerikanische Besatzungsmacht verbrachte im Rahmen der „Operation Paperclip“ nur in Ausnahmen Ingenieure der Brabag in die westlichen Besatzungszonen und später in die USA.[953] Bedeutender war die Abwanderung von belasteten Funktionseliten, nachdem der anstehende Besatzungswechsel publik wurde. Allein sieben verließen freiwillig das Benzinwerk, darunter zwei Promovierte.[954] Hinzu kamen eine Kündigung und zwei Verhaftungen unter den Akademikern im Industriekomplex. Nach dem Besatzungswechsel nahm der Verfolgungsdruck zu. Mindestens 13 Einwohner Böhlens wurden zwischen 1945 und 1947 durch die Besatzungsmacht inhaftiert.[955] Nachweislich arbeiteten zwei bei der ASW. Ein Betriebsingenieur des Kraftwerks Böhlen und ein Konstrukteur wurden am 06. September 1945 verhaftet und verstarben 1947 im Lager Jammlitz in Brandenburg.[956]

Die Belegschaftspolitik direkt nach Kriegsende war grundsätzlich kontradiktorisch: Während in der Direktionsbesprechung am 19. September 1945 bei der ASW Böhlen, bedingt durch eine Kürzung der Lebensmittelzulagekarten um 1000 Stück, beschlossen wurde, 400 ehemalige NSDAP-Mitglieder zu entlassen, beklagte dasselbe Gremium knapp sechs Wochen später das Fehlen von 700 Arbeitskräften.[957] Neuanstellungen erfolgten daher zeitgleich mit Entlassungen.

---

953 Vgl. ebd., Nr. 169, Tagesordnung Umstellung der Werksleitung vom 28.06.1945. Da sie meistens bereitwillig den amerikanischen Streitkräften folgten, kann hier nicht von Verschleppung die Rede sein.

954 Vgl SächsStA-L, 20686, Nr. 141, Abteilungsleiterbesprechung am 09.01.1946; Stärk, Gerhard: Fritz (s. Anmerkung 184), S. 30 f. Auch Fritz Stärk und seine Familie gehörten dazu. Ihre Flucht ist die einzige, die bisher beschrieben wurde.

955 Vgl. Barth, Rosemarie: Vergitterte Jahre. Schicksale Böhlener Bürger in sowjetischen Internierungslagern, Leipzig 2004, S. 8 ff. Mindestens einer überlebte die Haft in einem der Internierungslager nicht. In einem Fall war eine geringfügige NS-Belastung im Verbund mit einem Verdacht der Tätigkeit für den „Werwolf“ ausschlaggebend für die Verhaftung. Bei den anderen fehlen Angaben.

956 Vgl. BStU, MfS, HA IX/11, Nr. 21/89, Zusammenfassung vom 20.09.1989, Sehr geehrter Herr Staatsratsvorsitzender vom 04.07.1989. Die Untersuchung der Staatsicherheit, ausgelöst durch eine Eingabe, ergab, dass der Betriebsingenieur Ewald Fiedler, Jahrgang 1899, und der Konstrukteur im Lager Jamlitz verstarben.

957 Vgl. SächsStA-L, 20686, Nr. 3, Direktionsbesprechung Nr. 15 vom 19.09.1945, Direktionsbesprechung Nr. 16 vom 04.10.1945, Direktionsbesprechung Nr. 19 vom 30.10.1945. Nach der Ankündigung der Entlassungen lief die Aktion nachweislich Anfang Oktober. Am stärksten betroffen war die Instandsetzung (TWE) mit 120 Personen, gefolgt vom Bergbau mit 96 Personen, der kaufmännischen Abteilung mit 50 Personen, der Bauabteilung mit 49 Personen sowie der Chemiebetriebe mit 43 Personen und des Kraftwerkes mit 41 Personen. Erstaunlich ist dabei die Bereitschaft, eingearbeitete Kräfte abzugeben und durch neue zu ersetzen. Dabei zeigt die Verteilung des Bedarfs vor allem, dass sie im Werk eingesetzt wurden (500 von 700). Dieser Bereich

Allerdings waren jetzt nicht mehr die Löhne, sondern die Höhe der Lebensmittelrationen das entscheidende Kriterium für die Belegschaftswerbung. Nach einer kurzen Übergangsphase bis Juli 1945 und den folgenden Lebensmittelkürzungen erfolgte ab Mitte Oktober 1945 wieder die Ausgabe von wöchentlichen Zulagekarten in drei Gruppen (vgl. Tab. 22) mit dem Ziel der Arbeitskräftegewinnung. Die Besatzungsmacht gewährte diese Vergünstigungen nur systemrelevanten Unternehmen, die diesen wiederum die Rückkehr zu einer aktiven Personalpolitik erlaubte. Ein Arbeitsplatz im Industriekomplex konnte das Überleben der eigenen Familie sichern und war entsprechend begehrt. Die Vergabe von unterschiedlichen Lebensmittelzusatzrationen durch die Betriebe zeigt ein ausdifferenziertes hierarchisches System.

	Gruppe I	Gruppe II	Gruppe III
Fleisch	410 g	305 g	200 g
Fett	70 g	35 g	-
Brot	1550 g	850 g	150 g
Nährmittel	200 g	200 g	200 g
Salz	90 g	90 g	90 g

Tab. 22: Wöchentliche Lebensmittelzusatzrationen der ASW Böhlen vom 15. Oktober 1945[958]

Entnazifizierungen

Die Entnazifizierungen repräsentieren den Gründungsmythos der DDR, allerdings lässt die neuere Forschung erkennen, dass auch in der SBZ diese nur unzureichend erfolgten.[959] Damit reihte sich der Osten Deutschlands in die Politik der

benötigte eher qualifizierte Arbeiter als der Tagebau. Das Verhalten trug der Entnazifizierung, jedoch nicht den betriebswirtschaftlichen Bedürfnissen der Betriebe Rechnung.

958 Vgl. ebd., Direktionsbesprechung Nr. 18 vom 17.10.1945. Die Betriebsleitung konstatierte, dass von den angeforderten 800 Arbeitskräften nur 40 eintrafen. Gleichzeitig hatten 518 Arbeitskräfte (268 der ASW und 250 von externen Baufirmen) ihre Arbeit wegen der niedrigen Lebensmittelsätze niedergelegt.

959 Vgl. Bähr, Johannes/Karlsch, Rainer: Die Sowjetischen Aktiengesellschaften (s. Anmerkung 11), S. 214–255 und 233; Heitzer, Enrico: DDR-Systemgegnerschaft (s. Anmerkung 939), S. 66ff.; Kaschade, Hans: Sowjetisch Besetzten Zone (s. Anmerkung 80), S. 50; Waibel, Harry: Anti-Faschismus (s. Anmerkung 89), S. 70f. und 100ff. Zwar waren in Politik und Verwaltung im Vergleich zur BRD nur wenige ehemalige Nationalsozialisten zu finden, allerdings unterschieden sich andere Bereiche wie Wirtschaft und Militär nur marginal vom Westen. Selbst der DDR wohlgesinnte Autoren geben zu, dass die Entnazifizierungen unvollständig blieben.

UdSSR ein, die auch in anderen befreiten Gebieten keine systematische Verurteilung und Bestrafung von NS-Tätern und Sympathisanten betrieb.[960] Auch zeigt sich hierin eine für die DDR typische Fortschreibung von Einstellungsmustern aus der NS-Zeit, da sie auf die Expertise angewiesen war.[961] Andererseits stellten die Entnazifizierungen auch eine Drohkulisse gegenüber den zahlreichen NS-Belasteten dar. Die Besatzungsmacht verfolgte mit ihnen nicht nur die Bestrafung von Nationalsozialisten, sondern auch die „antifaschistisch-demokratische Umwälzung" der Gesellschaft.[962] Insgesamt bestätigt sich im Untersuchungsraum der Forschungsstand, dass in den SAGs die Entnazifizierungen im Vergleich zu anderen Wirtschaftsbereichen, Verwaltung, Bildung und Wissenschaft die am wenigsten konsequenten waren.[963]

Die Entnazifizierungen im Untersuchungsraum fanden in zwei unterschiedlichen Phasen statt. Die erste begann unmittelbar nach Kriegsende und dauerte bis September/Oktober 1945.[964] Sie lässt sich als „angeleitete Selbstreinigung" durch die amerikanische und sowjetische Besatzungsmacht charakterisieren, die in den Werken von den Betriebsvertretungen – ein Gremium aus Werksleitung und Betriebsrat – initiiert und getragen wurde. Verbindliche Aussagen über den Umfang sowie die Kriterien dieser Entnazifizierungswelle können nicht getroffen werden, da unklar bleibt, wer sich freiwillig aus dem Untersuchungsraum absetzte und wer verhaftet oder entlassen wurde. Sie betraf vor allem Nationalsozialisten, die Parteifunktionen im Industriekomplex ausgeübt hatten, und Belegschaftsangehörige, die im Zusammenhang mit dem Einsatz von Zwangsarbeiterinnen und Zwangsarbeitern sowie deren Misshandlung standen. Dazu gehörte die Entfernung aller Werkschutzangehörigen, zumal diese ab 1944 zur SS gehört hatten.[965] Auch die erwähnte Entlassung von 400 NSDAP-Mitgliedern war Teil dieser Maßnahmen. NS-Täter wurden teilweise an die Besatzungsmacht übergeben bzw. von dieser verhaftet. Repräsentative Beispiele sind der bereits beschriebene Laborleiter Walter Kleeberg, der politische Leiter der NSDAP in

960 Vgl. Deák, István: Kollaboration (s. Anmerkung 87), S. 274. Die Sowjetunion verhaftete, deportierte oder siedelte dennoch Hunderttausende um. Eine umfassende oder systematische Bestrafung blieb aber aus.

961 Vgl. Steinberg, Swen: Jenseits (s. Anmerkung 47), S. 426.

962 Vgl. Königseder, Angelika: NSDAP (s. Anmerkung 88), S. 160 f.

963 Vgl. Bähr, Johannes/Karlsch, Rainer: Die Sowjetischen Aktiengesellschaften (s. Anmerkung 11), S. 233.

964 Vgl. SächsStA-L, 20686, Nr. 140, Besprechung WL und Betr. Vertr. am 11.07.1945 und 20. Besprechung der Werksleitung mit der Betriebsvertretung am 28.09.1945.

965 Vgl. ebd., 20632, Nr. 1141, Unterstellung des Werksschutzes unter die SS- und Polizeigerichtsbarkeit vom 08.11.1944. Dabei musste jeder Werkschutzmann mit seiner Unterschrift das neue Unterstellungsverhältnis quittieren, wodurch sie sich nicht herausreden konnten.

Espenhain Ewald Leuschner, der den KPD-Funktionär Hugo Joachim bei der Gestapo denunziert hatte, sowie der SA-Scharführer und Lagerführer in Böhlen Curt Klaus.[966] Insgesamt wurden mehrere hundert Personen in dieser ersten Welle aus den Werken entfernt. Bereits im Juni 1945 legten Werksleitung und Betriebsvertretung in Böhlen bei einer gemeinsamen Sitzung fest, dass alle Pg., die vor dem 01. April 1933 Parteimitglied geworden waren, den Betrieb verlassen mussten, „um Differenzen mit dem Russen zu vermeiden."[967] Bei der Brabag wurden bis Ende 1945 der gesamte Werkschutz sowie 45 Belastete entlassen.[968]

Die zweite Phase fand zwischen Januar 1947 und 10. März 1948 statt, der Befehl Marschalls Sokolowskis zur Einstellung der Entnazifizierung beendete sie.[969] Eigentlich handelte es sich um zwei separate Zeiträume, die durch den SMAS-Befehl Nr. 351 vom Dezember 1946 und den SMAD-Befehl Nr. 201 vom August 1947 definiert werden.[970] Die Prozesse, die auf ihrer Grundlage durchgeführt wurden, waren den Spruchkammerverfahren in den westlichen Besatzungszonen ähnlich, zumindest was den Umfang als auch die Verantwortung durch deutsche Stellen betraf. Ein Unterschied war, dass sie auch auf Betriebsebene durchgeführt wurden. Dabei hatten die betrieblichen Entnazifizierungskommissionen den Auftrag, sämtliche ehemalige Pg. aus Führungspositionen zu

---

966 Vgl. ebd., 20632, Nr. 1141, Espenhain über Gaschwitz vom 24.05.1945, Herr Ewald Leuschner gibt folgendes zu Protokoll vom 15.05.1945; 20686, Nr. 140, Anlage 1 Gehaltsempfänger vom 20.07. 1945. Während die Gründe, die zu Kleebergs Verhaftung führten, im Dunkeln blieben, ging es bei Curt Klaus um zwei Fälle von Misshandlungen und eine Denunziation. Nur der letzte Fall wurde überliefert. Er verhaftete in seinem Heimatort Trachenau nach dem Luftangriff vom 21. März 1945 einen Polen, der sich wohlwollend über die Bombenabwürfe äußerte. Anschließend übergab er ihn der Gestapo.

967 Ebd., 20686, Nr. 140, Gemeinsame Sitzung der Betriebsvertreter und Werksleitung am 15.06. 1945. Felbert schlug vor, dass diese Personen vor Eintreffen der sowjetischen Soldaten das Werk zu verlassen haben, was angenommen wurde. Er selbst war davon betroffen, womit er einen Vorwand hatte, den Untersuchungsraum zu verlassen.

968 Vgl. ebd., Besprechung WL und Betr. Vertr. am 11.07.1945.

969 Vgl. ebd., 20680, Nr. 25, Betreff: Entnazifizierung vom 18.02.1947, Entnazifizierungskommission des Landkreises Borna vom 24.03.1948; 20686, Nr. 174, Zeugenaussagen vom 26.01.1947, Abschluss der Entnazifizierung vom 03.03.1948.

970 Vollnhals, Clemens: Entnazifizierung (s. Anmerkung 91), S. 308 und 313. Dabei wurde auch die Struktur der Entnazifizierungskommissionen vorgegeben. An oberster Stelle stand die Landesentnazifizierungskommission, die gleichzeitig Appellationsinstanz für die unteren Gremien war. Dem folgten Kreisentnazifizierungskommissionen, geführt von den Landräten bzw. den Oberbürgermeistern der kreisfreien Städte. An unterster Stelle standen Betriebsentnazifizierungskommissionen, von denen wiederum zwölf nur für die SAG-Betriebe in Sachsen zuständig waren.

entfernen.[971] Diese Auffassung teilten die sowjetischen Führungskräfte im Industriekomplex nicht. Sie sahen in den Entnazifizierungen nicht nur ein Disziplinierungsinstrument, sondern auch ein Integrationsangebot an NS-Belastete. Beispielsweise hielt ein Major der SMAS im Juni 1947 eine Rede mit dem Titel „Die Politik der Sowjetunion gegenüber Deutschland", in der er insistierte, dass nur echte Nazis verfolgt werden müssten und definierte diese als „alle die in KZ's und Gaskammern gearbeitet haben".[972] Nach dieser Definition gab es nur wenige Täter im Untersuchungsraum.

Im Benzinwerk Böhlen wurden mindestens 800 Personen überprüft, von denen sich 259 einem Entnazifizierungsverfahren stellen mussten.[973] Die geringe Zahl der Verfahren erklärt sich daraus, dass nur Beschäftigte vom Meister aufwärts sich vor den Kommissionen zu verantworten hatten.[974] Im Braunkohlenwerk Böhlen wurden 1081 Belegschaftsangehörige aufgrund ihrer Zugehörigkeit zu NS-Organisationen überprüft, wovon 657 Neueingestellte waren.[975] 1954 ging die Staatssicherheit immer noch von ca. 2600 ehemaligen Nationalsozialisten aus.[976] In Espenhain wurden bei 1501 Personen, die der NSDAP oder ihren Untergliederungen angehört hatten, nur 601 Entnazifizierungsverfahren eingeleitet (vgl. Tab. 23). Gleichzeitig machten Pg. über 20 % der Gesamtbelegschaft aus. Die betrieblichen Verfahren endeten im Wesentlichen mit Freispruch, Degradierung, Umsetzung oder Entlassung.[977] Trotz zahlreicher Gemeinsamkeiten gab es auch Unterschiede, besonders in Bezug auf die Institutionen, die die Belegschaft überprüften: Im Braunkohlenwerk Böhlen war die Entnazifizierungskommission eine betriebliche Einrichtung; bestehend aus einem Mitglied des Betriebsrats, dem Personalleiter Josef Kahn sowie jeweils einem Vertreter von SED, CDU,

---

971 Vgl. SächsStA-L, 20640, Nr. 140, Betreff: Entnazifizierung vom 18.02.1947.

972 Ebd., 22244, Nr. 21, Die Politik der Sowjet-Union gegenüber Deutschland am Mittwoch, dem 18.06.1947.

973 Vgl. ebd., 20686, Nr. 174, Abschluss der Entnazifizierung vom 03.03.1948.

974 Vgl. BStU, BV Leipzig, Nr. 176/55, Bericht vom 09.04.1953. Durch diese Regelung kam es, dass ein Schwerbelasteter (er war bereits vor 1933 Pg.), der nach der ersten Entnazifizierungswelle in ein einfaches Arbeitsverhältnis versetzt wurde, nicht überprüft wurde und dadurch wieder Karriere machen konnte. 1953 stand sogar seine Berufung ins Ministerium für Chemie im Raum.

975 Vgl. SächsStA-L, 20686, Nr. 172, Liste Registrierungspflichtige; Neueinstellungen – Mitgliedschaft zur NSDAP.

976 Vgl. BStU, BV Leipzig, Nr. 20/02, Arbeitstagung der HA III Berlin vom 03.03.1954; Nr. 20/03, Schwerpunktplan der Dienststelle Borna. Allerdings widerspricht sich die Staatssicherheit, wenn sie einmal von 2600 und ein anderes Mal von 814 NS-Belasteten im Industriekomplex spricht.

977 Vgl. SächsStA-L, 20680, Nr. 27, In Sachen der nachstehenden aufgeführten Angeschuldigten hat die Kreisentnazifizierungskommission Borna folgende Entscheidung getroffen.

Liberal-Demokratische Partei Deutschlands (LDPD) und FDGB,[978] von denen einer ehemaliges Mitglied der NSDAP war.[979] Ganz anders sah es im Benzinwerk Böhlen sowie in Espenhain aus. Hier war jeweils die Kreisentnazifizierungskommission unter dem Landrat Wagner verantwortlich, die aber auch Beisitzer aus den Betrieben umfasste.[980] Diese Unterschiede lassen sich durch die unterschiedlichen Zeiträume der Prozesse erklären. Während die letzte Entnazifizierungswelle Ende 1947/Anfang 1948 zentral gesteuert wurde und unter erheblichem Zeitdruck stand, war die vorherige ab Januar 1947 von betrieblichen Stellen geplant und hatte keinen zeitlichen Rahmen. Aber auch bei den letzten Verfahren gab es Unterschiede zwischen den einzelnen SAGs. Im Benzinwerk Böhlen mussten trotz der Verantwortlichkeit der Kreisentnazifizierungskommission die BPO, BGL, SED-Betriebsratsfraktion und der Leiter der Personalabteilung die Urteile sowie ihre Ausführungen zumindest bestätigen. In Espenhain hingegen waren keine betrieblichen Instanzen involviert.[981]

Über betriebliche Sanktionen hinaus ergingen nur wenige Gerichtsurteile. So blieb der Prozess gegen zwei Wachleute, drei Meister und zwei Vorarbeiter wegen Misshandlung bzw. Denunziation von Zwangsarbeiterinnen und Zwangsarbeitern, in dem die Angeklagten zu Haftstrafen zwischen einem und vier Jahren Gefängnis verurteilt wurden, die Ausnahme.[982]

978 Vgl. ebd., 20686, Nr. 172, Protokoll Sitzung der Entnazifizierungskommission 30.01.1947.

979 Vgl. ebd., Nr. 174, Zeugenaussagen vom 26.01.1947. Wobei sein Einfluss gering war und er aufgrund seiner NS-Vergangenheit von den anderen Kommissionsmitgliedern angegriffen wurde.

980 Vgl. ebd., 20680, Nr. 26, Bekanntmachung vom 24.02.1948; 20686, Nr. 174, Protokoll der Kreisentnazifizierung im Benzinwerk Böhlen am 21.01.1948.

981 Vgl. ebd., 20686, Nr. 174, Vorschläge 30.01.1948; Vorschläge der Parteiorganisation der SED vom 02.02.1948.

982 Vgl. ebd., 20031, Nr. 2494/39, Strafsache gegen Georg Karl Otto; 20686, Nr. 171, Aufstellung über Gefolgschaftsmitglieder im Angestelltenverhältnis, die der NSDAP bzw. SS angehörten vom 10.07.1945; 21145, Nr. IV/5/01/560, Vorladung Richard Wadewitz vom 26.09.1945. Bis auf Nordmeier waren alle NSDAP-Mitglieder, Szimbritzki bereits vor 1933. Otto war zusätzlich noch SS-Mitglied. Außerdem waren Kral und Szimbritzki in der SA organisiert. Letzterer hatte zusätzlich das Amt eines „Zellenleiters" inne. Fleischer wiederum war „Blockhelfer". Besonders Jacob war als gewalttätig bekannt, wie der Übergriff auf einen deutschen Dolmetscher im Tagebau 1943 zeigt. Im Rahmen des Prozesses wurde auch bekannt, dass der ehemalige Wachleiter Albin Stemmler von den sowjetischen Behörden inhaftiert worden war. Sein Schicksal bleibt unbekannt. Erhard Lange, ein weiteres Belegschaftsmitglied, war nach der „Machtübertragung" 1933 als Wachmann im KZ Colditz tätig. Im Industriekomplex fiel er durch regelrechte Prügelorgien gegenüber Zwangsarbeiterinnen und Zwangsarbeitern sowie Kriegsgefangenen auf. Lange war seit 1927 Pg. und Träger des „goldenen Parteiabzeichens".

Abteilung	NSDAP und Gliederung	Gesamtbelegschaft der Abteilung	Anteil
Tagebau	376	1325	28,4 %
Brikettfabriken	162	490	33,1 %
Nebengewinnung	78	363	21,5 %
Teergewinnung	252	804	31,3 %
Schwefelgewinnung	51	208	24,5 %
Versuchslabor Radeberg	8	19	42,1 %
Kraftwerke (Lohn)	234	1424	16,4 %
Betriebswirtschaft/Verkauf/Feuerwehr	36	106	34,0 %
Technische Betriebe (Allgemein)	304	2244	13,5 %
Gesamt	1501	6983	21,5 %

Tab. 23: Ehemalige NS-Belastete und Gesamtbelegschaft der SAG Espenhain im Januar 1947[983]

Mit dem befohlenen Ende der zweiten Phase waren die Entnazifizierungen im Untersuchungsraum abgeschlossen. Schlussendlich setzte sich die sowjetische Generaldirektion damit durch, die Strafen gering zu halten, um das begehrte technische Personal an die Betriebe zu binden. Zahlreiche Versetzungen und Entlassungen blieben unberücksichtigt oder wurden gezielt hinausgezögert. Freisprüche erfolgten besonders bei relevanten Führungspersonen, wie dem Betriebsleiter der Schwelanlage in Espenhain, Franz Hausmann, der nicht nur NSDAP-Mitglied gewesen war, sondern auch 1942 Menschen für den Zwangsarbeitseinsatz in Belgien rekrutiert hatte.[984] Nicht zuletzt nahm die Generaldirektion direkten Einfluss auf die Landesentnazifizierungskommission, wie durch die Entsendung des Leiters der BPO in Espenhain belegt.[985] Beispielhaft ist der Oberingenieur Alfred Neubert, Jahrgang 1901 und NSDAP-Mitglied seit 1933. Dieser sollte nach dem Urteil in seinem Verfahren eigentlich aus seiner Funktion als Betriebsleiter entlassen werden, jedoch legten sowohl er persön-

983 Vgl. ebd., 20680, Nr. 26, Stand NSDAP-Mitglieder in der SAG Espenhain 1/1947; Nr. 27, Entnazifizierung, Umsetzung auf einen anderen Posten innerhalb des Betriebes vom 21.05.1948.

984 Vgl. BStU, BV Leipzig, Nr. 69/52, Abschrift vom 15.01.1951. Interessanterweise konnte er trotz dieser Vorgeschichte SED-Mitglied werden.

985 Vgl. SächsStA-L, 20680, Nr. 25, Sowjetische Staatliche Aktiengesellschaft für Brennstoffindustrie „Brikett" vom 12.12.1947. Hierzu sendete die sowjetische Generaldirektion den Leiter der BPO Walter Borsch zur Landesentnazifizierungskommission, um gegen Entlassungen vorzugehen.

lich als auch die sowjetische Generaldirektion Widerspruch bei der Landesentnazifizierungskommission ein.[986] Da er bereits seit 1923 im Werk tätig war und die Anlagen seit dem Aufbau kannte, war er ein unverzichtbarer Fachmann. Daher blieb er bis zum Renteneintritt in den 1960er-Jahren. Selbst die Entlassung von Funktionseliten aus dem Betrieb, für die die Generaldirektoren sich nicht einsetzten, bedeutete nicht zwangsläufig das Karriereende in SBZ und DDR. Otto Bauersachs, Jahrgang 1914, NSDAP-Mitglied und als Funktionsträger „Betriebs- und Ortsjugendwalter" sowie „Gefolgschaftsführer", wurde nach Beschluss der Kommission zum 31. März 1948 entlassen.[987] Damit endete seine Karriere allerdings nicht, da er als Führungskraft gebraucht wurde. So führte sein weiterer Weg erst ins Geiseltal, bezeichnenderweise zu einer anderen SAG, und ab 1952 nach Deutzen als verantwortliche Leitungskraft, obwohl ihm eben dies untersagt worden war.[988]

Strukturell hatten die Kommissionen wenig Macht, da sie lediglich Empfehlungen aussprachen und am Ende die sowjetische Werksleitung entschied.[989] Dabei deutet vieles auf ein Arrangement zwischen den alten Eliten und der sowjetischen Generaldirektion hin, die sich über Beschlüsse hinwegsetzte oder wiederholt Einsprüche einlegte, wie im Fall des Meisters Rudolf Hoffmann.[990] Nach zweimaligen Einspruch und persönlicher Intervention des Generaldirektors Alexej N. Mochow blieb er in seiner Position, obwohl sich der Betriebsgruppenleiter Erich Elsner beschwerte. Aber auch ohne die Fürsprache der sowjetischen Generaldirektion konnten Widersprüche erfolgreich sein, wie im Fall von Dr. Karl Gerlach, Jahrgang 1899 und Laborleiter der Brabag seit 1935, der als NSDAP-Mitglied, Uniformträger sowie als vormaliger „Block- und Zellenleiter" zum 24. Januar 1948 entlassen werden sollte, aber aufgrund seines Einspruches bei der Landesentnazifizierungskommission zum 24. April 1948 wieder ange-

986 Vgl. BStU, BV Leipzig, Nr. 1254/65, Beurteilung vom 14.09.1948; Beurteilung des Koll. Ober-Ing. Neubert vom 13.01.1958.

987 Vgl. SächsStA-L, 20680, Nr. 27, Entnazifizierung des Personals der SSAG Brikett vom 01.03.1948.

988 Vgl Diesner, Angelika: Kohle – Brot der Industrie. Zur Entwicklung der Vorgängerbetriebe des heutigen Braunkohlenwerkes Regis von der Gründung der Republik bis zum Abschluß des ersten Fünfjahresplanes 1949 bis 1955, Regis-Breitingen 1988, S. 62; SächsStA-L, 20680, Nr. 139, Niederschrift über die Sitzung der Arbeitsgemeinschaft für Tagebautechnik am 03.11.1950.

989 Vgl. SächsStA-L, 20680, Nr. 25, Urteile der Entnazifizierungskommission – Vorschläge vom 14.01.1948.

990 Vgl. ebd., 21145, Nr. IV/5/01/560, Eure Unterstützung im Kampf gegen unsere intelligenten Reaktionäre vom 02.06.1948.

stellt wurde.[991] Ein Bericht des MfS konstatierte 1955 schlussendlich wie wenig erfolgreich die Entnazifizierungen besonders unter den Funktionseliten waren, da sie mehrheitlich nicht belangt wurden:

> „Die Intelligenz [,] die mit der Durchführung dieser außerordentlich wichtigen Aufgaben im allgemeinen betraut ist [,] setzt sich zu etwa 70 – 75 % aus alten bürgerlichen Intelligenzlern zusammen, die fast restlos Mitglieder der NSDAP, zum Teil von 1939 – 1945 [,] waren."[992]

Auffallend an den Entnazifizierungsverfahren ist der hohe Anteil von Lohnempfängern unter den NS-Belasteten im Untersuchungsraum (vgl. Tab. 24), da die NSDAP zu keinem Zeitpunkt eine mehrheitlich von Arbeitern dominierte Partei war.[993] Dieser Zusammenhang erklärt sich mit dem hohen Anteil an dienstverpflichteten Nationalsozialisten, die zur Bewährung 1945/46 in den Industriekomplex versetzt wurden. Beispielsweise arbeiteten 1946 ein Leipziger Studienrat als Chemie-Hilfsarbeiter, ein Metallprüfer der Hugo und Alfred Schneider AG (HASAG) als Bauhilfsarbeiter sowie ein Kriminalsekretär der Polizei Brüx/Most als Hilfsarbeiter.[994] Auch durch innerbetriebliche Degradierung erklärt sich dieser hohe Arbeiteranteil, wie die Beispiele eines Konstrukteurs und eines Büroleiters zeigen, die als Hilfsschlosser bzw. als Chemiker ebenfalls in dieser Liste auftauchen. Diese beruflichen Degradierungen wurden trotz des Mangels an Fachkräften durchgeführt und zeigen, dass zumindest unmittelbar nach Kriegsende ein ausgeprägtes Interesse an Bestrafung bestand.

---

991 Vgl. BStU, BV Leipzig, Nr. 3/52, Berufungsprotokoll vom 22.03.1948. Das Dokument war dabei von Innenminister Kurt Fischer persönlich abgezeichnet.

992 Ebd., Nr. 932/10, Situationsbericht vom 01.09.1955.

993 Vgl. Falter, Jürgen W.: Zur Soziographie des Nationalsozialismus. Studien zu den Wählern und Mitgliedern der NSDAP, Köln 2013 (= Historical social research/Supplement, Nr. 25), S. 296 f.; Haar, Ingo: Zur Sozialstruktur und Mitgliederentwicklung der NSDAP, in: Benz, Wolfgang (Hrsg.): Wie wurde man Parteigenosse? (s. Anmerkung 88), S. 60 – 73, hier S. 62 und 71 f. Zu Recht verweisen die Autoren auf die klassenübergreifende Struktur der Partei, die als Volkspartei wahrgenommen wurde. Dennoch betonen sie den Wandel der NSDAP nach 1933, bei der „Verbürgerlichungstendenzen" klar sichtbar wurden.

994 Vgl. SächsStA-L, 20686, Nr. 171, Leipzig Stadt 14.02.1946, S. 1 f.

Organisation	Lohnempfänger	Gehaltsempfänger
NSDAP	1031	176
SA	218	16
NSKK	59	7
Gesamt	1308	199

Tab. 24: NSDAP-Mitglieder nach Entlohnungsgruppen in Espenhain 1948[995]

Einige der Fälle im Industriekomplex wurden öffentlich verhandelt. Die Umstände, die zur Auswahl der Fälle führten, sind nicht überliefert. Dies galt auch für die genaue Anzahl. Ein solches Vorgehen war in der SBZ nicht unüblich, auch wenn diese Prozesse insgesamt nur einen Bruchteil ausmachten. Von den 34 393 Entnazifizierungsverfahren in Sachsen zwischen dem 01. Oktober 1947 und dem 10. März 1948 wurden nur 4068 bzw. 11,8 % öffentlich verhandelt.[996] Mit den Verfahren sollte eine abschreckende Wirkung gegenüber der Belegschaft erzielt und somit die Machtverhältnisse in den Betrieben gefestigt werden. Bei der Brabag fanden allein am 20., 23. und 27. Februar 1948 118 dieser öffentlichen Verfahren statt.[997] Die Verhandlungen erfolgten in Gruppen, jeweils um 9.00 und 14.00 Uhr. Durch Aushänge wurde die Belegschaft aufgefordert, Anschuldigungen oder Entlastungen gegen die Angeklagten vorzubringen.

Die Entnazifizierungsverfahren hatten einen formalen Charakter. Sofern nichts gegen eine Person vorgebracht wurde, konnte selbst ein „Block- und Amtsleiter" ohne Beschränkungen rehabilitiert werden.[998] Aber selbst bei entsprechenden Anschuldigungen wurden Personen gedeckt, wenn sie zur Erfüllung der wirtschaftlichen Aufgaben notwendig waren, wie im Falle eines promovierten

995 Vgl. ebd., 20680, Nr. 26, Aufteilung der Belegschaft in NSDAP-Mitglieder und deren Gliederungen; 20686, Nr. 171, Leipzig Stadt 14.02.1946. Genaue Zahlen liegen zwar nur für das Kombinat Espenhain vor, allerdings weisen Listen aus Böhlen ebenfalls darauf hin.

996 Vgl. Vollnhals, Clemens: Entnazifizierung (s. Anmerkung 91), S. 317 f.

997 Vgl. SächsStA-L, 20686, Nr. 174, Öffentliche Sitzung der Kreisentnazifizierungskommission vom 20.02.1948 und 23.02.1948, Öffentliche Sitzung der Kreis-Entnazifizierungskommission vom 27.02.1948. Auffallend ist, dass nur ein Ingenieur darunter war. Selbst Frauen wurden doppelt so häufig verurteilt, als Angehörige der „Intelligenz".

998 Vgl. ebd., Protokoll der Entnazifizierungsverhandlung am 11.02.1948. In nur zwei von 27 Fällen entschied die Entnazifizierungskommission auf Entlassung. Einer der beiden Beschuldigten war aber zu diesem Zeitpunkt bereits wegen Verdunkelungsgefahr inhaftiert. Es bestand der Verdacht, dass er nach dem 20. Juli 1944 zwei Arbeiter denunziert hatte.

Chemikers, obwohl ihn die Betriebsgruppe der SED entfernen wollte.[999] Von der Staatssicherheit wurde 1950 seine NS-Belastung nicht mehr erwähnt.[1000] Häufig handelte es sich bei diesen Menschen um Dienstverpflichtete. Aufgrund ihrer bereits erfolgten Versetzung wurde vermutlich auf weitere Strafen verzichtet. Eine andere Gruppe, die verhältnismäßig geringe Strafen erhielt, waren Frauen. Zwar wurden auch sie überprüft und teilweise versetzt, allerdings gab es keine Entlassungen.

Die Urteile der Entnazifizierungskommissionen konnten aber auch zur „Republikflucht" führen. Die genaue Anzahl dieser Fälle lässt sich nicht eruieren. Mit Rudolf Vollmer, Ingenieur der Brabag, und Karl Schwitzer, Betriebsleiter der Hochdruckanlage, verließen mindestens zwei Führungskräfte nach ihrer Entnazifizierung die SBZ 1948.[1001] Beide konnten ihre Karrieren in der BRD ungebrochen fortsetzen.

Wie unzureichend die Entnazifizierungen waren und wie konservierend dies auf rechtsradikales Denken wirkte, trotz des selbstgewählten Mottos des „Antifaschismus", zeigten bereits Studien zu DDR-Zeiten, die nachwiesen, dass ein beträchtlicher Teil der Jugendlichen Ende der 1980er-Jahre über ein geschlossenes rechtsextremes Denkmuster verfügte.[1002] Ziel der Entnazifizierungsverfahren war es, die alten Eliten abzuschrecken und danach ihre Integration zu ermöglichen, wie die Gründung der „National-Demokratischen Partei Deutschlands" (NDPD), aber auch die Integration von Wehrmachtsangehörigen in die „Nationale Volksarmee" (NVA) zeigen.[1003]

Das offizielle Ende der Entnazifizierungsverfahren änderte auch den Blick auf die Belegschaft und ihre Verstrickung in das NS-Regime. Entsprechend spielte die NS-Vergangenheit der Belegschaftsmitglieder in den Betriebsunterlagen ab 1954

999 Vgl. BArch, DC 1/1568, Anlage 2 Charakteristika der leitenden Angestellten vom 17.04.1950; DE 1/50425, Entwicklung der Mineralölindustrie vom 08.10.1960; SächsStA-L, 21145, Nr. IV/5/01/560, An die Entnazifizierungskommission des Landkreises Leipzig vom 27.10.1947. Trotz der Intervention, dass Dr. Edwin Fritzsche unbeliebt und Hauptbelasteter sei, konnte er aufgrund seiner herausragenden Bedeutung bleiben, was mindestens bis 1960 verbürgt ist.

1000 Vgl. BStU, BV Leipzig, Nr. 3/52, Vernehmung des Laboranten vom 28.06.1950.

1001 Vgl. ebd., Nr. 970, Faschist. Kräfte aus der DDR vom 16.10.1958.

1002 Vgl. Waibel, Harry: Anti-Faschismus (s. Anmerkung 89), S. 47. So verfügten laut einer Studie des „Zentralinstituts für Jugendforschung" 1988 10–15% der jungen Bevölkerung in der DDR über „festgefügte rechtsradikale Denkmuster" und bis zu 50% hatten „rechtsradikale Gefühlsstrukturen".

1003 Vgl Bästlein, Klaus: Das DDR-Urteil gegen Hans Globke. Zur Verurteilung des NS-Juristen und Chefs des Bundeskanzleramts unter Konrad Adenauer durch das Oberste Gericht der DDR im Sommer 1963, in: Heitzer, Enrico u.a. (Hrsg.): Nach Auschwitz (s. Anmerkung 2), S. 83–96, hier S. 93.

keine Rolle mehr.[1004] Vorher wurden ausschließlich bei SED-Mitgliedschaft oder bei einem Antrag auf Aufnahme in die SED weiterhin Anschuldigungen der Verstrickungen in den Nationalsozialismus thematisiert.[1005] Ausnahmen bildeten Zuzügler aus der BRD, die vom Betriebsschutz überwacht wurden und deren frühere Parteizugehörigkeit noch in den 1960er-Jahren vermerkt wurde.[1006] Es bedarf wohl kaum einer besonderen Erwähnung, dass mit den Entnazifizierungen rechtsextremes Gedankengut nicht aus der Belegschaft verschwand, wie zahlreiche Hakenkreuz-Graffitis, die in den 1950er-Jahren die Betriebe „schmückten", belegen.[1007]

Neue Belegschaftsangehörige

Aufgrund seiner Systemrelevanz wurde der Untersuchungsraum auch in der SAG-Phase bevorzugt mit Arbeitskräften versorgt.[1008] Nach Kriegsende gab es fünf unterschiedliche Gruppen, aus denen die Personalgewinnung erfolgte, hierbei handelte es sich um Arbeitslose, dienstverpflichtete NS-Belastete, „Opfer des Faschismus" (OdF), Geflüchtete und Frauen.

Die Arbeitslosen, die erste Gruppe, stammten aus dem Bereich der Arbeitsämter Leipzig und Borna. Eigentlich war ersteres gar nicht für den Untersuchungsraum zuständig, wurde aber aufgrund des hier bestehenden Arbeitskräftemangels ebenfalls miteinbezogen, besonders wegen den hier häufig anzutreffenden, benötigten qualifizierten Metallfacharbeitern.[1009] Gleichzeitig suchten viele Bewohner der Städte Verdienstmöglichkeiten, um das Überleben ihrer Familien abzusichern.[1010] Durch die Demontage der Leipziger Rüstungs- und

1004 Vgl. Waibel, Harry: Anti-Faschismus (s. Anmerkung 89), S. 103 ff. Nach Waibels Darstellungen gab es zahlreiche Funktionäre, Militärs und Angehörige der Sicherheitskräfte der DDR, die über eine entsprechende NS-Vergangenheit verfügten.

1005 Vgl. SächsStA-L, 21145, Nr. IV/5/01/560, An die Kreiskommission Leipzig der SED vom 05.07.1951. In dem Fall ging es nicht um Zugehörigkeit zu NS-Organisationen, sondern um die Misshandlung von Zwangsarbeitern. Der beschuldigte Meister versuchte offensichtlich in die SED einzutreten, weshalb die Betriebsparteiorganisation um Rückstellung des Antrages bat.

1006 Vgl. ebd., 22243, Nr. 19, Einschätzung des inneren Zustandes des Betriebsschutzamtes Böhlen vom 12.07.1963; Nr. 26, Halbjahresbericht über den Stand der Kriminalität vom 06.07.1963.

1007 BStU, BV Leipzig, Nr. 20/01, Schwerpunktplan der Kreisdienststelle Borna vom 21.11.1953.

1008 Vgl. Hoffmann, Dierk: Planwirtschaft (s. Anmerkung 37), S. 155 ff.

1009 Vgl. Schulz, Frank U.: Demontagen (s. Anmerkung 843), S. 430.

1010 Vgl. Heß, Ulrich: Arbeitsplatzvernichtung und Arbeitsplatzerhalt in Leipzig (1944–1948), in: Hübner, Peter/Tenfelde, Klaus (Hrsg.): Arbeiter in der SBZ – DDR (s. Anmerkung 51), S. 129–144, hier S. 136; Karlsch, Rainer/Schäfer, Michael: Wirtschaftsgeschichte (s. Anmerkung 44), S. 236; Steiner, André: Plan (s. Anmerkung 26), S. 23. Zwar ging die Gesamtzahl der Arbeitsfähigen in der SBZ um 7 % zurück, in Sachsen sogar um 16 %, allerdings schrumpfte durch Demontagen, Rohstoffmangel und die eingestellte Rüstungsproduktion die Zahl der Arbeitsplätze noch stärker.

Flugzeugindustrie gab es ein großes Potential an Fachkräften. Allerdings war die Arbeitsmotivation niedrig und die Arbeitswege waren, bei gleichzeitig schlechten Transportbedingungen, weit.[1011] Insgesamt besserte die Einstellung von Arbeitslosen nur geringfügig den Mangel. Diese nahmen häufig wegen der vergleichsweise hohen Lebensmittelrationen und der Versorgung mit Brennstoffen, eine weitere Mangelware der unmittelbaren Nachkriegszeit, die Arbeit im Industriekomplex bei häufig nur geringer Arbeitsleistung auf.[1012]

Die ehemaligen Zwangsarbeiterinnen und Zwangsarbeiter wurden durch NS-Belastete aus Borna und Leipzig ersetzt,[1013] sie bildeten die zweite neue Gruppe. Dabei bestand eine erstaunliche Parallele zur Arbeitskräftelenkung im „Dritten Reich". Ähnlich wie vor 1945 kam es wieder zu einer zentralen Steuerung der Belegschaftsentwicklung. Die Initiative ging dabei in erster Linie von der sowjetischen Besatzungsmacht aus. Aber auch deutsche Stellen unterstützen die Registrierung von NSDAP-Mitgliedern im Herbst 1945 bei der Brabag für den Arbeitseinsatz.[1014] Dabei unterschieden sie sich von den Strafgefangenen, die ebenfalls ab 1946 in der Wirtschaft der SBZ zum Arbeitseinsatz kamen, da sie weder während der Arbeit unter ständiger Bewachung standen noch in ihren Unterkünften inhaftiert waren.[1015] Erste Zuweisungen gab es Anfang August 1945,[1016] bis November des Jahres wuchs die Anzahl der Dienstverpflichteten auf über 300 an.[1017] Mindestens bis April 1946 gab es Neuverpflichtungen.[1018] Ihre Zuteilung erfolgte über die Arbeitsämter, ohne dass die konkreten Abläufe nachvollziehbar sind. Untergebracht wurden sie in Gemeinschaftslagern, die vor 1945 als Zwangsarbeitslager dienten.[1019] Bei diesen Dienstverpflichteten handelte

1011 Vgl. SächsStA-L, 20686, Nr. 141, Abteilungsleiterbesprechung am 30.01.1946; Nr. 153, Werksanordnung Nr. 1 vom 06.11.1945; Nr. 2, Direktionsbesprechung Nr. 19 am 21.05.1946.

1012 Vgl. ebd., 20680, Nr. 144, S. 1.

1013 Vgl. Hofmann, Michael: Kohlearbeiter (s. Anmerkung 15), S. 98.

1014 Vgl. BArch, DG 2/12718, Arbeitsamt, Arbeitseinsatz, Arbeitsbeschaffung.

1015 Vgl. Hoffmann, Dierk: Planwirtschaft (s. Anmerkung 37), S. 242.

1016 Vgl. SächsStA-L, 20640, Nr. 38, Nazi-Einsatz vom 03.08.1945. Unklar bleibt, in welchem Maße und auf welche Anordnung diese eingesetzt wurden. Offensichtlich war es aber von Beginn an als Strafmaßnahme gedacht, da beispielsweise Angaben zum unentschuldigten Fernbleiben mit Adresse erfolgen sollten.

1017 Vgl. ebd., 20686, Nr. 3, Direktionsbesprechung Nr. 23 vom 27.11.1945.

1018 Vgl. ebd., 21145, Nr. IV/5/01/560, Name John, Max, vom 12.04.1946.

1019 Vgl. Hofmann, Michael: Kohlearbeiter (s. Anmerkung 15), S. 98; SächsStA-L, 20686, Nr. 3, Direktionsbesprechung Nr. 23 vom 27.11.1945. In Espenhain diente das Wohnlager III zu ihrer Unterbringung. Es ist möglich, dass aufgrund ihrer großen Anzahl auch die Wohnlager II, IV und V für sie genutzt wurden. Für Böhlen ließ sich anfangs eine Unterbringung von 300 Dienstverpflichteten im Rittergut Großstädteln nachweisen. Die Beherbergung in Herrenhäusern war auch für die Zwangsarbeiterinnen und Zwangsarbeiter im Nationalsozialismus typisch, nachweislich es sich vorrangig um Beamte aus Verwaltung, Reichsbankdirektion, Polizei, Justiz, Bildung und Wissenschaft, aber auch aus der Leipziger Rüstungsindustrie sowie dem privaten Bankensektor.[1020] Ihre Anzahl schwankte, sie wurden von den Betrieben zudem nicht immer genau erfasst. Für Espenhain geht die Forschung bislang von ca. 2000 Dienstverpflichteten aus,[1021] das BSA Espenhain sprach in seiner Chronik sogar von bis zu 70 % ehemaliger NSDAP-Mitglieder in der Belegschaft.[1022] Für Böhlen lagen bisher keine Zahlen vor;[1023] dass diese Rekrutierungsstrategie allerdings praktiziert wurde, verdeutlicht ein Bericht des Personalleiters Erich Elsner:

> „Das Benzinwerk hat früher, d. h. vor 1945, dem Brabag-Konzern angehört und es sind aufgrund des schwierigen komplizierten technologischen Prozeßes allerhand Spezialisten der technischen Intelligenz des Brabag-Konzern nach 1945 in leitender Position geblieben. Dazu kommt noch, daß 1945 sehr viele Nazis, die früher bei Staat und Wirtschaft waren, nach Böhlen als Arbeiter in die Produktion kamen.“[1024]

in Lippendorf, Peres und Muckern. Daher erscheint es nicht unwahrscheinlich, dass es sich auch bei diesem Lager um ein ehemaliges Zwangsarbeiterlager gehandelt hat.

1020 Vgl. Hofmann, Michael: Kohlearbeiter (s. Anmerkung 15), S. 99; SächsStA-L, 20680, Nr. 27, Sachen der nachstehenden aufgeführten Angeschuldigten hat die Kreisentnazifizierungskommission Borna folgende Entscheidung getroffen; 20686, Nr. 171, Leipzig Stadt 14.02.1946, S. 1–9, Borna 14.02.1946, S. 1–8, Leipzig-Land S. 1–22; 21145, Nr. IV/5/01/560, Name John, Max, vom 12.04.1946, Personalien Friedrich Heymann vom 21.08.1945; 22244, Nr. 11, Geschichte des BS-Kdo. Espenhain im Ersten 5-Jahresplan 1951-1955, S. 8. Die Dienstverpflichteten stammten aus namhaften Unternehmen, wie der HASAG, dem Erla Maschinenwerk, der Allgemeinen Transportanlagen Gesellschaft, der Adolf Bleichert & Co., der Landmaschinenfabrik Rudolph Sack, der Junkers Flugzeug und Motorenwerke AG, der Devisenstelle Leipzig und der Dresdener Bank. Hinsichtlich ihrer Qualifikationen handelte es sich teilweise um Wissenschaftler, Staatsanwälte, Oberstudienräte oder Finanzdirektoren.

1021 Vgl. Hofmann, Michael: Kohlearbeiter (s. Anmerkung 15), S. 98.

1022 Vgl. SächsStA-L, 22244, Nr. 11, Geschichte des BS-Kdo. Espenhain im Ersten 5-Jahresplan 1951-1955, S. 8.

1023 Vermutlich hängt dieses Faktum mit der DDR-Geschichtspolitik zusammen, die explizit das Thema aussparte. So erscheint es nicht unwahrscheinlich, dass beispielsweise Fritz Hönsch in seiner Doktorarbeit zum Industriekomplex diese Zahlen aus politischen Gründen verschwieg. Da wiederum die meisten Betrachtungen auf seinem Werk aufbauen, gab es keine dahingehende Überlieferung. Hofmann hingegen untersuchte die Zeit aus der Distanz der Nachwendezeit, nutzte Zeitzeugeninterviews und konnte auf die Akten der SED-Betriebsorganisation zurückgreifen, die eine Rekonstruktion ermöglichten.

1024 SächsStA-L, 21125, Nr. IV/5/01/310, Beschluß über meine Absetzung als Personalleiter vom 29.11.1951. Quellenkritisch muss hier angemerkt werden, dass der gerade entlassene Personalleiter seine schwierige und nur bedingt erfolgreiche Arbeit damit rechtfertigen wollte.

Neben den seit November 1945 dienstverpflichteten 300 NS-Belasteten im Braunkohlenwerk Böhlen, lassen sich mindestens 228 weitere „strafversetzte" Personen im Benzinwerk Böhlen nachweisen.[1025] Wahrscheinlich lag ihre Anzahl jedoch höher. In einzelnen Abteilungen konnten sie sogar bedeutende Gruppen darstellen. In der Espenhainer Kohlengewinnung waren 1946 von 500 Arbeitskräften 82 NS-Belastete (ca. 16 %),[1026] die sich in der „Produktion bewähren" sollten.[1027] Doch was zunächst als Strafe gedacht war, mutierte zu einem Integrationsangebot. Aufgrund der besseren Versorgung mit Kohle und mit Lebensmitteln war die Arbeit attraktiv für sie, sodass sie den Stamm einer neuen Belegschaft bildeten. Dies beinhaltete auch betriebliche Qualifizierungsmaßnahmen verbunden mit beruflichen Aufstiegschancen.[1028]

Dennoch war das Verhältnis der politischen Führung zu dieser Belegschaftsgruppe zwiespältig, und sie unterlag der Überwachung der SED sowie der polizeilichen Institutionen. Die BPO überprüfte die einzelnen Abteilungen und stellte kritisch Konzentrationen von NS-Belasteten bzw. die Dominanz „renitenter Nazis" fest.[1029] Noch Mitte der 1950er- und 1960er-Jahre wurden von den einzelnen Grundorganisationen der SED (GO) Listen mit ehemaligen Pg. erstellt.[1030] Allerdings verschwamm in diesem Zeitraum die Kategorie NSDAP-Mitglied zunehmend und war nur noch ein Kriterium unter vielen bei der Überprüfung der Loyalität.[1031] Aber auch Instanzen von außerhalb, wie der FDGB, das MfS und die Zentrale Kommission für Staatliche Kontrolle (ZKSK), forderten Berichte über die

1025 Vgl. ebd., 20686, Nr. 171, Leipzig Stadt 14.02.1946, S. 1–9, Borna 14.02.1946, S. 1–8, Leipzig-Land S. 1–22.

1026 Vgl. ebd., 20680, Nr. 140, Arbeitsbericht über das Betriebsjahr 1946 BTK, S. 26.

1027 Hofmann, Michael: Kohlearbeiter (s. Anmerkung 15), S. 99.

1028 Vgl. ebd., S. 99 f.

1029 SächsStA-L, 21125, Nr. IV/4/03/061, erweiterte Leitungssitzung am 23.11.1950. Beispielsweise galten der Bau 9 und 109 im Benzinwerk als Konzentrationspunkte früherer Pg. Gleichzeitig stellte der Bericht fest, dass die Parteieinheit der SED in diesem Bereich schwach und überaltert war.

1030 Vgl. ebd., Nr. IV/4/03/059, Überprüfung der Grundorganisation im Labor vom 04.10.1954, Vorlage für das Büro Nr. 180 vom 03.11.1954; Nr. IV A/4/03/024, Sekretariatsvorlage vom 23.01. 1965; Nr. IV/4/03/001, Gen. Feindt vom 30./31.01.1954. Dabei stellten ehemalige NSDAP-Mitglieder in einzelnen Bereichen Mitte der 1950er-Jahre ca. ein Viertel der Belegschaft. Selbst am Ende des Untersuchungszeitraumes gab es auch durchaus noch Abteilungen, in denen ca. 10 % der Führungskräfte Pg. gewesen waren.

1031 Vgl. ebd., Nr. IV/4/03/075, Berichte und Einschätzungen über die Entwicklung der Produktion des Kombinates 1957–1962. Zu den weiteren Kategorien gehörte die frühere Arbeit bei der Polizei, aber auch Haft in der UdSSR oder das aktive Bekenntnis zu einer Religionsgruppe.

Zusammensetzung der Belegschaft und den Anteil von Pg.[1032] 1953 erteilte sogar Otto Grotewohl persönlich dem MfS den Auftrag, die Belegschaft zu überprüfen.[1033] Dabei wurde als weitere Kategorie die westliche oder jugoslawische Kriegsgefangenschaft vermerkt.[1034] Zumindest für die Staatssicherheit konnte noch in den 1980er-Jahren eine frühere NSDAP-Mitgliedschaft von Interesse sein.[1035]

Nicht nur Ablehnung und Kontrolle prägten das Verhältnis der SED zu dieser Belegschaftsgruppe. So traten zahlreiche ehemalige Nationalsozialisten der Partei bei, wo manche auch, nachdem ihre Vergangenheit bekannt wurde, verbleiben durften. Am Beispiel der kaufmännischen Abteilung in Espenhain zeigt sich diese Tendenz deutlich (vgl. Diagramm 1). Von den insgesamt 253 Personen der Abteilung gehören 108 der SED, sechs der CDU und einer der LDPD an. 48 waren früher in der NSDAP organisiert. Mehr als ein Drittel (18) der ehemaligen Pg. wurden nach 1945 Mitglied der neuen, staatstragenden Partei. Das entsprach in dieser Abteilung immerhin knapp 17 %. Ihr Parteibeitritt brachte ihnen keine Vorteile in den Entnazifizierungsprozessen, wie sich anhand von Herbert Mattheus und Dr. Kurt Richter, die zu Facharbeitern degradiert wurden, sowie Walter Prox, der den Betrieb verlassen musste, nachweisen lässt.[1036] Trotzdem erfolgte bei den meisten kein Ausschluss aus der SED während der Parteiüberprüfungen Anfang der 1950er-Jahre.[1037] Selbst das MfS blieb untätig, wenn ihnen diese doppelte Mitgliedschaft bekannt wurde, wie das Beispiel Dr. Hans Georg Grunewald zeigt, bei dem vor allem sein Aufenthalt in den USA in den 1930er-Jahren Skepsis erregte.[1038]

1032 Vgl. BArch, DC 1/1568, Elektro-Kombinat Espenhain Böhlen vom 17.04.1950, S. 1; SAPMO, DY 34/987, Informationsbericht für Herrn General-Dir. Mochow vom 31.10.1949; DY 34/24005, Befehl 201 vom 16.09.1947.

1033 Vgl. SAPMO, NY 4090/64, Notiz vom 10.08.1953.

1034 Vgl. ebd., NY 4090/65, Belegschaftsstärke vom 24.08.1953.

1035 Vgl. BStU, HA IX/11, Nr. 1506/85, Stiegler, Herbert vom 18.03.1985; Nr. 3367/82, Hahner, Gerhard geboren am 15.07.1912. Stiegler, Jahrgang 1914, Pg. seit 1937 und SA-Mitglied seit 1933, arbeitete ab 1935 als Elektriker bei der Brabag. Noch 1985 war seine NS-Vergangenheit Grund für das MfS, Nachforschungen zu seiner Person anzustellen. Hahner, Jahrgang 1912 und seit 1933 in NSDAP und SA aktiv, wurde 1982 überprüft. Die Gründe sind nicht überliefert.

1036 Vgl. ebd., Nr. 25, Entnazifizierung des Personals der SSAG „Brikett" Kombinat Espenhain vom 24.01.1948, Urteile der Entnazifizierungskommission – Vorschläge vom 14.01.1948 und An Personalabteilung und zu den Akten vom 31.03.1948.

1037 Vgl. Niethammer, Lutz/Plato, Alexander von/Wierling, Dorothee: Erfahrung (s. Anmerkung 68), S. 503.

1038 Vgl. BStU, BV Leipzig, Nr. 750/007, Ermittlungen im U-Vorgang „Spion" vom 23.11.1954; Nr. 3775/63, Verpflichtung vom 25.03.1958. Während seine frühere Mitgliedschaft in der NSDAP bzw. sein Übertritt in die SED kommentarlos erwähnt wurden, war sein langjähriger Aufenthalt in

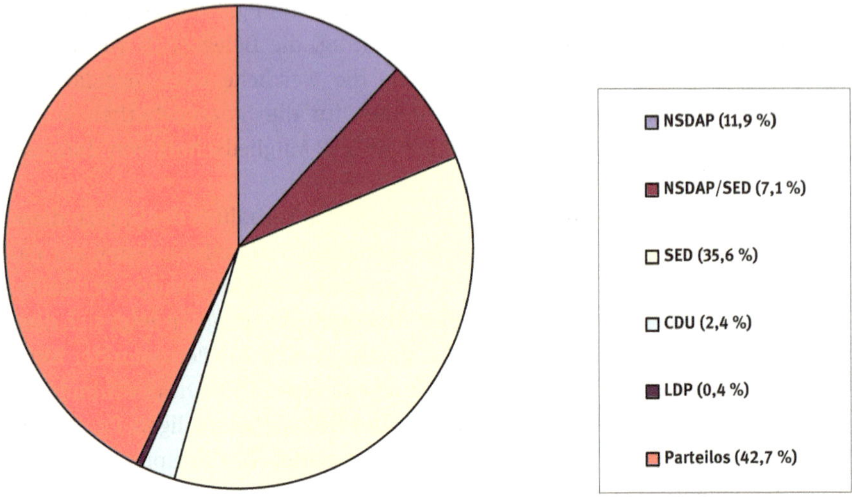

Diagramm 1: Parteimitgliedschaften (inkl. ehemalige NSDAP-Mitglieder) in der SAG Espenhain, 1947[1039]

Die dritte Gruppe, aus der sich nach 1945 neues Personal rekrutierte, waren die OdF.[1040] Bereits unmittelbar nach Kriegsende schrieb die Arbeitsordnung der Brabag vor, dass bei gleicher Eignung OdF bevorzugt eingestellt werden sollten.[1041] Aus Sicht der SED war es opportun, verfolgte Kommunisten der NS-Zeit anzustellen und zu bevorzugen, obwohl die Gewährung von zusätzlichem Urlaub für OdF, wie beispielsweise im Stahl- und Walzwerk Riesa, für den Industriekomplex nicht überliefert ist.[1042] OdFs erschienen besonders geeignet, den Führungsanspruch der SED im Industriekomplex zu untermauern. Viele von ihnen wurden in der Personal- bzw. in der Kulturabteilung eingestellt und begannen ihren Aufstieg in der Betriebshierarchie. Die Biographie von Josef Kahn zeigt die

---

den USA der 1930er-Jahre deutlich problematischer. Schlussendlich wurde er auf freiwilliger Basis als GI geworben. Er blieb in seiner beruflichen Position bis zu seinem Renteneintritt Ende 1963.

1039 Vgl. SächsStA-L, 20680, Nr. 26, Personal der kaufmännischen Angestellten des Kombinates vom 22.01.1947.

1040 Vgl. Waibel, Harry: Anti-Faschismus (s. Anmerkung 89), S. 63f. Der Begriff muss dabei kritisch betrachtet werden, da die SED diesen auch an Personen, die im sicheren Exil waren, verlieh. Nach der Auflösung der VVN 1953 und der Gründung des Komitees der Antifaschistischen Widerstandskämpfer wurden viele Oppositionelle, die nicht aus dem kommunistischen Widerstand kamen, auf ihre passive Rolle als Opfer des Nationalsozialismus reduziert.

1041 Vgl. SächsStA-L, 20633, Nr. 105, Arbeitsordnung der Braunkohlen-Benzin AG, Werk Magdeburg vom 01.12.1945, S. 1.

1042 Vgl. Fink, Sebastian: Riesa (s. Anmerkung 20), S. 306.

neuen Möglichkeiten dieser Gruppe.[1043] Er war seit 1929 Facharbeiter bei der ASW Böhlen und zwischen 1934 und 1936 im KZ und Zuchthaus inhaftiert. Nach 1945 stieg er vom Leiter der politischen Überwachungsstelle über den Posten des Personalleiters zum Hauptdirektor auf. Die Karrieren von Kurt Siegel, Direktor der kaufmännischen Abteilung im Braunkohlenwerk Böhlen, Johannes Opitz, Leiter der Zentralwerkstatt Böhlen, Gotthard Held, 1949 Sozialdirektor und 1950 Leiter der Personalabteilung im Braunkohlenwerk Böhlen, Erich Elsner, der im Benzinwerk vom Magazinarbeiter über das Angestelltenverhältnis in der Personalabteilung bis zu dessen Leiter aufstieg, sowie des 1. Sekretärs der BPO 1952/53 in Böhlen, Helmut Fritzsche, verliefen ähnlich.[1044] Die prominentesten Personen waren die KPD-Funktionäre Otto Heinig, der 1949 zum Leiter der BPO in Espenhain gewählt wurde und nach dem noch heute eine Straße in Espenhain benannt ist, sowie Werner Staake, der 1949/50 Kulturdirektor in Böhlen war und es u. a. bis zum Prorektor an der Deutschen Akademie für Staats- und Rechtswissenschaften brachte.[1045] Dies entsprach auch den Gegebenheiten in anderen Wirtschaftszweigen in SBZ und DDR.[1046] Aber nicht nur Führungspositionen wurden mit OdFs besetzt, sondern auch einfache Arbeitsplätze, wie im Falle von zwei Frauen,[1047] deren Einstellung als soziale Absicherung gedacht war.

Trotz der politischen Loyalität, der sich die SED bei Mitgliedern der „Vereinigung der Verfolgten des Naziregimes“ (VVN) eigentlich sicher sein konnte, gab es auch Probleme mit ihnen. So verfügten sie häufig nicht über die nötigen Qualifikationen. Besonders beim BSA kam es zu Konflikten, da die in konspirativer Arbeit sozialisierten Kommunisten erst das Polizeihandwerk erlernen

1043 Vgl. BArch, DC 1/1568, Anlage 2 Charakteristika der leitenden Angestellten vom 17.04.1950.

1044 Vgl. ebd.; BStU, BV Leipzig, Nr. 1993/64, Durchsuchungs- und Beschlagnahmeprotokoll vom 16.01.1964.

1045 Vgl. SED-Kreisleitung Borna, Kommission für Traditionsarbeit (Hrsg.): Antifaschistische Widerstandskämpfer, Partei- und Arbeiterveteranen des Kreises Borna, Borna 1986, S. 22; Die Brücke, 3, Ausgabe vom 10. August 1950, S. 3. Heinig (1898 – 1952) war bereits in den 1930er-Jahren als Funktionär in Bautzen, Borna und Leipzig aktiv. Nach Inhaftierungen in Zuchthaus und KZ zwischen 1934 und 1939 und Kriegsdienst in einer Bewährungseinheit ab 1944, war er ab 1947 wieder in der Kreisleitung in Borna aktiv. Er starb an den Folgen seiner im KZ erlittenen Gesundheitsschädigungen. Werner Staake (1910 – 1995) trat 1929 in die KPD ein und befand sich von 1933 bis 1945 mit nur einer kurzen Unterbrechung im Zuchthaus oder Konzentrationslager. 1949/50 war er kurzzeitig Kulturdirektor in Böhlen, bevor er als Kulturdirektor der Kirow-Werke Leipzig, Volkskammerabgeordneter, Prorektor an der Deutschen Akademie für Staats- und Rechtswissenschaften, Generalkonsul und schließlich als Direktor der Gedenkstätte Sachsenhausen wirkte.

1046 Vgl. Boldorf, Marcel: Governance (s. Anmerkung 14), S. 155 und 160.

1047 Vgl. SächsStA-L, 20632, Nr. 1141, An die Ortsgruppe der KPD Böhlen vom 24.01.1946.

mussten.[1048] Auch wurden sie misstrauisch beäugt, da ihre Rolle im Nationalsozialismus nicht überprüfbar war, eine Diskriminierung, die viele, der im Untergrund Verbliebenen nach 1945 erlebten.[1049] Nun zählten nicht die Leistungen der Vergangenheit im Widerstand, sondern das Verhalten gegenüber der Realität in SBZ und DDR.[1050]

Insgesamt lässt sich feststellen, dass der Anteil an OdF im Untersuchungsraum, besonders im Vergleich zu den dienstverpflichteten NSDAP-Mitgliedern, gering war. Die Gruppe der VVN im Benzinwerk Böhlen verfügte über gerade einmal 37 Mitglieder, was ca. 0,6 % der Belegschaft entsprach.[1051]

Die vierte Gruppe waren Geflüchtete aus Polen, der Tschechoslowakischen Republik (ČSR) sowie der UdSSR. Da die SBZ mit Abstand die meisten „Umsiedler" aufnahm, handelte es sich hierbei um kein regionales Phänomen.[1052] Bis ca. 1952 hatten sie als neue Arbeitskräfte auch große Bedeutung für den Anstieg des Arbeitskräftepotentials in der gesamten SBZ/DDR.[1053] 1949 verfügte fast jeder vierte Ostdeutsche über eine Fluchtgeschichte aus Ostmittel-, Ost- oder Südosteuropa.[1054] Daher bildeten sie auch für die mitteldeutsche Chemieindustrie ein bedeutendes Arbeitskräftereservoir, wie das Beispiel Leuna zeigt, wo der Anteil an Vertriebenen knapp 50 % der Belegschaft ausmachte.[1055] Auch im Industriekom-

1048 Vgl. ebd., 22244, Nr. 11, Geschichte des BS-Kdo. Espenhain im Ersten 5-Jahresplan 1951-1955, S. 20. Viele andere Betriebsschutzangehörige hatten eine sozialistische Sozialisierung in den Antifaschulen in sowjetischer Kriegsgefangenschaft erhalten. Da diese Gruppen aber größtenteils nicht dem Widerstand gegen den Nationalsozialismus zugehörig waren, zählen sie nach Auffassung des Autors nicht zu dieser Gruppe.

1049 Vgl. Grashoff, Udo: Der Kommunist Karl Plesse und die Gestapo. Taktik oder Verrat? in: Brunner, Detlev/Kenkmann, Alfons (Hrsg.): Leipzig im Nationalsozialismus (s. Anmerkung 128), S. 27–45, hier S. 28 und 43 ff. Hierin bestand die Parallele, dass auch der hier Beschriebene kurzzeitig Hauptdirektor in einem Braunkohlenwerk war.

1050 Vgl. Niethammer, Lutz/Plato, Alexander von/Wierling, Dorothee: Erfahrung (s. Anmerkung 68), S. 282.

1051 Vgl. SächsStA-L, 20686, Nr. 153, VVN-Betriebsaktiv vom 10.09.1948. Trotzdem hatten sie zusammen 382 Monate KZ-Haft, 139 Monate Gefängnis und 54 Monate Zuchthaus hinter sich. Interessant war in diesem Zusammenhang auch die Gruppenzusammensetzung, die u. a. vier Mitglieder der Kommunistischen Partei der Tschechoslowakei und ein Mitglied der Kommunistischen Partei Österreichs umfasste.

1052 Vgl. Steiner, André: Plan (s. Anmerkung 26), S. 22 f. Etwa 5 Mio. Menschen ließen sich zumindest zeitweise in der SBZ nieder. Dabei wirkte sie wie ein Sieb, das vor allem Alte, Kranke und Alleinstehende zurückhielt, während junge Arbeitsfähige häufig weiterzogen.

1053 Vgl. Schwarzer, Oskar: Zentralplanwirtschaft (s. Anmerkung 35), S. 84 f.

1054 Vgl. Amos, Heike: Die Vertriebenenpolitik der SED 1949 bis 1990, München 2009 (= Schriftenreihe der Vierteljahreshefte für Zeitgeschichte; Sondernummer), S. 15. Demnach waren 4,3 Mio. (24,2 %) der 17,8 Mio. DDR-Bürger bei Staatsgründung 1949 Vertriebene.

1055 Vgl. Hoffmann, Dierk: Planwirtschaft (s. Anmerkung 37), S. 215.

plex spielten sie eine Rolle. Die meisten von ihnen wurden in den industriellen Veredelungsanlagen, nicht aber im Bergbau, beschäftigt. Dies entsprach den Bedürfnissen im Industriekomplex und führte dazu, dass nur entsprechend Qualifizierte bleiben durften.[1056] Andererseits zeigt es die Diskriminierung dieser Gruppe, da sie von den privilegierten Arbeitsplätzen im Bergbau ferngehalten wurde. Es gab aber auch Ausnahmen, bei denen eine Bergbau- oder anderwärtige Qualifikation erst nach der Flucht erfolgte.[1057] Besonders begehrt war das Personal aus den vormaligen Hydrierwerken Pölitz/Police (bei Stettin/Szczecin) und Brüx/Most.[1058] Mindestens 83 Personen aus Pölitz/Police fanden 1946 Anstellung im Benzinwerk Böhlen, nachdem sie vorher die Demontage ihres alten Arbeitsplatzes im Zuge der sowjetischen Reparationspolitik durchgeführt hatten.[1059] Aber auch andere Spezialisten aus Böhmen und Ostpreußen waren begehrt und fanden Beschäftigung im Hydrierwerk,[1060] aber auch in Espenhain.[1061]

Bei den im Industriekomplex beschäftigten Frauen war der Anteil an Geflüchteten besonders groß.[1062] Aufgrund der fluchtbedingten Auflösung der traditionellen Familienverbände und der somit fehlenden finanziellen Unterstützung waren sie häufiger als die Einheimischen gezwungen, selbstständig für ihren Lebensunterhalt zu sorgen.

1056 Vgl. Hoffmann, Dierk: Planwirtschaft (s. Anmerkung 37), S. 211; SächsStA-L, 20686, Nr. 3, Direktionsbesprechung Nr. 17 vom 09.10.1945. In der SBZ waren nur 2,5 % der Vertriebenen im Bergbau beschäftigt, in Industrie und Gewerbe hingegen 19,4 %. Eine Erklärung liefern die unterschiedlichen bergbaulichen Gewinnungsarten. Während speziell im oberschlesischen Steinkohlenrevier, ähnlich wie im Ruhrgebiet, der Abbau Untertage durch Häuer erfolgte, war im Mitteldeutschen Braunkohlenbergbau die Förderung mechanisiert. Das erklärt die Migrationsbewegung ehemaliger Bergarbeiter in die westdeutschen Steinkohlenreviere. Ebenso fanden zahlreiche Geflüchtete im Industriekomplex trotz des Arbeitskräftemangels aufgrund ihrer fehlenden Qualifikation keine Anstellung. Die Unternehmen waren nur bereit, Fachkräfte zu übernehmen.

1057 Vgl. BStU, BV Leipzig, Leitung, Nr. 947/01 Dampfkesselexplosion im VEB Kombinat Espenhain, Befragungsprotokoll vom 24.07.1959; NlSG, Vor- und Nachlässe, Bestand Günter und Renate Kroke, Lebenslauf vom 02.09.2014. So erfolgte bei Günter Kroke, nach einer Tätigkeit im Steinkohlenbergbau der DDR, die Delegierung zum Studium an die Bergakademie Freiberg, dem sich eine Arbeit als Schichtleiter im Tagebau Böhlen anschloss. Bei einem Kesselmeister im Kraftwerk Espenhain erfolgte hingegen eine Umschulung, da er gelernter Klavierbauer war.

1058 Vgl. SächsStA-L, 20686, Nr. 151, Verzeichnis Führungskräfte BA vom 12.08.1946, Verzeichnis der betrieblichen Führungskräfte der Technischen Abteilung.

1059 Vgl. ebd., Nr. 141, Abteilungsleiterbesprechung am 24.05.1946.

1060 Vgl. ebd., Nr. 151, Verzeichnis der betrieblichen Führungskräfte der Technischen Abteilung. Mindestens sechs fanden sich allein in dieser Abteilung wieder. Sie stammten aus Böhmen, Schlesien, Pommern und Westpreußen.

1061 Vgl. ebd., 20680, Nr. 181, Terminplan für Mai 1947.

1062 Vgl. ebd., 20686, Nr. 243, Zuweisung weiblicher Arbeitskräfte vom 04.11.1946.

Eine genaue statistische Erfassung der Geflüchteten erfolgte jedoch nicht. Typisch war in Berichten die Zusammenfassung verschiedener Gruppen ohne genaue Statistiken: „Das Kombinat Espenhain beschäftigt in der Gesamtzahl seiner Belegschafter über 3000 Umsiedler, Ausgebombte u. Neuvermählte."[1063] Erst für 1954 wurde die Anzahl von 1200 „Umsiedlern" bei insgesamt 7587 Belegschaftsangehörigen für Espenhain erwähnt (15,8 %).[1064] Üblicherweise wurden sie in den bereits erwähnten zentralen Lagerkomplexen untergebracht. Damit waren sie derselben Segregation ausgesetzt wie in weiten Teilen der ost- und westdeutschen Gesellschaft.[1065] In Espenhain lebten sie nicht nur im abseitigen Lager Birkenhain,[1066] sondern wurden auch misstrauisch von MfS und BSA beäugt, sodass schon ein Vorfall in der Nähe des eigenen Arbeitsplatzes für Verdächtigungen und Ermittlungen reichte.[1067] In den abgeschlossenen ländlichen Gesellschaften hatten sie das geringste soziale Prestige. Hierin spiegelte sich eine Fremdenfeindlichkeit wider, wie sie diesen Menschen vielfach in Ost und West begegnet ist.

Frauen bildeten die fünfte Gruppe, aus denen neues Personal rekrutiert wurde. Zwar konnten sie beispielsweise auch zu den „Umsiedlern" zählen,[1068] dennoch ist es naheliegend, sie gesondert zu betrachten, da ihr Beschäftigungsanteil im Bergbau und in der chemischen Industrie Sachsens traditionell niedrig war.[1069] Dabei bestanden im Industriekomplex allerdings wesentliche Unterschiede zwischen beiden Branchen (vgl. Tab. 25), wobei die chemische Industrie weibliches Personal im größeren Umfang anstellte. Dies lag vor allem an der ablehnenden Haltung der Bergarbeiter, die zum einen Frauen die Arbeitsleis-

1063 Ebd., 20680, Nr. 182, Befehl Nr. 11 vom 24.02.1948.

1064 Vgl. BStU, BV Leipzig, Leitung, Nr. 20/01, VEB – Kombinat Espenhain vom 22.02.1954.

1065 Vgl. Amos, Heike: Vertriebenenpolitik (s. Anmerkung 1054), S. 225f.

1066 Vgl. SächsStA-L, 22244, Nr. 21, Bericht über die Kontrolle im Lager Birkenhain vom 07.03. 1947.

1067 Vgl. BStU, MfS, AS, Nr. 122/55, Explosion der Teerkammer I des VEB Böhlen vom 30.11.1952. Der Wachmann Karl R. des BSA wurde nur aufgrund seines naheliegenden Arbeitsplatzes und seiner Vergangenheit als „Umsiedler" verdächtigt. Eine häufige Unterstellung gegenüber dieser Gruppe.

1068 Vgl. Die Brücke, 3. Ausgabe vom 10. August 1950, S. 5f. Helene Passenheim, Jahrgang 1910, wurde 1944 mit ihren fünf Kindern aus Ostpreußen nach Sachsen umgesiedelt. Hier nahm sie 1946 eine Stellung als Chemiehilfswerkerin im Benzinwerk Böhlen an, wo sie bis 1950 zur Anlagenfahrerin aufstieg. Außerdem war sie seit Dezember 1947 SED-Mitglied und später im Demokratischen Frauenbund und der Abteilungsgewerkschaftsleitung aktiv sowie 1950 Kandidatin für den Kreistag. Eine ähnliche politische Karriere hatte Erika Striesche. Sie wurde 1923 in Schlesien geboren. 1947 kam sie in die DDR und nahm im folgenden Mai eine Arbeit im Benzinwerk auf. Hier trat sie im selben Jahr in die SED ein und wurde im folgenden Jahr „Aktivistin".

1069 Vgl. Schuhmann, Silke: Erwerbsleben (s. Anmerkung 60), S. 15.

tungen nicht zutrauten und zum anderen um ihre eigenen privilegierten Arbeitsplätze fürchteten. Vor 1945 fanden Frauen meist nur eine Anstellung in der Verwaltung oder als Reinigungskräfte, maximal noch als Laborantinnen. Dies änderte sich unter den Bedingungen der Nachkriegszeit. Zum einen waren mehr Frauen gezwungen, einem Broterwerb nachzugehen, zum anderen hatte die SED den Anspruch, die soziale Stellung der Frau zu verbessern, weshalb sie die aus der Not gewonnenen beruflichen Freiheiten behielten.[1070] Hinzu kam der Mangel an Männern, der diese Entwicklung begünstigte.

Werk	Belegschaft	Männer	Frauen	Frauenanteil
Benzinwerk Böhlen	5763	4475	1273	22,09 %
Braunkohlenwerk Böhlen	6553	6064	489	7,46 %
Braunkohlenwerk Espenhain	7423	6841	582	7,84 %

Tab. 25: Belegschaften und Frauenanteil 1949[1071]

Die späten 1940er- und frühen 1950er-Jahre waren von einer kontradiktorischen Politik gegenüber Frauen im Industriekomplex geprägt (vgl. Tab. 25). Während ihre Bedeutung im Benzinwerk rasch anstieg, wuchs, vor allem in der Braunkohlenindustrie, ihr Belegschaftsanteil nur langsam (vgl. Tab. 26). Erst 1950 erreichte er mehr als 10 % im Braunkohlenwerk Böhlen. Sowohl die Abteilungsleiter als auch die Verantwortlichen der Personalabteilungen hielten die Frauen gezielt von den gut bezahlten Arbeitsplätzen fern; auch an ihrer sozialen und betrieblichen Position änderte sich wenig. Weibliche Führungskräfte blieben auch nach 1945 die Ausnahme und unter den Arbeiterinnen dominierten „Frauenberufe“ wie „Reinemachfrau“ und Stenotypistin, zumindest in den Braunkohlenwerken, auch wenn es Ausnahmen gab (Abb. 9).[1072] In Espenhain war in der Phase der SAG die einzige Frau in einer Führungsposition die Frauensachbearbeiterin im Betriebsrat, die diese Position auch im FDGB innehatte.[1073]

1070 Vgl. Segert, Astrid/Zierke, Irene: Gesellschaft der DDR: Klassen – Schichten – Kollektive, in: Judt, Matthias (Hrsg.): DDR-Geschichte (s. Anmerkung 115), S. 165 – 181, hier S. 167 und 173 f.

1071 Vgl. BArch, DC 20 (Ministerrat der DDR)/3028, Informationsbericht für Herrn Gen. Dir. vom 31.12.1949; SAPMO, DY 34/20683, Rechenschaftsbericht der Betriebsgewerkschaftsleitung für das Jahr 1949 – Kombinat Böhlen; SächsStA-L, 20680, Nr. 229, Stellenbesetzungsplan Abteilung G (Generaldirektion), Stellenbesetzungsplan Abtl. D.

1072 Vgl. SächsStA-L, 20680, Nr. 229, SSAGB „Brikett“ Espenhain, Betriebsrat vom 29.08.1948, Stellenbesetzung Abteilung CÖ.

1073 Vgl. ebd., SSAGB „Brikett“ Espenhain, Betriebsrat vom 29.08.1948.

Abb. 9: Frauen einer Gleiskolonne im Tagebau Espenhain in den 1950er-Jahren

Jahr	Belegschaft	Männer	Frauen	Frauenanteil
1946	6586	6010	576	9,58 %
1949	6553	6064	489	7,46 %
1950	6709	6077	632	10,40 %

Tab. 26: Entwicklung der Belegschaft im Braunkohlenwerk Böhlen 1946 bis 1950[1074]

Die Benachteiligung von Frauen hatte strukturelle Züge. Beispielsweise sollten sie im Falle von Personalreduzierungen bevorzugt entlassen werden (vgl. Tab. 27). In Espenhain gab es 1947 sogar eine direkte Anweisung des sowjetischen Generaldirektors, der ihre Kündigung festlegte.[1075] Auch im Braunkohlenwerk Böhlen entschied 1948/49 das Geschlecht über den Verbleib im Betrieb.[1076] Die Entlassungen von Frauen nach dem Leistungsprinzip erinnert an die nationalsozialistische

1074 Vgl. BArch, DG 2/17901, Bericht über das Braunkohlenwerk Böhlen vom November 1946, S. 174; SAPMO, DY 34/20683, Rechenschaftsbericht der Betriebsgewerkschaftsleitung für das Jahr 1949 – Kombinat Böhlen, Bericht über Revierdeligiertenkonferenz der IG Bergbau am 12. und 13.05.1950.

1075 Vgl. SächsStA-L, 20680, Nr. 179, Niederschrift über die Direktionsbesprechung am 05.05. 1947. Zwar kamen sie erst an sechster Stelle der zu Entlassenden, dennoch zeugte es von einer Diskriminierung aufgrund des Geschlechts. Außerdem zeigt es, dass auch in der UdSSR weiterhin entsprechende Vorurteile herrschten.

1076 Vgl. SAPMO, DY 34/20683, Rechenschaftsbericht der Betriebsgewerkschaftsleitung für das Jahr 1949 – Kombinat Böhlen.

„Doppelverdienerkampagne".[1077] Auch die Forderung der SED nach einer Frauenquote von 20 % wurde 1946 mit dem Verweis, dass dies „betrieblich nicht vertretbar" sei, von der deutschen Werksleitung zurückgewiesen, obwohl drei Jahre später zumindest im Benzinwerk dieser Anteil sogar übererfüllt wurde (vgl. Tab. 25).[1078] Bis zur Übergabe der Unternehmen an die DDR änderte sich an dieser ablehnenden Haltung der Männer gegenüber Frauen nichts, wie eine weibliche Delegationsteilnehmerin Otto Grotewohl berichtete:

> „Ein paar negative Einstellungen unserer Kollegen uns Frauen gegenüber könnten wir auch nennen, wir hoffen aber, unsere Kollegen in aller Kürze von der Wichtigkeit der Frauenarbeit auch in unserer Abteilung zu überzeugen."[1079]

	Männer	Frauen	Gesamt
Alter Stellenplan	1260	351	1611
Neuer Stellenplan	1188	286	1474
Veränderung	-6,1 %	-22,7 %	-9,3 %

Tab. 27: Geplante Belegschaftsreduzierung im Benzinwerk Böhlen 1946[1080]

Die strukturelle Benachteiligung von Frauen spiegelt sich auch in der Ausbildung wider. 1948 war ihr Anteil deutlich niedriger als der der Männer und sie traten ausschließlich als Umschülerinnen auf.[1081] Durch die durchschnittlich niedrigere Qualifikation war ihre Entlohnung entsprechend geringer. Ein Blick auf die gesamte SBZ/DDR verrät, dass dies ein allgemeines Problem war. [1082]Andererseits ließen sich auch Fortschritte feststellen. Immerhin hatten Frauen nun die Mög-

1077 Vgl. Schuhmann, Silke: NS-Sozialpolitik (s. Anmerkung 61), S. 62f.; SächsStA-L, 20686, Nr. 139, Niederschrift über die 2. KP-Abteilungsleiterbesprechung vom 25.01.1947. Hierbei spielte vor allem das Klischee der weniger leistungsfähigen Frau eine Rolle.

1078 Vgl. SächsStA-L, 20686, Nr. 243, Zuweisung weiblicher Arbeitskräfte vom 06.11.1946.

1079 SAPMO, NY 4090/64, Verehrter Herr Ministerpräsident vom 20.02.1953.

1080 Vgl. SächsStA-L, 20686, Nr. 243, Arbeitskräfte-Bedarf vom 23.09.1946.

1081 Vgl. ebd., Nr. 51, S. 81. Von den insgesamt 265 Lehrlingen im Benzinwerk 1948 waren gerade einmal 21 Frauen (7,9 %).

1082 Vgl. Kaminsky, Anna: Frauen (s. Anmerkung 74), S. 66f. und 69f.; Kaschade, Hans: Sowjetisch Besetzten Zone (s. Anmerkung 80), S. 123. Trotz eines entsprechenden Befehls der SMAD vom August 1946, wonach gleiche Arbeit gleich bezahlt werden sollte, änderte sich wenig. Auch die DDR-Verfassung vom 07. Oktober 1949 garantierte dies in Artikel 18. Gerade „gleiche Arbeit" wurde genutzt, um die Arbeitsleistungen von Frauen herabzuwürdigen oder ihnen aufgrund ihrer niedrigeren Qualifikationen Gleichberechtigung auf diesem Feld zu verwehren. Kaschade, als Vertreter der in der frühen DDR sozialisierten Führungskräfte, zeigt eindrucksvoll das mangelnde Bewusstsein für diese Diskriminierung und sah darin eine „gleichberechtigte Behandlung."

lichkeit, sich für „Männer"-Berufe wie Schlosser, Elektriker, Dreher und Schweißer ausbilden zu lassen. Dies stellte eine strukturelle Verbesserung dar. Außerdem schufen die SAGs im Herbst 1946 die nach Kriegsende eingeführten diskriminierenden Frauenlöhne, die nur 80% des Stundenlohns ihrer Kollegen betrugen, ab.[1083]

Dass weibliche Erwerbstätigkeit im Industriekomplex überhaupt möglich wurde, lag an den verbesserten sozialpolitischen Rahmenbedingungen. Zuvorderst zählte der Ausbau von Kindertagesstätten, die gezielt für weibliche Schichtarbeiterinnen gedacht waren,[1084] hierzu. Der Plan stammte vom Betriebsrat und wurde auf einer gemeinsamen Sitzung mit der Werksleitung im Mai 1946 angenommen.[1085] Untergebracht wurde die Einrichtung in einer enteigneten Villa in Böhlen,[1086] ihre Kapazität blieb mit 22 Plätzen gering.[1087] Somit bestand zu diesem Zeitpunkt keine flächendeckende Kinderbetreuung. Allerdings erfolgte der Ausbau kontinuierlich und wurde durch Mittel des „Direktorenfonds I", der vor allem für Kultur und Soziales diente, finanziert.[1088] Für Böhlen wurde 1950 die Errichtung eines zweiten Hauses in Großdeuben gemeldet.[1089] Auch die Einrichtung von Kinderkrippen begann in diesem Zeitraum.[1090] Die gezielte, materielle und symbolische Aufwertung der Rolle der Frau im Arbeitsleben sollte die Bereitschaft zur Aufnahme einer Beschäftigung erhöhen. Eine zentrale Rolle nahm jährlich der Internationale Frauentag am 08. März ein, der spätestens ab 1947 – zuerst im Benzinwerk Böhlen – durch eine zentrale politische Feierstunde im

1083 Vgl. SächsStA-L, 20686, Nr. 141, Abteilungsleiterbesprechung am 09.01.1946; Abteilungsleiterbesprechung am 11.10.1946. Der Einstiegslohn in der Lohngruppe IV, die für Hilfsarbeiter galt, betrug für Männer 0,79 RM, für Frauen jedoch nur 0,63 RM.

1084 Vgl. ebd., Abteilungsleiterbesprechung am 17.05.1946. Dabei waren diese von montags bis samstags im Dauerbetrieb geöffnet und stellten eine wesentliche Verbesserung der Arbeitsbedingungen für Frauen mit Kindern dar.

1085 Vgl. ebd., Nr. 140, Gemeinsame Besprechung der Werksleitung mit der Betriebsvertretung und Gewerkschaftsleitung am 08.05.1946.

1086 Vgl. BArch, DC 20BILD/166, Benzinwerk Böhlen, S. 43ff.

1087 Vgl. SAPMO, DY 34/987, Informationsbericht für Herrn General-Dir. Mochow vom 31.10.1949.

1088 Vgl. SächsStA-L, 20686, Nr. 67, Direktorenfonds I. Dabei nahmen die Ausgaben für die Kinderbetreuung mit 186 387,86 Mark über die Hälfte der Gesamtausgaben für Kommunalbetriebe ein. Zu diesen gehörten das Klubhaus sowie das Sanatorium in Bad Elster und das Genesungsheim Rochlitz.

1089 Vgl. ebd., Nr. 104, Kostenstellenplan für das Benzinwerk Böhlen gültig ab 01.01.1950, S. 14f.

1090 Vgl. ebd., 20680, Nr. 179, Protokoll über die am 08.12.1954 stattgefundene Sitzung der Werksleitung.

Betrieb begleitet wurde.[1091] Im Verlauf der Veranstaltungen zeichnete die Werksleitung verdiente Frauen mit Orden, Prämien oder Beförderungen aus.[1092]

Trotz sukzessiver Fortschritte in der Frauenförderung im Industriekomplex, prägten Diskriminierungen und Sexismus den Arbeitsalltag des weiblichen Personals. Eine Einschätzung, die übrigens für die gesamte DDR und im Speziellen für den Bergbausektor gilt.[1093] Schon in der gewerkschaftlichen Repräsentation waren Arbeitnehmerinnen gegenüber ihren männlichen Kollegen benachteiligt. Beispielsweise betrug 1950 im Braunkohlenwerk Böhlen der Anteil an Vertrauensfrauen nur 6,5 %, während ihr Anteil an der Belegschaft bei über 8 % lag.[1094] Zu der administrativen Benachteiligung kamen Erfahrungen des täglichen Lebens. Ein Bericht der „SED-Betriebsgruppe" brachte die Stimmung gegen Frauen auf den Punkt:

> „Zu der Gleichberechtigung der Frau im Betrieb nehmen unsere Genossen oftmals einen absurden Standpunkt ein. Zwar haben sie sich im Laufe der Zeit damit abgefunden, daß Frauen jetzt an vielen Arbeitsplätzen die Männer ersetzen. Daß aber diese Frauen auch den gleichen Lohn für gleiche Arbeit erhalten, damit können sich viele Genossen nicht abfinden. Sie wehren sich hier gegen das Prinzip der Gleichberechtigung und führen eine Tradition fort, die nur die Frau als Arbeitssklavin kennt."[1095]

Des Weiteren waren Übergriffe gegenüber Frauen keine Seltenheit. Der Betriebsschutz dokumentierte ab 1945 zahlreiche Fälle. Dabei war diese Institution selbst Ausgangspunkt für Sexismus und Diskriminierung, der bis zu sexuellen Übergriffen reichte.[1096] Hierbei kam es auch zu einer Täter-Opfer-Umkehr. Der Fall des

---

1091 Vgl. ebd., 20686, Nr. 139, Niederschrift über die 8. KP-Abteilungsleiterbesprechung vom 08.03.1947.

1092 Vgl. ebd., Nr. 25, Befehl Nr. 3 vom 08.03.1949. Prämien bestanden zu diesem Zeitpunkt häufig aus geringen Geldprämien (meistens 50 Mark) und Material wie Kleiderstoffen. Hochwertig war bereits die Auszeichnung mit seltenen Konsumgütern wie Schuhen.

1093 Vgl. Kaminsky, Anna: Frauen (s. Anmerkung 74), S. 10 f.; Port, Andrew I.: Stabilität (s. Anmerkung 23), S. 264 ff.

1094 Vgl. SAPMO, DY 34/20683, Bericht über Revierdeligiertenkonferenz der IG Bergbau am 12. und 13.05.1950. Dass es sich hierbei keinesfalls um geringfügige statistische Abweichungen handelt, zeigt die Anzahl der Vertrauensmänner und -frauen. Von 535 Personen in dieser Position waren nur 6,5 % bzw. 35 Frauen, obwohl ihr Anteil an der Belegschaft 8,6 % betrug.

1095 SächsStA-L, 21125, Nr. IV/4/03/060, Bericht der SED-Betriebsgruppe B in der Zeit von Januar bis August 1949. Aber auch die Betriebsgruppe war nicht frei von sexistischen Einstellungen. Für sie war die Einrichtung einer weiblichen „Schippkolonne" bereits ein wesentlicher Fortschritt, da es sich hierbei nicht um „Frauenberufe" handeln würde. Dass eine wirkliche Gleichberechtigung auch die anteilsmäßige Partizipation in Führungspositionen umfasste, wurde hingegen nicht erkannt.

1096 Vgl. ebd., 22243, Nr. 3, Quartalsbericht für das III. Quartal 1956 vom 26.09.1953.

DVP-Meisters Dahlke, gleichzeitig stellvertretender Revierleiter und Parteisekretär der GO seines Reviers, steht symptomatisch hierfür.[1097] Er onanierte betrunken vor zwei weiblichen Betriebsschutzangehörigen, was schlussendlich zu seiner Entlassung und seinem Ausschluss aus der SED führte. Allerdings wurden auch die beiden Frauen entlassen, da sie „nicht schuldlos" gewesen wären. Entsprechend sank die Bereitschaft zur Anzeige solcher Übergriffe. Dieser Fall wurde beispielsweise nur durch eine zufällige Kontrolle an jenem Tag bekannt. Allein im dritten Quartal 1952 mussten fünf Angehörige des BSA Böhlen wegen solcher oder ähnlicher Verfehlungen entlassen werden.[1098]

Auch die Werksleitung scheute nicht davor zurück, diskriminierende Vorstellungen über Frauen zu artikulieren, wenngleich subtiler. Ein beredtes Beispiel stellt die Diskussion um den hohen Krankenstand dar. Auf einer Betriebsleiterbesprechung am 12. November 1953 in Böhlen wurde, ohne Verweis auf entsprechende Zahlen, behauptet, dass das weibliche Personal für 75 % der krankheitsbedingten Fehlschichten des vergangenen Jahres verantwortlich gewesen wäre.[1099] Eine Berechnung für das Jahr 1952 zeigt eindeutig, dass dieser Vorwurf konstruiert war (vgl. Tab. 28). Zwar waren Frauen tatsächlich häufiger krankgeschrieben, allerdings nur unwesentlich. Des Weiteren wurde in der Besprechung nicht auf die Gründe dafür eingegangen. Hierzu zählte die Dreifachbelastung durch Kindererziehung, Haushalt und Arbeit. Dass die Gründe für ihre Krankmeldungen auch betriebsintern zu suchen waren, zeigt eine Beschwerde des Chefarztes der Betriebspoliklinik, der die unzulässige Beschäftigung von Schwangeren in Nachtschichten bemängelte.[1100]

	Januar	März	Mai	Juli	September	November
Frauen	12,4 %	15,7 %	11,8 %	11,2 %	12,4 %	10,4 %
Männer	7,5 %	10,2 %	8,0 %	7,0 %	6,8 %	6,5 %

Tab. 28: Krankenstand nach Geschlechtern im Benzinwerk Böhlen 1952[1101]

1097 Vgl. ebd., 22244, Nr. 3, II. Wortbericht vom 05.01.1953.

1098 Vgl. ebd., 22243, Nr. 3, Quartalsbericht für das III. Quartal 1952 vom 27.09.1952.

1099 Vgl. ebd., 20687, Nr. 4, Betriebsleiterbesprechung am 12.11.1953.

1100 Vgl. ebd., Betriebsleiterbesprechung am 10.12.1953. Er reagierte damit auf die Aufforderung, sich zum hohen Krankenstand von Frauen zu äußern und widersprach damit explizit den wiedergegebenen Äußerungen, die in der Sitzung vom 12. November 1953 vorgebracht wurden.

1101 Vgl. SAPMO, NY4090/64, Bericht über Arbeitsschutz vom 12.02.1953.

Dennoch lässt sich gerade an der Rolle der Frau der langsame, aber stetige Wandel der Belegschaften und von deren Mentalitäten im Untersuchungsraum – bei allen benannten Einschränkungen – rekonstruieren. Ohne die Bereitschaft der weiblichen Arbeitskräfte, sowie von einigen wenigen Männern, die Gleichberechtigung einzufordern, wäre diese Veränderung nicht zu Stande gekommen. Die BPO spielte für diese Transformation aber nur eine untergeordnete Rolle.

Erkaufte Zustimmung?

Insgesamt profitierten in der unmittelbaren Nachkriegszeit alle Belegschaftsangehörigen von der materiellen Privilegierung im Industriekomplex. Ähnlich wie in der Zeit des Nationalsozialismus zielte die Belegschaftspolitik auf die Schaffung eines abhängigen Milieus an Arbeitskräften.[1102] Entsprechend stiegen Löhne und Sozialleistungen an. Dies galt auch für andere SAGs.[1103] Andererseits sprechen die zahlreichen „Bummel“- und Fehlschichten sowie der Krankenstand, zumindest bis Ende der 1940er-Jahre, für eine allgemeine Unzufriedenheit. Beispielsweise wurde im Winter 1946/47 in Espenhain knapp ein Drittel aller Schichten nicht angetreten.[1104] Jedoch bestand ein Unterschied zwischen den schon vor 1945 beschäftigten Facharbeitern und den neu gewonnen Arbeitskräften, die vor allem nach einer Möglichkeit suchten, ihr Überleben zu sichern. Besonders das Thema Lebensmittel, wie bereits beschrieben, war ein wichtiges Thema. Allerdings unterlag die Lebensmittelversorgung, besonders die, die über den normalen Versorgungsatz hinausging, starken Schwankungen. Mehrfach wurden die Anzahl sowie die Empfänger von Zusatzlebensmittelkarten geändert.[1105] Des Weiteren lassen sich nicht die Zuteilungsrationen für den gesamten Zeitraum rekonstruieren, besonders nicht für den Hungerwinter 1946/47. Hinzu kam der Werkskonsum, den nur Beschäftigte besuchen durften, in dem seltene Waren eher erhältlich waren als im allgemeinen Handel.[1106] Auch die Einrichtung weiterer betrieblicher Dienstleistungen für die Belegschaft, wie Schuhmacher, Schneidereien oder eines

1102 Vgl. Hofmann, Michael: Kohlearbeiter (s. Anmerkung 15), S. 101. Hofmann konstatiert zu Recht, dass die Belegschaftspolitik im Rahmen der Umerziehung ein repressives Element enthielt. Jedoch war mit diesem stets ein integratives verbunden.

1103 Vgl. Schulz, Ulrike: Simson (s. Anmerkung 20), S. 268 und 284.

1104 Vgl. Hofmann, Michael: Kohlearbeiter (s. Anmerkung 15), S. 101.

1105 Vgl. SächsStA-L, 20680, Nr. 17, Befehl vom 10.10.1946, Nr. 179, Verteilung der 10-Tage-Zusatzkarten vom 07.05.1947; Nr. 182, Erfüllung des Befehls 234 vom 20.01.1948. Im Herbst 1946 lag der Bestand für 10-Tage-Zusatzlebensmittelkarten in Espenhain bei 500 (davon 50 für das Kraftwerk). Im Frühjahr 1947 lassen sich nur 360 im Werk nachweisen. Bis Januar 1948 stieg deren Anzahl wiederum auf 500 Stück an, um dann schlagartig auf 100 reduziert zu werden.

1106 Vgl. ebd., 20686, Nr. 104, Kostenstellenplan für das Benzinwerk Böhlen gültig ab 01.01. 1950, S. 14f.

Friseursalons, verbesserte die Situation der Belegschaft im Vergleich zur Durchschnittsbevölkerung.[1107]

Die Gründung der Betriebspolikliniken in Böhlen und Espenhain 1948 stellte ebenfalls eine wesentliche Verbesserung der Lebensumstände für die Belegschaft dar.[1108] Ihre Errichtung war verbunden mit dem Befehl Nr. 234 der SMAD vom 09. Oktober 1947, der von Bedeutung für die soziale Fürsorge der Belegschaft war.[1109]

Die wichtigste Deputatsleistung – Braunkohlenbriketts für den Hausbrand – blieb über das Kriegsende hinaus bestehen. Aufgrund der schlechten wirtschaftlichen Situation, besonders in der Versorgung mit Heizmaterial, wurden Briketts zu einem begehrten Gut. Allein 1948 gab das Benzinwerk Böhlen 16 300 Tonnen Briketts an die Belegschaft aus, was in etwa 2,8 Tonnen pro Belegschaftsmitglied entsprach.[1110] Die Verteilung dieser Zusatzvergütung erfolgte differenziert und berücksichtigte verschiedene Gruppen unterschiedlich stark.[1111] So erhielten beispielsweise Verheiratete mehr als Ledige. Diese Deputate deckten den individuellen Brennstoffbedarf und lagen über der Versorgung der Durchschnittsbevölkerung. Dennoch kam es immer wieder zu Brikettdiebstählen, wie der Betriebsschutz mehrfach in Kontrollen feststellte.[1112] Des Weiteren profitierten ab 1947 auch die Mitarbeiter der Baufirmen während ihrer Arbeitszeit im Industriekomplex von der Extravergütung. Andere Deputate waren für spezielle Arbeitsgruppen vorgesehen. Beispielsweise standen für 192 Personen, die in gesundheitsgefährdenden Bereichen des Gaswerkes Böhlen arbeiteten, insgesamt

1107 Vgl. ebd., Nr. 53, S. 97 f.; Nr. 228, Stellenplan Wirtschaftsbetrieb 1953.

1108 Vgl. Klotzsche, Heiner/Mai, Eberhard/Morgenstern, Heinz: Böhlen (s. Anmerkung 65), S. 16.

1109 Vgl. Kaschade, Hans: Sowjetisch Besetzten Zone (s. Anmerkung 80), S. 168; NlSG, Sonderbestand, Chronik der Betriebspoliklinik Espenhain, S. 1 f. So ging auch die Einrichtung der betrieblichen Dienstleistungen auf diesen Befehl zurück.

1110 Vgl. SächsStA-L, 20686, Nr. 51, Geschäftsbericht zum Jahresabschluß 1948, S. 84. Grundlage der Berechnung war die Belegschaftsstärke zum 01. Januar 1949.

1111 Vgl. ebd., Nr. 53, S. 100 f.; Nr. 178, Betriebskollektivvertrag Großkraftwerk 1951, S. 35. So erhielten Verheiratete 1949 pro Jahr 3,6 Tonnen, Ledige mit eigenem Haushalt 1,8 Tonnen und Ledige ohne eigenen Haushalt immerhin noch 1,2 Tonnen Briketts. Im folgenden Jahr stiegen die Brikettdeputate sogar noch weiter auf 3,75 Tonnen für die erste, 1,9 Tonnen für die zweite und 1,25 Tonnen für die dritte Gruppe. Bis 1951 erhöhten sich diese Werte entsprechend der drei hier angeführten Gruppen auf 5, 2 und 1,25 Tonnen pro Jahr.

1112 Vgl. ebd., 20680, Nr. 151, Werkbußen vom 04.02.1948; 22244, Nr. 11, S. 17. Es wurden dabei in den meisten Fällen einzelne Briketts gestohlen. Daher waren die Strafen verhältnismäßig milde und führten nur zum Entzug von Deputatkohle. Beispiele wie der Fall in Espenhain, bei dem mit einem manipulierten Lastwagen deutlich mehr Kohlen entwendet wurden, waren die Ausnahme.

28 Liter Milch pro Tag zur Verfügung.[1113] Auch Seife wurde als zusätzliche Entlohnung ausgegeben.[1114]

Die Privilegierung der Beschäftigten spiegelte sich auch im Prämiensystem wider. In der SAG-Phase, vor allem vor Gründung der DDR, wurden Konsumgüter als Prämien ausgegeben. Anfangs umfassten diese vor allem Zigaretten und Textilien.[1115] Auch Kombiprämien waren möglich. In Espenhain erhielten Arbeitskräfte, die am Umsetzen eines Absetzers von der Hochhalde in den Tagebau beteiligt waren, in drei unterschiedlichen Gruppen Zigaretten und Kohle.[1116] Zigaretten konnten auch im alltäglichen Arbeitsleben oder für Leistungen, die die Produktion sicherten, ausgegeben werden.[1117] Diese Güter waren als potenzielle Tauschware für Schwarzmarktgeschäfte begehrt. Die Prämierungen konnten aber auch ideelle Belohnungen umfassen, wie beispielsweise die Nominierung zum „Nationalpreis der DDR".[1118]

Zumindest in der frühen SAG-Zeit war die Auszeichnung von den sowjetischen Führungskräften abhängig. Diese verfolgten damit die Strategie, die wirtschaftlichen Ergebnisse zu stabilisieren und prämierten vor allem die technische Funktionselite in den Werken.[1119] Vor dem Hintergrund der prekären Ernährungslage 1946/47 führte dies zu Unmut in der Belegschaft, die eine Beteiligung des Betriebsrates forderte. Das wiederum lehnte die Generaldirektion ab.

Traditionelle Zuwendungen, wie Weihnachtsgratifikationen, wurden auch in dieser Phase weitergezahlt. Allerdings fielen diese im Durchschnitt niedriger aus als in der NS-Zeit. In Espenhain betrugen sie 1952 für die gesamte Belegschaft

---

1113 Vgl. ebd., Nr. 3, Direktionsbesprechung Nr. 16 vom 02.10.1945. Pro Woche und Arbeitskraft entsprach dies immerhin einem Liter Milch und stellte eine Verbesserung der Lebensmittelversorgung für die betreffende Person und ihre Familie dar.

1114 Vgl. ebd., 20680, Nr. 179, Ausgabe der Kaolinseife vom 09.06.1947. Untertagearbeiter erhielten 300 Gramm, die restliche Belegschaft 200 Gramm.

1115 Vgl. ebd., 20686, Nr. 133, Böhlen, den 20.06.1947.

1116 Vgl. ebd., 20680, Nr. 179, Prämien für Absetzertransport vom 03.07.1947. Die 34 Personen der ersten Kategorie erhielten acht Zentner Kohle, 80 Zigaretten und zusätzlich 50 RM. Für die 46 Arbeitskräfte der zweiten Kategorie waren es sechs Zentner Kohle und 60 Zigaretten. Die 58 Belegschaftsmitglieder der letzten Kategorie erhielten immerhin noch vier Zentner Kohle und 40 Zigaretten.

1117 Vgl. ebd., 20686, Nr. 141, Abteilungsleiterbesprechung am 17.05.1946. Beispielsweise erhielten sieben Personen je fünf Zigaretten, da sie einen Brand löschten.

1118 Vgl. BArch, DC 1/1568, Anlage 1 vom 17.04.1950.

1119 Vgl. SächsStA-L, 22244, Nr. 21, Die Politik der Sowjet-Union gegenüber Deutschland am Mittwoch, dem 18.06.1947. Auf Nachfrage, warum die Prämien so ungerecht zwischen Belegschaft und Führungskräften verteilt würden, betonte Major Rudnik von der SMAS, dass letztere sich diese aufgrund ihrer großen geistigen Anstrengungen und ihrer nahezu unbeschränkten Einsatzzeit verdient hätten.

240 000 Mark.[1120] Nach dem Stellenplan entsprach dies 42,20 Mark pro Person.[1121] Wesentlich höher lag die Bergmannsprämie, die erst ab der SAG-Phase überhaupt gezahlt wurde: Sie betrug im selben Jahr durchschnittlich 128,56 Mark.[1122] Allerdings profitierten nicht alle davon. Den Arbeitskräften im Benzinwerk und in den Kraftwerken war diese Zahlung verwehrt, sodass sich Unmut in diesen Abteilungen breitmachte und ihren Wechsel in die Braunkohlenwerke begünstigte.

Zur Besserstellung der Belegschaft gehörte auch die Bereitstellung von Wohnungen bzw. deren Instandhaltung. Gerade im Industriekomplex war diese Frage essentiell, da zum einen die potentiellen Wohnraumbauflächen bergbaubedingt begrenzt waren, zum anderen aufgrund der Kriegszerstörungen der Altbaubestand gesunken war. Hinzu kam der schlechte Zustand der Barackensiedlungen. Die Lebensumstände in den Wohnlagern waren derart desolat, dass bereits 1950 die meisten Gebäude der Wohnlager wegen Baufälligkeit abgetragen wurden.[1123] Der Wohnraummangel führte zur Umnutzung von zahlreichen Gebäuden als Gemeinschaftsunterkünften.[1124] Die Vergabe erfolgte nach einer innerbetrieblichen Hierarchie. Während Dienstverpflichtete, Ledige und Umsiedler vor allem in den Lagern und Gemeinschaftsunterkünften lebten, waren die Ingenieure und Abteilungsleiter in den Bereitschaftssiedlungen in Böhlen, Espenhain und Magdeborn untergebracht, die mehrheitlich aus Einfamilienhäusern bestanden. Fachkräfte erhielten Quartiere in Mehrfamilienhäusern. Zwar blieb der Neubau in den ersten Jahren auf einem niedrigen Niveau,[1125] allerdings bemühte sich die Werksleitung, die Verteilung von Unterkünften zu verbessern, indem beispielsweise Schichtarbeitern eine Herberge zugewiesen wurde, die nä-

1120 Vgl. BArch, DN 4/2290, Stückelung für die Weihnachtszuwendung 1952.

1121 Vgl. SächsStA-L, 20680, Nr. 228, Stellenplan 1953. In den meisten Fällen umfassten die Stellenpläne weniger Personen als tatsächlich im Betrieb tätig waren, weshalb das Weihnachtsgeld pro Person vermutlich unter dem genannten Betrag lag.

1122 Vgl. BArch, DN 4/2290, Lohn- und Gehaltsabschlagszahlungen Monat Juli 1952, Lohn- und Gehaltsrestzahlungen Monat Juli 1952. Hier lag die Pro-Kopfprämie wahrscheinlich höher, da üblicherweise nicht alle Beschäftigten für die Bergmannsprämie in Frage kamen.

1123 Vgl. SächsStA-L, 20686, Nr. 63, Zustand Baracken vom 07.01.1951.

1124 Vgl. ebd., Nr. 141, Abteilungsleiterbesprechung am 19.02.1946. Zahlreiche Gebäude wurden hierzu umfunktioniert. Dabei handelte es sich um Gemeinschaftsunterkünfte für auswärtige Arbeitskräfte. Die Wohnbedingungen waren in Bezug auf die Belegung beengt. Im Sportgebäude der Freizeitanlage wurden allein 70 Personen untergebracht; in der Neumühle Rötha sogar 120 Personen. Selbst in der ehemaligen Bordellbaracke fanden 70 Menschen Unterkunft. Überdies wurde auch ein Café zum Wohnraum für acht Belegschaftsangehörige. Hinzu kamen mindestens 50 Einquartierungen.

1125 Vgl. ebd., Nr. 151, Zusammenstellung vom 31.07.1946. Die 37 Wohnungen bei einem Bestand von 926 und gleichzeitig tausenden Arbeitskräften in Wohnlagern standen in keiner Relation zu dem Bedarf.

her an ihrem Arbeitsort lag.[1126] 1947 wollte sich der FDGB in Espenhain am großflächigen sozialen Wohnungsbau beteiligen, gründete dazu eine „Werkssiedlungsstiftung“, erwarb die Baustoffwerke GmbH und vergab einen Kredit in Höhe von 300 000 RM.[1127] Ziel war der Bau der Siedlung „Heiliges Holz“ für 8000 – 10 000 Menschen auf einer Fläche von 175 Hektar.[1128] Das Projekt scheiterte. Durch Anmieten, Bauen und Umbauen bemühten sich die drei Werke dennoch, mehr Wohnraum für ihre Beschäftigten zu schaffen.[1129]

Kulturangebote stellten eine weitere Möglichkeit zur Personalbindung dar, zugleich verfolgte die SED, ähnlich wie die NSDAP, hiermit das Ziel, die Belegschaft zu prägen und zu erziehen. Bereits im Herbst 1945 setzte ein erstes Kulturprogramm ein.[1130] Zur eigenen Kulturarbeit gehörte auch der Bau entsprechender Einrichtungen. Anfangs griffen die Werke auf die vormaligen DAF-Hallen zurück, sofern sie den Krieg unbeschädigt überstanden hatten.[1131] Noch vor der Gründung der SAGs gab es 1946 Pläne, ein „Haus der Kultur“ in Böhlen zu errichten.[1132] Als erste eigene Einrichtungen errichteten die SAGs 1948 je ein Klubhaus in Böhlen und Rötha.[1133] Eine einschneidende Veränderung stellte erst der Bau von je einem „Kulturhaus“ in Böhlen und Espenhain dar, die die sowjetischen

1126 Vgl. ebd., Nr. 141, Abteilungsleiterbesprechung am 04.12.1946.

1127 Vgl. SAPMO, DY 34/24005, Werksiedlung Espenhain vom 06.10.1947.

1128 Vgl. SächsStA-L, 20680, Nr. 89, Wohnungsbau für die Belegschaft vom 11.04.1947. Warum dieses Projekt scheiterte, geht aus den Akten nicht hervor. Plausibel wären Baustoffmangel und Finanzierungsprobleme. Schlussendlich wurden Teile des Projektes in Kitzscher realisiert, allerdings erst nach 1950. Bauherr war dann auch nicht mehr der FDGB, sondern die SAG Espenhain.

1129 Vgl. SAPMO, DY 34/20683, Bericht über Revierdelegiertenkonferenz der IG Bergbau am 12. und 13.05.1950, S. 13.

1130 Vgl. SächsStA-L, 20680, Nr. 240, Revolutionsfeier am 10.11.1945. Der Bezug zur politischen Arbeit ist hier erkennbar. Die Ortsgruppen von KPD und SPD organisierten im Gedenken an den November 1918 eine gemeinsame Revolutionsfeier.

1131 Vgl. ebd., Nach-Weihnachtsfeier am 11.01.1947. Beispielsweise fand die Weihnachtsfeier 1947 in der vormaligen KdF-Festhalle im Wohnlager III statt. Interessant war hierbei auch der Ablauf: Eine Abgabe von einer Fleischmarke für das Essen erscheint noch wenig verwunderlich. Dass die Belegschaft aber ihr eigenes Geschirr, Besteck und sogar Schnaps- und Biergläser mitbringen sollte, zeigt die Not der Nachkriegszeit.

1132 Vgl. ebd., 20686, Nr. 141, Abteilungsleiterbesprechung am 03.05.1946. Der Vorschlag ging nicht von der Werksleitung bzw. von der Belegschaftsvertretung, sondern vom Böhlener Bürgermeister aus.

1133 Vgl. BArch, DC 20BILD/166, Benzinwerk Böhlen, S. 17ff.; SächsStA-L, 20680, Nr. 240, Einladungskarte für den 30.04.1949. Dabei handelte es sich um das „Haus der Tat“, eine rustikale und luxuriöse Villa in Böhlen, und das neuerrichtete „Haus der Einheit“ in Rötha, das später in Klubhaus „Karl Liebknecht“ umbenannt wurde.

Werksleitungen ab 1949 planten und ausführten.[1134] Dabei zeigten sich Konfliktfelder zwischen den staatlichen Stellen der DDR und den sowjetischen Generaldirektionen. So provozierte die Schaffung des „Kulturhauses" in Böhlen einen Rechtsstreit zwischen der sowjetischen Generaldirektion und dem Ministerium für Aufbau, da die SAG Böhlen für ihr neu errichtetes Kulturhaus 1950 keine Baugenehmigung vorlegen konnte.[1135] Diese Häuser stellten Verbesserungen für das kulturelle Leben dar, boten sie der Belegschaft und den Bewohnenden doch Tanzveranstaltungen, Filmvorführungen, Lichtbildvorträge, Theatervorstellungen sowie Sport- Musik- und Kunstkurse.[1136] Die Dimension der Gebäude rechtfertigten den Begriff Palast: In Böhlen gab es einen Multifunktionssaal für 1000 Menschen, zehn Räume für 20 bis 100 Personen, eine Bibliothek sowie ein Restaurant mit 300 Plätzen.[1137] Die Räumlichkeiten lieferten auch Platz für die politische Schulung und die Agitation durch Massenorganisationen. Darüber hinaus dienten sie zur Bildungsarbeit. Wirtschaftlich war der Kulturbetrieb ein Subventionsobjekt, das Anfang der 1950er-Jahre monatlich mit ca. 4000 Mark aus dem Kulturfonds subventioniert wurde.[1138]

Nicht nur vor Ort unterstützte das Werk die Kulturarbeit, sondern finanzierte auch Veranstaltungen, die außerhalb des Untersuchungsraumes stattfanden. Beispielsweise bezuschussten die Böhlener Werksleitung und die BGL im Januar 1953 1846 Zirkuskarten inkl. eines Sonderzuges mit 4902,92 Mark.[1139] Das um-

---

1134 Vgl. BArch, DH 1 (Ministerium für Bauwesen)/39051, An den Generaldirektor des Benzinwerkes Böhlen vom 25.08.1950; SächsStA-L, 20680, Nr. 168, Protokoll über die Vorbesprechung für den Bebauungsplan und den Bau des Kulturhauses Espenhain vom 29.09.1949.

1135 Vgl. BArch, DH 1/39051, Betrifft: Kulturhaus Böhlen vom 15.11.1950; SAPMO, NY 4090/63, Gelände zur Errichtung eines Kulturpalastes vom 23.05.1950. Das Ministerium behauptete, erst im November 1950 durch den Architekten Werner Bauch und den Kulturdirektor von dem bereits begonnen Bauprojekt erfahren zu haben. Dieser Streitfall ging bis zu Otto Grotewohl.

1136 Vgl. SAPMO, DY 42 (Gewerkschaft Handel, Nahrung, Genuss)/2847, Klubhaus Böhlen, Veranstaltungsplan Februar 1954.

1137 Vgl. BArch, DH 1/39051, Technische Aufgaben für den Bau einer Kulturanlage der Arbeiter; Kulturbetriebs GmbH Böhlen (Hrsg.): Kulturhaus Böhlen. Unter: http://kulturhaus-boehlen.de/#historisches (Stand: 21.12.2020). Laut Darstellungen auf der Website des Kulturhauses belief sich der Kostenvoranschlag auf 11,8 Mio. Mark. Nach den Quellen hingegen betrugen die Baukosten 2,5 Mio. Mark mit einer Eigenleistung der Belegschaft von 500 000 Mark. Die Eigenbeteiligung war ein cleverer Schachzug, da dadurch eine zusätzliche Identifikationsebene geschaffen wurde.

1138 Vgl. SächsStA-L, 20687, Nr. 251, Kulturausgaben im Monat Juni 1953. Einnahmen von 12 140 Mark standen Ausgaben von 16 185 Mark im Juni gegenüber. Diese Summen entsprachen in etwa dem monatlichen Subventionsbedarf in den Jahren 1952 und 1953.

1139 Vgl. ebd., Finanzierung der Veranstaltung im „Circus Aeros" vom 27.01.1953. Von den insgesamt 7014,90 Mark übernahm das Werk 50 % und die BGL 20 %.

Abb. 10: Kulturhaus „Clara Zetkin" in Espenhain, 1950er-Jahre

fangreiche und fürsorgliche Freizeitangebot blieb den Arbeiterinnen und Arbeitern positiv in Erinnerung und wurde als Privileg wahrgenommen.

Auch Urlaub war ein weiterer Faktor zur Bindung der Belegschaft an den Betrieb. So erhöhte sich der Urlaubsanspruch nach der Gründung der SAGs von zwölf auf 18 bis 24 Tage.[1140] Die Gewährung von Sonderurlaub diente ab 1945 zur Belohnung von Arbeitskräften.[1141] 1950 wurde dieser bereits, abhängig vom Arbeitsplatz, mit sechs bis zwölf zusätzlichen Tagen für jeden Belegschaftsangehörigen im Betriebskollektivvertrag des Braunkohlenwerkes Böhlen festgeschrieben.[1142] Durch den Betrieb von Ferienheimen gab es auch in der Nachkriegszeit die Möglichkeit zu verreisen. Betriebliche Ferienheime in Oberbärenburg, Bad Schandau, Krippen, Rochlitz und Kühlungsborn ersetzten die aufgrund ihrer Lage außerhalb der SBZ/DDR verlorenen Erholungsstätten der ASW und Brabag.[1143] Zusätzlich gab es in Taltitz im Vogtland noch das Kinderferienlager der SAG

1140 Vgl. Kaschade, Hans: Sowjetisch Besetzten Zone (s. Anmerkung 80), S. 166; SächsStA-L, 20686, Nr. 141, Abteilungsleiterbesprechung am 03.05.1946, Abteilungsleiterbesprechung am 24.05.1946. Damit lag der Urlaubsanspruch über dem Rest der SBZ.

1141 Vgl. SächsStA-L, 20686, Abteilungsleiterbesprechung am 05.09.1945. In diesem Fall erhielten zwei Arbeiter acht Tage Sonderurlaub für das Entschärfen von Blindgängern.

1142 Vgl. ebd., Nr. 176, Betriebsvertrag für das Jahr 1950, S. 20 – 30.

1143 Vgl. BArch, DC 20/3796, Kurzes Exposé über die Struktur des Kombinates Böhlen; SächsStA-L, 20687, Nr. 266, Berichterstattung an Staatssekretariate für Chemie, Kohle und Energie 1952, Bericht über die Leistungen der sowjetischen Generaldirektion vom 22.10.1952. Beispielsweise standen in Bad Schandau in der Sächsischen Schweiz alle 14 Tage 80 Plätze zur Verfügung.

Espenhain.[1144] Von den 5763 Belegschaftsangehörigen des Benzinwerkes Böhlen konnten 1949 beispielsweise ein Viertel (1465) einen Ferienaufenthalt in einem der Betriebsheime wahrnehmen.[1145] Hinzu kam noch ein Sanatorium in Bad Elster, mit monatlich 100 Plätzen für Kuraufenthalte.[1146]

Abwanderung und Überalterung

Trotz der zahlreichen Bestrebungen, die Versorgungslage sowie die sozialen und kulturellen Bedürfnisse der Belegschaft im Untersuchungsraum zu befriedigen, um dadurch eine Stammbelegschaft aufzubauen, gab es eine hohe Arbeitskräftefluktuation. Diese war durch politische als auch durch ökonomische Probleme bedingt. Die Abwanderung wurde begünstigt durch die unbeliebte sowjetische bzw. SED-Herrschaft. Die „Säuberung“ sensibler und sicherheitsrelevanter Bereiche trug wiederum ihren Teil dazu bei. So überprüfte die BSA Espenhain 1947 sämtliche Mitarbeiter und entließ alle, die im „Dritten Reich“ bereits bei der Polizei gedient hatten.[1147] Auch der Aufbau der „Kasernierten Volkspolizei“ (KVP) 1952 führte zu einer Abwanderungswelle; vor allem von jüngeren Arbeitskräften, die der Militarisierung der Gesellschaft bzw. den politischen Zwängen des Militärdienstes entgehen wollten.[1148]

Darüber hinaus beendeten die Betriebe zahlreiche Arbeitsverhältnisse, auf die ökonomisch begründeten Kündigungen von 1947 im Industriekomplex wurde bereits hingewiesen. Eine weitere Entlassungswelle gab es im dritten Quartal des Jahres 1953 in Espenhain mit 297 Personen.[1149] Entlassungen erfolgten aber auch aufgrund von Diebstählen und Einbrüchen. Allein im Zeitraum vom 01. Januar bis

---

1144 Vgl. SächsStA-L, 20680, Nr. 179, Niederschrift über die Direktionsbesprechung am 07.11. 1951.

1145 Vgl. BArch, DC 20/3028, Informationsbericht für Herrn Gen. Dir. vom 31.12.1949. Hinzu kamen noch 626 Angehörige, so dass ihre Gesamtzahl auf 2081 stieg.

1146 Vgl. ebd., DC 20/3796, Kurzes Exposé über die Struktur des Kombinates Böhlen; DH 1/39051, An den Generaldirektor des Benzinwerkes Böhlen vom 25.08.1950. Dabei betrugen die Kosten für den Ausbau allein 1950 800 000 Mark.

1147 Vgl. SächsStA-L, 20680, Nr. 151, Überweisung von Betriebsschutz-Angehörigen vom 30.11. 1947. Dabei wurden 15 Personen ausgesondert und auf andere Positionen versetzt. Allerdings wanderten viele von ihnen daraufhin in die westlichen Besatzungszonen ab, da dort die Möglichkeit zur beruflichen Kontinuität bestand.

1148 Vgl. ebd., 22243, Nr. 3, Quartalsbericht für das III. Quartal 1952 vom 27.09.1952. Die genaue Anzahl lässt sich nicht mehr rekonstruieren. Mindestens drei DVP-Angehörige und zwei Feuerwehrmänner setzten sich im dritten Quartal des Jahres 1952 in den Westen ab. Jedoch wurde eine Versetzung von 125 Personen aus dem BSA Böhlen zur KVP gefordert, was bei der allgemeinen pazifistischen Stimmung nach Kriegsende wahrscheinlich zu einer bedeutend höheren Fluchtbewegung führte.

1149 Vgl. ebd., 22244, Nr. 3, Quartalsbericht für das 4. Quartal 1953.

zum 30. April 1947 kam es in Espenhain zu 1143 Diebstählen und 79 Einbrüchen. Entsprechend häufig gab es Kündigungen. Im September 1952 wurden im gesamten Industriekomplex fünf Belegschaftsmitglieder (darunter drei DVP-Angehörige) aus diesem Grund freigestellt.[1150]

Eine weitere Ursache für die Fluktuation lag in den niedrigen Tariflöhnen in den Bereichen Chemie und Energie im Industriekomplex.[1151] Selbst vermeintlich privilegierte Gruppen, wie die Mitarbeiter des Büros für technische Normung, beschwerten sich über ihre Löhne und wandten sich mit der Forderung nach Lohnerhöhung direkt an Walter Ulbricht,[1152] andere Belegschaftsmitglieder an Otto Grotewohl.[1153] Ein solches Vorgehen hatte durchaus Erfolg. Der ganze Konflikt kulminierte am Ende der Zeit der SAGs bei Übergabe der Werke an die DDR. Vor diesem Hintergrund erscheint der 17. Juni 1953 in Böhlen vor allem als ein Konflikt um Löhne sowie Gehälter und weniger um Normen. Zur Durchsetzung ihrer Interessen wählten sie im Nachgang des „Volksaufstandes" verschiedene Mittel. Ein angedrohter Streik führte dazu, dass der Forderung nach der Zahlung der Bergmannsprämie für die Beschäftigten der Bereiche Chemie und Energie nachgegeben wurde.[1154] Nur in der Schleiferei der SAG Espenhain kam es zu einem Sitzstreik zwischen 6.00 und 7.30 Uhr gegen die Normerhöhungen.[1155] Trotzdem gab es eine ausgesprochene Angst vor einem Streik, vor allem in Bezug

1150 Vgl. ebd., 22243, Nr. 3, Quartalsbericht für das III. Quartal 1952 vom 27.09.1952; 22244, Nr. 3, II. Wortbericht vom 26.09.1952.

1151 Vgl. ebd., 20680, Nr. 182, Erfüllung des Befehls 234 vom 20.01.1948.

1152 Vgl. BArch, DC 20/3028, Entlohnung TAN-Sachbearbeiter im VEB – Kombinat Böhlen vom 10.11.1952, Entlohnung TAN-Sachbearbeiter im VEB Kombinat Böhlen vom 26.11.1952. Sie forderten die Angleichung ihrer Löhne an die Meisterlöhne im Braunkohlenwerk Böhlen. Der Protest bei Ulbricht hatte insofern Erfolg, als dass dieser den zuständigen Minister einschaltete.

1153 Vgl. SAPMO, NY 4090/64, An den Genossen Ministerpräsidenten Otto Grotewohl vom 07.07.1953, Was geht im VEB Kombinat „Otto Grotewohl" vor? vom 07.07.1953.

1154 Vgl. BStU, BV Leipzig, Leitung, Nr. 19/02, Analyse über die Schwerpunkte der Feindtätigkeit im Kreis Borna seit dem 17. Juni 1953 vom 29.07.1953; Nr. 159/03, Zusammengefaßter Bericht aus der Aktion „Tag des Bergmannes" vom 06.07.1953. Das Ereignis fand ohne entsprechende Beteiligung oder Wissen von BGL und Werksleitung am 06. Juli 1953 statt. Dabei wurden zwei Personen als Delegierte gewählt und nach Berlin entsandt. Dort erreichten sie tatsächlich die Umsetzung ihrer Forderungen bei Staatssekretär Fritzsch. Unabhängig davon entschied die Werksleitung in Böhlen, 25 Mark an jedes Belegschaftsmitglied als Belohnung für ihr Verhalten am 17. Juni 1953 zu zahlen.

1155 Vgl. ebd. Ganz anders wurde in diesem Fall reagiert. Der Sitzstreik führte zur Verhaftung von sechs Personen bis zum 02. Juli 1953. Zwei von ihnen sollten danach dauerhaft aus dem Betrieb entfernt werden.

auf einen Einheitskombinatstarif.[1156] Während es den Arbeitskräften des Kraftwerkes Espenhain durch eine Mischung aus Streikandrohung und Verhandlungsgeschick gelang, ihre Forderungen durchzusetzen, führte der Protest in Böhlen unter den Sicherheitsorganen zur Hysterie einer angeblichen illegalen SPD-Gruppe.[1157] Entsprechend kam es hier zur Verfolgung von Personen mit abweichenden Meinungen. Hierzu gehören auch die Verhaftung von Paul Pretzschner und der bis heute nicht aufgeklärte Todesfall Eberhard von Cancrins.[1158] In einem weiteren Fall in der Kraftfahrzeugabteilung in Espenhain wurden vier Belegschaftsangehörige in einem Schauprozess zu langjährigen Haftstrafen verurteilt.[1159] Ebenso kann die angebliche Spionagegruppe um Gerhard Vogel bewertet werden, deren Mitglieder im Herbst 1953 verhaftet und im folgenden Jahr zu ho-

1156 Vgl. ebd., Leitung, Nr. 145, Streikbewegung im VEB Kombinat „Otto Grotewohl" Böhlen vom 05.08.1953.

1157 Vgl. ebd., Nr. 19/02, Analyse über die Schwerpunkte der Feindtätigkeit im Kreis Borna seit dem 17. Juni 1953 vom 29.07.1953, Monats-Abschlußbericht für Monat Juli 1953 vom 03.09.1953, Monatsarbeitsplan für Monat November 1953 vom 31.10.1953. Noch Ende Oktober 1953 war dieses Thema das bestimmende für die Kreisdienststelle des MfS in Borna. Dabei ging die Stasi auch von einer SPD-Gruppe in Espenhain mit zehn Mitgliedern aus. In Böhlen erwarteten sie sogar 40 Personen. Schlussendlich wurde mindestens eine Person festgenommen.

1158 Vgl. Ahrberg, Edda/Hertle, Hans-Hermann/Hollitzer, Tobias: Die Toten des Volksaufstandes vom 17. Juni 1953, Münster 2004, S. 130 ff.; BArch, DO 1/27544, Bericht über den Einsatz von BS-Böhlen während der Ereignisse am 17.06.1953; SächsStA-L, 21125 Nr. IV/4/03/62, Seht Euch die militärische und faschistische Vergangenheit des Provokateurs Pretzschner an, Belegschaftsversammlung der AGL 8 am 14.10.1953. Pretzschner war in der Abteilungsgewerkschaftsleitung der Schwelerei Böhlen beschäftigt. Eine Forderung von ihm war der Rücktritt der Regierung am 18.06.1953. Daraufhin wurde er durch das MfS in Haft genommen, aber im Zuge einer Amnestie des Justizministers Fechner 14 Tage später wieder entlassen. Da er sich als ehemaliger Freikorpskämpfer und Polizist, hochdekorierter Wehrmachtsveteran sowie Zellenleiter der Nationalsozialistischen Volkswohlfahrt besonders für einen Schauprozess eignete, wurde er am 14.10.1953 erneut in Haft genommen. Cancrins Fall ist noch komplizierter zu rekonstruieren. Cancrin wurde nach seinem Protest in einer Gewerkschaftsversammlung mit sechs weiteren Personen durch sowjetische Soldaten im Werk Espenhain festgenommen. Danach soll er in der Kreisdienststelle des MfS in Borna inhaftiert worden sein, die ihn als „Rädelsführer" wiederum der Roten Armee übergab. Angeblich wurde er auf der Hochhalde Trages durch Angehörige der sowjetischen Streitkräfte exekutiert. Zeitgenössische Quellen hierzu sind allerdings nicht bekannt.

1159 Vgl. o. A.: Verbrecher zur Verantwortung gezogen, in: Leipziger Volkszeitung, Nr. 228 vom 01.10.1953, S. 3; o. A.: Agenten der Kriegstreiber abgeurteilt, in: dass., Nr. 229 vom 02.10.1953, S. 4; Faschistische Agentenbande zerschlagen, in: dass., Nr. 230 vom 03.10.1953, S. 4. In diesem Fall wurden in der Kraftfahrzeugabteilung des Kombinates Espenhain drei Personen und aus der Buchhaltung eine Person wegen angeblicher Mitgliedschaft in der KgU festgenommen und in einem Schauprozeß im Herbst 1953 zu langjährigen Haftstrafen verurteilt.

hen Strafen verurteilt wurden.[1160] Somit markiert der 17. Juni 1953 das Scheitern der bisherigen Personalpolitik nach 1945. So verhinderte die hohe Fluktuation besonders bei den Produktionsarbeitern und Hilfskräften einen zielgerichteten und dauerhaften Aufbau einer Stammbelegschaft. Zwischen 1950 und 1953 verzeichnete die SAG Espenhain im Durchschnitt eine Fluktuation von mehr als 19 % pro Jahr (vgl. Diagramm 2).

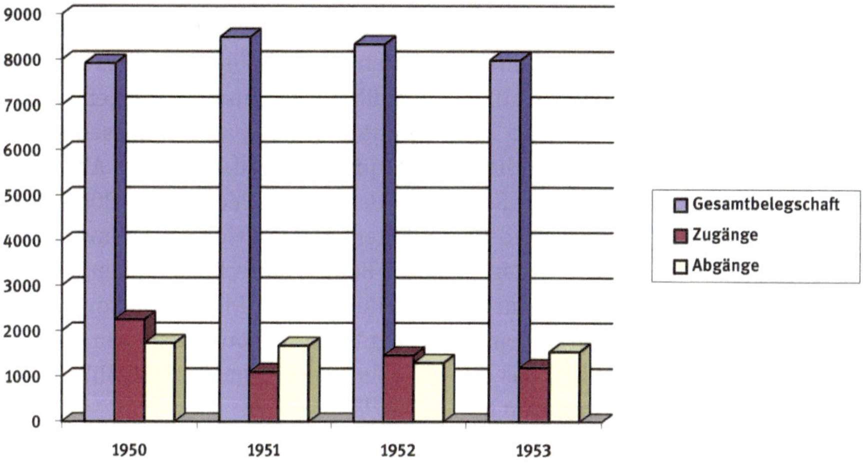

Diagramm 2: Belegschaftsfluktuation in der SAG „Brikett" Espenhain 1950 bis 1953[1161]

Steigende Verdienstmöglichkeiten in anderen Wirtschaftsbereichen hatten zum Ende der SAG-Zeit zur Folge, dass im Industriekomplex die Abwanderung von un- bzw. geringqualifizierten Arbeitskräften auf hohem Niveau verharrte, wohingegen Fachkräfte und Angestellte dem Betrieb stärker verbunden blieben (vgl. Tab. 29).

1160 Vgl. BStU, BV Leipzig, Nr. 57/01, Überprüfung des Objektes VEB Komb. „Otto Grotewohl" Böhlen vom 10.04.1957; Nr. 1259, Zeitungsartikel „Agent Vogel sollte die Böhlener Förderbrücke sprengen" vom 14.11.1953; Nr. 19/02, Analyse über die Schwerpunkte der Feindtätigkeit im Kreis Borna seit dem 17. Juni 1953 vom 29.07.1953; o. A.: Hohe Zuchthausstrafen für die Spionagegruppe Vogel, in: Das Kollektiv vom 14.01.1954. Die Bezirksverwaltung des MfS wies die Kreisdienststelle Borna auf Gerhard Vogel und einen Kollegen hin. Beide waren im Fuhrpark des Kombinates Böhlen beschäftigt und scheinbar in der KgU engagiert. Gerhard Vogel wurde zu 13 Jahren Zuchthaus für einen angeblichen Anschlagsversuch auf die Abraumförderbrücke Böhlen verurteilt. Auch seine vermeintlichen Mitstreiter bekamen harte Strafen von vier bis zehn Jahren. Beispielsweise erhielt Georg S. acht Jahre und Otto G. zehn Jahre.

1161 Vgl. SächsStA-L, 20681, Nr. 280, Fluktuation der Belegschaft in den Jahren 1950 bis 1955. Bei dieser Statistik bestand eine Diskrepanz zwischen den Abgangs- und Zugangszahlen auf der einen sowie den Belegschaftszahlen auf der anderen Seite. Möglicherweise sind die Zuteilungen von Arbeitskräften bzw. die Versetzungen nicht erfasst worden.

Beispielsweise halbierte sich die Zahl der Abwanderung des Verwaltungspersonals von 188 (1950) auf 95 (1951) und sank beim technischen Personal sogar auf fast ein Drittel von 133 (1950) auf 43 (1953). Hier erfolgte ein Umsteuern in der Belegschaftspolitik durch die Werke, da sie die Bedeutung der technischen Funktionseliten erkannten. Die größte Konkurrenz um Arbeitskräfte bestand zum Uranerzbergbau, der auch im Untersuchungsraum Personal zu gewinnen suchte.[1162] Auch lassen sich Unterschiede zwischen den einzelnen Abteilungen erkennen. Während der Bergbau, aufgrund der hohen Löhne und zahlreicher Deputate, keine Personalsorgen hatte, wanderten Arbeitskräfte besonders aus den Bereichen Energie und Chemie ab, die nicht über diese Zusatzleistungen verfügten. Dies war eine wesentliche Veränderung zur NS-Phase. Umfassende Lösungsstrategien waren nicht vorhanden, stattdessen wurden für jede Abteilung separate Regelung gesucht. Der Schwelerei des Braunkohlenwerkes Böhlen genehmigten 1950 die sowjetischen Generaldirektoren individuelle Lohnverhandlungen mit Belegschaftsmitgliedern, um den Betrieb aufrechtzuerhalten, was an dem niedrig entlohnten Chemietarif der Abteilung lag.[1163] Die Fluktuation konnte in chemischen Abteilungen fast ein Viertel der Belegschaft umfassen. So standen 1949 im Benzinwerk Böhlen, das ausschließlich in diesem Tarif bezahlte, 1389 Neueinstellungen 1780 Abgängen gegenüber.[1164]

	1950		**1951**		**1952**		**1953**	
	Anzahl	Anteil	Anzahl	Anteil	Anzahl	Anteil	Anzahl	Anteil
Arbeiter und Lehrlinge	1411	81,5 %	1495	89,3 %	1154	88,6 %	1392	90,1 %
technisches Personal	133	7,7 %	84	5,0 %	51	3,9 %	49	3,2 %
Verwaltungspersonal	188	10,8 %	95	5,7 %	97	7,5 %	103	6,7 %

Tab. 29: Fluktuation in der SAG „Brikett" Espenhain 1950 bis 1953 nach Belegschaftsgruppen und deren Verteilung[1165]

1162 Vgl. Kreisarchiv Grimma, Bestand Großdeuben, Gemeindeverordnetenversammlung und Rat der Gemeinde Großdeuben, Bd. 7, Telegramm Arbeitsamt Leipzig Nebenstelle Zwenkau vom 31.08.1951.

1163 Vgl. SAPMO, DY 34/20683, Anruf der BGL, Böhlen vom 20.06.1950.

1164 Vgl. SächsStA-L, 20686, Nr. 53, Geschäftsbericht zum Jahresabschluß 1949 des Benzinwerkes Böhlen, S. 71 f.

1165 Vgl. ebd., 20681, Nr. 280, Fluktuation der Belegschaft in den Jahren 1950 bis 1955.

Trotz der fünf neuen Rekrutierungsgruppen überalterte das Personal in der Nachkriegszeit weiter, der Trend aus dem „Dritten Reich“ setzte sich fort, die Ursachen hingegen wandelten sich. So fehlten kriegsbedingt viele junge Männer. Entweder waren sie gefallen, noch in Kriegsgefangenschaft oder aufgrund der fehlenden Ausbildung ungeeignet für die qualifizierten Berufe im Industriekomplex. Das steigende Alter der Belegschaft hatte unmittelbaren Einfluss auf die Wirtschaftlichkeit der Anlagen durch den erhöhten Krankenstand.[1166] Obwohl Gesamtüberblicke für die SAG-Zeit fehlen, zeigen Statistiken die Altersverteilung für einzelne Betriebsteile: In der Kohlengewinnung des Werkes Espenhain hatten 1946 beispielsweise von 481 Arbeitskräften 338 das 40. Lebensjahr vollendet, dies entsprach 70,2% des Abteilungspersonals (vgl. Tab. 30). Auch die SED beschäftigte sich mit dem Problem der Überalterung und suchte nach Lösungen, die sie in der Ausbildung neuer Facharbeitskräfte erkannte.[1167]

U18	18–24	25–29	30–39	40–49	50–59	60–65	Ü65
2	39	25	77	194	123	19	2

Tab. 30: Altersstruktur in der Kohlengewinnung in Espenhain 1946[1168]

Ein Teil der Belegschaft entzog sich durch „Republikflucht“ dem weiteren Zugriff der DDR. Allein zwischen dem 01. März und dem 02. Juni 1953 verließen 37 Personen Böhlen.[1169] Lohnempfänger (28) bildeten die Masse, Frauen (sechs) und „Intelligenzler“ (einer) waren hingegen unterrepräsentiert. Für 34 waren die Geburtsdaten und die Parteizugehörigkeit vermerkt. Die Hälfte war jünger als 30 Jahre, viele davon Lehrlinge. Der SED gehörten sechs an, zwei waren ehemalige NSDAP-Mitglieder und einer ein alter Kommunist. Gerade die Flucht junger Menschen wirkte sich negativ auf das Durchschnittsalter der Belegschaft aus.

Politische Zugehörigkeit

Mit der Systemtransformation änderte sich verständlicherweise ebenfalls die politische Zugehörigkeit der Belegschaft. Allerdings ist die genaue Rekonstruktion kompliziert. Im „Dritten Reich“ wurden nur unvollständige Statistiken über KPD-, SPD- oder NSDAP-Mitglieder geführt. In SBZ und DDR wurde hingegen

1166 Vgl. SAPMO, NY 4090/64, Bericht über Arbeitsschutz vom 12.02.1953. Dabei galt die Überalterung in dieser Quelle als wichtigster Grund für den hohen Krankenstand.

1167 Vgl. Schulz, Ulrike: Simson (s. Anmerkung 20), S. 285.

1168 Vgl. SächsStA L, 20680, Nr. 140, Arbeitsbericht über das Betriebsjahr 1946 BTK, S. 26.

1169 Vgl. BStU, MfS, AS, Nr. 48/56, Westabgänge im VEB Kombinat „Otto Grotewohl“ Böhlen vom 10.06.1953.

penibel auf die politische Zusammensetzung der Belegschaft geachtet und frühere Orientierungen der Beschäftigten nach 1919 zumindest bis Mitte der 1950er-Jahre in den Personalakten vermerkt. Für die betriebliche Auswertung spielte vor allem das Zahlenverhältnis von ehemaligen NSDAP- zu SED-Mitgliedern eine Rolle. Diese Zahlen zeigen die Dimension der Transformation auf, die seit 1933 das Parteienspektrum veränderte. Dabei lassen sich vor allem vier Schlüsse für den Industriekomplex ziehen (vgl. Tab. 31): Erstens war die SED keine Arbeiter-, sondern vielmehr eine Angestellten- und „Intelligenzler"-Partei; zweitens war sie eine Männerpartei; drittens entsprach die Zusammensetzung der NSDAP eher einer Angestellten-, Frauen- und „Intelligenzler"-Partei; viertens spielten Blockparteien nur eine marginale Rolle im Untersuchungsraum, auch wenn einige Führungskräfte in ihnen organisiert waren und sogar Leitungspositionen einnehmen konnten.[1170] In Böhlen (Benzinwerk und Braunkohlenwerk zusammen) waren 1953 insgesamt 15,2% der Belegschaft in der BPO organisiert. Verglichen mit Betrieben, die die Forschung bisher betrachtete, waren die BPOs im Untersuchungsraum verhältnismäßig groß.[1171] Doch auch mit Blick auf den Organisationsgrad der DDR-Gesamtbevölkerung waren im Industriekomplex mehr Menschen Mitglied der SED.[1172] Die Entwicklung der Parteimitgliedschaften ist allerdings kaum nachvollziehbar. Die Anzahl von Mitgliedern der CDU, Demokratischen Bauernpartei Deutschlands, LDPD und NDPD blieben im Untersuchungszeitraum gering und umfassten zusammen maximal 1% der Belegschaft,[1173] auf eine ausführliche Betrachtung kann daher verzichtet werden.

1170 BStU, BV Leipzig, Leitung, Nr. 19/01, Aufklärungsbericht vom 24.03.1953. Beispielsweise war der Technische Direktor des Benzinwerkes Böhlen, Werner Uhlmann, Vorsitzender der Ortsgruppe der LDPD.

1171 Vgl Boldorf, Marcel: Governance (s. Anmerkung 14), S. 152; Fink, Sebastian: Riesa (s. Anmerkung 20), S. 489; Kott, Sabine: SED (s. Anmerkung 93), S. 212. Kott betrachtete drei Berliner Werke, die Elektrozubehör produzierten. Hier lag in den 1960er-Jahren der Anteil der in der SED organisierten Arbeitskräfte bei Belegschaftsstärken von 4400 bis 6100 Personen zwischen 7,1% und 8,6%. Dabei sank der Organisationsgrad mit steigender Belegschaft. In dem von Boldorf betrachteten Stahlwerk Henningsdorf waren 1948 von 2400 Mitarbeitern 170 SED-Mitglieder, ebenfalls 7,1%. Das Stahl- und Walzwerk Riesa stellt in der Betrachtung eine Ausnahme dar, da ihre Betriebsgruppe 1952 29,1% der Belegschaft umfasste (2051 von 7052).

1172 Vgl. Zimmermann, Hartmut (Hrsg.): DDR-Handbuch, Bd. 1 und Bd. 2, Köln 1985, S. 213 und S. 1185. Bei 1 230 000 Mitgliedern im September 1953 und einer Bevölkerung von 18 112 122 Menschen entsprach das einem Anteil von 6,8%.

1173 Vgl. SAPMO, NY 4090/63, Überblick der Statistik im VEB Kombinat „Otto Grotewohl" vom 19.02.1953; NY 4090/65, Belegschaftsstärke vom 24.08.1953; SächsStA-L, 20680, Nr. 26, Aufteilung der Belegschaft in NSDAP-Mitglieder und deren Gliederungen.

	Arbeiter*innen	Angestellte	„Intelligenz“	Männer	Frauen	Gesamt
Belegschaft	11 837	1397	389	10 843	2780	13 623
SED inkl. Kandidaten	1807	743	79	2420	209	2629
Anteil der SED-Mitglieder	15,2 %	53,2 %	20,3 %	22,3 %	7,5 %	19,3 %
Ex-NSDAP-Mitglieder	1501	131	95	1262	465	1727
Anteil der NSDAP-Mitglieder	12,6 %	9,4 %	24,4 %	11,6 %	16,7 %	12,7 %

Tab. 31: Politische Zugehörigkeit im VEB Kombinat „Otto Grotewohl“ Böhlen 1953[1174]

Die Genese der SED-Mitglieder als Anhänger der Staatspartei erfordert hingegen eine gesonderte Betrachtung. Ihre Mitglieder entstammten dabei vor allem zwei Gruppen, einerseits Menschen, die bereits vor 1933 dem sozialistischen bzw. kommunistischen Parteienspektrum angehörten, andererseits ehemaligen NSDAP-Mitglieder, die durchaus nicht marginal waren. Allein in der kaufmännischen Abteilung der SAG Espenhain traten mehr als ein Drittel der ehemaligen Pg. der SED bei (vgl. Diagramm 1). Ein anderes Dokument, das auch zahlreiche Funktionseliten umfasste, verzeichnete in mindestens 37 Fällen einen solchen Parteiwechsel.[1175] Obgleich dem MfS, der SED als auch der Werksleitung ehemalige NSDAP-Mitgliedschaften bekannt waren, erfolgte nur selten ein Parteiausschluss.[1176] Das extremste Beispiel des Wechsels von der NSDAP zur SED stellt Erhard Banitz dar.[1177] Banitz, Jahrgang 1901, kam nach 1945 in den Untersuchungsraum. Hier begann er eine neue Karriere. Vor 1945 war er als NSDAP-Mitglied „Obergefolgschaftsführer“, SS-Mitglied seit 1935 sowie als Oberstudienrat Leiter der politischen Landesschule in Dresden-Klotzsche 1934/35. 1935 bis 1938 arbeitete er u. a. im KZ Sachsenhausen und der Berliner Gestapo-Zentrale in der Prinz-Albrecht-Straße. 1938 erlebte sein Lebenslauf einen Bruch, und er wurde selbst in KZ-Haft genommen. 1945 wurde er Mitglied zuerst der KPD und 1946 der

1174 Vgl. SAPMO, NY 4090/63, Überblick der Statistik im VEB Kombinat „Otto Grotewohl“ vom 19.02.1953; NY 4090/65, Belegschaftsstärke vom 24.08.1953.

1175 Vgl. SächsStA-L, 20680, Nr. 26, Namentliche Aufstellung 01.01.1947.

1176 Vgl. BStU, BV Leipzig, Leitung, Nr. 20/01, Schwerpunktplan der Kreisdienststelle Borna vom 21.11.1953.

1177 Vgl. ebd., MfS, HA IX/11, Nr. 4, Betr.: Banitz, Erhard vom 11.05.1960, Bericht vom 14.06.1950, BStU 0024/0025.

SED und war 1950 Redakteur der Betriebszeitschrift „Die Brücke" in Böhlen. Sein Ausschluss aus der Partei erfolgte nicht aufgrund seiner früheren Zugehörigkeit zu NS-Organisationen, sondern weil er einen vermeintlich trotzkistischen Artikel verfasst hatte.

Nach 1945 sahen sich die ehemaligen Anhänger der KPD als legitime Betriebsvertretung und bezeichneten sich als „Antifaschisten" und „Kommunisten", womit sie ihren Führungsanspruch untermauerten.[1178] Zwar wuchs der Einfluss der SED in der Betriebshierarchie stetig, allerdings lag die Entscheidungsgewalt bei der sowjetischen Generaldirektion, die die Eingriffe der Partei in betriebliche Angelegenheiten beschränkte. Daher war für die BPO in der SAG-Phase ein vertrauensvoller Umgang mit der sowjetischen Leitung der Werke unumgänglich, wie das folgende Beispiel zeigt. Die BPO in Böhlen übernahm die Neuorganisation der Abteilung Einkauf, konnte aber erst nach einer Beschwerde das Verfügungsrecht über Versetzungen und Neueinstellungen durchsetzen.[1179] Hierzu musste der Hauptdirektor Moeser, der diese Umstrukturierung ablehnte, weichen, was die BPO in diesem Fall durchsetzen konnte. Insgesamt nahmen die Generaldirektoren aber nicht immer denselben Standpunkt in der Betriebsführung ein wie die SED, sondern verfolgten eigene Interessen – die Auswahl der jeweils letzten deutschen Hauptdirektoren in Böhlen (Josef Kahn) und Espenhain (Richard Kilian) zeigt diesen Interessenkonflikt. Da beide trotz ihrer SED-Mitgliedschaft unter fadenscheinigen Gründen nach der Übergabe in Besitz der DDR abgelöst wurden, waren sie der SED offensichtlich nicht genehm. Die sowjetischen Werksleitungen lehnten es auch außerhalb des Industriekomplexes ab, die Leitungsebene von der BPO besetzen zu lassen, um die wirtschaftlichen Ziele nicht zu gefährden.[1180]

Der Herrschaftsanspruch der BPO im Untersuchungsraum blieb nicht unwidersprochen. Die Linien des Widerstandes bewegten sich dabei teilweise auch durch die SED selbst. Besonders die BGL und die Abteilungsgewerkschaftsleitungen sahen sich anfangs in der Tradition des Arbeitermilieus verhaftet. Noch im Zuge des 17. Juni 1953 traten diese zwar gegen Streiks auf, meinten aber gleichzeitig in einem unüberbrückbaren Widerspruch, dass sie diese anführen müss-

1178 Vgl. SächsStA-L, 20686, Nr. 140, Forderungen der Betriebsvertretung vom 23.08.1945.

1179 Vgl. ebd., 21125, Nr. IV/4/03/061, Reorganisation KE vom 03.04.1948, Betriebs-Untergruppen-Leitungssitzung am 30.07.1948.

1180 Vgl. Werner, Oliver: Direktoren ohne Handlungsspielräume? Ein Leipziger Maschinenbaubetrieb im „Dritten Reich" und in der SBZ/DDR, in: Heydemann, Günther/Oberreuther, Heinrich (Hrsg.): Diktaturen in Deutschland (s. Anmerkung 5), S. 420 – 440, hier S. 427.

ten.[1181] Zusätzlich gab es „Parteisäuberungen" im Untersuchungsraum, auch wenn der genaue Umfang unklar bleibt. Abweichler von der Parteimeinung konnten entlassen werden.[1182] Allerdings wirkten in vielen Fällen die Gründe für den Parteiausschluss konstruiert, da in diesen Fällen entweder kriminelles Verhalten oder mangelndes Engagement vorgeworfen wurde, obwohl die bisherigen Beurteilungen eher positiv waren.[1183] Teilweise hingen sie auch mit dem Verhalten am 17. Juni 1953 zusammen. Vor allem nach dem Aufstand erfolgte eine größere Welle von Denunziationen, die sich gegen Parteimitglieder richtete, die Missstände anprangerten oder einfach von der Parteilinie abwichen.[1184] Diese Vorgänge waren nicht singulär, sondern fügten sich, wie die Forschung zeigt, in das allgemeine Bild der Zeit ein.[1185]

Sowohl die Rolle der SED als auch ihre Wahrnehmung kann im Industriekomplex Böhlen-Espenhain als ambivalent beschrieben werden. So lehnten viele einfache Arbeitskräfte die Partei aufgrund der Bevorzugung der „Intelligenz", speziell durch höhere Gehälter, ab.[1186] Das Verständnis dafür, dass diese Gehälter aus betrieblicher Sicht notwendig waren, um das technische Personal zu halten, fehlte dabei den meisten Kritikern.[1187] Darüber hinaus gab es offene Kritik an fehlenden freien Wahlen und der Nicht-Zulassung der SPD.[1188] Insgesamt war die SED-Herrschaft am Ende der Zeit der SAGs nicht unangefochten. Gleichzeitig bildeten die SED-Anhänger rund um die Ereignisse am 17. Juni 1953 eine wichtige Stütze für das Regime. Auch auf die ehemaligen Parteigänger der NSDAP wirkte sie dabei anziehend, sodass sie schon in der SAG-Phase die SED als staatstragende Partei akzeptierten.

1181 Vgl. SächsStA-L, 21125, Nr. IV/4/03/062, Informationen über die Auswirkungen des faschistischen Putschversuches am 17. Juni 1953 im Kombinat, Informationsbericht VEB Kombinat „Otto Grotewohl" Böhlen vom 22.06.1953.

1182 Vgl. SAPMO, NY 4090/65, AT-Anlage.

1183 Vgl. SächsStA-L, 22244, Nr. 3, II. Wortbericht vom 26.09.1952.

1184 Vgl. ebd., 21125, Nr. IV/4/03/062, Informationsbericht vom 16.06.1953, Politische Schwerpunkte aus den Informationsberichten vom 17.06.1953.

1185 Vgl. Malycha, Andreas/Winters, Peter J.: Geschichte der SED (s. Anmerkung 93), S. 79 ff., 122 und 140 f.; Niethammer, Lutz/Plato, Alexander von/Wierling, Dorothee: Erfahrung (s. Anmerkung 68), S. 503. Diese richteten sich bis 1952 gegen vermeintliche und tatsächliche Abweichler von der vorgegebenen Parteilinie und sind als stalinistische „Säuberungen" zu charakterisieren. Nach dem „Volksaufstand" 1953 kam noch der Ausschluss von Personen hinzu, die mit der Streikbewegung sympathisierten. Insbesondere waren sozialdemokratische, aber auch anarchistische Positionen von der Verfolgung betroffen. Anfeindungen gegenüber ehemaligen Nationalsozialisten sind hingegen nicht belegt.

1186 Vgl. SächsStA-L, 21125, Nr. IV/4/03/062, Informationsbericht vom 18.07.1953.

1187 Vgl Boldorf, Marcel: Governance (s. Anmerkung 14), S. 177 und 205.

1188 Vgl. SächsStA-L, 21125, Nr. IV/4/03/066, An den Genossen Stempel vom 30.09.1954.

Funktionseliten im Umbruch

Alte Eliten: Entnazifizierung, Abwanderung und beruflicher Aufstieg

Das Kriegsende bedeutete auch für die alten Funktionseliten eine einschneidende Veränderung, gleichwohl sie nicht rigoros ausgetauscht wurden, wie die Forschung teilweise bis in die 1990er-Jahre postulierte.[1189] Zwar verließ ein Teil der Funktionseliten den Untersuchungsraum, um vor den Kriegshandlungen zu flüchten, aber selbst von ihnen kehrten nach Kriegsende fast alle wieder zurück.[1190] Auch ist für die frühe sowjetische Besatzungszeit die Verhaftung bzw. Entlassung von Schwerbelasteten belegt. Mindestens zwölf Leitungskräfte, darunter vier promovierte Akademiker und fünf Dipl.-Ing., verließen bis Anfang 1946 die Brabag.[1191] Unmittelbar nach Kriegsende erfolgte in den Braunkohlenwerken eine Entlassungswelle von Funktionseliten, die als Träger des Nationalsozialismus galten. So wurden in Espenhain bis Mitte November 1945 vier Di-

1189 Vgl. Amelin, Petr P.: Intelligenz und Sozialismus, Berlin 1974 (= Taschenbuchreihe unser Weltbild, Bd. 68), S. 118; Dahm, Erich: Für ein enges Kampfbündnis der Arbeiterklasse mit der wissenschaftlich-technischen Intelligenz beim sozialistischen Aufbau der Deutschen Demokratischen Republik, in: Institut für Gesellschaftswissenschaften beim ZK der SED, Lehrstuhl für Philosophie (Hrsg.): Sozialismus und Intelligenz. Erfahrungen aus der Zusammenarbeit zwischen Arbeitern und Angehörigen der Intelligenz, Berlin 1960, S. 9–54, hier S. 18; Erbe, Günter: Arbeiterklasse und Intelligenz in der DDR. Soziale Annäherungen von Produktionsarbeiterschaft und wissenschaftlich-technischer Intelligenz im Industriebetrieb, Opladen 1982, S. 91f.; Ingenieurtechnische Zentralstelle im VEB Kombinat „Otto Grotewohl" Böhlen (Hrsg.): 1946–1961 (s. Anmerkung 915), S. 18f. und 27ff.; Meyer, Hansgünter: Wissenschaftspolitik (s. Anmerkung 70), S. 6f.; Mühlfriedel, Wolfgang/Wiessner, Klaus: Industrie (s. Anmerkung 41), S. 96f.; Mayr, Lothar/Zimmermann, Siegfried: SAG-Betriebe (s. Anmerkung 109), S. 10ff. Entweder wurde das Thema in der Memoirenliteratur ausgeklammert oder stellte den Wiederaufbau als kompletten Neuaufbau der Belegschaft dar. Schon die sowjetische Literatur konstatierte in Bezug auf die Oktoberrevolution eine ablehnende bis feindliche Haltung der akademischen Eliten gegenüber den Bolschewiki. Die DDR übernahm dieses Konzept, ergänzt um das Bündnis von Arbeiterklasse und „Intelligenz". Untersuchungen der Klassenstrukturen der DDR aus den frühen 1960er-Jahren legen tatsächlich den Schluss nahe, dass ein vollständiger Elitenaustausch stattgefunden hatte. Selbst nach 1990 wurde zwar kein Austausch, aber doch zumindest noch ein Wandel durch die „Intelligenz"-Politik der SED konstatiert, wobei ihre Abwanderung verhindert werden sollte.

1190 Vgl. SächsStA-L, 20686, Nr. 169, Tagesordnung Umstellung der Werksleitung vom 28.06.1945.

1191 Vgl. ebd, Nr. 140, 20. Besprechung der Werksleitung mit der Betriebsvertretung am 28.09.1945, Besprechung WL und Betr. Vertr. am 11.07.1945; Nr. 141, Abteilungsleiterbesprechung am 25.07.1945 und 09.01.1946. Mindestens drei wurden verhaftet und einer kündigte. Bei den restlichen sechs sind die Gründe unbekannt. Einer von ihnen nutzte dabei einen werkseigenen PKW, weshalb das Werk wiederum Möbel aus seiner Privatwohnung beschlagnahmte. Hinzu kamen Versetzungen von NS-belasteten Meistern.

rektoren (Schwarz/Bergbau, Thamerus/Chemie, Voigt/Kraftwerk, Wahle/Bergbau), 19 technische und 29 administrative Leitungskräfte entlassen.[1192] Dabei lag ein Fokus auf den Funktionseliten der Verwaltung und der kaufmännischen Direktion. Auch in den Betrieben der Stahl- und Chemieindustrie hat die Forschung nachgewiesen, dass Entlassungen im Zuge der Entnazifizierung primär in diesen Bereichen erfolgten.[1193] Insgesamt bestätigt das Vorgehen nach Kriegsende den Forschungsstand, der vor allem im Jahr 1945 eine Politik gegen die alten Eliten konstatiert, die sich allerdings bereits 1946 in ein zunehmendes Protegieren wandelte.[1194] Während es bei der kaufmännischen Abteilung mit ihrem Bedeutungsverlust in SBZ/DDR zusammenhing, resultierte dies bei den anderen Verwaltungsabteilungen eher aus dem Machtanspruch der sowjetischen Führungskräfte. Eine fachliche Eignung wurde für diese Bereiche als nicht mehr notwendig erachtet. Daher verwundert es nicht, dass 1947 die Position des kaufmännischen Leiters in Espenhain mit dem vormaligen Betriebsingenieur Servais besetzt wurde.[1195]

Kündigungen und Flucht gefährdeten Wiederaufbau und Produktion des Industriekomplexes, weshalb die Besatzungsmacht nach einer ersten Abwanderungswelle versuchte, die Leitungskräfte im Betrieb zu halten. Dieses betraf in erster Linie die technischen Funktionseliten, die als unverzichtbar galten. Hierzu gab es verschiedene Möglichkeiten, die auch mögliche spätere Entlassungen im Zuge der Entnazifizierungen umfassten. Ein repräsentatives Beispiel für dieses ambivalente Verhalten war der Oberingenieur Kurt Backhoff. Backhoff, NSDAP-Mitglied seit 1932 und maßgeblich in den Zwangsarbeitseinsatz verstrickt,[1196] wurde, im Gegensatz zu seinem Konkurrenten und Vorgesetzten Dr. Erich Tha-

1192 Vgl. ebd., 20680, Nr. 26, Ehemalige Mitglieder der NSDAP oder Gliederungen die aus dem Betrieb entlassen worden sind. Eine klare Richtlinie bestand nicht. Auffällig ist die Häufung in der Verwaltung. Dies hatte mehrere Gründe. Zum einen waren hier Abteilungen konzentriert, die zwangsläufig entnazifiziert werden mussten, wie Werkschutz und Lagerleitungen. Zum anderen bot sich dieser Bereich eher an, da das Personal als weniger bedeutsam für die Unternehmensführung angesehen wurde.

1193 Vgl. Boldorf, Marcel: Governance (s. Anmerkung 14), S. 68 ff., 114 und 150 ff.; Fink, Sebastian: Riesa (s. Anmerkung 20), S. 360; Wagner-Kyora, Georg: Selbst (s. Anmerkung 21), S. 286.

1194 Vgl. Bähr, Johannes/Karlsch, Rainer: Die Sowjetischen Aktiengesellschaften (s. Anmerkung 11), S. 230 f.

1195 Vgl. BStU, BV Leipzig, Leitung, Nr. 173, Lage der operativen Arbeit auf der Linie der Konzerne vom 31.10.1957; SächsStA-L, 22244, Nr. 24, Befehl Nr. 16 vom 16.06.1947. Er war ausgebildeter Ingenieur und auch als solcher vorher tätig. Über eine entsprechende Qualifikation für sein neues Amt schweigen die Quellen hingegen. Von 1940 bis zur Abwicklung 1946 arbeitete er in der Hauptverwaltung der ASW.

1196 Vgl. SächsStA-L, 20640, Nr. 36, Besprechung über Berufs-, Aus und Fortbildung; 20680, Nr. 26, Namentliches Verzeichnis vom 31.12.1946.

merus, nicht gekündigt. Er blieb im Betrieb und übernahm eine leitende Funktion im Tagebau, bis er in der zweiten Entnazifizierungswelle im Frühjahr 1947 entlassen wurde.[1197] Die sowjetische Werksleitung brauchte sein Können für die Übergangszeit, dauerhaft war er allerdings aufgrund seiner NS-Belastung sowie seiner ablehnenden Haltung gegenüber der SBZ nicht tragbar. Ein anderer Umgang erfolgte im Fall von Richard Wahle. Vor seiner Entlassung Ende 1945 leitete er zuerst der Bauleitung Espenhain und übernahm danach den Posten des Bergbaudirektors in Espenhain.[1198] Trotz seiner Entlassung verblieb er in seiner Werkswohnung in Großdeuben und betätigte sich sogar als Fachbuchautor für die SAG Espenhain.[1199] Sein Expertenwissen wog mehr als seine Verstrickung in das NS-Regime. Ebenso Dipl.-Ing. Walter Herrmann, der vor 1945 Leiter der Abteilung Wärmewirtschaft im Kraftwerk sowie als Arbeitseinsatzingenieur für den zwangsweisen Arbeitseinsatz von Ausländern verantwortlich gewesen war.[1200] Herrmann hielt mehrere Patente, die für den Weiterbetrieb der Anlagen notwendig waren, wodurch die SAG Espenhain 1949 mit ihm in Verhandlungen trat.[1201] In zahlreichen Fällen kam es auch dazu, dass die betreffenden Führungskräfte entlassen und später wieder angestellt wurden. Häufig hing dieses Verhalten mit der vormaligen Position des Entlassenen zusammen, die ihn für den Betrieb unersetzlich machte. Bei Dr. Karl Gerlach war es beispielweise seine herausgehobene Position als Laborleiter.[1202] Selbst der betriebliche Aufstieg war in diesem Zusammenhang möglich, sofern die Führungskräfte bereit waren, sich unterzuordnen. Ein Meister im Gaswerk Böhlen wurde im Zuge der Entnazifizierung im Januar 1947 entlassen.[1203] Drei Jahre später war er als Ingenieur im Braunkohlenwerk beschäftigt.[1204] Auch das negative Verhalten in den Entnazi-

---

1197 Vgl. ebd., 20680, Nr. 25, Vorschlags-Liste Nr. 1 vom 17.02.1947.

1198 Vgl. ebd., 20640, Nr. 153, Unterschriftenkarte vom 19.09.1945.

1199 Vgl. ebd., 20680, Nr. 170, Arbeitsvertrag vom 29.10.1947.

1200 Vgl. ebd., 20632, Nr. 1034, Fernsprech-Teilnehmer der ASW Bauleitung Espenhain vom Dezember 1940; 20640, Nr. 36, Direktionsbesprechung vom 12.11.1943. Bevor er nach Espenhain kam, hatte er bereits für die Hauptverwaltung der ASW in Dresden gearbeitet, zu der er nach Kriegsende zurückkehrte

1201 Vgl. ebd., 20680, Nr. 170, Sehr geehrter Herr Herrmann vom 18.01.1949.

1202 Vgl. BArch, DC 1/1568, Anlage 2 Charakteristika der leitenden Angestellten vom 17.04.1950. Dr. Karl Gerlach, Laborleiter der Brabag, Parteimitglied seit 1937, „Block- und Zellenleiter" sowie Angehöriger der NSBO, sollte nach seinem Entnazifizierungsverfahren eigentlich entlassen werden, blieb aber nachweislich bis mindestens 1951 auf diesem Posten und wurde positiv bewertet. Schlussendlich wurde er nur für drei Monate zwischen dem 21. Januar und dem 24. April 1948 aus dem Werk verbannt und danach in alter Position weiterbeschäftigt.

1203 Vgl. SächsStA-L, 20686, Nr. 172, Betr. Direktive 24 vom 31.01.1947.

1204 Vgl. ebd., Nr. 37, Befehl Nr. 3 vom 09.01.1951.

fizierungsprozessen spielte keine große Rolle. So fälschte der Leiter der Abteilung Teerpresssteinerzeugung und spätere Reparaturinspektor Gottfried Rohleder Dokumente über seine angebliche Tätigkeit im Widerstand – eigentlich ein Grund zur Entlassung; er erhielt jedoch einen Job im IZ.[1205] Aber auch die internationale Konkurrenz um seltene Spezialisten musste nicht zur Abwanderung führen. So erhielt Dr. Werner Uhlmann, Technischer Direktor im Benzinwerk Böhlen, 1952 ein Angebot aus Schweden, entschied sich aber zu bleiben.[1206]

Die Entnazifizierungen waren insofern sowohl Bedrohung als auch Chance für die Funktionseliten. Während neun Abteilungs- und Betriebsleiter degradiert bzw. in andere Abteilungen mit weniger Befugnis versetzt wurden, besetzen ihre Stellvertreter die frei gewordenen Posten, obwohl sie teilweise selbst in der NSDAP gewesen waren.[1207] Dipl.-Ing. Rudolf Strohbach ist hierfür ein repräsentatives Beispiel. Er übernahm, trotz seiner NS-Vergangenheit, die Leitung des Schwelereilabors von Dr. Hans Böhm, der 1947 entlassen werden sollte.[1208] Das war insofern bemerkenswert, da Böhm erst 1942 Pg. geworden war, wohingegen Strohbach schon seit 1939 der NSDAP angehörte. Schlussendlich verblieb Böhm im Betrieb (sogar bis zu seiner Rente) und Strohbach wurde Mitglied im technischen Beirat.[1209] Allerdings führte dieses wohlwollende Verhalten gegenüber alten Nationalsozialisten besonders unter altgedienten Parteikadern von KPD und SPD sowie OdF zu Unmut gegenüber der Besatzungsmacht, besonders wenn die Belasteten nach 1945 Funktionsträger der SED wurden.[1210]

Seit der Gründung der DDR 1949 hatten die sowjetischen Generaldirektoren weniger Protektionsmöglichkeiten gegenüber ihren deutschen Leitungskräften. Entsprechend konnte nun eine Untersuchung durch das MfS Funktionseliten zur „Republikflucht" bewegen, um sich ihrer möglichen Verfolgung zu entziehen. Dr. Walter Lohmar, Jahrgang 1906 und nach 1945 Abteilungsleiter in der Dehydrierungs-Anlage, erlitt dieses Schicksal.[1211] Obwohl er als „schwer ersetzbarer Spezialist" eigentlich zur protegierten technischen Elite gehörte, geriet er 1950 in

---

1205 Vgl. ebd., Nr. 174, Protokoll der Kreisentnazifizierung im Benzinwerk Böhlen am 21.01.1948; Nr. 36, Befehl Nr. 27 vom 27.02.1952. Hier hatte er schon vor 1945 gearbeitet.

1206 Vgl. BStU, BV Leipzig, Leitung, Nr. 19/01, Aufklärungsbericht vom 24.03.1953.

1207 Vgl. SächsStA-L, 20680, Nr. 240, Betr. Versetzungen vom 15.01.1948.

1208 Vgl. ebd., Vorschlags-Liste Nr. 1 vom 17.02.1947.

1209 Vgl. ebd., 20640, Nr. 606, Technischer Beirat vom 31.03.1953.

1210 Vgl. ebd., 22244, Nr. 21, Protokoll über die Sitzung der Untergruppenvorstände und Org.-Leiter des Betriebsschutzes am 05.03.1947. Der Oberwachleiter Wiedenroth vom BSA Espenhain beschwerte sich in einer Sitzung der Organisationsleiter darüber, dass es Pg. geben würde, die in die Position von Funktionsträgern in der SED aufgestiegen wären.

1211 Vgl. BArch, DC 1/1568, Anlage 2 Charakteristika der leitenden Angestellten vom 17.04.1950; BStU, BV Leipzig, Nr. 3/52, Dr. Lohmar vom 04.10.1950.

eine Untersuchung der Staatssicherheit. Dabei ging es um die Schwarzbuchung von etwa acht Tonnen Iso-Oktan Benzin. Die Gründe hierfür waren unklar, wahrscheinlich diente es zur Planerfüllung unter problematischen Produktionsbedingungen. Dies wurde ihm als Unterschlagung ausgelegt, sodass er sich durch Flucht einer Strafverfolgung entzog. Freilich stellte das MfS sein Verhalten anders dar: „Dr. Lohmar ist in ziemlich betrügerische Manipulationen eingegangen, er hat die Werksleitung betrogen und als er nicht weiterwusste und sah, dass er erkannt war, hat er sich abgesetzt."[1212]

Eine personelle Kontinuität der Funktionseliten zum Nationalsozialismus bestand vor allem in den Hochtechnologiebereichen wie dem Benzinwerk, wo 57% bereits vor 1945 im Unternehmen beschäftigt gewesen waren, während ihr Anteil in den beiden anderen Böhlener Betriebsteilen bei nur 44% lag (vgl. Tab. 32). Diese Entscheidung beruhte auf dem „Primat der Produktion". Umso mehr ein Betrieb von den technischen Fähigkeiten des erfahrenen Personals abhängig war, umso seltener erfolgte ein Austausch der Funktionseliten. Entsprechend gestaltete es sich unproblematischer, die Ingenieure und Direktoren in den Braunkohlenwerken auszuwechseln, da in diesen die entscheidenden technischen Entwicklungen im ersten Viertel des 20. Jahrhunderts stattgefunden hatten.[1213] Die weitestgehend identische Technik fand in allen ostdeutschen Revieren Verwendung und eine flächendeckenden Ausbildungsstruktur bestand schon lange. Dadurch war es möglich bisherige Facharbeiter zu Führungskräften zu befördern. Gleichzeitig konnten in den Lehrwerkstätten neue Facharbeiter ausgebildet werden.[1214] Dennoch bedeutete die Entlassung vieler fähiger Ingenieure einen Verlust für das Unternehmen. Demgegenüber stand die Kohlenhydrierung, die, aufgrund ihres zu diesem Zeitpunkt komplexen Arbeitsprozesses, zahlreiche akademische Fachkräfte benötigte, die eine zeitaufwendige Ausbildung durchlaufen hatten, teils langjährige Erfahrung besaßen und deshalb schwer zu ersetzen waren. Zwischen diesen beiden Polen lag das Kraftwerk. Technologisch war es – im Gegensatz zu Espenhain[1215] – nicht auf dem neuesten

---

1212 SächsStA-L, 21125, Nr. IV/4/03/061, erweiterte Leitungssitzung am 23.11.1950.
1213 Vgl. Urban, Thomas: Zwangsarbeit (s. Anmerkung 62), S. 59–63.
1214 Vgl. SächsStA-L, 20680, Nr. 181, Erfüllung des Arbeitsplanes für 1947 vom 10.02.1948; 20686, Nr. 302, Betr. Lehrlingsausbildung vom 30.01.1946; Nr. 309, Stellen- und Lohnfonds vom 30.04.1951. Bereits 1946 wurden Fachkräfte für den Bergbau ausgebildet, vor allem als Bergarbeiter, Bergmaschinenfahrer, Formschmied, Schlosser und Elektriker. 1948 bildete das Kombinat Espenhain 319 Personen aus, was mehr als 6% der Belegschaft entsprach. 1951 waren in Böhlen 750 Jugendliche in einer Ausbildung. Nach Kriegsende professionalisierte sich die betriebliche Ausbildung weiter, um den Bedarf an Fachkräften zu decken.
1215 Vgl. Baumert, Martin: Autarkiepolitik (s. Anmerkung 190), S. 69.

Stand.[1216] Allerdings führten die Kriegszerstörungen und die Probleme mit einer qualitativen Kohlenversorgung sowie die Bedeutung für die Stromversorgung der Leipziger und Mitteldeutschen Industrie dazu, dass auf erfahrene Funktionseliten zurückgegriffen werden musste. Daher war eine Übernahme aus anderen Werken der ASW nicht immer praktikabel, was auch an der unterschiedlichen Technik lag.[1217] Das Benzin- und das Braunkohlenwerk konnte hingegen aufgrund der vergleichbaren Arbeitsprozesse und der weitgehend identischen Technologie eher auf Arbeitskräfte zurückgreifen, die bereits an anderen Unternehmensstandorten tätig waren. Gleichzeitig zeigt Tab. 32, dass die Funktionseliten des Benzinwerkes, bei einer vergleichbaren Anzahl an ehemaligen NSDAP-Mitgliedern, seltener bereit waren, der SED beizutreten, als ihre Kollegen im Braunkohlen- und Kraftwerk. OdF spielten als neue Gruppe von Leitungskräften hingegen quantitativ nur eine untergeordnete Rolle.

	Benzinwerk	Braunkohlenwerk	Kraftwerk
Funktionseliten (gesamt)	81	52	27
Bereits vor 1945 im Werk	35	12	10
Anteil an Funktionseliten	43 %	23 %	37 %
Bereits vor 1945 im Unternehmen	11	11	2
Anteil an Funktionseliten	14 %	21 %	7 %
Ehemalige NSDAP-Mitglieder	35	21	10
Anteil an Funktionseliten	43 %	40 %	37 %
SED-Mitglieder	29	35	18
Anteil an Funktionseliten	36 %	67 %	67 %
OdF	5	2	1
Anteil an Funktionseliten	6 %	4 %	4 %

Tab. 32: Kontinuität der Funktionseliten in Böhlen bis 1950[1218]

Die Interessengegensätze von sowjetischer Generaldirektion und SED führten zu einer ambivalenten Situation der Funktionseliten im Industriekomplex. Während die sowjetische Unternehmens- und Werksleitung die Bedeutung der technischen

1216 Vgl. Wagenbreth, Otfried: Braunkohlenindustrie (s. Anmerkung 79), S. 236 f.

1217 Vgl. SAPMO, NY 4090/63, Vorausschau über die größten Bauvorhaben im Großkraftwerk Böhlen vom 25.03.1950.

1218 Vgl. BArch, DC 1/1568, Elektro-Kombinat Espenhain Böhlen vom 17.04.1950, S. 2f.

Elite anerkannte, hatte die SED ihr gegenüber ideologische Vorbehalte. Daher war es aus Sicht der Partei logisch, die „Intelligenz" zu überwachen. Sogar die ZKSK wurde 1950 zur Überprüfung der Böhlener SAG herangezogen.[1219] Von wem die Anordnung ausging und weshalb die Überprüfung stattfand, ist unklar. Im Werk war nur G. W. Shitnik, der sowjetische Generaldirektor des Benzinwerkes, darüber informiert. Anhand des Kontrollberichtes lässt sich das Misstrauen der SED gegenüber den alten Funktionseliten erkennen. Die ZKSK sprach Empfehlungen aus, ob eine weitere Überwachung erfolgen sollte oder gar eine Entlassung notwendig sei.[1220] Beispielsweise fiel der stellvertretende Betriebsdirektor und Leiter der Betriebsabteilung Ost, Dr. Wilhelm Spruck, dieser Überprüfung zum Opfer und wurde entlassen. Insgesamt war diese Kontrolle konsequenter als die Entnazifizierungen, da immerhin sieben von acht zur Entlassung vorgesehenen Personen aus dem Industriekomplex verschwanden. Ebenso spricht es für die Durchsetzung der Position der SED, die durch die Gründung der DDR 1949 einen Einflussgewinn gegenüber den sowjetischen Generaldirektoren verbuchen konnte. Auch die einzelnen Einschätzungen zu den Eliten waren aufschlussreich, wie vier Beispiele zeigen: Dr. Kurt Schneider, Jahrgang 1904, Betriebsdirektor Hydrierung, ehemaliges NSDAP- und SA-Mitglied, 1949 „Hennecke-Aktivist" sowie Vorgesetzter von Dr. Spruck, wird folgendermaßen beschrieben:

> „Die Einstellung des Sch[neider] zu unserer Demokratie wird als negativ bezeichnet. Diese äussert sich vor allem in einer scharfen Einstellung zu dem fortschrittlichen technischen Direktor, Ledderboge, und in einer immer wieder auftretenden Nadelspitzen-Politik gegen das Mitbestimmungsrecht der Gewerkschaften. Dr. Schneider und die ihm unterstellten Betriebsdirektoren [...] stemmen sich beharrlich gegen eine fortschrittliche Entwicklung im Betrieb."[1221]

Hierbei stehen zwei zentrale Vorwürfe gegen ihn im Raum: Nämlich seine mangelnde ideologische Ausrichtung auf die Position der SED und seine Arbeit gegen die Gewerkschaften. Daher wundert es nicht, dass sich seine biografischen Spuren im Industriekomplex nach 1950 verlieren. Ihm gegenüber stand der technische Direktor Otto-Heinrich Ledderboge, Jahrgang 1906, ebenfalls ehemaliges NSDAP-Mitglied, seit 1946 in der SED organisiert und 1949 „Hennecke-Aktivist":

> „L[edderboge] ist Aktivist und für den Nationalpreis vorgeschlagen. Er hat eine große Leistung für den Wiederaufbau des Werkes vollbracht, die Aktivistenbewegung stärkstens gefördert, versucht ständig die Leitungen der ihm unterstellten Abteilungen mit fortschritt-

1219 Vgl. ebd., S. 1.
1220 Vgl. ebd., S. 3.
1221 Ebd., Anlage 1 vom 17.04.1950.

> lichen Kräften zu besetzen oder die bisherigen Leiter zu fortschrittlichen Kräften zu entwickeln [...]. Die SED bewertet ihn sehr positiv und sieht in ihm eine ihrer stärksten Stützen. L[edderboge] hat z. B. den erfahrenen Obermeister Steiner zu seinem 2. Stellvertreter und gleichzeitig zum Leiter der Hauptgruppe Maschinenbau-Ost gemacht, was einen Sturm der Entrüstung bei den Akademikern auslöste, weil jetzt ein ehemaliger Arbeiter einigen Ingenieuren vorstand."[1222]

Verliefen diese beiden Biografien bis 1945 parallel, zeigen die Beziehungen zur SED einen wesentlichen Bruch, der Auswirkungen auf die weitere Karriere im Untersuchungsraum hatte.

Ähnlich wie die Vorwürfe gegen Schneider dem sozialistischen Sprachduktus entsprachen, so wurde umgekehrt Ledderboge in selbigem gelobt. Vermutlich handelte es sich hier um einen normalen betrieblichen Konflikt zwischen zwei Direktoren, bei dem einer seine politischen Verbindungen ausspielte. Entsprechend kann die Berufung des Obermeisters als Platzierung eines Vertrauten in einer wichtigen Führungsposition interpretiert werden. Allerdings blieb Ledderboge nicht lange auf diesen Posten und wanderte 1950 zur Bau Union nach Berlin ab.[1223]

Aufschlussreich für die Bewertung von Arbeitskräften ist der Bericht über Christian Schönfeld, Betriebsleiter in der Abteilung Hochdruck. Schönfeld, 1913 geboren, war NSDAP- und SA-Mitglied sowie „Hennecke-Aktivist". Schönfeld gehörte zusammen mit Dr. Spruck und Dr. Uhlmann zu Dr. Schneiders Untergebenen und wurde entsprechend negativ bewertet:

> „Fachlich ist nichts nachteiliges über Sch[önfeld] bekannt, persönlich wird er als sehr arrogant geschildert, der aus seiner Abneigung gegen die fortschrittlichen [sic] Entwicklung keinen Hehl macht."[1224]

Da der Betrieb auf ihn angewiesen war und nicht auf alle leitenden Chemiker verzichten konnte, verblieb Schönfeld im Industriekomplex und folgte 1951 Ledderboge als Leiter der Hydrierung nach – trotz seiner mangelnden politischen Eignung.[1225] Ähnlich bewertete die ZKSK Dr. Werner Uhlmann, Jahrgang 1909, Betriebsleiter der Gruppe Gase und in der LDPD politisch aktiv:

1222 Ebd.

1223 Vgl. BStU, MfS, Allgemeine Personenablage (AP), Nr. 1118/56, Personalbogen vom 15.09. 1951. Die Gründe für den Wechsel bleiben unklar, da er zwar vom Technischen Direktor zum Hauptdirektor aufstieg, sein Gehalt aber bei 1600 Mark stagnierte. Vermutlich hing das mit seinem eigentlichen Beruf als Bauingenieur zusammen.

1224 BArch, DC 1/1568, Elektro-Kombinat Espenhain Böhlen vom 17.04.1950, S. 7.

1225 Vgl. SächsStA-L, 20686, Nr. 37, Befehl 35 für das Kombinat Böhlen vom 13.04.1951.

„Seine fachlichen Leistungen sind gut.[...] Dr. U[hlmann] ist eine sehr widerspruchsvolle Erscheinung, während er in seiner Tätigkeit als Gemeindevertreter der LDP in Böhlen Ansätze zu einer fortschrittlichen Entwicklung zeigt, tritt er im Betrieb treu in die Fußstapfen seines Vorgesetzten Dr. Spruck."[1226]

Im Umgang mit ihm zeigt sich das geschickte Vorgehen der politischen Führung. Während Leitungskräfte, die als negativer Einfluss identifiziert wurden, entlassen bzw. aus dem Betrieb gedrängt wurden, konnten andere, denen man eine Anpassung zutraute, bleiben. Daher konnte Uhlmann zum Hauptingenieur des Benzinwerkes aufsteigen und erhielt 1957 mit dem „Vaterländischen Verdienstorden" eine der höchsten Auszeichnungen der DDR.[1227]

Die Ambivalenz des Vorgehens gegenüber den alten Führungskräften zeigt einen weitgehenden Pragmatismus in der Phase der SAGs. Dabei verlief die Konfliktlinie häufig zwischen der SED und den Massenorganisationen auf der einen sowie der sowjetischen Generaldirektion auf der anderen Seite. Die sowjetischen Machthaber hingegen setzten ein „Primat der Produktion" als Kriterium für die Weiterbeschäftigung durch.

Eine andere Verfahrensweise stellte der Konflikt um den Kraftwerksleiter in Böhlen dar. Johannes Bahr, Jahrgang 1906, seit 1943 Hauptmechaniker des Kraftwerkes Böhlen und ab 1946 dessen deutscher Direktor, hatte zwar eine NS-Vergangenheit, wurde aber aus Mangel an Beweisen in seinem Entnazifizierungsverfahren freigesprochen.[1228] Er zeichnete sich durch Werksverbundenheit und das in der Nachkriegszeit wichtige Improvisationstalent aus. 1947 lobten ein SED-Untergruppenleiter und der Betriebsratsleiter Kaschig ihn in einer gemeinsamen Erklärung:

„In allen Fragen des Kraftwerkbetriebes und Situationen die fast aussichtlos erscheinen wußte Bahr einen Ausweg zu finden und setzte sich mit aller Energie für die Wiederingangsetzung und Aufrechterhaltung des Betriebes ein. Bei Betriebsstörungen größeren Ausmaßes zeigt er [sein] fachliches Können und eine Umsichtigkeit[,] die mich oft in Erstaunen versetzte. [...] Groß ist seine Ausdauer[,] wenn sein persönliches Eingreifen erforderlich ist. Eine ununterbrochene Tätigkeit bis zu 48 Stunden ist wiederholt vorgekommen. [...] Politisch wäre über Bahr zu erwähnen, daß er perfekt russisch spricht[,] die russischen Verhältnisse sehr gut kennt und billigt. Mit Politik scheint er sich wenig befasst zu haben. [...]

1226 BArch, DC 1/1568, Anlage 2 Charakteristika der leitenden Angestellten vom 17.04.1950.
1227 Vgl. Bartel, Frank: Auszeichnungen der Deutschen Demokratischen Republik von den Anfängen bis zur Gegenwart, Berlin 1979, S. 106f.; SächsStA-L, 20687, Nr. 47, Werksleitungssitzung vom 14.11.1957; 21125, Nr. IV/4/03/001, Kreisdelegiertenkonferenz vom 23.04.1955.
1228 Vgl. SächsStA-L, 20632, Nr. 1159, S. 46; 20686, Nr. 1, Besprechung am 09.01.1947 zwischen dem Kraftwerk und dem Kombinat.

Im Großen und Ganzen ist Bahr der Direktor, der für den Wiederaufbau gebraucht wird und ich wünsche wir hätten viele solcher Männer."[1229]

Dabei war Bahr ein streitbarer Repräsentant der technischen Elite und bereit, Vorgesetzten seine Meinung zu sagen, auch wenn dies seine Stellung gefährdete. 1947 kam es zu einem Konflikt mit seinem sowjetischen Vorgesetzten, Generaldirektor Foni Feodorowitsch Aksarow.[1230] In diesem Streit ging es vor allem um Fragen der Betriebsführung, worüber zwischen den Gesprächspartnern Differenzen bestanden. Aksarow, der als launisch beschrieben wurde, befahl, Bahr fristlos zu entlassen. Offensichtlich hatte dies jedoch keine Konsequenzen oder wurde von ihm zurückgenommen, da Bahr auf seiner Position verblieb und weiterhin an Leitungssitzungen teilnahm.[1231] Dennoch markierte dieses Ereignis den Wendepunkt in seiner Nachkriegskarriere. Im Mai 1949 bewertete die SED-Betriebsgruppe seine betrieblichen Leistungen nun als nicht mehr ausreichend und machte ihn für allgemeine betriebliche Probleme verantwortlich.[1232] Daher ersuchte sie die sowjetische Generaldirektion unter dem neuen Direktor Brëus um seine Entlassung. Die sowjetische Leitung stimmte unter dem Vorbehalt der Bestätigung durch die Hauptverwaltung zu. Schlussendlich reichte Bahr seine Kündigung bei Brëus ein. Für eine fristlose Entlassung waren sowohl der sowjetischen als auch der deutschen Direktion keine konkreten Anlässe bekannt. Das verhinderte aber nicht Bahrs weitere Karriere in der DDR. Er wechselte zum 01. März 1954 an das „Deutsche Brennstoffinstitut" an der Bergakademie Freiberg und wurde Professor für Bergbaumaschinen und Leiter des gleichnamigen Institutes bis zu seiner Emeritierung 1971.[1233] Er verstarb 1989 in Dresden.[1234]

1229 Ebd., 21125, Nr. IV/5/01/310, Fachliche und politische Beurteilung des Gen. Direktors des sowjetischen Elektrizitätswerkes Böhlen vom 07.04.1947. Der Untergruppenleiter hieß Bohlen.

1230 Vgl. ebd., 20686, Nr. 1, Direktionsbesprechung vom 08.10.1947. Aksarow forderte drei Motorräder von Bahr, die dieser aber nicht besaß, worüber sich der Generaldirektor erzürnte, wüste Beschimpfungen äußerte und die fristlose Entlassung gegen Bahr aussprach.

1231 Vgl. ebd., Nr. 11, Betriebsleiterbesprechung der C-Betriebe Nr. 1 am 06.01.1949.

1232 Vgl. ebd., 21125, Nr. IV/5/01/310, Betrifft: Bahr, Johannes vom 09.05.1949. In einer Vorstandssitzung der SED-Betriebsgruppe, bestehend aus dem politischen Leiter Hildebrandt, dem Organisationsleiter Zuchel und dem Leiter der Personalabteilung Albert, wurde beschlossen, dass er nicht länger für den Betrieb tragbar sei, aufgrund von „Vorkommnissen der letzten Zeit", ohne dass diese näher ausgeführt wurden. Das Schreiben selbst enthält auch die geschilderte Zustimmung der Werksleitung und das Kündigungsgesuch Bahrs.

1233 Vgl. Piatkowiak, Norbert: Die Periode Professor Karl Kegel, in: Bilkenroth, Klaus-Dieter/ Piatkowiak, Norbert/Wächtler, Eberhard (Hrsg.): Braunkohle in Forschung und Lehre an der Bergakademie Freiberg. Herausgegeben aus Anlass des 125. Geburtstages von Prof. Dr. e.h. Karl Kegel am 19. Mai 2001, Freiberg 2001, S. 75–143, hier S. 77; Technische Universität Bergakademie

Die SED konnte, bei bereitwilliger Unterordnung unter ihren Gestaltungsanspruch, auch als Karrierebeschleuniger für NS-Belastete wirken. Georg Böhm, Jahrgang 1898, ist hierfür ein Beispiel. Seine Karriere begann im Untersuchungsraum mit dem Aufbau des Industriekomplexes Mitte der 1930er-Jahre als erster Leiter der Schwelanlage der ASW Böhlen.[1235] Bereits Anfang der 1940er-Jahre nahm er den Posten eines Direktors Chemie im Betrieb ein.[1236] Unter der Personalnot der Kriegszeit stieg er zusätzlich zum stellvertretenden Leiter Chemie und Chef der Abteilung Nebenprodukte in der Hauptverwaltung der ASW in Dresden auf.[1237] Am Kriegsende dokumentierte er die technische Entwicklung der ASW Böhlen, was ihn zum wichtigsten Repräsentanten der technischen Funktionselite im gesamten Industriekomplex machte.[1238] Trotz seiner Mitgliedschaft in NSDAP und SA, der Verleihung des „Kriegsverdienstkreuzes" 1941, der Funktion als politischer und militärischer „Abwehrleiter" im Betrieb sowie seiner direkten Beteiligung am Zwangsarbeitseinsatz wurde er in seinem Entnazifizierungsverfahren freigesprochen.[1239] Während die betrieblichen Unterlagen davon sprechen, dass er kein aktiver Nationalsozialist war, entlasteten ihn die Dokumente der ZKSK durch „engagiertes Handeln" am Kriegsende.[1240] Seine Einschätzung durch

---

Freiberg (Hrsg.): Geschichte des Institutes für Maschinenbau. Unter:: https://tu-freiberg.de/fakult4/imb/geschichte-des-instituts (Stand: 21.12.2020).

1234 Vgl. Bilkenroth, Klaus-Dieter/Piatkowiak, Norbert/Wächtler, Eberhard (Hrsg.): Braunkohle (s. Anmerkung 1233), S. 235.

1235 Vgl. SächsStA-L, 20632, Nr. 1102, Teerlieferung vom 22.10.1936.

1236 Vgl. ebd., Nr. 951, Ringelwalzpresse vom 11.01.1940.

1237 Vgl. ebd., 20640, Nr. 34, Besetzung der Dienststellen der Hauptverwaltung Dresden vom 04.11.1943.

1238 Vgl. ebd., 20632, Nr. 1159, S. 1; 20686, Nr. 24, Anordnung Nr. 1 des Generaldirektors vom Kombinat „Böhlen" vom 22.07.1946.

1239 Vgl. BStU, BV Leipzig, Nr. 711/62, Festellungsergebnis vom 03.11.1947; SächsStA-L, 20632, Nr. 1167, Beitragsmäßige Erfassung der Ostarbeiter durch DAF vom 05.07.1944; 20686, Nr. 172, Protokoll Sitzung der Entnazifizierungskommission 26.01.1947; 21145, Nr. IV/5/01/560, Vorschlag auf Verleihung des KVK vom 08.04.1941, Vorschlag zur Verleihung des Kriegsverdienstkreuzes vom 20.02.1941. Nachweislich trat er 1937 beiden Organisationen bei, aber bereits 1942 aus der SA wieder aus. Hier hatte er den Rang eines „Rottenführers" inne. Die Gründe dafür sind nicht bekannt. An dem Zwangsarbeitereinsatz war er in mehrfacher Hinsicht beteiligt. Beispielsweise war er als Leiter der Schwelerei sowohl während des Ausbaus als auch des Betriebes für deren Einsatz verantwortlich. Auch trug ein Dokument zum „Ostarbeitersparen", das eine Art finanzieller Enteignung sowjetischer Arbeitskräfte darstellte, neben der des „Betriebsobmannes" seine Unterschrift. Die Verleihung des „Kriegsverdienstkreuzes" wiederum wurde vom Oberbergamt aufgrund seiner Bedeutung für den Betrieb der Schwelanlage angeregt. Eigentlich hätte spätestens diese Auszeichnung das Misstrauen der politischen Instanzen nach 1945 erregen müssen.

1240 Vgl. BArch, DC 1/1568, Anlage 2 Charakteristika der leitenden Angestellten vom 17.04.1950. Angeblich hatte er sich am Kriegsende bewusst über Befehle hinweggesetzt, die von ihm die

die Kreisleitung Leipzig der NSDAP sprach hingegen von einem „prachtvollen, einsatzbereiten Kameraden und deutschen Menschen".[1241] Seine Karriere konnte er ohne Unterbrechung fortsetzen und blieb auf dem Posten des Direktors der Chemiebetriebe im Kombinat Böhlen. Das lag zum einen an dem Mangel an technischen Funktionseliten und zum anderen an seiner Bereitschaft, sich den neuen Verhältnissen anzupassen. Dies zeigt auch sein Übergang von der NSDAP zur SED, in der er 1954 bis zum Mitglied der Kreisdelegiertenkonferenz aufstieg.[1242] Entsprechend positiv wurde er eingeschätzt: „B[öhm] ist eine gute Fachkraft und steht positiv zu unserer gesellschaftlichen Entwicklung."[1243] Bis zu seiner Pensionierung 1963 war er Direktor in Böhlen.[1244] Aber selbst nach dem Renteneintritt blieb er dem Werk verbunden, wie ein Erinnerungsfoto aus den 1970er-Jahren belegt, das ihn mit anderen ehemaligen und aktuellen Angehörigen der technischen „Intelligenz" zeigt.[1245] Neben ihm waren noch Kurt Ammon, Kurt Ludwig und Martin Röhnick bei dem Besuch anwesend. Böhm schaffte es durch Anpassungsbereitschaft und Unentbehrlichkeit in technischen Fragen die Systemtransformation ohne Schaden zu überstehen.

Johannes Bahr und Georg Böhm markieren sinnfällig die komplizierte Situation, in der sich die „alten" technischen Funktionseliten nach Kriegsende befanden. Sie arbeiteten in einem Spannungsfeld betrieblicher und politischer Interessen. Durch geschicktes Lavieren zwischen den unterschiedlichen Interessen der sowjetischen Generaldirektion sowie der unterschiedlichen Instanzen der SED gelang es ihnen, ihre Position und damit ihre Handlungsspielräume zu verteidigen. Dies verlangte aber wie im Fall von Bahr auch Konfliktbereitschaft. Somit behielten sie bis zu einem gewissen Grad ihre betriebliche Governance.[1246] Andererseits werden an Bahr und Böhm die Grenzen der Handlungsspielräume sichtbar. Entweder endeten sie mit Abwanderung oder in der Unterordnung in die neuen betrieblichen Machtverhältnisse. Die weitere Laufbahn von Johannes Bahr zeigt allerdings, dass selbst ein Ausscheiden aus dem Industriekomplex bei

---

Zerstörung der Vorräte verlangten. Auch gab er diese nicht an seine Untergebenen weiter. Selbst wenn diese Geschichte zutreffend war, so lässt sich festhalten, dass zahlreiche andere Personen in ähnlicher Position ebenso handelten und dafür nicht rehabilitiert wurden. Ein Beispiel aus dem Untersuchungsraum war der Direktor der Brabag Böhlen, Herbert von Felbert.

1241 SächsStA-L, 21145, Nr. IV/5/01/560, Politische Beurteilung Georg Böhm vom 28.03.1941.

1242 Vgl. ebd., 21125, Nr. IV/4/03/001, Kreisdelegiertenkonferenz vom 23.04.1955.

1243 BArch, DC 1/1568, Anlage 2 Charakteristika der leitenden Angestellten vom 17.04.1950.

1244 Vgl. BStU, BV Leipzig, Nr. 488/028, Ermittlungsauftrag vom 19.09.1962.

1245 Vgl. Klotzsche, Heiner/Mai, Eberhard/Morgenstern, Heinz: Böhlen (s. Anmerkung 65), S. 46.

1246 Vgl. Boldorf, Marcel: Governance (s. Anmerkung 14), S. 253–256.

gleichzeitiger negativer Einschätzung durch die SED nicht notwendigerweise das Karriereende in der DDR bedeutete.

Die neuen Zeiten boten den alten Funktionseliten auch die Möglichkeit zur ungebrochenen Fortsetzung ihrer Karrieren trotz der Systemtransformation. Zwei Beispiele aus dem Untersuchungsraum hierzu:

Werner Boie konnte an seinen beruflichen Werdegang auch nach 1945 ungebrochen anknüpfen. Entsprechend seiner Qualifikation wurde er bereits im „Dritten Reich" mit der Leitung des Kraftwerkes Espenhain als Oberingenieur betraut.[1247] Am Kriegsende übernahm er aufgrund des Abgangs des bisherigen technischen Verantwortlichen und seiner Erfahrung mit der Anlage kommissarisch auch das Kraftwerk in Böhlen.[1248] Ein Jahr später bekleidete er den Posten als Leiter der Kesselanlagen und gleichzeitig als stellvertretender Kraftwerksdirektor.[1249] Auch die Entnazifizierungen überstand er problemlos, trotz seiner NS-Belastung.[1250] Daher konnte er auch seinen Vorgesetzten Johannes Bahr, nach dessen Kündigung 1949, beerben.[1251] Allerdings blieb er nur ein Jahr auf diesem Posten. Zum 01. April 1950 wurde er zum Professor für Wärmetechnik und Wärmewirtschaft an der Fakultät für Maschinenwesen der TH Dresden berufen und blieb bis zu seiner Emeritierung 1967.[1252] Von 1959 bis 1961 war er Dekan der Fakultät, erhielt 1968 die Ehrendoktorwürde der TH Magdeburg und war Mitglied der „Akademie der Wissenschaften der DDR". 1978 starb er in seiner Heimatstadt Dresden.

Die Gewinnung von akademischem Personal unter den Funktionseliten des Industriekomplexes war für die DDR ein nicht zu unterschätzender Faktor. Entsprechend gab es den Austausch zwischen den Universitäten und wichtigen Unternehmen nicht nur in der Braunkohlenwirtschaft.[1253] Das zweite Beispiel aus

1247 Vgl. SächsStA-L, 20640, Nr. 153, Handlungsvollmacht für Obering. Backhoff vom 31.01.1940.

1248 Vgl. ebd., 20632, Nr. 1159, S. 135.

1249 Vgl. ebd., Nr. 1145, Organisationsplan. Hierbei war er der Stellvertrteter von Johannes Bahr, der zu diesem Zeitpunkt Kraftwerksdirektor war.

1250 Vgl. ebd., 20686, Nr. 172, Protokoll Sitzung der Entnazifizierungskommission 06.02.1947. Seine konkrete Mitgliedschaft in einer NS-Organisation geht aus dem Dokument nicht hervor. Nach Auffassung der betrieblichen Kommission fiel er nicht unter die nach Direktive 24 zu Verurteilenden. Dies widerlegt aber nicht seine Zugehörigkeit zu entsprechenden Strukturen.

1251 Vgl. ebd., Nr. 184, Protokoll über die Sitzung des leitenden Personals der Böhlener Werke am 09.03.1950 11 Uhr bei Herrn Generaldirektor Schitnik.

1252 Vgl. Bernstein, Wolfgang/Sturm, Alfred: Boie (s. Anmerkung 222), S. 1002 ff.

1253 Vgl. Boldorf, Marcel: Governance (s. Anmerkung 14), S. 192–197 und 259–270; Schulz, Ulrike: Simson (s. Anmerkung 20), S. 257. Das Beispiel von Herbert Sedlaczek, der kurzeitig die Maxhütte in Unterwellenborn leitete, zeigt dies. Trotz seiner Vergangenheit als „Wehrwirtdem Industriekomplex zeigt diesen Karriereschritt. Hans-Joachim von Alberti, Jahrgang 1903, promovierte bereits vor der NS-Zeit bei Erich Rammler am „Deutschen Brennstoffinstitut" an der Bergakademie Freiberg. Zwischen 1933 und 1953 war er für die ASW und später für die SAG Böhlen als Schwelerei-Experte tätig.[1254] 1951 publizierte er das Standardwerk für die Ausbildung von Schwelmaschinisten, dass bereits im Titel einen Bezug auf Böhlen enthielt und als Manuskript schon vor 1945 entstanden war.[1255] 1953 wurde er wissenschaftlicher Mitarbeiter an der Bergakademie Freiberg, wieder bei Prof. Rammler, dem 1956 die Berufung auf dem Lehrstuhl für Geophysik folgte.[1256] Er starb 1989.

So gab es für die Werksleiter aus dem „Dritten Reich" keine Kontinuität in den SAGs, maximal in der Übergangszeit, hingegen bot sich den Betriebs- und Abteilungsleitern die Möglichkeit, auf ihren Posten zu verbleiben und sogar ins Direktorium aufzusteigen oder Karriere an den Universitäten zu machen.

Neue Eliten für den Industriekomplex

In keiner anderen Phase war die Rekrutierung neuer Akademiker ähnlich kompliziert wie in der Phase der SAGs. Dabei gestaltete sich die Anwerbung neuer Funktionseliten aufgrund der Konkurrenz um diese begehrte Gruppe schwierig. Selbst die einflussreichen sowjetischen Generaldirektoren konnten nicht immer die Versetzung erreichen, auch wenn es sich nur um eine einzelne Person handelte.[1257]

---

schaftsführer" und Pg. wurde er von der SED hofiert. Nicht nur, dass er 1946 Parteimitglied wurde, sondern 1949 auch „Nationalpreisträger" und Mitglied der provisorischen Volkskammer. Den Unterschied markiert seine Flucht im Jahr 1950.

1254 Vgl. SächsStA-L, 20632, Nr. 1145, Bereitschaftsdienst für die Zeit vom 16.09. bis 03.11.1940; 20640, Nr. 606, Analysen vom 03.04.1946. Vermutlich war er gleichzeitig für die Hauptverwaltung in Dresden und das Hauptlabor in Radeberg tätig, übernahm aber auch Bereitschaftsdienste in der Leitung der Böhlener Chemiebetriebe. Nach Kriegsende und der Integration des Standortes Radeberg in den Industriekomplex kam er wieder in den Untersuchungsraum.

1255 Vgl. Alberti, Hans-Joachim von: „Böhlener Schwelfibel" (s. Anmerkung 106); NlSG, Sonderbestand, Manuskript „Böhlener Schwelfibel". Bis 1983 erschien das Buch in insgesamt drei Auflagen, was den Wert seiner Arbeit unterstreicht. Gleichzeitig zeigt die zeitliche Verteilung der Auflagen (die zweite erschien bereits 1953) den Rückgang der Bedeutung der Braunkohlenverschwelung ab Mitte der 1950er-Jahre. In seinem Originalmanuskript dankte er Georg Böhm als seinem Vorgesetzten und wissenschaftlichen Betreuer.

1256 Vgl. PA Baumert, Sammlung Dissertation, Brief von Angela Kugler-Kießling, TU Bergakademie Freiberg, Universitätsbibliothek „Georgius Agricola", Wissenschaftlicher Altbestand vom 19.08.2016. Bis zu seiner Emeretierung 1963 blieb er in dieser Position tätig.

1257 Vgl. SächsStA-L, 20686, Nr. 1, Erweiterte Betriebsgruppenleiter-Sitzung am 01.08.1947. Dabei bemühten sich der Hauptdirektor Moeser und der Leiter der Chemischen Betriebe Direktor Böhm um einen Ingenieur vom Demontage-Kommando des Braunkohlenwerkes Regis und

Neben den alten Funktionseliten gab es den Aufstieg von neuem Personal in Leitungspositionen. Bei der Rekrutierung griffen die Generaldirektionen und die ihnen unterstellten Personalabteilungen nach unmittelbarem Kriegsende auch auf erfahrenes Personal aus anderen Wirtschaftsbereichen zurück, da die Ausbildung neuer Funktionseliten Zeit in Anspruch nahm und während des Krieges weitestgehend brachgelegen hatte. Acht Beispiele aus dem Untersuchungsraum zeigen die verschiedenen Typen der Gewinnung neuer „Intelligenzler".

Typ eins ist der alte Kommunist, der vom Arbeiter bis zum Direktor aufsteigen konnte. Josef Kahn, Jahrgang 1906, repräsentiert diesen Typus. Er war bereits seit 1929 als Kranführer in der Instandhaltung der Kraftwerke beschäftigt gewesen.[1258] Als KPD-Mitglied war er seit Dezember 1934 zuerst im KZ und danach für zwei Jahre wegen Vorbereitung zum Hochverrat im Zuchthaus inhaftiert, bevor er zur ASW Böhlen zurückkehrte. Nach 1945 begann sein rasanter, beruflicher Aufstieg im Untersuchungsraum. Als altes KPD-Mitglied und OdF galt er als loyal. Entsprechend wurde er 1945 Betriebsrats-Mitglied und Leiter der „politischen Überwachungsstelle", eine Institution, die die politische Transformation im Untersuchungsraum nach 1945 einleitete.[1259] Seinen nächsten Karriereschritt markierte die Ernennung zum Personaldirektor im Braunkohlenwerk, eine Position, die er bis 1950 innehatte. In diesem Jahr ernannte ihn der Generaldirektor G. W. Shitnik zum Nachfolger Kurt Ammons, der eine Leitungsposition im Zwickauer Steinkohlenrevier übernahm,[1260] trotz des Widerstandes der SED-Kreisleitung, zum Hauptdirektor des Braunkohlenwerkes Böhlen.[1261] Seine Berufung zeigt, dass selbst 1950 der Einfluss der BPO in den SAGs relativ gering war. An seinem Bei-

---

schalten hierzu den Generaldirektor Aksarow ein, der aber zu bedenken gab, das auch er nicht für die Versetzung garantieren könne.

1258 Vgl. ebd., 20632, Nr. 1141, Meldung von Werkangehörigen vom 30.05.1942.

1259 Vgl. ebd., 21125, Nr. IV/5/01/310, Betr. Gen. Josef Kahn vom 04.04.1949.

1260 Vgl. BArch, DC 1/1568, Anlage 2 Charakteristika der leitenden Angestellten vom 17.04.1950, S. 28; Kaschade, Hans: DDR 1949 bis 1960 (s. Anmerkung 80), S. 61. Nachdem er 1950 als Betriebsdirektor in den Zwickauer Steinkohlenbergbau versetzt worden war, fungierte er ab 1953 als Leiter der Hauptverwaltung Steinkohle und damit oberster Verantwortlicher in diesem Bergbaubereich.

1261 Vgl. BArch, DC 1/1568, Anlage 2 Charakteristika der leitenden Angestellten vom 17.04.1950, S. 28. Kahn war auch unter anderen alten Kommunisten umstritten, da er zum einen nach seiner Entlassung 1938 bei der ASW wieder angestellt wurde und sich zum anderen nicht mehr am Widerstand gegen die Nationalsozialisten beteiligt hatte. Allerdings ließ sich ersterer Streitpunkt mit dem akuten Arbeitskräftemangel der späten 1930er-Jahre begründen. Außerdem wurde er als ehemaliges KPD-Mitglied weiter überwacht. Des Weiteren wurde sein Privatleben, speziell die Liebesbeziehung zu seiner Sekretärin, thematisiert. Auf Druck der BPO heiratete er diese schlussendlich. Auch sein Alkoholkonsum war Anlass zur Sorge, wobei die Formulierungen nahelegen, dass es sich nur um ein Gerücht handelte.

spiel wird die Gewinnung von Führungskräften aus betriebseigenen Fachkräften, die aus der Arbeiterklasse stammten, deutlich. Gleichzeitig bestand bei Personen wie Kahn das Risiko, dass sie aufgrund ihrer fehlenden akademischen Vorbildung in den Hochtechnologiebereichen Fehlentscheidungen trafen, weshalb die Zusammenarbeit mit der technischen Direktion wichtig war. Mit Georg Böhm stand Kahn ein erfahrener und loyaler Technischer Direktor für den Bereich Chemie zur Verfügung, dem er viel Gestaltungsspielraum einräumte. Der Tagebaudirektor Alfred Umlauf, Jahrgang 1907, absolvierte den gleichen Aufstieg aus der Arbeiterklasse vom Schuhmacher über Schlosser und Häuer zum Direktor.[1262] Die Partei bewertete den alten Kommunisten Umlauf als „verschlossene[n], bohrende[n] und eigenwillige[n] Charakter, der Beschlüsse der Partei durchaus nicht ohne Weiteres durchführt, sondern erst dann, wenn er von ihnen überzeugt ist."[1263] Diese Einschätzung deutet auf eine kritische und reflektierte Führungsperson, die zentrale Anordnungen nicht einfach übernahm. Möglicherweise war seine Erfahrung aus der Zeit in der Illegalität hierfür prägend, in der er das Versagen der zentralen Parteileitung erlebte. Dennoch stieg er in der SED bis zum Kandidaten der Kreisleitung 1955 auf.

Typ zwei steht für die vormaligen subalternen Funktionseliten, die von der Betriebs- und Abteilungsleitung in die Werksleitung aufstiegen. Richard Kilian, Jahrgang 1900, der von 1919 bis 1928 als Schlosser bei der ASW Hirschfelde gearbeitet hatte, steht beispielhaft für eine solche Persönlichkeit.[1264] Seit 1940 war er als Brikettmeister bei der ASW Espenhain tätig.[1265] Von 1920 bis 1933 war er SPD- und ab 1945 KPD/SED-Mitglied.[1266] Sein betrieblicher Aufstieg begann in einer subalternen Leitungsposition als Meister in der Brikettfabrik noch im „Dritten Reich". Weder das ihm verliehene „Kriegsverdienstkreuz II. Klasse" noch seine Rolle bei der Misshandlung von Zwangsarbeiterinnen und Zwangsarbeitern hatten negativen Einfluss auf seine weitere Karriere.[1267] 1947 bekleidete er die Position des Betriebsleiters der Brikettfabrik.[1268] Vermutlich nahm er bereits 1948 eine verantwortliche Position in der Werksleitung ein, da er gegenüber der „Garantie-

---

1262 Vgl. ebd., S. 29. Übrigens teilten Kahn und Umlauf nicht nur ihre Herkunft und den Aufstieg, sondern laut Einschätzung der ZKSK auch die Zuneigung zum Alkohol.

1263 Ebd., S. 28.

1264 Vgl. BStU, BV Leipzig, Nr. 28/55, Charakteristik vom 08.02.1954.

1265 Vgl. ebd., Leitung, Nr. 20/02, „Sozialdemokratismus" vom 11.08.1954. Er soll Zwangsarbeiter in seiner Abteilung misshandelt haben.

1266 Vgl. ebd., MfS – AS, Nr. 50/56, Überprüfung des Kombinats Espenhain vom 29.11.1954.

1267 Vgl. ebd., BV Leipzig, Nr. 28/55, Charakteristik vom 08.02.1954.

1268 Vgl. SächsStA-L, 20680, Nr. 26, Namensverzeichnis vom 01.01.1947.

und Kredit-Bank“ als Zeichnungsberechtigter auftrat.[1269] 1950 erreichte er den Höhepunkt seiner Karriere und wurde deutscher Hauptdirektor der SAG „Brikett“ Espenhain.[1270]

Nach den erwähnten Entlassungen war besonders die kaufmännische Abteilung auf neue Arbeitskräfte angewiesen. Sowohl die SED als auch die SMAD schätzten die Bedeutung dieser Arbeitskräfte gering und verkannten die strukturelle Bedeutung betriebswirtschaftlicher Expertise.[1271] Deutlich spiegelt sich dies daran, dass kaufmännische Leiter nur dann an Werksleitungssitzungen teilnahmen, wenn sie SED-Mitglied waren. Einen solchen Einfluss im Untersuchungsraum besaß u.a. Dr. Josef Klimke, Jahrgang 1915, der gleichzeitig ein Repräsentant von Typ drei, den Geflüchteten, ist. Ursprünglich stammte er aus einer katholischen Familie Oberschlesiens (sein Vater war Abgeordneter der Zentrumspartei), weshalb er der NS-Bewegung ablehnend gegenüberstand.[1272] Sein katholischer Glaube und seine SPD-Mitgliedschaft machten ihn aus Sicht der ZKSK allerdings verdächtig. Das galt auch für sein Studium und seine Promotion in Wien. Wann genau er im Industriekomplex eine Arbeit aufnahm, ließ sich nicht klären. Belegt ist seine Tätigkeit als Direktor für Versorgung und Verwaltung im Jahr 1950, die er nach der Quelle jedoch schon länger innehatte. Ende November 1950 übernahm er die kaufmännische Direktion.[1273] Trotz seiner politischen Zugehörigkeit zur SED und seiner Loyalität gegenüber der Partei blieb die ZKSK ihm gegenüber kritisch:

> „Am gesellschaftlichen Leben beteiligte er sich ziemlich rege [...]. In den Diskussionen mit den Genossen seiner Betriebsgruppe ist er nicht etwa fortschritts-feindlich, aber immer außerordentlich wendig und bestrebt, sich möglichst nich[t] konkret festzulegen. [...] K[limke] ist m.E. nicht ohne Weiteres als ein Gegner zu betrachten, jedoch wäre ihm gegenüber m.E. die große Vertrauensseligkeit, welche ihm bisher entgegengebracht wurde,

1269 Vgl. BArch, DN 4/2022, Espenhain Bez. Lpz vom 01.09.1948.

1270 Vgl. SächsStA-L, 20237 Bezirkstag und Rat des Bezirkes Leipzig, Nr. 1, Vergütung von Bergschäden vom 27.12.1950.

1271 Vgl. Boldorf, Marcel: Governance (s. Anmerkung 14), S. 114; Fink, Sebastian: Riesa (s. Anmerkung 20), S. 361; Werner, Oliver: Betrieb (s. Anmerkung 9), S. 64. Ein Problem, das zentrale Bedeutung bei der Betrachtung der DDR-Wirtschaft hat und bisher zu wenig Würdigung fand. Gerade diese Abteilung berechnete die Preise und bewarb die Produkte. Diese Aufgaben wurden nahezu vollkommen von der Planabteilung übernommen, die sie wiederum an die SPK abgab, sodass sich die Preisgestaltung immer weiter von den Betrieben entfernte.

1272 Vgl. BArch, DC 1/1568, Anlage 2 Charakteristika der leitenden Angestellten vom 17.04.1950, S. 22.

1273 Vgl. SächsStA-L, 20686, Nr 183, Stellenplan der Kaufmännischen Abteilung des Kombinats Böhlen vom 30.01.1951.

durch eine größere Wachsamkeit zu ersetzen. Fachlich ist über K[limke] nichts Nachteiliges bekannt."[1274]

Eine ähnliche Einschätzung galt für den Hauptdirektor des Kraftwerkes, Martin Röhnick, Jahrgang 1898, obwohl sein beruflicher Werdegang im Industriekomplex ambivalenter war. Er steht für Typ vier, den aus einer verwandten Branche Zugewanderten. Beruflich war er von 1927 bis 1934 als Oberingenieur im Kraftwerk Neumünster tätig gewesen.[1275] Zwischen 1935 und 1944 diente er als Ingenieur bei der Kriegsmarine. Nach Kriegsende war er 1945 bis 1946 Oberingenieur im Kraftwerk Hirschfelde. Im Untersuchungsraum übernahm er 1946 zunächst den Posten des Technischen Direktors im Kraftwerk Espenhain. Sein weiterer beruflicher Werdegang wurde von einer zweimonatigen Inhaftierung durch den NKWD unterbrochen.[1276] 1947 kam er als Leiter des Kesselbetriebes nach Böhlen und akzeptierte dabei eine Rückstufung.[1277] In Böhlen begann sein Aufstieg von neuem, sodass er 1949 den Posten des Technischen Direktors übernahm und nach dem Wechsel von Boie nach Dresden 1950 die Position eines Kraftwerksdirektors einnahm.[1278] Seine fachlichen Leistungen waren unbestreitbar. Hinzu kam seine SED-Mitgliedschaft. Allerdings hatte er ein kompliziertes Verhältnis zur Partei. Sie setzte, mit der Unterstützung der sowjetischen Generaldirektion, noch im selben Jahr seine erneute Rückstufung zum Technischen Direktor durch.[1279] Intern begründete die ZKSK seine Degradierung mit der doppelten Belastung als Technischer Direktor und kommissarischer Hauptdirektor. Die tatsächlichen Hinter-

1274 BArch, DC 1/1568, Anlage 2 Charakteristika der leitenden Angestellten vom 17.04.1950.

1275 Vgl. BStU, BV Leipzig, Nr. 176/55, Beurteilung vom 13.06.1949; BArch, DC 1/1568, Anlage 2 Charakteristika der leitenden Angestellten vom 17.04.1950, S. 21.

1276 Vgl. BStU, BV Leipzig, Nr. 176/55, Lebenslauf vom 05.09.1950, Überprüfung des Dipl.-Ing. Martin Röhnick vom 15.08.1952. Als Grund für die Festnahme wurde Sabotageverdacht angeführt. Allerdings wurde er vollkommen rehabilitiert und von der sowjetischen Generaldirektion für die weitere Zusammenarbeit angefragt. Seine Haft dauerte zweieinhalb Monate vom 01. November 1946 bis zum 12. Januar 1947.

1277 Vgl. SächsStA-L, 20640, Nr. 34, Besprechung vom 20.12.1945; 20686, Nr. 26, Befehl des Generaldirektors des Kraftwerkes Böhlen Nr. 1 vom 17.01.1950. Zu den Gründen für seinen Wechsel schweigen die Akten. Allerdings scheint ein Konflikt nicht unwahrscheinlich, da er die Position eines Direktors gegen die eines Abteilungsleiters tauschte. Es ist jedoch bemerkenswert, dass er dem Untersuchungsraum verbunden blieb und nicht abwanderte, obwohl er seine berufliche Karriere lange Zeit in Norddeutschland verfolgte.

1278 Vgl. BArch, DC 1/1568, Elektro-Kombinat Espenhain Böhlen vom 17.04.1950, S. 3; SächsStA-L, 20686, Nr. 37, Befehl 35 für das Kombinat Böhlen vom 13.04.1951.

1279 Vgl. BArch, DC 1/1568, Elektro-Kombinat Espenhain Böhlen vom 17.04.1950, S. 5.

gründe lassen sich anhand der Einschätzung Röhnicks durch die ZKSK erkennen: Sein selbstständiges Handeln erregte ihr Misstrauen:

> „R[öhnick] bringt ausbildungsmäßig zweifellos die Kenntnisse mit, um das Kraftwerk zu leiten. Seine Einstellung zur fortschrittlichen Entwicklung wird jedoch trotz seiner Mitgliedschaft zur SED als zwiespältig und undurchsichtig bezeichnet. R[öhnick] ist bestrebt, bei seiner Personalpolitik Freunde aus seinem bisherigen Wirkungskreis nachzuziehen. Bei vom sowj. Generaldirektion [sic] angeordneten personalpolitischen und organisatorischen Maßnahmen, z. B. der Ausschaltung von Privatfirmen bei den Reparaturarbeiten und der Einschaltung Volkseigener Betriebe, ist seine Aktivität außerordentlich mangelhaft und er muß immer wieder energisch gestoßen werden, bis er sich zur Durchführung der Maßnahmen bequemt. R[öhnick] ist also bestenfalls ein Vertreter der Intelligenz, der sich dem fortschrittlichen Lager nähert, aber keineswegs schon bewußt in ihm steht. Bei der feierlichen Veranstaltung anläßlich der Benennung des Kraftwerkes auf den Namen Otto-Grotewohl gab er z. B. einen langen Entwicklungsbericht über das Kraftwerk und seinen Wiederaufbau, ohne dabei die große Arbeit der sowjetischen Ingenieure auch nur mit einem Wort zu erwähnen.“[1280]

Bemerkenswert an diesem Bericht sind zwei Punkte – erstens die Kampagne der SED und der Leitung der Böhlener SAG gegen Privatunternehmen und zweitens der Vorwurf der mangelnden Würdigung der Verdienste der sowjetischen Ingenieure. Besonders beim Ausschluss privater Firmen bestanden unterschiedliche Interessen. Während es der SED zur Durchsetzung der Zentralplanwirtschaft darum ging, das Privatunternehmertum zu bekämpfen und zu verdrängen, zielten die sowjetischen Maßnahmen auf die Reduzierung der Aufwendungen für den Betrieb der Anlagen. Gerade das Kraftwerk arbeitete stets ökonomisch ineffizient und nicht kostendeckend, weshalb eine Kostenreduzierung und ein Fahren auf Verschleiß im Interesse der Betreiber lagen. Röhnick, als Vertreter der alten technischen „Intelligenz“ und vertraut mit der Kraftwerkstechnik im Dauergebrauch, hatte hingegen die langfristige Sicherung der Energieversorgung und daher auch die Instandhaltung der Anlagen zum Ziel. Schlussendlich zeigte sich, dass die Leistungen Röhnicks keinen Grund zur Beanstandung lieferten, da er bis zu seinem Renteneintritt im Kraftwerk blieb.[1281] Er stellte eine Konstante in der Leitung des Kraftwerkes dar und blieb länger als sein zwischenzeitlicher Nachfolger Herbert Facius, der 1957 in die BRD floh.[1282] Daraufhin bekam er nun

1280 Ebd., Anlage 2 Charakteristika der leitenden Angestellten vom 17.04.1950, S. 21.

1281 Vgl. SächsStA-L, 20687, Nr. 541, Dienstanweisung Nr. 1/62 vom 02.01.1962. Nach der Übergabe der Werke wurden diese wieder zu einem vereint, sodass der technische Direktor eines Teilbereiches nun in Hauptingenieur umbenannt wurde.

1282 Vgl. BStU, BV Leipzig, Leitung, Nr. 19/01, Monats-Abschlußbericht für Monat Februar 1953 vom 27.02.1953.

endgültig die Position als Direktor Energie, da nun selbst das MfS keine Bedenken mehr hatte.

Johannes Wiens, Jahrgang 1897, gehörte ebenfalls diesem Typ an, allerdings mit einer Abweichung.[1283] Wiens, gebürtig aus Danzig, war ab 1936 als Chemiker im „Dritten Reich“ tätig, so u. a. beim „Amt für Roh- und Werkstoffe“. Nach Kriegsende hielt er sich in Heidelberg auf, bevor er 1948 eine Anstellung als Betriebsingenieur in Böhlen übernahm. Von 1951 bis mindestens 1953 übernahm er die Leitung des Forschungslabors. Die Zuwanderung aus einer der westlichen Besatzungszonen stellte einen wesentlichen Unterschied zu Röhnick dar und zeigt die Zugkraft des Industriekomplexes auch nach 1945 für Akademiker. Die konkreten Gründe Wiens, eine Beschäftigung im Industriekomplex anzunehmen, bleiben aber im Dunklen. Schulden könnten ebenso eine Rolle gespielt haben, wie seine behauptete Mitgliedschaft in der (westdeutschen) KPD.

Der Industriekomplex Böhlen-Espenhain entwickelte sich bereits in der Phase der SAGs zu einer sozialistischen Kaderschmiede, was Hofmann und Rink bisher den späten 1950er- und vor allem den 1960er-Jahren zugeschrieben haben.[1284] Zu Unrecht, wie drei Beispiele belegen: Hierbei handelt es sich um die späteren Minister der DDR Siegfried Böhm, Wolfgang Mitzinger und Günter Wyschofsky. Diese bilden den fünften, sechsten und siebten Typ: Einmal der Karrierist, der seine „proletarische“ Erfahrung machen sollte, der Aufsteiger aus den betrieblichen Strukturen und der studierte Proletarier, der seine Chance nutzte.

Der spätere Finanzminister Böhm (1928 – 1980) war zwischen 1952 und 1954 Leiter der Betriebsgruppe der Freien Deutschen Jugend (FDJ) in der SAG Espenhain, bevor er mit seinem Studium den nächsten Schritt seiner Laufbahn beging.[1285] Seine Zeit im Untersuchungsraum war zwar nur kurz, aber gleichzeitig seine erste und einzige Station in einem politisch bedeutsamen Großbetrieb.[1286] Dabei nahm er trotz seiner kaufmännischen Ausbildung eine Arbeit als Band-

1283 Vgl. ebd., Aufklärungsbericht vom 25.03.1953.

1284 Vgl. Hofmann, Michael: Kohlearbeiter (s. Anmerkung 15), S. 102 f.; Hofmann, Michael/Rink, Dieter: Kohlearbeiter (s. Anmerkung 15), S. 168. Da ihre Arbeit vor allem auf der Grundlage von Zeitzeugengesprächen ruht, erscheint die Schlussfolgerung logisch. Tatsächlich verbesserte sich in dieser Zeit die Situation der Belegschaft deutlich. Allerdings schließt das nicht aus, dass schon vorher die Arbeit im Industriekomplex ein Karrieresprungbrett war.

1285 Vgl. SächsStA-L, 22244, Nr. 11, Geschichte des BS-Kdo. Espenhain im Ersten 5-Jahresplan 1951 – 1955, S. 63 f.

1286 Vgl. Herbst, Andreas u. a. (Hrsg.): Wer war wer in der DDR? Ein Lexikon ostdeutscher Biographien, Bd. 1 und Bd. 2, Berlin [2006] 2010, S. 144.

wärter, Presser und Brigadier in der Brikettfabrik auf.[1287] Möglicherweise sollte er vor seinem politischen Aufstieg in Führungspositionen das Arbeitermilieu kennenlernen. Zu Mitzinger, Jahrgang 1932 und letzter Minister für Kohle und Energie der DDR von 1979 bis 1989, bestanden hier wesentliche Unterschiede, obwohl beide aus Südwestsachsen, dem klassischen Rekrutierungsgebiet des Industriekomplexes Böhlen-Espenhain, stammten.[1288] Gebürtig aus der Nähe von Zwickau, kam er als 14-Jähriger 1946 in die SAG Espenhain und begann eine Ausbildung zum Elektriker, die er bis 1949 erfolgreich absolvierte.[1289] Daran schloss sich seine Delegierung an die Bergingenieurschule Zwickau an. In Espenhain trat er der SED bei, was ihm den Weg zu einem Studium erleichterte. Damit beschritt er den typischen Lebenslauf junger potentieller Führungskader im Untersuchungsraum nach dem Krieg. Diese wurden durch die Werksleitung aufgrund ihrer beruflichen Fähigkeiten aber auch ihrer politischen Loyalität ausgewählt und erhielten einen Studienplatz.[1290] Mitzinger blieb auch darüber hinaus dem Untersuchungsraum verbunden. Beispielsweise heiratete er 1957 in der Mölbiser Kirche.[1291]

Günter Wyschofsky, Jahrgang 1929, stammte aus Bischofswerda in der Westlausitz.[1292] Er trat bereits mit 16 Jahren 1945 der KPD bei. Nach der Studienvorbereitung an der Arbeiter- und Bauernfakultät (ABF) Halle folgte ein Chemiestudium an der TH Dresden. Seine erste berufliche Funktion führte den jungen Akademiker dann in den Industriekomplex. Von 1951 bis 1953 war er Betriebschemiker und Leiter des Forschungslabors des VEB Plasta Espenhain, die vormalige Raschig GmbH. Nach dieser kurzen Bewährung in leitender Position im Untersuchungsraum begann sein weiterer Aufstieg, der ihn bis auf die Position

1287 Vgl. Baumgartner, Gabriele/Hebig, Dieter (Hrsg.): Biographisches Handbuch der SBZ/DDR 1945–1990, Bd. 1, München 1996, S. 68 f. Somit hatte er neben seiner politischen Leitungsfunktion auch eine untere betriebliche Führungsposition inne. Hieran wird auch der Anspruch der SED an das Engagement ihrer Kader deutlich. Es wurden von ihnen möglichst vielfältige Aktivitäten erwartet, sowohl in der beruflichen als auch der politischen Sphäre. Gerade die Parteiarbeit darf in ihrem zeitlichen Aufwand nicht unterschätzt werden. Kommissionssitzungen, Parteiaktivtagungen oder FDJ-Sitzungen dauerten häufig mehrere Stunden und mussten entsprechend vorbereitet werden.

1288 Vgl. dies. (Hrsg.): Biographisches Handbuch der SBZ/DDR 1945–1990, Bd. 2, München 1997, S. 550; Hofmann, Michael: Kohlearbeiter (s. Anmerkung 15), S. 100.

1289 Vgl. Herbst, Andreas u. a. (Hrsg.): Wer war wer in der DDR? (s. Anmerkung 1286), S. 893.

1290 Vgl. SächsStA-L, 20687, Nr. 457, Vorschlag zur Verleihung des Nationalpreises vom 23.04. 1963. Es fehlen vollständige Darstellungen darüber, wie viele Arbeitskräfte zu einem Studium delegiert wurden und wie viele davon der SED angehörten. Daher wurden sie hier aus anderen Dokumenten rekonstruiert.

1291 Vgl. Sperling, Wolfgang: Mölbis (s. Anmerkung 102), S. 390. Die Tatsache, dass ein junger SED-Funktionär kirchlich heiratete, wirkt erstaunlich und zeigt die Ambivalenz der frühen DDR.

1292 Vgl. Herbst, Andreas u. a. (Hrsg.): Wer war wer in der DDR? (s. Anmerkung 1286), S. 1462.

des Ministers für chemische Industrie brachte, den er von 1966 bis zur „Friedlichen Revolution“ innehatte. Bemerkenswert ist dabei die Differenz zu den beiden anderen späteren Ministern. Wyschofsky kam als studierte Führungskraft und wurde sofort mit Verantwortung betraut. Ebenso wie Böhm und Mitzinger sammelte auch er in Espenhain seine einzige berufliche Erfahrung in der Industrie.

Abwanderungen und Kündigungen erforderten die Rekrutierung neuer Funktionseliten. Da die Bewerbungen von Absolventen und Absolventinnen der Hochschulen und Universitäten nicht ausreichten, die Personalknappheit zu beenden, ging General- und Personaldirektion dazu über, fähige Belegschaftsmitglieder auszuwählen und diese zur weiteren Qualifikation zu delegieren. Den Umfang dieser Weiterbildung zeigen vereinzelte Statistiken. Waren es 1952 235 Arbeitskräfte, die aufgrund einer Entsendung beim Studium weilten, belegt ein Dokument des BSA, dass allein im vierten Quartal 1953 in Böhlen 91 Personen aus dem Betrieb zum Studium delegiert wurden (vgl. Tab. 33). Diese Maßnahmen hatten, aufgrund der hohen Abwanderung unter den jungen, gut ausgebildeten Belegschaftsmitgliedern, aber nur einen begrenzten Effekt. Es gab auch junge Akademiker, die trotz Repression und Überwachung blieben. Der Lebenslauf eines jungen Ingenieurs, Jahrgang 1923, zeigt die beruflichen Chancen.[1293] Sein Vater war bereits vor dem Krieg Schlosser bei der Brabag, sodass er eine Ausbildung zum Stoffprüfer im Industriekomplex begann. Aufgrund seiner Fähigkeiten wurde er zum Studium delegiert. Noch während seiner Tätigkeit als Laborant geriet er in das Visier der Stasi und stand im Verdacht die DDR verlassen zu wollen. Allerdings blieb er und wurde zu einem bedeutenden und hoch ausgezeichneten Ingenieur (achtmal „Aktivist“, einmal „Verdienter Erfinder“) im IZ.

	Universität	Fachhochschule	ABF	Sonstige	Gesamt
Frauen	1	15	8	7	31
Männer	29	120	44	11	204
Gesamt	30	135	52	18	235
Frauenanteil	3,3 %	11,1 %	15,4 %	38,9 %	13,2 %

Tab. 33: Frauenanteil unter den delegierten Studierenden des Kombinates Böhlen 1952[1294]

1293 Vgl. BStU, BV Leipzig, Nr. 3/52, Vernehmung des Laboranten vom 28.06.1950; SächsStA-L, 20687, Nr. 457, Vorschlag zur Verleihung des Nationalpreises vom 23.04.1963.

1294 Vgl. SächsStA-L, 20687, Nr. 81, Aufstellung der an Fach- und Hochschulen delegierten Kollegen 1952; 22243, Nr. 3, Quartalsbericht für das IV. Quartal 1953 vom 29.12.1953. Bei den Universitäten handelte es sich um Berlin, Jena, Leipzig und Rostock. Die Fachhochschulen befanden sich in Dresden, Freiberg, Halle, Köthen, Leipzig, Magdeburg, Markkleeberg, Meißen,

Da die Nachwuchsgewinnung von Führungskräften ein dauerhaftes Problem war, mutet befremdlich an, dass nur im geringen Maße die Qualifizierung von Frauen erfolgte. Beispielsweise waren von den bereits erwähnten 235 Delegierten nur 31 bzw. 13 % Frauen. Bei der Überprüfung dieser Statistik nach der Verteilung auf die Ausbildungsstätten fällt auf, dass Frauen vor allem an die ABF, die keine Hochschulen darstellten, sondern nur studienvorbereitend wirkten, geschickt wurden bzw. vermeintliche „Frauenstudien", wie Kunst, Pädagogik und Sprachen, überproportional besuchten. Ausnahmen stellten die Fachhochschulen in Köthen und Magdeburg dar, wo die Frauenanteile deutlich über dem Durchschnitt lagen. Das Gegenbeispiel war die Bergingenieurschule Zwickau. Unter den 46 Studierenden fand sich keine Frau. Entsprechend schwer war es für sie, sich als Teil der Funktionselite im Bergbau zu etablieren. Ähnliches galt für die technischen Berufe, wenn auch hier mehr Möglichkeiten bestanden. Dennoch bilden Frauen den achten Typ.

Der Anteil von Frauen in Führungspositionen in dieser Phase war marginal und lag deutlich unter ihrem Anteil an der Gesamtbelegschaft. Einerseits zeigte sich hierbei eine Kontinuität der Wertevorstellungen im Arbeitsleben, die aus Kaiserreich, Weimarer Republik und „Drittem Reich" übernommen wurden. Andererseits kann ein sukzessiver Wandel beobachtet werden, wie die Statistik belegt. Die ersten Frauen, die nachweisbar zur Funktionselite in der Produktion gehörten, waren Frieda H. und Gerda L., die am Frauentag 1949 befördert wurden.[1295] Allerdings nahmen sie als stellvertretende Meisterin und Postenfrau nur niedrige subalterne Positionen ein. Erst zwei Jahre später ist mit der Oberdolmetscherin Walter eine Frau als Abteilungsleiterin nachweisbar.[1296] Sie leitete die allgemeine Abteilung im Kraftwerk Böhlen. Dabei war sie weiterhin Diskriminierungen ausgesetzt. Während für diesen Posten eine Bezahlung von 700 Mark im Plan festgelegt war und ihr Kollege im Braunkohlenwerk 800 Mark erhielt, bekam sie nur 600 Mark. Somit war sie nicht nur unterdurchschnittlich entlohnt, sondern ihr Gehalt lag 25 % unter dem eines Mannes in der gleichen Position.

Mittweida, Rosswein, Zittau und Zwickau. Die ABF waren Berlin, Chemnitz, Dresden, Freiberg, Leipzig und Weimar. Unter Sonstiges sind Institute für Berufsschullehrerausbildung, Fach- und Fremdsprachenschulen sowie eine Verwaltungsakademie zusammengefasst.

1295 Vgl. ebd., 20686, Nr. 25, Befehl Nr. 3 vom 08.03.1949.

1296 Vgl. ebd., Nr. 37, Befehl 35 für das Kombinat Böhlen vom 13.04.1951. Allerdings war auch sie in einem Beruf tätig, der insgesamt von Frauen dominiert war.

Zwischen Privilegierung und Skepsis

Bei der Betrachtung der Entlohnung der Funktionseliten im Untersuchungsraum fällt vor allem ihre Privilegierung im Vergleich zu den anderen Belegschaftsmitgliedern auf. Diese lässt sich bis in die unmittelbare Nachkriegszeit zurückverfolgen. Bereits 1945 gab es eine Bevorzugung der Funktionseliten. Beispielsweise erhielten Chemiker und Ingenieure den gleichen Verpflegungssatz wie Schwerarbeiter, während leitende Angestellte immerhin noch höhere Rationen als die restlichen Arbeitskräfte erhielten.[1297] Besonders von den „Pajok-Lebensmittelpaketen“ profitierten die betrieblichen Eliten weit stärker als der Rest der Belegschaft.[1298] Auffällig ist auch die hohe Anzahl von „Intelligenzlern“ unter den „Hennecke-Aktivisten“.[1299] Diese Privilegierung stand im Gegensatz zu den Gehaltskürzungen, die zahlreiche NS-Belastete unter den Führungskräften hinnehmen mussten.[1300] Das war aber nur ein kurzfristiger Effekt. Spätestens ab 1950 gab es keine Gehaltsreduzierungen mehr und ihre Bezüge stiegen wieder deutlich an, vor allem durch die Konkurrenz zur BRD. Marcel Boldorf hat gezeigt, dass die Bezahlung der betrieblichen Elite aus diesen Gründen überproportional hoch war.[1301] Ähnliches lässt sich auch im Industriekomplex beobachten. Daten für das Jahr 1951 zeigen, dass sich Monatsgehälter für Abteilungsleiter im Kraftwerk zwischen 750 und 1200 Mark bewegten – der geschilderte Fall der Oberdolmetscherin einmal ausgeklammert –, während Direktor Röhnick 1900 Mark und der Leiter der Produktionstechnischen Abteilung 1300 Mark erhielten. Einzelne Direktoren bekamen bereits zu diesem Zeitpunkt Gehaltserhöhungen,

1297 Vgl. ebd., Nr. 141, Abteilungsleiterbesprechung am 19/23.07.1945.

1298 Vgl. ebd., 20680, Nr. 170, Abgabe von Lebensmittelpajok vom 07.12.1948. Pajok bedeutet Verpflegung. Von diesen Paketen profitierten nach dieser Quelle ausschließlich Leitungskräfte. Die erste Kategorie erhielten die Direktoren und ihre Stellvertreter (was auch für die Kulturabteilung galt). In die zweite Kategorie fielen die Leiter des Tagebaus, der Werkstätten, die Abteilungs- und Bereichsleiter, Ingenieure sowie als letzte Obermeister. Die Kategorien gaben die Größe der Pakete an.

1299 Vgl. BA, DC 20BILD/166, Benzinwerk Böhlen, S. 4. Auf einem Plakat in der Nähe des Haupttors des Benzinwerkes Böhlen standen die Namen zahlreicher „Aktivisten“. Auffällig ist dabei, dass Abteilungsleiter unter ihnen dominierten. Selbst von der Werksleitung kritisch betrachtete Persönlichkeiten, wie Dr. Spruck, befanden sich unter diesen.

1300 Vgl. SächsStA-L, 20680, Nr. 25, Entnazifizierung des Personals der SSAG „Brikett“ Kombinat Espenhain vom 24.01.1948. Die Bezüge konnten um bis zu 50 % reduziert werden, dennoch blieben sie vergleichsweise hoch. Beispielsweise verringerten sich die Bezüge für Dipl.-Ing. Ernst Tielsch von 900 auf 500 Mark und beim Leiter der Schwelerei Espenhain Dr. Kurt Richter von 1400 auf 750 Mark.

1301 Vgl. Boldorf, Marcel: Governance (s. Anmerkung 14), S. 177 und 205.

die bis zu 25 % ihrer bisherigen Einkommen ausmachen konnten.[1302] Im folgenden Jahr gab es eine Steigerung, um die Funktionseliten besser an den Betrieb zu binden. Resultat war eine uneinheitliche Gehaltsverteilung (vgl. Tab. 34). Von den 350 erfassten Personen ab dem Rang eines Meisters verdienten 233 (67 %) weniger als 1000 Mark während 16 (4,7 %) über 2000 Mark erhielten. Im Durchschnitt bekamen sie 895 Mark. Das Gehalt von Dr. Rudolf Mecke, Hauptdirektor des Benzinwerkes 1949 bis 1952, war repräsentativ für diese Entwicklung in dieser Zeit.[1303] Als Betriebsleiter in Espenhain betrug sein Gehalt 800 Mark, das auf 2660 Mark für die Position des Hauptdirektors anstieg. Nach seinem Rücktritt 1952 und der Übernahme des Postens als Leiter Forschung und Projektierung erhöhte es sich nochmals auf 3500 Mark. Dabei erklärte sich das hohe Gehalt auch als Kompensation für seinen verlorenen Posten. Der neue Arbeitsplatz musste daher auch erst geschaffen werden. Den Höhepunkt seiner Einkünfte erreichte er aber erst nach Weggang aus dem Industriekomplex mit 4000 Mark bei der Staatliche Plankommission (SPK).

Einkommen	Anzahl der Führungskräfte	Einkommen	Anzahl der Führungskräfte
480 bis 600 DM	45	2000 DM	3
601 bis 700 DM	56	2300 DM	1
701 bis 800 DM	48	2400 DM	1
801 bis 900 DM	46	2500 DM	1
901 bis 1000 DM	38	2800 DM	2
1001 bis 1250 DM	55	3100 DM	1
1251 bis 1500 DM	25	3200 DM	2
1501 bis 1750 DM	14	3300 DM	2
1751 bis 1980 DM	7	3500 DM	3

Tab. 34: Einkommensverteilung nach den Gehaltserhöhungen 1952 in Böhlen (inkl. Meistern)[1304]

1302 Vgl. SächsStA-L, 20686, Nr. 37, Befehl 35 für das Kombinat Böhlen vom 13.04.1951. Der Oberingenieur und Leiter des Gaswerkes Hans Otto erhielt ab dem 01. April 1951 1250 statt bisher 1000 Mark.

1303 Vgl. BStU, MfS, AP, Nr. 7144/67, Personalbogen vom 15.01.1953, Dr. Mecke vom 27.07.1953.

1304 Vgl. SAPMO, NY 4090/64, Betr. Analyse über die Lage der Intelligenz vom 14.03.1953.

Die Haltung der SED zu den Funktionseliten war, wie in anderen Bereichen der DDR-Wirtschaft, zwiespältig.[1305] Otto Grotewohl persönlich ließ sich über die Lage der Ingenieure und leitenden Angestellten im Untersuchungsraum berichten.[1306] Der Rapport belegt ihre Privilegierung, aber gleichzeitig wie der Industriekomplex auf sie angewiesen war. Diese Abhängigkeit zeigt sich wiederum an den eingereichten Verbesserungsvorschlägen. Von der Prämierung der Verbesserungsvorschläge profitierten die Funktionseliten insgesamt mehr und gleichzeitig lässt sich eine vertikale Verteilung beobachten. Ihre Beiträge waren allerdings qualitativ besser. Während die Ersparnis durch Vorschläge aus der Belegschaft im Kraftwerk Böhlen 1951 eine Gesamtsumme von 63 487 Mark betrug, brachte eine einzelne Neuerung des Hauptdirektors Boie und des technischen Direktors Röhnick einen Effekt von 112 500 Mark.[1307] Entsprechend lag ihre gemeinsame Prämie mit 2281 Mark auch deutlich über den sonstigen. Prämien wurden gleichzeitig nur mit 5 % besteuert, während auf den Mehrverdienst der Bergarbeiter stets 10 % gezahlt werden musste.[1308] Hierdurch wurden die Funktionseliten strukturell begünstigt und profitierten stärker von dem Belohnungssystem. Da die Entscheidung über die Verteilung der Gelder häufig bei der Technischen Direktion lag, versuchte diese ihre Ingenieure durch Zusatzzahlungen an den Betrieb zu binden.[1309] Die persönlichen Prämiensummen der Führungskräfte konnten für die Verhältnisse der Nachkriegszeit horrende Summen erreichen. Für die Umsetzung von Rekonstruktionsmaßnahmen, bedeutenden Rationalisierungsmaßnahmen oder Produktionssteigerungen konnten Mitglieder der oberen Leitungsebene Zusatzvergütungen zwischen 1500 und 7500 Mark erhalten, in einer Ausnahme sogar bis zu 20 000 Mark (vgl. Tab. 35). Bei der Ausnahme handelte es sich um Erwin Deutloff, der diese Prämie für eine Erfindung der Teerverflüssigung erhielt, durch die mehrere Millionen Mark eingespart werden konnten. Normale Arbeiter und Angestellte erhielten im selben Zeitraum hingegen nur Prämien zwischen 50 und 125 Mark.[1310] Frauen erhielten sogar nachweislich nur maximal 50 Mark. Gleichzeitig

---

1305 Vgl. Segert, Astrid/Zierke, Irene: Gesellschaft (s. Anmerkung 1070), S. 169.

1306 Vgl. SAPMO, NY 4090/64, Betr. Analyse über die Lage der Intelligenz vom 14.03.1953.

1307 Vgl. SächsStA-L, 20686, Nr. 26, Aufstellung der im I/51 ausgezahlten und realisierten Verbesserungsvorschläge vom 08.06.1951, Besprechung über Verbesserungsvorschläge vom 07.06.1951.

1308 Vgl. SAPMO, DY 34/20683, Bericht über Revierdelegiertenkonferenz der IG Bergbau am 12. und 13.05.1950.

1309 Vgl. SächsStA-L, 20686, Nr. 26, Befehl für das Kraftwerk „Otto Grotewohl" des Kombinats Böhlen vom 24.10.1950. In diesem Fall war es Röhnick, der eine Prämie von 2500 Mark unter der Belegschaft verteilte. Ihm wurde die Entscheidung überlassen, da er diese besser einschätzen konnte.

1310 Vgl. ebd., Befehl Nr. 82 vom 09.07.1951.

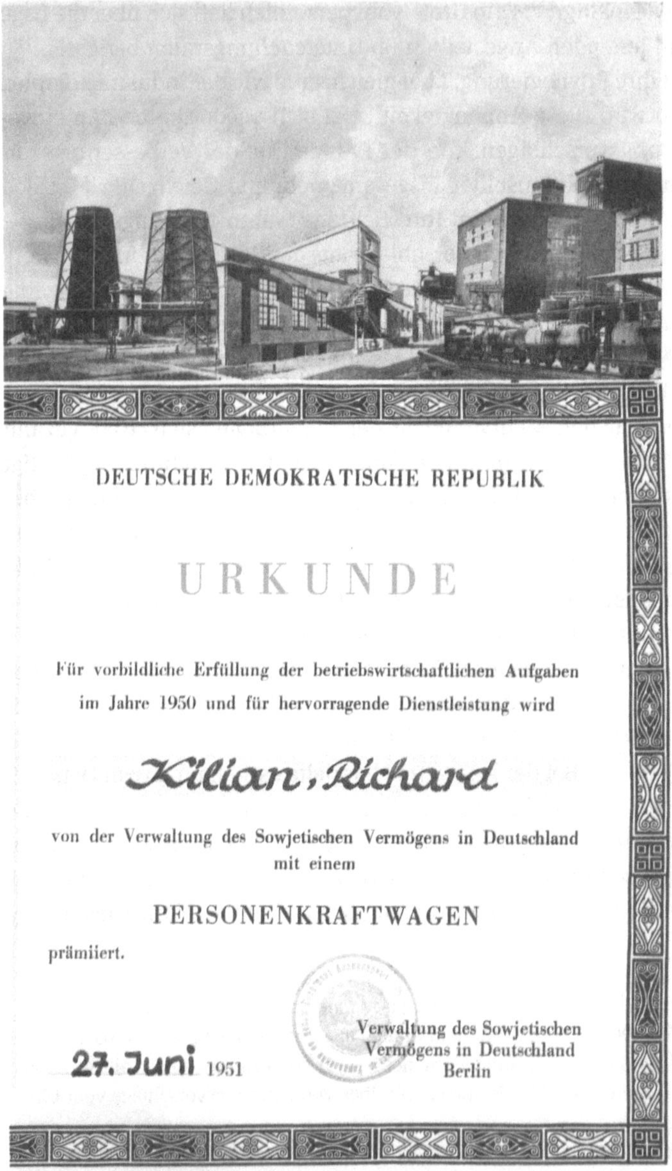

DEUTSCHE DEMOKRATISCHE REPUBLIK

URKUNDE

Für vorbildliche Erfüllung der betriebswirtschaftlichen Aufgaben
im Jahre 1950 und für hervorragende Dienstleistung wird

Kilian, Richard

von der Verwaltung des Sowjetischen Vermögens in Deutschland
mit einem

PERSONENKRAFTWAGEN

prämiiert.

27. Juni 1951

Verwaltung des Sowjetischen
Vermögens in Deutschland
Berlin

Abb. 11: Urkunde zur Prämierung von Richard Kilian mit einem Personenkraftwagen, 1951 gab es Probleme, die „Intelligenz" dauerhaft im Industriekomplex zu halten. Sie thematisierte besonders die eingeschränkten Konsummöglichkeiten sowie die mangelnde Qualität bestimmter Güter.[1311] Daher wurden sogar seltene Produkte, wie Autos, als Prämien herausgegeben (vgl. Abb. 11).[1312] Auch wenn die Führungskräfte überproportional von den Prämien profitierten, waren sie gleichzeitig zuerst von Kürzungen betroffen, wenn das Planziel verfehlt wurde. Diese konnten sowohl das Gehalt als auch die Zusatzvergütungen betreffen und bis zu 50 % ausmachen.[1313] Hiermit versuchten die sowjetischen Generaldirektoren konsequentes ökonomisches Handeln einzufordern und sanktionierten entsprechend Abweichungen. Dies war ein verbindendes Merkmal aller SAGs.[1314]

Name	Jahrgang	Qualifikation	Position	Gehalt 1951	Prämie 1952
Georg Böhm	1898	Dipl.-Ing.	Hauptingenieur der Chemiebetriebe im Braunkohlenwerk	1500 Mark	7500 Mark
Erwin Deutloff	1908	Dipl.-Ing	Reparatur-Ingenieur in der Dehydrierungs-Anlage des Benzinwerkes	1100 Mark	20 000 Mark
Heinz Flechsig	1910	Dr.	Stellvertretender Hauptingenieur im Benzinwerk	1750 Mark	5000 Mark
Erich Hempel	-	-	Leiter der Betriebsabteilung im Braunkohlenwerk	600 Mark	7500 Mark

1311 Vgl. SAPMO, NY 4090/64, Betr. Analyse über die Lage der Intelligenz vom 14.03.1953. Hierbei handelte es sich um die Einstellung des freien Butterverkaufs, die mangelnde Qualität von Textilien und die fehlende Möglichkeit zum Erwerb hochwertiger Haushaltsgüter wie Badewannen, Badeöfen und Elektroherde.

1312 Vgl. BStU, BV Leipzig, Leitung, Nr. 21/02, Bericht über Vorgänge in der Brikettfabrik vom 06.12.1954; NlSG, Sonderbestand, Urkunde für vorbildliche Erfüllung betriebswirtschaftlicher Aufgaben im Jahr 1950 vom 27.06.1951. Hierbei profitierten der deutsche Hauptdirektor Richard Kilian und der Leiter der Brikettfabrik Espenhain.

1313 Vgl. SächsStA-L, 20686, Nr. 36, Befehl Nr. 32 vom 10.04.1951. Obwohl die Planproduktionsziele im Monat Februar 1951 im Abraum mit 136 % und in der Kohlegewinnung mit 102,7 % übererfüllt wurden, kam es zu Kürzungen von 50 % bei Tagebaudirektor Umlauf, dem Leiter des IZ Riedel und dem Hauptmechaniker des Tagebaus Linkowitsch. Für sämtlich Ingenieure des Tagebaus betrug die Kürzung immerhin noch 30 % und für die Angestellten 25 %. In der Schwefelgewinnung und der Phenolerzeugung fiel für Meister und Ingenieure die komplette Prämie weg. Der Grund hierfür war die Überschreitung der Selbstkosten. Auch dem Direktor der Brikettfabrik wurde der Wegfall der Prämien angedroht für den Fall, dass es erneut zu einer Überschreitung der Handelsselbstkosten kommen sollte.

1314 Vgl. Schulz, Ulrike: Simson (s. Anmerkung 20), S. 286.

Fortsetzung

Name	Jahrgang	Qualifikation	Position	Gehalt 1951	Prämie 1952
Rudolf Mecke	1901	Dr.	Hauptdirektor des Benzinwerkes	2250 Mark	2000 Mark
Hans Schmitt	1901	Dr.	Leiter des Hauptlabors im Benzinwerk	1600 Mark	4500 Mark
Christian Schönfeld	1913	Dr.	Leiter Hoch- und Niederdruck im Benzinwerk	1500 Mark	1500 Mark
Rudolf Tannenberg	1914	Dr.	Leiter des Zentrallabors	1200 Mark	4500 Mark

Tab. 35: Monatsgehälter und Prämien ausgewählter Führungskräfte in Böhlen 1951/52[1315]

Die sowjetische Werksleitung

Eine separate Betrachtung der sowjetischen Führungskräfte im Untersuchungsraum ist für diese Phase notwendig, um ihre formale und tatsächliche Machtposition zu überprüfen. Biografische Skizzen zu ihnen wurden in den betrieblichen Dokumenten nicht überliefert, dennoch boten die Quellen die Möglichkeit zu ihrer Charakterisierung. Formal lassen sich zwei Gruppen unterscheiden. Erstere bestand aus Soldaten, die aufgrund ihrer Funktion im Besatzungsapparat in den Industriekomplex versetzt wurden. Das bekannteste Beispiel ist Oberst Fokin, der 1945/46 bis zur Gründung der SAGs der sowjetische Verantwortliche war.[1316] Dabei stand er im Rang sogar über dem Kreiskommandanten.[1317] Die meisten der Soldaten gehörten allerdings zum Wachpersonal. Die zweite Gruppe umfasste die sowjetischen Führungskräfte der SAGs. Diese verfügten zwar ebenfalls über einen militärischen Rang, waren aber zivile Experten aus Wirtschaft und Technik. Teilweise waren sie als Werksoffiziere schon vor der Gründung der SAGs im Industriekomplex tätig. [1318] Nach der Gründung der SAGs bildeten sie die sowjeti-

1315 Vgl. BArch, DC 1/1568, Anlage 2 Charakteristika der leitenden Angestellten vom 17.04.1950; BStU, BV Leipzig, Nr. 361/55, Ermittlungsbericht vom 19.06.1952; SächsStA-L, 20686, Nr. 36, Befehl Nr. 29 vom 07.03.1952; Nr. 37, Befehl 35 für das Kombinat Böhlen vom 13.04.1951.

1316 Vgl. SächsStA-L, 20686, Nr. 2, Direktionsbesprechung Nr. 23 am 18.06.1946; Nr. 141, Abteilungsleiterbesprechung am 13.08.1945.

1317 Vgl. Foitzik, Jan/Petrow, Nikita W.: Sowjetische Kommandanturen (s. Anmerkung 761), S. 284. Von Oktober 1945 bis Februar 1946 stand der Kreiskommandantur Wassili Wassljewitsch Blinow vor, der den Rang eines Oberstleutnants bekleidete.

1318 Vgl. SächsStA-L, 20680, Nr. 2, Direktionsbesprechung Nr. 5 am 05.02.1946.

sche Generaldirektion, der ein Generaldirektor vorstand. Dieser wiederum war dem Vorsitzenden der jeweiligen Hauptverwaltung Rechenschaft schuldig.[1319] Die weiteren Mitglieder der Direktion waren an der betrieblichen Struktur orientiert und jeweils gegenüber der entsprechenden deutschen Führungskraft weisungsbefugt. So stand dem Technischen Direktor des Benzinwerkes zwischen 1945 und 1948 der sowjetische Hauptingenieur Major B. W. Barabasch vor.[1320] Insgesamt wechselte das sowjetische Führungspersonal häufig und blieb selten länger als drei Jahre auf einem Posten. Ein Urteil, dass auch für andere SAGs gilt.[1321] Besonders die Position des Generaldirektors wurde regelmäßig neu besetzt, wie anhand des Braunkohlenwerkes Espenhain dargestellt (vgl. Tab. 36). Dabei kam es zu Beförderungen von bereits im Betrieb beschäftigten sowjetischen Führungskräften. Wechsel zwischen den Werken im Industriekomplex sowie Degradierungen waren ebenfalls möglich.[1322] Eine betriebswirtschaftliche Bewertung ihrer Arbeit ist schwierig, da sie einerseits Sachkompetenz mitbrachten, andererseits ein positives wirtschaftliches Ergebnis auch mit ihrer Machtfülle im System zusammenhing.[1323] Ihre Betriebspolitik war nicht zwangsläufig im Sinn der SED und konnte ihr sogar zuwiderlaufen. Beispielsweise beschwerte sich ein GI aus der Parteileitung Espenhain darüber, dass auf Anordnung des Generaldirektors Kuszenow während der Arbeitszeit keine Parteiarbeit geleistet werden darf und er außerdem den Leiter der BGL in Espenhain in seiner Arbeit auf reine Belegschaftsbetreuung reduzierte.[1324] Als besonders problematisch galt in diesem Zusammenhang der russischstämmige Dolmetscher, der das Vertrauen der Generaldirektion hatte und laut GI-Bericht „weißgardistischer" Offizier gewesen sein soll.

1319 Vgl. ebd., Nr. 1, Erweiterte Betriebsgruppenleiter-Sitzung am 29.08.1947.

1320 Vgl. BArch, DN 4/2024, Betr. Konto Nr. 16 vom 03.05.1948; SächsStA-L, 20686, Nr. 2, Direktionsbesprechung Nr. 23 am 18.06.1946.

1321 Vgl. Schulz, Ulrike: Simson (s. Anmerkung 20), S. 262.

1322 Vgl. BArch, DN 4/2290, Betr. Konto Nr. 1531820 vom 27.08.1952; SächsStA-L, 20686, Nr. 184, Protokoll über die Sitzung des leitenden Personals der Böhlener Werke am 09.03.1950 11 Uhr bei Herrn Generaldirektor Schitnik; Nr. 26, Anordnung Nr. 1 vom 27.07.1946 und Anordnung Nr. 2 vom 20.08.1946. Beispielsweise stieg der sowjetische Hauptingenieur des Braunkohlenwerkes Schestakow bis 1952 zum Generaldirektor der SAG „Brikett" Espenhain auf. Der sowjetische Hauptingenieur im Kraftwerk Böhlen, J. M. Baranow, übernahm kurzzeitig im Jahr 1946 die Direktion dieser SAG. Die Gründe für seine schnelle Absetzung bleiben unklar.

1323 Vgl. Schulz, Ulrike: Simson (s. Anmerkung 20), S. 278 f. So bestand die Möglichkeit, Lieferbeziehungen zu deutschen Unternehmen einseitig günstig für die SAGs zu gestalten. Auch investiterten die Generaldirektoren wenig in den Anlagenbestand und waren nur an den Gewinnen orientiert.

1324 Vgl. BStU, BV Leipzig, Nr. 69/52, Abschrift vom 05.02.1951. Dabei bezichtigte er auch die Dolmetscher eines negativen Einflusses auf den deutschen Hauptdirektor Kilian.

Auch Frauen befanden sich unter den Führungskräften der SAGs, wodurch sie zu den ersten Abteilungsleiterinnen im Untersuchungsraum gehörten. Die Ingenieurin und Ökonomin Turowsky war beispielsweise 1950 Leiterin der Planabteilung in Böhlen und nahm in Bezug auf den Aufbau der Planwirtschaft eine wichtige Rolle ein.[1325] Da gleichzeitig ein Mann mit demselben Namen sowjetischer Hauptingenieur im Benzinwerk Böhlen war, könnte es sich um ihren Ehemann handeln. Unabhängig davon bekleidete sie aufgrund ihrer fachlichen Qualifikation diese Position.

Name	Rang/Ausbildung	Generaldirektor des Braunkohlenwerkes	vorherige und/oder spätere Karriere
A. A. Birjukow	Major	1946	Generaldirektor Kraftwerk Espenhain 1947
F. I. Issajew	-	1947/48	Generaldirektor der Hauptverwaltung der SAG „Brikett“ 1948
A. N. Andreew	Dipl.-Ing.	1948–1950	Generaldirektor Kraftwerk Espenhain 1947/48
S. D. Kuszenow	-	1950–1952	Generaldirektor der SAG „Braunkohle“ 1947, Hauptingenieur SAG Espenhain 1949–1950; Teil einer sowjetischen Expertengruppe zur Beurteilung des Industriezweiges Energie
W. J. Schestakow	-	1952	Hauptingenieur und stellvertretender Generaldirektor der SAG Böhlen (Braunkohlenwerk) 1949–1951
Gontscharow		1953 bis zur Übergabe an die DDR	Unbekannt

Tab. 36: Sowjetische Generaldirektoren der SAG „Brikett“ Espenhain 1946 bis 1954[1326]

1325 Vgl. SächsStA-L, 20686, Nr. 184, Protokoll über die Sitzung des leitenden Personals der Böhlener Werke am 09.03.1950 11 Uhr bei Herrn Generaldirektor Schitnik.
1326 Vgl. BArch, DN 4/2012, Betr.: Konto 1825 vom 12.09.1947; DN 4/2022, Betr.: Konto Nr. 1011 vom 21.08.1948; SächsStA-L, 20640, Nr. 606, Telefonogramm vom 16.08.1952; 20680, Nr. 17, Protokoll Aufteilung des Kombinates und der E-Werke am 02.08.1946; 20686, Nr. 1, Niederschrift über die Sitzung am 07.01.1947 in Espenhain; Nr. 36, Befehl 38 vom 25.04.1951; Nr. 186, Protokoll über die Großproduktionsbesprechung am 08.09.1949; 22244, Nr. 11, Befehl Nr. 9 vom 20.05.1947, Vertrag zwischen dem Chef der Deutschen Volkspolizei im Land Sachsen und der General-Direktion Herrn General-Direktor Kuszenow vom 13.07.1951; Nr. 24, Befehl Nr. 55 vom 17.06.1948, Befehl 107 vom 15.09.1949.

Von den Espenhainer Generaldirektoren bewertete das MfS nur Issajew und Andreew im Nachgang positiv.[1327] Bei Aksarow beispielweise wurde bemängelt, dass er kaum eigenständige Entscheidungen traf, sondern alle wichtigen Beschlüsse durch seinen Vorgesetzten Ravinski in der Hauptverwaltung in Leipzig vornehmen ließ.[1328] Eine Eigenschaft, die zum einen von wenig Selbstständigkeit zeugt, zum anderen aber auch das Verhalten von sowjetischen Führungskräften im Stalinismus kennzeichnet, die sich im Zweifel nicht angreifbar machen wollten. Dies entsprach aber auch der Gegebenheit ihres Auftrages. Sie wurden regelmäßig von der übergeordneten Hauptverwaltung überprüft und validiert, besonders in Bezug auf das wirtschaftliche Ergebnis.[1329] Insgesamt wurde ihnen ein rauer Befehlston und teilweise Übergriffe nachgesagt.[1330] Der geschilderte Konflikt zwischen Aksarow und Bahr belegt dies. In einem anderen Fall wurde Kritik an den Anordnungen des Generaldirektors laut, als Alfred Umlauf als Betriebsratsvertreter seinen Unmut in der Direktionsbesprechung darüber äußerte und Protest forderte. Direktor Moeser konterte: „Wenn in verwaltungstechnischer Hinsicht Herr Gen. Dir. Aksarow eine bestimmte Verfügung herausgibt, glaube ich nicht, dass Gen. Umlauf es wagt, diese zu unterbinden."[1331] Auch kam es in der frühen Zeit zu willkürlichen Verschleppungen durch Angehörige der Roten Armee, die angeblich durch die sowjetischen Führungskräfte veranlasst worden waren.[1332] Dennoch zeigt der Besuch des Hauptingenieurs Barabasch, der von 1946 bis 1948 in Böhlen tätig war, und des Generaldirektors Alexej N. Mochow, der 1947 bis 1949 das Benzinwerk leitete und nach dem ein Saal benannt wurde,[1333] 1965 im Industriekomplex, dass sich auch diese Führungskräfte mit ihrer Aufgabe im Nachkriegsdeutschland iden-

---

1327 Vgl. PA Baumert, Sammlung Dissertation, Brief von Wolfgang Sperling vom 04.03.2018.

1328 Vgl. SächsStA-L, 20686, Nr. 1, Erweiterte Betriebsgruppenleiter-Sitzung am 29.08.1947.

1329 Vgl. Schulz, Ulrike: Simson (s. Anmerkung 20), S. 278.

1330 Vgl. Hofmann, Michael: Kohlearbeiter (s. Anmerkung 15), S. 102. Diese Feststellung hatte mehrere Ursachen. Erstens handelte es sich um Soldaten der Roten Armee. Dabei war es nach Zeitzeugenaussagen nicht unüblich, dass Waffen zur Motivation der Arbeitskräfte gebraucht wurden. Zweitens nahmen sie sich als Kolonisatoren in einer feindlichen Umgebung wahr, was bei der Belegschaftszusammensetzung eine berechtigte Annahme war. Immerhin bildeten ehemalige NSDAP-Mitglieder einen nicht unwesentlichen Teil der Belegschaft, sowohl unter den Dienstverpflichteten als auch unter der alten Belegschaft.

1331 SächsStA-L, 20686, Nr. 1, Erweiterte Betriebsgruppenleitungs-Sitzung vom 29.08.1947.

1332 Vgl. ebd., Nr. 153, Werk Böhlen nach dem 12.07.1945. Dabei wurden neben SS-Angehörigen auch zwei weitere Belegschaftsmitglieder verhaftet. Das Werk versuchte sie zurückzubekommen und argumentierte mit deren angeblich fehlender NS-Belastung. Allerdings war mindestens einer NSDAP-Mitglied gewesen.

1333 Vgl. Die Brücke, 3, Ausgabe 10. August 1950, S. 1.

tifizierten und sogar Beziehungen zu ihrem einstigen Arbeitsplatz unterhielten.[1334] Barabasch hatte darüber hinaus mindestens bis in die 1970er-Jahre Kontakt zum Technischen Direktor Richard Birthler.[1335]

1334 Vgl. ebd., 20687, Nr. 45, Werksleitersitzung am 14.05.1965.

1335 Vgl. BStU, BV Frankfurt/Oder, Nr. 1671/84, Abschlußbericht vom 18.05.1978, S. 13. Ausschlaggebend hierfür waren die guten Russischkenntnisse von Birthler.

Die Zeit der DDR bis 1965

„Die grössten Kohleveredelungskombinate im mitteldeutschen Raum ‚Böhlen und Espenhain' sind für die Brenn- und Treibstofferzeugung sowie Energieerzeugung in der DDR von entscheidender Bedeutung."[1336]

Die Übergabe der SAGs war für die DDR ein in seiner wirtschaftlichen Bedeutung kaum zu überschätzendes Ereignis. Während das Kombinat Böhlen bereits am 03. Juni 1952 übergeben wurde, blieb das Werk Espenhain bis zum 01. Januar 1954 unter sowjetischer Verwaltung. Die Übereignung markierte für die DDR einen bedeutenden Schritt in Richtung wirtschaftliche Souveränität, der Kohlen- und Chemieindustrie fiel hierbei eine bedeutende volkwirtschaftliche Rolle zu. So hatte das verkündete „Chemieprogramm", eine Folge des V. Parteitages der SED, beschlossen in einer gemeinsamen Sitzung mit der SPK am 03. und 04. November 1958, nachhaltigen Einfluss auf die weitere Entwicklung des Industriekomplexes. Die SED-Führung verband mit diesem Programm die Hoffnung, mit der globalen Entwicklung in der chemischen Industrie mithalten zu können, setzte aber im Industriekomplex, entgegen dem nationalen und internationalen Trend, weiterhin auf Karbo- anstelle von Petrochemie. Dieser Anachronismus wurzelte in der einseitigen Rohstoffbasis der DDR. Dennoch entsprach zumindest ein Teil der Anlagen im Industriekomplex bei Übernahme durch die DDR dem allgemeinen technischen Niveau. Die volkswirtschaftliche Bedeutung von Böhlen-Espenhain nahm in der letzten Phase (1952/54 bis 1965) aufgrund effizienterer Verfahren und neuerer Anlagen ab, blieb aber weiterhin in manchen Sparten systemrelevant. Besonders bei gewissen Grundstoffen, wie Rohphenol, waren die Werke bis zum Ende des Untersuchungszeitraumes die wichtigsten Produzenten in der DDR.

Nicht nur die organisatorische Unterstellung der Unternehmen änderte sich in dieser Zeit, auch die innere Struktur wandelte sich mit der Aufnahme in die DDR-Wirtschaft. Der relativen Kontinuität der Organisation in der Zeit der SAGs folgte nun eine Transformation unter der sprunghaften Wirtschaftslenkung der DDR. Schon die Zuordnung Böhlen-Espenhains zu einem der Industrieministerien erwies sich als schwierig. Allein für Böhlen änderte sich die administrative Unterstellung zwischen 1953 und 1961 fünf Mal.[1337] Gleichzeitig wurde vermehrt in die innere Organisation von Betriebsteilen und Abteilungen eingegriffen. Die

1336 SAPMO, DY 37 (IG Bergbau-Energie)/2256, Vorschläge über lohnpolitische Maßnahmen zur einheitlichen Regelung der Entlohnung in den Kohlenveredelungskombinaten Böhlen und Espenhain vom 29. 09. 1956.
1337 Vgl. Sperling, Dieter/Schossig, Wolfgang: Wirtschaftsorganisation (s. Anmerkung 76), S. 274.

https://doi.org/10.1515/9783110729962-005

Führung der SED dachte, dass sich die krisenhaften Erscheinungen in der Wirtschaft durch organisatorische Umbildungsmaßnahmen beheben ließen. Dabei übersah sie, dass ökonomische Probleme, wie die Flucht von Arbeitskräften in die BRD oder die Unterbrechung gewachsener Handelsbeziehungen, zum Teil aus ihrer eigenen Politik resultierten.

Die Transformation des Wirtschaftssystems hatte zwangsläufig Auswirkungen auf das betriebliche Klima. So verloren die Funktionseliten ihre relativ unabhängige Stellung in der Betriebsführung, aber auch manche gesellschaftliche Freiheit, die ihnen bisher die Zugehörigkeit zu SAGs brachte. Dies änderte sich nun durch den unbegrenzten Zugriff des Staats auf sie. Dieser Einfluss wurde ebenfalls in wirtschaftlicher Sicht spürbar. Dabei war die mangelnde Persistenz bei den getroffenen ökonomischen Entscheidungen durchaus prägend für die DDR. Auf der einen Seite zeigt sie eine Flexibilität der Ära Ulbricht, in der die politische Führung bereit war Fehler zu korrigieren, auf der anderen Seite belegt sie die zahlreichen Fehler in der Konzeption der Planwirtschaft und das teilweise planlose Eingreifen der Planbürokratie, die schlussendlich zu einer zunehmenden Diskrepanz zwischen dem ideologischen Anspruch und der Lebensrealität der Bevölkerung führte.

Das Dilemma der DDR wird hieran deutlich. Jedes ökonomische Hindernis, wie die unzureichende Arbeitsteilung oder der Verzug beim Warentransport, sollte durch administrative Maßnahmen gelöst werden, ohne zu erkennen, dass das eigentliche Problem, in diesen Fällen die fehlenden einklagbaren Lieferverpflichtungen und die mangelnden Investitionen in die Infrastruktur, dem System immanent war. Die Einführung des NÖSPL spricht aber auch dafür, dass ein Teil des SED-Führungszirkels dieses Problem erkannte und das Ziel verfolgte, die Zentralplanung durch ein bedarfsorientiertes Nachfragesystem zu ersetzen.

Die Situation für die normalen Arbeitskräfte war in der letzten Phase ebenfalls von Veränderungen betroffen. Ihr soziales Prestige sank nicht. Im Gegenteil, das geflügelte Wort „Ich bin Bergmann, wer ist mehr?“ beschrieb ihre gesellschaftliche Position in der DDR. Für die SED-Führung war die Belegschaft weiterhin eine Stütze ihrer Macht und wurde wiederum durch die Kontinuität der Privilegierung an diese gebunden. Allerdings nahm die Ausdifferenzierung zu und nur ein Teil profitierte von den hohen Löhnen und den zusätzlichen Deputaten der Bergarbeiter. Dennoch blieben die meisten Arbeitskräfte loyal gegenüber den Machthabern. Dabei ist es notwendig, diesen Prozess en détail zu betrachten und Transformationen zu den vorherigen Zeiten herauszuarbeiten.

Sowohl die Integration in die Wirtschaft der DDR als auch die verschiedenen Reformen und Organisationsveränderungen übten unmittelbaren Einfluss auf die Leitung des Industriekomplexes aus. Hiervon waren auch die regionalen Eliten betroffen. Ihre veränderte Rolle machte Anpassungsprozesse notwendig, denen nicht alle folgen konnten bzw. wollten, wodurch, teilweise stärker als nach Kriegsende, ein Austausch der obersten Führungsschicht erfolgte. Jedoch gab es auch Personen, die bis zum Ende dieser Phase in der Führung aktiv blieben. Diese garantierten mit ihrem Know-how eine Kontinuität der Produktion im Untersuchungsraum. Daher müssen sowohl die Aufsteiger als auch die alten Funktionseliten betrachtet werden.

Auf der Suche nach Stabilität

Wirtschaftsorganisation in der frühen DDR bis zum NÖSPL

Bedeutungszuwachs oder Bedeutungsverlust?

Mit der Übernahme durch die DDR stieg die Bedeutung des Industriekomplexes vorerst weiter an. Dies lag am ersten und zweiten „Kohle- und Energieprogramm" von 1954 sowie 1957, die das Ziel hatten, Energie- und Kohlenversorgungsmängel zu beseitigen.[1338] Dabei war die Situation in den Tagebauen, die die wirtschaftliche Grundlage des Untersuchungsraums bildeten, keineswegs problemlos.[1339] Ein Zustand der trotz der Investitionen anhielt.[1340] Auch das „Chemieprogramm", das sich 1958 anschloss und unter dem Motto „Chemie gibt Brot – Wohlstand – Schönheit" firmierte, begünstigte die wirtschaftliche Entwicklung im Untersuchungsraum,

1338 Vgl Judt, Matthias: „Trabi-Wirtschaft" (s. Anmerkung 766), S. 96 f.; Krug, Herbert/Rentrop, Karl Heinz: Die Erzeugung eines hochfesten, grobstückigen Braunkohlehochtemperaturkokses (BHT-Koks) im einstufigen Verfahren nach Bilkenroth-Rammler. Eine komplexe Aufgabe, Freiberg 1991, S. 14 ff.; Sperling, Dieter/Schossig, Wolfgang: Wirtschaftsorganisation (s. Anmerkung 76), S. 116; Steiner, André: Plan (s. Anmerkung 26), S. 88. Besonders der zweite Fünfjahresplan versuchte nach den Unruhen 1956 in Polen auf den Ausfall der Kohlenlieferungen zu reagieren. Entsprechend wurde in dieser Zeit u. a. die Entwicklung von Braunkohlenhochtemperaturkoks forciert.

1339 Vgl. BArch, DF 9/386, Mutterbodenwirtschaft vom 20.10.1953; BStU, BV Leipzig, Leitung, Nr. 159/03, Ausfall der Förderbrücke im Tagebau des Kombinates Espenhain am 28.07.1954. Dabei zeigte sich, dass schon seit Jahren in der Grube auf Verschleiß gefahren wurde. So war beispielsweise der Untergrund unzureichend planiert und auch die Gleisanlagen wiesen erhebliche Mängel auf. Da sich dies bereits 1953 ankündigte, kann man dies auf die unzureichende Planung der sowjetischen Stellen zurückführen, die kein Interesse an kostspieligen Investitionen hatten.

1340 Vgl. BStU, BV Leipzig, Nr. 169/02, Bericht über die Dienstreise zur Bezirksverwaltung Leipzig, KD Borna vom 22.02.1956. Weiterhin blieb die Förderbrücke Espenhain aufgrund der mangelnden Organisation laut MfS problematisch. Objektiv konnten Havarien, wie der Bandriss an der Förderbrücke am 10. Februar 1956, auf mangelnde Achtsamkeit bei der Bedienung zurückgeführt werden.

obwohl dieser nicht zu den Schwerpunkten gehörte.[1341] Aus Sicht der DDR handelte es sich unter den spezifischen nationalökonomischen Umständen um einen notwendigen Schritt, da sich in den 1950er-Jahren die Abhängigkeit von der Braunkohle weiter vergrößerte. Sie musste in vielen Bereichen die westfälische oder schlesische Steinkohle ersetzen (vgl. Tab. 37). Während die westlichen Importe nach Abbruch der Wirtschaftsbeziehungen ausblieben, war die Volksrepublik (VR) Polen nicht in der Lage, den ostdeutschen Bedarf zu decken, da sie die Förderung für die eigene Wirtschaft benötigte. Schlussendlich blieben nur kleinere Importmengen aus der VR Polen und der UdSSR für die Metallurgie, während die Produktion der geringwertigen Freitaler und Zwickau-Oelsnitzer Steinkohle auf niedrigem Niveau stagnierte. Die Steigerung der Braunkohlenförderung zwischen 1952 und 1958 um mehr als 35 % zeigte die Leistungsfähigkeit der DDR-Wirtschaft, die in neueren Forschungen auch für andere Branchen betont wird.[1342] Insofern hatte die Investitionspolitik Ulbrichts, bei allen systemischen Problemen, im Sektor der Grundstoffindustrie sowie der chemischen Produktion Erfolge vorzuweisen.

Jahr	Braunkohlenförderung in t	Steinkohlenförderung in t	Steinkohlenimport in t
1952	158 462 000	2 754 000	-
1953	172 800 000	2 638 000	-
1954	181 913 000	2 648 000	-
1955	200 600 000	2 682 000	8 695 000
1956	205 866 000	2 743 000	8 650 000
1957	212 600 000	2 753 000	7 500 000
1958	214 970 000	2 903 000	7 813 000
1959	214 800 000	2 841 000	-

Tab. 37: Kohlenförderung und -importe der DDR 1950 bis 1958[1343]

1341 Vgl. BArch, DE 1/50425, Hinweise zur Diskussion über den 1. Entwurf des Perspektivprogramms der VVB Mineralöle vom 03.10.1962; Karlsch, Rainer/Stokes, Raymond: Faktor Öl (s. Anmerkung 53), S. 332 f.; Klotzsche, Heiner/Mai, Eberhard/Morgenstern, Heinz: Böhlen (s. Anmerkung 65), S. 20. Es bleibt unklar, wann genau die Entscheidung zur Umstellung von Braunkohlenteer auf Rohöl in Böhlen erfolgte. Allerdings war ab 1958 der Aufbau der Erdölverarbeitung in Böhlen geplant. Wahrscheinlich war sie von Anfang an Teil der Planung der „Vereinigung Volkseigener Betriebe" (VVB) Mineralöle, allerdings erfolgte die Umstellung erst 1962 zu Beginn des NÖSPL. Trotzdem wurde im Rahmen des Chemieprogrammes in den Industriekomplex investiert.
1342 Vgl. Schulz, Ulrike/Welskopp, Thomas: Unternehmen (s. Anmerkung 23), S. 336 ff.
1343 Vgl. BArch, DE 1/50425, Entwicklung der Mineralölindustrie vom 03.10.1960, S. 6; Sperling, Dieter/Schossig, Wolfgang: Wirtschaftsorganisation (s. Anmerkung 76), S. 318.

Die Jahre von 1952/54 bis 1964 stellten den bisherigen Höhepunkt der Braunkohlenförderung dar, sowohl im Industriekomplex als auch in der gesamten DDR (vgl. Tab. 38). Dabei nahm Böhlen-Espenhain mit einem jährlichen Anteil von mindestens 10 % an der Gesamtförderung eine herausragende Stellung ein. Allerdings war diese Entwicklung regional und national mit Problemen verbunden. Beispielsweise wurde aufgrund der „Tonnenideologie" zur Erfüllung der Pläne und zum Erreichen der Prämien potentielle Probleme in der Kohlengewinnung im Industriekomplex in die Zukunft verschoben.[1344] Ebenso führte die einseitige Fokussierung auf die Braunkohle – zumindest für den hier betrachteten Untersuchungszeitraum – zu einem Ungleichgewicht der Investitionen.[1345]

Die Expansion der Kohlenförderung im Industriekomplex ging einher mit einem erhöhten Flächenbedarf für die Erweiterung der Tagebaue. Die in Abstimmung mit den zuständigen Bergbehörden erfolgten Planungen sahen sogar die Devastierungen großer Teile Markkleebergs, der südöstlichen Randbereiche Leipzigs sowie des Auwalds bis zur Richard-Lehmann-Straße in Leipzig-Connewitz vor.[1346] Ihre Realisierung scheiterte jedoch an den mangelnden Finanzierungsmöglichkeiten für die erforderlichen Umsiedlungsprojekte. Insgesamt sollten nach den Planungen der „Kohle- und Energieprogramme" von 1960 bis 2035 jährlich 70 Mio. Tonnen Braunkohle aus dem Bornaer Revier gefördert werden, wovon mehr als ein Drittel dem Untersuchungsraum entfiel.[1347] Allerdings waren diese Planungen nur eine Momentaufnahme. Im Rahmen des NÖSPL sollte der

1344 Vgl. BStU, BV Leipzig, Leitung, Nr. 21/03, Gutachten über die Tagebautechnik der Grube Espenhain vom 25.11.1955. So bildete sich in dem Bereich, in dem die Pleiße verlegt wurde ein „Bauch", da die Förderung komplizierter war und die Betriebsleitung nur auf die Erfüllung des Planes achtete. Daher wurde die Förderung in den anderen Bereichen der Strosse erhöht, um das Plansoll zu erfüllen, wodurch dieses Ungleichgewicht entstand.

1345 Vgl. Kaschade, Hans: DDR 1949 bis 1960 (s. Anmerkung 80), S. 123, 159 und 261 f. Schon im Zeitraum 1952 bis 1957 konsumierte die Kohlenindustrie 27,4 % der Gesamtinvestitionen. Hinzu kamen 17 % für die Energiewirtschaft, so dass schon vor den Kohle- und Energieprogrammen fast jede zweite Mark in diese Sektoren floss. Im Zeitraum 1955 bis 1960 lagen sie in absoluten Zahlen noch höher. So wurde 1959 fast doppelt so viel investiert wie 1955, auch wenn ihr Anteil im Zeitraum 1956 bis 1960 auf 35,4 % fiel.

1346 Vgl. BArch, DG 2/12117, 1. Beratung des Arbeitskreises Braunkohle 1957; SächsStA-L, 20237, Nr. 18598, Perspektivplan Kohle, S. 10 ff., Zeichnung Nr. 3 bis 12. Ein Abbau weiter Teile Markkleebergs und des Leipziger Südostens war geplant. Dabei wäre der Tagebau Espenhain bis zum Straßenbahnhof Dölitz an der Leipziger Stadtgrenze und bis zur Parkgaststätte im agra-Park, unweit der Pleiße vorgedrungen. Die Kosten hätten mindestens im höheren dreistelligen Millionenbereich gelegen, weshalb das Vorhaben nicht realisiert wurde.

1347 Vgl. SächsStA-L, 20681, Nr. 65, Perspektivplanung des Leipziger/Bornaer Reviers vom 23.03.1955.

Braunkohlenbergbau im Südraum Leipzig hingegen spätestens in den 1980er-Jahren auslaufen.[1348]

Jahr	Böhlen-Espenhain	DDR gesamt	Anteil des Industriekomplexes
1953	20 112 000 t	172 800 000 t	11,6 %
1955	20 329 000 t	200 600 000 t	10,1 %
1957	21 169 000 t	212 600 000 t	10,0 %
1959	21 847 000 t	214 800 000 t	10,2 %
1961	24 905 000 t	236 900 000 t	11,6 %
1963	26 318 000 t	254 200 000 t	10,4 %
1965	26 380 000 t	250 800 000 t	10,5 %

Tab. 38: Braunkohlenförderung 1953 bis 1965 im Industriekomplex und der DDR[1349]

Die Kapazitäten der Anlagen wurden in der DDR-Zeit noch weiter ausgebaut. Neben der Produktion von Treibstoffen, deren Qualität deutlich zunahm,[1350] gewannen besonders die Ausgangsstoffe der Grundstoffchemie an Bedeutung für

1348 Vgl. Karlsch, Rainer/Stokes, Raymond: Faktor Öl (s. Anmerkung 53), S. 337 f.; SächsStA-L, 20237, Nr. 4874, Prognostische Entwicklung der Energiewirtschaft und Chemie vom 15.10.1965, S. 3; Steiner, André: Bergbau (s. Anmerkung 78), S. 315 f. Auch dieser Plan sollte nur kurze Zeit Bestand haben. Spätestens mit der wirtschaftspolitischen Wende zur „Einheit von Wirtschaft- und Sozialpolitik" wurde die Weiterführung der Tagebaue beschlossen. Ab Frühjahr 1964 musste der DDR-Führung klar gewesen sein, in welche Richtung sich die Interessen der Sowjetunion beim Erdölexport bewegten.

1349 Vgl. Kaschade, Hans: DDR 1949 bis 1960 (s. Anmerkung 80), S. 127 f.; Sperling, Dieter/Schossig, Wolfgang: Wirtschaftsorganisation (s. Anmerkung 76), S. 318; Steiner, André: Plan (s. Anmerkung 26), S. 88. Der Ausbau des Bergbau- und Energiesektors, der fast ausschließlich auf der Ausbeutung von Braunkohlenvorkommen basierte, machte Mitte der 1950er-Jahre 47 % und Anfang der 1960er-Jahre immerhin noch 40 % des gesamten Investitionsvolumens der DDR aus. Die Fördermenge stieg dabei um über 58 % von 158,5 Mio. Tonnen 1952 auf 250,2 Mio. Tonnen 1965. Dabei stieg die Arbeitsproduktivität, was gleichzeitig zu sinkenden Kosten führte.

1350 Vgl. SächsStA-L, 22243, Nr. 46, Die wirtschaftliche und politische Bedeutung unseres VEB vom 25.05.1956. Die Dehydrierungs-Anlage in Böhlen stellte in den 1950er-Jahren die wichtigste Quelle für hochwertiges Benzin dar. Während die durchschnittliche Oktanzahl häufig unter dem Normbenzinwert von 72 bis 74 lag, konnten in Böhlen Treibstoffe mit bis zu 95 Oktan hergestellt werden. Dadurch benötigten Motoren weniger Wartung und ihre Laufzeit erhöhte sich. Gerade für die empfindlichen turbinengetriebenen Flugzeuge war dies relevant.

die gesamte Volkswirtschaft.[1351] So stellte der VEB Espenhain 80 % des Rohphenols der DDR, ein Vorprodukt der Kunststofferzeugung, her. Zusätzlich versorgte die Rohsäure, die aus der Phenolatlauge gewonnen wurde, ebenfalls die wichtigsten Betriebe dieser Branche.[1352] Auch bei der Treibstoffherstellung bestand eine Abhängigkeit von der Braunkohle. Sie bildete bis Mitte der 1950er-Jahre die wichtigste Ressource in der Benzin- und Dieselherstellung.[1353] Ähnliche Bedeutung besaß das Gaswerk, das 50 % des Stadtgases für den mitteldeutschen Ferngasverbund produzierte und somit systemrelevant für die Versorgung der Industrie blieb.[1354] Daher erfolgte der weitere Ausbau der Gaserzeugung.[1355]

Das Bornaer Revier blieb im Rahmen des „Kohle- und Energieprogrammes" von 1954 weiterhin von zentraler Bedeutung, entsprechend wurde die Leistung der Kraftwerke Böhlen, Espenhain und Zeitz um 141 Megawatt gesteigert, wie der verantwortliche Minister für Schwerindustrie, Fritz Selbmann, 1954 in einer Rede im VEB Böhlen betonte.[1356] Die Kraftwerke waren weiterhin die technisch fortschrittlichsten und energiepolitisch bedeutendsten in der DDR: 1959 deckte das Kraftwerk Espenhain 10 % des gesamten nationalen Energiebedarfs.[1357] Daher verwunderte es nicht, dass die zentrale Energiekonferenz 1957 in Böhlen stattgefunden hatte,[1358] ein Jahr vorher, 1956, sogar überlegt worden war, in Espenhain im Rahmen des Ausbaus des zweiten „Kohle- und Energieprogramms" ein weiteres Kraftwerk zu errichten.[1359] Die Pläne mussten aus ökonomischen Gründen aufgeschoben werden und führten erst in

1351 Vgl. SAPMO, DY 37/2256, Vorschläge über lohnpolitische Maßnahmen zur einheitlichen Regelung der Entlohnung in den Kohlenveredelungskombinaten Böhlen und Espenhain vom 29.09.1956.

1352 Vgl. SächsStA-L, 20681, Nr. 33, Phenolgewinnung vom 07.01.1965. Die Lieferungen gingen an die bedeutendsten Kunststoffproduzenten der DDR, wie beispielsweise Leuna, Wolfen und Erkner.

1353 Vgl. BArch, DG 2/18739, Studie über die Entwicklung der Mineralöl-Industrie der DDR 1955–1960, S. 1. Nicht nur, dass die Braunkohle die Rohstoffgrundlage für das wichtigste Verfahren, die Teerhydrierung, darstellte, sondern sie bildete auch die Grundlage für das dritt-, viert- und fünfwichtigste Verfahren und dominierte entsprechend die Produktion.

1354 Vgl. Kaschade, Hans: DDR 1949 bis 1960 (s. Anmerkung 80), S. 259; BArch, DG 2/9752, Großgaswerk Böhlen vom 13.04.1953. Im Zeitraum 1955 bis 1960 machte die Böhlener Produktion 10,1 % der gesamten Produktion der DDR aus, wobei nun allerdings Magdeburg, Berlin und vor allem Lauchhammer vor Böhlen rangierten.

1355 Vgl. BArch, DG 2/9752, Projekt Erweiterung Gaswerk Böhlen vom 25.07.1953.

1356 Vgl. SAPMO, NY 4113 (Selbmann, Fritz)/9, „Die Arbeit der Braunkohlenindustrie im Jahre 1953 und deren Aufgabe 1954" am 19.02.1954, S. 24.

1357 Vgl. SächsStA-L, 22244, Nr. 3, Bericht über die Kontrolle und Anleitung im BS-Amt Espenhain vom 29.09.1959.

1358 Vgl. BArch, DG 2/17376, Besprechungsprotokoll über die zentrale Energiekonferenz, Bereich Brikettfabriken, am 24.04.1957 in Böhlen.

1359 Vgl. ebd., DG 2/21763, Weiterer Ausbau des Kraftwerkes Espenhain vom 25.08.1956.

den späten 1960er-Jahren zu Kraftwerksneubauten in Lippendorf und Thierbach.[1360] Entsprechend erhöhte sich die geplante Kohlenförderung in beiden Tagebauen.[1361] Zusätzlich wurde die Schwelerei Böhlen im Rahmen des ersten „Kohle- und Energieprogramms" erweitert.[1362] Selbst für das Hydrierwerk war eine Kapazitätserweiterung auf 690 000 Tonnen Jahresleistung geplant.[1363] Dies entsprach dem allgemeinen Ausbau der Hydrierindustrie in der DDR in den 1950er-Jahren. So steigerte sich die Produktion der drei Hydrierwerke Böhlen, Leuna und Zeitz allein zwischen 1953 und 1955 von 750 000 auf 1,6 Mio. Tonnen im Jahr.[1364]

Andererseits gab es auch Produktionsanlagen, die relevant für die DDR waren, allerdings schon zu Beginn der letzten Phase als veraltet galten. Hierzu zählte die Teerverarbeitungsanlage Espenhain, die eine Jahreskapazität von 120 000 Tonnen Diesel und Heizöl besaß.[1365] Auf den beginnenden Niedergang ließ die nachlassende Qualität ihrer Produkte schließen.[1366] In Tab. 39 und 40 kann die geplante Produktion des Industriekomplexes im Kontext der Gesamtproduktion der DDR für diese Produkte verglichen werden. Zwar sank danach die Bedeutung des Industriekom-

1360 Vgl. ebd., DE 1/52846, Perspektive der techn. Entwicklung der Energiewirtschaft der DDR vom 20.05.1960, S. 2; Berkner, Andreas: Braunkohlenbergbau (s. Anmerkung 79), S. 207; Kaschade, Hans: DDR 1960 bis 1990 (s. Anmerkung 80), S. 207 und 243–247. Allerdings reagierten diese Bauten nur auf den gesteigerten Energiebedarf der DDR, der zwischen 1965 und 1980 von 63 auf 200 Milliarden Kilowattstunden bzw. von 12 000 auf 40 000 installierte Megawatt steigen sollte. Dabei handelte es sich um eine Vervierfachung. Nach Kaschade wurde diese allerdings nicht erreicht. 1989 auf dem Höchststand betrug sie knapp 119 Mrd. Kilowattstunden. Auch beim Kraftwerkszubau wurden zwar bedeutende Fortschritte erreicht. So stieg allein zwischen 1960 und 1970 die installierte Kraftwerksleistung um 6418 Megawatt. In Bezug auf die 28 000 geplanten Megawatt waren es aber nur knapp 23 %.

1361 Vgl. BArch, DG 2/10129, Stellungnahme des PKB Kohle, Büro f. Bergbauausrüstung vom 19.01.1955; SAPMO, NY 4090/64, Bagger für das Kombinat „Otto Grotewohl", Böhlen vom 11.03.1953; SächsStA-L, 20681, Nr. 18, Sondermaßnahmen 1957/58 vom 11.02.1957.

1362 Vgl. BArch, DG 2/18739, Studie über die Entwicklung der Mineralöl-Industrie der DDR 1955–1960, S. 2f. Hierbei handelte es sich um eine Erweiterung um sechs Öfen, was in etwa der Vergrößerung um ein Viertel der bisherigen Kapazität entsprach.

1363 Vgl. ebd., S. 7. Das Leuna-Werk sowie das Hydrierwerk Zeitz sollten auf eine Kapazität von 1 000 000 Tonnen pro Jahr gebracht werden. Über die Realisierung dieser Pläne liegen keine Informationen vor.

1364 Vgl. Birkenfeld, Wolfgang: Treibstoff (s. Anmerkung 66), S. 214.

1365 Vgl. BArch, DG 2/18739, Studie über die Entwicklung der Mineralöl-Industrie der DDR 1955–1960, S. 4. Dabei handelte es sich um eine mittelgroße Anlage. Die größte Anlage stand in Rositz mit 370 000 Tonnen Kapazität. Kleinere Anlagen mit 60 000–90 000 Tonnen Jahresproduktion fanden sich in Webau, Köpsen und Gölzau. Die kleinste Anlage befand sich in Bösdorf und somit im Industriekomplex.

1366 Vgl. SächsStA-L, 20681, Nr. 33, Bericht der Gruppe C vom 14.07.1964, Phenolgewinnung vom 07.01.1965. Dies betraf sowohl die Phenolatlauge als auch die Rohsäure der Rohsäurefabrik.

plexes, allerdings auf hohem Niveau und nicht für beide Standorte gleichermaßen. So war Böhlen beispielsweise weit weniger von einem Bedeutungsverfall betroffen.

Jahr	Böhlen	Espenhain	DDR	Anteil an Gesamtproduktion
1953	466 200 t	598 000 t	1 658 760 t	64,2 %
1955	550 000 t	675 000 t	2 193 000 t	55,9 %
1960	690 000 t	675 000 t	2 523 000 t	54,1 %

Tab. 39: Geplante Entwicklung Teer- und Leichtölerzeugung der DDR bis 1960[1367]

Jahr	Böhlen	Espenhain	DDR	Anteil an Gesamtproduktion
1953	443 500 t	120 000 t	1 554 400 t	36,3 %
1955	445 000 t	150 000 t	2 389 000 t	24,9 %
1960	690 000 t	220 000 t	3 544 000 t	25,7 %

Tab. 40: Geplante Entwicklung der DDR-Treibstoffindustrie bis 1960[1368]

Bei der Gewinnung von Schwefel und Phenol war die volkswirtschaftliche Abhängigkeit vom Industriekomplex ebenso offensichtlich (vgl. Tab. 41); Espenhain war für Phenol die mit Abstand wichtigste Produktionsstätte. Daher verwundert weder, dass ein Teil der Anlagen im „Chemieprogramm" und im NÖSPL eine Rolle spielte und der Untersuchungsraum zu einem Großkombinat der Erdölverarbeitung umprofiliert werden sollte,[1369] noch, dass die Kombinate als zentrale Objekte des planwirtschaftlichen Wirtschaftsausbaus galten und entsprechende Würdigungen in der Propaganda des sozialistischen Aufbaus erhielten.[1370]

Entsprechend der Bedeutung für die DDR-Wirtschaft richtete sich das Interesse der politischen Führung weiterhin auf den Untersuchungsraum. Daher blieben Besuche der SED-Führung im letzten Zeitraum häufig, die die Relevanz der Werke unterstrichen. Zu den wichtigsten gehörten, neben dem des Präsidenten der DDR, Wilhelm Pieck, und dem des Ministerpräsidenten, Otto Grotewohl, jene des Generalsekretärs des Zentralkomitees der SED, Walter Ulbricht, des Vorsitzenden der FDJ,

1367 Vgl. BArch, DG 2/18739, Studie über die Entwicklung der Mineralöl-Industrie der DDR 1955 – 1960.

1368 Vgl. ebd.

1369 Vgl. SAPMO, DY 37/3514, Verhandlung mit dem Koll. Meißner über seine Eingruppierung nach Chemie vom 15.04.1965; SächsStA-L, 20681, Nr. 244, Perspektivplan 1960 – 1965 vom 30.05.1959.

1370 Vgl. Hastedt, Regina: Ich bin Bergmann – wer ist mehr, Dresden 1961, S. 47 f., 50 und 156 ff.; Lindenberger, Thomas: Havarie (s. Anmerkung 69), S. 262.

Erich Honecker, 1953, des Ministers für Schwerindustrie, Fritz Selbmann, sowie der Justizministerin, Hilde Benjamin, 1954 (vgl. Abb. 12), Rosa Thälmanns 1955 und des Minister für Kohle und Energie, Richard Goschütz, 1956.[1371] Selbst Besichtigungen durch ausländische Delegationen sind nachweisbar.[1372] Seit 1956 ließ jedoch das Interesse spürbar nach und verlagerte sich zunehmend auf andere Wirtschaftszweige.

Produkt	Anteil an der Gesamtproduktion der DDR
Rohkohlen	ca. 6 %
Briketts	ca. 10 %
Teer & Leichtöl	ca. 28 %
Schwefel	ca. 27 %
Elektro-Energie	ca. 8 %
Rohphenol	ca. 60 %

Tab. 41: Anteil der Förderung und Erzeugung ausgewählter Produkte des Kombinates Espenhain an der Gesamtproduktion der DDR 1958[1373]

1371 Vgl. BStU, BV Leipzig, Leitung, Nr. 966, Einschätzung vom 01.07.1957; NlSG, Sonderbestand, Buch in Anerkennung seiner Verdienste als Werksdirektor vom Januar 1955, Besuch des Ministers f. Justiz Hilde Benjamin in unserem Klubhaus „Clara Zetkin" 1954, Buch Von den Genossen der Bergbaubetriebe des Kreises Borna, Minister Goschütz spricht am Vortage der Wahl vom 22.06.1956; SAPMO, NY 4113/9, „Die Arbeit der Braunkohlenindustrie im Jahre 1953 und deren Aufgabe 1954" am 19.02.1954, S. 1; SächsStA-L, 20681, Nr. 308, Großkundgebung am 12.11. 1953; 20687, Nr. 517, Unser Ministerpräsident Otto Grotewohl zu Besuch in unserem Werk, das seinen Namen trägt 1955, Gesamtdeutsche Kulturfesttage in Böhlen 1955, Herzlicher Empfang von Wilhelm Pieck 1955. Pieck und Grotewohl besuchten den Industriekomplex im Rahmen ihrer Amtsfunktionen. Bei Ulbricht wurde das genaue Datum nicht überliefert, allerdings muss es zwischen Ende 1955 und Mitte 1957 liegen. Honecker nahm an einer zentralen Veranstaltung zur Übergabe der SAG Espenhain im Kulturhaus „Clara Zetkin" teil. Selbmann weilte anlässlich einer Konferenz als zuständiger Minister im Untersuchungsraum. Die Witwe von Ernst Thälmann kam zu den Gesamtdeutschen Kulturfesttagen nach Böhlen. Benjamin besuchte eine politische Veranstaltung im Klubhaus „Karl Liebknecht" in Rötha und Goschütz, sie hielt eine Rede zur Mobilisierung für die Gewerkschaftswahlen 1956.

1372 Vgl. SächsStA-L, 21125, Nr. IV/4/03/001, Gen. Feindt vom 30./31.01.1954. Besonders der Besuch der mexikanischen Vertreter war hierbei erstaunlich, da es sich um ein Land handelte, das außerhalb des sozialistischen Wirtschaftsraumes lag. Allerdings bleibt unklar, um wen es sich genau handelte. Ähnliches gilt für die Kubaner. Eventuell waren sie Mitglieder der jeweiligen Kommunistischen Opposition. Solche Besuche unterstrichen die Bedeutung von Böhlen-Espenhain als Musterbetrieb einer nationalen Autarkiepolitik.

1373 Vgl. ebd., 20681, Nr. 244, Rekonstruktionsplan 1960 – 65.

Die Bedeutung des Industriekomplexes in der Phase der DDR wurde auch durch ihre dominierende wirtschaftliche Rolle in der regionalen Wirtschaft deutlich. Die Landkreise Borna und Leipziger Land wurden maßgeblich von den Industrieanlagen in Böhlen-Espenhain geprägt. Beispielsweise war das Kombinat Espenhain 1957 der größte Betrieb des Kreises Borna, trotz der zahlreichen anderen Braunkohlen- und Teerverarbeitungswerke in Borna, Deutzen und Regis.[1374]

Abb. 12: Justizministerin Hilde Benjamin (links) und Kombinatsdirektor Richard Kilian (rechts), 1954

Die Besuche der Honoratioren im Industriekomplex wurden durchaus kritisch gesehen. Entgegen der Interpretation, dass diese die Arbeitskräfte zu höheren Leistungen anspornten, mahnte die Hauptverwaltung Flüssige Brennstoffe als übergeordnetes Leitungsorgan des Kombinats Böhlen 1953 eine Reduzierung der Besichtigungen durch Vertreter der Ministerien an, da sie eine negative Auswirkung auf die Produktion hätten.[1375] Als Grund wurde angeführt, dass die offiziellen Empfänge und deren Vorbereitung die Produktion behindern und entsprechende Ausfälle provozieren würden.

Politische Wertschätzung und ökonomisches Prestige manifestierten sich ausdrucksvoll auch in der Verleihung von Titeln und Auszeichnungen, die die

1374 Vgl. NlSG, Sonderbestand, Buch Von den Genossen der Bergbaubetriebe des Kreises Borna, VEB Kombinat Espenhain vom 15.09.1957.

1375 Vgl. SächsStA-L, 20687, Nr. 297, Neuregelung der Dienstreisen vom 07.08.1953.

Betriebe, seine „Kollektive" und einzelne Arbeitskräfte für ihre Leistungen erhielten. 1958 wurde Böhlen, neben dem „Uralbanner der sowjetischen Bergarbeiter" und dem „Lenin-Banner" als bester Braunkohlenbetrieb, der Orden „Banner der Arbeit", eine der höchsten Auszeichnungen der DDR, verliehen.[1376] Eine Aufwertung erfuhr der Industriekomplex, besonders das Kombinat „Otto Grotewohl" Böhlen, in der frühen DDR nach den Ereignissen um den 17. Juni 1953. So wandelte die SED Anfang 1954 die BPO zu einer eigenen Kreisleitung um,[1377] die ihre Zuständigkeit 1964 auf den gesamten Untersuchungsraum erweiterte.[1378]

Beim Einsatz neuer technischer Entwicklungen zeigte sich hingegen nur eine partielle Begünstigung des Industriekomplexes. Gleichwohl wurden auch hier neuste technische Entwicklungen eingeführt. Symbolhaft steht hierfür der Kugelschauffler,[1379] ein Baggertyp, der sich im Nachhinein als technische Sackgasse herausstellte, in den 1950er-Jahren aber als die nächste Evolutionsstufe der Gewinnungstechnik galt.[1380] Allerdings stand diesem Beispiel die mangelnde Ausstattung mit Großgeräten gegenüber. Besonders der Ersatz des Baggers 6a in Espenhain entwickelte sich zu einem Politikum. Eigentlich war er nur als Ersatzlösung während der Kriegszeit gedacht, bis zur Lieferung des leistungsfähigen Baggers der Firma Krupp, wie bereits ausgeführt.[1381] Dabei lag seine Leistung gerade einmal bei etwas mehr als einem Drittel und er besaß auch nur die Hälfte der Schnitthöhe der ursprünglich vorgesehenen Maschine.[1382] Die SAG

1376 Vgl. SAPMO, DY 37/2771, Vorschlag zur Auszeichnung des Tagebaues Böhlen mit dem Orden „Banner der Arbeit" vom 14.06.1958.

1377 Vgl. SächsStA-L, 21125, Nr. IV/4/03/001, In der Durchführung der Politik von Partei und Regierung vom 30./31.01.1954.

1378 Vgl. ebd., 20687, Nr. 1068, Vorschläge für das Präsidium zur Kreisdelegiertenkonferenz am 09. und 10.05.1964.

1379 Vgl. ebd., 20681, Nr. 150, Abgabe eines Kugelschaufflers vom 19.12.1960.

1380 Vgl. Groß, Hans: Tagebaukunde, Lehrbrief 7. Kohlegewinnung, Dresden 1954, S. 28.

1381 Vgl. Urban, Thomas: Zwangsarbeit (s. Anmerkung 62), S. 115 ff. Der zum Jahresbeginn 1941 bestellte Bagger sollte ursprünglich ab Juli 1943 seinen Betrieb im Tagebau aufnehmen. Trotz mehrfacher Besprechungen mit dem RWM und dem GB chem, die jeweils die entsprechenden Stahlkontingente zusicherten, befand er sich zum Kriegsende immer noch im Bau.

1382 Vgl. SächsStA-L, 20681, Nr. 268, Die Abraumförderbrücke der ASW Espenhain zwischen 1945 und 1948. Während der Bagger 2, ein D1400 der Firma Krupp, von dem ursprünglich zwei Stück beschafft werden sollten, über eine Schnitthöhe von 20,5 Metern verfügte, waren es beim Bagger 6a, einem D960 aus der Maschinenfabrik Buckau R. Wolf AG aus Magdeburg, gerade einmal 10 Meter. Bei der Förderleistung schnitt er noch schlechter ab. Hier betrug seine Leistung mit 615 Kubikmeter pro Stunde im Vergleich nur 37 % der geplanten Maschine.

Espenhain konnte keinen Ersatz beschaffen, sodass das Problem auch noch in der Phase der DDR bestand:[1383]

> „Die Bagger 6a [...] und 13 [...] sind direkt nebeneinander angeordnet und gewinnen beide im Tiefschnitt den dritten Abraumschnitt. Diese beiden Geräte stellen den hauptsächlichen Engpaß der Brückenbagger dar. Es handelt sich um zwei störanfällige Bagger deren Leistung zu gering ist, um den Bagger 2 voll ausfahren zu können."[1384]

Im Rahmen des ersten „Kohle- und Energieprogrammes" sollte endlich ein leistungsfähiger Bagger beschafft werden. Trotz der Aussage des Ministeriums für Schwerindustrie 1954, dass erst in fünf Jahren ein Ersatz beschafft werden könne,[1385] skizzierten die Planer des Tagebaus noch im selben Jahr fünf verschiedene Varianten, den Bagger zu ersetzen bzw. zu modernisieren (vgl. Tab. 42). Das Werk favorisierte mit Variante C die Mittellösung, die aus seiner Sicht die größte Wahrscheinlichkeit zur Realisierung hatte.[1386] Grund dafür war sicherlich, dass der Hersteller für Varianten D und E angab, bis einschließlich 1960 ausgelastet zu sein.[1387] Die vom Werk skizzierten Möglichkeiten zeugten von einem selbstständigen taktischen Verhalten zur Durchsetzung der eigenen betrieblichen Interessen.

Bis Mai 1956 hatte sich die Situation nicht geändert und es gab immer noch keinen Behelf.[1388] Erst im Mai 1957 ging die Ersatzlösung Bagger 18 in Betrieb (vgl. Abb. 13).[1389] Dabei handelte es sich um Variante C und somit um die Mittellösung. Bagger 18 wurde auch nicht für den Tagebau Espenhain gebaut, sondern aus dem Tagebau Witznitz II, der in unmittelbarer Nähe zum Untersuchungsraum lag (vgl. Abb. 1), abgezogen. Verständlicherweise führte das in Witznitz zu Produktionsdefiziten. Schlussendlich zeigt dieser Fall zum einen

1383 Vgl. BArch, DG 2/10129, Ausrüstung für den 3. Brückenschnitt vom 21.12.1954.

1384 BStU, BV Leipzig, Leitung, Nr. 21/03, Gutachten über die Tagebautechnik der Grube Espenhain vom 25.11.1955. Bei der Untersuchung fiel auf, dass die Stillstandzeiten im Vergleich zur SAG deutlich zunahmen. Dies war ein Indiz für die abnehmende Leistungsfähigkeit der als Übergangslösung eingesetzten Bagger.

1385 Vgl. BArch, DG 2/13941, Besprechung mit dem Stellvertr. des Ministers vom 16.10.1954.

1386 Vgl. ebd., DG 2/10129, Stellungnahme des PKB Kohle, Büro f. Bergbauausrüstung vom 19.01.1955.

1387 Vgl. ebd., DG 2/13941, Lieferung eines Baggers Ds1600 für Werke Espenhain vom 13.07.1954. Einschränkend wurde vom Betrieb auch darauf hingewiesen, dass dieser Termin nur bei der Lieferung der jährlich benötigten Stahlmenge von 4000 Tonnen realistisch sei. Bei den entsprechenden Verwerfungen der DDR-Wirtschaft, besonders vor dem Bau der Berliner Mauer, schien daher selbst 1960 unrealistisch.

1388 Vgl. SächsStA-L, 20681, Nr. 280, Beschreibung der Technologie vom 18.05.1956.

1389 Vgl. Schmidt, Thomas: Großtagebau (s. Anmerkung 120).

die begrenzten Investitionsmittel der DDR, selbst für ihre Prestigevorhaben, und zum anderen die begrenzten Durchsetzungsmöglichkeiten der Forderungen aus dem Industriekomplex, trotz bester Verbindungen in die Führungsebenen der DDR. Die Abgabe aus Witznitz belegt hingegen die Bedeutung des Untersuchungsraumes für die Ebene von Kreis, Bezirk und Ministerium.

Das Kombinat „Otto Grotewohl" Böhlen erhielt 1958 einen Bagger Ds 1500,[1390] dessen Beschaffung ebenfalls nicht problemlos ablief, wie die mehrfache Kontaktierung sowohl des Ministerpräsidenten Otto Grotewohl als auch des Leiters des Staatssekretariats Chemie, Dr. Werner Winkler, zeigte.[1391] Schlussendlich wurde auch nur ein Bagger, statt der geforderten zwei, geliefert und noch dazu mit vier Jahren Verzögerung.

Abb. 13: „1957 Juni Einfahrt Bgg.18 – 630 – 2, der leist[ungs]-fäh[ige] Bagger ist endlich da!"

1390 Vgl. SächsStA-L, 20687, Nr. 735, Investitionen vom 30.07.1963, S. 5 und 8. Hierzu erfolgte der Einsatz einer Investitionssumme von 200 Mio. Mark ab 1957 für die gesamte Tagebauentwicklung. Für den Bagger musste schon eher eine Genehmigung vorgelegen haben, da er bereits 1958 fertiggestellt war.

1391 Vgl. SAPMO, NY 4090/64, Bagger für das Kombinat „Otto Grotewohl", Böhlen vom 11.03.1953, Bagger für „Otto Grotewohl" Böhlen vom 17.04.1953, Betr. Bagger Ds 1500 für Böhlen vom 23.04.1953. Dabei wurden sowohl das Thälmannwerk als auch das Buckauer Werk angehalten, diese zu produzieren. Außerdem war die Argumentation von Winkler interessant, der eine Bevorzugung gegenüber dem Tagebau Muldenstein bei Bitterfeld forderte, da sonst Böhlen in den nächsten Jahren mit 2,5 Mio. Tonnen Kohle jährlich extern versorgt werden müsste. Offensichtlich waren aber diese Argumente nicht ausreichend.

Variante	Investition in Mark	Wirtschaftlicher Effekt für 3 Jahre in Mark	geplante Kohlenfreilegung in t
A	-	-	1956: 12 033 000 1957: 12 395 000 1958: 13 251 000
B	1 000 000	2 378 000	1956: 12 453 000 1957: 13 041 000 1958: 13 836 000
C	15 286 000	5 431 000	1956: 14 122 000 1957: 13 957 000 1958: 15 430 000
D	18 413 000 davon 1 800 000 Valuta	10 788 000	1956: 16 880 000 1957: 16 683 000 1958: 18 434 000
E	26 413 000	6 323 000	1956: 14 336 000 1957: 14 167 000 1958: 15 659 000

Tab. 42: Varianten für den Einsatz eines neuen Baggers im Rahmen des ersten „Kohle- und Energieprogrammes" (inkl. der möglichen Abraumleistung) [1392]

Trotz der hochgesteckten Ziele, brachten die beiden „Energie- und Kohleprogramme" eher einen schleichenden Bedeutungsverlust für den Untersuchungsraum. Schließlich blieb vor allem die Förderung von Rohkohlen in Espenhain hinter den Erwartungen zurück.[1393] Allerdings war dies auch auf die

1392 Vgl. BArch, DG 2/10129, Tagebauausrüstung Espenhain vom 22.12.1954. Die Wahl des Baggers war dabei nicht nur die wirtschaftlichen Ziele, sondern auch durch die finanziellen Möglichkeiten bestimmt. Variante A stellte den Betrieb ohne eine Veränderung dar. Variante B beinhaltete die Modernisierung der Bagger 6a und 13. Diese wäre volkswirtschaftlich günstig gewesen, hätte aber zugleich einen geringen wirtschaftlichen Nutzen gehabt. Variante C sah einen Bagger D 1120 vor, der nicht zu den modernsten gehörte (nicht schwenkbar, geringere Förderleistung von 1915 Kubikmeter pro Stunde) und den Einsatz von zwei kleineren Schaufelradbaggern notwendig gemacht hätte. Variante D wäre die technisch und wirtschaftlich sinnvollste Variante gewesen und hätte einen Bagger D 1600 beinhaltet, der über eine Leistung von 2160 Kubikmetern in der Stunde verfügte und prädestiniert für den Abraumförderbrückenbetrieb war. Allerdings war die Ausgabe von 1,8 Mio. Valutamark für das Projekt ein Politikum. Variante E wiederum sah den Einsatz eines Ds 1500 vor, dessen Schwenkbarkeit allerdings keinen Vorteil für den Brückenbetrieb dargestellt und der noch dazu die höchsten Anschaffungskosten gehabt hätte.

1393 Vgl. SächsStA-L, 20681, Nr. 244, Perspektivplan 1960–1965 vom 30.05.1959. Die Berechnungsgrundlage für die Arbeitsproduktivität erscheint hierbei fehlerhaft, da nur die Produktizunehmend schlechteren geologischen Bedingungen im Tagebau zurückzuführen. Außer im Bereich der Arbeitsproduktivität war keine Produktionssteigerung geplant, und selbst in diesem Bereich war mit einer weitestgehenden Stagnation ab 1962 zu rechnen (vgl. Tab. 43). Ein deutliches Zeichen für den Bedeutungswandel des Industriekomplexes.[1394]

	1958	1960	1962	1964
Bruttoproduktion	344 444 000 DM	372 875 000 DM	384 172 000 DM	387 803 000 DM
Produktionsarbeiter	6614	6482	6486	6472
Arbeitsproduktivität je Produktionsarbeiter	52 078 DM	57 525 DM	59 231 DM	59 920 DM
Steigerung	-	10,46 %	2,97 %	1,16 %
Gesamtbelegschaft	8762	8780	8830	8840
Arbeitsproduktivität Gesamtbelegschaft	39 311 DM	42 468 DM	43 508 DM	43 869 DM
Steigerung	-	8,03 %	2,45 %	0,83 %

Tab. 43: Geplante Produktion und Entwicklung der Arbeitsproduktivität in Espenhain 1958 bis 1964[1395]

Das NÖSPL läutete den schleichenden Abstieg des Untersuchungsraumes ein. Allerdings betraf ihn der Niedergang nur partiell und erst nach Ende des Untersuchungszeitraumes. 1971 kam es zur wirtschaftlichen Trennung des Industriekomplexes: Der VEB Kombinat „Otto Grotewohl“ Böhlen wurde Teil des PCK Schwedt, wohingegen das Werk Espenhain und beide Tagebaue unter dem Namen VEB BKK Espenhain firmierten.[1396] Ursprünglich war eine Umwandlung beider Werke in ein Erdölverarbeitungskombinat geplant, das auch kurzzeitig zwischen 1969 und 1971 bestand.[1397] Teil dieser Umwandlung wäre ein Aus-

onsarbeiter berücksichtigt wurden. Andere Gruppen spielten keine Rolle, sodass die Tabelle um die restliche Belegschaft ergänzt wurde.

1394 Vgl. Kaschade, Hans: DDR 1960 bis 1990 (s. Anmerkung 80), S. 30. Schuld war vor allem das sich verschlechternde Abraum-Kohle-Verhältnis, das einen größeren Arbeitsaufwand je Tonne Kohle erforderte.

1395 Vgl. SächsStA-L, 20681, Nr. 244, Perspektivplan 1960 – 1965 vom 30.05.1959.

1396 Vgl. Sperling, Dieter/Schossig, Wolfgang: Wirtschaftsorganisation (s. Anmerkung 76), S. 211 und 214.

1397 Vgl. SAPMO, DY 37/3514, Verhandlung mit dem Koll. Meißner über seine Eingruppierung nach Chemie vom 15.04.1965, Vereinbarungen zwischen dem Werksdirektor und der Kombinatsgewerkschaftsleitung vom 01.07.1968.

laufen des Braunkohlenbergbaus gewesen. Dieser Blick in die Zukunft des Industriekomplexes verdeutlicht, dass das NÖSPL versuchte, einen Modernisierungsschub für die DDR-Wirtschaft vom karbo- zum petrochemischen Zeitalter zu initiieren,[1398] obwohl erste Grundlagen bereits aus dem „Chemieprogramm" stammten.[1399] Allerdings nahm die Bedeutung des Industriekomplexes bereits seit Beginn der 1960er-Jahren ab. Aufgrund der technischen Entwicklung der Olefin-Verarbeitung halbierte sich zwischen 1958 und 1964 in der DDR die Gestehungskosten je Tonne Benzin von 362 auf 187 Mark.[1400] Daher war die braunkohlenbasierte Treibstoffindustrie gegenüber der Petrochemie selbst unter den Rahmenbedingungen einer autarken Wirtschaft nicht mehr konkurrenzfähig, wie der Vergleich der Böhlener Preise mit den auf Erdölverarbeitung basierenden Werken in Leuna und Schwedt zeigt (vgl. Tab. 44). Gravierender noch war der Rückgang des Absatzes in den 1960er-Jahren: Erzielte der Vergaserkraftstoff ROZ 92 (Benzin mit Oktanzahl 92) im Export bis Ende 1964 aufgrund der Hydriersteuer einen Preis von 300 Mark je Tonne, fiel er ab Frühjahr des Folgejahres auf den Weltmarktpreis von 62,50 Mark.[1401] Selbst der Inlandsabsatz gestaltete sich schwieriger, sodass die Treibstoffe die Lagerkapazitäten belegten – ein eindeutiger Indikator für den Verlust der Konkurrenzfähigkeit des Industriekomplexes. Auch die Ressourcenaufwendungen machten vor dem gleichzeitigen Preisrückgang bei Mineralöl auf dem Weltmarkt synthetisches Benzin unwirtschaftlich: So entsprachen 6 Mio. Tonnen Erdöl 1960 über 90 Mio. Tonnen Rohbraunkohle bzw. 45 Mio. Tonnen Briketts.[1402] Allein aufgrund von Förderung und Transport benötigte die Hydrierung einen nicht mehr zu rechtfertigenden Mehraufwand.

1398 Vgl. Steiner, André: DDR-Wirtschaftsreform (s. Anmerkung 33), S. 148.

1399 Vgl. ders.: Plan (s. Anmerkung 26), S. 89.

1400 Vgl. SächsStA-L, 20687, Nr. 45, Veränderung des Treibstoffsortiments vom 21.12.1964. Konkret sank er von 362,30 Mark auf 183 bis 191 Mark.

1401 Vgl. BStU, BV Leipzig, Leitung, Nr. 148, Ergänzungsbericht zur Information vom 22.04.1965.

1402 Vgl. Kaschade, Hans: DDR 1949 bis 1960 (s. Anmerkung 80), S. 163 f.

Kraftstoff	Mehrkosten im Vergleich zu Leuna (1) bzw. Schwedt (2)	Niedrigere Kosten gegenüber Schwarzheide
Dieselkraftstoffe	36,57 Mark/Tonne (1)	-
VK MOZ 72 (Oktanzahl 72)	53,47 Mark/Tonne (1)	-
VK MOZ 78 (Oktanzahl 78)	54,92 Mark/Tonne (2)	-
Flugturbinenkraftstoff	-	24,27 Mark/Tonne

Tab. 44: Gestehungskosten für Treibstoffe in Böhlen im Vergleich zu Leuna und Schwarzheide[1403]

Als Teil der Restrukturierung gewann besonders die IZ eine größere Bedeutung. Standen die Machthaber der DDR der Institution anfangs skeptisch gegenüber,[1404] schien sich dies schon direkt nach der Übernahme des Industriekomplexes gewandelt zu haben, da die IZ aufgrund ihrer zentralen Rolle beim Aufbau der Petrochemie nun selbstbewusst nach außen auftrat:

> „Die Ingenieurtechnische Zentralstelle (IZ) berichtet über ihre Tätigkeit als werkseigenes Konstruktionsbüro des Kombinates, als Hauptprojektant der HV Flüssige Brennstoffe und als Forschungsstelle."[1405]

Nicht nur national, sondern auch international war die Rolle der IZ bedeutend, da sie als „einzige[s] Büro für Hauptprojektierung und Forschung für das gesamte Volksdemokratische Lager" über ein Alleinstellungsmerkmal im „Rat für gegenseitige Wirtschaftshilfe" (RGW) verfügte.[1406]

1403 Vgl. SächsStA-L, 20687, Nr. 45, Veränderung des Treibstoffsortiments vom 21.12.1964. Nur das ebenfalls Braunkohlenteer verarbeitende Werk Schwarzheide produzierte teurer als Böhlen. Hierbei zeigt sich, dass Böhlen zwar im Rahmen der Technologie effizient arbeitete, aber nicht mit der Entwicklung der Erdölverarbeitung mithalten konnte. Der Vergaserkraftstoff VK ROZ 92, der beste Treibstoff der DDR, wurde zu diesem Zeitpunkt allerdings nur in Böhlen hergestellt. Daher war die DDR weiterhin abhängig von der Produktion des Untersuchungsraumes.

1404 Vgl. BArch, DC 1/1568, Elektro-Kombinat Espenhain Böhlen vom 17.04.1950, S. 4. Der Skeptizismus drückte sich in einer Überwachung und durch häufige Kritik aus.

1405 SächsStA-L, 20687, Nr. 781, Jahresbericht 1954 Ingenieurtechnische Zentralstelle vom 20.01.1955, S. 1.

1406 SächsStA-L, 22243, Nr. 46, Die wirtschaftliche und politische Bedeutung unseres VEB vom 25.05.1956; Karlsch, Rainer/Stokes, Raymond: Faktor Öl (s. Anmerkung 53), S. 334. Selbst die Forschung erkannte die Bedeutung der IZ für die ostdeutsche Ölindustrie.

Während die Bedeutung des Industriekomplexes in der DDR-Phase abnahm, stieg hingegen das Interesse der Überwachungsorgane und militärischer Stellen auf einen neuen Höhepunkt. Neben den beiden BSAs und den ab 1959 bestehenden beiden Objektdienststellen des MfS,[1407] stellten besonders die „Kampfgruppen der Arbeiterklasse" einen Indikator für die Einbindung in die Sicherheitspolitik der DDR dar. So rekrutierten sich 1956 von 15 Hundertschaften des gesamten Kreisgebietes allein sechs aus der Belegschaft des Industriekomplexes.[1408]

Auch die Präsenz der Staatsicherheit belegte den dem Untersuchungsraum beigemessenen Wert. Insgesamt war die Braunkohlenindustrie des Bezirks Leipzig von zentraler Bedeutung, weshalb von 51 hauptamtlichen Mitarbeitern für den gesamten Bezirk allein 19 die 16 Werke dieses Wirtschaftszweiges im Blick hatten.[1409]

Von diesen wiederum waren je 5 in Böhlen und Espenhain eingesetzt, was seitens des MfS aber immer noch als zu gering erachtet wurde.

Konsumgüterproduktion: Belastung oder Notwendigkeit?

Der Übergang in den Besitz der DDR brachte auch wirtschaftliche Veränderungen mit sich, die in der SAG-Phase wurzelten. Ein Beispiel hierfür stellte die staatlich verordnete Produktion von „Massenbedarfsgütern" dar, die allen Betrieben auferlegte, neben ihrer eigentlichen Produktion, Konsumgüter zu fertigen.[1410] Ihre Produktion ist aus betriebswirtschaftlicher Logik unsinnig, da sie die Betriebe mit zusätzlichen Aufgaben – auf Kosten ihrer primären Funktionen – belastete.[1411] Für jedes System, das sich für eine Autarkiepolitik entscheidet, war und ist die Versorgung von Ökonomie und Bevölkerung der Gradmesser ihres Erfolgs. Eine planmäßige Produktion von Konsumgütern in der Grundstoffindustrie kann daher

1407 Vgl. Baumert, Martin: Betriebsschutz (s. Anmerkung 123), S. 7; BStU, BV Leipzig, Leitung, Nr. 967, Vorschlag zur Umbildung der Operativgruppe Böhlen in eine selbstständige Objektdienststelle vom 10.08.1959, Vorschlag auf Umbildung der Operativgruppe Espenhain in eine selbstständige Objektdienststelle vom 10.08.1959.

1408 Vgl. BStU, BV Leipzig, Leitung, Nr. 22/03, Stand der Informatoren in den Kampfgruppen des Kreisgebietes Borna vom 24.11.1956.

1409 Vgl. ebd., Nr. 733/03, Einschätzung der Tätigkeit der Betriebsachbearbeiter des MfS Bezirksverwaltung Leipzig vom 18.05.1957. Besonders die hohe Fluktuation der Arbeitsgruppenleiter wurde für den Industriekomplex bemängelt, obwohl diese interessanterweise der allgemeinen Belegschaftsentwicklung entsprach.

1410 Vgl. Grosse, Hermann: Massenbedarfsgüter. Aktuelle Fragen ihrer Produktion, Berlin 1955, S. 12.

1411 Vgl. Roesler, Jörg/Semmelmann, Dagmar: Kombinat (s. Anmerkung 40), S. 82 und 636. Ein Faktum, das sich bis zum Ende der DDR zog und besonders für die Grundstoffindustrie belastend wirkte.

– unabhängig von den jeweiligen Leistungen – als Misserfolg interpretiert werden, da die kleinteilige dezentrale Fabrikation nicht ausreicht, die Lücken in der Bevölkerungsversorgung zu schließen. Im Endeffekt wurde das Gegenteil einer rationellen Massenproduktion von Konsumgütern durch eine dezentrale Ressourcenallokation erreicht, da Vorprodukte und Arbeitskräfte durch die ineffiziente Nutzung verschwendet wurden. Im Unterschied zur SAG-Zeit erfolgte nach der Übernahme durch die DDR auch die Fertigung von Konsumgütern wie Äxten oder Sackkarren, die keinen Bezug zur Braunkohlen- oder Chemieindustrie aufwiesen.[1412] Dabei bestanden vier grundlegende Probleme: Erstens konzentrierte sich die Herstellung auf Kleinserien und war nach den Prinzipien der Massenproduktion nicht rational;[1413] auch verfehlten die meisten Abteilungen das Produktionsziel quantitativ (vgl. Tab. 45).[1414] Zweitens band sie Arbeitskräfte und Räumlichkeiten, um die anderwärtig Konkurrenz bestand, wie in den für Instandhaltung zuständigen Werkstätten.[1415] Eigentlich sollte dadurch eine höhere Auslastung des Personals erreicht werden. Schlussendlich wurde die Massenbedarfsgüterproduktion innerhalb der Abteilungen delegiert, sodass vor allem Lehrlinge diese Arbeiten ausführten, was wiederum Defizite in ihrer Ausbildung nach sich zog.[1416] Unter der angespannten Arbeitsmarktsituation war es schwierig, überhaupt Personal für diese Aufgabe zu finden.[1417] Selbst Bereiche wie die IZ oder die Forschungslabore wurden gezwungen, Kapazitäten für die Fertigung

1412 Vgl. SächsStA-L, 22243, Nr. 46, Die wirtschaftliche und politische Bedeutung unseres VEB vom 25.05.1956. Das Kombinat Böhlen produzierte hierzu Weidegräte, Gartenbänke, Rollfixe, Schubkarren, Rüstklammern, Jauchefässer (750 und 500 Liter), Dungkarren, Hemmschuhe, Milchkarren, Zaunsäulen, Wäschesäulen, Bündelholz, Hohlblocksteine und Vollblocksteine.

1413 Vgl. ebd., 20681, Nr. 80, Bericht des Werksleiters zur Kontrollauschußsitzung für 1955, S. 9. Die Herstellung verteilte sich auf verschiedene Produkte, von denen viele in Kleinserie gefertigt wurden. Beispielsweise produzierte das Werk Espenhain 1955 15 376 Gartenzaunsäulen, 24 Sackkarren, 15 Stahlpanzerrohre, 700 Fensterriemen, 1000 Trageriemen, 260 Riemen und Schnallen sowie 2405 Kilogramm Kartoffelmehl.

1414 Vgl. ebd., Nr. 169, Jahresbericht über die Erfüllung der Massenbedarfsgüterproduktion 1958 vom 03.01.1959.

1415 Vgl. ebd., Bericht über die Entwicklung und den Stand der Produktion von Massenbedarfsgütern vom 03.11.1958. Besonders die für die Instandhaltung wichtigen Werkstätten wurden so in ihrer Arbeit eingeschränkt. Die Arbeiten verteilten sich auf alle Werkstätten, die somit gleichzeitig Produktionsstätten waren.

1416 Vgl. ebd., Protokoll der Kommission Massenbedarfsgüter vom 09.01.1959. Wahrscheinlich führte die Belastung der anderen Werkstätten mit Instandhaltungsarbeiten dazu, dass diese ihre Arbeiten an die zentrale Lehrwerkstatt übergaben. Schlussendlich waren zuerst die Auszubildenden wegen ihrer unzureichenden Qualifikation die Leidtragenden und erst an zweiter Stelle die Betriebe.

1417 Vgl. ebd., 20687, Nr. 476, 27. Werksleitungssitzung vom 17.11.1958.

bereitzustellen.[1418] Aus Sicht der Arbeitsteilung war das ein kontraproduktives Unterfangen. Drittens stellte der Materialmangel ein großes Problem dar. Die Herstellung von Teerpresssteinen war z. B. an die Verfügbarkeit von Restteer gebunden, der temporär unterschiedlich anfiel und somit die Produktionsplanung unkalkulierbar machte.[1419] Auch die Umwandlung des Schrottbeauftragten in den Verantwortlichen für die Konsumgüterproduktion deutet auf einen Engpass bei der Materialbereitstellung hin.[1420] Viertens fehlte das Know-how für diese Produktion. Es mangelte an Maschinen und geschultem Personal. Effekt war eine geringe Qualität, sodass teilweise der Verkauf nicht gelang.[1421] Ein Bericht des BSA Böhlen beschreibt dies exemplarisch anhand der Möbelproduktion:

> „In den ersten Monaten wurde alles Mögliche produziert ohne speziell die Wünsche der Bevölkerung zu berücksichtigen. Die gefertigten Möbel waren schlechter als die der Möbelindustrie, eben weil wir gar nicht die Voraussetzung für diese Produktion hatten und auch nicht daran denken konnten, die Spezialmaschinen anzuschaffen.“[1422]

Die ungeliebte Herstellung von Massenbedarfsgütern wurde von den Kombinaten nicht forciert, so dass sich das Volumen vom Höchststand 1955 mit 1,4 Mio. Mark bis 1960 auf ca. 700 000 Mark halbierte.[1423] Gleichzeitig bemühten sich die Werksleitungen um höhere Effizienz und planten daher die Produktion von Gütern, die im Arbeitsprozess der chemischen Anlagen gewonnen werden konnten.[1424]

1418 Vgl. ebd., Nr. 781, Jahresbericht 1954 Ingenieurtechnische Zentralstelle vom 20.01.1955, S. 46. Die Fabrikate reichten von Drucktöpfen, Fahnenhaltern und Fahrradsätteln über Baumscheren bis hin zu Rübenköpfern.

1419 Vgl. ebd., 20681, Nr. 169, Jahresbericht über die Erfüllung der Massenbedarfsgüterproduktion 1958 vom 03.01.1959.

1420 Vgl. ebd., Nr. 476, 21. Werksleitungssitzung am 28.08.1958.

1421 Vgl. ebd., 21125, Nr. IV/4/03/016, Protokoll über die II. ökonomische Konferenz am 02.06.1956. Beispielsweise gelang 1956 der Absatz von 6000 Beilen nicht, weil die Qualität zu niedrig und gleichzeitig die Kosten zu hoch waren.

1422 Ebd., 22243, Nr. 46, Die wirtschaftliche und politische Bedeutung unseres VEB vom 25.05.1956. Im selben Dokument wurde allerdings behauptet, dass diese Probleme bis zum Jahresende abgestellt sein würden. Dies war allerdings wenig realistisch, wie der Verweis auf die fehlende maschinelle Ausstattung zeigte. Werkzeugmaschinen waren schwer zu beschaffen, was eine Qualitätsverbesserung unwahrscheinlich machte.

1423 Vgl. ebd., 20681, Nr. 225, Erfüllung der Konsumgüterproduktion vom 05.01.1961; 22243, Nr. 46, Die wirtschaftliche und politische Bedeutung unseres VEB vom 25.05.1956. Selbst nach dem Perspektivplan 1960 bis 1965 sollte sie nicht mehr als 800 000 Mark pro Jahr betragen.

1424 Vgl. ebd., 20687, Nr. 476, 19. Werksleitungssitzung vom 25.07.1958. Der stellvertretende Hauptingenieur Heinz Flechsig schlug daher vor, Trockeneis, Selterswasser und Kohlensäure

Produkt	Geplant in Stück	Hergestellt in Stück	Erfüllung
Teerpresssteine	20 000	8700	43,5 %
Transportwagen	350	241	68,9 %
Fahrradanhänger	250	110	44,0 %
Fußabstreicher	400	401	100,3 %
Laufbrettstützen	3000	1	0,00 %
Tischhebelblechscheren	50	37	74,0 %
Dachhaken	6000	4881	81,4 %
Bauklammern	4000	3000	75,0 %
Schubkarren	600	407	67,8 %
Transportbandstreifen	10 500	10 500	100,0 %
Zaunsäulen	133	178	133,8 %
Waschpfähle	-	15	-
Dichtungen	-	18 340	-

Tab. 45: Massenbedarfsgüterproduktion in Espenhain 1958[1425]

Den Mangel verwalten

Nicht nur die Fertigung der Massenbedarfsgüter beeinträchtigte die Produktion im Industriekomplex. So bestanden die bereits aus der NS- und der Nachkriegszeit bekannten Engpässe bei Material- und Personalversorgung weiter. Die Kombinatsleitung von Espenhain versuchte die Problemlage durch Ausweitung der Lieferbeziehungen und Eigeninitiative im Sinne der Governance zu lösen.[1426] Allerdings unterband das Ministerium für Außenhandel und Innerdeutschen Handel selbstständiges Handeln.[1427] Dies bedeutete, dass die benötigten Güter vom

durch das Benzinwerk zu produzieren und gleichzeitig das Kraftwerk von den Auflagen zu befreien.

1425 Vgl. ebd., Nr. 169, Jahresbericht über die Erfüllung der Massenbedarfsgüterproduktion 1958 vom 03.01.1959.

1426 Vgl. BArch, DC 16/46, Beschaffung von Ausrüstung für das Kombinat Espenhain vom 23.10.1953. Hierbei wurde versucht, Materialien aus der BRD zu beziehen. Daher wandte sich die Werksleitung in einem Brief direkt an den Vorsitzenden des „Staatlichen Komitees für Materialversorgung". Der Vorschlag beinhaltete eine freiwillige Verpflichtung zur Überplanproduktion von Schwelkoks, um diese Importe durch Kompensationsgeschäfte zu finanzieren.

1427 Vgl. ebd., Beschaffung von Ausrüstung für das Kombinat Espenhain vom 23.10.1953.

Ministerium in den eigenen Importplan aufgenommen wurden. Somit war die Selbstständigkeit der Werksleitung, im Besonderen der kaufmännischen Abteilung, eingeschränkt. Alle Importe standen zusätzlich unter dem Verdacht der potentiellen Sabotage und involvierte Belegschaftsmitglieder wurden kritisch beäugt.[1428] Sowohl Havarien als auch die Störung der Stromversorgung wurden daher den Funktionseliten, die für den Import verantwortlich waren, negativ ausgelegt. Aber auch die westliche Embargopolitik konnte sich problematisch auswirken.[1429]

Es gab auch Versuche von Delegationen der Ministerien, Engpassmaterialien aus den Betrieben des Industriekomplexes heraus zu holen, was bei der knappen Materialdecke der 1950er-Jahre nahezu unmöglich war. Im Herbst 1952 sollte der Technische Direktor des Kraftwerkes, Martin Röhnick, einer solchen Kommission von Minister Heinrich Rau 10 von 20 Metern Spezialrohre sowie eine neue Turbinenwelle aushändigen.[1430] Dies lehnte er mit Verweis auf die angespannten betrieblichen Verhältnisse ab und beschwerte sich bei der Werksleitung gleichzeitig über den Minister und seine unrealistischen Vorstellungen.

Die unzureichende Belieferung mit Ersatzteilen führte ebenso zu betrieblichen Engpässen. Der Gesamtbedarf im Industriekomplex betrug 333,8 Tonnen für das Jahr 1957, die nur knapp 5 % des gesamten Bedarfs der Braunkohlenindustrie ausmachten.[1431] Da der Industriekomplex gleichzeitig 10 % der Braunkohle förderte, zeigt sich ein frappierendes Ungleichgewicht und eine Unterversorgung. Erschwerend trat hinzu, dass die Lieferungen des bestellten Materials häufig schwankten und hinter dem Bedarf zurückblieben, besonders bei begehrten und qualitativ hochwertigen metallurgischen Produkten (vgl. Tab. 46). Bis Anfang der 1960er-Jahre änderte sich daran nichts. So erhielt der VEB Kombinat „Otto Grotewohl" Böhlen von den 3103 Tonnen bestellten Schienen 1961 nur 1282 Tonnen (41 %).[1432] Daneben waren es vor allem Baustoffe und Maschinenbaukomponenten, die Mangelware blieben. Während fehlende Motoren, Antriebselemente und Ölpumpen im Tagebau die Kohlenförderung beeinträchtigten, hatten die Ver-

1428 Vgl. BStU, MfS, archivierter Untersuchungsvorgang (AU), Nr. 7721/68, Auskunftsbericht vom 13.09.1965.

1429 Vgl. ebd., BV Leipzig, Leitung, Nr. 185, Lage in der Braunkohlen-Industrie im Bezirk Leipzig vom 25.08.1961. So konnten im Westen beschaffte Gleistopf- und Schraubmaschinen nicht eingesetzt werden, da die Ersatzteillieferungen nicht erfolgten.

1430 Vgl. ebd., Nr. 176/55, Treff mit IM „Jochen" am 09.09.1952.

1431 Vgl. BArch, DG 2/12117, Für das Jahr 1957 stellen sich die Ersatzteilforderungen vom 12.01.1957. Der Gesamtbedarf des Sektors Braunkohle, der von den Schwermaschinenbaukombinaten der DDR gedeckt werden musste, umfasste 7085,4 Tonnen.

1432 Vgl. BStU, BV Leipzig, Leitung, Nr. 296, Analyse über die Lage in der Industrie vom 05.04.1962.

edelungseinrichtungen vor allem mit fehlendem Zement für ihre Bauvorhaben zu kämpfen.[1433] Zusätzlich waren Schmieröle Engpassmaterialien, die für alle mechanischen Betriebsteile benötigt wurden.[1434] Vor allem in den späten 1950er-Jahren konnte sich der zeitliche Ablauf bei der Materialbeschaffung folgendermaßen gestalten: Im November 1958 bestellte das Werk Espenhain bei einem Zulieferer in Magdeburg eine Ritzelwelle für den Bagger 16.[1435] Nachdem das Gerät bereits vier Monate stillstand, erfolgte eine Notstandserklärung im März 1959. Dennoch traf die Lieferung erst drei Monate später im Juni ein. Dies veranlasste den Tagebauleiter Kurt Hommel zu einer Beschwerde bei der Kreisleitung der SED.

Materialmangel beeinträchtigte nicht nur die Produktion, sondern konnte zur Gefahr für das Leben der Belegschaft werden, wie die Havarie des Baggers 12 in Espenhain 1958 verdeutlicht.[1436] Aufgrund fehlender neuer Hubseile mussten die alten am 25. März 1958 notdürftig geflickt werden. Ein Tag später rissen sie und führten zum Tod der eingesetzten 19-jährigen Bandwärterin.

Trotz der vollmundigen Ankündigungen der „Kohle- und Energieprogramme“, war die Lage im Industriekomplex Ende der 1950er-Jahre desolat. Investitionen und Generalreparaturen mussten über Jahre hinausgeschoben werden, sodass bei der Großtechnik ein „Fahren auf Verschleiß“ erfolgte.[1437] So machten in Böhlen 1962 Generalreparaturen 16,6 Mio. Mark (24,1 %) von der Gesamtinvesti-

1433 Vgl. SächsStA-L, 20681, Nr. 168, Betriebsleiterbesprechung am 30.08.1960. Waren die Lieferzeiten für die kleineren Bagger 14 und 31 mit einer Woche noch hinnehmbar, so waren anderthalb Monate bei Bagger 11 wegen fehlender Zahnräder aus betriebswirtschaftlicher Sicht zu lange. Interessant war auch die Reaktion auf die fehlenden Baustoffe. Da im Gegensatz zum Zement ausreichend Glas vorhanden war, wurde dessen Verwendung propagiert.

1434 Vgl. BArch, DG 2/21868, Sondermerkmale der Kostenentwicklung bei Materialbeschaffungen vom 08.12.1955. Dabei war der Ausstoß so niedrig, dass Lieferungen nur in kleinen Mengen erfolgten, was wiederum dazu führte, dass die Preise des Lieferanten als auch die Kosten für den Transport stiegen.

1435 Vgl. SächsStA-L, 20681, Nr. 168, Betriebsleiterbesprechung am 30.06.1959.

1436 Vgl. BStU, BV Leipzig, Leitung, Nr. 71, Havarie im Kombinat Espenhain vom 26.03.1958.

1437 Vgl. BStU, BV Leipzig, Leitung, Nr. 161/03, Betriebsstörung im Förderbrückenbetrieb vom 31.01.1955, Nr. 8/07, Bericht Nr. 193 vom 13.07.1957, Bericht Nr. 195 vom 16.07.1957; SächsStA-L, 20681, Nr. 168, Betriebsleiterbesprechung am 07.01.1958, Betriebsleiterbesprechung vom 08.12. 1959. Beispielsweise wurde im Dezember 1959 entschieden, dass die Gelder für neue Ausrüstung im Jahr 1961 nur die notwendigsten Beschaffungen zuließen und der Rest auf das folgende Planjahr übertragen werden musste. Da jedoch bereits aus den Jahren 1957 und 1958 ein Rückstand vorhanden war, wurde die Grundsubstanz der Produktion gefährdet. Ebenso wurden 1955 nach einer Havarie der allgemein schlechte Zustand der Tagebauausrüstung in Böhlen und das Ausbleiben von Generalreparaturen bemängelt. In Böhlen wurden vom 12. bis zum 15. Juli 1957 allein 14 Betriebsstörungen in unterschiedlichen Bereichen festgestellt.

tionssumme von 68,9 Mio. Mark aus.[1438] Die gleichzeitig unzureichende Realisierung der Vorhaben aufgrund des Materialmangels führte zu immer größeren Abweichungen vom Investitionsplan, was mit einer weiteren Überalterung der Anlagenteile einherging. Auch der Aufbau einer Leitstelle für die wichtigsten Verschleißteile im Stahl- und Hartgusswerk Bösdorf half nur begrenzt.[1439]

Material	**Bedarfsdeckung im III. Quartal 1953**
Grobbleche	83,6 %
Feinbleche	36,5 %
Mittelbleche	20,2 %
Nahtlose Rohre	19,4 %
Schienen	18,4 %
Starkstromkabel	9,3 %
Lackdrähte	7,4 %

Tab. 46: Erfüllungsgrad der Lieferungen ausgewählter Materialien in Böhlen im III. Quartal 1953[1440]

In der frühen DDR waren viele Unternehmen nicht in der Lage, dass ihnen zugedachte Produktionssoll zu erfüllen. Die Gründe dafür waren vielfältig: Mal waren es veraltete Herstellungsmethoden, mal war es der Mangel an zugeteilten Ausgangsstoffen, mal fehlten Transportmöglichkeiten. Diese Problemkonstellationen prägten auch den Industriekomplex. Zusätzlich arbeiteten Zulieferer und Dienstleister gelegentlich nicht erwartungsgemäß. Während ein Werk, das Betonschwellen herstellte, den Verträgen nicht nachkam, da noch im Handbetrieb gearbeitet wurde, konnte die Schrauben- und Nietenfabrik Finsterwalde 14 Tonnen nicht liefern, da ihr die nötigen Vorprodukte fehlten.[1441] Der Mangel an Kesselwagen führte wiederum dazu, dass Böhlen seinen eigenen Verpflichtungen zur Diesellieferung in die BRD nicht nachkommen konnte. Gleichzeitig trug die

1438 Vgl. BStU, BV Leipzig, Leitung, Nr. 296, Analyse über die Lage in der Industrie vom 05.04.1962.

1439 Vgl. Kaschade, Hans: DDR 1949 bis 1960 (s. Anmerkung 80), S. 158. Damit nahm auch in diesem Bereich der Untersuchungsraum eine zentrale (administrative) Rolle ein.

1440 Vgl. SächsStA-L, 20687, Nr. 124, Bericht über das 3. Quartal 1953.

1441 Vgl. ebd., 22243, Nr. 6, Analyse für das IV. Quartal 1955 vom 03.01.1956. Die Bestellung aus Finsterwalde wurde Ende 1955 ersatzlos gestrichen und für die Neubestellung auf eine Wartezeit von acht bis neun Monaten verwiesen. Das Dokument weist auch Mangel an Rohren und Elektrogeräten aus.

Braunkohlenindustrie entscheidend zum Verkehrsinfarkt der DDR bei.[1442] Auch die Qualität war teilweise ein Problem im Industriekomplex: Beim VEB Plasta war es sowohl die nicht ausreichende Deckung der Liefervereinbarungen als auch die geringe Qualität der gelieferten Güter, die bemängelt wurden.[1443]

Der Materialmangel ging so weit, dass die infrastrukturellen und somit auch die ökonomischen Grundlagen für den Industriekomplex, zumindest für Espenhain, in Frage gestellt wurden. 1953 schlug die Werksleitung Espenhain vor, das Verbindungsgleis zwischen beiden Werken zu demontieren, um die Versorgung des Tagebaus mit Schienen zu gewährleisten.[1444] Da zu diesem Zeitpunkt der VEB Böhlen jedoch jährlich auf 500 000 Tonnen Kohle aus Espenhain angewiesen war, wurde diese Forderung von der dortigen Werksleitung abgelehnt. Ein Jahr später bestand das Problem weiterhin, weshalb nun der Minister für Schwerindustrie, Selbmann, persönlich einschritt und eine entsprechende Anweisung zur Versorgung mit Gleismaterial gab.[1445] Auch das bedeutete keine Lösung. Im November 1955 wurde es immer noch als wesentliches Problem bei der Kohlen- und Abraumförderung gesehen.[1446] Die Drohung mit Demontage stellte auch ein rhetorisches Druckmittel dar, dass im Sinne der Governance Verwendung fand, um eine Belieferung zu erzwingen. Aus ökonomischen Gründen hatte auch Espenhain kein Interesse an einem Rückbau der Gleise.

Die Lösungsversuche der übergeordneten Organe beschränkten sich, wie aus anderen Branchen der DDR-Wirtschaft bekannt, auf administrative Maßnahmen.[1447] Als repräsentatives Beispiel kann das Vorgehen der Hauptverwaltung Flüssige Brennstoffe für die Beschaffung von Engpassmaterialien im Jahr 1953 gelten. Die Hauptverwaltung beabsichtigte, eine „Materialdispositionsdatei" zu erstellen und eine kontinuierliche Bedarfsplanung durch die „Kommission für

1442 Vgl. Meyerhoff, Jürgen/Petschow, Ulrich/Thomasberger, Claus: Umweltreport DDR. Bilanz der Zerstörung, Kosten der Sanierung, Strategien für den ökologischen Umbau, Frankfurt (Main) 1990, S. 53. Der Transport von Braunkohle blockierte dauerhaft ca. ein Drittel der Kapazität der Deutschen Reichsbahn, was zu Verzugszeiten bei anderen Gütern beitrug.

1443 Vgl. BStU, BV Leipzig, Leitung, Nr. 21/02, Situationsbericht über rohstoffmäßige und finanzielle Schwierigkeiten unseres Betriebes vom 22.02.1955.

1444 Vgl. SächsStA-L, 20687, Nr. 297, Verbindungsbahn Böhlen vom 16.06.1953.

1445 Vgl. BArch, DG 2/13939, Braunkohlenwerk Espenhain vom 18.06.1954.

1446 Vgl. BStU, BV Leipzig, Leitung, Nr. 21/03, Gutachten über die Tagebautechnik der Grube Espenhain vom 25.11.1955.

1447 Vgl. Boyer, Christoph: Wirtschaftsverwaltung (s. Anmerkung 52), S. 265; Judt, Matthias: „Trabi-Wirtschaft" (s. Anmerkung 766), S. 93; Mählert, Ulrich: Kleine Geschichte der DDR, München [1998] 2004 (= beck'sche reihe, Nr. 1275), S. 49 f.; Roesler, Jörg/Semmelmann, Dagmar: Kombinat (s. Anmerkung 40), S. 107 f.; Steiner, André: DDR-Wirtschaftsreform (s. Anmerkung 33), S. 100 f.

Materialverbrauchsplanung“ zu etablieren.[1448] Sie kritisierte zudem die geübte Praxis der Eigenproduktion von Ersatzteilen und wollte mit der zentralen Lösung die betriebliche Governance abschaffen. Die mögliche Initiative der Werksleitungen wurde somit weitestgehend auf Beschwerden bei einflussreichen Persönlichkeiten in den zentralen Schaltstellen der Macht beschränkt.[1449] Hierzu wurde versucht, auch andere Institutionen, wie die Räte von Kreis und Bezirk, einzubinden.[1450] In der fortschreitenden Ausdifferenzierung dieses administrativen Systems offenbarte sich, wie weit sich dieses bereits von den Bedürfnissen der Betriebe entfernt hatte. Das zeigte sich 1955: Nun wurden 26 Kommissionen und ein „Werknormenkollektiv“ in Espenhain gebildet, die wiederum 352 Materialverbrauchsnormen für den verbesserten Materialfluss erstellen sollten.[1451] Wie diese betriebsinternen Kommissionen allerdings das Problem lösen sollten, bleibt unklar, da die verzögerten Materiallieferungen meistens nichts mit dem Werk zu tun hatten. Nur in den Jahren des NÖSPL gab es eine kurzzeitige Abkehr von diesem System.[1452]

Ein Beispiel für selbstständige Problemlösungsstrategien der Werke stellte die Einrichtung eines eigenen Büros des Kombinates Böhlen in Berlin dar.[1453] Es bestand mindestens von Anfang 1953 bis Februar 1958 und wurde auch von anderen Betrieben genutzt, um Forderungen an die Spitze des Planwirtschaftsapparates zu leiten.[1454] Daran lässt sich sein Erfolg erahnen. Es diente vor allem dazu, den Kontakt zur Ministerialbürokratie zu halten und den Materialfluss zu gewährleisten. Aber auch über die Kreisleitung der SED in Böhlen, die ausschließlich für die Unternehmen des Industriekomplexes bestand, konnte Einfluss geltend gemacht werden. Dabei war das Ziel, höhere Stellen für die Belange

1448 Vgl. SächsStA-L, 20687, Nr. 297, Entschließung vom 03.06.1953.

1449 Vgl. BArch, DG 2/13939, Braunkohlenwerk Espenhain vom 18.06.1954; SAPMO, NY 4090/64, Lieber Genosse Ministerpräsident! vom 15.01.1953.

1450 Vgl. SächsStA-L, 20687, Nr. 295, 14. Kombinatsleitungssitzung am 05.05.1954. Zur Sicherstellung der Wohnraumversorgung sollte Arbeitsdirektor Jurczyk zuerst bei den Räten von Kreis und Bezirk vorstellig werden und dann deren Hilfe für die Klärung in Berlin nutzen.

1451 Vgl. ebd., 20681, Nr. 80, Bericht des Werksleiters zur Kontrollauschußsitzung für 1955, S. 13. Hierbei zeigte sich, dass vor allem die Versorgung mit Schmiermitteln problematisch war. Die 352 Materialverbrauchsnormen verteilten sich auf Brennstoffe (30), Material (98), Reparaturen (12), Teilnormen (4) und Schmierstoffe (208). Somit dominierten sie mit knapp 60 %.

1452 Vgl. Hertle, Hans-Hermann u. a.: Fiktion (s. Anmerkung 34), S. 256.

1453 Vgl. SAPMO, NY 4090/64, Besprechung im Kombinat „Otto Grotewohl“ am 20.01.1953.

1454 Vgl. BArch, DG 2/21868, Berliner Büro vom 14.01.1958. So drängte das Mineralölwerk Lützkendorf darauf, zumindest eine Schreibstube weiter zu unterhalten, um wichtige Nachrichten besser übermitteln zu können.

und Bedürfnisse des Industriekomplexes zu gewinnen, um so diese zu befriedigen.[1455]

Die betriebliche Governance beim Materialimport aus dem Ausland wird bei der Beschaffung von Hochdruckrohren bzw. nahtlosen Rohren deutlich, die bis Ende der 1950er-Jahre in der DDR nicht hergestellt wurden. Anfang 1953 war die Lage so prekär, dass sogar eine Notstandserklärung gegenüber Grotewohl erfolgte und eine Zusammenarbeit mit den VEBs Zeitz und Leuna angestrebt wurde.[1456] In einer Diskussion mit dem Ministerpräsidenten beklagte nur einen Monat später eine Delegation aus Böhlen erneut diesen Mangel.[1457] Im RGW war die ČSR das einzige Land, das diese produzierte, weshalb versucht wurde, sie über die dortige diplomatische Mission zu beziehen.[1458] Dieser Plan scheiterte, da nur Benzin als Kompensationsgut in Frage kam, das nach Meldung des Ministeriums aber nicht in der ČSR abgesetzt werden konnte.[1459] Die Auswirkungen waren teilweise katastrophal: Im VEB BKK Espenhain sollte durch den Mangel (wozu nicht nur die Rohre gehörten) die Produktion um täglich 15 000 Tonnen Briketts gesenkt werden, was de facto den Stillstand der kompletten Fabrik bedeutet hätte.[1460] Eine Beschaffung im westlichen Ausland scheiterte sowohl an der Finanzierung, als auch am Technologieembargo.[1461] Daher blieb keine andere Lösung, als sich wieder dem Hydrierwerk Most zuzuwenden. In der NS-Zeit als Sudetenländische Treibstoff AG gegründet, produzierte es nach dem gleichen technologischen Verfahren wie das Hydrierwerk in Böhlen.[1462] Diesmal musste ein begehrteres Handelsobjekt präsentiert werden, um die ČSR zur Kooperation zu bewegen. Schlussendlich war es das Hydrierwerk Most, das mit der Bitte um Einführung des

1455 Vgl. SächsStA-L, 21125, Nr. IV/4/03/075, Werter Genosse Schäfer vom 23.01.1959. Im konkreten Fall ging es um die Beschaffung von Abraumwaggons für den Tagebau. Es wurden 79 solcher Wagen beim Waggonbau Bautzen bestellt, die aber das übergeordnete Leitungsorgan, die VVB Braunkohle in Leipzig, einbehielt. Da sie notwendig zur Aufrechterhaltung des Betriebes waren, wandte sich der Vorsitzende der Kreisleitung, Hans Feindt, an den Leiter des chemischen Sektors im „Zentralkomitee der SED" mit Bitte um Einsatz für die Böhlener Bedürfnisse.

1456 Vgl. SAPMO, NY 4090/64, Notstandserklärung vom 26.01.1953.

1457 Vgl. ebd., Betr.: Kombinat Böhlen vom 28.02.1953.

1458 Vgl. ebd., Betr.: Rohre für das Böhlen Programm vom 31.03.1953.

1459 Vgl. SächsStA-L, 20687, Nr. 297, Hochdruckrohre für das Kombinat „Otto Grotewohl" Böhlen vom 16.06.1953. Die unzureichende Qualität des Benzins machte es als Tauschware unbrauchbar.

1460 Vgl. BArch, DC 16/46, Beschaffung von Ausrüstung für das Kombinat Espenhain vom 23.10.1953; SächsStA-L, 20681, Nr. 18, Übersicht über die Produktionsleistungen des Kombinates Espenhain ab 1950 vom 16.11.1956.

1461 Vgl. BArch, DG 2/10129, Ausrüstung für den 3. Brückenschnitt vom 21.12.1954. Hierbei handelte es sich zwar explizit um Produkte des Schwermaschinenbaus, aber das Prinzip galt im selben Maße für die Hochdruckrohre.

1462 Vgl. Eichholtz, Dietrich (Hrsg.): Deutsche Ölpolitik (s. Anmerkung 3), S. 509ff.

neuen Platinkontaktverfahrens auf die Kombinate im Industriekomplex zuging.[1463] Als Gegenleistung für das Überlassen eines 25 Tonnen schweren Platinkontakts und der Mithilfe bei seiner Installation sollte der Industriekomplex Zugang zu den Hochdruckrohren aus ČSR-Produktion erhalten.[1464] Die Beteiligung des kaufmännischen Direktors Klimke zeigte zwei interessante Sachverhalte: Erstens war es sogar noch in den 1950er-Jahren möglich, im Sinne einer betrieblichen Governance Probleme des Unternehmens selbstständig zu lösen. Zweitens konnte die kaufmännische Abteilung noch in dieser Zeit einen gewissen Einfluss beanspruchen, sofern sie einen entsprechend politisch vernetzten Leiter besaß. Schon 1952 war Klimke maßgeblich in die Beschaffung von Rohren involviert gewesen.[1465]

Der fortgesetzte Materialmangel führte zu veränderten Lösungsansätzen auf betrieblicher Seite. Um auf Lieferprobleme zu reagieren, horteten die Werke sämtliche potentiell knappen Produktionsmittel. Dabei war die Logik, dass kurzfristige Beschaffungen nicht möglich sind, und daher eine eigenständige Vorausplanung des Materialbedarfs notwendig sei.[1466] Bereits in den 1950er-Jahren erfolgte das System der Bevorratung. Die übergeordnete Ebene reagierte mit der Forderung nach Abbau der Überplanbestände, denen die Werksleitung aber mit geschickter Argumentation entgegentrat:

> „Auf dem Gebiete der Materialwirtschaft stand im Jahre 1961 ebenfalls wie in den vergangenen Jahren der Abbau der Überplanbestände im Vordergrund der gesamten Arbeit. [...] Die Festlegung der Störreserve geschieht nach den verbindlichen Normen des Industriezweiges Chemie. Der Kohlesektor des Kombinates erfordert jedoch eine Reservehaltung entsprechend des Bergbaues. Hier besteht zwischen Chemie und Bergbau eine ausserordentliche hohe Differenz."[1467]

1463 Vgl. BArch, DG 2/21868, Antrag auf Genehmigung zur leihweisen Überlassung von ca. 25 Tonnen teilweise verbrauchtem Platin-Kontakt vom 15.02.1957. Bei diesem Verfahren wurde in erster Linie der Schwefelgehalt gesenkt und dadurch die Qualität der Treibstoffe erhöht.

1464 Vgl. ebd., Platinkontakt für das Hydrierwerk Most/ČSR vom 22.03.1957, Antrag auf Dienstreise vom 21.06.1957, Montagearbeiten im VEB Hydrierwerk Most/ČSR vom 10.07.1958. Nach der Übereinkunft über die Kooperation im Jahr 1957 wurde diese 1958 umgesetzt. Mehrere Böhlener Ingenieure, darunter Dr. Birthler und Dipl.-Ing. Deutloff, nahmen an der Montage teil.

1465 Vgl. BStU, MfS, AS, Nr. 123/55, ČSR-Import vom 22.11.1952. Insgesamt erhielt Böhlen 9570 Kilogramm nahtlose Rohre (insgesamt knapp 7000 Meter) und ca. 600 Kilogramm Hochdruckrohre (23,7 Meter). Dass sich auch das MfS einschaltete, unterstreicht die Notwendigkeit der Lieferungen.

1466 Vgl. SächsStA-L, 21125, Nr. IV/4/03/016, Protokoll über die II. ökonomische Konferenz am 02.06.1956.

1467 Ebd., 20681, Nr. 223, Rechenschaftsbericht vom 13.01.1962, S. 44.

Die Überplanbestände bedeuteten in ökonomischer Hinsicht ein dreifaches Problem. Zum einen mussten die Waren gelagert werden, zum anderen war die Lagerhaltung deutlich komplexer, da ein regelmäßiger Umschlag erfolgen musste, um die weitere Einsatzfähigkeit zu gewährleisten. Unsachgemäße Lagerung bzw. Unachtsamkeit mit Gütern war 1963 an zweiter Stelle der Schadensummen im VEB Kombinat „Otto Grotewohl" Böhlen.[1468] Teilweise verrotteten Materialien, da sie, aufgrund fehlender Lagerkapazitäten, auf freiem Gelände aufbewahrt wurden.[1469] Auch stieg die Dauer des Verbleibes deutlich an. Lagerzeiten von vier Jahren waren keine Seltenheit.[1470] Das dritte Problem war finanzieller Art. Durch die Überplanbestände an Ersatzteilen wurde mehr Lagerkapazität benötigt, wodurch die Kosten für die Instandhaltung wiederum stiegen.[1471]

Auch das NÖSPL brachte keine Lösung. Zwar wurde die betriebliche Position dahingehend gestärkt, dass der Bereich Materialversorgung schon 1962 zu einer Hauptabteilung aufstieg; eine maßgebliche Änderung wurde dadurch jedoch nicht erreicht.[1472] Dies lässt sich auch an den reformbedingten Rationalisierungen in dem Arbeitsbereich erkennen, die schlussendlich nur eine administrative Einflussnahme darstellten.[1473] Selbst die Qualität des Materials blieb gering. Beispielsweise lagen die geplanten Reparaturkosten im VEB BKK Espenhain 1965 knapp 20 % über dem Plan, was aber nicht an den Geräteausfällen

1468 Vgl. ebd., 22243, Nr. 26, Analyse von Bränden und Betriebsstörungen im Jahr 1963 vom 08.01.1964. Die Schadenssumme bei unsachgemäßer Lagerung bzw. Beschädigungen durch Lagerpersonal betrug 1964 25 000 Mark. Zum Vergleich: Bei Bränden betrug diese Summe 17 850 Mark. Nur bei unsachgemäßer Bedienung lag sie insgesamt mit 52 000 Mark höher.

1469 Vgl. ebd., Nr. 57, Chronik Jahrgang 1961–1963, S. 10.

1470 Vgl. ebd., 22244, Nr. 3, Einschätzung der Klassenkampflage und der Tätigkeit der Kriminalpolizei vom 03.11.1960. Besonders die Investabteilung wurde dabei angegriffen. Schamottsteine lagerten bereits seit vier Jahren und anstatt Restbestände abzubauen, wurden neue Steine bezogen. Selbiges galt für Gittermasten, die bereits seit zwei Jahren lagerten. Diese veralteten zunehmend, sodass für ihren Einsatz ein Fünftel des ursprünglichen Wertes zusätzlich hätte aufgewendet werden müssen.

1471 Vgl. ebd., 20687, Nr. 476, 20. Werksleitersitzung vom 01.08.1958. Waren im Rahmen des Fünfjahresplans jährlich 11 Mio. Mark für Instandhaltung vorgesehen, lag man bereits im Sommer 1958 1,4 Mio. Mark über diesem Wert. Dabei waren die Überplanbestände an Ersatzteilen schuld, was der Hauptbuchhalter Wagner bemängelte.

1472 Vgl. ebd., Nr. 541, Bestätigung des Grobstrukturplanes des Kombinates für das Jahr 1962 vom 12.07.1962.

1473 Vgl. ebd., Nr. 822, Rationalisierungsprogramm vom 30.12.1965, Rationalisierung vom 30.12.1965.

lag, sondern daran, dass die Ersatzteile häufig in den Werkstätten aufbereitet werden mussten.[1474]

Allerdings bleibt fraglich, ob das Problem überhaupt von Seiten der Werke gelöst werden konnte. In den meisten Fällen blieben die Maßnahmen auf die Linderung der unmittelbaren Auswirkungen beschränkt. Selbst für das NÖSPL bis Ende 1965 muss dies konstatiert werden. Somit brachte die Wirtschaftsreform keine Entlastung der Lieferbeziehungen im Industriekomplex und der Materialmangel blieb bestehen.

Personalpolitik im Zeichen der Vollbeschäftigung

Das zweite große Problem stellte die Versorgung mit Arbeitskräften im Industriekomplex dar. Auch die letzte Phase prägte ein permanenter Personalbedarf, wodurch ebenfalls Parallelen zu den bisherigen zwei untersuchten Phasen bestanden. Allerdings wandelten sich die Gründe. Zwar war der DDR-Wirtschaft bis zum Anwerbebeginn von „Vertragsarbeitern" im Ausland 1965 eine Beschränktheit des Arbeitskräftepotentials immanent, doch nun traten zwei neue Ursachen auf,[1475] zum einen die geringere materielle Begünstigung eines Teils der Belegschaft, was zu einem größeren Wettbewerb mit anderen Branchen führte, zum anderen die zunehmende Überalterung, besonders unter den Funktionseliten.

Das größte Problem stellten die Tariflöhne im Industriekomplex dar. Wurden in der Zeit der SAGs zur Mitarbeitergewinnung, besonders in Böhlen, höhere Löhne gezahlt,[1476] so standen die Kombinatsleitungen nach den Überführungen in den Besitz der DDR vor einem Dilemma; der Einhaltung von Branchentarifverträgen. Zwar war die Einteilung in die Tarife Bergbau, Chemie und Energie schon seit 1945 ein Stein des Anstoßes, entwickelte sich aber erst seit dem 17. Juni 1953 zum größten Streitpunkt zwischen Belegschaften und Werksleitungen.[1477] Die Verträge bestanden mit den einzelnen Industriegewerkschaften, was für den

1474 Vgl. ebd., 20681, Nr. 33, Protokoll über die Rentabilitätsbesprechung vom 26.01.1965. Für das Jahr 1964 waren Kosten von 782 000 Mark für Reparaturen vorgesehen, schlussendlich betrugen sie aber 934 600 Mark.

1475 Vgl. Hoffmann, Dierk: Planwirtschaft (s. Anmerkung 37), S. 444 ff.; Röhr, Rita: Polnische Arbeitskräfte (s. Anmerkung 69), S. 186 und 189; Steiner, André: DDR-Wirtschaftsreform (s. Anmerkung 33), S. 270; ders.: Plan (s. Anmerkung 26), S. 12 f.

1476 Vgl. SächsStA-L, 20686, Nr. 1, Erweiterte Betriebsgruppenleiter-Sitzung am 29.08.1947. Bereits 1947 wurde das Problem der zu hohen Löhne erkannt. Dabei wurden in Böhlen Löhne und Gehälter über Tarif gezahlt, wie Josef Kahn in der Diskussion einwarf. Espenhain hingegen beging diese Fehler angeblich nicht. Die höheren Löhne gingen auf den Generaldirektor Aksarow zurück.

1477 Vgl. BStU, BV Leipzig, Leitung, Nr. 159/03, Zusammengefaßter Bericht aus der Aktion „Tag des Bergmannes" vom 06.07.1953.

Untersuchungsraum drei unterschiedliche Tarife bedeutete. Ebenso waren die Prämien und Deputate ungleich verteilt. Besonders letztere sollten nur noch an Bergleute ausgegeben werden. Dieses Problem stellte sich zuerst in Böhlen, weshalb ein einheitlicher Kombinatstarif angestrebt wurde und hierfür Werksleiter sowie Vorsitzender der BGL ohne Erfolg in Berlin vorsprachen.[1478] Die von Ulbricht am 16. Juli 1953 öffentlich verkündeten Lohnerhöhungen brachten keine Lösung für den Konflikt im Industriekomplex, da sie nur die Beschäftigten im Tarif Bergbau begünstigten.[1479] So lässt sich für die letzte Phase eine abnehmende Privilegierung bei den Löhnen konstatieren, die nun in manchen Lohngruppen zu einem Absinken der Verdienste unter den DDR-Durchschnitt führte (vgl. Tab. 47). Aber selbst bei den besser bezahlten Funktionseliten lässt sich erkennen, dass der Gehaltsanstieg geringer war als in der gesamten Republik. Auffallend ist außerdem die im Vergleich zur gesamten DDR abnehmende Privilegierung einfacher Arbeitskräfte. So lagen 1953 die durchschnittlichen Löhne eines Arbeiters 200 Mark über dem Jahresdurchschnittseinkommen, 1954 100 Mark darunter. Dieser Trend blieb bis zum Ende des Untersuchungszeitraums bestehen, wie aus Tab. 48 ersichtlich wird. Schlussendlich lag nur noch das Einkommen der Funktionseliten (Meister, Ingenieure und Wirtschaftler) über dem Durchschnitt der DDR. Da die Tabellen 47 und 48 regelmäßige Prämien unberücksichtigt lassen, lagen die Gesamtverdienste im Industriekomplex gleichsam höher als wiedergeben. Da die Teilnahme beispielsweise an der Neuererbewegung im Industriekomplex höher war als in der gesamten DDR, ist davon auszugehen das entsprechend auch die Prämien höher waren.

1478 Vgl. SächsStA-L, 20687, Nr. 4, Betriebsleiterbesprechung am 13.08.1953; 21125, Nr. IV/4/03/001, In der Durchführung der Politik von Partei und Regierung vom 30./31.01.1954; Nr. IV/4/03/062, Über BGL und zentrales Meisteraktiv vom 06.07.1953, Die Belegschaft der Betriebs-Laboratorien fordern vom 13.07.1953, Protokoll über die Kurzversammlung der AGL 23 vom 10.08.1953. Der kommissarische Kombinatsleiter Josef Kahn und der Leiter der BGL Schade reagierten auf den Druck der Belegschaft. Diese war am 17. Juni 1953 ruhig geblieben mit Verweis auf die Bemühungen um einen einheitlichen Tarifvertrag. Hierzu waren sie nach Berlin gereist und hatten Verhandlungen mit der Staats- und Parteiführung geführt. Nach ihrer Rückkehr interpretierten sie die Zusagen aus Berlin als Einheitstarifvertrag. Nachdem dieser nicht zu Stande kam, waren Kahn und Schade dem Druck des Personals ausgesetzt. Hinzu kam, dass die Parteiführung in ihrem Handeln eine Kompetenzüberschreitung sah und sie deshalb absetzen ließ.

1479 Vgl. Kaschade, Hans: DDR 1949 bis 1960 (s. Anmerkung 80), S. 96.

Gruppe	1953 in Mark	1954 in Mark	Lohnsteigerung
Arbeiterinnen und Arbeiter	4751	4783	0,7 %
Lehrlinge	1484	1518	2,3 %
Ingenieure und technisches Personal	9765	10 438	6,9 %
Angestellte	5198	5470	5,2 %
Hilfsarbeiter	2658	2755	3,6 %
Wachleute	3333	3273	-1,8 %
Durchschnittseinkommen in Espenhain	4532	4706	3,8 %
Durchschnittseinkommen in der DDR	4536	4896	7,9 %

Tab. 47: Jahresgehälter nach Belegschaftsgruppen im Übergang der SAG zum VEB Espenhain 1953/54[1480]

Gruppe	Plan 1965	Ist 1965	Erfüllung	Ist 1964	Steigerung zu 1964
Arbeiter	7300	7339	100,6 %	7267	1,8 %
Hilfspersonal	5574	5471	98,2 %	5446	0,5 %
Angestellte	6298	6100	96,9 %	6071	0,5 %
Meister	10 835	11 100	102,4 %	10 806	2,7 %
Ingenieure	13 206	13 250	100,3 %	12 970	2,2 %
Wirtschaftler	10 129	10 199	100,7 %	10 422	-2,2 %
Durchschnittslöhne in der DDR	-	7596	-	7320	3,7 %

Tab. 48: Jahresdurchschnittslöhne im VEB BKK Espenhain 1964/65[1481]

Die Tarifpolitik führte zu einer hohen Fluktuation im Industriekomplex; zuerst in Böhlen und ab 1954 in Espenhain. Die Zahlen der Zu- und Abgänge schwankten und stabilisierten sich erst nach dem Bau der Berliner Mauer (vgl. Tab. 49). Statistiken aus einzelnen Abteilungen zeigen die Ursachen (vgl. Tab. 50). Hauptgrund

1480 Vgl. BArch, DE 1/60721, Plan Kombinat Espenhain für 1954; Statistisches Jahrbuch der Deutschen Demokratischen Republik, 30, 1985, S. 51. Die angegebenen Durchschnittseinkommen sind nur schwer vergleichbar, da unklar bleibt, ob im Statistischen Jahrbuch auch die Einkommen der Lehrlinge erfasst wurden.

1481 Vgl. SächsStA-L, 20681, Nr. 195, Jahresdurchschnittslöhne 1965; Staatliche Zentralverwaltung für Statistik (Hrsg.): Statistisches Jahrbuch 1985 (s. Anmerkung 1480), S. 51.

war nicht die Abwanderung in die BRD, sondern die Binnenmigration auf einen besseren Arbeitsplatz. Entlassungen durch die Werke waren hingegen die absolute Ausnahme. Der Streit um den Einheitstarifvertrag führte zu deutlich größeren innerbetrieblichen Diskussionen und Zwietracht als beispielsweise die Einführung der 45-Studenwoche im Jahr 1957, die im Untersuchungsraum nur vereinzelte Unmutsäußerungen nach sich zog.[1482] Im Kraftwerk Kulkwitz und dem Gaswerk „Max Reimann" in Leipzig bestanden ähnliche Diskussionen, da auch hier ein Konflikt zwischen benachteiligten Energie- und Chemiearbeitern auf der einen und den im Vergleich privilegierten Bergarbeitern auf der anderen Seite bestand.[1483]

Jahr	Zugänge	Abgänge
1952	1282	2552
1957	1556	1417
1965	476	449

Tab. 49: Zu- und Abgänge im Kombinat „Otto Grotewohl" Böhlen 1952 bis 1965[1484]

	1956	1957	1958	1959	1960	1961	1962
Zugänge	180	89	96	217	182	154	93
Abgänge	13	55	47	83	153	88	89
Tod & Rente	2	1	3	3	10	10	2
NVA & Studium	1	4	6	8	12	7	9
Republikflucht	4	12	5	0	15	10	0
Kündigung	0	2	2	0	1	1	0
Sonstige	6	36	31	72	115	60	78

Tab. 50: Zu- und Abgänge im IZ Böhlen 1956 bis 1962 und die Ursachen[1485]

1482 Vgl. BStU, BV Leipzig, Leitung, Nr. 826/04, Einführung der 45-Stundenwoche vom 21.02.1957; Nr. 828/02, Lage in den Braunkohlenwerken des Kreises Borna vom 24.04.1957.

1483 Vgl. ebd., Nr. 823/03, Diskussion über Lohnfragen vom 13.11.1956.

1484 Vgl. SächsStA-L, 20687, Nr. 45, Arbeitskräftebewegung vom 12.07.1965, Nr. 124, Bericht zur Kontrollausschuß-Sitzung über die Ereignisse des Jahres 1952 am 16.04.1953; Nr. 476, 5. Werksleitersitzung vom 20.02.1958. Im Jahr 1953 wurden Arbeitsplätze mehrfach neu besetzt. Die Statistik für 1957 muss kritisch betrachtet werden, da nur das Wachstum des IZ für einen positiven Wanderungssaldo sorgte.

1485 Vgl. ebd., Nr. 672, Arbeitskräftebewegung vom 31.12.1962.

Die problematische Regelung im VEB „Otto Grotewohl" Böhlen führte zu innerbetrieblichen Arbeitsplatzwechseln. Da die Beschäftigten des Bereichs Bergbau finanziell als auch materiell über bessere Konditionen verfügten, versuchten zahlreiche Belegschaftsangehörige in diesen Tarif zu wechseln.[1486] Das wiederum führte zu einem Personalmangel in den Gruppen Chemie und Energie. Das Dilemma der Abwanderung aus den Tarifen Chemie und Energie in den Tarif Bergbau blieb zwischen 1953 und 1960 das wichtigste Thema für die Arbeitskräftegewinnung. Bei einem Teil der Arbeitnehmer machte sich Unmut darüber breit, dass sie für die gleiche Arbeit weniger verdienten als ihre Kolleginnen und Kollegen, mit denen sie täglich zusammenarbeiteten. Selbst Protestresolutionen von den weniger Begünstigten lassen sich nachweisen.[1487] Die Abwanderungen hatten konkrete Folgen für den Betrieb der Anlagen als auch für die Arbeit und die Arbeitssicherheit der Beschäftigten. Unter diesem strukturellen Personalmangel erscheint beispielsweise die Havarie vom 24. Juli 1959 im Kesselhaus des Kraftwerkes Espenhain mit insgesamt 13 Toten und 26 Verletzten in einem anderen Licht.[1488] Bei diesem Unfall löste sich durch die Fehlsteuerung eines Heizers ein Schlackepfropfen in der Brennkammer, der den Kessel explodieren ließ und die Umstehenden – u. a. eine Gruppe Studierende der Hochschule Zittau – mit ca. 300 Grad heißem Dampf verbrühte. Dabei war das Problem der Schlackebildung schon länger bekannt, was wiederum am schlechten Brennmaterial (der bereits beschriebene hohe Sandanteil spielte hier eine Rolle) lag. Der Kessel aus westdeutscher Produktion war eigentlich für Koksfeuerung ausgelegt, der Schwelkoks wurde aber aufgrund seiner hohen Qualität anderwärtig genutzt. Wegen des Arbeitskräftemangels und dem gleichzeitig hohen Energiebedarf der DDR wurden

1486 Vgl. SAPMO, DY 37/2256, Vorschläge über lohnpolitische Maßnahmen zur einheitlichen Regelung der Entlohnung in den Kohlenveredelungskombinaten Böhlen und Espenhain vom 29.09.1956. Die Arbeitskräfte versuchten entweder auf einen entsprechenden Posten in der Gruppe Bergbau oder in den Bergbautarif zu wechseln. Die Werksleitung gewährte dies, um die Stammbelegschaft zu halten. Das wiederum führte zu der Situation, dass beispielsweise die 33 Belegschaftsmitglieder im Energie-Tarif im Gaswerk Böhlen durchschnittlich einmal im Jahr komplett durchwechselten. Dahingegen war die Fluktuation unter den im Bergbautarif Arbeitenden verhältnismäßig gering. Im Kraftwerk Espenhain betrug die Fluktuation monatlich 25–30 von 1209 Mitarbeitern, was 2,5 % der Belegschaft entsprach. Dieser Zustand führte dazu, dass die Erweiterung um 100 Megawatt aufgrund des Fehlens von 150 Arbeitskräften nicht durchgeführt werden konnte.

1487 Vgl. BStU, BV Leipzig, Leitung, Nr. 00826/01, Protestresolution im VEB Böhlen/Borna. Hierbei handelte es sich um Arbeitskräfte der Bauabteilung, die mit ihrer Lohneinstufung unzufrieden waren und die Einstufung in Stufe VI für alle Arbeitskräfte ihrer Abteilung forderten.

1488 Vgl. Lindenberger, Thomas: Havarie (s. Anmerkung 69), S. 244 ff. und 254. Zeugenaussagen wiesen auf eben dieses Problem hin.

im Kraftwerk zahlreiche Sicherheitsvorkehrungen ignoriert. In diesem Fall missachtete der Heizer, dass zur Schlackevermeidung der Kessel gelüftet werden sollte. Zwar öffnete er die Luftventile, vergaß aber gleichzeitig die Brennstoffzufuhr – wie durch die Kesselbetriebsleitung vorgeschrieben – zu reduzieren. Dies führte zu einer Verkettung von unglücklichen Umständen und schließlich zur Explosion. Das MfS konnte nicht glauben, dass es der individuelle Fehler eines Arbeiters war, weshalb es die Funktionseliten der Sabotage verdächtigte. Die Analyse der Akten hingegen zeigt, dass eine andere Personalpolitik oder besser gesagt eine gerechtere Tarifpolitik die Katastrophe hätte verhindern können.

Wie sehr die als ungleich wahrgenommene Tarfibezahlung die Belegschaft im Industriekomplex in den 1950er-Jahren beschäftigte, offenbaren zahlreiche Berichte des MfS:[1489] Neben der mehrere hundert Mark hohen Bergarbeiterprämie erregte auch die Verteilung der Deputate Umut. Während die im Bergbautarif Beschäftigten pro Jahr fünf Tonnen Briketts erhielten, waren es bei denen im Kraftwerk nur 1,25 Tonnen.[1490] Hinzu kam, dass selbst Verwaltungsangestellte, wie Telefonistinnen im Bergbausektor, diese Vergünstigungen erhielten. Entsprechend wurden „antidemokratische Schmierereien" und andere DDR-kritische Positionen in den Kraftwerken häufiger festgestellt als im Bergbau. Frustration und das Gefühl von Ungleichbehandlung führten zu hoher Fluktuation. Diese Erkenntnis galt auch für andere benachteiligte Abteilungen, wie dem Rangierbetrieb im Werk, in dem eine Verweildauer im Arbeitsverhältnis von maximal drei bis vier Monaten bestand.[1491] Auch wies diese Abteilung eine – im Vergleich zu den im Bergbautarif entlohnten Rangierern im Tagebau – auffallend hohe Unfallrate auf.

Mit einer umfassenden Reform des Tarifsystems verband die SED die Hoffnung, diese Probleme zu lösen. Dabei stand die Erhöhung der Selbstkosten dem Anspruch sozialer Gerechtigkeit diametral gegenüber und offenbarte das grundsätzliche Problem der DDR, gleichzeitig Arbeitnehmer- und Arbeitgeberinteressen zu vertreten. Eine gerechte Bezahlung im Industriekomplex hätte außerdem zu

1489 Vgl. BStU, BV Leipzig, Leitung, Nr. 812/04, Analyse über die Stimmung und Lage in der Braunkohlenindustrie vom 19.12.1955; Nr. 912/07, Protokoll über die Kollegiumssitzung mit der Kreisdienststelle Borna vom 23.08.1957.

1490 Vgl. ebd., Nr. 733/03, Einschätzung der Tätigkeit der Betriebsachbearbeiter des MfS Bezirksverwaltung Leipzig vom 18.05.1957.

1491 Vgl. SAPMO, DY 37/2256, Vorschläge über lohnpolitische Maßnahmen zur einheitlichen Regelung der Entlohnung in den Kohlenveredelungskombinaten Böhlen und Espenhain vom 29.09.1956. Hinzu kam, dass die „Brigade" chronisch unterbesetzt war. Daher mussten die Führungskräfte den Betrieb absichern und konnten so ihren eigentlichen Aufgaben nicht nachkommen.

Verwerfungen an anderen Standorten der chemischen und energieerzeugenden Industrie geführt. So hätte die Anpassung des Böhlener Tarifvertrages auch entsprechende Forderungen aus den anderen Hydrierwerken in Leuna, Lützkendorf, Schwarzheide und Zeitz nach sich gezogen. Vor allem der Sekretär des Bundesvorstandes des FDGB Otto Lehmann suchte nach einem Ausweg aus diesem Dilemma.[1492] Er war dabei weniger Vertreter der Arbeitnehmer- als der Arbeitgeberinteressen, wie er freimütig bekannte.[1493] Aus seiner Sicht war dem Vorschlag zur einheitlichen Gewährung des Tarifs „Braunkohle über Tage" als Gewerkschafter zuzustimmen, aber in seiner Situation und Position entschied er sich, den Ministerpräsidenten zu informieren. Die Bildung eines einheitlichen Kombinatstarifs nach den Maßgaben des Kohletarifs hätte Mehrkosten von 7 696 389 Mark und einen Zusatzbedarf von 6200 Tonnen Deputatbriketts pro Jahr zur Folge gehabt. Eine Angleichung der Gehaltszahlungen ohne die Gewährung der Bergbaurechte für alle bedeutete immerhin noch Mehrkosten von 5 497 707 Mark. Deshalb favorisierten die Staats- und die Gewerkschaftsführung einen einheitlichen Chemie- und Energietarif mit einer Treueprämie, der nur Mehrkosten von 1 417 875 Mark beinhaltete.[1494] Lehmann setzte sich sowohl gegen einen einheitlichen Kombinatstarif, als auch gegen eine jährliche Treueprämie ein, da er zum einen die finanziellen Auswirkungen auf andere Unternehmen der chemischen Industrie und zum anderen Probleme in der Arbeitskräfteversorgung für den Braunkohlenbergbau fürchtete.[1495] Die Tarifverträge des Braunkohlenbergbaus galten dabei für den größten Teil der Belegschaften im Industriekomplex (vgl. Tab. 51). Schlussendlich schlug der Bundesvorstand 1957 eine Anpassung der Tariflöhne (vgl. Tab. 52) und feste Prämien nach zwei, fünf und zehn Jahren

1492 Vgl. Herbst, Andreas u. a. (Hrsg.): Wer war wer in der DDR? (s. Anmerkung 1286), S. 780; SAPMO, DY 37/2256, Werter Kollege Hausschild vom 18.12.1956.

1493 Vgl. Kaschade, Hans: DDR 1949 bis 1960 (s. Anmerkung 80), S. 94; SAPMO, DY 34/16463, Lohngestaltung im VEB Kombinat Otto Grotewohl Böhlen vom 30.07.1953. Lehmann hatte schon am 16. Juni 1953 in der Gewerkschaftszeitschrift Tribüne die Normerhöhungen, die zum „Volksaufstand des 17. Juni 1953" führten, verteidigt und somit seine Einstellung gegenüber der Interessenvertretung der Arbeiterinnen und Arbeiter offenbart.

1494 Vgl. SAPMO, DY 37/2256, Vorschläge über lohnpolitische Maßnahmen zur einheitlichen Regelung der Entlohnung in den Kohlenveredelungskombinaten Böhlen und Espenhain vom 29.09.1956.

1495 Vgl. ebd., DY 37/12385, Regelung der Entlohnung der Arbeiter im VEB Kombinat Espenhain, Vorschläge zur Lohnregelung in den Kombinaten Böhlen und Espenhain vom 21.05.1957. Seiner Meinung nach lag die Lösung in der Anhebung der unteren Tarifgruppen und in der Integration der Jahresprämie in den Stundenlohn.

vor.[1496] Der Vorschlag wurde im selben Jahr dem Politbüro zur Entscheidung vorgelegt.[1497] Trotz dieser Initiative, die bereits eine beschlussfertige Lösungsvariante aufzeigte, änderte sich bis 1959 nichts. Das führte zu einem zunehmenden Auseinanderdriften der Belegschaften, was wiederum die Fluktuation begünstigte und schlussendlich das wirtschaftliche Ergebnis bedrohte:

> „Seit Jahren bemühen wir uns, [...] alle aus dem ehemaligen Bestehen der drei voneinander unabhängigen und selbstständigen Werke herrührenden egoistischen und lokalpatriotischen Gedanken und Tendenzen aus den Hirnen unserer Kollegen zu verbannen und sie durch den sozialistischen Gedanken der Zusammenarbeit und der gegenseitigen Hilfe der einzelnen Betriebsteile untereinander, zu ersetzen. [...] Das kommt aber daher, weil die Kollegen der einzelnen Betriebsteile, obwohl von ihnen eine so enge und brüderliche Zusammenarbeit gefordert wird, in der Entlohnung und tariflichen Zuordnung so unterschiedlich behandelt wird, wofür sie kein Verständnis haben können."[1498]

Selbst nachdem 1959 unter dem Eindruck der Havarie der Lösung zugestimmt wurde, gab es weiterhin erhebliche Verwerfungen. Dies hing damit zusammen, dass Kohlenrechte von den Betrieben weitergezahlt wurden, obwohl eine zentrale Bestimmung das verboten hatte. Die Betriebe versuchten die Abwanderung von bewährtem Personal zu verhindern, indem sie sich über die zentrale Anordnung hinwegsetzten.[1499] Dies stellte eine Notlösung und gleichzeitig einen Fall von selbstständiger Entscheidungsbereitschaft dar. Dabei steht zur Disposition, ob die Katastrophe im Kraftwerk Espenhain 1959 durch mehr Freiheiten in der Personalpolitik und bzw. oder durch eine Tariffreiheit hätte verhindert werden können.

1496 Vgl. ebd., DY 34/24429, Sekretariatsvorlage der Industriegewerkschaft Bergbau an das Sekretariat des Bundesvorstandes des FDGB vom 02.05.1957. Dies bedeutete selbst für die niedrigsten Lohngruppen eine Steigerung des Stundenlohns um annähernd 10 %. Allerdings profitierten davon nicht die Führungskräfte, bei denen ähnliche Differenzen bestanden. Außerdem begünstigte es weiterhin die Arbeitskräfte in den Lohngruppen VI bis VIII, die deutlich mehr verdienten als ihre Kollegen. Hinzu kamen die Deputate, die nur im Tarif Braunkohle bezahlt werden sollten. Die Treueprämien umfassten nach diesem Entwurf 250 Mark für zwei, 300 Mark für fünf und 400 Mark für zehn Jahre Betriebszugehörigkeit.

1497 Vgl. ebd., DY 34/15801, Beschlußvorlage für das Politbüro vom Mai 1957.

1498 Ebd., DY 37/3514, Vorschläge zur Einführung der lohnpolitischen Programme der Wirtschaftszweige Braunkohle und Chemie im VEB Kombinat „Otto Grotewohl" in Böhlen vom 20.03. 1959.

1499 Vgl. ebd., Über die Besprechung beim Komitee für Arbeit und Löhne vom 21.03.1961. Dies wurde mit dem Gewohnheitsrecht begründet. Das Interesse lag hier eindeutig darin, eine Abwanderung des betreffenden Mitarbeiters zu verhindern. Die IG bezeichnete die Zahlung als illegal.

Tarif	Anzahl der Beschäftigten	Anteil
Braunkohle über Tage	10 797	63,1 %
Grundstoffchemie	3803	22,2 %
Energie	2162	12,6 %
Kohle Alt	350	2,1 %
Gesamt	17 122	100,0 %

Tab. 51: Belegschaft im Industriekomplex Böhlen-Espenhain nach Tarifzugehörigkeit 1957[1500]

Die Situation besserte sich auch im NÖSPL nicht.[1501] Nun bestand durch das Lohnsystem nicht nur Konkurrenz innerhalb der Unternehmen des Industriekomplexes, sondern auch zwischen ihnen. So beklagte Böhlen 1965 den Abgang nach Espenhain aufgrund der besseren Bezahlung in den Bergbauberufen.[1502] Dabei wurde zunehmend auch die Delegierung zum Studium durch die jüngeren Arbeitskräfte abgelehnt.

Tarifgruppe/ Bereich	I	II	III	IV	V	VI	VII	VIII
Braunkohle	1,02	1,14	1,28	1,40	1,58	1,92	2,33	2,82
Grundstoff-Chemie	1,02	1,14	1,28	1,40	1,58	1,68	1,85	2,13
Energie	1,02	1,14	1,28	1,40	1,58	1,70	1,90	2,27
Chemie alt	0,92	1,00	1,12	1,27	1,41	1,61	1,85	2,13
Energie alt	0,92	1,04	1,12	1,20	1,37	1,60	1,90	2,27

Tab. 52: Alte und neue Tarife im Industriekomplex von 1957 nach einem FDGB-Vorschlag in Mark[1503]

1500 Vgl. ebd., Begründung der Beschlußvorlage vom 12.06.1957.

1501 Vgl. ebd., Verhandlung mit dem Koll. M. über seine Eingruppierung nach Chemie vom 15.04.1965. Dabei ging es um die Aberkennung der Kohlenrechte eines Kollegen, der sich dagegen wehrte. Schlussendlich verlor er die Auseinandersetzung.

1502 Vgl. SächsStA-L, 20687, Nr. 45, Arbeitskräftebewegung vom 12.07.1965.

1503 Vgl. SAPMO, DY 34/24429, Sekretariatsvorlage der Industriegewerkschaft Bergbau an das Sekretariat des Bundesvorstandes des FDGB vom 02.05.1957.

Daneben war vor allem die Überalterung ein zunehmendes Problem im Industriekomplex. Dies hatte verschiedene Ursachen. Auf der einen Seite verloren chemischen Anlagen und Kraftwerke im Untersuchungsraum für junge und gut ausgebildete Personen aufgrund der schlechten Bezahlung an Attraktivität. Aber nicht nur die Bezahlung war ausschlaggebend. Auch andere Aspekte führten zur Überalterung. Hierzu gehörten die massiven Umweltschädigungen, die aus gesundheitlichen Gründen – gerade für Familien mit Kindern – eine Arbeit im Industriekomplex wenig attraktiv gestalteten.[1504] Eine weitere Ursache war die technologische Entwicklung, die Arbeitsplätze in zukunftsorientierten Branchen interessanter machte.[1505] Dem gegenüber stand die Generation, die in Böhlen-Espenhain von Hilfsarbeitern über Fachkräfte zu Führungskräften aufstieg.[1506] Allerdings ging ab Ende der 1950er-Jahre diese Aufbaugeneration zunehmend in Rente (vgl. Tab. 50).

Bereits in den 1950er-Jahren wurde die langsam einsetzende Überalterung festgestellt und bemängelt,[1507] die auch als einer der Gründe für den hohen Krankenstand angeführt wurde.[1508] Das Durchschnittsalter der männlichen Beschäftigten im IZ stieg zwischen dem 31. Dezember 1953 und dem 31. Dezember 1954 von 41 auf 42 Jahre.[1509] Offensichtlich hatten in diesen zwölf Monaten keine oder kaum junge Arbeitskräfte eine Stellung in der IZ angenommen. Trotz dieser schleichenden Alterung bei Ingenieuren, änderte sich die Personalpolitik nicht, sodass die Kaderabteilung 1964 konstatierte „bis 1970 stehen 56 % des ITP [Ingenieur-technischen Personals] im Rentenalter“[1510]. Eine Prognose, in der sich

1504 Vgl. Beleites, Michael: Dicke Luft (s. Anmerkung 95), S. 110 f.; Huff, Tobias: Natur (s. Anmerkung 96), S. 77 und 404 f.; Klotzsche, Heiner: Böhlener Werke (s. Anmerkung 101), S. 33 – 43, hier S. 34 f.; Möller, Christian: Umwelt (s. Anmerkung 96), S. 38; Steinbach, Walter C.: „Eine Mark“ (s. Anmerkung 95), S. 61 f. Besonders Huff weist auf die umwelthistorische Bedeutung Espenhains für die Umweltbewegung am Ende der DDR hin, da es die Lebensbedingungen von ca. 450 000 Menschen negativ beeinflusste. Zum Vergleich: Das häufig so gescholtene Chemische Kombinat Bitterfeld beeinflusste die Umweltbedingungen von gerade einmal 20 000 Personen.

1505 Vgl. Sperling, Dieter/Schossig, Wolfgang: Wirtschaftsorganisation (s. Anmerkung 76), S. 131. Hier wird dies anhand der Lausitzer Braunkohlenveredelung beschrieben, der Effekt war in Mitteldeutschland derselbe. Auch in anderen Branchen der DDR ließ sich die Abwanderung auf modernere und daher interessantere Arbeitsplätze beobachten.

1506 Vgl. Hofmann, Michael: Mit und ohne Kohle. Soziale Erfahrungen der Kohlearbeiter von Espenhain, in: Sächsische Heimatblätter 5, 1997, S. 300 – 304, hier S. 302.

1507 Vgl. SächsStA-L, 22243, Nr. 6, Analyse für das III. Quartal 1956 vom 30.09.1956. Der Betriebsschutz stellte fest, dass die Rentenfrage ein wesentliches Problem darstellte, da die Belegschaft überaltert sei.

1508 Vgl. SAPMO, NY 4090/64, Bericht über Arbeitsschutz vom 12.02.1953.

1509 Vgl. SächsStA-L, 20687, Nr. 781, Graphik 10 Belegschaftsstärke der IZ nach Altersgruppen.

1510 Ebd., Nr. 1079, für die Umstrukturierung der Kaderabteilung.

indirekt auch das hohe Durchschnittalter der Beschäftigten am Ende des Untersuchungszeitraums spiegelt; es lag 1965 in Böhlen bei 44,5 Jahre (Männer 45,5 und Frauen 40,6).[1511] Hierbei begünstigten die niedrigen Renten, dass Beschäftigte bis deutlich über das Rentenalter im Betrieb tätig blieben.[1512] Zumindest bei den Funktionseliten war die Situation in Espenhain – wo auch mehr Personen im Bergbautarif entlohnt wurden – weniger prekär.[1513]

Strukturen zwischen Volkseigenem Betrieb, Plankommission und Volkswirtschaftsrat

Transformation der Wirtschaftsorganisation

Mochten die Übergaben der SAGs Böhlen und Espenhain unterschiedlich verlaufen und durch verschiedene Ausgangssituationen beeinflusst worden sein, einte beide die organisatorische Umstrukturierung zu VEBs. Die organisatorischen Unterschiede zwischen SAGs, die eine weitestgehende Selbstständigkeit hatten, und VEBs, die in eine feste Struktur aus Ministerien, Hauptverwaltungen und der Plankommission eingebettet waren, machten Veränderungen unumgänglich.

Unabhängig von der politischen und wirtschaftlichen Dimension für die DDR nahm der Industriekomplex in der Organisation der Braunkohlenwirtschaft eine bedeutende Position ein. Für die Hauptverwaltung Flüssige Brennstoffe mit Sitz in Halle war der Industriekomplex die wichtigste Einrichtung.[1514] Allein für Böhlen wurden 1953 von den 25 Millionen Mark Investitionsvolumen der Hauptverwaltung 20 bis 22 Millionen veranschlagt (80 bis 88 %), obwohl ihr mit dem Kombinat Gölzau und den Werken Rositz, Köpsen, Webau und Gerstewitz weitere Großbetriebe unterstanden.[1515]

1511 Vgl. ebd., Nr. 45, Arbeitskräftebewegung vom 12.07.1965.

1512 Vgl. SAPMO, DY 37/2544, Unfallanzeige vom 06.07.1962. Költzsch war bei seinem tödlichen Unfall 70 Jahre alt. Er arbeitete als Materialausgeber im Baustofflager. Die Arbeit im Industriekomplex übernahm er erst 1948 im Alter von 55 Jahren.

1513 Vgl. SächsStA-L, 20681, Nr. 150, Werksleitungssitzung am 28.10.1963. Von den insgesamt 418 Fachschul- und Hochschulkadern waren 285 bzw. 68,2 % unter 40 Jahre alt.

1514 Vgl. Sperling, Dieter/Schossig, Wolfgang: Wirtschaftsorganisation (s. Anmerkung 76), S. 274 und 276.

1515 Vgl. BArch, DG 2/18739, Studie über die Entwicklung der Mineralöl-Industrie der DDR 1955–1960, S. 4; SächsStA-L, 20687, Nr. 4, Betriebsleiterbesprechung am 13.08.1953. Zumindest das Teerverarbeitungswerk Rositz hatte dabei mit 370 000 Tonnen Teer pro Jahr eine ähnliche Größe wie Böhlen. Entsprechend lässt die Fokussierung auf Böhlen eine technische Vernachlässigung und Überalterung der anderen Werke annehmen. Gölzau und Köpsen produzierten 90 000 Ton-

Die größten strukturellen Veränderungen im Industriekomplex datieren in die letzte Phase. Die Gründe hierfür liegen in einer zweifachen organisatorischen Transformation: Einmal bei der Integration des Industriekomplexes in die Strukturen des Braunkohlenindustrie der DDR und ein weiteres Mal mit der Wirtschaftsreform der 1960er-Jahre, die einen Wandel von der Karbo- zur Petrochemie bedeuten sollte. Hinzu kamen die „Kohle- und Energieprogramme" sowie das „Chemieprogramm" der 1950er-Jahre, die ebenfalls Veränderungen für die organisatorische Struktur der Werke beinhalteten.

Die übergeordnete Wirtschaftsorganisation in der frühen DDR war starken Wandlungsprozessen unterworfen. Für den Industriekomplex hatte dies eine häufig wechselnde organisatorische Unterstellung zur Folge (vgl. Tab. 53). Allein im Zeitraum zwischen Januar 1953 und August 1958 wechselten sich fünf verschiedene Leitungsorgane ab. Allerdings bestanden für den gleichen Zeitraum in der mittleren Hierarchieebene nur drei Hauptverwaltungen. Dabei waren die Werke bis zum Ende des Untersuchungszeitraums nur zwischen Ende 1955 und Mitte 1958 Teil der Kohlenindustrie, sonst unterstanden sie der chemischen Industrie.

Der Einfluss der übergeordneten Strukturen beschränkte sich meistens auf Produktions- und Plananweisungen oder die Zuweisungen von Investitionsmitteln. Direkte Eingriffe in die Organisation der einzelnen Abteilungen erfolgten hingegen selten. Dies stützt die bisherige Forschung, die konstatiert, dass der Erfolg einiger Musterbetriebe der DDR vor allem auf der Kontinuität der Strukturen zu ihrer kapitalistischen Vorgeschichte beruhte.[1516] Dessen ungeachtet fanden in der dritten Phase die meisten Veränderungen statt. Dies gilt auch für die unterste Ebene.

---

nen jährlich, Webau 60 000 Tonnen und Bösdorf 15 000 Tonnen. Letzteres gehörte administrativ zu Böhlen. Espenhain tauchte mit 120 000 Tonnen Teerproduktion in der Statistik auf.

1516 Vgl. Schulz, Ulrike/Welskopp, Thomas: Unternehmen (s. Anmerkung 23), S. 350.

Beginn der Unterstellung	Ministerielle Ebene	Leitungsebene zwischen Kombinat und Ministerium
Mai 1952	Staatssekretariat für Chemie, Steine und Erden, Hauptverwaltung Chemie	Vereinigung Volkseigener Betriebe (VVB) Kohlenwertstoffe
Januar 1953	Staatssekretariat Chemie	Hauptverwaltung Flüssige Brennstoffe
November 1953	Ministerium für Schwerindustrie	Hauptverwaltung Flüssige Brennstoffe
Dezember 1955	Ministerium für Kohle und Energie	Hauptverwaltung Kohlenwertstoffe
August 1958	SPK	VVB Mineralöle und organische Grundstoffe
Juli 1961	Volkswirtschaftsrat (VWR)	VVB Mineralöle und organische Grundstoffe

Tab. 53: Organisation der Grundstoffchemie in der DDR 1952 bis 1965[1517]

Das NÖSPL brachte im Industriekomplex wesentliche Veränderungen mit sich. Diese waren in erster Linie administrativer Art bzw. durch die wirtschaftlichen Rahmenbedingungen determiniert. Eine der wichtigsten Veränderungen stellte die Schaffung des Volkswirtschaftsrates (VWR) als zentrale Wirtschaftslenkungsinstanz dar.[1518] Zum 30. Juli 1961 übernahm er die Leitung über den Sektor Kohle und Energie bzw. die VVB Mineralöle und organische Grundstoffe.[1519] Für die Entwicklung des Untersuchungsraumes waren zwei Ziele zentral: Die Verbesserung der Rechenschaftslegung, um die Rentabilität zu erhöhen, und die Überwindung der Tonnenideologie, um die Produktqualität in der Grundstoffchemie zu verbessern.[1520] Gleichzeitig wandelten sich die ökonomischen Aufgaben. Geplant war die Aufspaltung des Untersuchungsraumes. Erstens sollte die Grundstoffchemie von der Karbo- auf die Petrochemie umgestellt werden.[1521]

1517 Vgl. Sperling, Dieter/Schossig, Wolfgang: Wirtschaftsorganisation (s. Anmerkung 76), S. 274.

1518 Vgl. Steiner, André: Plan (s. Anmerkung 26), S. 125.

1519 Vgl. Sperling, Dieter/Schossig, Wolfgang: Wirtschaftsorganisation (s. Anmerkung 76), S. 273 und 276.

1520 Vgl. SächsStA-L, 20687, Nr. 1037, Auswertung der Rechenschaftslegung der Betriebe vor der VVB vom II Quartal 1964, S. 1 und S. 3. Beispielsweise sollte die Finanzanalyse die komplexe ökonomische Analyse ersetzen. Dies zeigt die Zielstellung der Reform. Das Unternehmen war jetzt ermuntert, selbstständig zu handeln und sollte nur noch finanziell von der übergeordneten Wirtschaftsorganisation überprüft werden.

1521 Vgl. BArch, DE 1/50425, Hinweise zur Diskussion über den 1. Entwurf des Perspektivprogramms der VVB Mineralöle vom 03.10.1962.

Zweitens war eine wesentliche Stärkung der Braunkohle als Energiebasis beabsichtigt. Hierzu gehörte sowohl eine Leistungssteigerung in den Tagebauen als auch die Erweiterung der Verstromung durch einen Kraftwerksneubau.[1522] Schlussendlich sollte die Kapazität der Braunkohlenförderung vervierfacht werden, um auf die erwartete Verdreifachung des Energiebedarfs der DDR im Zeitraum 1965 bis 1980 zu reagieren.[1523] Gleichzeitig zeigte sich in dieser letzten Phase die unzulängliche Leitungstätigkeit der VVB Mineralöle und organische Grundstoffe.[1524] Allerdings brachte die Erkenntnis keine Strukturänderung. Stattdessen wurde der Verantwortliche für die Tagebaue, der bereits vor 1945 in verschiedenen Positionen der ASW tätig war, abgelöst, da er kein Parteimitglied war. Eine Verbesserung trat nicht ein. Schlussendlich bewegten sich die beiden Tagebaue auf dem Leistungsniveau, das auch für die anderen Gruben im Bornaer Revier galt, wie der Bericht konstatierte. Ebenso zeigte er, dass die einzelnen Führungskräfte sowie die Kombinatsleitung des Industriekomplexes ohne Mühen die Schuld für die schlechten Ergebnisse dem VVB anlasten konnten. Eine Vorgehensweise in der DDR-Wirtschaft, die auch wesentlich zum Scheitern des NÖSPL beigetragen hat.

Mit dem Übergang der SAGs in den Besitz der DDR verband sich auch in politischer Hinsicht eine Zäsur. So nahm das Ministerium für Schwerindustrie, unter Umgehung der zuständigen Hauptverwaltung, unmittelbar Einfluss auf die Kaderbildung. Ein Eingriff, der überdeutlich das Top-Down-Prinzip der Wirtschaftsorganisation im „Demokratischen Zentralismus" spiegelt.[1525]

Durch diese Wirtschaftspolitik kam es immer wieder dazu, dass höhere und höchste Stellen in direkte Belange der Werke eingriffen, die bis zu Produktionsanweisungen und Personalfragen reichten. Fritz Selbmann griff als Minister für Schwerindustrie allein 1954 mehrfach in die Tätigkeit des Kombinates Espenhain ein, forderte Berichte an und berief sogar einen zusätzlichen Berater.[1526] Ebenso

---

1522 Vgl. SächsStA-L, 20687, Nr. 1037, Übersicht über Investaufwand Kraftwerk Böhlen II; Nr. 1145, Stellungnahme zum Gutachten vom 23.02.1962. Das Kraftwerk Lippendorf sollte hierfür eine Kapazität von 600 Megawatt erhalten. Das gleichzeitig geplante Kraftwerk Lübbenau in der Lausitz erbrachte sogar eine Leistung von 1300 Megawatt. Bis zum Ende des Untersuchungszeitraumes wurde Lippendorf nicht fertiggestellt. Laut dem vorliegenden Dokument hätten die Kosten mehr als 577 Mio. Mark betragen. Die Kohlenförderung im Tagebau sollte wiederum auf 12 bis 12,5 Mio. Tonnen im Jahr steigen.

1523 Vgl. BArch, DE 1/52846, Perspektive der techn. Entwicklung der Energiewirtschaft der DDR vom 20.05.1960, S. 2.

1524 BStU, BV Leipzig, Leitung, Nr. 571, Analyse vom 25.01.1960.

1525 Vgl. Schroeder, Klaus: Der SED-Staat (s. Anmerkung 806), S. 112ff.

1526 Vgl. BArch, DG 2/13939, Tagebaubetrieb Espenhain vom 02.03.1954, Espenhain /b. Leipzig vom 02.06.1954, Braunkohlenwerk Espenhain vom 18.06.1954.

handelten der Minister für Kohle und Energie, Richard Goschütz, 1957 im Disput über die Tarifordnung sowie der Leiter der SPK, Bruno Leuschner, 1960 in Bezug auf die Havarie im Kraftwerk Espenhain.[1527] Selbst der Ministerrat der DDR beschäftigte sich mehrfach mit dem Industriekomplex und gab Anweisungen heraus.[1528]

Die Beeinflussung wurde auch an anderen Stellen sichtbar. Beispielsweise nahmen die übergeordneten Ebenen direkten Einfluss auf die Kaderbildung. Mit dem Übergang in den Besitz der DDR ging die Kontrolle über die Kaderplanung für die höchste Führungsebene direkt auf das Ministerium über, das damit unmittelbare eine Leitungstätigkeit, unter Ausschaltung der Hauptverwaltung Kohlenwertstoffe, ausübte.[1529]

Die formal definierten Strukturen der VEBs im Industriekomplex wurden durch zahlreiche informelle Arbeitsgruppen und Kommissionen ergänzt. Sie dienten zur Planung und Koordinierung und hatten offiziell keinerlei Entscheidungsbefugnisse. Allerdings ergab sich die Macht der Arbeitsgruppen durch die vertretenen Institutionen, insofern konnten ihre Beschlüsse in diesem pyramidenartig aufgebauten System zu unmittelbaren Konsequenzen führen. Wesentliche Bedeutung erlangten sie besonders während des Ausbaus des Braunkohlensektors in den 1950er-Jahren. Anhand des Arbeitskreises Braunkohle, der 1957 für das Bornaer Revier einen Perspektivplan bis 1960 und einen Gebietsplan bis 1970 erstellte,[1530] lassen sich ihre Bedeutung und ihr Einfluss exemplarisch konturieren. Der Arbeitskreis versammelte Entscheidungsträger aus zahlreichen Bereichen: den Staatssekretär Kier (vorher Stellvertreter im Ministerium für Kohle und Energie), den Rat des Bezirkes Leipzig, den Rat der Stadt Leipzig, die Bezirksplankommission, den Rat des Kreises Leipzig, die SPK, die Revierleitung Borna, das Projektierungs- und Konstruktionsbüro Kohle, die Hauptverwaltung für Kohlenwertstoffe, die IZ Böhlen, das Geographische Institut der Karl-Marx-Universität Leipzig, die Aufbauleitung Kombinat Espenhain, das Institut für

1527 Vgl. ebd., DG 2/12385, An den Leiter des Kraftwerkes Espenhain vom 29.06.1957; DO 1/10508, An den Vorsitzenden der Staatlichen Plankommission vom 10.02.1960.

1528 Vgl. ebd., DC 20-I/4 (Beschluss- und Sitzungsreihen des Präsidiums des Ministerrates)/ 380, Beschluß über die finanzielle Sicherung der Importmaßnahmen im Katastrophenfall Espenhain, Regierung der Deutschen Demokratischen Republik, Ministerium der Finanzen, Stellvertreter des Ministers vom 31.03.1960, Betr.: Beschluss über die finanzielle Sicherung der Importmassnahmen im Katastrophenfall Espenhain vom 08.04.1960; DO 1/10508, An den Minister für Staatssicherheit vom 06.02.1960.

1529 Vgl. SächsStA-L, 20687, Nr. 352, Bestätigung der Nomenklatur vom 19.05.1954 Dies betraf den Hauptdirektor, den Technischen Direktor, den Kaufmännischen Direktor, den Arbeitsdirektor sowie den Hauptbuchhalter und den Kaderleiter.

1530 Vgl. BArch, DG 2/12117, 1. Beratung des Arbeitskreises Braunkohle.

Wasserwirtschaft Leipzig, das Entwurfsbüro für Hochbau Leipzig, die Plankommission beim Rat der Stadt, die Plankommission des Kreis Leipzig, den Chefarchitekten des Rates der Stadt Leipzig und die Reichsbahndirektion Halle. Besonders der Gebietsplan, der die konkreten Abbaugrenzen der Tagebaue bestimmte, zeigt den Einfluss des Arbeitskreises, da durch ihn die Lebensumstände und speziell die Wohnsituation der Menschen über den Industriekomplex hinaus determiniert wurden.

Die Eingriffe der übergeordneten Institutionen wirkten sich auch auf die Handlungsspielräume der Werksleitungen aus. Wie damit die unternehmerische Selbstständigkeit und somit die Kompetenz der Funktionseliten untergraben wurde, verdeutlichen exemplarisch folgende drei Vorgänge: Der Erste bezog sich auf die Bildung des VEB Kombinat „Otto Grotewohl" Böhlen aus Braunkohlen-, Benzin- und Kraftwerk zum 01. Oktober 1952, die auf große Ablehnung bei der „Intelligenz" des Benzinwerkes traf.[1531] Die Führungskräfte lehnten ein Zusammengehen mit dem Braunkohlenwerk ab und wehrten sich besonders gegen die Ernennung von Josef Kahn zum alleinigen Hauptdirektor. Ihrer Meinung nach war er nicht ausreichend mit den technischen Produktionsabläufen vertraut und daher ungeeignet. Dieser Protest fand keinen Widerhall und als Konsequenz trat der Hauptdirektor des Benzinwerkes, Rudolf Mecke, zurück, da er sich mit seinem Anspruch auf die Kombinatsleitung nicht durchsetzen konnte. Im zweiten Fall ging es um die Zuweisung von Deputatbriketts.[1532] Eine Dienstanweisung regelte, dass sie in den Sommermonaten an die Belegschaft ausgegeben werden sollten, um dadurch die Brennstoffversorgung in den Wintermonaten zu verbessern. Allerdings änderte sich das Produktionsvolumen nicht, sodass keine Veränderung eintrat. Im Endeffekt verschob die Anordnung nur das Lagerungsproblem vom Werk auf die Belegschaft. Das war der Werksleitung sowie den betroffenen Abteilungen sehr wohl bewusst, da es sich allerdings um eine Direktive handelte, musste sie umgesetzt werden. Das dritte Beispiel zeigte zwar die Veränderungen, die sich in den 1950er-Jahren vollzogen, die aber nur scheinbare Freiheiten in der ökonomischen und betrieblichen Organisation boten. 1959 wies die SPK an, die genauen Beziehungen, die Arbeitsordnung und die Struktur des Berichts- und Meldewesens in der Dispatcherabteilung nach ihren Vorschlägen umzubauen.[1533] Auch für andere Abteilungen ließen sich entsprechende Anweisungen von dieser Institution nachweisen.[1534] Selbst in konkrete Arbeitsprozesse versuchte sie durch

1531 Vgl. BStU, MfS, AP, Nr. 7144/67, Übernahme der früheren SAG-Betriebe vom 18.06.1952.

1532 Vgl. SächsStA-L, 20687, Nr. 352, Dienstanweisung Nr. 36/1953.

1533 Vgl. ebd., Nr. 783, Direktive für die Arbeit des Dispatcherdienstes vom 22.07.1959.

1534 Vgl. ebd., Direktive für die Arbeit in Entwässerungsbetrieben vom 28.02.1959, Direktive für die Organisation und Arbeitsweise des Betriebes vom 22.07.1959.

Direktiven einzugreifen.[1535] Zwar gewährten diese Anweisungen den Betrieben eine gewisse Unabhängigkeit bei der Gestaltung der Arbeitsordnung, bei der nur die wichtigsten Punkte zentral vorgegeben wurden, gleichzeitig mischte sich die SPK damit aber direkt in die Organisation ein. Dabei bestand das Problem der informationellen Distanz zum Untersuchungsraum, sodass keine Lösungen für die Probleme des Industriekomplexes eintraten. In der Phase der SAGs hatte hier noch der Generaldirektor die Weisungsbefugnis und delegierte die konkrete Ausgestaltung an die entsprechende Abteilung.

Der zentralistische Steuerungseingriff beschränkte sich nicht auf die Ökonomie im Untersuchungsraum, wie schlaglichtartig eine zentrale administrative Anweisung des Ministeriums für Schwerindustrie aus dem Jahr 1957 aufzeigt. Sie forderte von Heimatmuseen durch Schausammlungen und kulturelle Massenarbeit das zweite „Kohle- und Energieprogramm“ propagandistisch zu unterstützen.[1536] Zumindest das „Museum der Stadt Borna“, das als Kreismuseum diese Aufgabe im Revier und für den Untersuchungsraum erfüllte, setzte diese Aufforderung um.[1537]

Die Frage nach den Auswirkungen der Anweisungen auf den Industriekomplex lassen keine einfache Antwort zu. Zum einen weil Organisationsschemata nur rudimentär überliefert wurden und zum anderen weil diese nur begrenzt die Einflüsse von zentralen Strukturen wiedergeben, wie das Beispiel des „Arbeitskreises Braunkohle“ zeigte. Auffallend war für die letzte Phase, dass es relativ viele Veränderungen gab. Beispielsweise wandelte sich um 1960 die Organisation durch die Schaffung von Betriebsgruppen, die Trennung von Funktions- und Produktionsbereichen sowie eine klare Hierarchie im Betrieb (vgl. Schema 7 und Schema 8). Diese Strukturen führten zu einer weiteren Abwertung der Kaufmännischen, aber auch der Technischen Direktion. Die Position der technischen Funktionselite gegenüber den Arbeitskräften der produzierenden Abteilungen wurde zurückgesetzt, da sie in der Hierarchie über keine direkten Weisungsbe-

1535 Vgl. ebd., Direktive zur Verbesserung der Projektierarbeit vom 25.07.1959, Inhaltsverzeichnis vom 31.07.1959, Direktive über Maßnahmen zur Verbesserung der Brikettqualität vom 24.09.1959.

1536 Vgl. BArch, DG 2/12117, Unterstützung des Kohle- und Energieprogramms durch die Arbeit der Heimatmuseen vom 15.10.1957.

1537 Vgl. Sammlung Museum der Stadt Borna (MdSB), Bestand Geschichte des Museums der Stadt Borna, 2. Aktivtagung des Zentralen Aktivs zur Unterstützung des Kohle- und Energieprogramms durch die Heimatmuseen der DDR vom 25.03.1958, An das VEB Kombinat Espenhain vom 28.08.1958, An das VEB Kombinat „Otto Grotewohl“ Böhlen vom 28.08.1958. Die Fachstelle für Heimatmuseen gab dabei auf Tagungen die Stoßrichtung vor und lud als Referenten Leitungskräfte der Braunkohlenindustrie ein. Der ehrenamtliche Museumsleiter in Borna fragte zudem in Böhlen und Espenhain entsprechend nach Material für diese Ausstellungen.

fugnisse mehr verfügten (vgl. Schema 7). Dem lag ein grundsätzlicher Konflikt zwischen Partei und BPO auf der einen und dem Ingenieurpersonal auf der anderen Seite zugrunde, der auch in anderen Bereichen der DDR-Wirtschaft von der Forschung konstatiert wurde.[1538] Gleichzeitig gewann der Werksdirektor nominell an Entscheidungskompetenz: „Der Werksdirektor ist der Alleinverantwortliche für das gesamte Kombinat. Ihm unterstehen die Produktionsbereiche und die Funktionsbereiche."[1539] Ebenso dokumentiert das Organisationsschema die direkten Eingriffe in das Produktionsgeschehen. Beispielsweise entstand mit der „Betriebsgruppe Kohle" eine weitere Abteilung, die Kompetenzen aus den vorher separaten Bereichen Kohle und Chemie bekam und in produktionstechnischer Hinsicht zwischen beiden stand. In Bezug auf die betrieblichen Belange war dies kein Fortschritt, da die Abhängigkeit von der Förderung des Tagebaus blieb. Ähnlich wie mit der dritten Hochschulreform 1969, war es bei der Umbildung auch um die politische Kontrolle in den Werken gegangen. Durch das Aufbrechen der alten Strukturen wurde versucht, den Einfluss der alten Funktionseliten zurückzudrängen.

Schema 7: Horizontal-hierarchische Gliederung in Produktions- und Funktionsbereiche für das Kombinat „Otto Grotewohl" Böhlen von 1960[1540]

1538 Vgl. Boldorf, Marcel: Governance (s. Anmerkung 14), S. 202.
1539 SächsStA-L, 20687, Nr. 541, Leitungsebenen der Nomenklaturkader 1960.
1540 Vgl. ebd.

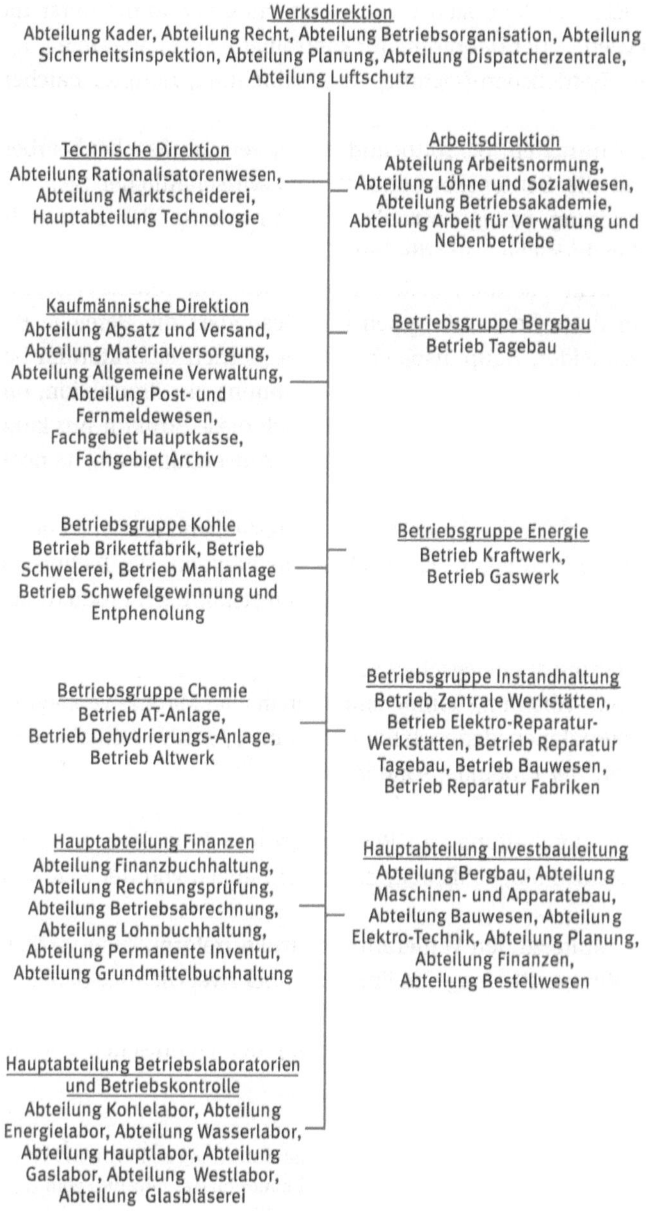

Schema 8: Organisation des Kombinates „Otto Grotewohl" Böhlen 1960[1541]

1541 Vgl. ebd.

Zwei Jahre später, 1962, wandelte sich das Unterstellungsverhältnis unter die Werksleitung bereits wieder: Der Hauptdirektor kontrollierte jetzt Kaderabteilung, Sicherheitsinspektion, Betriebsberufsschule, Rechtsabteilung, Hauptdispatcher, Betriebslaboratorium, Betriebsschutz, Energiebeauftragten, Archiv, Investbauleitung, Buntmetallbeauftragten, Schrottbeauftragten, Verschlußsachenbearbeiter, Markscheider und die Betriebskontrolle.[1542] Aus wirtschaftlicher Sicht erschien diese Umgestaltung wenig sinnvoll. Die Einwirkung der technisch-planerischen Funktionsbereiche auf die ausführenden Produktionsbereiche wurde dadurch geschwächt, allerdings stellte es zumindest eine Verbesserung zur vorherigen Teilung in diese beiden Gruppen dar. Besonders die Bereiche Betriebskontrolle, Markscheider, Hauptdispatcher sowie Betriebslaboratorium benötigten für eine erfolgreiche Arbeit eine enge Verzahnung zur Produktion, um direkten Einfluss nehmen zu können. Daher blieb auch diese Struktur nur kurzzeitig bestehen, es ist sogar ungewiss ob sie jemals zur Anwendung kam, da noch im selben Jahr eine grundlegende Überarbeitung der bisherigen Organisation erfolgte (vgl. Schema 9).[1543] Diese orientierte sich weitestgehend an der früheren Dreiteilung in Technische, Kaufmännische und Arbeitsdirektion. Die Technische Direktion gewann erneut an Bedeutung, da ihr die selbstständigen Produktionsgruppen wieder unterstellt wurden. Auch die Arbeitsdirektion wurde aufgewertet, indem ihr die Qualifizierung der Belegschaft mit der Hauptabteilung Arbeitskräfte zufiel. Die kaufmännische Abteilung konnte immerhin mit der Materialversorgung eine neue Funktion übernehmen, dennoch hatte sie keine operative Aufgabe mehr in Bezug auf den Absatz der Produkte, sondern war nur noch eine Verwaltungsabteilung. Damit entsprach diese Entwicklung der branchenübergreifenden seit 1945.[1544] Selbst bei der Beschaffung von Ressourcen und Produkten hatte die Werksleitung nur begrenzte Möglichkeiten, da dieser Bereich von der SPK kontrolliert wurde.

Die Werksleitung zählte zu den Verlierern der Strukturreform. Zwar verfügte sie mit den Hauptabteilungen Planung und Finanzen über zwei wichtige Bereiche, aber der Verlust sowohl der Kader- als auch der Dispatcherabteilung spricht für eine Verschiebung des Kontrollapparates in Richtung der Technischen und der

1542 Vgl. ebd., Anlage 1, Der Werksdirektor und seine Funktionsabteilung vom 01.03.1962.

1543 Vgl. ebd., Bestätigung des Grobstrukturplanes des Kombinates für das Jahr 1962 vom 12.07.1962. Dies verweist bereits auf eine neue, erst noch durch den VWR zu schaffende Struktur, die bereits 1962 die Vorbereitung einer großangelegten Wirtschaftsreform erkennen ließ.

1544 Vgl. Boldorf, Marcel: Governance (s. Anmerkung 14), S. 114; Fink, Sebastian: Riesa (s. Anmerkung 20), S. 54 und 361; Schulz, Ulrike: Simson (s. Anmerkung 20), S. 312. Bei Simson ging es sogar so weit, dass die Kaufmännische Direktion in Materialwirtschaft und Absatz aufgespalten wurde. Daher nahm sie nicht mehr die eigentliche Funktion wahr.

Arbeitsdirektion. Der Verlust der Kaderabteilung und des Fachbereichs Arbeitskräfte verdeutlicht dies, auch wenn eine selbstständige Belegschaftspolitik in der DDR durch das administrative Eingreifen übergeordneter Stellen und dem stetigen Arbeitskräftemangel kaum möglich war.[1545] Die Umstrukturierung im Juli 1962 war von dem Gedanken des „Primates der Produktion" geleitet, das durch die Trennung in Produktions- und Funktionsbereiche der Reform von 1960 gefährdet schien.

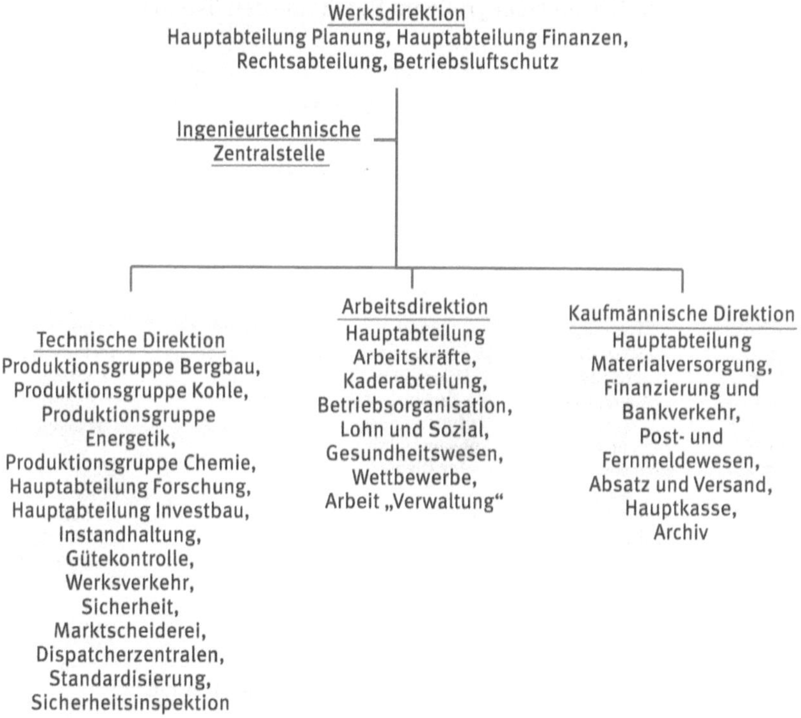

Schema 9: Struktur des Kombinates „Otto Grotewohl" Böhlen im Juli 1962[1546]

Das NÖSPL bot mehr Freiheiten in der Unternehmensführung für die Werksleitung und dadurch Möglichkeiten, wieder verstärkt selbstständig tätig zu werden.

1545 Vgl. SächsStA-L, 20687, Nr. 352, Bestätigung der Nomenklatur vom 19.05.1954; 20681, Nr. 150, erweiterte Werksleitungssitzung am 17.04.1961.

1546 Vgl. ebd., Nr. 541, Bestätigung des Grobstrukturplanes des Kombinates für das Jahr 1962 vom 12.07.1962.

Zum einen veränderte sich die Position der Werksleitungen, die unabhängiger agieren konnten und eigene Entscheidungen treffen durften, zum anderen konnten auch untergeordnete Bereiche eigene Vorschläge zur Organisationsstruktur einbringen (vgl. Schema 10). In dem Fall handelte es sich um den Bereich Chemie des Kombinats Espenhain. Auffällig ist dabei, dass alle Abteilungen eigene Technische Bereiche hatten und eine zentrale Technische Abteilung bei der Gruppenleitung bestand. Da auch noch eine Technische Direktion auf Werksebene bestand, scheint eine Kompetenzüberschneidung wahrscheinlich. Zudem konnten die höheren Kosten einer größeren Bürokratie den ökonomischen Erfolg mindern.

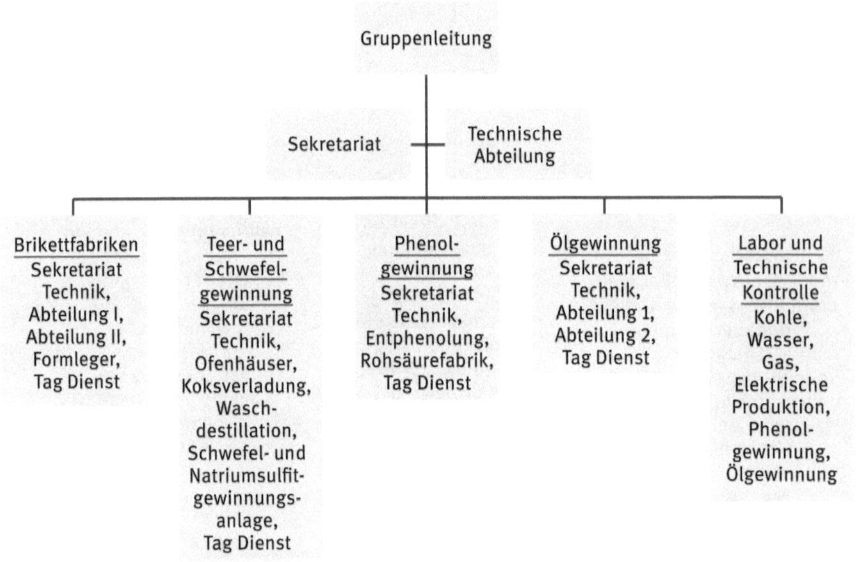

Schema 10: Organisation der Gruppe Chemie im VEB Kombinat Espenhain 1962[1547]

Darüber hinaus gab es auch Probleme mit den Wirkungen der einzelnen Reformen. Das größte bestand in der Wirtschaftlichkeit. Besonders die Senkung der Selbstkosten für die Herstellung der Produkte wurde als wesentliches Ziel der Reform formuliert.[1548] Gleichzeitig war aber der Arbeitskräftemangel die maßgebliche Ursache der Produktions- und somit der Planrückstände, was ebenso die

1547 Vgl. ebd., 20681, Nr. 150, Werksleitungssitzung am 06.05.1963, Betriebsleiterbesprechung der Gruppe C am 31.08.1962.

1548 Vgl. Steiner, André: DDR-Wirtschaftsreform (s. Anmerkung 33), S. 552f.

Selbstkosten erhöhte.[1549] Vor 1963 wurde nur die Entwicklung der Herstellungskosten erfasst.[1550] Dabei lag der Fokus nicht nur auf der Zusammenstellung der Kosten, sondern vor allem auf ihrer planmäßigen Senkung.[1551] Die Gründe für die hohen Kosten waren häufig die niedrige Qualität der Kohle als Rohstoffbasis und quantitativ unzureichende Materiallieferungen. Zusätzlich waren die Selbstkosten mit der Arbeitsproduktivität verknüpft und somit auch von dem Arbeitskräftemangel sowie von der Überalterung mitbestimmt.[1552] Außerdem schwankte der Arbeitsaufwand bei der Förderung witterungsbedingt erheblich.[1553] Auch für den Untersuchungsraum ließ sich der Bedeutungszuwachs der Selbstkosten nachweisen, wie ihre häufige Betrachtung in den Werksleitungssitzungen zeigt.[1554] Neben der Planerfüllung galt sie als Richtwert für die Wirtschaftlichkeit der Betriebe. Zum Ende des Untersuchungszeitraums gab es einen Wandel im Ablauf der Sitzungen. Waren es vorher vor allem politische Themen, die an erster Stelle der Tagesordnung standen, rückten nun das Betriebsergebnis und die Selbstkosten in den Vordergrund. Die Entpolitisierung und die Rückkehr zur primär wirtschaftlich-rationellen Betrachtung der Kombinate bildeten einen wahrnehmbaren Teil der Reform im Industriekomplex. Allerdings zeigte diese bis zum Ende des Untersuchungszeitraums betriebswirtschaftlich kaum nachweisbare Wirkungen. Beispielsweise überschritt das Kombinat Böhlen bis September 1965 die Selbst-

1549 Vgl. ebd., S. 44.

1550 Vgl. SächsStA-L, 20681, Nr. 65, Niederschrift zum Perspektivplan vom 07.04.1955; 21125, Nr. IV/4/03/006, Aussprache von Aktivisten des Kombinates „Otto Grotewohl“ mit unserem Ministerpräsidenten vom 13.10.1954.

1551 Vgl. ebd., 20687, Nr. 476, Planerfüllung und Ergebnis für Werksleiterbesprechung am 04.11. 1958.

1552 Vgl. BArch, DC 1/1776, Bericht über die Überprüfung des VEB Kombinat Espenhain vom 17.02.1955. Die Verbindung bestand einerseits darin, dass hohe Selbstkosten eine niedrige Arbeitsproduktivität implizierten, während andererseits eine hohe Arbeitsproduktivität niedrige Selbstkosten bedeutete. Allerdings war die Materialversorgung ein weiterer Faktor, der unabhängig davon bestand.

1553 Vgl. SAPMO, NY 4090/64, Brigadebericht des VEB Kombinat „Otto Grotewohl“ Böhlen vom 14.04.1953, S. 24. Der finanzielle Aufwand bei der Gewinnung einer Tonne Rohkohlen schwankte im Jahresverlauf beträchtlich. Im Januar 1952 betrug er 6,70 Mark, im März lag der Wert bei 3,07 Mark und hatte sich damit mehr als halbiert. Die Kosten des erzeugten Stromes und Dampfes waren ebenfalls Schwankungen unterworfen. Pro Tonne Briketts hatten diese im Juni 1952 eine Höhe von 3,44 Mark und im November desselben Jahres von 3,72 Mark. Die Gründe lagen in den höheren Gestehungskosten bei Frost und Regen. Diese erschwerten die Arbeit und führten zu einem höheren Materialverschleiß.

1554 Vgl. SächsStA-L, 20687, Nr. 21, Werksleitungssitzung am 25.02.1965, 25.03.1965, und 14.05. 1965.

kosten um 6 269 800 Mark im Vergleich zur Planung.[1555] Eine Einschätzung, die in ähnlicher Weise auch für Espenhain galt.[1556] Gleichzeitig wurden in der Quelle die vielfältigen Gründe für das Überschreiten analysiert. Umgerechnet auf die einzelnen Produkte zeigte sich, dass bei den wichtigsten Produkten ebenfalls die Selbstkosten überschritten wurden (vgl. Tab. 54).

Produkt	Geplant (Mark je t)	Faktisch (Mark je t)	Steigerung
Teerschleuderei	43,21	43,08	-0,3 %
Teerdestillation	48,54	48,78	0,5 %
Erdöldestillation	162,41	164,34	1,2 %
Pechkonzentration	84,63	85,41	0,9 %
Pechkokerei	288,00	277,00	-3,8 %

Tab. 54: Entwicklung der Selbstkosten pro Tonne vom I. bis zum III. Quartal 1962 im VEB Kombinat Espenhain[1557]

Neben den zentralen Strukturveränderungen in den 1950er- und 1960er-Jahren gab es in der gesamten letzten Phase Bestrebungen, das Produktionsvolumen, die Produktqualität und die Herstellungsprozesse zu steigern bzw. zu optimieren. Häufig handelte es sich zwar um lokale Initiativen, die jedoch auf politische Entscheidungen oder Aufrufe aus anderen Betrieben reagierten. Dabei blieb der Entscheidungsspielraum für die Werke gering. Beispielsweise teilte der Minister für Kohle und Energie im Januar 1956 den Ministerratsbeschluss vom 08. Dezember 1955 dem Kombinat Espenhain mit, wonach ihm mehr Freiheiten eingeräumt werden sollten.[1558] Diese beschränkten sich allerdings auf eine zusätzliche betriebliche Altersversorgung, die das Werk gewähren konnte. Eine Unabhängigkeit in der Betriebsführung bedeutete das nicht, sondern versprach einzig eine minimale Verbesserung der Arbeitskräftewerbung.

1555 Vgl. ebd., Vorlage zur Werksleitungssitzung am 23.09.1965.
1556 Vgl. ebd., 20681, Nr. 33, Protokoll über die Rentabilitätsbesprechung vom 26.01.1965. Durch die Reform veränderten sich in verschiedenen Bereichen die Kosten, wie für Reparaturen (von 782 000 auf 934 600 Mark) und Löhne (Anstieg des jährlichen Durchschnittsverdienstes von 6210 auf 6310 Mark). Hinzu kam die Gewährung von leistungsabhängigem Sonderurlaub, die sich vor allem auf die Arbeitsproduktivität auswirkte. Die Industriepreisreform vom 01. April 1964 machte darüber hinaus die Selbstkosten für das folgende Jahr unkalkulierbar. Das BKK Espenhain ging von einer Steigerung dieses Postens aus.
1557 Vgl. ebd., Nr. 150, Betriebsleiterbesprechung der C-Betriebe vom 27.11.1962.
1558 Vgl. ebd., Nr. 167, Ministerratsbeschluss vom 08. Dez. 1955 über die Erweiterung der Befugnisse vom 24.01.1956.

Die umfassenden Veränderungen auf der Ebene der Kombinate spiegelten sich auch in den Transformationen der Abteilungen. Ein Bereich betraf die in der SAG-Zeit aus organisatorischen Gründen erfolgte Trennung zusammenhängender Betriebsteile. Diese wurde teilweise zurückgenommen, wie bei den Werkstätten.[1559] Gerade die Instandhaltung blieb problematisch, sodass mehrfache Umstrukturierungen erfolgten.[1560] Allerdings bestand auch hier ein geringer Spielraum für die Werksleitung, eigene Vorstellungen durchzusetzen. Zwar gingen die Dienstanweisungen, die Instandhaltung zu verändern, vom Werksdirektor aus, ihre mangelhafte Ausführung zeigte aber, dass diese Änderungen nicht seine Intentionen trafen. Dennoch gab es in diesen Abteilungen immer wieder Reform- und Änderungsversuche, die teilweise auch mit der Ausbreitung des „Brigadesystems" zusammenhingen.[1561] Eine Verbesserung der Zustände in den Abteilungen trat allerdings nicht ein, gleichzeitig stieg der betriebliche Aufwand erheblich.[1562] Ein weiteres Beispiel verdeutlicht die abnehmenden Möglichkeiten zur eigenen Führungstätigkeit. Die Ausgliederung aller Busse und Lastwagen, die bisher in der Transportabteilung organisiert waren, und deren Eingliederung in den VEB Kraftverkehr war für das Kombinat Espenhain aus verschiedenen Gründen wenig sinnvoll.[1563] Beispielsweise verließen aufgrund der nicht auf den Schichtbetrieb abgestimmten Busfahrtzeiten zahlreiche Belegschaftsmitglieder

---

1559 Vgl. SAPMO, NY 4090/64, Zusammenlegung der Werkstätten vom 02.01.1953. Das Ziel war, doppelte Betriebsteile wieder zu vereinheitlichen.

1560 Vgl. SächsStA-L, 20687, Nr. 541, Strukturveränderung vom 05.01.1956, Dienstanweisung Nr. 19/60 vom 25.07.1960. Nachdem bereits 1953 die Werkstätten zusammengelegt werden sollten, erfolgte 1956 die Anordnung zur Schaffung einer separaten Abteilung Instandhaltung. Diese wurde scheinbar nicht umgesetzt. 1960 kam die erneute Aufforderung, die einzelnen Abteilungen der Hauptmechanik in den Gruppen Kohle, Energie und Benzin aufzulösen und eine zentrale Gruppe Instandhaltung mit entsprechenden Unterabteilungen aufzubauen.

1561 Vgl. BStU, BV Leipzig, Leitung, Nr. 22/03, Niederschrift vom 06.08.1956.

1562 Vgl. ebd., Protokoll der Besprechung am 12.07.1956, Bericht über die Besprechung vom 12.07.1956. So gab es für die einfache Zusammenlegung zweier Meisterbereiche mindestens zwei Besprechungen auf Kombinatsebene, an denen u.a. der Arbeitsdirektor Jurczyk, der Technische Direktor Dr. Flechsig, der Kaderleiter Reichenbach, der Leiter der Reparaturgruppen Graichen, drei Personen der Kreisleitung, zudem Abteilungsleiter, Abteilungsgewerkschaftsleitung und GO-Vorsitzende teilnahmen.

1563 Vgl. SächsStA-L, 20681, Nr. 330, Übergabe unserer KOM und LKW an VEB Kraftverkehr vom 23.09.1958. Anstatt wie bisher Fahrzeuge kurzfristig zu dirigieren, war es nun notwendig, Lastwagen bis 11 Uhr des Vortages und Busse für außerplanmäßige Fahrten sogar vier Tage vorher zu bestellen. Dadurch wurde die Flexibilität erheblich eingeschränkt.

vorzeitig ihre Arbeitsplätze im Tagebau, um die Busse rechtzeitig zu erreichen.[1564] Dennoch erfolgte diese Umgestaltung auf Anweisung durch den Kombinatsdirektor. Daher kann für sein Handeln keine betriebliche Governance angenommen werden. Vielmehr beugte er sich dem Willen zur Zentralisierung.

SED und Gewerkschaft

Im letzten Untersuchungszeitraum wuchs der Einfluss der lokalen SED-Führung auf den Industriekomplex. Seinen Ausgang nahm dieser Prozess mit der Aufwertung der BPO zur Kreisleitung.[1565] Selbst Beziehungen bis zum Zentralkomitee der SED lassen sich im Industriekomplex nachweisen.[1566] Mit der Kreisparteikontrollkommission (KPKK) verfügte sie über ein Organ zur Überwachung von Beschlüssen und konnte gleichzeitig disziplinierend in betriebliche Belange eingreifen, unabhängig von der innerbetrieblichen Hierarchie.[1567]

Die Kontrolle der Schlüsselpositionen in den VEBs, wie der Kaderabteilung, wurde als wesentliches Element der SED-Herrschaft in Böhlen-Espenhain wahrgenommen und entsprechend gepflegt: „Die Kaderabteilung unseres Kombinates ist als die wichtigste Abteilung in der Verwaltung nur mit Genossen besetzt."[1568] Dass der Kaderleiter eher der Werksleitung und dem Kombinat verpflichtet sein konnte, verdeutlichen Kritiken der Kreisleitung an seinem Wirken aus den Jahren 1954 und 1959.[1569] Über die Parteiaktivtagungen wurden wiederum Direktiven

1564 Vgl. BStU, BV Leipzig, Leitung, Nr. 185, Lage in der Braunkohlen-Industrie im Bezirk Leipzig vom 25.08.1961. Statt solche Beschlüsse zurückzunehmen, mischte sich jetzt die Staatssicherheit als weitere Stelle ein, was das Kompetenzwirrwarr zusätzlich vergrößerte.

1565 Vgl. SächsStA-L, 21125, Nr. IV/4/03/001, In der Durchführung der Politik von Partei und Regierung vom 30./31.01.1954.

1566 Vgl. ebd., 20681, Nr. 138, Auswertung des 21. und 23. Plenums unseres ZK vom 16./17.04. 1955.

1567 Vgl. ebd., Nr. IV/4/03/057, Sitzung der KPKK am 07.05.1954; Nr. IV/4/03/059, Überprüfung der Grundorganisation im Labor vom 04.10.1954, Vorlage für das Büro Nr. 185 vom 15.11.1954. Dabei überwachte sie Parteimitglieder und sprach Empfehlungen für Parteistrafen aus. Aber auch die restliche Belegschaft konnte ihre Aufmerksamkeit erregen. Besonders alte Eliten, ehemalige NSDAP-Angehörige und Personen mit einem „bürgerlichen" Hintergrund wurden überprüft.

1568 Ebd., Nr. IV/4/03/059, Vorlage für das Büro Nr. 180 vom 03.11.1954.

1569 Vgl. ebd., 20687, Nr. 1136, Bericht über die Durchsetzung der sozialistischen Leitungsprinzipien vom 24.06.1959; 21125, Nr. IV/4/03/057, Aussprache mit dem Genossen Reichenbach vom 25.11.1954. Die KPKK warf Reichenbach vor, für eine unzureichende Kaderauslese verantwortlich zu sein, seinen Untergebenen zu viele Freiheiten zu gewähren, bestimmte Arbeitskräfte – unabhängig von sozialen Fragen – zu bevorzugen und selbstständig ohne Konsultationen Entscheidungen zu treffen. Diese betriebliche Governance wurde trotz genannter Kritik zumindest bis 1959 geduldet. Möglicherweise lag sein Verhalten auch in seiner sozialdemokratischen Prägung. Er gehörte von 1922 bis 1925 der „Sozialistischen Arbeiterjugend" an und trat 1945 der SPD bei.

durch die SED-Mitglieder und vorbei an der betrieblichen Hierarchie in den Betrieb getragen.[1570] Sogar technische Betriebsberatungen, wie im Falle der Automatisierung der Schwelerei, wurden von den GOs, in diesem Fall von der der Schwelerei, durchgeführt.[1571] Somit wurde ein Teil der technischen „Intelligenz" unabhängig von ihren Fähigkeiten ausgeschlossen. Selbst in Bezug auf Havarien wurde die Partei eingebunden. Der Fehler eines Schaltwärters führte zu einer Fehlschaltung, die wiederum den Ausfall von sechs Maschinen im Kraftwerk zur Folge hatte und sowohl die 100 Kilovolt- als auch die sechs Kilovolt-Hochspannungsleitungen unterbrach.[1572] Die zuständige GO nahm den Verursacher in Schutz und unterstellte ihm „menschliche Schwäche", während die Kreisleitung der SED dies anders sah. Schlussendlich setzte sich letztere durch und machte klar, dass es sich bei dem Vorfall um keinen Zufall, sondern um Absicht handelte. Auch andere Fälle von vermeintlicher Sabotage untersuchte die Kreisleitung. Selbst in die Aufarbeitung der Havarie 1959 im Kraftwerk Espenhain waren die verschiedenen Parteiorganisationen involviert. In diesem Fall war sie über die Untersuchung des MfS informiert und kannte dessen Abschlussbericht.[1573]

Diese Parallelstruktur erlaubte, dass vermeintlich niedrige Organisationen, wie die GO, ihre betrieblichen Vorgesetzten kritisieren konnten und somit in Leitungstätigkeiten ihrer Abteilungen eingriffen. Die GO des Büros 194 beispielsweise beanstandete die Leitungstätigkeit des Direktors der Betriebsgruppe Energie, Martin Röhnick.[1574]

Während die SED vielfältigen Einfluss auf den Betrieb ausübte, hatte die Werksleitung nur über ihre in der Kreisleitung vertretenen Parteimitglieder die Möglichkeit auf politische Entschlüsse einzuwirken. Bei Gründung der Kreisleitung 1954 war nur der Werksleiter Kurt Ludwig in dieser vertreten.[1575] Erst 1955 folgten mit dem Technischen Direktor Dr. Hugo Eckardt und Tagebauleiter Alfred

---

1570 Vgl. ebd. Nr. IV/4/03/016, Besprechung zur Vorbereitung der Parteiaktivtagung vom 05.04. 1956.

1571 Vgl. ebd., Nr. IV/4/03/075, Maßnahmen zur Automatisierung der Schwelanlage vom 28.02. 1961.

1572 Vgl. ebd., Stellungnahme zu der Fehlschaltung im Kraftwerk am 09.08.1961 vom 11.08. 1961. Der Beschuldigte hatte bereits einmal eine Fehlschaltung durchgeführt, weshalb ihm die Erlaubnis zur Schaltung entzogen wurde. Der Leiter der Schaltwarte, der sich zum Unglückszeitpunkt im Urlaub befand, hatte sie ihm aber wieder erteilt. Neben diesen beiden Institutionen waren die Sicherheitsinspektion, das MfS, die Kriminalpolizei, die Werksleitung und das BSA in die Untersuchung involviert.

1573 Vgl. SächsStA-L, 21125, Nr. IV/4/03/075, Über den Brigadeeinsatz in den Kraftwerken Espenhain und Böhlen vom 24.11.1960.

1574 Vgl. ebd., 21125, Nr. IV/4/03/075, Beschluß des Büros Nr. 194 vom 04.07.1960.

1575 Vgl. ebd., Nr. IV/4/03/001, Kreisdelegiertenkonferenz am 30./31.01.1954.

Umlauf zwei weitere Vertreter der Werksleitung in dieses Gremium.[1576] Im Zeitraum des NÖSPL bildete die Kreisleitung Produktionskomitees.[1577] In diesen trafen Funktionseliten, die gleichzeitig SED-Mitglieder waren, Entscheidungen über die Rationalisierung und Erweiterung von Produktionsanlagen. Damit handelte es sich um parallele Strukturen zur Technischen Direktion. 1954 forderte Umlauf öffentliche, von den GOs geleitete Produktionsbesprechungen.[1578] Auf diesen sollte der jeweilige Betriebsleiter Rechenschaft über die Planerfüllung ablegen. Eine Umsetzung der Produktionsbesprechungen hätte die Arbeit der Funktionseliten noch weiter eingeschränkt und möglicherweise die Anzahl von „Republikfluchten" erhöht. Die Idee einer solchen gewerkschaftlichen Kontrolle der Abteilungsleitung stand zeitlich im Zusammenhang mit der Forcierung von politischen Kampagnen nach dem gescheiterten „Volksaufstand vom 17. Juni 1953", wie beispielsweise der landwirtschaftlichen Kollektivierung.[1579] Schlussendlich bedeutete der Ausbau des Einflusses der SED auch eine Ausweitung des Parteiapparates und somit einen deutlichen Anstieg des Verwaltungsaufwandes. Aber auch unabhängig davon wuchs die Bürokratie im Industriekomplex in den 1950er-Jahren deutlich an, wie ein Delegationsmitglied 1954 an Grotewohl berichtete.[1580]

Die Rolle der Gewerkschaften und ihr Einfluss wandelten sich in der dritten Phase. Die „Brigadeleiterinnen" und „Brigadeleiter" übernahmen jetzt die Interessenvertretung von den GOs für ihre Arbeitskräfte.[1581] Zusätzlich wurde der Betriebsschutz im Arbeitsschutz aktiv und übernahm somit ein ursprüngliches gewerkschaftliches Arbeitsfeld.[1582] Dennoch behielten auch der FDGB und die ihm untergeordneten Industriegewerkschaften Bergbau, Energie und Chemie Einfluss und Aufgaben, wie besonders an ihrer Rolle in den skizzierten Lohndiskussion deutlich wird. Diese entsprachen jedoch nicht mehr den Aufgaben einer Arbeitnehmer- und Arbeitnehmerinnenvertretung. Mit der Gründung der Arbeitsschutzinspektionen 1958 übernahmen die Gewerkschaften zumindest wieder im

1576 Vgl. ebd., Vorschläge für die Kreisleitung vom 24.04.1955.

1577 Vgl. ebd., Nr. IV A/4/03/024, Sekretariatsvorlage Nr. 69 vom 13.03.1965. Verpflichtet wurden der Werksleiter Ludwig, zudem Dr. Schönfeld, Dr. Flechsig, Dr. Röder, Dr. Schmidt, Dipl.-Ing. Naeschke, Dipl.-Ing. Heinrich, Dipl.-Ing. Werner, Dipl.-Ökonom Franke und Herr Köhler.

1578 Vgl. ebd., Nr. IV/4/03/001, Gen. Baumann, Wilhelm, GO A 34 vom 30./31.01.1954.

1579 Vgl. Schöne, Jens: Das sozialistische Dorf. Bodenreform und Kollektivierung in der Sowjetzone und DDR, Leipzig 2008 (= Schriftenreihe des Sächsischen Landesbeauftragten für die Stasi-Unterlagen, Bd. 8), S. 120.

1580 Vgl. SächsStA-L, 21125, Nr. IV/4/03/006, Aussprache von Aktivisten des Kombinates „Otto Grotewohl" mit unserem Ministerpräsidenten vom 13.10.1954.

1581 Vgl. Reichel, Thomas: „Sozialistisch arbeiten, lernen und leben" (s. Anmerkung 71), S. 120 f.

1582 Vgl. SächsStA-L, 22243, Nr. 4, Gute Arbeit der Diensthabenden vom 14.10.1957. Diese gewerkschaftliche Aufgabe wurde im Untersuchungsraum an den Betriebsschutz delegiert.

Arbeitsschutz eine zentrale Funktion.[1583] Allerdings waren Unterschiede zur Position der SED und somit des Unternehmers kaum auszumachen. Das belegt ihre Rolle in den Gremien der Werksleitung und bei der Bestätigung der Pläne.[1584] Als neues Arbeitsfeld wurde der FDGB in der Kulturarbeit aktiv, die sowohl Veranstaltungen im Industriekomplex als auch Ausflüge umfasste.[1585] Hinzu kam die Vergabe von Ferienplätzen durch die BGL, was für die gesamte DDR belegt ist.[1586] Im NÖSPL sollte die Rolle der Gewerkschaften einen sukzessiven Bedeutungszuwachs erfahren.[1587] Daher wurde ihnen auch im Industriekomplex eine neue Aufgabe zugedacht, die in der Mobilisierung der Arbeitskräfte zur besseren Mitarbeit in den Betrieben und der Propagierung der Ziele der Reform, hier speziell der Industriepreisreform, bestand.[1588] Allerdings blieben diese Anweisungen vage.

„Aktivisten", „Brigaden" und „Kollektive"

Als Teil des Aufbaus des Sozialismus schuf die DDR „sozialistische Arbeitskollektive" und „Brigaden". Ihren Ausgang nahm diese Entwicklung schon in der SBZ;[1589] sie zielte auf die Durchsetzung der sozialistischen Arbeitsmoral. In diesem Zusammenhang stand auch die „Aktivistenbewegung", die sich im Unter-

1583 Vgl. SAPMO, DY 37/1522, Schlussfolgerungen zum Bericht über den Massenunfall im Kombinat „Otto Grotewohl" Böhlen am 15.12.1960 vom 10.01.1961. Hierbei kritisierte der Bundesvorstand die unzureichende Arbeit in Bezug auf den Arbeitsschutz von BGL und Bezirksvorstand der IG Bergbau. Die Arbeitsschutzinspektion war dabei ein zentrales Element der gewerkschaftlichen Bestrebungen für Sicherheit.

1584 Vgl. SächsStA-L, 20687, Nr. 476, Anlage 1 Kommission zur Einführung der 45-Stunden-Woche vom 23.01.1957; 24. Werksleitungssitzung vom 15.10.1958. Nicht nur, dass der Vorsitzende der BGL in der Werksleitung saß, sondern er spielte auch bei der Verabschiedung der Pläne eine große Rolle. Beispielsweise musste die Herabsetzung des Planes für 1959 von ihm bestätigt werden. Allerdings war Widerspruch oder Ablehnung in dem System nicht vorgesehen.

1585 Vgl. SAPMO, DY 1 (Deutsche Volksbühne)/201, Bericht über eine am 08.06.1953 durchgeführte Überprüfung der ehem. Werk-Volksbühne Böhlen; SächsStA-L, 20687, Nr. 352, Mittel aus Direktorfonds am 07.09.1953.

1586 Vgl. Schaufuß, Thomas: FDGB-Feriendienst (s. Anmerkung 69), S. 46 ff. Dabei standen die Betriebe in diesem Feld in Konkurrenz zum FDGB. Betrachtet man die gesamte DDR, so erscheint dieser Konflikt erst ab den 1960er-Jahren als Phänomen. Im Untersuchungsraum bestand er aber schon deutlich länger, da die Werke bereits aus der NS-Zeit zahlreiche Ferienobjekte übernommen hatten.

1587 Vgl. Hürtgen, Renate: Disziplinierung (s. Anmerkung 69), S. 78 ff.

1588 Vgl. SächsStA-L, 20681, Nr. 176, Perspektivplan-Diskussion vom 25.11.1964.

1589 Vgl. Reichel, Thomas: „Sozialistisch arbeiten, lernen und leben" (s. Anmerkung 71), S. 30. Eine direkte Linie wies vom „Subbotnik" über die „Stachanow-Bewegung" der 1930er-Jahre in der Sowjetunion zu Adolf Hennecke und seiner vermeintlichen Rekordschicht vom 13. Oktober 1948.

suchungsraum schon Ende der 1940er-Jahre etabliert hatte.[1590] Die Belegschaft verhielt sich gegenüber dieser Organisationsform anfangs misstrauisch und abwartend.[1591] Dennoch stieg die Zahl der Teilnehmenden in der frühen DDR an, was allerdings keine Aussage über deren tatsächlichen wirtschaftlichen Nutzen erlaubt.[1592] Die zentrale Wirtschaftsverwaltung räumte der Bewegung jedoch eine nicht unerhebliche Bedeutung für die ökonomische Entwicklung ein, da sie sich eine Kostensenkung versprach.[1593] Auch die „Neuererbewegung" galt als „Aktivistenbewegung". Sie diente dazu, neue Produktionsmethoden oder höhere Arbeitsnormen, wie die „Mamai- und die Seifert-Methode", durchzusetzen.[1594] Bis 1955 nahmen die „Aktivisten" und „Neuerer" unter den Arbeitskräfte deutlich zu und erreichten in Espenhain 1955 einen Organisationsgrad von knapp 20 % der Belegschaft (vgl. Tab. 55). Allerdings entsprachen die kommunizierten Zahlen nicht immer dem Grad des tatsächlichen Engagements der Belegschaft. So kritisierte die Staatssicherheit, dass die vom VVB Braunkohle Borna angegebenen 60 % der Belegschaft der Zentralwerkstatt Regis, die nach der „Seifert-Methode", ein Versuch auf freiwilliger Basis Rationalisierungen und höhere Arbeitsnormen in den „Brigaden" einzuführen,[1595] arbeiten würden, als absolut unrealistisch anzusehen wäre.[1596] Eine Feststellung, die in ähnlicher Weise auch für den Un-

1590 Vgl. NlSG, Sonderbestand, Ehrenbuch des Tagebaus Espenhain, Aktivisten des 2-Jahrplans.

1591 Vgl. ebd., DY 34/20683, Bericht über Revierdelegiertenkonferenz der IG Bergbau am 12. und 13.05.1950. Die Gewerkschaftsvertreter beklagten eine mangelnde Unterstützung der „Aktivisten", was auf eine allgemein ablehnende Haltung ihnen gegenüber im Betrieb schließen lässt.

1592 Vgl. SächsStA-L, 20687, Nr. 81, Bericht über die Verwirklichung des Beschlusses der 11. Bundesvorstandssitzung vom 17.12.1953. Im Jahr 1953 wurden in Böhlen allein 155 Frauen als „Aktivistinnen" ausgezeichnet.

1593 Vgl. SAPMO, DY 37/3021, Jährliche Einsparungen durch die Verwirklichung des Aktivistenplanes des Kombinates und Großkraftwerkes Espenhain vom 21.12.1950, Teilaktivistenplan Elokbau, Teilaktivistenplan Wagenbau.

1594 Vgl. SächsStA-L, 20687, Nr. 476, 10. Werksleitungssitzung am 24.04.1958. Die „Mamai-Methode" geht auf den sowjetischen „Neuerer" Nikolai Jakowlewitsch Mamai zurück, wonach der Plan pro Tag und Arbeitsplatz aufgeschlüsselt werden sollte. In der DDR zeichnete sich Günter Christoph für ihre Einführung verantwortlich, weshalb sie später auch „Christoph-Methode" genannt wurde.

1595 Vgl. Dowe, Dieter/Kuba, Karlheinz/Wilke, Manfred (Hrsg.): FDGB-Lexikon (s. Anmerkung 895), Artikel Seifert-Methode. Die nach Erich Seifert benannte Methode diente der Rationalisierung der Arbeitsnormen. Seifert forderte eine faire Anpassung des Arbeitszeitaufwandes, falls er dauerhaft übererfüllt werden sollte. Nach der Einführung 1958 war sie ab 1959 Teil des Repertoires der „Brigaden" der sozialistischen Arbeit.

1596 Vgl. BStU, BV Leipzig, Leitung, Nr. 571, Analyse vom 25.01.1960.

tersuchungsraum galt und zeigte über wie wenig Kontrolle die VVBs verfügten und wie gering die Effekte solcher Bewegungen waren.[1597]

Jahr	„Aktivisten"/„Neuerer"	Anteil an der Gesamtbelegschaft
1950	323	3,7 %
1951	449	5,2 %
1952	853	10,2 %
1953	1075	13,2 %
1954	1505	18,6 %
1955	1609	19,8 %

Tab. 55: „Aktivisten" und „Neuerer" im Kombinat Espenhain 1950 bis 1955[1598]

Bedeutsamer waren die „Brigaden der sozialistischen Arbeit". Diese stellten die konsequente Verbesserung der „Aktivistenbewegung" und deren Ausdehnung auf die gesamte Belegschaft in Form eines kollektiven Wettbewerbes dar.[1599] Ihren Ursprung nahmen sie 1959 im Elektrochemischen Kombinat Bitterfeld und sollten vor allem auf den akuten Arbeitskräftemangel in der chemischen Industrie reagieren.[1600] Entsprechend begann ihr Aufbau im Industriekomplex im selben Jahr. Allerdings wurde schon vor 1959 von „Brigade" oder dem „sozialistischen Kollektiv" bei der Organisation der Arbeitskräfte im Industriekomplex Böhlen-Espenhain gesprochen.[1601] Der Unterschied bestand darin, dass 1959 eine Verbindung zwischen dieser Organisation und dem „sozialistischen Wettbewerb"

1597 Vgl. SAPMO, DY 34/1699, Unterlagen über die mit Schreiben vom 21.07.1949 geforderten Fragen vom 08.08.1949. Problematisch war die Zahl von 280 vorgeschlagenen „Aktivisten". Die Betriebe hatten tendenziell ein Interesse, sich gegenüber der Bürokratie mit diesen Zahlen zu schmücken, so dass möglichst viele Personen vorgeschlagen wurden, auch ohne entsprechende Leistungen erbracht zu haben. Weniger strittig war die Anzahl von 20 „Hennecke-Aktivisten" und 83 anerkannten „Aktivisten".

1598 Vgl. SächsStA-L, 20681, Nr. 280, Anwendung von Neuerermethoden vom 16.05.1956.

1599 Vgl. Reichel, Thomas: „Sozialistisch arbeiten, lernen und leben" (s. Anmerkung 71), S. 29 ff.

1600 Vgl. Wiesner, Albrecht: Taktieren (s. Anmerkung 69), S. 237 f.

1601 Vgl. SAPMO, DY 37/2256, Vorschläge über lohnpolitische Maßnahmen zur einheitlichen Regelung der Entlohnung in den Kohlenveredelungskombinaten Böhlen und Espenhain vom 29.09.1956; NY 4090/64, Brigadebericht des VEB Kombinat „Otto Grotewohl" Böhlen vom 14.04.1953, S. 24. Hierbei wurde schon 1953 bzw. 1956 von den Belegschaftsteilen gesprochen, die in „Brigaden" organisiert waren.

hergestellt wurde.[1602] Damit sollte ein größerer Anreiz zur Produktion geschaffen und gleichzeitig eine materielle Besserstellung der besonders produktiven Arbeiterinnen und Arbeiter erreicht werden.[1603] Auch hier stellt sich die Frage, ob es sich nur um eine weitere Kampagne der SED handelte, die auf eine höhere sozialistische Durchdringung der Gesellschaft zielte. Diese Bewegung umfasste nicht nur Arbeitskräfte aus der Produktion, sondern mit den Meistern auch einen Teil der technischen „Intelligenz".[1604] Dies war insofern erstaunlich, da die „Brigadiers" von der SED gegen die Meister, als Träger der alten Arbeitsordnung, instrumentalisiert wurden.[1605] Der Konflikt bezog sich auch auf die Entlohnung. Dabei wurde der Brigadier besser bezahlt als sein Vorgesetzter.[1606] Allerdings zeigte ihre Organisation in „sozialistischen Meisterbereichen" ein Umdenken, sodass eher vom Ziel einer Durchdringung der „Betriebsgemeinschaft" auszugehen war. Eine Bewertung der ökonomischen Leistungen der „Produktionsbrigaden" im Industriekomplex ist allerdings nicht möglich, da keine vergleichbaren Daten zu ihrer Arbeitsproduktivität vorlagen.

Insgesamt unterlagen die „Brigaden" im Untersuchungsraum, sowohl was ihre Mitglieder als auch ihre Anzahl betraf, deutlichen Schwankungen. So gab es Anfang 1951 458 „Brigaden" mit 5100 Mitgliedern, die sich bis zum Herbst des

---

1602 Vgl. Roesler, Jörg: Brigaden (s. Anmerkung 72), S. 45. Die Organisation in „Produktionsbrigaden" lässt sich erstmals im Herbst 1947 nachweisen und erfuhr ab März 1950 durch den vom FDGB geförderten zentralen Aufbau von Arbeitsbrigaden einen deutlichen Aufschwung. Die Bezeichnung „Brigade der sozialistischen Arbeit" wurde 1959 durch den FDGB eingeführt und diente der Auszeichnung bei Übererfüllung der Pläne. Insofern war diese letzte Form unmittelbar mit dem Wettbewerb verbunden.

1603 Vgl. Reichel, Thomas: „Sozialistisch arbeiten, lernen und leben" (s. Anmerkung 71), S. 53 f.; Roesler, Jörg: Brigaden (s. Anmerkung 72), S. 44 f.; Wiesner, Albrecht: Taktieren (s. Anmerkung 69), S. 239 f. Im Endeffekt handelte es sich auch hierbei um eine administrative Lösung für das praktische Problem der mangelnden Wachstumsraten und der niedrigen Produktionssteigerung.

1604 Vgl. SächsStA-L, 22243, Nr. 3, Auswertung der politischen, polizeilichen, ökonomischen und inneren Lage des Kombinats „Otto Grotewohl" des Monats März 1960 vom 04.04.1960.

1605 Vgl. Roesler, Jörg: Brigaden (s. Anmerkung 72), S. 47 f.

1606 Vgl. SächsStA-L, 21125, Nr. IV/4/03/006, Aussprache von Aktivisten des Kombinates „Otto Grotewohl" mit unserem Ministerpräsidenten vom 13.10.1954. In diesem Fall erhielt der Meister und direkte Vorgesetzte 710 Mark im Monat, wohingegen der Brigadier 740 Mark bekam. Eine Ungleichheit, die im Werksvergleich aufgrund der unterschiedlichen Tarifsysteme noch deutlich höher ausfallen konnte. So bekam ein Schaltmeister im Kraftwerk 560 Mark im Monat, wohingegen ein Schaltwärter aus dem Tarif Kohle 760 Mark verdiente. Die Gründe für die Unterschiede lagen, zumindest bei der Arbeit im selben Bereich, in der unterschiedlichen Besteuerung von Löhnen und Gehältern.

Jahres auf 124 reduzierten.[1607] Ein Jahr später hatte sich deren Zahl wieder bedeutend erhöht und zwar auf mindestens 239.[1608] 1960 verzeichnete der Industriekomplex 222 „Brigaden“, 60 „sozialistische Meisterbereiche“, 54 „sozialistische Schichten“ und vier „sozialistische Abteilungen“.[1609] Dabei war die Gesamtzahl der in „Brigaden“ organisierten Arbeitskräfte deutlich höher, da nur noch 3000 von 12 750 Personen (23,5 %) unabhängig von ihnen arbeiteten. 1962 arbeiteten schlussendlich 13 000 Beschäftigte in 457 „Brigaden“, was eine nahezu vollständige Erfassung der Belegschaft bedeutete. Damit lag die Beteiligung im Industriekomplex deutlich über dem Schnitt der DDR. Im gesamten Land lag der Erfassungsgrad 1960 bei 45 % und sank bis 1965 auf 37 %.[1610] Der hohe Organisationsgrad spiegelt die politische Bedeutung des Industriekomplexes für die Durchsetzung der sozialistischen Arbeitsordnung wider.

Die zahlreichen „Aktivisten“ und „Brigademitglieder“ dürfen nicht darüber hinwegtäuschen, dass es auch Ablehnung aus der Belegschaft gegenüber diesen neuen Strukturen gab. Nicht nur die Einführung von „Aktivistenbewegungen“ und „Brigadestrukturen“, sondern auch die neuen Methoden erzeugten Widerstand in der Belegschaft. Bereits die „Hennecke-Aktivisten“ waren, wie schon ihr Initiator, sehr unbeliebt.[1611] „Hennecke-Schichten“ wurden nur in Bereichen durchgeführt, die über einen hohen Grad an SED-Mitgliedern, besonders in der Abteilungsleitung, verfügten.[1612] Die „Seifert-Methode“ erfreute sich in der DDR ebenfalls keiner großen Beliebtheit.[1613] Ähnlich sah die Situation im Industrie-

1607 Vgl. Roesler, Jörg: Produktionsbrigaden (s. Anmerkung 71), S. 147.

1608 Vgl. SächsStA-L, 20687, Nr. 81, Bericht über die Verwirklichung des Beschlusses der 11. Bundesvorstandssitzung vom 17.12.1953. Die genaue Zahl lässt sich nicht mehr ermitteln. Allerdings gab es zu diesem Zeitpunkt 479 „Brigadiers“. Selbst bei der Berücksichtigung der stellvertretenden „Brigadeleiter“ hätten immer noch mindestens 239 „Brigaden“ bestanden.

1609 Vgl. ebd., 22243, Nr. 3, Auswertung der politischen, polizeilichen, ökonomischen und inneren Lage des Kombinats „Otto Grotewohl“ des Monats März 1960 vom 04.04.1960.

1610 Vgl. Roesler, Jörg: Brigaden (s. Anmerkung 72), S. 45.

1611 Vgl. Naimark, Norman M.: Die Russen in Deutschland. Die sowjetische Besatzungszone 1945 bis 1949, Berlin 1997, S. 258.

1612 Vgl. SächsStA-L, 20681, Nr. 176, An die Betriebsgruppenleitung vom 05.06.1948, Bericht über die Hennecke-Schichten vom 24.01.1949; 20686, Nr. 188, Heneckeschicht der Malerkolonne am 19.11.1948. Als Beispiel dient die Brikettfabrik Espenhain. 1948 waren von neun Führungskräften bereits fünf SED-Mitglieder, nämlich der Obermeister, drei Brikettmeister und ein Tagesmeister. Entsprechend wurden in diesem Bereich zwischen dem 18. und 20. Januar 1949 „Hennecke-Schichten“ mit 16 bis 18 % Leistung über dem Plansoll durchgeführt. Die Bedeutung Böhlens wiederum ließ sich daran ablesen, dass die Schichten nur einen Monat nach Henneckes Musterschicht stattfanden.

1613 Dowe, Dieter/Kuba, Karlheinz/Wilke, Manfred (Hrsg.): FDGB-Lexikon (s. Anmerkung 895), Artikel „Seifert-Methode“.

komplex aus. Sie wurde für niedrigere Lohnzahlungen verantwortlich gemacht und deshalb abgelehnt.[1614] Die BPO konterte solche Berichte, indem sie eine „Brigade" gründen ließ, um die:

> " [...] zum Teil falschen und unterschiedlichen Meinungen über die Seifert-Methode zu korrigieren sowie in der Entwicklung der SM [Seifert-Methode] im Kombinat aufgetretene Mängel abzustellen sowie ein Musterbeispiel für die Anwendung der SM [Seifert-Methode] zu schaffen."[1615]

Teilweise waren die mit der Methode verbundenen Vorschläge der einzelnen „Brigaden" aus wirtschaftlicher oder technischer Hinsicht kontraproduktiv.[1616] Entsprechend versuchten vor allem die SED-Mitglieder unter der technischen „Intelligenz" diese zu steuern, wie der Betriebsleiter der Hauptenergetik im Benzinwerk.[1617]

Demgegenüber erfreute sich die „Neuererbewegung" höherer Akzeptanz in der Belegschaft des Industriekomplexes. Sie zielte vor allem auf die Verbesserung von Arbeitsabläufen sowie die Einführung einer rationellen Arbeitsweise ab, lockte vor allem aber mit Prämien.[1618] Bereits 1955 lag der Anteil der teilnehmenden Belegschaft mit knapp 20 % über dem DDR-Durchschnitt von 1969, der 15 % betrug (vgl. Tab. 55). Dennoch hatte der Industriekomplex mit einem geringen Aufkommen an Verbesserungsvorschlägen aus der Belegschaft zu kämpfen. Zwar wurde durch Prämien versucht, die Arbeitskräfte zu motivieren, Ideen einzureichen, der Erfolg blieb aber gering: 1955 gingen bei der Werksleitung Espenhain 1083 Anregungen für Verbesserungen ein, von denen 686 realisiert wurden.[1619] Diese an sich hohen Zahlen müssen aber mit den erzielten Einsparungen in Relation gesetzt werden. Die Vorschläge brachten insgesamt eine Ersparnis von 1 506 658 Mark, was für eine einzelne Idee 2196,29 Mark bedeutete. Der Wert lässt

1614 Vgl. SächsStA-L, 20687, Nr. 990, Tätigkeitsbericht der Brigade zur Einführung der Seifert-Methode für die Zeit vom 01.12. bis 31.12.1958.

1615 Ebd., Gesamtbericht der Brigade zur Einführung der Seifert-Methode vom 10.01.1959.

1616 Vgl. ebd., Wir berichten über die Seifertmethode. So schlug eine „Brigade" vor, bei kleineren Reparaturen keine Schlosser mehr hinzuzuziehen, sondern diese selbst durchzuführen. Unbeachtet blieb das damit verbundene höhere Unfallrisiko sowohl während als auch in Folge der Reparatur.

1617 Vgl. ebd., Nr. 476, 10. Werksleitungssitzung am 24.04.1958. Friedrich Jilek, Jahrgang 1904, wurde für seine selbstständige Einführung der „Mamai- und Seifert-Methode" mit 350 Mark prämiert.

1618 Vgl. Dowe, Dieter/Kuba, Karlheinz/Wilke, Manfred (Hrsg.): FDGB-Lexikon (s. Anmerkung 895), Artikel „Neuererbewegung".

1619 Vgl. SächsStA-L, 20681, Nr. 80, Bericht des Werksleiters zur Kontrollauschußsitzung für 1955, S. 20. Diese wurden mit insgesamt 85 956 Mark, also 125,30 Mark je Vorschlag, prämiert.

auf einen geringen Nutzen schließen. Insgesamt war eine Zunahme der Verbesserungsvorschläge zwischen 1945 und 1965 zu beobachten. Besonders das NÖSPL hatte den Anspruch, die technisch-wissenschaftlichen Erkenntnisse in konkrete Produktionsmethoden umzusetzen.[1620] Entsprechend lässt sich im Industriekomplex eine Veränderung in der Entwicklung beobachten. Beispielsweise nahm die Zahl der nutzbaren und auch der realisierten Vorschläge zu.[1621] 1959 bestand an der Bearbeitung der Ideen noch ein deutlich größerer Stau.[1622] Insgesamt waren die Innovationen für den Industriekomplex, aber auch für andere Bereiche der DDR-Wirtschaft, überlebenswichtig:

> „Die ständig steigende Förderung von Braunkohle aus Tagebauen, die auf Grund der Kohleablagerungsverhältnisse geologisch-hydrologisch und bergtechnisch immer komplizierter werden, erfordert eine Verbesserung der wissenschaftlich-technischen Leitung und Arbeit in der Braunkohlenindustrie."[1623]

Mochten die meisten Vorschläge aus den Reihen der normalen Arbeitskräfte entstammen,[1624] waren es die Funktionseliten, die die qualitativ hochwertigen Anregungen formulierten, eine Diskrepanz, die schon die SAG-Phase prägte.[1625]

1620 Vgl. Steiner, André: DDR-Wirtschaftsreform (s. Anmerkung 33), S. 68, 359 f., 367, 374 ff. und 465 ff. Dabei ging es besonders um Innovationsförderung. Die Reform versuchte, die Umsetzung der wissenschaftlichen Erkenntnisse in den Betrieben zu verstärken. Hierzu etablierte sie auf verschiedenen Ebenen Forschungseinrichtungen und versuchte, die Werke zur Umsetzung von Verbesserungsvorschlägen zu gewinnen. Schlussendlich scheiterten diese Vorhaben aber an mangelnden finanziellen Mitteln, an der Umsetzung teils unnötiger Projekte oder an deren unzureichenden Integration in gesamtwirtschaftliche Prozesse.

1621 Vgl. SächsStA-L, 20681, Nr. 33, Betr. Jahresanalyse vom 07.01.1965. Waren zum 01. Januar 1964 89 unbearbeitete Vorschläge zu verzeichnen, sank diese Zahl bis zum 01. Januar 1965 auf 37. Gleichzeitig stieg die Anzahl an „Nutzbaren" von 64 auf 81 %.

1622 Vgl. BArch, DO 1/10508, Industriegewerkschaft Bergbau, Zentralvorstand vom 07.11.1959. Für das Kraftwerk Espenhain ließen sich 139 unerledigte Verbesserungsvorschläge nachweisen, davon allein 54 im Kesselbetrieb, wie Untersuchungen nach der Havarie im Juli 1959 zeigten.

1623 SächsStA-L, 20681, Nr. 31, Direktive für die Arbeit der geologisch-hydrologischen Gruppen in der Braunkohlenindustrie.

1624 Vgl. ebd., 20687, Nr. 1136, Bericht über die Durchsetzung der sozialistischen Leitungsprinzipien vom 24.06.1959. 75 % der Vorschläge stammten aus der Arbeiterschaft, 16 % von Meistern und 9 % vom ingenieurtechnischen Personal.

1625 Vgl. ebd., 22243, Nr. 46, Die wirtschaftliche und politische Bedeutung unseres VEB vom 25.05.1956. Der Vorschlag eines Obermeisters beispielsweise führte zur Einsparung von 17 Arbeitskräften.

Konflikte, Probleme und Überwachung
Die Konfliktbereitschaft des Hauptdirektors zeigte sich vor allem in den Auseinandersetzungen mit den höheren Planbehörden. Besonders rund um die „Kohle- und Energieprogramme“ sowie das „Chemieprogramm“ der 1950er-Jahre entwickelten sich unrealistische Vorstellungen der zentralen Planer. Aufgrund von Verzögerungen bei Lieferzeiten wurden die Forderungen von den Kombinaten zurückgewiesen.[1626] In anderen Fällen waren die Auslastungen des DDR-Schwermaschinenbaus für die Planrückstände verantwortlich.[1627]

Die Konflikte und Probleme des Industriekomplexes hatten ihren Ursprung in den bereits geschilderten Verhältnissen, die den Untersuchungsraum von 1933 bis 1965 prägten: niedrige Qualität der technischen Ausstattung, Material- und Arbeitskräftemangel sowie komplizierte Lieferbeziehungen.[1628] Neu waren hingegen Mängel in der Qualität der Produktion als auch in der Planerfüllung. Eine interne Überprüfung durch das Ministerium für Schwerindustrie konstatierte:

> „Seit Eingliederung des Kombinates Espenhain in die volkseigene Wirtschaft werden die Pläne in den wichtigsten Planpositionen nicht mehr erfüllt. Durch die schlechte Arbeit der Wirtschaftsfunktionäre bestehen in allen Betrieben des Kombinates grosse Mängel.“[1629]

Diese Einschätzung führte noch im selben Jahr zur Versetzung des Werksleiters Kilian in das Teerverarbeitungswerk Gölzau. Bereits ein Jahr zuvor hatte es Gerüchte gegeben, dass er Vetternwirtschaft betrieb.[1630] Eventuell handelte es sich um eine Intrige aufgrund seiner vormaligen SPD-Mitgliedschaft. Ein objektiver Grund für die Planrückstände war die Überalterung der Maschinen, aber auch des

1626 Vgl. ebd., 20681, Nr. 18, Sondermaßnahmenplan Kohle und Energie vom 18.02.1957. Während das Projektierungs- und Konstruktionsbüro, ein zentrales Planungsbüro der SPK, den Einsatz neuer Fördergeräte den Planungen für die Gesamtförderleistung zu Grunde legte, konterte das Kombinat Espenhain, dass die Terminverzögerungen bei der Bereitstellung der Großtechnik diese Planungen obsolet machten.

1627 Vgl. ebd., Nr. 80, Bericht des Werksleiters zur Kontrollauschußsitzung für 1955, S. 12. Hierfür war teilweise auch das schlechte Material verantwortlich, das neue Bestellungen notwendig machte.

1628 Vgl. BArch, DE 4/3899, Kontrollbesprechung Energieprogramm am 08.01.1963; SächsStA-L, 20681, Nr. 80, Bericht des Werksleiters zur Kontrollauschußsitzung für 1955, S. 2; 21125, Nr. IV/4/03/006, Aussprache von Aktivisten des Kombinates „Otto Grotewohl“ mit unserem Ministerpräsidenten vom 13.10.1954; 22243, Nr. 6, Analyse für das IV. Quartal 1955 vom 03.01.1956.

1629 BArch, DC 1/1776, Bericht über die Überprüfung des VEB Kombinat Espenhain vom 17.02.1955.

1630 Vgl. PA Baumert, Sammlung Dissertation, Brief von Wolfgang Sperling vom 04.03.2018. Möglicherweise stand seine Versetzung auch im Zusammenhang mit Berichten des MfS über seine Beteiligung an Misshandlungen von Zwangsarbeitern.

Materials insgesamt.[1631] Ähnliche Missstände in Produktion und Qualität gab es auch in Böhlen.[1632]

Eine weitere wesentliche Veränderung stellte der Ausbau der Überwachung, besonders der BSAs und ihrer damit verbundenen Macht im Betrieb, dar. Ihre Bedeutung wurde schon an ihrer Größe deutlich. In Böhlen waren es im Herbst 1952 524 Polizisten und 126 Feuerwehrleute.[1633] Dieses Ausmaß stellte unter den Bedingungen des Personalmangels aus ökonomischer Sicht eine Verschwendung von Arbeitskräften dar. Begründet wurde dies mit der Gefahr von Sabotage, die hinter nahezu jeder Havarie und jedem Unfall vermutet wurde.[1634] Maßnahmen zur Reduzierung der Belegschaft des BSA wurden kritisch gesehen und den dafür eintretenden Personen als Fehlverhalten ausgelegt.[1635] Neben der Sabotageabwehr wurde der Betriebsschutz nun verstärkt zur Unterdrückung abweichender Meinungen in der Belegschaft genutzt. Besonders die Überwachung von Angehörigen von Religionsgemeinschaften zeigt die Einbindung der BSAs in Verfolgungshandlungen (vgl. Tab. 56). Dabei handelte es sich um eine Gruppe, die erst in der letzten Phase argwöhnisch beäugt und gezielt bekämpft wurde. Diese Bestrebungen erfüllten ihren Zweck, sodass es ab Mitte der 1950er-Jahre zu einem starken und rasanten Rückgang der religiösen Bindung im Untersuchungsraum

---

1631 Vgl. BStU, BV Leipzig, Leitung, Nr. 828/01, Lage in den Braunkohlenwerken des Kreises Borna vom 02.04.1957; SächsStA-L, 20681, Nr. 168, Betriebsleiterbesprechung am 30.08.1960, Betriebsleiterbesprechung der C-Betriebe am 27.10.1959. Dabei führten defekte Maschinen immer wieder zu Ausfällen und niedrigen Produktionsvolumen. Die Ursachen können bis auf die Kriegseinwirkungen zurückgeführt werden. Beispielsweise beklagte das Kraftwerk eine mangelhafte Verteilung des Stroms durch von Bombenangriffen beschädigte Kabel, was wiederum Auswirkungen auf die elektrisch betriebenen Bagger und Züge im Tagebau hatte. Gleichzeitig konnte neues Material trotz intensiver Bemühungen nicht beschafft werden.

1632 Vgl. BArch, DC 1/1776, Zentrale Kommission für Staatliche Kontrolle vom 12.01.1955.

1633 Vgl. SächsStA-L, 22243, Nr. 46, Planstellenbesetzungsliste vom 18.09.1952.

1634 Vgl. Lindenberger, Thomas: Havarie (s. Anmerkung 69), S. 249 f. und 252; SächsStA-L, 22243, Nr. 3, Quartalsbericht für das III. Quartal 1952 vom 27.09.1952; Nr. 4, Protokoll über den Erfahrungsaustausch zwischen den Ämtern Böhlen, Borna und Espenhain vom 23.02.1959.

1635 Vgl. BStU, BV Leipzig, Leitung, Nr. 947/02, Bericht über den operativen Einsatz im VEB Kombinat Espenhain vom 14.05.1959. Dabei wurde die Bewachungsmannschaft des BSA im Kraftwerk abgeschafft und dadurch 23 Arbeitskräfte eingespart. Der Werksleiter Förster sowie der Leiter des BSA und Major der DVP Ickert trugen diese Entscheidung gemeinsam und waren der Ansicht, damit der Anweisung des Zentralkomitees zur Personaleinsparung entsprochen zu haben. Das MfS sah das anders, betonte hingegen den verstärkten Klassenkampf und forderte dies rückgängig zu machen.

kam. Dies entsprach weitestgehend der Entwicklung in der Gesamtbevölkerung.[1636]

Im Endeffekt verlief der Ausbau der Überwachung in weiten Teilen parallel zu den Krisen der DDR-Gesellschaft und den anderen Staaten im RGW. Entsprechend war eine erhöhte Überwachungstätigkeit nach den Ereignissen rund um den 17. Juni 1953 oder dem Volksaufstand in Ungarn 1956 wenig verwunderlich.[1637] Parallel wurde in dieser Phase das Überwachungsnetz des MfS erweitert. 1959 erfolgte die Umwandlung der Operativgruppen des MfS in eigene Objektdienststellen.[1638] Dabei bestand ein zeitlicher Zusammenhang sowohl zur Explosion im Kessel 13 des Kraftwerkes Espenhain als auch zum allgemeinen Ausbau der Staatsicherheit in den 1950er-Jahren.[1639] So bemängelte die übergeordnete Bezirksleitung des MfS, dass im VEB BKK Espenhain 1954 bei 9000 Belegschaftsmitgliedern nur 22 GI vorhanden waren.[1640]

Religionsgruppe	Anzahl der Beschäftigten	davon unter Beobachtung
Protestanten	28	26
Katholiken	17	13
Adventisten	4	4
Neu-Apostolisch	5	5
Zeugen Jehovas	14	14

Tab. 56: Angehörige von Religionsgemeinschaften und deren Überwachung im Kombinat Böhlen 1963[1641]

1636 Vgl. Neubert, Ehrhart: Kirchenpolitik, in: Judt, Matthias (Hrsg.): DDR-Geschichte (s. Anmerkung 115), S. 363–430, hier S. 373 f. und 380.

1637 Vgl. BStU, BV Leipzig, Leitung, Nr. 22/03, Lage im Betrieb vom 25.10.1956; SächsStA-L, 22244, Nr. 11, Geschichte des BS-Kdo. Espenhain im Ersten 5-Jahresplan 1951-1955, S. 68 f.

1638 Vgl. BStU, BV Leipzig, Leitung, Nr. 967, Vorschlag zur Umbildung der Operativgruppe Böhlen in eine selbstständige Objektdienststelle vom 10.08.1959, Vorschlag auf Umbildung der Operativgruppe Espenhain in eine selbstständige Objektdienststelle vom 10.08.1959, Befehl Nr. 27/66 vom 06.10.1966. Daran kann der Bedeutungsgrad des Industriekomplexes abgelesen werden. Während 1959 ein Bedeutungszuwachs zu erkennen ist, bedeutete die Zusammenfassung beider Objektdienststellen zum 01. November 1966 am Böhlener Standort für Espenhain einen Bedeutungsverlust.

1639 Vgl. Gieseke, Jens: Die Stasi 1945–1990, München [2001] 2011, S. 71 f.

1640 Vgl. BStU, BV Leipzig, Leitung, Nr. 159/06, Ausfall der Förderbrücke im Tagebau des Kombinates Espenhain am 28.07.1954. Hinzu kam, dass diese häufig nur in untergeordneten Positionen tätig waren.

1641 Vgl. SächsStA-L, 22243, Nr. 26, Analyse über das Wirken der Kirche und Religionsgemeinschaften vom 17.05.1963, Überprüfung aktiver Mitglieder der ev.– u. kathl. Kirche vom 31.05.1963.

Belegschaftspolitik in der DDR bis 1965

Belegschaftsbildung zwischen strukturellem Wandel und betriebsbedingter Kontinuität

Allgemeine Belegschaftsentwicklung

Die Belegschaftsentwicklung in der frühen DDR war von denselben Problemen bei der Personalgewinnung wie in den beiden vorangegangenen Phasen geprägt, allerdings gestaltete sich die Anwerbung neuer Arbeitskräfte aufgrund des schleichenden Bedeutungsverlustes des Industriekomplexes zunehmend schwieriger. So bestand weiterhin Personalmangel, der sich jetzt auf alle Bereiche des Industriekomplexes ausdehnte und dabei besonders im Bereich Energie gravierend wirkte.[1642] Allerdings musste im letzten Zeitabschnitt, im Gegensatz zu den beiden anderen, nicht noch einmal die Belegschaft neu aufgebaut werden, da die Übergabe an die DDR im laufenden Betrieb erfolgt war. Allein für Böhlen lassen sich 1959 18 000 Beschäftigte nachweisen.[1643] Dabei wuchs nach der Übernahme durch die DDR das Personal weiter an, auch durch die Fokussierung auf die „Kohle- und Energieprogramme" sowie auf das „Chemieprogramm" (vgl. Tab. 57); allein zwischen Frühjahr und Herbst 1954 stieg die Anzahl der Belegschaft in Espenhain von 7587 auf 8184 Personen.[1644] Seit 1960 setzte hingegen ein ständiger Rückgang der Belegschaft ein, der durch den zunehmenden Bedeutungsverlust der Karbochemie verursacht wurde. Zusätzlich senkten Rationalisierungsmaßnahmen den Personalbedarf.[1645] Hierzu waren Personaleinsparungen im Zeitraum 1959 bis 1965 geplant, wobei ungewiss bleibt, inwieweit diese

---

1642 Vgl. ebd., 20681, Nr. 167, Betriebsleiterbesprechung am 11.04.1957; Nr. 169, Protokoll der Kommission Massenbedarfsgüter vom 09.01.1959; 22243, Nr. 4, Protokoll der Offiziers- und Funktionärsberatung des BS-Amtes Böhlen am 23.01.1960, Protokoll der Besprechung über Leistungsvergleich am 04.06.1960.

1643 Vgl. BStU, BV Leipzig, Leitung, Nr. 967, Vorschlag zur Umbildung der Operativgruppe Böhlen in eine selbstständige Objektdienststelle vom 18.08.1959. Zu den ca. 13 000 Kombinatsangehörigen kamen 700 Personen des IZ, 300 aus der chemischen Forschung, 2500 in „Fremdfirmen", 1000 im Ferrolegierungswerk und 500 im BSA. Dabei war ein Anwachsen des IZ sogar auf 1200 Personen geplant.

1644 Vgl. ebd., MfS, AS, Nr. 50/56, Überprüfung des Kombinates Espenhain vom 26.11.1954.

1645 Vgl. SächsStA-L, 20681, Nr. 150, Werksleitungssitzung am 28.10.1963. Wurden im Berichtsjahr bereits 109 Personen an Hilfspersonal und 41 Angestellte eingespart, war im weiteren Verlauf durch Rationalisierungsmaßnahmen und die Einführung neuer Technik eine weitere Verringerung um 2 %, was in etwa weiteren 150 Personen entsprochen hätte, geplant.

trotz sinkender Beschäftigtenzahlen tatsächlich umgesetzt wurden.[1646] Die Belegschaftsentwicklung im Industriekomplex korrespondierte mit dem Rückgang der Bevölkerung im Bezirk Leipzig, der zwischen 1955 und 1967 5% betrug.[1647]

Das wichtigste neue Rekrutierungspotential in der letzten Phase bildete der Nachwuchs der bisherigen Belegschaftsangehörigen.[1648] Beispielsweise trat der letzte Bürgermeister von Espenhain bereits in dritter Generation in das Werk ein.[1649] In zahlreichen Fällen lässt sich dies nachweisen.[1650] Werner Wiens, Sohn des 1948 aus Heidelberg zugewanderten Laborleiters Dr. Johannes Wiens, war hierbei ein besonderer Fall.[1651] Als studierter Theologe erregte er die Aufmerksamkeit des BSA und folgte dennoch seinem Vater ins Labor nach. Anhand der Kinder von Alfred Neubert lässt sich nachweisen, dass es sich um eine phasenübergreifende Praxis handelte, da sein zweiter Sohn und seine älteste Tochter in unterschiedlichen Phasen eine Lehrausbildung in Böhlen begannen.[1652] In diesen Beispielen manifestiert sich eine generationenübergreifende familiäre Verbundenheit mit dem Industriekomplex.

1646 Vgl. ebd., 20687, Nr. 822, Zwischenbericht zur Rationalisierung der Verwaltung vom 20.11. 1962, Rationalisierungsprogramm vom 30.12.1965, Rationalisierung vom 30.12.1965, Erarbeitung des Rationalisierungsprogramms vom 19.11.1965; Nr. 990, Automatisierungsplan für das VEB Kombinat „Otto Grotewohl" Böhlen vom 06.02.1960, Automatisierungsplan des Kombinates vom 06.02.1960. Beispielsweise sollten in Böhlen bereits 1960 durch Automatisierungspläne 91 Arbeitskräfte wegfallen. Für 1962 war eine Einsparung von 56 und für 1963 von 108 Stellen geplant. 1965 sollte dann ein auf Partei- und Regierungsbeschlüssen beruhendes größeres Rationalisierungsprogramm in der Verwaltung umgesetzt werden. Es bleibt unklar, ob diese Pläne im NÖSPL umgesetzt wurden. Auch zeigt Tabelle 57, dass erst 1962 die Zahlen unter den Stand von 1959 sanken.

1647 Vgl. Hofmann, Michael: Kohlearbeiter (s. Anmerkung 15), S. 110. Im Industriekomplex betrug der Rückgang sogar knapp 9%.

1648 Vgl. ebd., S. 108.

1649 Vgl. PA Baumert, Sammlung Dissertation, Gespräch mit Jürgen Frisch vom 09.01.2019.

1650 Vgl. NlSG, Vor- und Nachlässe, Bestand Klaus-Dieter Wolf, Lebenslauf vom 24.05.2013; Bestand Paul Lehmann, Lebenslauf vom 28.05.2014. Während Paul Lehmann seinen Sohn mit in den Betrieb brachte, waren im Falle Klaus-Dieter Wolf mehrere Generationen im Werk tätig. Sein Großvater war Ingenieur im Kraftwerk, sein Vater Schlosser in der Brikettfabrik und sein Neffe Fahrdienstleiter.

1651 Vgl. SächsStA-L, 22243, Nr. 26, Überprüfung aktiver Mitglieder der ev.– u. kathl. Kirche vom 31.05.1963.

1652 Vgl. BStU, BS Leipzig, Nr. 1254/65, Personalbogen vom 19.01.1950, Vorschlag eines GI im Schwerpunkt VEB Komb. Böhlen vom 06.12.1957. Während sein Sohn eine Schlosserlehre in der Zeit der SAGs machte und danach als Zeichner im IZ tätig wurde, absolvierte seine älteste Tochter direkt eine Lehre als Technische Zeichnerin.

Jahr	Böhlen	Espenhain	Gesamt
1953	13 514	7764	21 278
1954	12 627	7587	20 214
1956	k. A.	8036	-
1959	12 458	8301	20 759
1960	12 750	8355	21 105
1961	12 752	8218	20 970
1962	12 500	8030	20 530
1963	k. A.	7735	-
1964	11 500	7759	19 259
1965	11 587	7818	19 405

Tab. 57: Belegschaftsentwicklung im Industriekomplex Böhlen-Espenhain 1953 bis 1965[1653]

An der politischen Zusammensetzung der Belegschaft änderte sich im Vergleich zur vorherigen Phase der SAGs im Untersuchungsraum wenig. Weiterhin dominierten die SED-Mitglieder unter der Belegschaft und Blockparteien spielten nur eine untergeordnete Rolle. Trotz der zahlreichen ehemaligen NSDAP-Mitglieder blieb die Rolle der NDPD unterdurchschnittlich. So waren von den 8184 Belegschaftsangehörigen in Espenhain im Herbst 1954 1224 Mitglied der SED (15 %), 21 der CDU, 18 der LDPD und 9 der NDPD.[1654] Zusammen organisierten die Blockparteien ca. 0,6 % der Belegschaft. Als ehemalige Pg. wurden immerhin noch 763 Personen (9,3 %) laut dieser Quelle registriert.

1653 Vgl. BArch, DE 1/60721, Plan Kombinat Espenhain für 1954; SAPMO, DY 34/3514, Vorschlag zur generellen Tarifregelung vom 19.03.1959; SächsStA-L, 20681, Nr. 150, Werksleitungssitzung am 28.10.1963; Nr. 195, Belegschaft, Lohnfonds, Überstunden 1965 vom 30.03.1966; Nr. 280, Betriebsunfälle vom 17.05.1956, Altersmäßige Aufgliederung der gesamten Belegschaft des VEB Kombinat Espenhain nach Beschäftigungsgruppen, Stand: 30.04.1956; 20687, Nr. 45, Arbeitskräftebewegung vom 12.07.1965; Nr. 59, Kurzbericht über die Bruttoproduktion vom 10.04.1954; Nr. 81, Bericht über die Verwirklichung der Beschlusses der 11. Bundesvorstandssitzung vom 17.12.1953; Nr. 541, Anlage 1 Anzahl der Arbeitskräfte vom 12.02.1962; 21125, Nr. IV A/4/03/024, Entwicklung, Förderung, Einsatz und Qualifizierung der Frauen von 1964; 22244, Nr. 3, Bericht über das II. Halbjahr 1959 vom 04.01.1960.

1654 Vgl. BStU, MfS, AS, Nr. 50/56, Überprüfung des Kombinat Espenhain vom 29.11.1954.

Abwanderung: „Republikflucht“ und Arbeitsplatzwechsel

Neben der sinkenden Gesamtzahl der Arbeitskräfte bestand eine hohe Fluktuation in den einzelnen Arbeitskräftegruppen. Allein 1957 standen im VEB „Otto Grotewohl“ Böhlen 1417 Abgänge, darunter 1355 Produktionsarbeiter, 1556 Zugänge, davon 1197 Produktionsarbeiter, gegenüber.[1655] In Espenhain verließen 1961 800 Personen (ca. 15% der Gesamtbelegschaft) den Betrieb.[1656]

Für diese hohe Fluktuation war sowohl die Binnenmigration in der DDR als auch die Abwanderung in die BRD verantwortlich. „Republikflucht“ war von Mitte der 1950er-Jahren bis zum Bau der Berliner Mauer am 13. August 1961 eines der wichtigsten Motive für die Abwanderung aus dem Industriekomplex. Die Ursachen unterschieden sich nicht von denen in anderen Teilen der DDR – politische Repression, schlechte Versorgungslage mit Nahrungsmitteln und Konsumgütern, wirtschaftliche Anziehungskraft des Westens, mangelnde persönliche Entwicklungsmöglichkeiten sowie Unzulänglichkeiten in den Betrieben.[1657] Das letzte Argument warf ein schlechtes Licht auf die Arbeitsverhältnisse und auf den bereits skizzierten Lohnkonflikt. Dieser wirkte im doppelten Sinne negativ, besonders auf die Kraftwerke: Die niedrigen Löhne führten zum Personalnotstand, der wiederum verschlechterte die Arbeitsbedingungen und begünstigte dadurch die Abwanderung, was den Arbeitskräftemangel nochmals erhöhte.[1658] Schlussendlich war dieser Personalmangel ein Grund für die Havarie im Kessel 13 des Kraftwerkes Espenhain 1959.[1659] Ebenfalls wurde die Belegschaft des Bereichs Energie in Espenhain vom BSA als tendenziell SED-feindlich wahrgenommen, was sich wahr-

1655 Vgl. SächsStA-L, 20687, Nr. 476, 5. Werksleitersitzung vom 20.02.1958. Besonders auffällig war der starke Verlust von Produktionsarbeitern. Insgesamt blieb der Saldo auch nur dank der zahlreichen neuen Arbeitskräfte im IZ positiv, da dieser Bereich allein 200 Personen neu beschäftigte.

1656 Vgl. ebd., 20681, Nr. 150, Rechenschaftslegung über Arbeit im VEB Kombinat Espenhain vom 18.01.1962. Für das Jahr 1961 wurden 800 Ab- und 400 Zugänge verzeichnet.

1657 Vgl. Kleßmann, Christoph: Arbeiter im „Arbeiterstaat“ (s. Anmerkung 69), S. 491; Major, Patrick: Innenpolitische Aspekte der zweiten Berlinkrise (1958–1961), in: Hertle, Hans-Hermann/ Jarausch, Konrad H./Kleßmann, Christoph (Hrsg.): Mauerbau und Mauerfall. Ursachen, Verlauf, Auswirkungen, Berlin 2002 (= Forschungen zur DDR-Gesellschaft), S. 97–110, hier S. 99.

1658 Vgl. SächsStA-L, 21125, Nr. IV/4/03/001, Diskussion vom 23.04.1955.

1659 Vgl. BStU, BV Leipzig, Leitung, Nr. 947/01, Bericht über den Einsatz einer Brigade der VVB im Kraftwerk Espenhain vom 15.05.1959; SächsStA-L, 20681, Nr. 344, Belegschaftsstand des gesamten Kraftwerkes vom 17.03.1959. Das Kraftwerk war chronisch unterbesetzt. Nur 1383 der 1486 Stellen (93,1%) konnten besetzt werden. Im Kesselbetrieb, in dem die Havarie stattfand, waren nur 299 von 327 benötigten Arbeitskräften (91,4%) vorhanden. Selbst bei den wichtigen technischen Angestellten blieben 7 der geplanten 125 Arbeitsplätze (94,4%) unbesetzt. Bei der Mahlanlage waren nur 26 von 36 Stellen (72,2%) belegt. Nach Einschätzung des MfS waren insgesamt ca. 15% der Stellen im Kraftwerk nicht besetzt. Hinzu kam, dass der Leiter des Kesselbetriebes gezwungen war, ungeprüfte Heizer gleich mehrere Kessel bedienen zu lassen.

scheinlich auf die frustrierende Arbeitssituation zurückführen ließ.[1660] Aufgrund dieser Verhältnisse galt das Kraftwerk, neben dem Rangierbetrieb, als einer der Schwerpunkte der Westmigration.[1661] Entsprechend wurden ab den frühen 1950er-Jahren GIs auf die Funktionseliten der Gruppe Energie angesetzt.[1662] Ein weiterer Grund zur Abwanderung in die BRD waren Differenzen mit den Vorgesetzten. So standen einige Fälle der Abkehr vom Arbeitsplatz in der IZ im Zusammenhang mit dem herrischen Verhalten des Leiters Hans-Günter Riedel.[1663] Die Anzahl der „Republikfluchten" war zwar hoch, gleichzeitig jedoch nie der alleinige Grund für die Fluktuation. Beispielsweise wanderten von Januar bis Ende November 1957 214 Arbeitskräfte aus Böhlen in die BRD ab, was aber nur 15,1 % aller Abgänge darstellte.[1664] Dennoch nahm die „Republikflucht" einen zentralen Platz in der Wahrnehmung ein und wurde von den BSAs ausführlich dokumentiert (vgl. Tab. 58).[1665] Gleichzeitig wurde ihre Verhinderung eines der Hauptarbeitsfelder des Betriebsschutzes, der versuchte Belegschaftsmitglieder vom Verlassen der DDR abzubringen.[1666]

1660 Vgl. SächsStA-L, 22244, Nr. 3, Einschätzung der Klassenkampflage und der Tätigkeit der Kriminalpolizei vom 03.11.1960. Dies bezog sich sowohl auf die Einstellung eines Teils des Personals als auch auf angebliche Sabotagehandlungen, wie das vermeintliche Platzieren von Fremdkörpern in Turbinen.

1661 Vgl. ebd., Stand der Erfüllung der Direktive 4/60 des MdI vom 19.09.1960.

1662 Vgl. BStU, BV Leipzig, Leitung, Nr. 19/01, Schreiben unserer Dienststelle Köthen vom 17.03. 1953.

1663 Vgl. ebd., MfS, AS, Nr. 48/56, Republikflucht des Ing. C. vom 29.11.1954.

1664 Vgl. SächsStA-L, 20687, Nr. 47, Werksleitungssitzung vom 16.11.1957. Verhältnismäßig nahmen die ca. 700 „Republikfluchten" in den drei zurückliegenden Jahren nur eine untergeordnete Rolle bei der Fluktuation ein.

1665 Vgl. Bispinck, Henrik: „Republikflucht". Flucht und Ausreise als Problem für die DDR-Führung, in: Hoffmann, Dierk/Schwartz, Michael/Wentker, Hermann (Hrsg.): Vor dem Mauerbau. Politik und Gesellschaft in der DDR der fünfziger Jahre, München 2003 (= Schriftenreihe der Vierteljahreshefte für Zeitgeschichte, Sondernummer), S. 285–309, hier S. 307 und 309.

1666 Vgl. SächsStA-L, 22243, Nr. 2, Maßnahmeplan zur Verhütung von Republikfluchten vom 17.05.1960. Die Maßnahmen stellten einen Versuch dar, die Abwanderung zu verhindern. So sollte mit den Ehefrauen gesprochen werden. Die FDJ hatte die Beeinflussung jüngerer Arbeitskräfte zu gewährleisten. Des Weiteren sollte der Fuhrpark überwacht werden, damit verdächtige Personen nicht in die Nähe von Berlin gelangten. Daneben sollten Rückkehrer durch das BSA analysiert und deren Konzentration in einzelnen Betriebsteilen verhindert werden.

Jahr	Arbeiter und Angestellte	„Intelligenz“	davon Frauen	davon U 25	davon „Neubürger“	Insgesamt
1954	-	-	-	-	-	115
1955	227	13	-	121	75	240
1956	181	7	70	89	58	188
1957	194	20	53	107	72	214
1958	49	6	-	-	-	55
1959	54	5	18	-	13	59
1960	97	13	27	-	13	110

Tab. 58: Durch das BSA Böhlen erfasste „Republikfluchten“ von Belegschaftsangehörigen des VEB „Otto Grotewohl“ Böhlen 1954 bis 1960[1667]

Besonders auffällig war der Anteil der jüngeren Arbeitskräfte, die bereit waren die DDR zu verlassen. Bis 1961 machten sie in der gesamten DDR ungefähr die Hälfte der Geflüchteten aus.[1668] Eine Altersstrukturanalyse der „Republikfluchten“ für die ersten drei Quartale des Jahres 1957 in Böhlen (vgl. Tab. 59) zeigt, dass Personen mit einem Alter unter 25 Jahren die mit Abstand größte Gruppe darstellten.[1669] Frauen waren dabei überproportional vertreten. Lag der Frauenanteil in

1667 Vgl. ebd., Nr. 3, Analyse für das Jahr 1957 des BS-Amtes Böhlen vom 23.12.1957, Analyse für das Jahr 1958 des BS-Amtes Böhlen vom 05.01.1959, Halbjahresbericht des BS-Amtes Böhlen für das 2. Halbjahr 1960 vom 29.12.1960; Nr. 6, Analyse für das IV. Quartal 1955 vom 03.01.1956, Analyse für das I. Quartal 1956 vom 02.04.1956, Analyse für das II. Quartal 1956 vom 06.07.1956, Analyse für das III. Quartal 1956 vom 30.09.1956, Analyse für das IV. Quartal 1956 vom 03.01.1957, Analyse für das IV. Quartal 1956 vom 01.07.1957. Dabei ließen sich sowohl Parallelen als auch Unterschiede zur allgemeinen Fluchtbewegung feststellen. Beispielsweise gab es sowohl im Untersuchungsraum als auch in der gesamten DDR ein Maximum von Fluchten in den Jahren 1955 bis 1957. Andererseits wichen die Jahre 1958 und 1959 deutlich von der Entwicklung im restlichen Land ab, da aus Böhlen überproportional wenig „Republikfluchten“ berichtet wurden. Hingegen war die Abwanderung von Ingenieuren, Technikern und Chemikern überproportional im Vergleich zur gesamten DDR, was aber mit ihrer Konzentration im Industriekomplex zusammenhing. Der Begriff „Neubürger“ ist in der Quelle nicht aufgeschlüsselt und daher ist unklar, ob es Zuwanderer in die DDR meint oder Geflüchtete aus Ost-, Ostmittel- und Südosteuropa.

1668 Vgl. Kleßmann, Christoph: Arbeiter im „Arbeiterstaat“ (s. Anmerkung 69), S. 545.

1669 Vgl. BStU, MfS, Sekretariat des Ministers (SdM), Nr. 1894, Informationsbericht über Republikabgänge von Angehörigen der wissenschaftlich-technischen Intelligenz aus der chemischen Industrie vom 19.06.1959; SächsStA-L, 22243, Nr. 6, Analyse für das III. Quartal 1957 vom 01.10.1957. Gleichzeitig lag dieser Wert aber unter dem für die gesamte chemische Industrie 1957, in der insgesamt noch mehr junge Menschen sich für die Flucht in den Westen entschieden.

Böhlen 1954 bei knapp 20 % und stieg bis 1965 auf 24 %, waren sie hingegen 1957 mit knapp 26 % an den Republikfluchten beteiligt.[1670] Betrachtet man nur die Unter-25-Jährigen stieg er sogar auf über 30 %. Besonders die Flucht der jungen Arbeitskräfte wurde von der Kreisleitung Böhlen als Problem wahrgenommen und sollte durch gezielte Ansprachen verhindert werden, allerdings häufig erfolglos.[1671] Daran hatte sicherlich auch der Betriebsschutz mit seiner Stigmatisierung von Jugendlichen als Störenfriede Schuld trotz eigener gegenteiliger Information:

> „Über das Rowdytum im Kombinat wurde durch die Abtlg. K eine eingehende Analyse erarbeitet. Darin wurde festgestellt, daß von einem bandenmäßigen Auftreten von Gruppen Jugendlicher im Kombinat nicht gesprochen werden kann. Tatsache ist jedoch, daß eine Reihe Jugendlicher [...] in ihren Wohnorten Banden angehören. Bestätigt wird dies dadurch, daß bereits einige Jugendliche [...] von ihrem VPKA [Volkspolizeikreisamt] wegen Rowdytum in Haft genommen werden mußten. Mit der Unterschätzung des Rowdytums, wie es bei dem ehemaligen K-Leiter Oltn. S. in Erscheinung trat, mußte schnellstens Schluß gemacht werden. Er vertrat die Meinung, in unserem Dienstbereich gibt es kein Rowdytum."[1672]

Altersgruppe	Männer	Frauen	Frauenanteil
bis 25 Jahre	64	28	30,4 %
25 – 30 Jahre	18	5	21,7 %
30 – 40 Jahre	21	10	32,3 %
40 – 50 Jahre	14	3	17,6 %
über 50 Jahre	18	1	5,3 %
Gesamt	135	47	25,8 %

Tab. 59: Alters- und Geschlechtsstruktur von „Republikflüchtigen" des Kombinates Böhlen für das I. bis III. Quartal 1957[1673]

Die Abwanderung von Führungskräften stellte bis 1954 eher die Ausnahme dar, konnte aber dennoch von einschneidender Bedeutung sein. Beispielsweise verlor das Kombinat Espenhain 1954 mit dem Kraftwerksdirektor, dem Hauptbuchhalter, dem Technischen Direktor und dem Betriebsleiter der Schaltanlage im Kraftwerk gleich vier wichtige Leitungspersönlichkeiten.[1674] Interessanterweise entsprach

1670 Vgl. SächsStA-L, 20687, Nr. 45, Arbeitskräftebewegung vom 12.07.1965; Nr. 59, Kurzbericht über die Bruttoproduktion vom 10.04.1954.
1671 Vgl. ebd., 21125, Nr. IV/4/03/016, Referat für die Parteiaktivtagung am 21.08.1956.
1672 Ebd., 22244, Nr. 3, Stand der Erfüllung der Direktive 4/60 des MdI vom 19.09.1960.
1673 Vgl. ebd., 22243, Nr. 6, Analyse für das III. Quartal 1957 vom 01.10.1957.
1674 Vgl. BStU, MfS – AS, Nr. 50/56, Überprüfung des VEB Kombinat Espenhain vom 26.11.1954.

das Fluchtgeschehen der Funktionseliten aus Tab. 59 bis 1956 weitestgehend dem in der gesamten chemischen Industrie, danach übertraf es dieses allerdings deutlich.[1675] Die Motivationen zur Flucht in die BRD sind nicht überliefert. Plausibel scheint die Annahme, dass die zunehmend veralteten Anlagen sowie die Schuldzuweisung und Verfolgung bei Produktionsausfällen die Entwicklung beschleunigten.

Für die Fluktuation war die Abwanderung auf einen anderen Arbeitsplatz mit besseren Arbeitsbedingungen in der DDR bedeutender als die „Republikflucht". Die skizzierte Lohnproblematik machte für den Energie- und Chemiesektor die Gewinnung neuer bzw. die Bindung altgedienter Arbeitskräfte schwierig. Ein Faktor, der zumindest die Energiewirtschaft über den Untersuchungszeitraum hinaus bis zum Ende der DDR begleitete.[1676] Häufig können die genauen Gründe für die Abwanderung nicht bestimmt werden. Ein Umstand, der für die gesamte DDR galt.[1677] Daten der BSAs belegen das Problem: Sowohl 1960 als auch 1961 gaben die meisten Abwandernden als Grund „eigener Wunsch" an (42,3 bzw. 30,4 %).[1678] Laut einer internen Statistik für das Jahr 1960 in Espenhain war der Betriebswechsel mit 19,7 % der häufigste Grund zum Verlassen des Industriekomplexes.[1679]

Die gravierenden Lohnunterschiede und der Personalmangel erlaubten es der Belegschaft, diese Probleme zu ihrem eigenen Vorteil auszunutzen. So konnte mit Abwanderung gedroht werden, um seine eigenen Interessen gegenüber der Werksleitung durchzusetzen oder individuelle Verbesserungen zu erlangen: „Viele Kollegen wollen sich in Leipzig Arbeit suchen; das Kohledeputat lockt sie

---

1675 Vgl. ebd., SdM, Nr. 1894, Informationsbericht über Republikabgänge von Angehörigen der wissenschaftlich-technischen Intelligenz aus der chemischen Industrie vom 19.06.1959. 1957 war der Wert mit 9,2 % mehr als doppelt so hoch (3,7 % in der gesamten Industrie) und 1958 erreichte er ebenfalls fast den doppelten Wert mit 10,9 % der gesamten Fliehenden (5,8 %). Selbst 1959 konnte eine ähnliche Entwicklung beobachtet werden, obwohl der Bericht nur Daten bis Mai berücksichtigte. Republikweit stammten im Schnitt 6,4 % der Flüchtlinge der chemischen Industrie aus der „Intelligenz", in Böhlen waren es 8,5 %.

1676 Vgl. Roesler, Jörg/Semmelmann, Dagmar: Kombinat (s. Anmerkung 40), S. 175 ff.

1677 Vgl. Bispinck, Henrik: „Republikflucht" (s. Anmerkung 1665), S. 296 ff.

1678 Vgl. SächsStA-L, 22243, Nr. 56, Chronik des BSA Böhlen, S. 25. Auf den weiteren Plätzen folgten moralische Nichteignung, Verbrechen und Verrentung, politische Unzuverlässigkeit, Krankheit sowie körperliche Nichteignung und einmal ein Todesfall.

1679 Vgl. ebd., 20681, Nr. 123, Arbeitskräftelenkung und Qualifizierung vom 19.01.1961. Von 293 Personen gaben 48 einen Betriebswechsel als Grund an und zehn weitere den Wechsel in die Landwirtschaft. An zweiter Stelle stand die Verpflichtung zu DVP oder NVA mit 47 Personen, gefolgt von Rente (45 Personen), Arbeitslosigkeit (40 Personen), familiären (21 Personen) sowie gesundheitlichen Gründen (19 Personen).

nicht mehr."[1680] Gleichzeitig zeigt das Zitat, wie wenig die Gewährung der alten Privilegien den veränderten wirtschaftlichen Voraussetzungen der frühen 1960er-Jahre entsprach. Schlussendlich bemühte sich der „Erste Sekretär der Kreisleitung der SED", Hans Feindt, um eine Lösung durch den Rat des Bezirkes, um die Arbeitskräfte zu halten, was die Machtlosigkeit – in diesem Falle der Kreisleitung – zeigt. Hierbei sollten, wenn schon die Löhne nicht erhöht werden konnten, zumindest die Transportbedingungen an den Arbeitsplatz durch die Reichsbahn verbessert werden.

Besonders in den unteren Gehaltsgruppen fehlten permanent Arbeitskräfte, da diese nicht durch finanzielle Anreize an den Betrieb gebunden werden konnten. Bis zur Abschaffung der Lebensmittelkarten 1958 war es einem Teil der Hilfsarbeiterinnen und Hilfsarbeiter nahezu unmöglich, von ihren Löhnen den Lebensunterhalt zu bestreiten.[1681] Entsprechend kam es auch im Industriekomplex dazu, dass besonders Belegschaftsangehörige der Niedriglohngruppen III und IV in andere Unternehmen abwanderten, was sich im NÖSPL nochmals verschärfte.[1682] Insgesamt lagen die Löhne für diese Gruppen sehr niedrig. So zeigt die von der Deutschen Notenbank kritisierte Überplanbeschäftigung von 119 Personen in Espenhain und 79 in Böhlen, dass diese monatlich nur 328 bzw. 344,40 Mark durchschnittlich verdienten.[1683] Auch für die Angestellten waren die Gehälter im Industriekomplex niedrig und erforderten beispielsweise die Berufstätigkeit beider Eheleute in Familien.[1684]

1680 Ebd., 21125, Nr. IV/4/03/075, Werter Genosse Zschunke vom 16.02.1961.

1681 Vgl. Kleßmann, Christoph: Arbeiter im „Arbeiterstaat" (s. Anmerkung 69), S. 667 f. Erst mit der Abschaffung der Lebensmittelkarten wurden auch in zunehmendem Maße, durch eine Politik der Steuerfreibeträge für niedrig entlohnte Arbeitskräfte, deren prekären Lohnverhältnisse verbessert.

1682 Vgl. SächsStA-L, 20687, Nr. 45, Arbeitskräftebewegung vom 12.07.1965. Besonders fehlten Produktionsarbeiter, aber auch Arbeitskräfte aus den Versorgungs- und Unterstützungsbereichen, wie Küchenhilfen, Reinigungspersonal und Badewärter. Insgesamt nahmen, zumindest in Böhlen, die Abgänge in diesen Einkommensgruppen im NÖSPL mit 348 1964 und 375 1965 zu.

1683 Vgl. ebd., 20687, Nr. 803, Arbeitskräfte- und Lohnfonds-Überschreitung vom 21.06.1963. Dabei erreichten die VVB Mineralöle und organische Grundstoffe, dass diese Überschreitung der Lohnfonds nicht sanktioniert, sondern in den regulären Plan eingearbeitet wurde. Ein klarer Verstoß gegen die wirtschaftlichen Spielregeln und ein typisches Beispiel für Fehlplanung bzw. Misswirtschaft.

1684 Vgl. SAPMO, DY 34/24429, Regelung der Entlohnung der kaufmännischen und technischen Angestellten des Bergbaus vom 23.04.1957. Die Gehälter für die unterste Gehaltsgruppe K1 betrugen 225 bis 270 Mark, K2 bot 280 bis 330 Mark, K3 umfasste 340 bis 395 Mark. Erst ab K4 war mit 410 bis 480 Mark die Versorgung einer Familie abgesichert. Es folgten K5 mit 490 bis 565 Mark, K6 mit 575 bis 660 Mark, K7 mit 675 bis 780 Mark und als letztes K8 mit 795 bis 925 Mark. Bei Ökonomen lagen diese Werte deutlich höher. In der Stufe W1 wurde bereits ein Verdienst von 590

Die Löhne begünstigten das in der DDR übliche Abwerben von Arbeitskräften aus anderen Betrieben.[1685] Musterbetriebe bzw. favorisierte Schlüsselobjekte nutzten die Möglichkeit, durch höhere Löhne oder andere Vergünstigungen Personal abzuwerben und entwickelten entsprechende, neue Strategien:

> „Die Fluktuation, infolge Abwerbung anderer volkseigener Betriebe, ist nicht unbeträchtlich. Eine besonders unrühmliche Rolle spielt hier GAW [Geräte- und Reglerwerk] Teltow und auch die Schwarze Pumpe. Durch hohe Gehaltsangebote wurden hier IZ-Angehörige offensichtlich geködert. Trotz unseres Einspruches und trotz Hilfestellung der VVB und des Rates des Bezirkes war es nicht möglich, im Jahre 1960 das Ausscheiden von technischen Kadern zu verhindern. Von dieser offenen Abwerbung hat man sich allgemein dieses Jahr distanziert. Dafür wurde die sogenannte schwarze Abwerbung organisiert, die offensichtlich zurzeit immer mehr in Mode kommt. Bei dieser Methode werden ebenfalls entsprechende Gehaltsversprechungen gemacht, aber gleichzeitig gesagt, daß ohne Einwilligung des derzeitigen Betriebes keine Einstellung erfolgen kann. Man stellt aber den Bewerbern anheim, das Arbeitsvertragsverhältnis von sich aus zu lösen und verspricht dann die Einstellung, wenn der Betreffende ohne Arbeit ist."[1686]

Allerdings hatten sich die Betriebe im Industriekomplex in früherer Zeit ebenso verhalten. Gerade im Nationalsozialismus waren ASW und Brabag bei der Gewinnung von qualifizierten Arbeitskräften genauso vorgegangen. Nun aber machte die Privilegierung anderer Unternehmen den Industriekomplex zu einem potentiellen Opfer von Abwerbungen. Dies hinderte die Unternehmen allerdings nicht daran, diese Politik selbst weiterzuverfolgen, sogar gegenüber dem jeweils anderen Kombinat.[1687]

bis 690 Mark gezahlt. Für W2 gab es 750 bis 850 Mark und für W3 900 bis 1050 Mark. Ab W4 war das Belegschaftsmitglied mit 1100 bis 1250 Mark bereits Teil der Werksleitung. Bei W5 erreichte das Gehalt mit regulär 1300 bis 1400 Mark seinen Höhepunkt.

1685 Vgl. Hoffmann, Dierk: Die Lenkung des Arbeitsmarktes in der SBZ/DDR 1945–1961. Phasen, Konzepte und Instrumente, in: Hübner, Peter/Tenfelde, Klaus (Hrsg.): Arbeiter in der SBZ – DDR (s. Anmerkung 51), S. 41–80, hier S. 67, 70 und 74 f. Die zentrale Lenkung der Arbeitskräfte war dabei maßgeblich für die entstehenden Probleme. Durch die Förderung spezieller Bereiche erreichte sie zwar einen Zustrom in diese, ihre Herkunft ließ sich allerdings nur begrenzt lenken. Entsprechend hatte der Aufbau des Braunkohlenveredelungswerkes Schwarze Pumpe bei Hoyerswerda einen negativen Effekt für das Mitteldeutsche Braunkohlenrevier und somit auch für den Industriekomplex.

1686 SächsStA-L, 20687, Nr. 672, Textliche Analyse Fluktuation vom 29.06.1961. Dabei wurde gezielt aus dem IZ abgeworben, aus einem Bereich also, der auf qualifizierte und eingearbeitete akademische Fachkräfte angewiesen war und der darüber hinaus zentrale Projektierungsarbeiten für die DDR übernahm.

1687 Vgl. ebd., Nr. 45, Arbeitskräftebewegung vom 12.07.1965. Beispielsweise lockte das Braunkohlenwerk Espenhain eine Arbeitskraft aus Böhlen durch höhere Gehaltsversprechen an.

Trotz der ungünstigen Entwicklung der Arbeits- und Lohnverhältnisse im Untersuchungsraum bestand nicht zu allen Branchen der Volkswirtschaft der DDR eine direkte Konkurrenz.[1688] Daher verwundert es nicht, dass es Abwerbungsversuche durch die beiden Kombinate gab, besonders aus dem öffentlichen Dienst im Industriekomplex. Beispielhaft steht hierfür die Anwerbung von Personal des Betriebsschutzes durch einen Meister und gleichzeitigem SED-Mitglied, der entsprechende Angebote unterbreitete, um den Mangel an qualifiziertem Personal auszugleichen.[1689] Das solche Anwerbeversuche durchaus Erfolg hatten, zeigt der Wechsel eines Wachtmeisters der DVP in den Rangierbetrieb – einer der am schlechtesten bezahlten Posten im Werk – der ihm immerhin einen Mehrverdienst von 138 Mark, 100 Zentner Deputatkohle sowie monatlich einen Liter Bergmannsschnaps zum Preis von 1,60 Mark brachte.[1690] Auch ehemalige Angehörige des BSA bestätigten dies.[1691] Die Monatsgehälter im BSA bewegten sich auf einem niedrigen Level, sodass ein Wechsel in die Produktion nachvollziehbar erschien.[1692] Aber auch der umgekehrte Fall, wie beispielsweise eines Schmiedes aus der Zentralwerkstatt Böhlen, der dem BSA beitrat, ist belegt.[1693]

1688 Vgl. Kleßmann, Christoph: Arbeiter im „Arbeiterstaat" (s. Anmerkung 69), S. 665. Die Energie- und Brennstoffindustrie gehörte in den 1960er-Jahren zu den Bereichen mit den höchsten Löhnen. Übertroffen wurde sie ausschließlich von der Metallurgie. Allerdings muss hier darauf hingewiesen werden, dass sie über keine einheitlichen Löhne verfügte, wie an dem Tarifkonflikt zwischen Bergbau auf der einen und Chemie und Energie auf der anderen Seite bereits dargestellt wurde. Aber selbst die chemische Industrie gehörte zu den besser bezahlten Bereichen der DDR-Wirtschaft und befand sich laut Kleßmann auf Platz drei der am besten entlohnten Wirtschaftszweige. Auf der anderen Seite standen öffentlicher Dienst und vor allem die Textil- und Konsumgüterindustrie. Allerdings trugen die Arbeitsbedingungen im Industriekomplex nicht unbedingt zur Belegschaftsbindung bei.

1689 Vgl. SächsStA-L, 21125, Nr. IV/4/03/001, Gen. Baumann, Wilhelm, GO A 34 vom 30./31.01. 1954.

1690 Vgl. ebd., 22243, Nr. 3, Analyse der polit-moralischen Zustand der Dienststelle. Ein Datum wurde nicht übermittelt, allerdings muss sich dieser Fall zwischen 1954 und 1959 zugetragen haben.

1691 Vgl. PA Baumert, Sammlung Dissertation, Zeitzeugengespräch mit Hans-Jürgen Herbach am 21.09.2018. Herbach war der letzte Leiter des Betriebsschutzes in Espenhain und seit den 1950er-Jahren in diesem aktiv. Er bestätigte die vergleichsweise niedrige Bezahlung und den dadurch begünstigten Arbeitsplatzwechsel. Die Gegenbewegung sah die vergleichsweise schnelle Beförderung und die Gewährung von Privilegien vor.

1692 Vgl. SächsStA-L, 22243, Nr. 3, Auswertung der Arbeit des VPA (B) Böhlen für das Jahr 1956. Beispielsweise verdiente ein Anwärter 325 Mark im Monat, ein Unterwachtmeister 340 Mark, ein Wachtmeister, wie in dem Fall beschrieben, 355 Mark, ein Oberwachtmeister 395 Mark, ein Hauptwachtmeister 430 Mark und selbst ein VP-Meister nur 480 Mark.

1693 Vgl. BStU, BV Leipzig, Nr. 982, Lebenslauf vom 16.07.1964.

Der Aufbau der KVP ab 1952, ihre Umwandlung in die NVA 1956 und die Einführung der Wehrpflicht 1962 schuf eine zusätzliche Konkurrenzinstitution um begehrte Arbeitskräfte. Vor 1962 waren den Betrieben Kontingente an Jugendlichen und jungen Erwachsenen auferlegt, die sie für die NVA bzw. das MdI und die DVP zu gewinnen hatten. Das Soll betrug 1960 200 und 1961 260 Belegschaftsangehörige für den VEB Kombinat „Otto Grotewohl" Böhlen.[1694] Allerdings konnten 1960 nur 87 Personen für die NVA und 61 für das MdI geworben werden. Dennoch war der Verlust von nahezu 150 jungen, gut ausgebildeten Facharbeitern eine zusätzliche Belastung für die angespannte Belegschaftssituation. Im Jahr 1961 wurden im VEB BKK Espenhain 717 Jugendliche zur NVA verpflichtet, was fast 9 % der Gesamtbelegschaft ausmachte.[1695] Auch das MfS war ein Konkurrent um wichtige Arbeitskräfte. Der politische Leiter des Braunkohlenwerkes Böhlen 1948 tauchte 1957 als Offizier in der Arbeitsgruppe der Stasi am selben Ort wieder auf.[1696]

Ein letztes Problem, das die Belegschaftsbildung erschwerte und die Fluktuation erhöhte, war die zunehmende Überalterung im Betrieb. Damit setzte sich der Trend aus der Zeit der SAGs fort, der sich durch die vermehrte Abwanderung von jungen, ungebundenen Arbeitskräften zusätzlich verstärkte. Das Scheitern der Nachbesetzung von Stellen der erfahrenen Belegschaftsmitglieder, die vor allem ab 1960 verstärkt in Rente gingen, zwang die Kombinate, Menschen über das Renteneintrittsalter – 60 Jahre bei Frauen und 65 Jahre bei Männern – hinaus zu beschäftigen.[1697] Bereits 1956 betrug das Durchschnittsalter in Espenhain 39,4 Jahre (vgl. Tab. 60). Besonders in den Funktionseliten trat dieses Phänomen häufiger auf. Ein Dipl.-Ing. und Konstrukteur in der IZ, Jahrgang 1891, blieb bis mindestens 1960.[1698] Otto Rüdel, Jahrgang 1888, Hauptingenieur des Tagebaus Böhlen, war noch 1955 in seiner Position tätig.[1699] Das extremste Beispiel, Jahrgang 1893, war nachweislich noch 1967 und eventuell sogar noch 1973 in der IZ beschäftigt.[1700] Ebenso fanden sich Beispiele unter den Meistern, wie ein Ober-

1694 Vgl. SächsStA-L, 21125, Nr. IV/4/03/091, Sitzung Kreiswerbekommission vom 08.11.1960.

1695 Vgl. ebd., 20681, Nr. 223, Rechenschaftsbericht vom 13.01.1962, S. 5.

1696 Vgl. BStU, BV Leipzig, Nr. 1254/65, Beurteilung vom 14.09.1948, Aussprache mit dem Betriebsleiter der Mahlanlage vom 06.09.1957.

1697 Vgl. Bäcker, Gerhard/Kistler, Ernst/Rehfeld, Uwe G.: Das Rentensystem der DDR. Ein Rückblick. Unter: http://bpb.de/politik/innenpolitik/rentenpolitik/223103/das-rentensystem-der-ddr-ein-rueckblick (Stand: 21.12.2020).

1698 Vgl. SächsStA-L, 21125, Nr. IV/4/03/075, Bericht über die Lage auf dem Gebiet der Betriebs-Meß- Regel und Steuerungstechnik vom 22.09.1960.

1699 Vgl. ebd., Nr. IV/4/03/001, Kreisdelegiertenkonferenz vom 23.04.1955.

1700 Vgl. BStU, HA XVIII Sicherung der Volkswirtschaft, Nr. 23445, Zentralvorgang „Kontrahent" vom 25.04.1973. Der Vorgang wurde 1963 angelegt, Erich Krieg aber laut Dokument noch 1973 als meister in der Gaserzeugung, Jahrgang 1895, der Ende 1965 immer noch seinen Beruf ausübte.[1701] Selbst unter den einfachen Arbeitskräften gab es Beschäftigte, die deutlich über das Renteneintrittsalter hinaus weiter arbeiteten, um ihre niedrigen Renten aufzubessern.[1702] Statistisch quantifizieren lässt sich die Beschäftigung im Rentenalter aber nur in Ausnahmefällen, wie in Espenhain mit 181 Personen (2,2%).[1703] Die altersbedingte Fluktuation war auch nur teilweise rekonstruierbar. Von 293 Abgängen in Espenhain 1960 waren mindestens 45 bzw. 15,3% dem Renteneintritt geschuldet.[1704] Es ist anzunehmen, dass die Überalterung vor allem ein größeres Problem unter den Führungskräften war. Zumindest das BSA Böhlen konstatierte 1960 diesen Umstand für sein Offizierskorps.[1705]

Gruppe	U18	18–25	25–35	35–45	45–55	55–65	Ü65
Technisches Personal	3	45	104	110	160	70	6
Verwaltungspersonal	5	68	102	82	81	41	9
Produktionsarbeiter	53	262	283	386	666	369	42
Hilfsarbeiter	304	746	829	770	1155	706	113
Lehrlinge	241	-	-	-	-	-	-
Sonstige	9	20	32	27	69	57	11
Gesamt	615	1141	1350	1375	2131	1243	181
Anteil	7,7%	14,2%	16,8%	17,1%	26,5%	15,5%	2,2%

Tab. 60: Altersstruktur der Belegschaft des VEB BKK Espenhain 1956[1706]

in dieser Position tätig bezeichnet. Dies muss aber nicht notwendigerweise der Realität entsprochen haben. Bei seiner Vernehmung 1967 war dies zumindest noch der Fall.

1701 Vgl. ebd., BV Leipzig, Leitung, Nr. 148, Ihre Anweisung vom 16.06.1965.

1702 Vgl. ebd.; SAPMO, DY 37/2544, Unfallanzeige vom 06.07.1962.

1703 Vgl. SächsStA-L, 20681, Akte 280, Altersmäßige Aufgliederung der gesamten Belegschaft des VEB Kombinat Espenhain nach Beschäftigungsgruppen, Stand: 30. 04. 1956.

1704 Vgl. ebd., Nr. 123, Arbeitskräftelenkung und Qualifizierung vom 19.01.1961.

1705 Vgl. ebd., 22243, Nr. 56, Chronik des Betriebsschutz-Amtes Böhlen von 1961, S. 25. Von 40 Offizieren in Böhlen waren nur neun jünger als 35 Jahre, weitere zehn waren zwischen 35 und 45 Jahren, acht zwischen 45 und 50 Jahren und 13 zwischen 50 und 60 Jahren alt. Dies deutete auf Probleme und Versäumnisse bei der Nachwuchsgewinnung hin.

1706 Vgl. ebd., 20681, Nr. 280, Altersmäßige Aufgliederung der gesamten Belegschaft des VEB Kombinat Espenhain nach Beschäftigungsgruppen, Stand: 30.04.1956.

In der IZ werden die Personalprobleme im Industriekomplex wie unter einem Brennglas sichtbar. Dies gilt auch für die Fluktuation und Überalterung (vgl. Diagramm 3, 4 und 5 sowie Tab. 50). Aufgrund ihrer gesamtwirtschaftlichen Bedeutung wuchs die Abteilung bis 1962 an. Dabei zeigte sich auch eine hohe Fluktuation unter dem Personal. Zusätzlich war Überalterung ein Problem in der IZ, auch wenn die Anzahl von im Rentenalter beschäftigten Anfang der 1960er-Jahre – im Gegensatz zum restlichen Industriekomplex – sank: 1960 waren elf Personen (2,5 %) älter als 65 Jahre, die Älteste 74, und 1962 immerhin noch neun Beschäftigte (1,4 %). Das Durchschnittsalter der Frauen lag hingegen bei 29 Jahren, ein Umstand, der ihre geringe Anzahl unter den Funktionseliten widerspiegelt.[1707] Diese von Hochschulabsolventen geprägte Abteilung belegt, dass „Republikfluchten" eher ein Phänomen der Arbeiter und Angestellten und weniger der „Intelligenz" waren. Wahrscheinlich hing dies mit der Privilegierung der Funktionseliten zusammen. Wenn allerdings junge Ingenieure aus dem IZ die DDR verließen, waren es meistens Absolventinnen und Absolventen der TH Dresden.[1708]

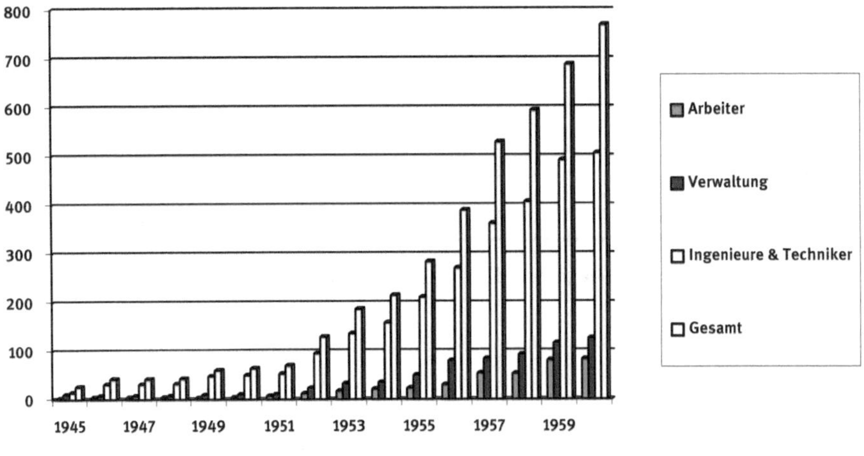

Diagramm 3: Personalentwicklung der IZ Böhlen 1945 bis 1960[1709]

1707 Vgl. ebd., Nr. 781, Graphik 10 Belegschaftsstärke der IZ nach Altersgruppen.

1708 Vgl. ebd., Textliche Analyse Fluktuation vom 29.06.1961.

1709 Vgl. ebd., 20687, Nr. 672, Personelle Entwicklung vom 22.07.1961, Der altersmäßige Aufbau der IZ per 31.12.1962, Arbeitskräftebewegung vom 31.12.1962.

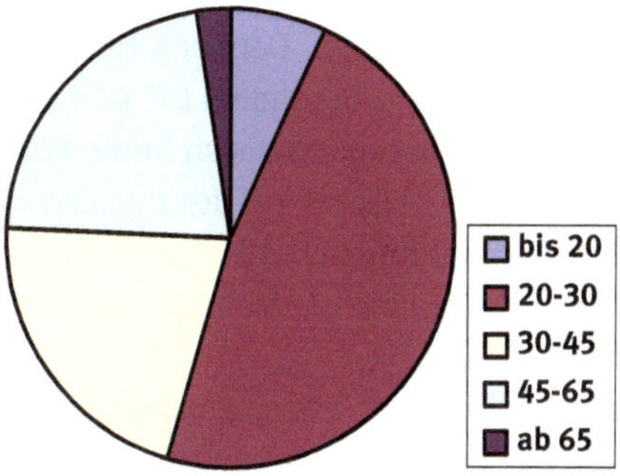

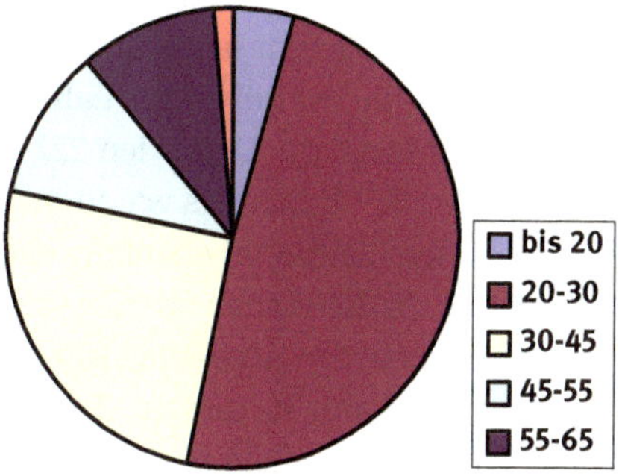

Diagramm 4 und 5: Altersstruktur der IZ Böhlen 1960 (links) und 1962 (rechts)[1710]

Frauen: Auf dem Weg zur Gleichberechtigung?

Die zahlreichen Abgänge werfen die Frage nach dem Rekrutierungspotential für neue Belegschaftsangehörige auf, bestand doch im Gegensatz zu den beiden vorherigen Phasen kein scheinbar unerschöpfliches Arbeitskräftepotential – erst Zwangsarbeiter, anschließend NS-Belastete und Geflüchtete –, aus dem die Werke schöpfen konnten. Naheliegend war die Gewinnung aus bisher vernachlässigten Personengruppen, die entsprechend durch die Betriebe qualifiziert werden mussten – Frauen, West-Rückkehrer, West-Zuwanderer und Strafgefangene.

Seit dem Kriegsende 1945 nahm die Bedeutung weiblicher Arbeitskräfte im Industriekomplex beständig zu. Zwar stieg der Frauenanteil im VEB Kombinat „Otto Grotewohl“ Böhlen zwischen 1953 und 1965 von 20,7 % auf 24 %, allerdings ging die Gesamtzahl der Frauen im gleichen Zeitraum von 2802 auf 2781 zurück.[1711] Die meisten Frauen übernahmen bis zum Ende des Untersuchungszeitraumes immer noch Arbeitsplätze der unteren Lohnkategorien, allerdings war es immer schwieriger, sie hierfür zu begeistern.[1712] Neu waren vor allem ihre Möglichkeiten, sich zu qualifizieren und damit in der Betriebshierarchie aufzusteigen. So boten Facharbeitsplätze ein höheres Einkommen bei gleichzeitig höherem Prestige. Bereits 1953 gab es eine Kampagne, um „Frauenarbeitsplätze“ in der Produktion zu schaffen, nachdem sie vorher nahezu ausschließlich in der Ver-

---

1710 Vgl. ebd.

1711 Vgl. ebd., Nr. 45, Arbeitskräftebewegung vom 12.07.1965; Nr. 81, Bericht über die Verwirklichung des Beschlusses der 11. Bundesvorstandssitzung vom 17.12.1953. Da sich die Gesamtbelegschaft gleichzeitig von 13 514 Personen auf 11 587 verringerte, stieg ihr prozentualer Anteil.

1712 Vgl. ebd., Nr. 45, Arbeitskräftebewegung vom 12.07.1965. Der Betrieb beklagte, dass Reinigungskräfte schwer zu gewinnen seien und dass man teilweise Versetzungen aus anderen Bereichen durchführen musste, um die freien Stellen zu besetzten.

waltung tätig waren.[1713] Immerhin erhöhte sich dadurch ihre Anzahl in diesen Berufsfeld von 92 zum Jahresanfang auf 132 im August 1953. Dennoch blieb ihr Anteil in der nächst höheren Qualifikationsstufe gering, besonders bei den Brigadiers und Meistern. Unter den 322 Meistern in Böhlen befand sich keine Frau und von den 479 Brigadiers waren nur vier weiblich.[1714] Der Beruf des Ingenieurs war zu diesem Zeitpunkt ebenfalls eine reine Männerdomäne. Aber selbst in der Verwaltung, in der Frauen mit 670 von 1193 Mitarbeitenden die Mehrzahl stellten, gab es keine einzige Abteilungsleiterin.

Dennoch kann in diesem Zeitraum eine sukzessive Transformation beobachtet werden, vor allem in der Qualifikation der Frauen für Leitungspositionen. In Espenhain wurden Frauen durch Fernschulstudium bzw. die Ausbildung in der Betriebsakademie weitergebildet. Diese machten 1960 sowohl unter den Meistern als auch unter den Ingenieuren jeweils über 10 % aus.[1715] Im NÖSPL sanken diese Werte allerdings wieder; so auf 9,8 % beim Ingenieursstudium und auf 3,7 % bei der Meisterausbildung.[1716] Letztere war dabei nicht frei von Sexismus, wie eine separate Frauenmeisterklasse zeigt, die geschaffen werden musste, um überhaupt die Weiterbildung des weiblichen Personals zu ermöglichen. Der Frauenanteil in den Werken blieb entsprechend bis zum Ende des Untersuchungszeitraumes niedrig. Böhlen verfügte 1964 über gerade einmal 15 Akademikerinnen und sieben Meisterinnen, wozu nochmals 33 Frauen in mittleren und leitenden Wirtschaftsfunktionen kamen.[1717] Dies entsprach 2% aller Funktionseliten bei einem gleichzeitigen Frauenanteil von 23 %. Zwar gab es den ehrgeizigen Plan, den Anteil von Frauen in Führungspositionen bis 1970 auf 20 % zu erhöhen, die Mentalität von Werksleitung und männlicher Belegschaft ließen diesen Plan aber utopisch erscheinen:

1713 Vgl. ebd., Nr. 81, Erweiterung von Frauenarbeitsplätzen vom 10.08.1953.

1714 Vgl. ebd., Bericht über die Verwirklichung des Beschlusses der 11. Bundesvorstandssitzung vom 17.12.1953.

1715 Vgl. ebd., 20681, Nr. 123, Jahresbericht der Betriebsakademie über die Qualifizierung im Jahr 1960. So waren von 95 Personen im Ingenieursstudium zehn Frauen und unter den 208 Personen in den Meisterklassen 22 weiblich.

1716 Vgl. ebd., Nr. 195, Stand der Erwachsenenqualifikation vom 24.03.1966.

1717 Vgl. ebd., 21125, Nr. IV A/4/03/024, Entwicklung, Förderung, Einsatz und Qualifizierung der Frauen von 1964.

> „Auf der Frauenkonferenz wurde als größte Schwierigkeit in der Frauenqualifizierung [...] die noch immer vorhandene Voreingenommenheit und der vorhandene Konservatismus gegenüber dem Einsatz von Frauen in leitenden Tätigkeiten genannt."[1718]

Blieb die Gleichberechtigung der Frauen bei der Qualifikation zu Führungskräften Illusion, so erfuhr die Frauenarbeit ab Anfang der 1960er-Jahre im Untersuchungsraum eine größere öffentliche Würdigung in der „Betriebsgemeinschaft". Im Rahmen der Festwoche zum 13-jährigen Bestehen der DDR veranstaltete der Demokratische Frauenbund Deutschlands einen „Tag der Frau", der in Kooperation mit der Karl-Marx-Universität Leipzig durchgeführt wurde.[1719] Die Universität sollte dabei die Veränderungen in der akademischen Gesellschaft belegen und als Vorbild für das Bergbauunternehmen gelten.

Trotz aller Bemühungen um eine Verbesserung und dem ideologischen Anspruch auf Gleichberechtigung blieben die Erfolge marginal. Die Benachteiligung von Frauen bzw. die Abqualifizierung ihrer Arbeitsleistungen waren bis zum Ende des Untersuchungszeitraumes ein häufiges Phänomen. Beispielsweise wurde weiterhin behauptet, dass sie einen deutlich höheren Krankenstand als Männer hätten, obwohl die Unterschiede insgesamt nur gering bzw. im Fall von Espenhain Frauen sogar seltener krank waren (vgl. Tab. 61). Eine Erklärung für den Rückgang des Krankenstandes beim weiblichen Personal bildete die Einführung des Haushaltstages, ein monatlicher lohnarbeitsfreier Tag für alle verheirateten Frauen, in der DDR im Jahr 1952.[1720] Neben beruflichen Diskriminierungen wurden immer wieder sexuelle Übergriffe durch die BSAs dokumentiert. Allein im Jahr 1963 gab es drei Vorwürfe der Vergewaltigung.[1721] Die Einstellung der Ermittlungen, damals auch außerhalb des Untersuchungsraums keine Ausnahme, wiederum werfen ein negatives Licht auf die Arbeit der DVP. Nur in Fällen, in denen der Vorwurf gegen vermeintliche Gegner der DDR erhoben wurde, kam es

1718 Ebd., 20687, Nr. 1037, Auswertung der Frauenkonferenz vom 28.11.1964. Selbst konkrete Anweisungen des Werksdirektors zur Beschäftigung einer Frau in leitender Tätigkeit wurden von der entsprechenden Abteilung ignoriert.

1719 Vgl. Universitätsarchiv Leipzig (UAL), SSlg Bestand museales Sammlungsgut, Nr. 332, Urkunde „Tag der Frau" vom 03.10.1962.

1720 Vgl. Sachse, Carola: Hausarbeitstag (s. Anmerkung 75), S. 91 ff. Bezeichnenderweise existierte er nur für Frauen, da man selbstverständlich davon ausging, dass sie den Haushalt führten. Dennoch kam die Forderung aus dem Kreis der arbeitenden Frauen. Sachse wies explizit auf die Rolle der Frauenausschüsse hin, die zwar bis 1965 der BPO unterstanden und damit Teil des omnipräsenten Staatsapparates waren, gleichzeitig aber als Interessenvertretung der Frauen fungierten.

1721 Vgl. SächsStA-L, 22243, Nr. 26, Einschätzung der kriminalpolizeilichen Lage für Monat Oktober 1963, Einschätzung der kriminalpolizeilichen Lage für Monat Juli 1963.

auch zu einer Untersuchung.[1722] Auch die Kinderbetreuung war ein zweischneidiges Schwert. Zwar wurde diese größtenteils erst nach 1945 aufgebaut und in der letzten Phase ständig erweitert, dennoch reichten die Plätze nicht und machten es für manche Betriebsteile bis in die 1960er-Jahre schwierig, ihre weiblichen Arbeitskräfte nach einer Schwangerschaft wieder in den Betrieb zu integrieren.[1723]

Betrieb	Krankenstand Männer	Krankenstand Frauen
Böhlen	6,42 %	7,59 %
Espenhain	5,44 %	5,41 %
Regis	4,87 %	5,17 %

Tab. 61: Krankenstand 1964 in den Kombinaten Böhlen, Espenhain und Regis getrennt nach Geschlechtern[1724]

Die niedrigere Qualifikation von Frauen begründete sich aus ihrer strukturellen Benachteiligung in Ausbildungsberufen. Zwar hatten 1964 von 2650 Frauen immerhin 625 (23,6 %) eine Facharbeiterausbildung absolviert und weitere 675 Frauen (25,5 %) waren angelernt,[1725] bei der Lehrlingsausbildung im selben Jahr hatten sie mit 76 von 356 Personen (21,3 %) allerdings einen kleineren Anteil.[1726] Und das, obwohl mindestens seit 1960 im VEB Kombinat „Otto Grotewohl" Böhlen ein separater Frauenförderplan bestand.[1727] Allerdings führte erst das

1722 Vgl. ebd., 21125, Nr. IV/4/03/066, Unterschlagung von Parteigeldern vom 19.08.1957; 22243, Nr. 6, Halbjahresbericht I/59. Der erste Fall betraf einen Funktionär der GO, der Geld unterschlagen hatte und sich danach in die BRD absetzte. Dabei blieb unklar, ob es sich um konstruierte Vorwürfe handelte, oder ob den Anschuldigungen erst nach seiner Flucht nachgegangen wurde. Bei dem zweiten handelte es sich um einen Diplom-Biologen aus der Forschungsabteilung. Zwar handelte es sich bei ihm um ein SED-Mitglied, allerdings wurde ihm als auch dem Rest der Abteilung unterstellt, dass sie der DDR feindlich gegenüberständen.

1723 Vgl. ebd., 20687, Nr. 672, Textliche Analyse Fluktuation vom 29.06.1961.

1724 Vgl. ebd., Nr. 45, Einschätzung des Unfall-, Kranken- und Störungssgeschehens 1964 vom 23.02.1965. Außerdem lag der Krankenstand in zwei Quartalen unter den geplanten Ausfallschichten. Selbst im Gesamtjahr lag er nur wenig über den Planungen. Das unterstreicht nochmals die misogyne Position der Aussagen.

1725 Vgl. ebd., 21125, Nr. IV A/4/03/024, Entwicklung, Förderung, Einsatz und Qualifizierung der Frauen von 1964.

1726 Vgl. ebd., 20687, Nr. 1037, Maßnahmen zur Realisierung des Kaderentwicklungsprogramms vom 18.04.1964.

1727 Vgl. ebd., Nr. 107, Kindergarten Böhlen vom 12.10.1960, Warenhaus in Böhlen vom 01.12. 1960. Der Frauenförderplan beschränkte sich scheinbar auf die Verbesserung der Kinderbetreuung und der Einkaufsbedingungen (Ausweitung der Ladenöffnungszeiten). Hierbei handelte es sich jedoch um Bereiche, in denen Frauen insgesamt strukturell benachteiligt waren, weil ihnen

NÖSPL zu einem Umdenken, sodass tatsächlich mehr Frauen den Sprung in die Kaderentwicklungsprogramme schafften.[1728] Für den Zeitraum 1959 bis 1965 plante die Kombinatsleitung die konkrete Zunahme von weiblichen Führungskräften.[1729] Hierin lässt sich zweifelsohne ein Fortschritt gegenüber 1953 erkennen.[1730] Gravierender war, dass in vielen Abteilungen Frauen nicht zugelassen waren bzw. ihnen nun die Ausbildung in vermeintlich gesundheitsgefährdenden Bereichen ganz untersagt wurde, die ihnen in der vorherigen Phase zumindest nominell noch erlaubt war. Im Untersuchungsraum betraf dies die Lehrberufe Betriebsschlosserin, Schmelzschweißerin und Industrieschmiedin, wohingegen Industriebuchhalterin als reiner Frauenberuf ausgewiesen war.[1731] Dies stellte ein verbreitetes Phänomen in der DDR-Wirtschaft dar, wie ein Blick auf die Stahlindustrie zeigt.[1732] Selbst nach der Abschaffung dieser Berufsbeschränkung wirkten die Regelungen noch nach. Beispielsweise war 1964 unter den 96 Personen, die sich im Schweißen ausbilden ließen, nur eine einzige Frau.[1733]Auch bei den BSAs herrschten solche Denkmuster vor. Hier war die Leitung der Überzeugung, dass der Vertrag mit einer Wachtmeisterin nicht verlängert werden sollte, „da der Postendienst auf die Dauer für Frauen nicht geeignet ist."[1734] Schlussendlich führten die Benachteiligungen dazu, dass den Betrieben notwendiges Arbeitskräftepotenzial entging. Die Werksleitungen schienen sich bis 1965 dessen nicht bewusst geworden zu sein.

Frauen waren nicht nur unter den betrieblichen Führungskräften unterrepräsentiert. Die SED stellte ebenfalls eine Männerbastion im Industriekomplex

die Kindererziehung und die Haushaltsführung in den Familien oblagen. Damit bestärkte er im Endeffekt ausschließlich die überkommenen Geschlechtervorstellungen und führte zu keinen nachhaltigen Verbesserungen ihrer Lebenssituationen.

1728 Vgl. ebd., Kaderentwicklung und Kaderfragen des Perspektivplanes bis 1970 vom 15.12. 1964. Dabei sollten von den 108 zu entwickelnden Kadern 27 Frauen sein, was einem Anteil von exakt 25 % entsprach.

1729 Vgl. ebd., 20681, Nr. 244, Kaderentwicklung 1959–65.

1730 Vgl. ebd., 20687, Nr. 21, Auswertung der Frauenkonferenz vom 28.11.1964. So wurde beispielsweise die eklatante Diskrepanz zwischen der Anzahl der Frauen im Betrieb und unter den Führungskräften überhaupt erkannt.

1731 Vgl. ebd., 20681, Nr. 326, Lehrlingseinstellung für den 01. September 1954 vom 20.01.1954, Lehrlingseinstellung für den 01. September 1955 vom 30.11.1954. Überhaupt wurden diese Regelungen erst ab dem 01. September 1955 mit dem neuen Lehrjahr eingeführt und galten in den vorherigen Jahren nicht.

1732 Vgl. Niethammer, Lutz/Plato, Alexander von/Wierling, Dorothee: Erfahrung (s. Anmerkung 68), S. 117 f.

1733 Vgl. SächsStA-L, 20687, Nr. 1037, Maßnahmen zur Realisierung des Kaderentwicklungsprogramms vom 18.04.1964.

1734 Ebd., 22244, Nr. 3, Quartalsbericht für das III. Quartal 1956 vom 26.09.1956.

dar. 1964 lag der Frauenanteil gerade einmal bei knapp 12%.[1735] Prozentual machten die Inhaberinnen von Parteiämtern nicht einmal 10% aus. Bei den Wahlen zur Kreisleitung Böhlen 1955 waren von 53 Kandidaten und Kandidatinnen gerade einmal drei weiblich.[1736] Ähnlich bei der Kreisdelegiertenkonferenz im Jahr zuvor, wo der Frauenanteil nur 7,5% erreichte (23 von 305 Delegierten).[1737] Einzig bei den Wahlen zur BGL 1961 waren Frauen mit 37,9% überproportional repräsentiert.[1738] Allerdings handelte es sich hierbei in den 1960er-Jahren um ein weitestgehend bedeutungsloses Amt. Andererseits belegt dies das stärkere Vertrauen der Belegschaft in weibliche Gewerkschafterinnen. Ein Umstand der für die gesamte DDR nachgewiesen ist.[1739]

West-Rückkehrer, West-Zugezogene und Arbeitshäftlinge

Die zweite neue Belegschaftsgruppe stellten die Zurückgekehrten und die Zugezogenen aus der BRD dar, die im Kombinat Böhlen zwischen 1958 und 1960 auf 210 Personen anwuchs (vgl. Tab. 62). Da bereits vor 1958 Personen in die DDR kamen, gab es 1960 insgesamt 240 (1,9% der Belegschaft) von ihnen im Kombinat.[1740] Im September 1960 waren in Espenhain 198 Rückkehrer und Zugezogene beschäftigt, was 2,4% des gesamten Personals entsprach.[1741] Eine Lösung für den Arbeitskräftemangel boten die Rückkehrer und Zugezogenen, schon aufgrund ihrer geringen Anzahl, allerdings nicht. Die Motive für die Rückkehr in die DDR lagen im Bereich enttäuschter Hoffnungen, besonders auf wirtschaftlichem Gebiet, sowie verwandt- und freundschaftlichen Beziehungen.[1742] Etwas anders gelagert stellen sich die Motive für den Zuzug in die DDR dar. Als Hauptgrund

1735 Vgl. ebd., 21125, Nr. IV A/4/03/024, Entwicklung, Förderung, Einsatz und Qualifizierung der Frauen von 1964. 281 Frauen waren Teil der insgesamt 2378 Personen starken BPO. Das ergibt einen Anteil von 11,8%. Bei den Parteiämtern nahmen sie nur 45 von 490 (9,2%) ein.

1736 Vgl. ebd., Nr. IV/4/03/001, Vorschläge für die Kreisleitung vom 24.04.1955. Schlussendlich wurden diese zwar auch in das 45-köpfige Gremium gewählt, sodass ihr Anteil von 5,6% auf 6,6% stieg, gleichzeitig dokumentiert es, wie weit die SED von einer Gleichberechtigung entfernt war.

1737 Vgl. ebd.

1738 Vgl. SAPMO, DY 34/17481, Anlage zum Informationsbericht vom 07.06.1961.

1739 Vgl. Kaminsky, Anna: Frauen (s. Anmerkung 74), S. 49 und 55 ff. Im Endeffekt war der FDGB die größte Frauenorganisation der DDR. Durch die Übernahme der Frauenausschüsse Anfang 1948 wurde die Gewerkschaftsorganisation zur Hauptvertretung für die Anliegen der Frauen. Daher verwundert die hohe Zustimmung bei den Gewerkschaftswahlen nicht. Ab den 1960er-Jahren war die durchschnittliche Gewerkschaftsvertretung in der gesamten DDR weiblich und parteilos.

1740 Vgl. SächsStA-L, 22243, Nr. 56, Chronik des BSA Böhlen, S. 14.

1741 Vgl. ebd., 22244, Nr. 3, Stand der Erfüllung der Direktive 4/60 des MdI vom 19.09.1960.

1742 Vgl. Neumeier, Gerd: „Rückkehr" in die DDR. Das Beispiel des Bezirks Suhl 1961 bis 1972, in: Vierteljahreshefte für Zeitgeschichte 58, 2010, S. 69–91, hier S. 88 ff.

betonte die DDR-Führung zwar die Gründung der Bundeswehr und die damit verbundene Einführung der Wehrpflicht 1956,[1743] doch stützte sich diese Behauptung nicht auf umfassende Analysen.[1744] Insofern blieben die Gründe für die Übersiedlung in den Industriekomplex spekulativ, können aber vermutlich in der positiven Einstellung gegenüber der sozialistischen Politik der SED, aber auch in wirtschaftlichen Motiven oder in Problemen mit dem westdeutschen Staat gesucht werden.

Jahr	Rückkehrer	Zugezogene	Insgesamt
1958	43	7	50
1959	55	30	85
1960	45	30	75

Tab. 62: Rückkehrer und Zugezogene aus der BRD im Kombinat Böhlen 1958 bis 1960[1745]

Diesen Gruppen wurde sowohl in der DDR als auch im Industriekomplex mit Skepsis begegnet. Daher verwunderte es nicht, dass sie auf Weisung „DA6/60" der Hauptverwaltung DVP von 1960 im Untersuchungsraum durch die BSA überwacht wurden.[1746] Entsprechende Anweisungen müssen aber schon früher bestanden haben.[1747] Allerdings verfügte der Betriebsschutz kaum über die notwendigen Ressourcen, um diese große Anzahl an Personen umfassend zu überwachen. Daher war auch häufig das MfS involviert, vor allem wenn ein Spionageverdacht bestand.[1748]

1743 Vgl. SAPMO, DY 34/15946, Zahlung von Trennungsgeldern vom 08.01.1957.

1744 Vgl. BStU, BV Leipzig, Leitung, Nr. 146, Einsatz in der OD Böhlen am 17.05.1961; SächsStA-L, 22243, Nr. 34, Vorschläge für die Kreisleitung vom 24.04.1955. In einem Fall war das Interesse am Militär sogar der Grund für den Zuzug in den Industriekomplex, da der Betreffende direkt in die „Kampftruppe der Arbeiterklasse" eintrat. Nach der Aufdeckung wurde er allerdings aus der DDR abgeschoben. Dem Bericht zufolge soll er sich danach der Fremdenlegion angeschlossen haben, was seine militärischen Absichten unterstreichen würde. Ein zweiter Fall betraf einen Mann, der zwischen 1953 und 1960 viermal in die DDR einwanderte, zweimal floh er und einmal wurde er abgeschoben. Dabei war er u. a. in Espenhain und Böhlen beschäftigt. Zusätzlich stand er im Verdacht, ein Spion zu sein.

1745 Vgl. SächsStA-L, 22243, Nr. 3, Analyse für das 2. Halbjahr 1959 vom 29.12.1959, Halbjahresbericht des BS-Amtes Böhlen für das 2. Halbjahr 1960 vom 29.12.1960.

1746 Vgl. ebd., Nr. 56, S. 14.

1747 Vgl. ebd., 22244, Nr. 3, Bericht über die Kontrolle und Anleitung im BS-Amt Espenhain vom 29.09.1959. Hierbei beschwerte sich die vorgesetzte Dienststelle, dass die Überwachungen unzureichend seien und sich auf die formale Registrierung beschränkten.

1748 Vgl. BStU, BV Leipzig, Leitung, Nr. 146, Einsatz in der OD Böhlen am 17.05.1961.

Eine weitere neue Arbeitskräftegruppe bildeten Arbeitshäftlinge der DDR-Justiz. Besonders in den 1960er-Jahren erfolgte ihr Einsatz im Braunkohlenbergbau und der chemischen Industrie. In diesen Branchen kamen in den 1970er-Jahren 29 % aller Arbeitshäftlinge zum Einsatz.[1749] Besonders die zwangsweise Beschäftigung von Arbeitskräften im „Chemiedreieck" Halle-Merseburg-Bitterfeld wurde bereits umfangreich erforscht.[1750] Diese Tätigkeiten müssen, wie Karin Schmidt überzeugend darstellte, als Zwangsarbeit bezeichnet werden, die sich allerdings wesentlich von der NS-Zwangsarbeit unterschied.[1751] Gerade in Bezug auf den internationalen Vergleich des Strafvollzuges bis in die Gegenwart und dem gesellschaftlichen Arbeitsethos erkennt man, dass diese Art der Ausbeutung ein globales Phänomen darstellt. Selbst in der BRD war und ist eine Abgrenzung zwischen Arbeitszwang und Zwangsarbeit schwierig, wenn nicht gar unmöglich.[1752] Daher erscheint die Verwendung der Begriffe Arbeitshaft und Arbeitshäftling an dieser Stelle eher geboten.

Die Rekonstruktion des Umfanges und die genauen Umstände des Einsatzes von Arbeitshäftlingen im Untersuchungsraum war aus den betrieblichen Akten nicht möglich. Nur die BSAs und die Objektdienststellen des MfS Böhlen berichteten über ihren Einsatz.[1753] Die Beschäftigung von Arbeitshäftlingen ließ sich daher nur im Ferrolegierungswerk Lippendorf und im Tagebau Böhlen nachweisen. Bei letzterer Abteilung lohnte ein genauerer Blick. Dabei handelte es sich um Arbeitshäftlinge aus dem Zuchthaus Waldheim, die von Montag 8.00 Uhr bis Samstag zwischen 15.00 und 16.00 Uhr Arbeitshaft leisten mussten. Ihre Tätigkeit bestand aus unqualifizierter, schwerer körperlicher Arbeit und wurde mit 15 bis 30 Mark im Monat abgegolten.[1754] Hierbei stellt sich die Frage, inwiefern gezielt harte Arbeitsbedingungen als zusätzliche Strafe gewählt wurden. Unter der Woche wurden sie in Großdeuben untergebracht

1749 Vgl. Sonntag, Marcus: Arbeitslager (s. Anmerkung 81), S. 134. Übertroffen wurden sie zu jenem Zeitpunkt nur von der metallverarbeitenden Industrie, die knapp die Hälfte der Arbeitshäftlinge beschäftigte.

1750 Vgl. Vesting, Justus: Chemiedreieck (s. Anmerkung 81), S. 9 f.

1751 Vgl. Schmidt, Karin: Strafvollzug (s. Anmerkung 81), S. 65 ff.

1752 Vgl. Deutscher Bundestag, Wissenschaftliche Dienste (Hrsg.): Arbeitspflicht für Strafgefangene. Geltende Rechtslage in Deutschland, Frankreich und Spanien, Berlin 2016, S. 4.

1753 Vgl. BStU, BV Leipzig, Leitung, Nr. 296, Einsatz von Strafgefangenen im VEB Ferrolegierungswerk Lippendorf vom 05.04.1962; SächsStA-L, 22243, Nr. 8, Befehl des Leiters des Betriebsschutzamtes Böhlen 4/62 vom 17.03.1962.

1754 Vgl. Sachse, Christian: System (s. Anmerkung 81), S. 220. Nach Zeitzeugenaussagen handelte es sich um den Gleisbau, der aufgrund der schweren körperlichen Arbeit gewählt wurde. Bereits in der NS-Zeit war die Kolonnenarbeit in diesem Sektor weit verbreitet und ein häufiges Arbeitsfeld beispielsweise für Kriegsgefangene.

und im naheliegenden Tagebaufeld eingesetzt.[1755] Die Bewachung erfolgte durch das BSA. Die Polizisten waren zur schärfsten Überwachung angehalten und mit automatischen Waffen, Schlagstöcken sowie Handfesseln ausgestattet.[1756] Einige Belegschaftsmitglieder solidarisierten sich mit den Häftlingen und unterstützten sie.[1757] Der Kontakt entstand an der gemeinsamen Arbeitsstelle. Den Betriebsschutzangehörigen war dies untersagt und wurde mit einem Verweis bestraft, was in zwei Fällen nachweislich geschah. Zudem war ihnen der Kontakt zu ehemaligen Häftlingen strengstens untersagt. Über die Herkunft und die vermeintlichen Verbrechen kann anhand der ausgewerteten Quellen keine Aussage getroffen werden. Allerdings muss ein Teil der Arbeitshäftlinge sehr jung gewesen sein.[1758] Auch ist die Einweisung von über 100 Jugendlichen und jungen Erwachsenen aus Leipzig zum „beaufsichtigten Arbeitseinsatz" im Untersuchungsraum belegt, die am 31. Oktober 1965 gegen ein Auftrittsverbot von Beat-Gruppen demonstriert hatten.[1759] Die Arbeitshaft im Braunkohlenindustriekomplex diente vor allem der Disziplinierung dieser unangepassten Jugendlichen. Auch Personen aus dem Untersuchungsraum wurden zum zwangsweisen Arbeitseinsatz verurteilt.[1760] In diesem Zusammenhang muss die Kampagne gegen das „Rowdytum" gesehen werden. Junge Menschen waren in den 1950er- und vor allem in den 1960er-Jahren Repression und Verfolgung in Böhlen-Espenhain

1755 Vgl. SächsStA-L, 22243, Nr. 8, Befehl des Leiters des Betriebsschutzamtes Böhlen 10/62 vom 22.08.1962.

1756 Vgl. ebd., Befehl des Leiters des Betriebsschutzamtes Böhlen 4/62 vom 17.03.1962.

1757 Vgl. ebd., Befehl des Leiters des Betriebsschutzamtes Böhlen 10/62 vom 22.08.1962. Die Übergabe von Zigaretten und Kuchen sind belegt.

1758 Vgl. Sachse, Christian: System (s. Anmerkung 81), S. 220. Der von Sachse beschriebene Zeitzeuge begann seine Arbeitshaft in Böhlen im Alter von 19 Jahren.

1759 Vgl. Carell, Claudia/Winkler, Werner: 1968 mit dem Zug nach Espenhain, um Clapton und Hendrix zu hören, in: Leipziger Volkszeitung. Unter: http:// lvz.de/Region/Borna/1968-mit-dem-Zug-nach-Espenhain-um-Clapton-und-Hendrix-zu-hoeren (Stand: 21.12.2020); Lenski, Katharina: „Asozialität" (s. Anmerkung 82), S. 166 und 171; Wierling, Dorothee: Der Staat, die Jugend und der Westen. Texte zu Konflikten der 1960er Jahre, in: Becker, Peter/Lüdtke, Alf (Hrsg.): Akten, Eingaben, Schaufenster – die DDR und ihre Texte. Erkundungen zu Herrschaft und Alltag, Berlin 1997, S. 223–240, hier 225–230. Noch vor dem elften Plenum der SED, dem sogenannten „Kahlschlagplenum", kam es am 11. Oktober 1965 zum Verbot von Beatgruppen aus Leipzig durch die „Bezirksleitung der SED", wogegen die Jugendlichen demonstrierten. 267 der ca. 800 „echten" Demonstranten wurden festgenommen. Der spätere Beschluss des Zentralkomitees bestätigte ihre Verhaftung und Einweisung in Arbeitslager. Dies entsprach der allgemeinen Kampagne gegen „Asoziale" in dieser Zeit. Gleichzeitig zeigte ihre Behandlung vor Ort (Gewährung von Freiheiten bis hin zu einem eigenen Kulturprogramm mit Gitarre spielen) eine Ambivalenz zwischen Ideologie und Realität.

1760 Vgl. BStU, BV Leipzig, Leitung, Nr. 296, Böhlen den 11.11.1965. Zwei Jugendliche erhielten einen Strafbefehl über 12 Tage.

ausgesetzt.[1761] Allerdings diente der Begriff „Rowdy" der Vertuschung von gesellschaftlichen Problemen.[1762] Unter diesen Umständen erklärt sich die Abwanderung von Jugendlichen. Das Misstrauen der Politik gegenüber ihnen verhinderte ihre Integration in die Belegschaft und förderte die Ablehnung des SED-Staates.

Materielle Privilegierung

Wie bereits in den anderen Phasen wurde auch in der DDR versucht, die Belegschaft an den Betrieb zu binden. Hierzu dienten weiterhin vor allem Löhne und Deputate. Allerdings gab es die Deputate nun nicht mehr für alle Belegschaftsangehörige. Die Diskussion um die Schaffung eines Einheitskombinatstarifes und seine Ablehnung zeigt die zunehmende Ungleichbehandlung. Beim Übergang des Industriekomplexes in den volkseigenen Besitz veränderten sich die Bedürfnisse der Belegschaft. Geld spielte zwar weiterhin eine Rolle, allerdings sank seine Bedeutung. Konsumgüter, Wohnraum, Ferienplätze und immaterielle Güter wie Kinderbetreuung, Sport oder Kulturprogramm gewannen hingegen an Wert.[1763]

Auf der Lohnebene wurde durch die Zahlung von Prämien, beispielsweise für Arbeit in gesundheitsgefährdenden Bereichen, Personal gewonnen.[1764] Die bereits geschilderte Havarie im Kraftwerk Espenhain im Juli 1959 belegt, dass die hohe Fluktuation einer der Gründe für die Katastrophe war und diese wiederum durch die Tarifpolitik ausgelöst wurde. Daher erhielten nur zwei Monate nach dem Unfall alle Arbeitskräfte in Espenhain wieder die Bergmannszulage.[1765] Zusätzlich

1761 Vgl. SächsStA-L, 22243, Nr. 56, Chronik des BSA Böhlen, S. 14; 22244, Nr. 3, Bericht über das II. Halbjahr 1959 vom 04.01.1960.

1762 Vgl. Waibel, Harry: Diener (s. Anmerkung 90), S. 26 f. Beispielsweise wurden zahlreiche rassistische Übergriffe unter dem Begriff „Rowdytum" geführt, da ein solches Verhalten für die DDR-Führung ein ausschließliches Problem kapitalistischer Gesellschaften darstellte.

1763 Vgl. Hofmann, Michael: Kohlearbeiter (s. Anmerkung 15), S. 110 ff.; Hoffmann, Dierk: Arbeitsmarktes (s. Anmerkung 1685), S. 67. Hoffmann konstatierte einerseits die Begünstigung eines bereits seit längerer Zeit aktiven Bergarbeitermilieus, das regelmäßig Ferienheimplätze bekam, Werksfeste organisierte und an den Spielen der Betriebssportgemeinschaften (die Fußballteams spielten in der ersten und zweiten DDR-Liga, die Kegelmannschaft aus Espenhain wurde mehrfacher DDR-Meister) teilnahm. Andererseits bot der Übergang, nach einer Anlernzeit, von Hilfstätigkeiten zur qualifizierten Arbeit eine deutlich höhere Bezahlung. Hoffmann führt aus, dass diese Art der Privilegierung nicht nur ein Phänomen im Untersuchungsraum war.

1764 Vgl. SächsStA-L, 20687, Nr. 263, Katalog der Erschwerniszuschläge des VEB Kombinat „Otto Grotewohl", S. 3. Hierzu gehörten verschiedene Bereiche der Gefährdung, wie Höhenzulagen, Arbeit in Entwässerungsstrecken (feuchter und kalter Arbeitsbereich) sowie Hitze.

1765 Vgl. Lindenberger, Thomas: Havarie (s. Anmerkung 69), S. 261.

gewährten die Kombinate Prämien für Geburten, Hochzeiten und Betriebsjubiläen von Belegschaftsangehörigen.[1766]

Auch der Ausbau der betrieblichen Versorgungsleistungen, besonders der Kinderbetreuung, verbesserte die Situation des Personals. So bestand 1955 eine Kinderkrippe, das Kinderheim „Frohe Zukunft" und das neue Groß-Kinderheim Böhlen-Nord.[1767] Hinzu kamen Kinderferienlager in Taltitz, Grünheide, Johanngeorgenstadt, Rochlitz und in Trassenheide an der Ostsee.[1768] Außerdem versuchte das Kombinat Böhlen, das Schloss Thalstein in Thüringen als festen Standort für Kinderferienlager zu erwerben.[1769] Für Jugendliche gab es separate Angebote wie z. B. Theateraufführungen in Neukieritzsch.[1770]

Die Versorgung mit Konsumgütern und Lebensmitteln stellte eine Form der zusätzlichen Belohnung dar. Bereits in der SAG-Zeit waren sie Teil der Begünstigung im Vergleich zu anderen Industriebranchen in der DDR, was in dem letzten untersuchten Zeitabschnitt noch weiter ausgebaut wurde. So hatte die Schuhmacherwerkstatt eine jährliche Leistung von 14 000 Paar Schuhen,[1771] sie blieb bis 1959, neben Dienstleistungseinrichtungen wie Friseur, Wäscherei und Schneiderei, Teil der Kombinate.[1772]

Seit Ende der 1950er-Jahre, vor allem nach dem Bau der Berliner Mauer, erhöhte sich der Versorgungsgrad in der gesamten DDR.[1773] Der Industriekomplex

1766 Vgl. SächsStA-L, 20687, Nr. 295, 3. Kombinatsleitungssitzung am 20.01.1954. Diese waren eine zusätzliche Vergünstigung. Wurde bei einer Geburt ein Geschenk mit Babykleidung überreicht, die teilweise Mangelware war, gab es bei einer Hochzeit immerhin 50 Mark. Dies galt auch für Gold- und Silberhochzeiten. Die Betriebsjubiläen brachten 100 bis 250 Mark zusätzlich.

1767 Vgl. ebd., Nr. 517, Kinderkrippe „Frohe Zukunft" 1955. Deren Bedeutung kann wiederum an dem Besuch durch Otto Grotewohl im selben Jahr gemessen werden.

1768 Vgl. NlSG, Sonderbestand, In Anerkennung seiner Verdienste als Werksdirektor vom Januar 1955, Kinderferienlager Pirk 1954; SächsStA-L, 20687, Nr. 517, Ferien- und Zeltlager für unsere Jugend 1955.

1769 Vgl. SächsStA-L, 20687, Nr. 987, Kinderferienlager Schloß Thalstein vom 28.11.1958, Kinderferienlager vom 23.08.1958.

1770 Vgl. NlSG, Vor- und Nachlässe, Bestand Bernd Torka, Eröffnung der Jugendstunden vom 17.09.1960.

1771 Vgl. BArch, DC 20/3796, Kurzes Exposé über die Struktur des Kombinates Böhlen.

1772 Vgl. ebd., DC 20-I/4/ 338, Beschluß über die Regelung der Tarifanwendung und sonstiger materieller Bedingungen in den Kombinaten „Schwarze Pumpe", „Otto Grotewohl" Böhlen und Espenhain vom 06.08.1959.

1773 Vgl. Steiner, André: Plan (s. Anmerkung 26), S. 101 ff. und 155 ff. Nach Steiner erreichte der Privatkonsum erst 1958 das Vorkriegsniveau, was vor allem durch die Fokussierung auf die Grundstoff- und Investitionsgüterindustrie bedingt war. Erst nach dem Bau der Berliner Mauer stieg der Konsum deutlich an, was nicht zuletzt an der Versorgung mit teuren Konsumgütern, wie Kühlschränken, Autos und Waschmaschinen, deutlich wurde.

profitierte überdurchschnittlich davon (vgl. Tab. 63), wie insbesondere die Versorgung der Belegschaft mit Waschmaschinen, Kühlschränken und Autos widerspiegelt, in der sich eine deutliche Privilegierung im Vergleich zur restlichen Bevölkerung offenbart.[1774] So war sie bei Kühlschränken ungefähr doppelt so hoch und bei Waschmaschinen betrug sie sogar das Vierfache. Auch bei der Versorgung mit seltenen Südfrüchten, die in der ex-Post-Betrachtung der DDR ein beliebter Gradmesser für die Privilegierung ist, schnitt der Industriekomplex mit 13,2 Tonnen im ersten Halbjahr 1964 und 21,7 Tonnen im Vergleichszeitraum des Folgejahres – 1,1 bzw. 1,9 Kilogramm je Arbeitskraft – gut ab, da sie zusätzlich zu der allgemeinen Versorgung erfolgte.[1775]

Jahr	Waschmaschinen	Kühlschränke	Autos
1963	418	308	84
1964	820	680	325
1965	1650	640	220

Tab. 63: Konsumgüterversorgung des VEB Kombinat „Otto Grotewohl" Böhlen 1963 bis 1965[1776]

Überdies bestand häufiger Gelegenheit, über den Betrieb Engpassmaterialien zu erlangen. Neben den bereits erwähnten Kohledeputaten und der Ziegelproduktion, gab es die Abgabe von Altholz als Baumaterial, das ebenfalls zu den „Bückwaren" gehörte.[1777]

Größere Bedeutung gewannen die Plätze in den betriebseigenen Ferienheimen sowie das Thema Urlaub allgemein. Hiermit reagierte die SED-Spitze sowohl auf ältere Traditionen als auch auf die Konkurrenz zu bundesdeutschen Arbeitgebern – zumindest vor dem Bau der Berliner Mauer. Dabei bestand ein System aus betrieblichen Ferien- und Erholungsheimen sowie Sanatorien. Zum Indus-

1774 Vgl. Kaschade, Hans: DDR 1949 bis 1960 (s. Anmerkung 80), S. 256. Während 1960 3,2 Autos auf 100 DDR-Haushalte kamen, so lag dieser Wert bei den Belegschaftsmitgliedern zwischen 1963 und 1965 bei 5,2. Allerdings muss quellenkritisch angemerkt werden, dass Kaschade nur Zahlen für das Jahr 1960 liefert.

1775 Vgl. Statistisches Jahrbuch der Deutschen Demokratischen Republik 11, 1966, S. 442. Lag der Durchschnittsverbrauch 1964 bei 5,7 Kilogramm und 1965 bei 7,7 Kilogramm, war die Zusatzversorgung mit 1,1 bzw. 1,9 Kilogramm in nur einem Halbjahr ein deutliches Anzeichen für eine Privilegierung.

1776 Vgl. BArch, DA 1 (Volkskammer der DDR)/6569, Stand der Arbeiterversorgung im Komb. „Otto Grotewohl" Böhlen.

1777 Vgl. SächsStA-L, 20681, Nr. 326, Abgabe von Altholz vom 16.10.1954. Allerdings erfolgte die Abgabe nur dann, wenn die Betriebe selbst über ausreichend Holz verfügten.

triekomplex gehörten, wie schon seit der Zeit der SAGs, die Ferienhäuser in Bad Schandau, Krippen, Rochlitz, Oberbärenburg sowie Kühlungsborn. Hinzu kamen die Sanatorien Bad Elster und Prödel.[1778] Neu war die Vergabe von weiteren Urlaubsplätzen, die durch die Betriebe für die Belegschaft erworben wurden, die sogar Auslandsreisen ermöglichten.[1779] Die Bedeutung der Ferienplätze nahm zu, da sie nicht zuletzt eine wichtige Form der Prämierung darstellen konnten.[1780] Selbst im Fall des unfallbedingten Todes eines Angehörigen der Belegschaft stellten die Betriebe entsprechende Plätze zur Verfügung, wie die Havarie 1959 im Kraftwerk Espenhain zeigt.[1781]

Auch die Verpflegung blieb ein wichtiger Punkt in der Versorgung der Belegschaft und dabei wiederum ein Merkmal für ihre Wertschätzung im Vergleich zu anderen Gruppen. Aufgrund der allgemein zunehmend besseren Lebensmittelversorgung und der niedrigen Preise für Grundnahrungsmittel, nahm ihre Bedeutung seit Anfang der 1960er-Jahre allerdings ab.[1782] Dennoch war ein verbessertes Angebot in den betriebseigenen Verkaufsstellen bzw. eine höhere Qualität des Kantinenessens ein Privileg. So wundert nicht, dass nach dem 17. Juni 1953 die Werke versuchten, besonders die Qualität des Betriebsessens im Untersuchungsraum zu verbessern. In Böhlen erfolgte hierzu die Neuorganisation der Küche, nachdem diese vorher in keinem guten Zustand gewesen war.[1783] Gleich-

1778 Vgl. ebd., 20687, Nr. 295, 8. Kombinatsleitungssitzung am 02.03.1954.

1779 Vgl. ebd., 20681, Nr. 308, Touristenreisen in das Ausland vom 06.04.1960; Nr. 330, Auslandsreisen vom 03.01.1958. Diese umfassten 1960 Reisen im Sonderzug nach Kiew, Minsk und Moskau oder an den Balaton sowie Flüge nach Bulgarien und Rumänien. Insgesamt handelte es sich um 20 Plätze. Allerdings waren Preise zwischen 430 Mark für eine Städtereise und bis zu 595 Mark für eine Flugreise inklusive Hotelübernachtungen nach Rumänien nur für wenige Personen bezahlbar. Die Vergabe erfolgte durch die FDJ. Bereits 1958 waren Auslandsreisen möglich, die über das Ministerium für Kohle und Energie vergeben wurden. Mögliche Ziele waren Albanien, Bulgarien, Jugoslawien, Rumänien, die Sowjetunion, die Tschechoslowakei und Ungarn. Hinzu kamen geringe Kontingente für Ägypten und China. Außerdem wurden Verhandlungen mit Finnland, Österreich und Schweden geführt. Da das Dokument von 1960 explizit den Vermerk „zum Aushang bestimmt" enthält, kann davon ausgegangen werden, dass es sich hierbei in erster Linie um eine Propagandaoffensive handelte.

1780 Vgl. ebd., 22243, Nr. 4, Genossen Offiziere, Genossen Wachtmeister, Liebe Jugendfreunde vom Februar 1956. Die Rangfolge der Prämien sah zuerst Bücher vor, danach folgten Geldprämien und als wichtigste Form die Gewährung von Ferienplätzen.

1781 Vgl. Lindenberger, Thomas: Havarie (s. Anmerkung 69), S. 248; SächsStA-L, 20681, Nr. 343, Betr.: Ferienplätze vom 05.07.1960. Den Hinterbliebenen der Opfer wurden zwei Wochen Urlaub in einem FDGB-Heim gewährt. Auch im Folgejahr erhielten sie Ferienplätze.

1782 Vgl. Steiner, André: Plan (s. Anmerkung 26), S. 155 f.

1783 Vgl. BArch, DC 1/6259, Bericht über die Tätigkeit v. 22.07.-30.09.1953.

zeitig konstatierte der Bericht für die werkseigene Filiale der „Handelsorganisation“ eine gute Versorgungslage.

Die Gesundheitsversorgung war ebenfalls Teil der materiellen Privilegierung wie schon in der vorangegangenen Phase. Hierbei wurde beispielsweise die bis heute bestehende Betriebspoliklinik in Böhlen zwischen 1955 und 1957 errichtet.[1784] In ähnlicher Weise bestand eine Betriebspoliklinik in Espenhain, die ebenfalls nach der Verordnung über das Betriebsgesundheitswesen einen systematischen Ausbau erfuhr.[1785]

Die materielle Bevorzugung der Belegschaft war allerdings ein zweischneidiges Schwert. Probleme ergaben sich beispielsweise mit der Ausgabe von Deputatschnaps. Dieser verstärkte das schon bestehende Alkoholproblem und unterminierte dadurch die Arbeitsmoral. Besonders die Tagebaue galten als Schwerpunkt des Konsums während der Arbeitszeit und dies trotz eines Verbots sowie der Verlagerung der Deputatausgabestelle und des Werkskonsums bereits zwei Jahre zuvor aus dem Werk heraus.[1786]

Differenzierter gestaltete sich der Blick auf den Wohnungsbau im Untersuchungsraum. Aufgrund des Flächenbedarfs der Tagebaue und der damit einhergehenden zunehmenden Devastierung von Dörfern, die bisher als Wohnorte der Arbeitskräfte dienten, gab es immer wieder Probleme mit der Bereitstellung von Wohnraum.[1787] Allein bis zum Ende des Untersuchungszeitraumes fielen neun Dörfer

---

1784 Vgl. Klotzsche, Heiner/Mai, Eberhard/Morgenstern, Heinz: Böhlen (s. Anmerkung 65), S. 45.

1785 Vgl. NlSG, Sonderbestand, Chronik der Betriebspoliklinik Espenhain, S. 9.

1786 Vgl. SächsStA-L, 22244, Nr. 3, Quartalsbericht für das II. Quartal 1955 vom 29.06.1955; 20687, Nr. 4, Betriebsleiterbesprechung am 28.08.1953.

1787 Vgl. ebd., 22243, Nr. 3, Auswertung der politischen, polizeilichen, ökonomischen und inneren Lage des Kombinats „Otto Grotewohl“ des Monats März 1960 vom 04.04.1960; Nr. 4, Protokoll der Offiziers- und Funktionärsberatung des BS-Amtes Böhlen am 23.01.1960; Nr. 26, Einschätzung der kriminalpolizeilichen Lage für Monat September 1963, Einschätzung der kriminalpolizeilichen Lage für Monat November 1963; Nr. 56, Chronik des BSA Böhlen, S. 14; 22244, Nr. 3, Bericht über die Kontrolle und Anleitung im BS-Amt Espenhain vom 29.09.1959, Einschätzung der Klassenkampflage und der Tätigkeit der Kriminalpolizei vom 03.11.1960. So bestanden die Barackenlager weiterhin, freilich in einem noch schlechteren Zustand. Auch an den sozialen Problemen änderte sich nichts. Die Konzentration von jungen, meist männlichen Arbeitskräften führte zu zahlreichen Konflikten. Selbst in der DDR-Zeit bestanden mehrere Lager, die seit der NS-Zeit genutzt wurden. Ihre Größe variierte, konnte aber immer noch mehrere hundert Plätze betragen. Beispielsweise hatte das Wohnlager Espenhain 1959 587 Betten. Diebstähle, Körperverletzungen und Sachbeschädigungen waren immer wieder an der Tagesordnung. Diese waren Symptome der Unterbringung. Das Phänomen trat und tritt bei der massenhaften Unterbringung in Lagerkomplexen, auch in anderen Kontexten, auf. Hinzu kam der mittlerweile marode Zustand, besonders der Holzbaracken. Insgesamt ging es durchaus um die Frustration der Bewohner, die ihre Unterbringung als Stigmatisierung wahrnahmen. Hinzu kam der Alkohol, der mit mindestens 4282 Bewohnern der Kohle zum Opfer.[1788] Entsprechend mussten die Kombinate, im Verbund mit den Vertretern der zentralen Wohnraumlenkung, Lösungen für die eigenen Arbeitskräfte als auch für die bergbaubedingten Umsiedlungen finden.[1789] Ein weiteres Problem stellte die berufliche Fluktuation dar, die dazu führte, dass ehemaliges Personal den betriebseigenen Wohnraum blockierte:[1790] Von 2350 Wohnungen, die die Kombinate 1965 in der Stadt Böhlen besaßen, wurden nur 1840 (78 %) von aktiven Kombinatsangehörigen bewohnt. Daher wurde teilweise versucht, Wohnraum von Rentnern zurückzugewinnen.[1791] Die Versorgung des Industriekomplexes mit Wohnungen war in der gesamten letzten Phase problematisch und führte dazu, dass das Pendeln für viele Arbeitskräfte zur Alltagserfahrung gehörte, zumal die Umweltsituation im Untersuchungsraum eine Ansiedlung auch nicht immer erstrebenswert machte:

> „Unsere IZ-Belegschaft kommt aus 70 verschiedensten Ortschaften der näheren und weiteren Umgebung von Böhlen. Die Entfernungen vom Betrieb betragen oft über 40 km und die Fahrtzeiten bis zu 70 Minuten. Außerdem müssen viele Betriebsangehörige einen längeren Fußweg bis zum Bahnhof bzw. bis zur Bushaltestelle zurücklegen. Durch die überfüllten Züge und durch die schlechten Straßenverhältnisse, auch innerhalb des Kombinats, erfolgt eine zusätzliche Belastung. Diese Zustände begünstigen die Fluktuation weitgehendst. Um hier eine spürbare Änderung zu schaffen, muß die Frage der AWG einer größeren Bedeutung beigemessen werden [sic!]. Infolge der schlechten Luftverhältnisse sollte man endlich davon Abstand nehmen, im Ort Böhlen weitere Wohnungseinheiten zu planen. Gesunde Luftverhältnisse in den Wohngebieten beeinflussen auch die Fluktuation."[1792]

---

leicht verfügbar und in vielen Fällen Auslöser von Normüberschreitungen war. Ein weiterer Grund lag in der verstärkten Überwachung, die erstens Kriminalität an diesen Orten eher sichtbar machte und zweitens die Bewohner provozierte. Es ist daher auch wenig verwunderlich, dass in diesen Lagern eine hohe Fluktuation herrschte. Dies wiederum begünstigte ihren weiteren Verfall, da sich niemand mit diesen Orten dauerhaft identifizierte und sich um ihre Instandhaltung bemühte. Es verwundert daher nicht, dass es in diesem Wohnmilieu häufiger zur Ablehnung der DDR und ihrer Autoritäten kam.

1788 Vgl. LMBV (Hrsg.): Böhlen (s. Anmerkung 1), S. 15; ders.: Espenhain (s. Anmerkung 1), S. 13. Hierbei handelte es sich im Tagebaubereich Böhlen um die Ortschaften Zeschwitz (1943), Großdeuben-West (1956–63) und Gaschwitz-West (1964/65), in denen 1699 Menschen lebten. Für Espenhain mussten die Dörfer Geschwitz (1951–53), Stöhna (1955–57), Rüben (1955–57), Großdeuben-Ost (1956–63), Zehmen (1957/58) und Kötzschwitz (1963) mit insgesamt 2583 Personen umgesiedelt werden.

1789 Vgl. Grashoff, Udo: Schwarzwohnen. Die Unterwanderung der staatlichen Wohnraumlenkung in der DDR, Göttingen 2011 (= Hannah-Arendt-Institut für Totalitarismusforschung: Berichte und Studien, Nr. 59), S. 13.

1790 Vgl. SächsStA-L, 20687, Nr. 45, Werksleitungsvorlage gegenwärtige Wohnraumsituation vom 02.06.1965. So waren von 7800 Böhlener Einwohnern nur 2743 im Kombinat beschäftigt.

1791 Vgl. ebd., Werksleitungssitzung vom 10.06.1965.

1792 Ebd., Nr. 672, Textliche Analyse Fluktuation vom 29.06.1961.

Zusammenfassend lässt sich festhalten, dass es den Kombinaten nicht gelangt, den Bedarf durch eigene Wohngebäude zu beheben. Zu Beginn der letzten Phase fehlte allein in Böhlen Platz für ca. 2000 Menschen. Aufgrund der Erweiterungen im Rahmen der „Kohle- und Energieprogramme" sollte diese Zahl bis 1960 auf 4000 – 5000 Personen anwachsen.[1793] Umso gravierender war es, dass 1954 nur 18 von geplanten 100 Wohnungen fertiggestellt wurden.[1794] Zwar stellte der zweite Fünfjahresplan 55 Mio. Mark für den Wohnungsbau im Industriekomplex bereit, doch erschien die Realisierung der Bauvorhaben aufgrund der mangelnden Bindung dieser Summe in Verträgen mit Baudienstleistern schon 1956 fragwürdig.[1795] Am Ende des Untersuchungszeitraumes war die Errichtung von zwei weiteren Kraftwerken im Industriekomplex geplant, die den Bedarf an Unterkünften ab 1964 nochmals erhöhten. Die Planungen zeigen die Diskrepanz zwischen Bedarf und Realisierung durch die Bauwirtschaft. Den 2440 benötigten Arbeitskräften standen 650 neugeschaffene Wohnungen gegenüber.[1796] Die Unterbringung der restlichen Arbeitskräfte bleibt unklar, erfolgte aber wahrscheinlich in Borna bzw. Leipzig. Die Daten zum Häuserbau aus den 1960er-Jahren zeigen, dass er trotz Partizipation der Arbeiterwohnbaugenossenschaft zu keinem Zeitpunkt den Bedarf befriedigte (vgl. Tab. 64).

Jahr	Staatlicher Wohnungsbau	Arbeiterwohnbaugenossenschaft	Gesamt
1960	26	72	98
1961	8	44	52
1962	4	56	60
1963	90	32	122
1964	-	66	66
1965	26	48	74
Gesamt	154	318	472

Tab. 64: Wohnungsbau in Böhlen 1960 bis 1965[1797]

1793 Vgl. ebd., 20687, Nr. 295, 5. Kombinatsleitungssitzung am 02.02.1954.
1794 Vgl. ebd., 14. Kombinatsleitungssitzung am 05.05.1954. 48 wurden sogar ersatzlos gestrichen.
1795 Vgl. ebd., 20681, Nr. 286, Unzureichende Baukapazität vom 09.06.1956. Das interne Gutachten wies darauf hin, dass von den 55 Mio. Mark 8,1 Mio. Mark nicht in Verträgen gebunden waren, was deren Realisierung eigentlich ausschloss. Der fertiggestellte Wohnraum wiederum wurde für die bergbaubedingten Umsiedlungen benötigt, sodass er die Situation nicht entspannte.
1796 Vgl. ebd., 20687, Nr. 1022, Bericht des Gesundheits- und Arbeitsschutzes (1964).
1797 Vgl. ebd., Nr. 45, Werksleitungsvorlage gegenwärtige Wohnraumsituation vom 02.06.1965.

Auch in Espenhain sah die Situation nicht besser aus. In den 1950er-Jahren hatte sich ein großer Bedarf an Unterkünften aufgestaut, sodass ein Wohnungsbauprogramm geplant wurde,[1798] um den fehlenden Bedarf an mehreren hundert Wohnungen zu decken.[1799] Zur Abhilfe griff man auf ältere Pläne aus der NS-Zeit zurück, um Kitzscher zu einer Arbeitersiedlung auszubauen. Dies wurde vor allem wegen der bereits errichteten Infrastruktur an öffentlichen Einrichtungen und Geschäften weiterverfolgt. Außerdem herrschten lebenswertere Umweltbedingungen als in Espenhain. Die Bedarfslücke versuchte das Kombinat zudem durch die Nutzung der schlecht erhaltenen Barackenlager notdürftig zu schließen.[1800]

Selbst nach Ende der Berufstätigkeit blieb die Privilegierung beim Wohnraum durch betriebseigene „Feierabendheime", die in der DDR Altenheime bezeichneten, bestehen. Allerdings war der Komfort solcher Einrichtungen allgemein niedrig und diente dazu, den spärlichen Wohnraum im Untersuchungsraum für die jüngere Belegschaft frei zu machen. Entsprechend befanden sich diese Wohnanlagen außerhalb des Industriekomplexes, im Falle von Böhlen in Eilenburg, Leipzig, Kohren-Sahlis und Oschatz.[1801] Ihre Lage ließ sich im Sinne der geringen Wertschätzung für Rentnerinnen und Rentner in der DDR deuten, da sie nur schwerlich erlaubten, die gewohnten sozialen Kontakte aufrecht zu erhalten.[1802] Andererseits waren die Umweltbelastungen an diesen Orten weit geringer, sodass eventuell gesundheitliche Aspekte für ihre Wahl eine Rolle spielten.

1798 Vgl. ebd., 20681, Nr. 244, Perspektivplan 1960 – 1965 für das Wohnungsbauprogramm vom 06.04.1959. Für 1960 war der Bau von 112 Wohnungen vorgesehen; für den Zeitraum 1961 bis 1965 kamen jährlich weitere 150 Wohneinheiten hinzu, so dass für den gesamten Fünfjahresplan-Zeitraum 862 Wohnungen errichtet werden sollten. Die wirtschaftlichen Probleme Anfang der 1960er-Jahre machten die Realisierung des Programmes unwahrscheinlich.

1799 Vgl. ebd., Wohnungsbedarf im 2. Fünfjahresplan 1956/60 vom 06.06.1956. In Espenhain fehlten über 600 Wohnungen. Für Böhlen wies das Dokument zusätzlich 420 fehlende Wohnungen aus, sodass im gesamten Untersuchungsraum über tausend Wohnungen fehlten.

1800 Vgl. ebd., Wohnraumbedarf und Wohnungsbau im 2. Fünfjahresplan vom 12.06.1956. In diesen lebten auch teilweise Familien. Die hygienischen Zustände wurden als katastrophal beschrieben.

1801 Vgl. ebd., 22243, Nr. 3, Quartalsbericht für das III. Quartal 1956 vom 26.09.1956. Bei dem Heim in der Riebeckstraße handelte es sich um den größten Altenheimkomplex der DDR, das heutige Städtische Altenpflegeheim „Martin Andersen Nexö".

1802 Vgl. Bäcker, Gerhard/Kistler, Ernst/Rehfeld, Uwe G.: Rentensystem (s. Anmerkung 1697). Dabei hatte das DDR-Rentensystem nur die Aufgabe einer Grundsicherung. Im Interesse der Staatsführung war es vielmehr wichtiger, die Personen möglichst lange im Berufsleben zu halten. Nach der Verrentung war dem Staat, aber auch den Betrieben, daran gelegen, wieder das Verfügungsrecht über vorherige Begünstigungen, wie der Betriebswohnung, zu erlangen.

Immaterielle Privilegierung

Die immaterielle Privilegierung erfolgte vor allem über das Kulturangebot sowie über Auszeichnungen. Nachdem in der Zeit der SAGs die Kulturhäuser errichtet worden waren, bildeten sie im letzten Zeitraum das kulturelle Zentrum für alle Menschen im Untersuchungsraum. Ihr Angebot reichte von Sport-, Musik- und Kunstkursen über Tanz- und Musikveranstaltungen, Theateraufführungen, Filmvorführungen, Bildungsangeboten bis hin zu wissenschaftlichen Vorträgen.[1803] Auch wurden Kulturhäuser errichtet, meist im Zusammenhang mit dem Siedlungsbau, wie in Kitzscher 1959.[1804] Trotz eines breiten öffentlichen Angebotes, gab es ein System von Exklusivität und Ausgrenzungen, dass sich im Format der geschlossenen Veranstaltungen andeutet. Unter diese Kategorie fallen weniger die Belegschaftsabende von Abteilungen oder Schichten, sondern der „Tanz des Meisters“ oder der „Kulturabend der VP“. Sie widerspiegeln Begünstigungen einzelner, klar definierter Belegschaftsgruppen. Dieser betriebsinternen Differenzierung stand eine externe zur Seite. Die Werke achteten penibel auf eine Besserstellung der Belegschaft gegenüber Außenstehenden. Da schlechte Busverbindungen den Besuch abendlicher Kulturveranstaltungen im Industriekomplex erschwerten, besorgte das Werk beispielsweise für in Leipzig wohnende Arbeitskräfte Karten für ähnliche Angebote in der Stadt.[1805] Diese Versorgungspriorität bestand in der DDR für die Masse der Werktätigen, vor allem für die in kleineren Betrieben, nicht.

Auch hochwertiges Kulturangebot stand in den Kulturhäusern des Industriekomplexes auf dem Programm. Die in Böhlen eingerichtete „Werksvolksbühne“, die von der Deutschen Volksbühne Berlin betreut wurde, sprach für qualitativ anspruchsvolle Darbietungen.[1806] Auch die zahlreichen Kooperationen mit anderen renommierten Theatern belegen das Niveau der Produktionen,[1807] ein Anspruch, der auch für das musikalische Programm galt.[1808]

Zusätzlich nahmen die Kulturhäuser auch eine politische Aufgabe wahr. Neben den klassischen Agitationsprogrammen von SED, FDGB und FDJ gab es

1803 Vgl. SAPMO, DY42/2847, Klubhaus Böhlen, Veranstaltungsplan Februar 1954.

1804 Vgl. SächsStA-L, 20681, Nr. 244, Nebenanlagen VEB Kombinat Espenhain vom 06.04.1959.

1805 Vgl. SAPMO, DY 42/2847, Klubhaus Böhlen, Veranstaltungsplan Februar 1954, S. 13.

1806 Vgl. ebd., DY 1/201, Konto 999 der Werksvolksbühne Böhlen vom 26.09.1953.

1807 Vgl. SächsStA-L, 20687, Nr. 312, Spielplangestaltung vom 04.11.1953. Dabei handelte es sich um das Landestheater Altenburg, die Landesbühnen Dresden, das Kreistheater Borna, die Städtischen Bühnen Leipzig, das Stadttheater Zeitz sowie das Elbe-Elster-Theater Wittenberg.

1808 Vgl. ebd., Vorstellungen im Rahmen der Werkbühne für das 1. Quartal 1954 vom 30.11.1953. Hierbei handelte es sich um je ein Konzert der Dresdener Philharmonie und des Leipziger Operettentheaters.

auch branchenspezifische Angebote. Exemplarisch sei auf eine zweitägige Konferenz mit einer westdeutschen Bergarbeiter- und Bergarbeiterinnendelegation im März 1954 verwiesen.[1809] Sie wurde von der Wismut-Gewerkschaft ausgerichtet und thematisierte ausschließlich die soziale und politische Lage von Bergleuten in der BRD. Die Veranstaltung sollte zum einen den ostdeutschen Teilnehmenden die ungerechte Behandlung der Arbeiterklasse im Ruhrgebiet zeigen und gleichzeitig den westdeutschen Teilnehmenden die sozialen Errungenschaften im „Arbeiter- und Bauernstaat" zeigen. Ob des Weiteren ein Zusammenhang mit der Abwanderung aus dem Untersuchungsraum nach Westdeutschland bestand, lässt sich nicht rekonstruieren.

Charakteristisch für die dritte Untersuchungsphase war, dass die Kulturarbeit nicht mehr nur direkt, sondern auch indirekt durch die SED und ihre Unterorganisationen gesteuert wurde, indem man Parteimitglieder anhielt, sich kulturell zu engagieren.[1810] Der Effekt dieser Maßnahme lässt sich allerdings aus den Quellen nicht qualifizieren, spricht aber für eine prinzipiell stärkere Durchdringung der gesellschaftlichen Strukturen durch Partei und Massenorganisationen.

Neben der Kultur stellten vor allem Auszeichnungen eine Wertschätzung dar. Orden und Medaillen wurden in der DDR inflationär vergeben, sodass eine Bewertung im Vergleich zu anderen Branchen schwerfällt.[1811] Dennoch sind zwei Aspekte für diese Untersuchung hervorzuheben: die Verbreitung der Orden und die öffentliche Würdigung durch Feierlichkeiten anlässlich des „Tages des Bergmanns". Die finanzielle Privilegierung, die mit den Auszeichnungen einherging, kann, aufgrund der mangelhaften Daten, hier nur am Rande Beachtung finden.

Im ersten Fall ließ sich über den gesamten Untersuchungszeitraum eine Zunahme der Auszeichnungen beobachten. Die Ehrungen von „Aktivistinnen" und „Aktivisten" waren stets mit einer Prämie verbunden, sodass mit der immateriellen auch eine materielle Privilegierung verbunden war.[1812] Die Anzahl der Auszeichnungen im Untersuchungsraum nahm beständig zu, sodass immer mehr eine ideelle Wertschätzung erfuhren. Neben der „Aktivistenbewegung" muss vor

1809 Vgl. SAPMO, DY52 (IG Wismut)/1448, Protokoll über den Erfahrungsaustausch vom 13.03.1954.

1810 Vgl. SächsStA-L, 22243, Nr. 3, Quartalsbericht für das III. Quartal 1956 vom 26.09.1956. Mindestens 60 Männer und zwölf Frauen der GO des BSA taten dies zu diesem Zeitpunkt bereits.

1811 Vgl. Niethammer, Lutz/Plato, Alexander von/Wierling, Dorothee: Erfahrung (s. Anmerkung 68), S. 329f. Eine Betrachtung der mit der Verleihung verbundenen Prämien, kann aufgrund der lückenhaften Überlieferung nicht erfolgen. Allerdings waren diese finanziellen Anreize nicht unwesentlich für die Ausgezeichneten.

1812 Vgl. SächsStA-L, 20687, Nr. 81, Bericht über die Verwirklichung des Beschlusses der 11. Bundesvorstandssitzung vom 17.12.1953; Nr. 124, Bericht über das 3. Quartal 1952.

allem die „Neuererbewegung“ betrachtet werden. Hier lässt sich zwischen 1953 und 1954 sogar eine Steigerung von über 100 % feststellen.[1813] Dabei profitierten von den Auszeichnungen für Verbesserungsvorschläge vor allem die Führungskräfte bzw. das wissenschaftliche Personal. Ein Beispiel stellte das „Kollektiv Isomerisierung“ des IZ dar, das 1963 den „Nationalpreis der DDR“ erhielt.[1814] Von diesen sechs Personen waren vier Promovierte und zwei Diplom-Chemiker, die bereits vorher insgesamt 55 unterschiedliche Auszeichnungen erhalten hatten.[1815] Aber auch die mittlere Führungsebene, wie Meister, wurden überproportional häufig mit Auszeichnungen bedacht.[1816] Selten war im Untersuchungszeitraum die Verleihung des Titels „Verdienter Bergmann“, der zwischen 1951 und 1965 nur sieben Mal an Belegschaftsangehörige aus dem Industriekomplex verliehen wurde.[1817] Andererseits war die gleichrangige Auszeichnung von Funktionseliten mit Fach- oder Hilfsarbeitern eine besondere Wertschätzung für letztere, da sie auf eine Stufe mit diesen gehoben wurden.

Kollektive Auszeichnungen gewannen erneut an Bedeutung, nachdem sie in der SAG-Zeit keine Rolle gespielt hatten. Im Unterschied zur NS-Phase kreierte die

1813 Vgl. ebd., 20681, Nr. 280, Anwendung von Neuerermethoden vom 16.05.1956. Sie stiegen von 1038 auf 2102 „Neuerer“. Im folgenden Jahr sank deren Anzahl auf 1482 Teilnehmer und Teilnehmerinnen. Die Tatsache, dass damit jedes vierte Belegschaftsmitglied organisiert war, zeigt die geringe Wirkung für den Betrieb. So wuchsen die Einsparungen nicht entsprechend der Anzahl der „Neuerer“. Beispielsweise brachte die Bewegung 1953 Einsparungen von 400 287 Mark und 1954 von 602 654 Mark, was nur einen Anstieg von 50 % bedeutete.

1814 Vgl. Klotzsche, Heiner/Mai, Eberhard/Morgenstern, Heinz: Böhlen (s. Anmerkung 65), S. 16; SächsStA-L, 20687, Nr. 457, Vorschlag zur Staatsauszeichnung vom 07.03.1963. Durch das Patent DWP 13576 erreichte dieses „Kollektiv“ eine jährliche Forschungseinsparung von 280 000 Mark sowie eine siebenfache Steigerung der Arbeitsproduktivität.

1815 Vgl. SächsStA-L, 20687, Nr. 457, Vorschlag zur Verleihung des Nationalpreises vom 23.04. 1963. Dabei erhielten sie in der Summe 33 Auszeichnungen als „Aktivisten“, 13-mal den Titel „Sozialistische Arbeitsgemeinschaft“, dreimal „Verdienter Techniker des Volkes“, dreimal „Verdienter Erfinder“, zweimal den „Vaterländischen Verdienstorden in Bronze“ und einmal eine Auszeichnung mit dem „Staatstitel der DDR“. Erstaunlich war auch, dass einer von ihnen zwischen 1950 und 1954 in West-Berlin studiert hatte, bevor er seine Promotion in Dresden begann.

1816 Vgl. ebd., 21125, Nr. IV A/4/03/024, Vorschlag zur Auszeichnung als „Verdienter Meister“ vom 11.01.1965. Meister Peter Jolas war seit 1923 bei ASW beschäftigt. Er stieg dabei vom Schlosser über Vorarbeiter (1945) und Meister (1947) zum Obermeister (1956) auf. Bis zu diesem Tag wurde er achtmal in seiner Karriere als „Aktivist“ ausgezeichnet und 1965 zum „Verdienten Meister“, da er eine Kosten- und Personaleinsparung von 102 000 Mark und 17 Arbeitskräften durch vereinfachte Bedienung im Pumpenhaus des Kraftwerkes erreicht hatte.

1817 Vgl. Wiesner, Hans J.: Verleihungsliste (s. Anmerkung 117). Für Böhlen waren dies Brigadier Ernst Zacke, Tagebauleiter Rudi Krauße und Gleismeister Karl Thalmann. In Espenhain wurden 1953 Baggerführer Erhard Roth, 1960 Obermeister Paul Friedrich, 1961 Oberlokfahrer Hans-Werner Woiczik und 1964 Hauptingenieur Erhard Wolf ausgezeichnet.

DDR deutlich mehr neue immaterielle Belohnungen und honorierte auch einzelne Betriebsteile anstelle des Gesamtbetriebes. Der Tagebau des VEB Kombinat „Otto Grotewohl" Böhlen erhielt beispielsweise im November 1957 das „Lenin-Banner" durch das Ministerium für Kohle und Energie sowie den Zentralvorstand der Industriegewerkschaft (IG) Bergbau (Anlass war die Leistung in einem Wettbewerb zum 40. Jahrestag der Oktoberrevolution), im Mai 1958 das „Uralbanner der sowjetischen Bergarbeiter" durch die IG Bergbau Borna und im Juni desselben Jahres das „Banner der Arbeit" durch den Zentralvorstand der IG Bergbau und den Bundesvorstand des FDGB (vgl. Abb. 14).[1818]

Eine der wichtigsten immateriellen Privilegierungen stellte der „Tag des Bergmanns" dar. Dieser wurde bereits ab 1950 begangen, immer am ersten Sonntag im Juli.[1819] Traditionell gehörten hierzu eine Bergmannnsparade und das Auftreten im „Ehrenkleid des Bergmanns" (Bergmannstracht). Belegschaft und Bevölkerung partizipierten gleichermaßen an diesen Festivitäten. Allerdings konnte oder wollte nur ein kleiner Teil der Belegschaft die Uniform aufgrund der hohen Kosten erwerben.[1820] Im Rahmen dieses Tages gab es kulturelle Veranstaltungen, Auszeichnungen verdienter Belegschaftsangehöriger und auch materielle Zuwendungen, die allerdings nicht allen Belegschaftsmitgliedern zustanden.[1821] Während das symbolische Kapital allen zustand und auch bis heute wahrgenommen wird, blieben die Prämien für diesen Tag ein Konfliktpunkt. So wurde 1959 im Nachgang zu der Havarie im Kraftwerk Espenhain festgelegt, dass sie einmalig auch an andere Belegschaftsmitglieder gezahlt werden sollte.[1822]

1818 Vgl. SAPMO, DY 37/ 2771, Vorschlag zur Auszeichnung des Tagebaues Böhlen mit dem Orden „Banner der Arbeit" vom 14.06.1958.

1819 Vgl. Mirsch, Rudolf: Zum Tag des Bergmanns, in: Verein Mansfelder Berg- und Hüttenleute e. V., Mitteilungen, 81, 2006, S. 2–6, hier S. 2. Am 17. September 1950 wurde der Ehrentag durch den Minister Selbmann mit dem Ziel der zusätzlichen Besserstellung der Bergarbeiter eingeführt.

1820 Vgl. SächsStA-L, 20681, Nr. 326, Mitteilung Nr. 74 vom 15.09.1954. Allein der Uniformmantel kostete 58 Mark.

1821 Vgl., SAPMO, NY 4090/64, Was geht im VEB Kombinat „Otto Grotewohl" vor? vom 07.07.1953; SächsStA-L , 20687, Nr. 251, Kosten-Voranschlag vom 02.07.1953. Das Kulturprogramm entsprach tagsüber einem Jahrmarkt, abends gab es Tanzveranstaltungen. 1953 waren allein hierfür 15 505 Mark geplant, wobei unklar bleibt, welche Veranstaltungen durch dieses Budget abgedeckt wurden. Die Zuwendungen bestanden 1953 aus einem Lohnzuschlag von 50 %, fünf Zigaretten und einer Bockwurst. Beschwerden der Gruppe Benzin zeigen, dass diese Vergünstigungen nicht für alle Beschäftigten galten. Allerdings schien ihre Intervention 1953 erfolgreich gewesen zu sein, da ihnen diese ebenfalls gewährt wurden.

1822 Vgl. BArch, DC 20-I/4/338, Beschluß über die Regelung der Tarifanwendung und sonstiger materieller Bedingungen in den Kombinaten „Schwarze Pumpe", „Otto Grotewohl" Böhlen und Espenhain vom 06.08.1959.

Abb. 14: Parade zum Bergmannstag 1958 in Rötha (zu erkennen ist das „Banner der Arbeit" vor dem Bildnis Lenins)

Ausgrenzung und Bedrohung

Auch in der letzten Phase erlebten Arbeitskräftegruppen explizite Diskriminierungen und Ausgrenzungen. Aufgrund der paranoiden Sicherheitspolitik in der DDR trafen diese besonders die alteingesessenen Belegschaftsmitglieder. Die zahlreichen Vorwürfe der Spionage, die besonders nach der Übergabe Böhlens und dem damit verbundenen Wegfall des Schutzes durch sowjetische Institutionen im Spätstalinismus aufkamen, stellten eine Gefahr für die Belegschaft dar. Zahlreiche Ermittlungen aber auch Verhaftungen wegen angeblicher Spionage oder Sabotage zeugen davon.[1823] Besonders die Gläubigen im Betrieb wurden pauschal der Spionage verdächtigt. Daher wurden sie kollektiv, darunter der kaufmännische Direktor Josef Klimke, durch den Betriebsschutz überwacht.[1824]

1823 Vgl. BStU, BV Leipzig, Leitung Nr. 19/01, Monats-Abschlußbericht für Monat März 1953 vom 30.03 1953, Monats-Arbeitsplan für Monat April 1953 vom 01.04.1953. Elf Personen wurden dieser Taten verdächtigt und mindestens eine in Haft genommen.

1824 Vgl. SächsStA-L, 22243, Nr. 26, Überprüfung aktiver Mitglieder der ev. u. kathl. Kirche vom 31.05.1963. Insgesamt betraf diese Maßnahme 62 Personen in Böhlen.

Menschen, die sich in Kirchenkreisen engagierten, waren der SED suspekt, selbst wenn sie in der Partei waren. Dabei wurde auch der damalige Pfarrer in Böhlen als potentieller Spion durch das MfS eingestuft.[1825]

Andere Ausschlusskriterien erinnerten an die NS-Zeit. Besonders der Vorwurf der „Arbeitsbummelei", ein im „Dritten Reich" gebräuchlicher, häufig zur Stigmatisierung von Zwangsarbeiterinnen und Zwangsarbeitern genutzter Begriff, tauchte in dieser Phase auf. Oft verbanden die BSAs oder das MfS diese Anschuldigung mit weiteren Vorwürfen. So wurden drei Belegschaftsangehörige als Teil einer „fünften Kolonne" bezeichnet, ihre Verurteilung erfolgte jedoch, da „alle Personen [...] unverbesserliche Arbeitsbummelanten" seien.[1826] Dabei bestand bereits seit 1961 ein Gesetz „gegen arbeitsscheue Personen". Von betrieblicher Seite wurde dieser Vorwurf bevorzugt gegen Jugendliche erhoben.[1827] Dies entsprach der Stimmung gegen „Asoziale" in der DDR, die durch staatlich legitimierte Aktionen, besonders nach dem „Kahlschlagplenum" 1965,[1828] ausgegrenzt wurden.[1829] So wurden auch die jugendlichen Arbeitshäftlinge, die nach der „Beatdemonstration" 1965 in Leipzig festgenommen und nach Espenhain in den Tagebau gebracht wurden, unter dieser Prämisse bestraft.

Junge Menschen wurden, obwohl sie in dieser Zeit die wichtigste Quelle für neue Arbeitskräfte darstellten, misstrauisch betrachtet. Besonders häufig waren sie mit der Anschuldigung des „Rowdytums" konfrontiert, wenngleich es dafür meistens keine Belege gab.[1830] Dabei war das Verhalten der jüngeren Arbeitskräfte vor allem auf ihre Konzentration in den Wohnlagern zurückzuführen.[1831]

1825 Vgl. BStU, BV Leipzig, Leitung, Nr. 912/07, Protokoll über die Kollegiumssitzung mit der Kreisdienststelle Borna vom 23.08.1957.

1826 SächsStA-L, 22243, Nr. 56, Chronik des BSA Böhlen, S. 13.

1827 Vgl. ebd., 20681, Nr. 168, Protokoll Betriebsleiterbesprechung am 29.11.1960.

1828 Als „Kahlschlagplenum" wird das 11. Plenum des Zentralkomitees der SED aufgrund seiner Auswirkungen auf die Kulturpolitik bezeichnet. Dahinter stand ein Angriff einer konservativen Gruppe um Erich Honecker gegen eine liberalere Kulturpolitik. Neben dem Verbot von Büchern, Filmen und Theaterstücken sollte vor allem der Einfluss westlicher Jugendkultur, wie der Beat-Musik, zurückgedrängt werden.

1829 Vgl. Lenski, Katharina: „Asozialität" (s. Anmerkung 82), S. 164 und 167 ff. Zwar gab es erst ab 1968 explizit diskriminierende Gesetze. Die Haarschneideaktionen in Pößneck zeigten allerdings, dass Repressionen auch ohne Gesetze auf Initiative lokaler Persönlichkeiten geschehen konnten. Betroffen waren fast immer unangepasste Jugendliche. Dabei ließe sich der Vorwurf umkehren. Nicht die Jugendlichen traten „rowdyhaft" auf, sondern die Vertreter der FDJ und der Staatsmacht.

1830 Vgl. SächsStA-L, 22243, Nr. 4, Protokoll der Offiziers- und Funktionärsberatung des BS-Amtes Böhlen am 23.01.1960; Nr. 56, Chronik des BSA Böhlen, S. 14; 22244, Nr. 3, Bericht über das II. Halbjahr 1959 vom 04.01.1960, Stand der Erfüllung der Direktive 4/60 des MdI vom 19.09.1960, Einschätzung der Klassenkampflage und der Tätigkeit der Kriminalpolizei vom 03.11.1960.

Auch betriebliche Versäumnisse oder Fehler konnten als Sabotage ausgelegt werden und zu entsprechenden Bestrafungen führen. Besonders die häufigen Zugunfälle im Tagebau wurden vielfach misstrauisch beäugt. Dabei konnte ein einfacher Unfall, selbst wenn kein Personenschaden vorlag und der Verursacher nachweislich fahrlässig gehandelt hatte, zumindest in den 1950er-Jahren eine Festnahme nach sich ziehen.[1832]

Insgesamt schienen abweichende Meinungen und Positionen im Untersuchungsraum verbreitet, wie die Funde von „Hetzschriften" und auch von politischen Graffiti durch die BSAs belegen.[1833] Dabei war bei einem Teil der Schriftzüge und Bildnisse, die illegal im Werk angebracht wurden, ein positiver Bezug zum Nationalsozialismus gegeben. Hakenkreuz-Graffiti waren in der DDR keine Seltenheit.[1834] Allerdings bleibt unklar, wer die Urheber oder Urheberinnen waren. Hinzu kamen die Beschädigungen von Bildnissen führender SED-Politiker.[1835]

1831 Vgl. ebd., 22243, Nr. 4, Protokoll der Offiziers- und Funktionärsberatung des BS-Amtes Böhlen am 23.01.1960.

1832 Vgl. BStU, BV Leipzig, Leitung, Nr. 19/02, Bericht vom 10.07.1953.

1833 Vgl. BStU, BV Leipzig, Leitung, Nr. 812/06, Informationsbericht vom 19.12. bis 26.12.1955; Nr. 826/01, Feindtätigkeit in der Zeit vom 25. bis 31.01.1957; SächsStA-L, 22243, Nr. 6, Analyse für das IV. Quartal 1955 vom 03.01.1956, Analyse für das I. Quartal 1956 vom 02.04.1956, Analyse für das II. Quartal 1956 vom 06.07.1956, Analyse für das III. Quartal 1956 vom 30.09.1956, Analyse für das IV. Quartal 1956 vom 03.01.1957, Analyse für das II. Quartal 1957 vom 01.07.1957, Analyse für das III. Quartal 1957 vom 01.10.1957. In den beiden letzten Quartalen des Jahres 1955 wurden 418 Schriften, davon 218 auf Russisch entdeckt. Teilweise stammten diese aus dem Ostbüro der SPD. Hinzu kamen 17 Graffiti, darunter ein Hakenkreuz auf einem Stalin-Porträt. Im I. und II. Quartal 1956 waren es dann bereits 952 Schriften, die gefunden wurden, darunter auch welche in russischer und tschechischer Sprache. Im III. und IV. Quartal waren es wiederum 768 Funde sowie zehn Graffiti, von denen mindestens drei rechtsextremes Gedankengut beinhalteten. Die anderen richteten sich gegen die DDR. In den ersten beiden Quartalen 1957 wurden 1037 Schriften und zehn Graffiti aufgefunden. Im folgenden Quartal waren immerhin noch 333 Funde und fünf Graffiti zu verzeichnen. Auch das MfS registrierte in dem Zeitraum ablehnende Schriftzüge, wie beispielsweise eine Anfeindung gegen den Parteisekretär des Gaswerkes in Böhlen und ein eingeritztes Hakenkreuz.

1834 Vgl. Waibel, Harry: Anti-Faschismus (s. Anmerkung 89), S. 12f. Entsprechende Fälle tauchten seit den 1950er-Jahren immer wieder auf. Die Beweggründe blieben hingegen im Dunkeln. Denkbar ist eine Provokation gegenüber Vertretern der DDR, aber auch eine positive Einstellung gegenüber Nationalsozialismus und Rassismus. Letzteres unterstellt vor allem Waibel.

1835 Vgl. SächsStA-L, 22243, Nr. 3, Quartalsbericht für das II. Quartal 1953 vom 01.07.1953, Auswertung der politischen, polizeilichen, ökonomischen und inneren Lage des Kombinats „Otto Grotewohl" des Monats März 1960 vom 04.04.1960. Vor der Maidemonstration 1953 wurde ein Lenin-Bild um die Aufschrift „Verbrecher" erweitert und 1960 hinter Ulbricht ein Fragezeichen gesetzt. Hinzu kam 1953 die Beschädigung eines Bildnisses von Wilhelm Pieck sowie das Herunterreißen eines Marx-Porträts.

Auch antisozialistische Positionen wurden von der Belegschaft im Betrieb angebracht. Beispielsweise fand sich auf einer Toilettentür in Böhlen 1957 der Spruch „Der Bolschewismus – die Geisel der Menschheit".[1836] Auch vermeintliche Delikte wie „Hetze" und „Feindtätigkeit" führten zu Überwachungsvorgängen des MfS.[1837] 1959 kam es dabei in Böhlen zu mindestens drei Verhaftungen.[1838] Aber auch nach dem Bau der Berliner Mauer wurden „Hetzschriften" und „Schmierereien" und damit Ablehnung des bestehenden Regimes in Böhlen durch die Staatssicherheit dokumentiert.[1839] Als Zentrum galt dem MfS das IZ und somit die „Intelligenz", was ihre ideologisch motivierte Einstellung gegenüber dieser Gruppe dokumentiert.

Die Kontrolle ehemaliger NSDAP-Mitglieder war in der letzten Phase ambivalent. Ihre explizite Überwachung durch betriebliche Stellen erfolgte erst in den 1960er-Jahren und beschränkte sich auf einen kleinen Personenkreis, der nur wenige ehemalige Pg. im Industriekomplex betraf.[1840] Die Staatssicherheit schaute hingegen bei „Operativen Vorgängen" stets auch auf die NS-Vergangenheit der Belegschaft.[1841] Dies konnte so weit gehen, dass bei versuchter Sabotage der Anteil der ehemaligen NSDAP-Mitglieder in der Abteilung aufgestellt wurde.[1842] Daneben waren es vor allem Rückkehrer und neu aus der BRD Zugezogene, die die Aufmerksamkeit der BSAs, aber auch des MfS, im Industriekomplex hervorriefen.[1843] Selbst die Konzentration vermeintlich homogener Gruppen, wie von

1836 Vgl. BStU, BV Leipzig, Leitung, 828/01, Feindtätigkeit vom 06.04.1957.

1837 Vgl. ebd., Nr. 967, Analyse über die Sicherungsaufgaben im Kohlenbergbau vom 11.06.1959, Analyse der Sicherungsmaßnahmen im Bergbau vom 11.06.1959. Hierbei standen vor allem Personen aus dem Rangierbetrieb, der Brikettfabrik, der Schwelerei und dem Tagebau Espenhain im Fokus der Überwachung.

1838 Vgl. ebd., Sicherungsaufgaben des Ministeriums für Staatssicherheit vom 12.06.1959.

1839 Vgl. ebd., Nr. 955, Quartalsanalyse vom 09.01.1963.

1840 Vgl. SächsStA-L, 22244, Nr. 3, Einschätzung der Klassenkampflage und der Tätigkeit der Kriminalpolizei vom 03.11.1960. Insgesamt sollten 61 Personen überwacht werden, worunter sich aber auch Rückkehrer aus der BRD und Neuzuzüge befanden, sodass die Anzahl der ehemaligen NSDAP-Mitglieder, die der Kontrolle unterlagen, sich nicht bestimmen lässt.

1841 Vgl. BStU, BV Leipzig, Leitung, Nr. 947/09, Sachstandsbericht Groth vom 30.07.1959; Nr. 950/06, Sachstandsbericht vom 14.03.1963; Nr. 967, Analyse über die Sicherungsaufgaben im Kohlenbergbau vom 11.06.1959, Analyse der Sicherungsmaßnahmen im Bergbau vom 11.06.1959.

1842 Vgl. ebd., MfS, AS, Nr. 122/55, Bericht über die Arbeit der Brigade vom 31.08.1953.

1843 Vgl. ebd., BV Leipzig, Leitung, Nr. 967, Analyse über die Sicherungsaufgaben im Kohlenbergbau vom 11.06.1959; SächsStA-L, 22243, Nr. 2, Maßnahmeplan zur Verhütung von Republikfluchten vom 17.05.1960; 22244, Nr. 3, Stand der Erfüllung der Direktive 4/60 des MdI vom 19.09.1960. Dabei wurden in Espenhain 17 von 198 Personen aus dieser Gruppe überwacht. In Böhlen wurde ähnlich verfahren.

„Umsiedlern" im Benzinwerk Böhlen, wurden vom MfS kritisch betrachtet.[1844] Auch andere, neue Anschuldigungen, die Überwachung nach sich zogen, wurden eingeführt, wie „Klassenfeind" und der an den NS-Jargon erinnernde Begriff „Volksschädling".[1845] Diese ideologischen Feindbilder waren selten mit konkreten Personenkreisen verbunden.

Wie stark die Überwachung ideologisiert und von einzelnen Belegschaftsgruppen entkoppelt war, offenbart sich überdeutlich in Vorwürfen der Sabotage, die sich bei näherer Betrachtung meistens als betriebsbedingte oder technische Probleme entpuppen. Auch steht die Explosion von Kessel 13 im Kraftwerk Espenhain 1959 exemplarisch für diese paranoiden Sabotageverdächtigungen. Eine interne Einschätzung des BSA Böhlen, das mit der Ursachenerkundung gar nicht befasst war, machte nur zwei Tage später bereits die Hintermänner aus:

> „Hinter der Explosion des Kessels im Kraftwerk Espenhain muß man nur die Hand des Klassenfeindes sehen. Die letzte Stunde der Ausbeutergesellschaft ist nicht mehr weit und die Ausbeutergesellschaft befindet sich in ihrem Todeskampf. [...] Objekte in LPG's werden angebrannt, Kessel explodieren wie in Espenhain und vieles andere. Im Kraftwerk Espenhain ist das seit November das 3. Vorkommnis dieser Art. Es gab aber auch noch im gesamten Kombinat Espenh[ain] solche schwerwiegende Vorkommnisse."[1846]

Dass es sich hierbei nicht um eine einzelne Meinung handelte, belegte ein Flugblatt, das von BPO, BGL sowie Werksleitung herausgegeben wurde und den bundesrepublikanischen „Klassengegner" verantwortlich für diese angebliche Sabotagehandlung machte.[1847] Die Realität sah anders aus: Zwei Ermittlungskommissionen kamen zu dem übereinstimmenden Ergebnis, dass es sich um einen Unfall handelte und dass, so zumindest einer der Berichte, der Kesselheizer, der bei der Explosion starb, allein die Verantwortung trug.[1848]

Während die Gruppe der Jugendlichen per se misstrauisch beäugt wurde, so ist erkennbar, dass das Maß der Überwachung mit der hierarchischen Position im Betrieb wuchs. Leitendes Personal und Angehörige der „Intelligenz" standen

---

1844 Vgl. BStU, BV Leipzig, Leitung, Nr. 912/07, Protokoll über die Kollegiumssitzung mit der Kreisdienststelle Borna vom 23.08.1957.

1845 Vgl. SächsStA-L, 22244, Nr. 11, Geschichte des BS-Kdo. Espenhain im Ersten 5-Jahresplan 1951-1955, S. 55.

1846 Ebd., 22243, Nr. 3, Kriminalität und Verbrechensbekämpfung vom 26.07.1959.

1847 Vgl. Lindenberger, Thomas: Havarie (s. Anmerkung 69), S. 249 f.

1848 Vgl. ebd. Schon die Benennung des Verantwortlichen war für Teile der politischen Elite nicht hinnehmbar, da es sich um einen angelernten Arbeiter handelte und dies politisch nicht opportun erschien.

deutlich stärker im Fokus als Arbeiterinnen oder Arbeiter.[1849] Dies hing mit dem prinzipiellen Misstrauen der SED gegenüber der Funktionselite zusammen.[1850] Besonderes Interesse erregten die Verbindungen der „Intelligenz" zu westlichen Firmen. Bei Verdacht der Informationsweitergabe aus der Funktionselite an Mitarbeiter der westlichen Unternehmen konnte es durchaus zu einer Überwachung kommen.[1851] Hiervon waren auch Parteimitglieder betroffen. Diese konnten als Konsequenzen an einen anderen Arbeitsplatz versetzt oder unter strengere Kontrolle genommen werden.[1852] Bei genauerer Betrachtung musste selbst das MfS feststellen, dass es sich weniger um Spionagetätigkeiten handelte als vielmehr um Versuche von Menschen, ihre Lebensumstände zu verbessern.[1853]

Neu war hingegen der Vorwurf des „Sozialdemokratismus". Hierbei gerieten besonders Mitglieder der SPD aus den 1930er-Jahren und diejenigen in den Fokus, die vor der Zwangsvereinigung zur SED dieser Partei angehörten. Die prominentesten Beispiele sind Helmut Fritzsche und Richard Kilian, die separat im folgenden Abschnitt behandelt werden. Aber auch die normale Belegschaft konnte in den Fokus geraten. Nach dem 17. Juni 1953 bestand der Verdacht, dass es zur Bildung einer illegalen sozialdemokratischen Gruppe in Böhlen gekommen wäre, weshalb ihr Anteil in den einzelnen Abteilungen erfasst wurde.[1854] Objektiv zeigen diese Quellen, dass mehr alte Nationalsozialisten im Betrieb tätig waren als vormalige SPD-Anhänger. Die SED war stets von der paranoiden Angst erfüllt, dass diese Gruppe die Kontrolle über die Partei übernehmen könnte. Zwar waren von der 2500 Personen starken SED-Parteigruppe immerhin 880 (35,2%) vor der Vereinigung Sozialdemokraten, oppositionelle Handlungen aus dieser Gruppe gegen die SED-Herrschaft lassen sich allerdings nicht finden.

1849 Vgl. Buthmann, Reinhard: Kontrollierter Misserfolg. Wie das MfS Betriebe lenkte. Unter: http://bpb.de/geschichte/deutsche-geschichte/stasi/218427/betriebe (Stand: 21.12.2020).

1850 Vgl. Boldorf, Marcel: Governance (s. Anmerkung 14), S. 202f.; Fulbrook, Mary: Ein ganz normales Leben. Alltag und Gesellschaft in der DDR, Darmstadt 2008, S. 229.

1851 Vgl. BStU, BV Leipzig, Leitung, Nr. 950/06, Vorgang „Konstrukteur" vom 12.03.1963, Op.-Gruppen-Vorg. XIII 879/62 „Konstrukteur" vom 12.03.1963, Sachstandsbericht vom 14.03.1963.

1852 Vgl. ebd., Maßnahmeplan Op.-Gruppen-Vorgang „Konstrukteur" vom 28.03.1963.

1853 Vgl. ebd., Abschluß des Vorgangs „Konstrukteur" vom 27.09.1963.

1854 Vgl. ebd., MfS, AS, Nr. 122/55, Bericht über die Arbeit der Brigade vom 31.08.1953 und Schlußbericht vom 07.09.1953.

Funktionseliten zwischen Partei und Betrieb

„Intelligenz" zwischen „Republikflucht", Arbeitsplatzwechsel in der DDR und Verbleib im Industriekomplex

Die Position der „Intelligenz" im Industriekomplex ist in der letzten Phase von einem deutlichen Widerspruch gekennzeichnet. Auf der einen Seite stand ihre weitere Privilegierung durch Bezahlung und andere Würdigungen, da ihre Expertise für die Betriebsführung unersetzlich war. Auf der anderen Seite befand sich die ideologisch und emotional begründete Ablehnung durch einen Teil der nicht akademischen Parteikader und der Belegschaft sowie der staatlichen Kontrollorgane. Die Ablehnung konnte auch Verfolgung oder Überwachung durch das MfS nach sich ziehen. In diesem Spannungsfeld changierte das Verhalten der Funktionseliten zwischen Anpassung, Unterordnung, Abwanderung in modernere Branchen oder „Republikflucht".

Besonders die Entwicklung der Handlungsspielräume der Funktionseliten in der letzten Phase ist von einer deutlichen Ambivalenz gekennzeichnet. Einerseits lässt sich in dieser Zeit ein zunehmender Verlust an Möglichkeiten zum selbstständigen ökonomischen Handeln und die verstärkte Einbindung in die Strukturen der sozialistischen Planwirtschaft erkennen, die die Funktionseliten zu Ausführenden der zentralen Anweisungen degradierte. Gleichzeitig wuchs das Misstrauen der DDR-Führung gegenüber der Elite, besonders gegenüber der technischen „Intelligenz", die aufgrund ihres Wissensmonopols nur schwer ersetzbar war. Andererseits resultierten aus den Mangelerscheinungen des wirtschaftlichen Systems erhebliche Freiheiten, erforderten aber auch Fähigkeiten, wie Improvisations- und Organisationstalent.[1855] Ingenieuren und seit 1952/54 Kombinatsdirektoren bot sich daher die Möglichkeit, stärkeren Einfluss auf die Betriebe im Industriekomplex auszuüben, als seitens der zentralen Planwirtschaft vorgesehen.[1856] Diese politischen Umstände wirkten nicht allein auf den Untersuchungsraum, sondern prägten auch anderen Branchen und Regionen.[1857]

1855 Vgl. Schulz, Ulrike: Simson (s. Anmerkung 20), S. 312. Dies galt besonders für die Materialabteilungen.

1856 Vgl. ebd. Allerdings war ihre Position von der prinzipiellen Leistungsfähigkeit ihrer Betriebe abhängig, um eine entsprechende Relevanz zu besitzen. Aufgrund der Bedeutung des Industriekomplexes galt dies für die Direktoren von Espenhain und Böhlen bis zum Ende des Untersuchungszeitraumes.

1857 Vgl. Boldorf, Marcel: Governance (s. Anmerkung 14) S. 196 f. und 202; Werner, Oliver: Betrieb (s. Anmerkung 9), S. 102 und 106. Dies konnte Formen des Arbeitskampfes enthalten, wie die Forderung nach höheren Gehältern, verbunden mit der Drohung von Abwanderung in andere sozialistische Betriebe oder, bis zum Bau der Berliner Mauer, in die BRD. Konflikte zwischen

Die häufig ablehnenden Einstellungen der lokalen Parteifunktionäre gegenüber der technischen „Intelligenz" sahen höhere Ebenen des Staatsapparates kritisch, da sie die dringend benötigten Spezialisten zur Abwanderung verführten.[1858] Gleichwohl hieß dies nicht, dass diese Akteure ihrerseits gänzlich unkritisch die technischen Funktionseliten beäugten – die nationalsozialistische Prägung der Leitungskräfte in der chemischen Industrie fiel negativ auf. Günter Wyschofsky, von 1966 bis 1989 Minister für Chemische Industrie, äußerte sich nach der Wiedervereinigung diesbezüglich:

> „Hinzu kam, daß die übriggebliebenen Chemiekader des alten, faschistischen Deutschlands fast alle da waren und gehätschelt wurden. Ich weiß nicht ob Sie verstehen können, wie mir zumute war: Mit fünfundzwanzig Jahren lehrte mich die Partei, was das Kapital mit dem Imperialismus und dem Krieg alles zu verantworten hat – und dann wurde ich konfrontiert mit den ganzen zurückgebliebenen Leuten von Buna, von Bitterfeld, die ganze Leuna-Spitze war dageblieben. Diese Leute wurden von Ulbricht gehätschelt und uns auf allen Konferenzen vorgesetzt!"[1859]

Weniger gefährdet schien von Beginn der dritten Phase an die betriebliche Position von Personen des mittleren Managements, da die DDR auf ihre Expertise, Erfahrungen und Fähigkeiten angewiesen war, sodass ihr Ausscheiden häufiger mit Überalterung als mit der Skepsis der SED zusammenhing. Aufgrund ihrer gewachsenen Verbundenheit mit dem Industriekomplex bildeten sie einen wichtigen Faktor für dessen ökonomischen Erfolg.[1860] Das bedeutete, dass besonders erfahrene Leitungskräfte des Industriekomplexes eingesetzt wurden, um andere Anlagen zu beurteilen und durch Ratschläge zu unterstützen.[1861] Ihr Expertenwissen, vor allem im Bereich des Kraftwerksbetriebs, war ein kostbares Gut. Auch andere Branchen der DDR-Wirtschaft waren von ihrer Expertise abhängig,

---

Führungskräften mit der BPO bestanden hingegen häufig wegen der NSDAP-Vergangenheit oder der Distanz der ersteren zur SED.

1858 Vgl. Boldorf, Marcel: Governance (s. Anmerkung 14), S. 215; Lindenberger, Thomas: Havarie (s. Anmerkung 69), S. 261.

1859 Hertle, Hans-Hermann u. a.: Fiktion (s. Anmerkung 34), S. 189 f.

1860 Vgl. Schulz, Ulrike: Simson (s. Anmerkung 20), S. 328.

1861 Vgl. BStU, BV Leipzig, 1254/65, Treffbericht vom 15.11.1961. Der Ingenieur Albert Neubert, bereits seit 1923 bei der ASW Böhlen, überprüfte hierbei das Kraftwerk „Ernst Thälmann" in Leipzig-Connewitz, kritisierte die Leitung für die mangelnde Ausführung von Reparaturen und unterstützte daher nicht deren Forderung nach Stilllegung der Anlage.

und so blieben die alten Funktionseliten einer der Garanten für die Stabilität des Regimes bis in die späten 1970er-Jahre.[1862]

In der letzten Phase wies die Fluktuation unter den Führungskräften zahlreiche Übereinstimmungen mit der allgemeinen Belegschaftsentwicklung auf. Ebenso wie die normale Belegschaft wanderten Angehörige der „Intelligenz" vor dem Bau der Berliner Mauer in die BRD ab.[1863] Allerdings unterschieden sich ihre Gründe von denen der Lohnempfänger. Aufgrund ihrer hohen Einkommen, der besseren Versorgung mit Konsumgütern sowie der kulturellen Sonderbetreuung war eine Migration aus materiellen und immateriellen Gründen, wie sie unter vielen „Republikflüchtlingen" weit verbreitet war, unwahrscheinlich. Zur Eruierung ihrer ungerechten und einseitigen Behandlung durch die Sicherheitsorgane der DDR, die vielfach „Republikfluchten" provozierten, lohnt es nochmals, die Havarie im Kraftwerk Espenhain 1959 (vgl. Abb. 15) zu betrachten. Obwohl die Untersuchungen nach dem Unfall zeigten, dass besonders der Leistungsdruck von Seiten der übergeordneten Behörden das Unglück begünstigt hatte, wurden doch die Leitungskräfte für Führungsstil und Arbeitsweise kritisiert:

> „[Das Kraftwerk] [w]ird über Leistung seit November 1957 gefahren (Einverständnis der technischen Überwachung Borna & Hersteller); [...] Die Kraftwerksleitung hätte bei exakter Kontrolle die Mängel der Kesselbetriebsleitung erkennen müssen, die nicht nur in der Duldung der gefährlichen Methode der Brennkammerzugserhöhung und dem Fehlen einer Betriebsanweisung darüber bestehen, sondern auch in der lückenhaften Ausarbeitung anderer Betriebsanweisungen, mangelhafte [sic!] Auswertung und Aufbewahrung der Betriebsunterlagen [...], der Behandlung der Meldung über Kesselschäden usw. [...] Das Verschlackungsproblem war der Kraftwerksleitung und der Kesselbetriebsleitung bekannt. [...] Besonders im Juli 1959 wurden starke Verschlackungen registriert. Die Kesselbetriebsleitung mußte bei den ersten Anzeichen einer starken Verschlackung sofort Anweisung zur Leistungsminderung und Änderung der Brennstoffmischung geben."[1864]

Aufgrund der Abhängigkeit, sowohl des Industriekomplexes als auch des Bezirkes, wenn nicht sogar der gesamten DDR-Wirtschaft, von der Energieerzeugung im Kraftwerk Espenhain, war eine Leistungsminderung oder Abschaltung des Kessels zur Problembehebung unerwünscht. Zumal diese gezeigt hätte, dass das Problem systemimmanent war und an den schlechten Brennstoffen sowie dem

1862 Vgl. Boldorf, Marcel: Governance (s. Anmerkung 14), S. 177 f; Port, Andrew I.: Stabilität (s. Anmerkung 23), S. 302 f.; Schulz, Ulrike/Welskopp, Thomas: Unternehmen (s. Anmerkung 23), S. 357.

1863 Vgl. SächsStA-L, 22243, Nr. 56, Chronik des BSA Böhlen, S. 14; 22244, Nr. 3, Bericht über die Kontrolle und Anleitung im BS-Amt Espenhain vom 29.09.1959, Einschätzung der Klassenkampflage und der Tätigkeit der Kriminalpolizei vom 03.11.1960.

1864 BArch, DO 1/10508, Die Ursache der Havarie vom 01.03.1960.

Abb. 15: Ansicht des zerstörten Kessel 13 im Kraftwerk Espenhain, 1959

Ersatzteilmangel lag.[1865] Trotz der Tatsache, dass der Verantwortliche der tödlich verunglückte Kesselheizer war, wurde ausschließlich der Führungsstil der Leitung kritisiert.[1866]

Das MfS führte eine eigene Untersuchung durch und erkor vier Ingenieure aus der Leitung des Kraftwerkes, die strafrechtlich verfolgt werden sollten.[1867] Die

---

1865 Vgl. ebd., Die Leitung der Kraftwerke I und II vom 01.03.1960; Lindenberger, Thomas: Havarie (s. Anmerkung 69), S. 257 f. So wurde Kohlenstaub zur Beschickung des Kessels 13 verwendet, was an sich kein Problem darstellte. Aufgrund der „Tonnenideologie" wurde allerdings im Tagebau nicht auf die saubere Gewinnung der Kohle geachtet, sodass ein hoher Sandanteil zu einer Verschlackung in den Kesseln führte. Ursprünglich war der Einsatz des anfallenden Kokses für die Feuerung des Kraftwerkes geplant. Da dieser aufgrund seiner hohen Qualität anderwärtig verplant wurde, kam in der Nachkriegszeit vor allem Braunkohlenstaub als Brennmaterial zum Einsatz. Hinzu kamen fehlende Dampfsiebe in den Turbinen, die eine Havarie verhindert hätten. Dabei wurde den Führungskräften der Vorwurf gemacht, dass sie sich nicht ausreichend um die Beschaffung der Materialien bemüht hätten. Dieser Vorwurf war unter den desolaten Bedingungen der Materialbestellung und Lieferung absurd.

1866 Vgl. BArch, DO 1/10508, Die Leitung der Kraftwerke I und II vom 01.03.1960.

1867 Vgl. Kaschade, Hans: Sowjetisch Besetzten Zone (s. Anmerkung 80), S. 34; Lindenberger, Thomas: Havarie (s. Anmerkung 69), S. 260 f. Dabei handelte es sich um den Direktor für Ener-

Kombinatsleitung war sich der prekären Situation bei der Beschaffung qualifizierter und erfahrener Führungskräfte bewusst und versuchte ihre unentbehrlichen Experten zu schützen. Trotzdem war kurze Zeit später alles für ihre Verhaftung bereitet und nur das Eingreifen des Staatsratsvorsitzenden Walter Ulbricht, der eine Flucht der wenigen verbliebenen Experten fürchtete, verhinderte dies. Auch hierbei handelte es sich nicht um einen Einzelfall in der DDR.[1868] Zweieinhalb Jahre später zeigte sich die weitere Abhängigkeit von diesen Führungskräften. Nun waren nur noch zwei von ihnen in Espenhain tätig, von denen der Leiter des Sektors Energie zur VVB Mineralöle versetzt werden sollte, was die Staatssicherheit aufgrund ihrer politischen Bedenken zu verhindern versuchte.[1869] Gleichzeitig war das Direktorium brüskiert, brauchte es doch diese Erfahrung für den Betrieb des Kraftwerkes, konnte aber gegen den Beschluss nicht selbstständig tätig werden. Interessanterweise verfolgten nun Kombinatsleitung und MfS die gleichen Ziele, obwohl sie unterschiedliche Absichten hatten. Beide konnten seine Versetzung schlussendlich nicht verhindern.

Der Pragmatismus Ulbrichts war das Leitmotiv bei der Kaderentwicklung im Industriekomplex. Dabei versuchte die Kombinatsleitung gezielt, alte Führungskräfte durch die Gewährung von Freiheiten in der Leitung zu halten. Symptomatisch war auch hier das Kraftwerk. So wurden von der Untersuchungskommission nach der Havarie 1959 „liberale Erscheinungen" beklagt, die auf die Gewährung von Freiheiten in den Betriebsabteilungen zurückgingen.[1870] Mit diesen wurde jedoch nur auf den eklatanten Mangel an Ingenieuren reagiert. Im Juni 1959 waren von 66 Planstellen im Kraftwerk nur 52 besetzt.[1871] Die mangelnde Attraktivität war auf die im Vergleich zu den Bereichen Bergbau und Chemie schlechtere Entlohnung im Sektor Energie zurückzuführen. So erhielt ein Betriebsleiter im Kraftwerk 1370 bis maximal 1500 Mark, wohingegen ein Abteilungsleiter, der im Verbesserungswesen des Bereichs Bergbau arbeitete, 1600

gieproduktion im Kombinat, den technischen Direktor des Kraftwerkes, den Betriebsleiter des Kesselbetriebes und den ehemaligen Sicherheitsinspekteur des Kombinates (zum Zeitpunkt der Havarie Produktionsleiter im Tagebau). Dabei war der Betriebsleiter Wilhelm M. bereits kurz vor dem tödlichen Unfall 1959 vom MfS inhaftiert, allerdings wieder freigelassen worden. M. stammte aus dem Arbeitermilieu und arbeitete schon seit den 1940er-Jahren im Industriekomplex. Eventuell hing seine Verhaftung mit dem Vorwurf des „Sozialdemokratismus" zusammen.

1868 Vgl. Schulz, Ulrike: Simson (s. Anmerkung 20), S. 350.

1869 Vgl. BStU, BV Leipzig, Leitung, Nr. 185, Bericht über die Lage im Energiesektor, Kraftwerk Espenhain vom 09.01.1962.

1870 Vgl. BArch, DO 1/10508, Die Leitung der Kraftwerke I und II vom 01.03.1960.

1871 Vgl. ebd., DE 4/11209, Strukturfragen des Kraftwerkes vom 16.06.1959. Unter den nicht besetzten Positionen waren zwei Betriebsleiterstellen, fünf Schichtingenieurspositionen und ein Arbeitsplatz für einen Techniker.

Mark erhielt.[1872] Im Bereich Chemie lagen die Gehälter vor der Lohnerhöhung im Planjahr 1964 zwischen 1480 und 1760 Mark.[1873] Auch die darunterliegenden Positionen wurden im Kraftwerk mit 890 Mark für einen Reparatur- und Versuchsingenieur, 800 Mark für einen Schichtingenieur und 650 Mark für einen Techniker im innerbetrieblichen Vergleich schlechter vergütet. Für einen Ingenieur der Gehaltsklasse III im Bereich Chemie waren hingegen bereits 1953 910 Mark vorgesehen.[1874] Daher war es für den Bereich Energie schwierig, neue Funktionseliten zu gewinnen. Für viele junge Akademikerinnen und Akademiker gab es andere Bereiche inner- und außerhalb des Untersuchungsraumes, die bessere Verdienst- und Arbeitsmöglichkeiten boten. Allerdings war auch im Bereich Energie eine rasante Karriere möglich. Die Gehaltsentwicklungen des späteren Kraftwerkschefs Erich Groth, Jahrgang 1921, verdeutlichen die guten Verdienstmöglichkeiten und innerbetrieblichen Aufstiegschancen für junge Ingenieure.[1875] Nach Abschluss seines Studiums an der Ingenieurschule Leipzig und einer kurzen Tätigkeit im Kraftwerk Böhlen, trat er 1950 als Betriebsingenieur in das Kraftwerk Espenhain ein. Sein erstes Gehalt betrug 503,90 Mark und stieg acht Monate später bereits auf 600 Mark. Nach gerade einmal 14 Monaten im Betrieb wurde er am 25. Januar 1952 kommissarischer Leiter des Kraftwerkes und erhielt hierfür 1700 Mark monatlich, was nahezu eine Verdreifachung seiner bisherigen Einkünfte bedeutete. Gleichzeitig brachte diese Position eine große Verantwortung für einen gerade einmal 31-Jährigen mit sich. Nach seiner Bestätigung durch die SAG „Brikett" in Leipzig Ende April 1952 erfolgte Ende Februar 1953 eine letzte Lohnerhöhung auf 3000 Mark. Vor allem seine SED-Mitgliedschaft ab 1946 ebnete den schnellen Weg an die Spitze des Kraftwerkes.

Zahlreiche Funktionseliten setzten sich in der letzten Phase in die BRD ab, besonders betroffen waren die Kraftwerke. Grund waren die schlechten Arbeitsbedingungen, verbunden mit der Gefahr, bei selbstständiger Leitungstätigkeit in den Fokus des MfS zu geraten. Daher war es nicht verwunderlich, dass mit dem Kraftwerkschef Herbert Stolle und dem Technischen Direktor Herbert Facius zwei

1872 Vgl. ebd.; SächsStA-L, 21125, Nr. IV/4/03/066, Unterschlagung von Parteigeldern vom 19.08. 1957.

1873 Vgl. SächsStA-L, 20687, Nr. 832, Stellenplan der Gruppe Chemie 1964. Danach sollten sie sogar auf 2000 bis 2200 Mark steigen.

1874 Vgl. ebd., Nr. 352, Endsatz der Gehaltsgruppen vom 21.05.1953. Klasse I sah 580 Mark vor, Klasse II schon 745 Mark, die darüberliegende Gruppe IV (vermutlich Abteilungsleiter) 1240 Mark und die letzte 1600 Mark, die aber wahrscheinlich auf Technische Direktoren und vergleichbare Positionen beschränkt blieb.

1875 Vgl. BStU, BV Leipzig, Leitung, Nr. 947/09, Sachstandsbericht Groth vom 30.07.1959.

wichtige Führungskräfte sich zeitgleich in den Westen absetzten.[1876] Nach diesem Bericht konnten gleichzeitig zwei weitere „Republikfluchten" aus der Energiegewinnung in Espenhain verhindert werden. Auch im Kombinat Böhlen kam es zur Flucht gerade vieler junger Ingenieure in den Westen. Hier war die IZ das Zentrum des Fluchtgeschehens. So vermerkte der Bericht für das erste Halbjahr 1957 32 Personen, die aus der IZ die DDR verließen, darunter 26 „Jungingenieure". Trotz der Maßnahmen, die diese zum Verbleib bewegen sollten, bestand das Problem noch Anfang der 1960er-Jahre.[1877]

Höhere Einkommen waren ein Grund für die Arbeitsplatzwechsel von Funktionseliten aus dem Industriekomplex innerhalb der DDR. Vor allem die Fertigstellung der neuen modernen Einrichtungen der Grundchemie, wie das PCK Schwedt und der VEB Gaskombinat Schwarze Pumpe, oder andere Investitionsgroßprojekte der DDR, wie der VEB Geräte- und Reglerwerk Teltow, lockten Ingenieure. Alle drei genannten Betriebe betrieben aktiv die Abwerbung aus dem Industriekomplex, wobei sie mit besseren Arbeits- und Lebensbedingungen, höheren Gehältern (zumindest im Vergleich zu den Bereichen Chemie und Energie) sowie einer besseren Versorgung warben.[1878]

Insgesamt lässt sich ein erstaunlicher Wandel im Verhalten der Belegschaft gegenüber den Funktionseliten feststellen, der allgemein charakterisierend für die Elitenfeindlichkeit der DDR war und bis in die heutige Nachwendezeit wirkt.[1879] Dabei hielt die Belegschaft die „Intelligenz" häufig für überflüssig und war nicht bereit sich ihren Weisungen unterzuordnen.[1880] Diese Einstellung, besonders wenn sie von SED-Kadern getragen wurde, konnte zur Flucht von Funk-

1876 Vgl. ebd., Nr. 912/07, Protokoll über die Kollegiumssitzung mit der Kreisdienststelle Borna vom 23.08.1957. Bezeichnenderweise war Facius SED-Mitglied und galt eigentlich als positiv gegenüber der DDR eingestellt.

1877 Vgl. ebd., Nr. 1207/77, Objektdienstelle Böhlen vom 01.03.1961.

1878 Vgl. SächsStA-L, 20687, Nr. 672, Textliche Analyse Fluktuation vom 29.06.1961; Nr. 1079, Vereinbarung vom 24.12.1963.

1879 Vgl. Kaschade, Hans: DDR 1949 bis 1960 (s. Anmerkung 80), S. 171; Niethammer, Lutz/Plato, Alexander von/Wierling, Dorothee: Erfahrung (s. Anmerkung 68), S. 403 f. Kaschade führt hierfür je ein Beispiel aus Dresden und Halle an. Seine Aussage, dass es sich hier um Einzelfälle vor den 1970er-Jahren handelt, stehen zahlreiche Zeitzeugenaussagen bei Niethammer, Plato und Wierling gegenüber. Sicherlich besteht hierin eine Kontinuität zur Nachwendezeit, die ebenfalls von einer Elitenfeindlichkeit geprägt ist. Trotz der zunehmenden Verwissenschaftlichung der Produktion hatten Arbeitskräfte in der DDR eine bis heute zu beobachtende Abneigung gegen Akademikerinnen und Akademiker.

1880 Vgl. SächsStA-L, 21125, Nr. IV/4/03/001, Diskussionsbeitrag Gen. Wegner, Max G.O. Kraftwerk vom 30./31.01.1954.

tionseliten führen, wie von der Kreisparteileitung kritisch angemerkt wurde.[1881] Insgesamt konnte ebenfalls von einer Abneigung eines Teils der Parteimitglieder gegenüber den Führungskräften gesprochen werden. Insofern trifft die These von Marcel Boldorf zu, dass technische „Intelligenz“ und BPO sich diametral im Betrieb gegenüberstanden.[1882] Allerdings lässt sich diese noch dahingehend erweitern, dass mit der insgesamt akademikerfeindlichen Stimmung in der DDR auch die allgemeine Belegschaft zunehmend ablehnend gegenüber ihren Vorgesetzen auftrat und deren Expertise in Frage stellte. Ein Phänomen, dass sicherlich nicht unwesentlich zum Autoritätsverfall von Eliten in Ostdeutschland nach der Wiedervereinigung beigetragen hat.

Privilegierte „Intelligenz“?

Die Besserstellung der „Intelligenz“ im Vergleich zur restlichen Belegschaft stand in einem Spannungsverhältnis zu der beschriebenen Ablehnung. Anhand ihrer Verdienste lässt sich ihre Bedeutung ablesen. Dabei bestanden, wie bereits geschildert, in ihrer Bezahlung deutliche Unterschiede, die mit ihren Funktionen, ihren Einsatzbereichen (Bergbau, Chemie und Energie) und ihrem Alter zusammenhingen. Wie bereits in Tab. 47 dargestellt, verdienten die Funktionseliten nicht nur am meisten, sondern ihr Gehalt wuchs auch am stärksten. Die Gruppe der Angestellten, unter denen sich ebenfalls zahlreiche Funktionseliten befanden, lag auf dem zweiten Platz und konnte darüber hinaus den zweitgrößten Anstieg verzeichnen.

Bis zum Ende des Untersuchungszeitraumes stiegen die Einkommen der „Intelligenz“ nochmals, wobei hier maßgebliche Unterschiede zwischen den einzelnen Gruppen der Funktionseliten bestanden (vgl. Tab. 48). Dabei ist die Planabweichung interessant, die vor allem für die beiden untersten Gruppen, den Angestellten, die nun zu den gering Entlohnten gehörten, und dem Hilfspersonal, eine Unterplanbezahlung aufzeigt. Gleichzeitig profitierten die Funktionseliten wieder stärker vom Anstieg. Während Arbeiterinnen und Arbeiter ca. 1% mehr bekamen, Hilfspersonal und Angestellte sogar nur knapp 0,5%, lag der Zuwachs bei Ingenieuren und Meistern bei über 2%. Nur die kaufmännischen Funktionseliten mussten als Teil der „Intelligenz“ ein Minus (ca. 2%) hinnehmen.

Dennoch zeigt die Einkommensverteilung, dass nicht alle Meister und Ingenieure gleichermaßen profitierten. Zwei Drittel von ihnen verdienten danach weniger als 1000 Mark im Monat, wohingegen die oberste Leitungsebene mehr als das

1881 Vgl. ebd., Nr. IV/4/03/057, Aussprache mit dem Gen. S. am 06.01.1955.
1882 Vgl. Boldorf, Marcel: Governance (s. Anmerkung 14), S. 202.

Dreifache bekam.[1883] Immerhin erhielten über 5% der Funktionseliten 2000 Mark oder mehr. Zum Ende des Untersuchungszeitraums sind auch Einzelverträge mit Verdiensten bis zu 4000 Mark im Monat belegt.[1884] Hierin bestätigt sich die Beobachtung von Boldorf, wonach die deutsch-deutsche Systemkonkurrenz vor dem Bau der Berliner Mauer zu guten finanziellen Bedingungen für die technische „Intelligenz" führte.[1885] Sondergehälter, die je nach Interpretation ein zweites Monatsgehalt umfassten oder die Bemessungsgrenze von 4000 Mark überschritten, wurden ebenfalls im Untersuchungsraum gezahlt.[1886] Zusätzlich führte das Alter zu Ungleichbehandlung. Kraftwerksleiter Röhnick beschwerte sich, dass besonders die jungen Ingenieure als Einstiegsgehalt deutlich mehr bekamen als altgediente Meister mit langjähriger Berufserfahrung.[1887] Hierin zeigte sich ein Dilemma für die Kombinate: Während sich die alten und verdienten Führungskräfte mit vergleichsweise niedrigen Einkommen begnügten, mussten junge Absolventinnen und Absolventen mit höheren Bezügen für die Arbeit im Industriekomplex gewonnen werden. Ein Problem, das bis zum Ende des Untersuchungszeitraumes bestand.[1888]

Das Prämiensystem begünstigte die Funktionseliten ebenfalls. In den Kombinaten wurden drei Zulagen gezahlt, einmal die „Jahresendprämie", die häufig auch als 13. bzw. 14. Monatsgehalt bezeichnet wurde, die Extrazahlungen für die „Neuerer" sowie die Auszeichnungen der „Aktivistinnen" und „Aktivisten". Durch ihre Positionen im Betrieb bekamen sie bei allen drei Zusatzvergütungen einen höheren Betrag als der Rest der Belegschaft. Die „Jahresendprämie" orientierte sich an den jeweiligen Betriebsergebnissen und wurde dann als prozentualer Lohn- bzw. Gehaltszuschlag ausgezahlt.[1889] Zwar trugen sie das entsprechende Risiko von Produktionsausfällen und wurden hierfür durch Abzüge bzw. Strei-

1883 Vgl. SAPMO, NY 4090/64, Betr. Analyse über die Lage der Intelligenz vom 14.03.1953.

1884 Vgl. BStU, BV Leipzig, Nr. 1207/77, DI Weigle, Carl.

1885 Vgl. Boldorf, Marcel: Governance (s. Anmerkung 14), S. 218 f. Zwar waren Gehälter in der Anfangszeit der DDR auf 4000 Mark beschränkt, wobei aber Vergleichswerte für Manager in der BRD mit 4000 bis 5000 DM nur geringfügig abwichen. Hinzu kamen mögliche Sondergehälter, die bis zu 15 000 Mark für begehrte Wissenschaftler erreichen konnten.

1886 Vgl. SächsStA-L, 20687, Nr. 295, 2. Kombinatsleitungssitzung am 12.01.1954.

1887 Vgl. SAPMO, NY 4090/64, Betr. Analyse über die Lage der Intelligenz vom 14.03.1953.

1888 Vgl. BStU, BV Leipzig, Nr. 1207/77, Objektdienstelle Böhlen vom 01.03.1961. Der „Gesellschaftliche Mitarbeiter für Sicherheit" Carl Weigle betonte in einer Aussprache die seiner Meinung nach zu hohen Forderungen der Jungingenieure.

1889 Vgl. SächsStA-L, 20681, Nr. 296, Betriebsprämienvereinbarung des VEB Kombinat Espenhain 1957, S. 3. Dabei wurde für jeden Prozentpunkt Übererfüllung der Warenproduktion 0,125% der Lohn- bzw. Gehaltssumme ausgezahlt. Am Jahresende erfolgte dann nochmals für jeden Prozentpunkt Übererfüllung eine Auszahlung von 0,125% zusätzlich. Die Planerfüllung an sich brachte ebenfalls eine Prämie von 1%.

chung des Bonus bestraft, allerdings wurden die Pläne nahezu immer erfüllt.[1890] Bei der Auszahlung der Quartalsprämien im Frühjahr 1958 erhielten nur zwei der 14 „Intelligenzler" keine.[1891] Während dem Kombinatsleiter Ludwig die Prämie wegen längerer Krankheit verwehrt wurde, erhielt ironischerweise Arbeitsdirektor Max Jurczyk diese aufgrund zu hoher Ausgaben für Löhne und Gehälter nicht. Die anderen bekamen zwischen 350 und 500 Mark. Nur der Hauptbuchhalter Gerhard Wagner und der Technische Direktor Werner Uhlmann bekamen mit 600 bzw. 900 Mark deutlich höhere Quartalsprämien. Dies unterstrich die Bedeutung dieser Posten in der Planwirtschaft. Während Uhlmann zur technischen Elite gehörte, die essentiell für den Betrieb der Anlagen war, war Wagners Position durch den Bedeutungsverlust der kaufmännischen Abteilung mit der eines Prokuristen gleichzusetzen. Hierin widersprach die Entwicklung im Industriekomplex den Befunden von Oskar Schwarzer, der gerade die Hauptbuchhalter zur am schlechtesten bezahlten Gruppe unter den Führungskräften zählte.[1892]

Auch bei den Verbesserungsvorschlägen profitierten die Führungskräfte häufiger und finanziell höher als der Rest der Belegschaft von den gezahlten Prämien. Beispielsweise reichten Meister und ingenieurtechnisches Personal in Böhlen 25 % aller Verbesserungsvorschläge ein, obwohl ihr Anteil im Betrieb nur bei maximal 10 % lag.[1893] Dabei waren ihre Prämien höher, was auf die größere Resonanz ihrer Ideen zurückzuführen ist.[1894] Selbst privatrechtliche Patente in der BRD konnten Ingenieuren gewährt werden. Der Mitarbeiter im IZ Dr. Rainer Klimke, u. a. Mitglied im bereits erwähnten „Kollektiv Isomerisierung", besaß zusammen mit Professor Wilhelm Treibs von der Karl-Marx-Universität Leipzig ein

---

1890 Vgl. Lindenberger, Thomas: Havarie (s. Anmerkung 69), S. 261. Im Endeffekt führten nur Großhavarien, wie im Kraftwerk Espenhain im Juli 1959 oder im Benzinwerk Böhlen 1965, dazu, dass Prämien gekürzt wurden. Betroffen waren hiervon aber auch nur die Werksleitung bzw. das Direktorium.

1891 Vgl. SächsStA-L, 20687, Nr. 476, 10. Werksleitungssitzung am 24.04.1958.

1892 Vgl. Schwarzer, Oskar: Zentralplanwirtschaft (s. Anmerkung 35), S. 99 f.

1893 Vgl. SächsStA-L, 20687, Nr. 1136, Bericht über die Durchsetzung der sozialistischen Leitungsprinzipien vom 24.06.1959.

1894 Vgl. SAPMO, NY 4090/64, Betr. Analyse über die Lage der Intelligenz vom 14.03.1953; SächsStA-L, 20681, Nr. 80, Bericht des Werksleiters zur Kontrollauschußsitzung für 1955, S. 20. Wurden 1952 in Böhlen 51 Verbesserungsvorschläge der „Intelligenz" realisiert, die einen Nutzeffekt von 782 618 Mark (15 345,45 Mark je Fall) hatten und im Schnitt mit 467,76 Mark je Fall belohnt wurden, waren die Zahlen 1955 in Espenhain, bezogen auf die gesamte Belegschaft, bedeutend niedriger. 686 realisierte Vorschläge brachten eine Ersparnis von 1 506 658 Mark (2196,29 Mark je Fall), was gerade einmal 14 % der Ersparnisse pro Fall im Vergleich zu Böhlen entsprach. Auch entsprachen die gezahlten Prämien mit 123,30 Mark nur einem Viertel. Allerdings bestand hier ein Missverhältnis zwischen den Einsparungen und den Sonderzahlungen, das im Espenhainer Fall günstiger für die Vorschlageinreichenden ausfiel.

bundesdeutsches Patent für ein Azulenengewinnungsverfahren.[1895] Zusätzlich zeigte der Besitz von seltenen Konsumgütern ihre Privilegierung. Beispielsweise verfügte Carl Weigle, Jahrgang 1915, über ein Auto der Marke Mercedes.[1896]

Die Würdigungen, die die Funktionseliten im Industriekomplex erfuhren, waren vielfältig und nicht allein auf die Prämien beschränkt. Hier sind vor allem drei Aspekte relevant: Auszeichnungen, kulturelle Anreize und Privilegierung. Spezielle Orden und Medaillen für die Kohlenindustrie kamen erst nach Ende des Untersuchungszeitraumes zur Verleihung.[1897] Eine seltene Ausnahme stellte der Titel „Verdienter Bergmann der Deutschen Demokratischen Republik" dar.[1898] Entsprechend sind auch nur sieben Verleihungen aus dem Untersuchungsraum belegt, davon eine an den Hauptingenieur für den Tagebaubetrieb in Böhlen Otto Rüdel.[1899] Bedeutender, gerade für die technische Funktionselite, waren die Auszeichnungen „Verdienter Techniker des Volkes" und „Verdienter Erfinder", die jährlich 50 bzw. 100 Mal in der gesamten DDR vergeben wurden.[1900] Im Industriekomplex wurde der erste Titel in der letzten Phase mindestens sechsmal und der zweite mindestens siebenmal verliehen.[1901] Selbst der „Vaterländische Verdienstorden" und der Orden „Banner der Arbeit" wurden drei- bzw. zweimal

1895 Vgl. UAL, NA Treibs, Wilhelm, Nr. 3.4.4.1., Verfahren zur Gewinnung von Azulenen vom 27.09.1954. Eingereicht wurde es 1954 und 1957 vom bundesdeutschen Patentamt angenommen.
1896 Vgl. BStU, BV Leipzig, Nr. 1207/77, Auskunftsbericht vom 30.03.1965. Es bleibt unklar, ob dies mit seiner Tätigkeit als Technischer Direktor des IZ oder seiner Rolle als „Gesellschaftlicher Mitarbeiter für Sicherheit" zusammenhing.
1897 Vgl. Bartel, Frank: Auszeichnungen (s. Anmerkung 1227), S. 169. Hier sei vor allem auf die „Medaille für Verdienste in der Energiewirtschaft der Deutschen Demokratischen Republik" und die „Medaille für Verdienste in der Kohleindustrie der Deutschen Demokratischen Republik" verwiesen, die 1971 bzw. 1972 gestiftet und in den Stufen Bronze, Silber und Gold für 15-, 25- sowie 40-jährige Zugehörigkeit zur jeweiligen Branche verliehen wurden.
1898 Vgl. ebd., S. 120. Eine Verleihung erfolgte eher selten, es gab nur 30 Verleihungen jährlich. Vergeben wurden die Auszeichnungen für die wesentliche Steigerung der Arbeitsproduktivität.
1899 Vgl. SächsStA-L, 20681, Nr. 280, Stand der Aktivistenbewegung vom 15.05.1956; 20687, Nr. 517, Verdienter Erfinder und Verdienter Techniker 1955; 21125, Nr. IV/4/03/001, Kreisdelegiertenkonferenz vom 23.04.1955. Dabei wurde seine politische Einstellung als „reserviert" bezeichnet. Dennoch wurde er durch den Minister Selbmann zusätzlich zum technischen Berater für den Tagebau Espenhain ernannt.
1900 Vgl. Bartel, Frank: Auszeichnungen (s. Anmerkung 1227), S. 119 f. und 122.
1901 Vgl. BStU, BV Leipzig, Nr. 1207/77, Kurzbiografie vom 04.01.1973; SächsStA-L, 20687, Nr. 124, Bericht über das 3. Quartal 1952; Nr. 457, Vorschlag zur Verleihung des Nationalpreises vom 23.04.1963; 21125, Nr. IV/4/03/001, Kreisdelegiertenkonferenz vom 23.04.1955; 22243, Nr. 26, Überprüfung aktiver Mitglieder der ev.– u. kathl. Kirche vom 31.05.1963; SAPMO, NY 4090/64, Beurteilung von Delegationsmitgliedern 1953.

vergeben.[1902] Für den „Nationalpreis der DDR“, eine der höchsten Auszeichnungen,[1903] wurden zwei Einzelpersonen und ein „Kollektiv“ vorgeschlagen.[1904]

Die Ehrenzeichen waren für das Ansehen in der Bevölkerung der DDR, wie die Forschung belegt, von Bedeutung.[1905] Dabei stellte die Wertschätzung durch einen paternalistischen Staat für den Einzelnen eine Anerkennung seiner Leistungen dar.

Der Umfang an Auszeichnungen, die Angehörige der technischen „Intelligenz“ erhielten, aber auch die eingangs beschriebene Ambivalenz ihrer Behandlung zwischen Privilegierung und Misstrauen, zeigt sich exemplarisch an Richard Birthler.[1906] Der 1914 in der heutigen Slowakei geborene Birthler studierte von 1932 bis 1936 an der Technischen Hochschule Brünn/Brno, an der er danach von 1936 bis 1945, unterbrochen von seinem Wehrdienst 1940 bis 1944, als Assistent tätig war und 1939 promoviert wurde. 1939 trat er in die NSDAP ein und bekleidete in der SS den Rang eines Oberscharführers.[1907] Nach dem Krieg arbeitete er bis 1947 bei der Brabag Magdeburg und wechselte dann zur SAG „Topliwo“ nach Böhlen. Hierbei handelte es sich um die beschriebene Integration von Führungskräften aus dem Arbeitskräftepotenzial der Geflüchteten. In Böhlen stieg er vom Betriebsleiter der Gaserzeugung über die Leitung der Dehydrierungs-Anlage bis zum Technischen Direktor des Kombinates im Jahre 1961 auf. Dabei gehörte er u.a. einer Delegation an, die 1953 Otto Grotewohl besuchte und über die Zustände im Untersuchungsraum berichtete.[1908] Organisiert war er im FDGB, in der Gesellschaft für Deutsch-Sowjetische Freundschaft (DSF) im Deutschen

1902 Vgl. Bartel, Frank: Auszeichnungen (s. Anmerkung 1227), S. 106f.; BStU, BV Leipzig, Nr. 1207/77, Kurzbiografie vom 04.01.1973; SächsStA-L, 21125, Nr. IV/4/03/066, Information vom 18.01.1956, Nr. IV/4/03/075, Bericht der Parteikommission vom 29.09.1961. Bei beiden Orden wurden in den Akten nicht die genauen Verleihungsklassen (Stufe I bis III beim „Banner der Arbeit“ und Bronze, Silber und Gold beim „Vaterländischen Verdienstorden“) überliefert.

1903 Vgl. Bartel, Frank: Auszeichnungen (s. Anmerkung 1227), S. 110.

1904 Vgl. BArch, DC 1/1568, Anlage 1 vom 17.04.1950, Elektro-Kombinat Espenhain Böhlen vom 17.04.1950; SächsStA-L, 20687, Nr. 457, Vorschlag zur Verleihung des Nationalpreises vom 23.04.1963. Dabei wurden der Technische Direktor Ledderboge in Böhlen und der Hauptdirektor Mecke in Espenhain bereits in der Zeit der SAGs vorgeschlagen. Das „Kollektiv“ um Birthler, Szkibik, Wagner, Kögler, Klimke und Weidenbach wurde hingegen erst 1963 vorgeschlagen. Während das „Kollektiv“ 1964 den „Nationalpreis II. Klasse“ erhielt, ist die Entscheidung über die Verleihung der Titel an Ledderboge und Mecke in den Akten hingegen nicht überliefert.

1905 Vgl. Niethammer, Lutz/Plato, Alexander von/Wierling, Dorothee: Erfahrung (s. Anmerkung 68), S. 629.

1906 Vgl. ChemieFreunde Erkner e.V. (Hrsg.): Birthler (s. Anmerkung 118); SächsStA-L, 20687, Nr. 457, Vorschlag zur Verleihung des Nationalpreises vom 23.04.1963.

1907 Vgl. Waibel, Harry: Diener (s. Anmerkung 90), S. 42.

1908 Vgl. SAPMO, NY 4090/64, Beurteilung von Delegationsmitgliedern 1953.

Turn- und Sportbund sowie der Kammer der Technik, deren lokaler Vorsitzender er war. Gleichzeitig blieb er der SED fern, was Boldorfs These vom Dissens zwischen Führungskräften und Partei bestätigte.[1909] Zu seinen Ehrungen gehörten die sechsmalige Anerkennung als „Aktivist" (1949, 1951, 1952, 1954, 1957 und 1963), die Auszeichnung als „Verdienter Erfinder" (1952), „Verdienter Techniker des Volkes" (1955) und der „Vaterländischer Verdienstorden in Bronze" (1956). Hinzu kam die dreimalige kollektive Ehrung mit dem Titel „Gemeinschaft der sozialistischen Arbeit" (zweimal 1961 und einmal 1962). Als unbedeutend ist die Verleihung des „Ehrenzeichens der DSF II. Stufe" (1954) zu bewerten. 1963 wanderte er nach Schwedt ab, wo er als Produktionsleiter und wissenschaftlicher Berater der Werksleitung bis 1979 tätig war.[1910] Mit ihm verließen mindestens drei weitere Angehörige der technischen Funktionseliten den Untersuchungsraum in diese Richtung.[1911] Darüber hinaus war er Reisekader auch für das „nichtsozialistische Ausland", eine weitere Privilegierung. Er verstarb 1991 in Schwedt.[1912] Birthlers Werdegang lässt wiederum typische Versatzstücke der Biografie einer Führungskraft aus dem Untersuchungsraum erkennen, die sowohl die Wertschätzung als auch die Ablehnung durch staatliche Organe belegen. Als Angehöriger der technischen „Intelligenz", noch dazu als „Umsiedler", blieb der SED-Staat ihm gegenüber skeptisch. So brachte beispielsweise eine „Operative Personenkontrolle" des MfS 1975 überhaupt erst seine NS-Vergangenheit zum Vorschein, die er in Fragebögen verschwiegen hatte.[1913] Dabei wurde er von mehreren Staatsangehörigen der ČSR als überzeugter Nationalsozialist und Anhänger der Rassentheorie bezeichnet.[1914] Darüber hinaus ist sein Beispiel und das seiner Familie

1909 Vgl. Boldorf, Marcel: Governance (s. Anmerkung 14), S. 202.

1910 Vgl. Waibel, Harry: Diener (s. Anmerkung 90), S. 42; BStU, MfS, HA XX Sicherung des Staatsapparates, Nr. 3458, Sachstandsbericht zur OPK „Dolmetscher" vom 20.12.1974. In Schwedt wurden ihm 1964 der „Nationalpreis der DDR, II. Klasse" und das „Banner der Arbeit" verliehen.

1911 Vgl. BStU, BV Leipzig, Leitung, Nr. 950/06, Sachstandsbericht vom 14.03.1963; Klotzsche, Heiner/Mai, Eberhard/Morgenstern, Heinz: Böhlen (s. Anmerkung 65), S. 20. Lorenz war Oberingenieur für Abwasseraufbereitung und gehörte bereits zu den Führungskräften der Brabag. Szkibik hingegen profitierte von den Aufstiegsmöglichkeiten der DDR-Zeit.

1912 Vgl. BStU, MfS, HA XVIII, Nr. 19479, Vorgang „Dolmetscher" vom 17.06.1976, Anlage zum Schreiben X vom 08.07.1977.

1913 Vgl. ebd., Nr. 21412, Ergänzung zur Information 11/75 vom 25.08.1975. Auch verschwieg er Auszeichnungen, die er in dieser Zeit bekommen hatte. Das Material erhielt die Stasi aus der ČSR. Aufgrund dieser Unterlagen hatten die Behörden in der ČSR bereits 1947 eine Fahndung nach ihm eingeleitet. In den vorliegenden Dokumenten wurde Birthler als überzeugter Rassist, Denunziant und Antikommunist charakterisiert. Dies erschien durch den Verweis auf Zeugen und Dokumente plausibel.

1914 Vgl. ebd., BV Frankfurt/Oder, Nr. 1671/84, Abschlußbericht vom 18.05.1978, S. 9; MfS, HA XX, Nr. 3458, Bericht vom 06.12.1974. In diesem Zusammenhang bestand auch der Verdacht, dass geeignet, die Kontinuität gesellschaftlicher Eliten vom „Dritten Reich" über die DDR bis in die wiedervereinigte BRD aufzuzeigen.[1915]

Auch kulturelle Anreize waren Teil der Privilegierung der Funktionseliten im Industriekomplex. Beispielsweise gab es in Böhlen einen „Klub der Intelligenz", der den Akademikerinnen und Akademikern vorbehalten war.[1916] Zur kulturellen Wertschätzung gehörte auch die Einladung zu exklusiven Empfängen. Zu einer Rede Chruschtschows am 09. August 1957 im Leipziger Zentralstadion, an der auch Walter Ulbricht, Erich Mielke, Horst Sindermann und Fritz Selbmann teilnahmen, waren auch der wissenschaftliche Leiter des Serumwerkes Oelzschau, Max Becker, der Technische Direktor des VEB Kombinat „Otto Grotewohl" Böhlen, Werner Uhlmann, der Leiter der Dehydrierungs-Anlage, Richard Birthler, der Leiter der IZ, Hans-Günter Riedel, der Kombinatsdirektor in Espenhain, Karl Förster, sowie der Tagebauleiter in Espenhain, Hans-Georg Weigelt, geladen.[1917]

Weiterhin gehörte auch die Berufung auf Professuren zu den Möglichkeiten des weiteren Aufstiegs für die Funktionseliten. Im letzten Zeitraum wurde diese Ehre Hugo Eckardt, Otto-Heinrich Ledderboge und Hans-Günter Riedel zuteil.[1918] Der Technische Direktor (1952–1956) sowie kurzzeitige kommissarische Hauptdirektor in Böhlen 1953/54, Hugo Eckardt, übernahm 1956 an der TH Dresden einen Lehrauftrag für Brenn-, Kraft- und Treibstoffe und wurde 1957 Direktor des gleichnamigen Institutes.[1919] Der Technische Direktor des Benzinwerkes 1945 bis

er im Rahmen seiner Mitgliedschaft in der SS Teil der Wachmannschaft eines KZ-Außenlagers in Brünn/Brno (zugehörig zum KZ Auschwitz) war, was allerdings nur eine Quelle behauptete und vom MfS nicht weiterverfolgt wurde.

1915 Sein Sohn war nach der Wiedervereinigung von 1990 bis 2009 Landtagsabgeordneter für die SPD und von 1999 bis 2004 Minister für Landwirtschaft, Umweltschutz und Raumordnung in Brandenburg, seine Schwiegertochter wiederum war die zweite „Bundesbeauftragte für die Unterlagen des Staatssicherheitsdienstes der ehemaligen Deutschen Demokratischen Republik". Selbst seine Schwester war Teil der Elite, allerdings im transnationalen Kontext. Sie lebte in Ungarn, promovierte dort und war Teil der ungarischen „Intelligenz".

1916 Vgl. SächsStA-L, 20687, Nr. 251, HO-Gaststätte in unserem Klubhaus vom 17.09.1953. Dabei zeigt eine Beschwerde über unzureichende Bierbereitstellung an einem Abend mit westdeutschen Gewerkschaftern die Einflussmöglichkeiten in Versorgungsfragen.

1917 Vgl. BStU, BV Leipzig, Leitung, Nr. 889/10, Technische Intelligenz vom 06.08.1957. Die Rede fand im Rahmen eines Besuchs einer sowjetischen Partei- und Regierungsdelegation statt, der Nikita S. Chruschtschow vorstand.

1918 Vgl. ebd., BV Leipzig, Leitung, Nr. 312/01, Ergänzende Einschätzung zur Einzelinformation Nr. 14/66 vom 21.04.1966; HA IX/11, Nr. 4, Personenhinweis vom 17.02.1978.

1919 Vgl. Petschel, Dorit: Die Professoren der TU Dresden. 1928–2003, Köln/Weimar/Wien 2003, S. 183. Eckardt, 1905 in Dissen geboren, war vor seiner Tätigkeit in Böhlen bereits Werksleiter des Mineralöwerkes Lützkendorf von 1949 bis 1952 und gleichzeitig von 1948 bis 1952 bei der VVB Kohlenwertstoffe beschäftigt.

1950, Ledderboge, übernahm die Leitung der Bau-Union Berlin und wurde schließlich Professor an der Bauhochschule Leipzig, einer Vorläuferin der heutigen „Hochschule für Technik, Wirtschaft und Kultur Leipzig". Riedel, Jahrgang 1912 und seit 1938 Ingenieur bei der Brabag, erhielt 1956 mit dem „Banner der Arbeit" die höchste bekannte Auszeichnung im Industriekomplex und war seit 1961 Professor an der TU Bergakademie Freiberg.[1920] Daneben war er seit 1963 ordentliches Mitglied der „Akademie der Wissenschaften der DDR".

Eine der größten Privilegierung, die das System der DDR kannte, war die Gewährung von Bewegungsfreiheit als „Reisekader".[1921] Genehmigungen im Industriekomplex bestanden ausschließlich für Funktionseliten, was ein weiteres Mal ihre Begünstigung im Vergleich zur restlichen Belegschaft dokumentiert. Mindestens 57 Personen waren in der letzten Phase aus dienstlichen Gründen berechtigt die DDR zu verlassen, darunter 34 Angehörige der wissenschaftlichen bzw. technischen und fünf der ökonomischen Funktionseliten.[1922] Damit widerspricht die Erkenntnis aus dem Untersuchungsraum den bisherigen Forschungsergebnissen, die vor allem eine Dominanz der wirtschaftlichen Eliten im Vergleich zum wissenschaftlichen Personal sahen, was auf die Existenz der IZ im Untersuchungsraum zurückzuführen ist, das als Forschungseinrichtung von nationaler Bedeutung bestand und dessen Personal zumindest in Teilen Zugang zu internationalen Fachtagungen benötigte.[1923] Die Reisefreiheit wurde aber nicht ohne die Wahrung von Staatsinteressen gewährt. Teilweise wurden gezielt Personen mit Verbindungen zu wichtigen Firmen ausgewählt, manche als GIs verpflichtet oder anderwärtig im Sinne der Industriespionage funktionalisiert.[1924] Sie konnte aber auch abgelehnt werden. Ein Fall ist dabei, aufgrund seiner Wider-

1920 Vgl. SächsStA-L, 21125, Nr. IV/4/03/066, Information vom 18.01.1956.

1921 Vgl. Niederhut, Jens: Die Reisekader. Auswahl und Disziplinierung einer privilegierten Minderheit in der DDR, Leipzig 2005 (= Schriftenreihe des Sächsischen Landesbeauftragten für die Stasi-Unterlagen, Bd. 4), S. 16.

1922 Vgl. BArch, DE 1 50425, Bericht über die Reise in die Republik Kuba vom 16.05.1962; DE 4/5678, Irakreise des Herrn Dipl.-Ing. M. vom 11.06.1959; DG 2/21763, Weltkraftkonferenz in Wien vom 29.05.1956; DG 2/21868, Antrag auf Genehmigung einer Dienstreise nach ČSR vom 21.06.1957, Montagearbeiten im VEB Hydrierwerk Most/ ČSR vom 10.07.1958; BStU, BV Leipzig, Leitung, Nr. 148, Ihr Schreiben vom 07.12.1966; SächsStA-L, 20680, Nr. 146, Reisebericht über die Fahrt nach Berlin am 25./26.09.1952; Nr. 170, Westfahrt Direktor Stolle vom 09.11.1948. Die meisten „Reisekader" (34) stammten dabei aus dem IZ, was wenig verwunderlich ist. 15 arbeiteten in Böhlen, fünf in Espenhain und drei im Ferrolegierungswerk Lippendorf.

1923 Niederhut, Jens: Reisekader (s. Anmerkung 1921), S. 12.

1924 Vgl. BStU, BV Leipzig, Leitung, Nr. 931, Termin über Kontaktpersonen vom 22.12.1955. So wurde mit Carl Weigle der Leiter der Verfahrenstechnik in Böhlen als Kontaktperson für ein Zusammentreffen mit der Badischen Anilin- & Soda-Fabrik (BASF) ausgewählt, da er diese als ehemaliger Brabag-Ingenieur bereits kannte.

sprüchlichkeit, die nochmals die Ambivalenz gegenüber den Funktionseliten herausstreicht, interessant. Erwin Deutloff, Jahrgang 1908, vor 1945 SA-Mitglied sowie in dieser Position Uniform- und Waffenträger, wurde 1954 aufgrund seiner NS-Belastung eine Reise nach Ungarn verwehrt, trotz der expliziten Anforderungen durch die befreundete Volksrepublik und seiner vorherigen Auszeichnung als „Held der Arbeit".[1925] 1962 durfte er hingegen problemlos nach Kuba reisen.[1926] Grund war wahrscheinlich ein „Operativer Vorgang", da er durch das MfS 1951 der potentiellen „Republikflucht" verdächtigt worden war.[1927] Diese Bedenken bestanden 1962 scheinbar nicht mehr.

Selbst bei der Vergabe der Ferienplätze erlebten die Funktionseliten eine Bevorzugung, sogar über den Bestand in den betriebseigenen Ferienheimen hinaus: „Wir haben für die Kollegen der techn. Intelligenz mit Einzelvertrag vom Reisebüro Leipzig Ferienplätze für die Sommersaison erhalten."[1928]

Teilweise umfasste die Privilegierung der Funktionseliten auch deren Familien. Mindestens ein solcher Fall ist belegt. Die Tochter des Gaswerksleiters Hans Otto, ehemaliges NSDAP- und SA-Mitglied,[1929] bekam nach dessen Beschwerde einen Studienplatz, obwohl sie abgelehnt worden war.[1930] Dies ist erstaunlich, da Kinder aus bürgerlichen Familien eigentlich bei der Studienplatzvergabe eine Benachteiligung erfuhren.[1931] Wenn dazu noch seine Biografie betrachtet wird, verwundert dies umso mehr.[1932] Nicht nur, dass Otto eigentlich schon im Rahmen der Entnazifizierung entlassen werden sollte, sondern er stand, wie ein Bericht nahelegte, der neuen Ordnung ablehnend gegenüber. Allerdings hing die Gewährung mit seiner unersetzlichen betrieblichen Position zusammen. Das Gaswerk war zu diesem Zeitpunkt das leistungsfähigste der DDR. Aufgrund der Abhängigkeit von seiner Person wundert die Intervention von Grotewohl zu seinen Gunsten kaum und erinnert an Ulbrichts Pragmatismus. Die Forderung nach ei-

1925 Vgl. ebd., MfS, AS, Nr. 48/56, Bericht vom 01.03.1954, Ermittlungsbericht BStU 0054–0056, Information für die Kreisleitung Kombinat Böhlen vom 25.02.1954.

1926 Vgl. BArch, DE 1/50425, Bericht über die Reise in die Republik Kuba vom 16.05.1962.

1927 Vgl. BStU, BV Leipzig, 361/55, Informatorische Mitteilung vom 30.01.1951, Bericht vom 01.03.1954.

1928 SächsStA-L, 20681, Nr. 326, Mitteilungen an alle Betriebsbüros vom 19.03.1954.

1929 Vgl. ebd., 20686, Nr. 172, Protokoll Sitzung der Entnazifizierungskommission 26.01.1947.

1930 Vgl. SAPMO, NY 4090/64, Betr. Analyse über die Lage der Intelligenz vom 14.03.1953.

1931 Vgl. Krummsdorf, Albrecht: Ökonologie in Landschaftsgestaltung, Tagebau-Rekultivierung und Landeskultur/Umweltschutz, in: ders. (Hrsg.): Ökonologie in Landschaftsgestaltung, Tagebau-Rekultivierung und Landeskultur/Umweltschutz, Beucha 2007, S. 7–23, hier S. 9; Niethammer, Lutz/Plato, Alexander von/Wierling, Dorothee: Erfahrung (s. Anmerkung 68), S. 149.

1932 Vgl. BArch, DC 1/1568, Anlage 2 Charakteristika der leitenden Angestellten vom 17.04.1950; SächsStA-L, 20686, Nr. 172, Protokoll Sitzung der Entnazifizierungskommission 26.01.1947.

nem Studienplatz als auch dessen Gewährung waren häufige Phänomene in der DDR und zeigen die diffizilen Aushandlungsprozesse und die Widersprüchlichkeiten im Umgang des Staates mit seiner verfemten und gleichzeitig privilegierten technischen Elite.

Neue Funktionseliten

Trotz der Versuche, die alte Elite zu halten, war es notwendig, neue Führungskräfte für den Untersuchungsraum zu gewinnen. Die wichtigste betriebliche Maßnahme hierzu war die Delegierung von Facharbeitern der VEBs zum Studium. Dies erfolgte meistens unmittelbar nach ihrer Lehrzeit.[1933] Zugleich spiegelt dieses Vorgehen auch die zunehmende Professionalisierung in der DDR-Wirtschaft, die einen stetig steigenden Bedarf an hochqualifizierten Personal nach sich zog, wider. 1959 waren 84 Personen aus dem Werk Espenhain zum Studium entsandt worden.[1934] Im folgenden Jahr konnten 117 Frauen und Männer aus dem gesamten Industriekomplex gezählt werden.[1935] In Böhlen stieg die Zahl von 91 im Jahr 1953 auf 250 im Jahr 1964.[1936] Die Kombinatsleitung zielte mit dieser akademischen Qualifizierung von Facharbeitern nicht nur auf die Betriebsinteressen, sondern auch auf die Bildung einer politisch willfährigen neuen Funktionselite: „Unsere Aufgabe als Betrieb ist es, die fachlich besten und politisch aktivsten Menschen zum Studium an die Lehranstalten unserer Republik zu delegieren."[1937] Da deren Auswahl allerdings durch Betriebsleiter und Meister erfolgte, war die politische Zuverlässigkeit aus Sicht der SED nicht zwangsläufig gegeben.

Nicht in allen Fällen profitierte der Untersuchungsraum vom Wissensgewinn des Einzelnen. Einige kehrten nicht in die Werke zurück, sondern nahmen eine Tätigkeit in einem anderen Betrieb auf bzw. strebten eine akademische Karriere an, wie etwa Heinz Clemens.[1938] Nach Schule und Lehre in Böhlen war er zunächst von 1945 bis 1950 als Elektriker tätig, bevor er zu einer ABF nach Dresden delegiert wurde, woran sich bis 1959 ein Studium der Elektrotechnik an der TH Dresden

1933 Vgl. SächsStA-L, 22243, Nr. 3, Quartalsbericht für das IV. Quartal 1953 vom 29.12.1953. Allein 1953 wurden 91 Lehrlinge aus Böhlen nach der erfolgreichen Lehrausbildung zum Studium geschickt. Das machte ca. 20 bis 25 % der gesamten Lehrklasse aus. Dadurch bestand für einen nicht unerheblichen Teil der jungen Belegschaft die Möglichkeit zum sozialen und beruflichen Aufstieg in diesem Zeitabschnitt.

1934 Vgl. ebd., 20681, Nr. 244, Sozialistische Rekonstruktion vom 16.06.1959. Geplant war die Delegierung von 38 bis 44 Personen pro Jahr.

1935 Vgl. ebd., Nr. 168, Betriebsleiterbesprechung der C-Betriebe am 03.02.1960.

1936 Vgl. ebd., 20687, Nr. 1037, Maßnahmen zur Realisierung des Kaderentwicklungsprogramms vom 18.04.1964; 22243, Nr. 3, Quartalsbericht für das IV. Quartal 1953 vom 29.12.1953.

1937 Ebd., 20681, Nr. 326, Auswahl von fähigen Kollegen für das Studium vom 17.07.1954.

1938 Vgl. Jork, Rainer/Knoblauch, Günter (Hrsg.): Humor (s. Anmerkung 113), S. 22.

anschloss. Dem folgten 1970 seine Promotion und bis 1991 seine Tätigkeit als Forschungsgruppenleiter am Institut für Energieversorgung in Dresden.

Frauen stiegen in der dritten Phase erstmals in größerem Umfang in die Funktionseliten auf. Ihrem Anwachsen lagen politische Maßnahmen zugrunde, die ausdrücklich darauf abzielten, Frauen für Leitungstätigkeiten im Industriekomplex zu gewinnen, wenngleich die betriebliche Praxis andeutet, dass die Ziele verfehlt wurden. 1953 waren in Böhlen 23 Frauen in Leitungspositionen beschäftigt.[1939] Um ihren Anteil deutlich zu erhöhen, wurden beispielsweise Patenschaftsverträge für ihre Qualifikation geschlossen.[1940] Doch fanden bis zum Ende des Untersuchungszeitraumes nur marginale Verbesserungen statt: 1964 waren in Böhlen 33 Frauen der Funktionselite zugehörig, machten aber nur 2% der gesamten „Intelligenz" aus.[1941] Darunter befanden sich vier Abteilungsleiterinnen.[1942] Allerdings zählten hierzu auch die Leiterin des Hauspersonals, die Leiterin der Kinderheime und die Leiterin der „Adrema", Bereiche, in denen Frauen dominierten. In Espenhain sah es nur unwesentlich besser aus. Hier waren schon 1960 knapp 10% der zum Studium Delegierten Frauen.[1943] Jedoch blieb ihr Anteil unter den Funktionseliten gering. Drei Jahre später waren von den 418 Absolvierenden der Hoch- und Fachschulen gerade einmal 22 weiblich (ca. 5%).[1944] Dennoch war ein sukzessiver Wandel erkennbar. Beispielsweise wurde im Perspektivplan 1959 bis 1965 erstmals festgelegt, wie viele Frauen im Jahr nach Möglichkeiten in Leitungspositionen aufsteigen sollten.[1945]

Durch die Entsendung zum Studium konnte nur ein Teil des Bedarfs gedeckt werden. Ebenso wichtig war die Ausbildung im Industriekomplex. Zum Ende des Untersuchungszeitraumes war diese Art der Qualifizierung bei immerhin 20% der

1939 Vgl. SächsStA-L, 20687, Nr. 81, Bericht über die Verwirklichung des Beschlusses der 11. Bundesvorstandssitzung vom 17.12.1953, Erweiterung von Frauenarbeitsplätzen vom 10.08.1953.

1940 Vgl. ebd., Patenschaftsverträge vom 07.05.1953.

1941 Vgl. ebd., 21125, Nr. IV/A/4/03/024, Entwicklung, Förderung, Einsatz und Qualifizierung der Frauen von 1964. Gleichzeitig gab es 15 Frauen mit Hochschul- und 36 mit Fachschulabschluss. Hinzu kamen noch sieben Meisterinnen. Insgesamt sollten 22 Frauen Meisterklassen absolvieren und zehn zu Ingenieurinnen ausgebildet werden.

1942 Vgl. ebd., 20687, Nr. 168, Protokoll über die Außerordentliche Betriebsleiterbesprechung am 04.06.1960. Dabei lag ihr Anteil mit 5% über ihrem Anteil an den gesamten Führungskräften.

1943 Vgl. ebd., 20681, Nr. 123, Jahresbericht der Betriebsakademie über die Qualifizierung im Jahr 1960.

1944 Vgl. ebd., Nr. 150, Werksleitungssitzung am 28.10.1963.

1945 Vgl. ebd., Nr. 244, Kaderentwicklung 1959–65. Geplant wurde ein Anwachsen. 1959 sollten es drei Frauen sein, 1960 zwei, 1961 drei, 1962 und 1963 jeweils vier und für 1964 und 1965 waren jeweils sechs geplant. Insgesamt war beabsichtigt, 28 Frauen mit Leitungstätigkeiten zu betrauen.

Funktionseliten zu finden.[1946] Aber auch die gezielte Anwerbung von Absolventinnen und Absolventen der Universitäten wurde betrieben. Schon durch Praktika im Betrieb sollten zukünftige Funktionseliten während ihrer akademischen Ausbildung an den Industriekomplex herangeführt werden.[1947] Zusätzlich wurden weiterhin die alten Rekrutierungsquellen aus verwandten Industriebetrieben genutzt. Besonders das IZ als Forschungseinrichtung war ein begehrter Arbeitsplatz.[1948]

Governance zwischen Freiheitsverlust und neuen Möglichkeiten

In der letzten Untersuchungsphase wuchs der Arbeitsaufwand der Funktionseliten durch die Übertragung zusätzlicher betrieblicher Aufgaben stetig. Besonders die zunehmende Belastung durch Betriebs- und Arbeitsschutz ist in dieser Zeit zu konstatieren. Hinzu trat die wachsende Angst, für wirtschaftliche Misserfolge bzw. für vermeintliche Sabotageakte zu haften. Die Havarie im Kraftwerk Espenhain im Juli 1959 stellte ein herausragendes Beispiel für diese Entwicklung dar, auch wenn die Führungskräfte letztlich nicht zur Rechenschaft gezogen wurden.[1949] Darüber hinaus wurden die Pflichten der Leitungskräfte klar festgelegt. Beispielsweise übernahm der Leiter der Betriebsschule neben der fachlichen Ausbildung auch die Verantwortung für die ideologische Schulung. Aber selbst sein betriebliches Arbeitsfeld war ausufernd, da es nicht nur die Koordination und Verwaltung der Betriebsschule, sondern zusätzlich die Anwerbung von Lehrkräften, die Erarbeitung von Schulungs- und Lehrplänen sowie von Unterrichtsmitteln umfasste. Hinzu kam das Hospitieren im Unterricht und die Abnahme sämtlicher Prüfungen. Dabei bestand die gesamte Abteilung aus gerade einmal fünf Personen (Sekretärin, Sachbearbeiter und drei Dozenten). Ähnlich sah das Aufgabenspektrum beim Arbeitsdirektor aus, der sich zuvorderst um die Erhöhung der Arbeitsproduktivität zu kümmern hatte. Außerdem trug er die Verantwortung für Arbeitsnormen, Löhne und soziale Belange. Die skizzierten Konflikte um die Löhne zeigen die komplizierten Aufgaben, mit denen er sich auseinandersetzen musste. Dabei war er zur engen Zusammenarbeit mit den

1946 Vgl. ebd., 20687, Nr. 1037, Maßnahmen zur Realisierung des Kaderentwicklungsprogramms vom 18.04.1964.

1947 Vgl. ebd., 20681, Nr. 326, Mitteilung Nr. 44/54 vom 15.06.1954; Nr. 457, Vorschlag zur Verleihung des Nationalpreises vom 23.04.1963. Dabei gab es aber durchaus Probleme, besonders bei der in der DDR allgemein prekären Wohnraumversorgung. Für zweieinhalbmonatige Praktika im Sommer 1954 wurde Wohnraum für ca. 100 Studierende in Espenhain benötigt. Da dieser in den werkeigenen Einrichtungen fehlte, bemühte sich die Werksleitung um Privatquartiere bei der Belegschaft. Auch gab es in mindestens einem Fall die Werbung eines Akademikers aus der BRD.

1948 Vgl. BStU, BV Leipzig, Nr. 308/80, Vorschlag zur Werbung eines GI vom 25.03.1962. In diesem Fall wechselte ein Ingenieur des Hydrierwerkes Zeitz nach Böhlen.

1949 Vgl. Lindenberger, Thomas: Havarie (s. Anmerkung 69), S. 259 ff.

„gesellschaftlichen Organen“ angehalten, was auch in seiner politischen Aufgabe zum Ausdruck kam: „Er muß ständig bemüht sein, sein eigenes fachliches und politisches Niveau zu erhöhen und Erfahrungen zu sammeln[, um] Kenntnisse seinen Mitarbeitern zu vermitteln.“[1950]

Im Gegensatz hierzu war die Verantwortung subalterner Funktionseliten deutlich geringer. Ein Schwelmeister war beispielsweise für das Produktionsergebnis, die Sicherheit und die Einhaltung technologischer Vorgaben gegenüber seinem Betriebsleiter verantwortlich. Außerdem hatte er Sorge für die Arbeitsdisziplin, die fachliche Weiterbildung, den „sozialistischen Wettbewerb“ und die Erziehung „zu bewußt fortschrittlich handelnden Menschen“[1951] in seinen Verantwortungsbereich zu übernehmen. Da er allerdings nicht für das betriebswirtschaftliche Ergebnis der gesamten Abteilung einstehen musste, stand seine Belastung in keiner Relation zum Arbeitsdirektor und Betriebsschulleiter. Auch seine Verantwortung für den Arbeitsschutz und den Zustand der Maschinen wurde, aufgrund des zunehmenden Verschleißes der Anlagen, nur mehr selten von seinen Vorgesetzten eingefordert. Schlussendlich hafteten die Vorgesetzten häufig für das Fehlverhalten der Meister. Ein Beispiel aus der Niederdruck-Anlage im Benzinwerk Böhlen im Oktober 1962 zeigt dies.[1952] Aufgrund der Anweisung, eine Filtermaske anstelle einer Atemmaske mit Frischluft zu tragen, kam in der Nachtschicht ein Arbeiter durch eine Schwefelwasserstoffvergiftung ums Leben. Verantwortlich war der direkte Vorgesetzte (in Personalunion „Brigade-“ und Schichtleiter sowie stellvertretender Meister). Die Arbeitsschutzinspektion befürwortete daher die Aufnahme strafrechtlicher Ermittlungen gegen diesen. Allerdings wurde auch sein vorgesetzter Abteilungsleiter durch ein Ordnungsgeld belangt, obwohl er den Schichtleiter ordnungsgemäß belehrt hatte. Nach einem vergleichbaren tödlichen Unfall im April 1962 hatte er ihn explizit für diesen Fall instruiert und speziell auf das Tragen der Atemmasken hingewiesen.

Handlungsspielräume bestanden für die Funktionseliten auch im letzten Zeitraum, ihre Nutzung war hingegen widersprüchlich. Die Kombinate blieben auch in diesem Zeitraum systemrelevant. Durch die Zentralisierungsbestrebungen entfernte sich gleichzeitig die übergeordnete Verwaltung informell immer weiter vom Industriekomplex.[1953] Dies führte zu Freiheiten, die von den Kombinatsdirektoren im Sinne einer betrieblichen Governance ausgenutzt werden konnten. Die beiden Hauptdirektoren Josef Kahn, bis zu seiner Ablösung im August 1953

1950 SächsStA-L, 20681, Nr. 326, Beispiele für einzelne Arbeitsplätze von 1954.
1951 Ebd.
1952 Vgl. SAPMO, DY 37/2547, Stellungnahme zur Gesetzesverletzung verantwortlicher Funktionäre vom 03.10.1962, Unfallhergang vom 03.10.1962.
1953 Vgl. Sperling, Dieter/Schossig, Wolfgang: Wirtschaftsorganisation (s. Anmerkung 76), S. 274.

Hauptdirektor in Böhlen, und Richard Kilian, von 1950 bis 1954 auf gleicher Position in Espenhain beschäftigt, stehen repräsentativ für diesen Typus des Werksleiters. Dennoch unterschieden sich beide Fälle wesentlich voneinander. Kahn versuchte zusammen mit dem Leiter der BGL nach den Ereignissen rund um den 17. Juni 1953, das betriebliche Tarifproblem in Berlin zu lösen und scheiterte daran.[1954] Offensichtlich hatte er dabei seinen Handlungsspielraum überschritten. Zur Durchsetzung des Herrschaftsanspruchs der SED erfolgte seine Versetzung nach Hirschfelde. Eine Vorgehensweise, die auch bei anderen eigenmächtigen Initiativen von der Parteiführung angewandt wurde.[1955] Bei Kilians Ablösung ging es offiziell um einen Fall von Vetternwirtschaft.[1956] Dabei wirkte der Vorwurf konstruiert, auch wenn er ein enges persönliches Verhältnis zu den anderen Führungskräften unterhielt.[1957] Die sowjetischen Generaldirektoren schienen mit seiner Arbeit zufrieden, was sicherlich an seiner Fokussierung auf die Planerfüllung lag.[1958] Auch andere Vorwürfe wurden laut, wie ein Fall von Exhibitionismus, der ebenfalls nicht glaubwürdig wirkte.[1959] Die eigentlichen Gründe dürften in seiner, bereits erwähnten, früheren SPD-Mitgliedschaft und den schlechten Produktionsergebnissen des Tagebaus Espenhain im Jahr 1954 gelegen haben.[1960] Er sollte ursprünglich mit dem Werksleiter aus Gölzau die Position

1954 Vgl. SächsStA-L, 21125, Nr. IV/4/03/062, Informationsbericht vom 13.08.1953.

1955 Vgl. Lenski, Katharina: „Asozialität" (s. Anmerkung 82), S. 170. Das Übergehen von Polizei-, Behörden- und Parteihierarchien diente der Disziplinierung im Sinne des „demokratischen Sozialismus". Dabei unterschied sie sich maßgeblich vom Nationalsozialismus, bei dem besonders Initiativen „von unten" zur Radikalisierung beitrugen.

1956 Vgl. BArch, DG 2/13939, Reisebericht vom 26.05.1954.

1957 Vgl. BStU, BV Leipzig, Nr. 28/55, Espenhain, den 25.04.1954. Der vom Kaderleiter geäußerte Vorwurf der Vetternwirtschaft bezog sich nur auf enge persönliche Verbindungen in der Werksleitung. Daher ist diese Einschätzung nicht mit der heutigen Nutzung des Begriffes kongruent. Ebenso wurde die Einstellung seines Sohnes kritisch bewertet, was allerdings bei einem Kombinat von mehr als 8000 Arbeitskräften und gleichzeitigem Personalmangel ebenfalls nicht als Vetternwirtschaft gelten kann.

1958 Vgl. ebd., Sachstandsbericht vom 11.08.1954. Dabei wurde dies ebenfalls im Zuge der Untersuchung negativ in Bezug auf die Sicherheitsbestimmungen ausgelegt. Das scheint insofern absurd, als dass sein Nachfolger ebenso verfuhr, wie die Havarie 1959 in Espenhain zeigt.

1959 Vgl. ebd., Vernehmungsprotokoll vom 03.08.1954. Dabei behauptete der Zeuge 1951 in einem Brief an Hermann Matern, diesen sexuellen Übergriff bereits geschildert gehabt zu haben. Dieser wiederum soll sich 1946 zugetragen haben. Aufgrund des großen zeitlichen Abstandes zwischen den verschiedenen Anschuldigungen und auch der Art der Kommunikation scheinen die Vorwürfe konstruiert.

1960 Vgl. ebd., Betr.: VV 53 – G – 284 vom 17.02.1954. Grund für den Produktionsrückstand war eine Havarie der Abraumförderbrücke, für die Kilian keine direkte Verantwortung trug. Der Unglücksfall war durch Versäumnisse und mangelnde Ausbildung verursacht worden. Dennoch suchten die übergeordneten Behörden einen Sündenbock.

tauschen und kam schlussendlich nach Bitterfeld als Werksleiter des Tagebaus Holzweißig.[1961] Ein weiterer wesentlicher Unterschied zwischen ihm und Kahn bestand in ihrer Wahrnehmung durch die SED. Bei Kilian wurde negativ angeführt, dass er ein Feind der „Intelligenz" sei:

> „Zum wiederholten Male wurde in der Werksleitungssitzung seitens des Genossen Kilian davon gesprochen, dass auf die Intelligenzler oder besser gesagt, auf unsere theoretisch qualifizierten Ingenieure [...] kein Verlass sei. [...] Ich möchte noch einige Beispiele der bereits oben angeführten Intelligenzfeindlichkeit des Genossen Kilian und anderer Mitarbeiter der Werksleitung aufzeigen."[1962]

Interessanterweise spielte der Vorwurf der Misshandlung von Zwangsarbeitern, der zumindest der Bezirksverwaltung der SED und dem MfS seit 1950 bekannt war, selbst intern keine Rolle.[1963] Das Gegenteil war bei Josef Kahn der Fall. Seine Einschätzung durch die SED zeigte ein tiefes Zerwürfnis zwischen Teilen der Partei und ihm. In betrieblicher Hinsicht wurde ihm hingegen vorgeworfen, dass er die falschen Personen, besonders unter den technischen Führungskräften unterstützte, also er ein Freund der „Intelligenz" sei:

> „Die Ernennung Kahns zum Hauptdirektor erfolgte erst nach langem Widerstand des Kreisvorstandes der SED und nach eingehender Überprüfung seiner Vergangenheit. [...] Seine Stellung zur Intelligenz wird dadurch bestimmt, daß er die Meinung vertritt, die Arbeiterpartei hätte durch ihre Fehler an der Intelligenz viel gut zu machen. Er begrüßte deshalb die Kulturverordnung, geht aber in ihrer Auslegung soweit, daß er oft nicht zwischen fortschrittlichen und reaktionären Angehörigen der Intelligenz differenzieren kann. Sein mitunter arrogantes, zumindest reserviertes Verhalten zu den Arbeitern macht ihn nicht so beliebt, wie den früheren Hauptdirektor Amon, der zum Steinkohlenbergbau nach Zwickau versetzt wurde."[1964]

Bemerkenswerterweise erfolgte diese Einschätzung bereits drei Jahre vor seiner Entlassung. Dass er sich mit zahlreichen Mitgliedern der BGL allerdings gut verstand, zeigen die Verhandlungen über den Kombinatstarif in Berlin, die er zusammen mit dem Leiter der BGL Schade führte. Schlussendlich wurde dieser auch

---

1961 Vgl. BArch, DG 2/13939, Abschrift vom 25.04.1954; BStU, BV Leipzig, Nr. 28/55, Abschrift vom 08.11.1955.

1962 BArch, DG 2/13939, Abschrift vom 25.04.1954. Besonders die Feindseligkeit gegen drei junge Ingenieure wurde als Begründung für seine Versetzung angeführt. Das Schreiben stammte vom Kaderleiter Heinz Mühler.

1963 Vgl. BStU, BV Leipzig, Nr. 28/55, Beurteilung über dem Ober-Direktor Kilian vom 22.02.1950; PA Baumert, Sammlung Dissertation, Brief von Wolfgang Sperling vom 04.03.2018.

1964 BArch, DC 1/1568, Anlage 2 Charakteristika der leitenden Angestellten vom 17.04.1950.

deutlich härter bestraft als Kahn.[1965] Kahns Handeln zeigt, dass in den frühen 1950er-Jahren noch ein Verständnis für die traditionelle Gewerkschaftsarbeit bei den Funktionären vorhanden war. Im Übrigen fällt es schwer zu glauben, dass er in Opposition zur SED stand. Zum einen war die „Intelligenz" nach Einschätzung der Partei seit dem 17. Juni 1953 auf ihrer Seite, zum anderen war Kahn keineswegs bei allen Teilen der Belegschaft beliebt.[1966] Als alter Kommunist, OdF und verdiente Führungskraft, war er einer der Garanten für die relative Ruhe im Industriekomplex während des „Volkssaufstandes", so dass die Begründung für seine Absetzung konstruiert erscheint.[1967]

Die Versetzung beider Hauptdirektoren beim Übergang in die letzte Phase schien weniger aufgrund von Verfehlungen oder eigenmächtigen Vorgehen in Betriebsangelegenheiten erfolgt zu sein. Vielmehr scheint es plausibel, dass ihr Eigensinn und ihre Governance, die in den SAGs noch gewünscht waren, nun nicht mehr im Interesse der übergeordneten Wirtschaftsverwaltung waren. Dahinter verbarg sich der Versuch, die Macht in den Kombinaten zu zentralisieren, besonders in den wichtigen Bereichen der DDR-Wirtschaft. Dieses Vorgehen entsprach demjenigen in anderen, ebenso bedeutenden Bereichen.[1968]

Mit der zunehmenden räumlichen und hierarchischen Distanz der übergeordneten Instanzen (Ministerien, Ministerrat, SPK) und der strukturell abnehmenden Bedeutung zumindest der Ministerien boten sich für die Werks- und Kombinatsleitungen Möglichkeiten zum eigenmächtigen Agieren, die die oberste Leitungsebene des Industriekomplex immer seltener nutzte. Dieses lässt sich auch allgemein für die DDR bestätigen und war auch für andere Staaten des RGW

1965 Vgl. SächsStA-L, 21125, Nr. IV/4/03/001, In der Durchführung der Politik von Partei und Regierung vom 30./31.01.1954; Nr. IV/4/03/062, Informationsbericht vom 13.08.1953. So wurde Schade noch im selben Jahr wegen „schwankender Haltung" und „Fragebogenfälschung" aus der Partei ausgeschlossen. Gerade letzteres war ein beliebtes Argument, um unliebsame Personen aus politischen Ämtern zu entfernen.

1966 Vgl. BStU, MfS, AS, Nr. 48/56, Forderungen der Böhlener Arbeiter vom 10.07.1953; SächsStA-L, 21125, Nr, IV/4/03/062, Informationsbericht vom 16.06.1953, Bericht der Genossen, die als Agitatoren im Betrieb eingesetzt waren vom 01.08.1953. Kahn wird von einzelnen Angehörigen der Belegschaft aufgrund seiner Abwesenheit kritisiert. Auch sein hohes Einkommen von 4000 Mark erregte Zwietracht. Die Aussagen gipfelten in dem Vergleich der Hauptdirektoren mit „kleinen Herrgöttern". Die Verlässlichkeit der Quelle lässt sich allerdings nicht überprüfen. Es besteht die Möglichkeit, dass diese der SED nahestand und die Anschuldigungen reproduzierte.

1967 Vgl. BArch, DC 1/1568, Anlage 2 Charakteristika der leitenden Angestellten vom 17.04.1950; SächsStA-L, 20632, Nr. 1141, Meldung von Werkangehörigen vom 30.05.1942.

1968 Vgl. Boldorf, Marcel: Governance (s. Anmerkung 14), S. 154, 159 und 209; Werner, Oliver: Betrieb (s. Anmerkung 9), S. 133f.

charakteristisch.[1969] Nur in wenigen Fällen nutzten die Kombinatsleitungen den Spielraum und wussten diesen für die permanente Improvisation zu nutzen, um die Betriebe in Mangel- und Befehlswirtschaft funktionieren zu lassen.[1970] Die Kombinatsleiter im Industriekomplex nahmen ihre Möglichkeiten nicht mehr wahr, da sie entweder der SED treu ergeben waren und Anweisungen buchstabengetreu ausführten oder Angst hatten, durch eigenständige Entscheidungen ihren Posten zu verlieren. Die abnehmende Leitungstätigkeit der Kombinatsführungen führte in der gesamten DDR zu immer größeren ökonomischen und ökologischen Problemen und ermöglichte schlussendlich u. a. die „Friedliche Revolution" 1989.[1971]

Die Kombinatsdirektoren, die 1953 bzw. 1955 folgten, treten kaum noch durch eigenständige Handlungen in den Akten hervor. Sie entstammten einer Generation von Direktoren, die ihren Aufstieg der SED verdankten und sich ihr gegenüber loyal verhielten. In Böhlen handelte es sich um den ehemaligen Haupttechnologen Kurt Ludwig, Jahrgang 1910, der von 1954 bis über das Ende des Untersuchungszeitraumes hinaus das Kombinat leitete.[1972] Er erreichte mit Abstand die höchste Machtfülle im Untersuchungsraum. Bereits seit 1938 war er bei der Brabag beschäftigt und vollzog bis 1945 den Aufstieg vom Chemiewerker zum Schlosser, dem sich bis 1950 der zum Betriebsingenieur und Betriebsleiter der Gaserzeugung anschloss.[1973] Bis 1954 war er Haupttechnologe. Daneben war er Betriebsrats- und BGL-Mitglied seit 1945. Seine unangefochtene Machtposition im Untersuchungsraum erreichte er durch seine Tätigkeit im Präsidium der SED-

1969 Vgl. Boldorf, Marcel: Governance (s. Anmerkung 14), S. 255 f.; Hertle, Hans-Hermann u. a.: Fiktion (s. Anmerkung 34), S. 43 f. und 299.

1970 Vgl. Boldorf, Marcel: Governance (s. Anmerkung 14), S. 223; Hertle, Hans-Hermann u. a.: Fiktion (s. Anmerkung 34), S. 358 f.; Schulz, Ulrike: Simson (s. Anmerkung 20), S. 342 f., 350 f. und 382; SächsStA-L, 20687, Nr. 1022, IZ-Struktur vom 29. 01. 1960, Werter Genosse Lorenz! vom 26. 10. 1961, Verstärkung der Selbstständigkeit der IZ vom 27. 04. 1962. Beispielsweise wehrte sich das Kombinat Böhlen lange Zeit erfolgreich gegen die Selbstständigkeit der IZ, trotz der Unterstützung dieser Pläne durch das vorgesetzte VVB. Entsprechende Beispiele gab es ebenfalls in der gesamten DDR.

1971 Vgl. Hertle, Hans-Hermann u. a.: Fiktion (s. Anmerkung 34), S. 102 f. und 301; Wolle, Stefan: Die heile Welt der Diktatur. Alltag und Herrschaft in der DDR 1971–1989, München [1999] 2001, S. 312 f., 541 f. und 546.

1972 Vgl. SächsStA-L, 20237, Nr. 19904, Beratung vom 25. 02. 1966; 20687, Nr. 124, Bericht über das 3. Quartal 1952; 21125, Nr. IV/4/03/001, Kreisdelegiertenkonferenz am 30./31. 01. 1954. Sein genaues Ernennungsdatum ließ sich nicht rekonstruieren, allerdings deutete ein Treffen der Kombinatsleitung im Januar 1954, an dem er teilnahm, darauf hin. Die Zwischenzeit überbrückte der Technische Direktor Dr. Hugo Eckardt als kommissarischer Kombinatsleiter.

1973 Vgl. BStU, BV Leipzig, Nr. 648/53, Charakteristik vom 14. 03. 1951, Mein Lebenslauf vom 14. 04. 1951.

Kreisleitung ab 1955.[1974] Dabei ist besonders bemerkenswert, dass ihm dies – im Gegensatz zu Richard Kilian – trotz seiner Mitgliedschaft in der SPD nach Kriegsende gelang. Vermutlich konnte er seine Treue zur SED durch die Bereitschaft zur Tätigkeit als GI zwischen 1951 und 1953 beweisen.[1975] Auf alle wichtigen Entscheidungen im Betrieb hatte Ludwig Einfluss, nutzte allerdings seine Machtfülle nicht aus, was zum einen auf seinen Gesundheitszustand rückführbar scheint, der zu häufigen Abwesenheiten führte.[1976] Die wenigen überlieferten Auszeichnungen an ihn sind ebenfalls ein Indiz für seinen geringen Einfluss in der Kombinatsleitung.[1977]

Ein weiterer Grund für seine geringe Wirkmächtigkeit war sein Aufstieg aus der Arbeiterklasse, weshalb er von der „Intelligenz" abgelehnt wurde.[1978] Auch in der Parteiführung war Ludwig nur Nummer zwei. Hans Feindt, 1. Sekretär der BPO 1954 und seit der Gründung der SED-Kreisleitung bis zum Ende des Untersuchungszeitraums deren 1. Sekretär, übertraf seine Stellung.[1979] Dabei gab es beim Aufstieg beider gewisse Parallelen. Feindt, 1929 in Mölbis geboren und 1946 mit 17 Jahren der SED beigetreten, lernte 1944–47 im Braunkohlenwerk Espenhain, studierte an der

---

1974 Vgl. SächsStA-L, 21125, Nr. IV/4/03/001, Vorschläge für die Kreisleitung vom 24.04.1955.

1975 Vgl. BStU, BV Leipzig, Nr. 648/53, Verpflichtung vom 10.04.1951, Einschätzung des GI „Kraft" vom 29.03.1953, Beschluß über das Abbrechen der Verbindung vom 05.10.1953. Sein Deckname lautete GI „Kraft". Danach sollte seine Wohnung für konspirative Treffen genutzt werden, was aber an seinen Wohnverhältnissen scheiterte. Schlussendlich entschied sich das MfS für eine offizielle Zusammenarbeit ab Oktober 1953. Die überlieferten Berichte ließen nicht den Schluss zu, dass jemand dadurch strafrechtlich verfolgt wurde.

1976 Vgl. Niethammer, Lutz/Plato, Alexander von/Wierling, Dorothee: Erfahrung (s. Anmerkung 68), S. 130 ff., 454, 477, 499, 518 f., 537 und 564 f.; SächsStA-L,, 20687, Nr. 476, 10. Werksleitungssitzung am 24.04.1958, Prämienfestlegung für Werksleitungsmitglieder vom 06.11.1958. Zumindest im ersten und letzten Quartal 1958 war Ludwig über längere Zeit krank. Möglicherweise hing dies mit seinen zahlreichen, sich überschneidenden Aufgaben in Partei und Betrieb zusammen, die eventuell zu Überforderung und schlussendlich zu seiner Abwesenheit im Betrieb führten. Krankheiten, durch Überarbeitung ausgelöst, waren keine Seltenheit unter den Führungskräften in der DDR. Gesundheitliche Beeinträchtigungen, die mit dem „Verschleiß" von Führungspersonal zusammenhingen, ließen sich in nahezu jeder Branche, vor allem in der Aufbaugeneration beobachten. Vier Gründe lassen sich hierfür anführen. Erstens die berufliche Überforderung aufgrund der mangelnden Bereitschaft von Anderen, sich zu engagieren, zweitens die Überforderung durch die doppelte Funktion von Beruf und Parteiamt und drittens, besonders bei Frauen verbreitet, die Überlastung durch Arbeit auf der einen und Haushaltsführung auf der anderen Seite. Eine vierte Erklärung, die aber nicht explizit mit der DDR zusammenhängt, war die fachliche Überforderung.

1977 Vgl. SächsStA-L, 20687, Nr. 517, Werksleiter Kollege Ludwig „Held der Arbeit" von 1955.

1978 Vgl. BStU, BV Leipzig, Leitung, Nr. 932/10, Situationsbericht vom 01.09.1955.

1979 Vgl. SächsStA-L, 21125, Nr. IV/4/03/001, Kreisdelegiertenkonferenz am 30./31.01.1954; Nr. IV/A/4/03/024, Sekretariatssitzung am 06.01.1965.

Sonderschule des Zentralkomitees der SED in Mittweida sowie an der Parteihochschule „Karl Marx" Berlin.[1980] Er war das einflussreichste Parteimitglied aus dem Untersuchungsraum, wie sein Konflikt mit dem Vorsitzenden des Rates des Bezirks Leipzig Karl Adolphs zeigt.[1981] Auch Feindt kam auf den Posten, nachdem der BGL-Vorsitzende Schade aus der Partei ausgeschlossen sowie im folgenden Jahr als „Parteifeind" bezeichnet und der 1. Sekretär der BPO, Helmut Fritzsche, ebenfalls abgesetzt worden war.[1982] Die Neubesetzung dieser beiden Positionen lassen darauf schließen, dass eine grundlegende politische Entscheidung zur „Säuberung" der Partei vorangegangen war. Ein Phänomen, das in der gesamten DDR bis in die Mitte der 1950er-Jahre auftrat, während ab diesem Zeitpunkt die Fluktuation in den Gremien abnahm.[1983] Die meisten neuen Personen, die in der Phase eingesetzt wurden, verdankten ihren Aufstieg der SED und standen daher loyal zu ihr. Von ihnen war kein selbstständiges Handeln gegen den Willen der übergeordneten Hierarchien zu

1980 Vgl. BStU, BV Leipzig, Nr. 69/52, Kombinat Espenhain vom 08.03.1950; Pohlmann, Tilmann: Kreis (s. Anmerkung 93), S. 214.

1981 Vgl. Pohlmann, Tilmann: Kreis (s. Anmerkung 93), S. 214 ff.

1982 Vgl. BStU, BV Leipzig, AP, Nr. 1993/64, Beantragung eines Haftbefehls vom 14.01.1964, Vernehmungsprotokoll vom 21.02.1953; Malycha, Andreas/Winters, Peter J.: SED (s. Anmerkung 93), S. 91; SächsStA-L, 21125, Nr. IV/4/03/001, In der Durchführung der Politik von Partei und Regierung vom 30./31.01.1954, Genosse Hillert vom 30./31.01.1954; Nr. IV/4/03/062, Informationsbericht vom 17.08.1953; 22243, Nr. 34, Geschichte der Deutschen Volkspolizei im BS-Amt Böhlen (Zeitraum 1949 bis 1955) erarbeitet 1969, S. 10; SAPMO, NY 4090/64, Betr. Genossen Helmut Fritzsche vom 02.07.1953, Beurteilung von Delegationsmitgliedern 1953. Helmut Fritzsche, Jahrgang 1910, wurde im August 1952, nach eigener Aussage gegen seinen Willen, zum 1. Sekretär der BPO gewählt. Davor war er mindestens seit 1951 als Agitator für die SED eingesetzt gewesen. Als SPD-Mitglied seit 1930 wurde er, wie er schreibt, wegen des Rückfalls in „Sozialdemokratismus" abgelöst. 1954 sollte er wegen parteifeindlicher Haltung aus der SED ausgeschlossen werden, was aber nicht geschah. Für Fritzsche war dies aber noch nicht das Ende seines Martyriums. Wegen angeblicher Kontakte und Rentenzahlungen durch das Ostbüro der SPD in Höhe von 600 DM zwischen Sommer 1960 und August 1961 sowie dem Sammeln von Nachrichten wurde er 1964 zu zwei Jahren und drei Monaten Gefängnis verurteilt. Diese wurden im Oktober 1965 reduziert und er wurde entlassen. Die anderen Angeklagten in diesem Fall erhielten zwölf und fünf Jahre Freiheitsentzug, was für seine untergeordnete Rolle sprach. Offensichtlich wurde in ihm ein basisverbundener, unverbesserlicher Anhänger der Sozialdemokratie gesehen und verfolgt. Interessanterweise war er 1953, noch wenige Wochen vor seiner Absetzung, als Delegationsmitglied bei Otto Grotewohl in Berlin zu Besuch.

1983 Vgl. Pohlmann, Tilmann: Kreis (s. Anmerkung 93), S. 207. Hierbei war die hohe Fluktuation vor allem dem Wandlungsprozess der SED geschuldet. Nur ein einziger 1. Sekretär einer Kreisleitung der SED in Sachsen blieb von 1946 bis 1952 durchgängig auf seinem Posten. Vielfach mussten zuerst Sozialdemokraten und danach selbstbewusste Altkommunisten ihre Positionen räumen, bevor sie durch junge, von der SED geprägte Funktionäre ersetzt wurden. Der Konflikt zwischen dem 1929 geborenen Feindt und dem 1904 geborenen Altkommunisten Adolphs erscheint hierbei symptomatisch.

erwarten. Somit wurde das „Primat der Politik" durchgesetzt, das im Gegensatz zu dem bisherigen „Primat der Produktion" stand.

Karl Förster, Jahrgang 1914, von 1955 bis 1972 Kombinatsdirektor in Espenhain, unterschied sich wesentlich von Ludwig und Feindt.[1984] Förster war ebenfalls SED-Mitglied und verdankte seinen Aufstieg der Partei.[1985] Nach Espenhain kam er allerdings auch wegen seiner fachlichen Leistung. Bis Februar 1955 hatte er den VEB Kombinat Gölzau geleitet, ein Schwelwerk der Braunkohlenindustrie, doch war bereits seit Mai 1954 beschlossen, dass er Kilians Nachfolge antreten sollte.[1986] Seine Qualifikation als Ingenieur wies ihn als Angehörigen der technischen „Intelligenz" aus, wodurch er über eine höhere Akzeptanz in dieser Gruppe verfügte. Diese Position vertrat er auch im Umgang mit dem Kraftwerk, da er den Führungskräften sowohl vor als auch nach der Kesselexplosion 1959 Rückendeckung bot, ohne das er sich gleichzeitig mit der Parteileitung in seinem Kombinat überwarf.[1987] Förster schien sich auch im NÖSPL selbstständig eingebracht zu haben und versuchte, durch die Verbesserung der Berichterstattung, mehr Kontrolle über den Betrieb und damit über dessen wirtschaftliche Ergebnisse zu erlangen.[1988] Damit unterschied er sich sowohl von seinem Vorgänger, der eher durch freundschaftliche Beziehungen leitete, als auch von seinem Kollegen Ludwig in Böhlen. Allerdings schätze das MfS ihn im Zuge der Havarie 1959 weniger wohlwollend ein: „Fachlicherseits hat es ebenfalls den Anschein, als ob Förster seinen Aufgaben nicht gewachsen wäre, bzw. auch keinen Überblick über das Betriebsgeschehen hat."[1989] Allerdings wirkte diese Einschätzung wenig überzeugend, da im selben Bericht seine Leitungstätigkeit, die sich an dem Mangel orientierte und versuchte, diesen zu beheben, ebenfalls negativ bewertet wurde. Ein solches Vorgehen konnte sogar zur Verfolgung führen, wie im Falle des Leiters der Elektroabteilung im Tagebau Böhlen, der Materialien zweckentfremdete und deshalb wegen „Verdachts der Schädlingstätigkeit" von der Stasi überwacht wurde.[1990] Sein Handeln war hingegen von einem „Primat der Produktion" geleitet und damit im Sinne des Staates.

1984 Vgl. Schmidt, Thomas: Großtagebau (s. Anmerkung 120).

1985 Vgl. BArch, DG 2/13939, Reisebericht vom 26.05.1954; SächsStA-L, 20687, Nr. 297, Protokoll der Werksleiterbesprechung vom 21.05.1953. Sein Werdegang bis 1954 ist allerdings nur bruchstückenhaft in den Betriebsunterlagen überliefert.

1986 Vgl. BArch, DG 2/13939, Reisebericht vom 26.05.1954.

1987 Vgl. Lindenberger, Thomas: Havarie (s. Anmerkung 69), S. 259 f.

1988 Vgl. SächsStA-L, 20681 Nr. 195, Protokoll über Rechenschaftslegung vom 02.04.1966.

1989 BStU, BV Leipzig, Leitung, Nr. 947/09, Sachstandsbericht Förster vom 30.07.1959.

1990 Vgl. ebd., Nr. 955, Quartalsanalyse vom 09.01.1963.

Kontinuitäten und Brüche im Industriekomplex zwischen 1933 und 1965

Kontinuitäten und Brüche in der Wirtschaftslenkung des Industriekomplexes stehen im Zentrum der Studie. Um diese Prozesse vergleichend analysieren zu können, widmet sich dieses Kapitel diachron zusammenfassend der Belegschaft, den Funktionseliten und der Wirtschaftsorganisation des Untersuchungsraumes. Dabei bleibt das Kapitel dem bisherigen Aufbau treu und beleuchtet zuerst in zwei Unterpunkten Kontinuitäten und Brüche im Bereich der Wirtschaftsorganisation, bevor gleichermaßen Belegschaft und Führungskräfte analysiert werden.

Nach Kriegsende wurde durch Publizistik und Politik das Jahr 1945 lange als zentrale Zäsur für die deutsche Geschichte im 20. Jahrhundert dargestellt, die weitreichend sowohl auf die BRD als auch auf die DDR wirkte.[1991] Allerdings haben bereits seit den 1970er-Jahren zahlreiche Studien darauf hingewiesen, dass das Kriegsende keine „Stunde Null" war.[1992] So ist heute die Kontinuität von nationalsozialistischen Eliten in der Politik, der Verwaltung, der Wirtschaft, der Geheimdienste und dem Militär der BRD bekannt. Auch für die DDR konnte nachgewiesen werden, dass in vielen Bereichen auf das Know-how dieser Personengruppen für den Aufbau des neuen Staatswesens nicht verzichtet werden konnte. Besonders für die Wirtschaft der DDR wurde hingegen lange Zeit angenommen, dass mit der vermeintlichen Zäsur des Kriegsendes auch ein fort-

1991 Sabrow, Martin: Die „Stunde Null" als Zeiterfahrung, in: Aus Politik und Zeitgeschichte 4–5, 2020, S. 31–38, hier S. 32f. Dem Mythos der „Stunde Null" wurde zwar aus Sicht einiger Protagonistinnen und Protagonisten sowie aus Sicht der Zeitgeschichte stets misstraut, er war dennoch in der Publizistik und in der Politik wirkmächtig. Aus sozialwissenschaftlicher Sicht wurde die These einer „langen Stunde Null" postuliert, die jeweils vom Kriegsende (bzw. der Planung eines Nachkriegsdeutschlands durch die Alliierten) bis zur Gründung der beiden deutschen Staaten reicht.

1992 Vgl. Abelshauser, Werner: Deutsche Wirtschaftsgeschichte seit 1945, München 2004 (= beck'sche reihe, Nr. 1587), S. 22–28; Kleßmann, Christoph: 1945. Welthistorische Zäsur und „Stunde Null", in: Docupedia-Zeitgeschichte, S. 3–7 (15.10.2010). Unter: http://docupedia.de/zg/Klessmann_1945_v1_de_2010 (Stand: 21.12.2020); Sabrow, Martin: „Stunde Null" (s. Anmerkung 1991), S. 31; Steinberg, Swen: Jenseits (s. Anmerkung 47), S. 425, 428–434. Sowohl für die DDR als auch die BRD bedeutete 1945 keine „Stunde Null". Gerade in wirtschaftlicher Sicht weisen viele Wege aus der Zeit vor der deutschen Kapitulation in die Nachkriegszeit. Christoph Kleßmann weist auf den Mythos der „Stunde Null" als westdeutsches Phänomen in Abgrenzung zum „Befreiungs-Mythos" der DDR hin. Aber auch in Sachsen wurde 1945 lange Zeit als „harte Zäsur" verstanden. Im Osten – so Martin Sabrow – wurde das Kriegsende eher als Entscheidungsmoment zwischen zwei unterschiedlichen Zukünften wahrgenommen.

https://doi.org/10.1515/9783110729962-006

schreitender Austausch der Eliten einsetzte,[1993] dessen Ursache in der Ablösung des marktwirtschaftlichen Systems durch das planwirtschaftliche gesehen wurde. Eine solche Sichtweise weist jedoch zahlreiche Schwächen auf: Erstens unterschieden sich die Ökonomien beider Diktaturen nicht so stark, waren doch bereits lange vor Kriegsbeginn marktwirtschaftliche Beziehungen durch die Zwangsbewirtschaftung von Devisen beseitigt – zunächst durch die Einschränkung des Zugangs zu internationalen Märkten und ab 1936 mit dem „Vierjahresplan", als auch bei anderen Rohstoffen eine Kontingentierung erfolgte.[1994] Spätestens in der Kriegswirtschaft tauchen verstärkt Elemente der zentralen Wirtschaftslenkung auf, vor allem in der Zeit seit 1942. Zweitens bestanden über die Grenzen der Phasen technologische Gemeinsamkeiten, die es notwendig machten, auf die Funktionseliten und Führungskräfte und deren Wissen der vorherigen Phasen zurückzugreifen. Das darf nicht unterschätzt werden. Denn wie Georg Wagner-Kyora in seiner Habilitationsschrift zeigt, waren sich diese Akteure ihrer Bedeutung bewusst und traten entsprechend auf.[1995] Drittens bestand am Ende des Zweiten Weltkrieges bei einer Mehrheit der Bevölkerung in Ost und West die Vorstellung, dass eine Art von Zentralplanwirtschaft als Alternative zur Krisenhaftigkeit der Marktwirtschaft nötig sei. Viertens wird die Anpassungsfähigkeit der wirtschaftlichen Eliten übersehen, die in der Mehrzahl problemlos den Übergang von der Weimarer Republik zum Nationalsozialismus vollzogen und sich nach Ende des Krieges bereitwillig in die SBZ und DDR integrierten. Dies galt im besonderen Maß für den Industriekomplex, da hier bereits seit den 1920er-Jahren der Staat die Position des Unternehmers innehatte.

Für den Industriekomplex lässt sich daher die These aufstellen, dass er in allen untersuchten Zeiträumen systemrelevant war und seine Funktionseliten aufgrund ihrer besonderen Qualifikation unersetzbar waren. Das wirft die Frage auf, ob klare Bruchlinien existierten.

Neben den Kontinuitäten müssen ebenso die Transformationen und Brüche betrachtet werden. Diese sind, wie bereits angemerkt, nicht mit dem Kriegsende gleichzusetzen, sondern fokussieren vor allem auf die im Vergleich zur BRD deutlicheren Veränderung des Wirtschaftssystems in SBZ und DDR. Das Reparationsregime der UdSSR in der SBZ wirkte prägender auf die ökonomische Entwicklung als die Entflechtungsmaßnahmen der westlichen Alliierten in ihren

---

1993 Vgl. Halder: „Modell" (s. Anmerkung 654), S. 17; Steinberg, Swen: Jenseits (s. Anmerkung 47), S. 425 ff. Steinberg verweist hier nur auf die Zäsuren, die Winfried Halder en detail für die Transformation der sächsischen Wirtschaft herausgearbeitet hat, stellt aber die „Harte Zäsur" in Frage.

1994 Ähnlich lässt sich die Exportförderung durch Hjalmar Schacht interpretieren.

1995 Vgl. Wagner-Kyora, Georg: Selbst (s. Anmerkung 21), S. 20.

Besatzungszonen. Auch die Übergabe der SAGs hatte eine andere Bedeutung als die konstante Entwicklung im Rahmen der „Sozialen Marktwirtschaft“ und des „Wirtschaftswunders“ im Westen.

Tab. 65 stellt vergleichend die Veränderungen in Bezug auf Organisation, Führungskräfte und Belegschaft dar und verdeutlicht die Transformationen von einer Aktiengesellschaft hin zu einem VEB mit seinen verschiedenen Implikationen, wobei auch die Zeit vor 1945 als Ausgangspunkt berücksichtigt wurde.

	Phase I	**Phase II**	**Phase III**
	1933	**1945/46**	**1952/54**
Transformation der Firmenorganisation	Keine (AG)	AG → SAG	SAG → VEB
Kontinuität der Unternehmensleitung	Nein	Nein	Nein
Kontinuität der Werksleitung	Ja	Nein	Teilweise
Kontinuität der Führungskräfte	Ja	Teilweise	Ja
Kontinuität der Belegschaft	Ja	Teilweise	Ja
Kontinuität der Unternehmensorganisation	Ja	Nein	Nein
Kontinuität der Organisationform der Werksleitung	Ja	Teilweise	Teilweise
Kontinuität der Abteilungsorganisation	Ja	Ja	Teilweise
Kontinuität der Gewerkschaftsorganisation	Nein	Nein	Teilweise

Tab. 65: Kontinuitäten und Transformationen in den Umbrüchen

Wirtschaftsorganisation 1933 bis 1965

Kontinuitäten in der Wirtschaftsorganisation

Die Kontinuitäten der Wirtschaftsorganisation beziehen sich auf drei Kategorien – erstens Räume, zweitens Organisationsstrukturen und drittens betriebliche Praxis.

a) Räume

Der Begriff „Raum“ meint umfassend die Werksanlagen und Werkswohnungen im Industriekomplex. Die Lagerstrukturen eignen sich besonders für den Vergleich, da sie ursprünglich nur für eine kurze Nutzungsdauer ausgelegt waren, jedoch über den gesamten Untersuchungszeitraum genutzt wurden. Der Wohnlagerkomplex Margarethenhain, an der Bundesstraße 95 am Ortsausgang Espenhain gegenüber vom Werk gelegen, bildet gleichsam die Belegschaftsgeschichte unter einem Brennglas ab. Dabei lässt sich zum einen die Belegung der Lager mit gesellschaftlichen Randgruppen und zum anderen die räumliche Enge als Kontinuitätslinie konstatieren. In der NS-Zeit handelte es sich bei den Bewohnerinnen und Bewohnern vor allem um ausländische Arbeitskräfte und deutsche Dienstverpflichtete, die sowohl in der Betriebs- als auch in der Gesellschaftshierarchie zur untersten Ebene gehörten.[1996] Gleichzeitig waren bis zu 10 000 Personen auf einmal in diesem Lagerkomplex untergebracht. Nach 1945 dienten die Lager wieder als Unterbringungsort für randständige Gruppen. Anfangs waren es Geflüchtete aus Ostmittel- und Südosteuropa, die, von der Bevölkerung ungeliebt, teilweise jahrelang in den maroden Komplexen untergebracht wurden.[1997] Dabei bestand die Konzentration vieler Menschen, wenn auch in abnehmender Dichte, an diesem Ort fort. Noch vor dem Beginn der letzten Phase erreichte eine neue Gruppe diese Lager. Dabei handelte es sich vor allem um jugendliche Lehrlinge, Montagearbeiter anderer Betriebe und Hilfsarbeiter.[1998] Auch sie lassen sich, durch die Stigmatisierung als „Rowdys" – dies galt zumindest für die Jugendlichen und jungen Erwachsenen –, als Randgruppe bezeichnen. Allein das Wohnen in den ärmlichen Baracken kategorisierte die Bewohnenden als Angehörige der sozialen Unterschicht.

In direkter Konkurrenz um den knappen Raum stehen die Werksanlagen. Sie sind sowohl der größte Flächennutzer als auch von ihrer eigenen Landschaftsinanspruchnahme bedroht. So bestand eine kontinuierliche, durch die Tagebaue bedingte Landschaftsdevastierung, die aus ökologischer Perspektive auch eine Landschaftsdegradierung ist, die den Raum für die Produktionseinrichtungen beschränkte. Dem gegenüber stehen die Fabrikanlagen, die zu jedem untersuchten Zeitabschnitt weiterwuchsen und die Orte Böhlen und Espenhain dominierten. Die Konkurrenz aus Tagebau und Werkanlage ließ nur bedingt Platz für Wohnanlagen, die – auch hier besteht eine Kontinuität – an wenigen, meist peripheren Orten konzentriert wurden. Kitzscher, dessen Ausbau von einem be-

---

1996 Vgl Baumert, Martin: NS-Zwangsarbeit (s. Anmerkung 539), S. 106; SächsStA-L, 20640, Nr. 26, Besprechung vom 28.07.1939, 16 Uhr.

1997 Vgl. Baumert, Martin: NS-Zwangsarbeit (s. Anmerkung 539), S. 106 f.; SächsStA-L, 20680, Nr. 89, Vorschlag für den Umbau vorhandener Lagerbaracken des Wohnlagers Birkenhain vom Juni 1948; Nr. 179, Protokoll der Bau- und Wohnungsbaugenossenschaft vom 26.11.1954; 20681, Nr. 286, Wohnraumbedarf und Wohnungsbau im 2. Fünfjahresplan vom 12.06.1956. Besonders das Lager Birkenhain muss hier genannt werden. Bereits 1954 wurde es von der Betriebsleitung in den Quellen als „abbruchreif" beschrieben. Dennoch lebten 1956 noch 130 Familien unter schlechten hygienischen Bedingungen dort.

1998 Vgl. SächsStA-L, 20681, Nr. 330, Mitteilung Nr. 81/58; 20686, Nr. 141, Abteilungsleiterbesprechung am 19.02.1946. Dabei wurde selbst die alte Bordellbaracke in Pulgar wieder genutzt. Hier kamen mindestens 70 Montagekräfte unter.

schaulichen Bauerndorf zu einer Bergarbeiterstadt über alle drei Phasen erfolgte, belegt diese Entwicklung.

b) Strukturen

Die Frage nach der Kontinuität von Wirtschaftsstrukturen ist schwieriger zu beantworten. Auf der einen Seite blieben innerbetriebliche Organisationsformen in Wirtschaftsunternehmen selbst während systemischer Transformationsprozesse bestehen; der Übergang von AGs zu VEBs bedeutet nur den Wandel übergeordneter Wirtschaftsorgane. Gerade die Übernahme von Strukturen und bestehenden Organisationsmustern war entscheidend für die Absicherung der Produktion des Industriekomplexes in den Phasen des Umbruchs. Auffällig ist hierbei, dass die Kontinuität in der Betriebshierarchie von unten nach oben abnahm. Während sich kaum Nachweise für Eingriffe in die Organisation einzelner Abteilungen außerhalb der Direktionen fanden, war es in den Direktionen genau umgekehrt und sie erfuhren zwischen 1933 und 1965 mehrere Umbrüche. Da sie als Schnittstelle zwischen Produktion und Wirtschaftsorganisation fungierten, waren sie eher Ziel von wirtschaftlichen Experimenten. Hierzu gehörte beispielsweise der teilweise Bedeutungsverlust der kaufmännischen Direktionen sowie der Aufstieg der Arbeitsdirektionen ab 1945.

Änderten sich mit dem Kriegsende 1945 auch die Rahmenbedingungen, so konnten dennoch staatliche und nichtstaatliche Strukturen bestehen bleiben, die zur Zeit des Nationalsozialismus entstanden waren. Exemplarisch zeigt sich diese Form der Kontinuität an der scheinbaren Vertretung der Arbeitnehmerinteressen. Besonders bei der Diskussion um DAF sowie FDGB und ihrer Beständigkeit in der Belegschaftsbetreuung zeigt sich dies.[1999] Beide Organisationen einte zudem ihr Anspruch, alle Belegschaftsmitglieder zu vertreten,[2000] auch übernahm der FDGB

1999 Vgl. Hachtmann, Rüdiger: Rezension von: Schaufuß, Thomas: Die politische Rolle des FDGB-Feriendienstes in der DDR. Sozialtourismus im SED-Staat, Berlin 2011, in: sehepunkte 12, 2012. Unter: http://sehepunkte.de/2012/09/21250.html (Stand 21.12.2020); ders.: Vergleichbarkeit (s. Anmerkung 262), S. 370 ff.; Hürtgen, Renate: Disziplinierung (s. Anmerkung 69), S. 66 f. und 320 f.; Schaufuß, Thomas: FDGB-Feriendienst (s. Anmerkung 69), S. 6 ff.; Werum, Stefan P.: Gewerkschaftlicher Niedergang im sozialistischen Aufbau. Der Freie Deutsche Gewerkschaftsbund (FDGB) 1945 bis 1953, Göttingen 2005, S. 813 ff.; SAPMO, DY 34/24005, Befehl 201 vom 16.09.1947. Ungebrochene Karrieren waren in beiden Organisationen die Ausnahmen, die zudem meistens auf die unterste Ebene beschränkt blieben. Dennoch gab es im Untersuchungsraum die Integration von früheren NSDAP-Mitgliedern als Funktionäre in den FDGB.

2000 Vgl. SächsStA-L, 20633, Nr. 12, Unser Werk im Leistungskampf der deutschen Betriebe 1939/40 vom 10.01.1940, S. 10; Nr. 17, Plan für die in unserem Werke vorgesehene Berufserziehung vom 07.11.1938; SAPMO, DY 34/20683, Bericht über Revierdelegiertenkonferenz der IG Bergbau am 12. & 13.05.1950; NY 4090/64, Überblick der Statistik im VEB Kombinat „Otto Grotewohl" vom 19.02.

die Funktion der DAF mit Blick auf die Verleihung von Auszeichnungen.[2001] Selbst das Thema Reisen sowie der Unterhalt entsprechender Einrichtungen wurden von beiden Organisationen wahrgenommen. Allerdings behielten die Unternehmen die Verfügungsrechte über einen Teil der Ferienobjekte, die kontinuierlich vom Nationalsozialismus über die SBZ bis zur DDR im Besitz der Betriebe blieben. Hierin besteht ein Beispiel für die graduelle betriebliche Freiheit in der Betreuung der Belegschaft. DAF und FDGB stellten darüber hinaus eine Konstanz in der Bedeutungslosigkeit als Personalvertretung dar, die nur kurzzeitig durch die Betriebsräte in der unmittelbaren Nachkriegszeit durchbrochen wurde. Im Endeffekt blieb ihre Rolle über alle drei Phasen gleich: Durch die Betreuung und Begünstigung der Arbeitnehmer-Organisationen sollte die systemrelevante Produktion des Industriekomplexes abgesichert werden.

Deutlicher wird das Fortbestehen von Strukturen anhand der Wirtschaftsorganisation der Unternehmen, was die Kontinuität der Betriebe als Institutionen meint. Diese Strukturen änderten sich bis in die letzte Phase vor allem in den oberen Ebenen. Dabei wechselte die organisatorische Unterstellung der Betriebe des Industriekomplexes mehrfach. Zeitgleich gab es Veränderungen in dem konkreten Gefüge der Werks- und später der Kombinatsleitungen, ohne dass Eingriffe in die Unternehmensabläufe erfolgten. Transformationen in diesen Bereichen erfolgten meistens nur unter wissenschaftlich-technischen Gesichtspunkten mit dem Ziel, die Produktion zu steigern oder zu rationalisieren. Demnach war es eben kein „Primat der Politik", sondern vielmehr ein „Primat der Produktion", dass die Kontinuität der Betriebsorganisation determinierte. Symbolisch steht hierfür das Benzinwerk der Brabag in Böhlen. Bis Mitte der 1960er-Jahre blieb die betriebliche Organisationsstruktur weitestgehend gleich und wurde nur stellenweise, aufgrund der Veränderungen des Produktionsablaufes, ergänzt. Ein Wandel im Benzinwerk trat erst am Ende des Untersuchungszeitraumes, mit der geplanten Rekonstruktion des Werkes als Teil der petrochemischen Industrie im Zuge des Modernisierungsschubs im NÖSPL, ein.

Neben den drei Untersuchungsphasen übergreifende Kontinuitäten, lassen sich auch Parallelen benennen, die nur zwischen zwei Phasen bestanden. Die

---

1953. Für die DAF wurden nur Zahlen für das Brabag-Werk im Industriekomplex überliefert, die 1938 mit 90 % und 1940 mit 92 % angegeben wurden. In Espenhain waren 1950 98 % der Belegschaft im FDGB organisiert, in Böhlen 1953 98,5 %.

2001 Vgl. SächsStA-L, 20633, Nr. 12, Unser Werk im Leistungskampf der deutschen Betriebe 1939/40 vom 10.01.1940; 20640, Nr. 36, Direktionsbesprechung vom 16.01.1943; SAPMO, DY 37/2771, Vorschlag zur Auszeichnung des Tagebaues Böhlen mit dem Orden „Banner der Arbeit" vom 14.06.1958. Entweder entschieden die Gewerkschaften selbstständig über diese Auszeichnungen oder unterbreiteten die Vorschläge der übergeordneten Ebene.

ersten und zugleich wichtigsten partiellen Gemeinsamkeiten betrafen den Einfluss von politischen Institutionen bei der Kapazitätsplanung der Anlagen. Erstaunlicherweise bestanden die größten Freiheiten in diesem Bereich unter der sowjetischen Besatzungsmacht, die keinerlei politisch konnotierte Anweisungen über die Produktionsmengen formulierte. Im Nationalsozialismus war hingegen schon der Auf- und Ausbau des Industriekomplexes Ausdruck einer politischen Willensbekundung. Aktiengesellschaften wie Brabag und AKA wurden gegründet, Gremien mit politischen Entscheidungsträgern besetzt sowie Kredite von staatlichen Banken gewährt. Das RWM, der GB chem sowie der „Generalbevollmächtigte für den Arbeitseinsatz" sorgten für die Bereitstellung von Material und Arbeitskräften für den Ausbau. Gleichzeitig forderten sie die Erhöhung von Produktionsmengen oder die Herstellung von bestimmten Produkten. In der DDR-Planwirtschaft war der Untersuchungsraum Teil der verstaatlichten Wirtschaft. Jetzt nahm die staatliche Verwaltung unabhängig von den lokalen Plandiskussionen Einfluss auf die Kapazitäten des Industriekomplexes und ließen sie im Rahmen der „Kohle- und Energieprogramme" sowie des „Chemieprogramms" erweitern. Somit bestanden parallele Entwicklungen in NS- und DDR-Phase.

Die Persistenz in der Nachkriegszeit (1945 bis 1965) betraf beispielsweise die IZ, die überhaupt erst nach 1945 fester Bestandteil des Untersuchungsraumes wurde, dann aber mit einer republikweiten Bedeutung eine wichtige Einrichtung darstellte. Daher beschränkt sich die Kontinuitätslinie auf die Phase der SAGs und der anschließenden DDR-Zeit. In diesem Zeitraum stellte die IZ das wichtigste Planungsbüro für Anlagen der Karbo- und Petrochemie in der SBZ/DDR dar. Verbunden war dieser Aufstieg mit guter Entlohnung und wissenschaftlichen Freiheiten für das Personal, auch wenn es stets skeptisch beäugt und teilweise überwacht wurde.

Die Einflussnahme auf den Industriekomplex durch staatliche Stellen und umgekehrt die Bedeutung des Untersuchungsraumes für die wirtschaftliche Stabilität der Regime lässt sich in allen Phasen nachweisen und zeigt, dass beide einander bedingten. Allerdings kann dies aufgrund der personellen als auch der strukturellen Veränderungen der staatlichen Institutionen nur schwerlich als Kontinuität im Wortsinn bezeichnet werden. Kontinuierlich war einzig das paternalistische Verhalten des Staates bei gleichzeitiger Abhängigkeit von der Produktion des Industriekomplexes – ein systemischer Zusammenhang in autarken Ökonomien.

c) Betriebliche Praxis

Mit Blick auf die betriebliche Praxis im Industriekomplex ist vor allem auf die politisch motivierte Personalpolitik, insbesondere bei der Gewinnung der Führungskräfte und Funktionseliten zu verweisen, die eine Gemeinsamkeit in allen

Phasen darstellt. Die Auswahl nach politischen Gesichtspunkten führte dazu, dass auch ungeeignetes Personal in Führungspositionen aufsteigen und sich dort auch halten konnte. So hätten in der NS-Zeit bei der Brabag SS- und SA-Führer wegen strafrechtlicher Vergehen, kriminellen Verhaltens oder charakterlicher Verfehlungen entlassen werden müssen, was aber wegen des Arbeitskräftemangels bzw. aufgrund persönlicher Verbindungen nicht immer erfolgte.[2002] Ähnlich verhielt es sich nach dem Krieg. Jetzt waren es zum Teil alte KPD-Kader, die in Führungspositionen aufstiegen, obgleich es ihnen an den notwendigen Qualifikationen mangelte. Ein Kaderleiter in Böhlen beispielsweise blieb trotz der Tatsache, dass seine Überforderung spätestens seit 1954 der Partei bekannt war, bis 1959 auf seinem Posten.[2003] Auch der Hauptdirektor Josef Kahn in Böhlen erscheint auf den ersten Blick in seiner Leitungsposition überfordert, da er nur eine Facharbeiterqualifikation aufwies. Dieses Manko glich er jedoch durch eine geschickte Personalpolitik aus, die sich auf das Wissen der alten Spezialisten verließ – Konflikte mit Teilen der SED waren daher unvermeidlich.[2004] Vor allem die Wirtschaftsfunktionäre – häufig SED-Mitglieder – waren in der letzten Phase mit ihren Aufgaben überfordert. Dies galt nicht nur für Parteikader, sondern auch für Aufsteiger aus mittleren Führungspositionen. Ein Beispiel ist der Hauptdirektor Richard Kilian in Espenhain, der die Anforderungen der Kombinatsleitung aufgrund seiner Qualifikation als mittlere Führungskraft nicht ausfüllen konnte.

Für die Werksleitung lässt sich verallgemeinern, dass, mit Ausnahme von Karl Förster und Karl Moeser (vgl. Biografischen Anhang, Werk- und Kombinatsdirektoren in Böhlen 1933 bis 1965 und Werk- und Kombinatsdirektoren in Espenhain 1937 bis 1965), sämtliche Betriebsleiter in allen drei Untersuchungsphasen

---

2002 Vgl. BArch, NS 19/1363, Brief an SS-Obersturmbahnführer Dr. Rudolf Brandt, Persönlicher Stab des Reichsführers SS vom 02.06.1942.

2003 Vgl. SächsStA-L, 20687, Nr. 1136, Bericht über die Durchsetzung der sozialistischen Leitungsprinzipien vom 24.06.1959; 21125, Nr. IV/4/03/018, Kaderpolitische Zusammensetzung vom 09.02.1954; 22243, Nr. 4, Beratung der Funktionäre des BS-Amtes Böhlen vom 30.11.1959. Dabei wurde seine Beeinflussbarkeit durch Experten der einzelnen Abteilungen bemängelt. Kritisch muss gesehen werden, dass sich dieser Vorwurf darauf bezog, dass er eine politische Leitlinie bei der Kaderentwicklung vernachlässigte. Berechtigt war hingegen die Kritik, dass er wenig mit seinen Untergebenen zusammenarbeitete und vor allem Personen, die in räumlicher Nähe zu seinem Heimatort lebten, bei der Einstellung bevorzugte.

2004 Vgl. BArch, DC 1/1568, Anlage 2 Charakteristika der leitenden Angestellten vom 17.04.1950; SächsStA-L, 21125, Nr. IV/4/3/062, Bericht der Genossen, die als Agitatoren im Betrieb eingesetzt waren vom 01.08.1953. Die Kreisleitung der SED begegnete Kahn schon bei seiner Ernennung mit Misstrauen, nachdem sie sich vergeblich gegen ihn gewehrt hatte. Als 1953 dann die Möglichkeit zu seiner Absetzung bestand, da er seine politischen Kompetenzen überschritten hatte, wurde dies konsequent verfolgt.

aus der eigenen Belegschaft rekrutiert wurden, oder, wie im Falle von Ernst Hochschwender und Herbert von Felbert, aus den an der Gründung beteiligten Unternehmen stammten. Dies spricht für eine an der betrieblichen Praxis orientierte Personalpolitik, die eine Partizipation des Industriekomplexes bei der Auswahl oder zumindest einen Meinungsaustausch impliziert, ohne dass dies explizit überliefert ist.

Mangel stellte ebenfalls eine Kontinuität über den gesamten Untersuchungszeitraum dar und betraf besonders Material und Personal, allerdings unterscheiden sich die spezifischen Ausgangslagen. Im Nationalsozialismus trat das Phänomen Mangel mit dem „Vierjahresplan" ab 1936 auf, zuerst durch die Politik der Aufrüstung begründet, die die Industrie an die Grenzen ihrer Leistungsfähigkeit führte, danach durch begrenzte Produktionskapazitäten und unterschiedliche Verteilungsprioritäten. Selbst die stets bevorzugte Brabag musste sich bereits 1937 mit den beschränkten Materialzuteilungen auseinandersetzen.[2005] In der unmittelbaren Nachkriegszeit lagen die Ursachen vor allem in den Kriegszerstörungen sowie den Demontagen von Produktionsanlagen und Infrastruktur, hingen aber ebenso mit den sich verkomplizierenden Handelsbeziehungen im sich abzeichnenden Ost-West-Konflikt zusammen. In der letzten Phase verursachten vor allem die problematischen, planwirtschaftlichen Versorgungsbeziehungen und die gestörten Handelsbeziehungen, die durch Abschottung vom kapitalistischen Westen und mangelnde Kooperation im RGW geprägt waren, den Materialmangel. Geradezu symbolhaft für die Kontinuität des Mangels über alle drei Untersuchungszeiträume steht die Beschaffung eines Baggers für den Tagebau Espenhain, dessen Bestellung zu Jahresbeginn 1941 erfolgte und dessen Fertigstellung im Juli 1943 geplant war. Schlussendlich gelang die Inbetriebnahme eines entsprechenden Geräts jedoch erst 1957, nach mehreren gescheiterten Versuchen, als kompletter Neubau.[2006] Dies ist besonders vor dem Hintergrund erstaunlich, dass der Industriekomplex bis Ende der 1950er-Jahre in vielen Bereichen priorisiert versorgt wurde.

In ähnlicher Weise prägte der Personalmangel alle Untersuchungsphasen; im Nationalsozialismus ausgelöst durch die Aufrüstung und später den Krieg, in SBZ und DDR vor allem durch die Abwanderung in andere Branchen und die „Republikflucht" in die BRD. Auch andere Probleme, wie die Umweltverschmutzun-

2005 Vgl. BArch, R 3101/18222, Vermerk über die Besichtigung des Werkes Böhlen am 20.03.1937.
2006 Vgl. ebd., DG 2/10129, Ausrüstung für den 3. Brückenschnitt vom 21.12.1954; Urban, Thomas: Zwangsarbeit (s. Anmerkung 62), S. 115; Schmidt, Thomas: Großtagebau (s. Anmerkung 120).

gen, die kontinuierlich zwischen 1933 und 1965 den Industriekomplex prägten, konnten die Personalgewinnung erschweren.[2007]

Auch den betrieblichen Wohnungsbau zeichnen Kontinuitäten in allen drei Phasen aus. Diese bezogen sich auf den allgemeinen Wohnungsbau zur Versorgung der Belegschaft, um diese an die Betriebe zu binden. Ein Teil der Belegschaft profitierte nicht nur von niedrigen Mieten, sondern auch von einer überdurchschnittlichen Ausstattung des Wohnraumes. Bei der Wohnraumvergabe wurden Funktionseliten gegenüber den restlichen Arbeitskräften sowohl qualitativ als auch quantitativ bevorzugt. Ihre offenkundige strukturelle Begünstigung zieht sich durch alle Zeiträume hindurch; sollte sogar bis zum Ende der DDR und darüber hinaus bestehen bleiben.[2008] Eine weitere Parallele zeigt die strukturelle Bedeutung des Industriekomplexes für die drei Systeme in Bezug auf den Wohnungsbau. Mit der Errichtung von Musterhäusern verbanden sich neue Ansiedlungskonzepte und je nach politischer Ausrichtung gingen aus ihnen „nationalsozialistische" oder „sozialistische" Modellsiedlungen hervor.[2009] In ihnen symbolisiert sich die jeweilige Autarkiepolitik im Kleinen, nicht nur durch die propagierte Selbstversorgung bzw. Konstruktion aus Ersatzmaterialien, sondern auch darin, dass die DAF bzw. der FDGB Projektträger waren. An der Beteiligung dieser Organisationen lässt sich eine Beständigkeit in der externen Steuerung durch staatliche Stellen erkennen, die jeweils ihre Gesellschaftsutopie zu reali-

2007 Vgl. Steinbach, Walter C.: „Eine Mark" (s. Anmerkung 95), S. 175 f. Inwiefern die in allen Zeiten bestehenden gravierenden Umweltverschmutzungen und die damit verbundenen Lebensbedingungen im Untersuchungsraum die Anwerbung und das Halten von Arbeitskräften erschwerten, lässt sich schwer bestimmen, der Einfluss dieser Faktoren nahm aber im Zeitverlauf zu. Ein Stasi-Bericht, der allerdings erst aus dem Jahr 1988 stammt, legt dies nahe.

2008 Vgl. Hofmann, Michael: Kohlearbeiter (s. Anmerkung 15), S. 127 ff. So waren es die alten Eliten, die auch die ökologische Sanierung des Untersuchungsraumes nach 1990 in Angriff nahmen.

2009 Vgl. BArch, NS 5-IV/Plan/94, Siedlerstelle Typ A für Standort Magdeburg u. Böhlen, Mitteldeutschland Brabag-Siedlung Typ F, Böhlen bei Leipzig, Mitteldeutschland Brabag-Siedlung Typ G, Böhlen bei Leipzig; SAPMO, DY 34/1699, Böhlener Wohnhaus vom 18.06.1949. Beide Haustypen sollten mustergültig für andere Siedlungen sein und stellten eine Reaktion auf die strukturellen Mängel, vor allem bei Baumaterialien, dar. Bei dem Böhlener Wohnhaus von 1949 sollten so beispielsweise zahlreiche schwer zu beschaffende Baustoffe durch Ersatzmaterial, wie Hohlbetonsteine, ersetzt werden. Die Siedlungshäuser hingegen waren deutlich besser als die primitiven Siedlungshäuschen, die sonst im Nationalsozialismus realisiert wurden. Diese zeichneten sich durch eine auf Selbstversorgung der Bewohner ausgelegte Wohnraumstruktur aus. Dadurch sollten die Bewohner im geplanten Krieg in der Lage sein, sich teilweise selbst mit Lebensmitteln zu versorgen.

sieren suchten. Dennoch blieb der Wohnraummangel im Industriekomplex bis zum Ende des Untersuchungszeitraumes 1965 bestehen.[2010]

Die betriebliche Überwachung dokumentiert ebenfalls partielle Gemeinsamkeiten zwischen den verschiedenen Phasen. Im Nationalsozialismus fokussierten die Überwachungskategorien des Werkschutzes vor Kriegsbeginn nur eine kleine Gruppe von Personen mit abweichenden Einstellungen und Verhalten. Mit dem massenhaften Einsatz von Zwangsarbeiterinnen und Zwangsarbeitern sowie von Kriegsgefangenen traten signifikante Änderungen ein. Ihre Überwachung und Repression durch den Werkschutz, aber auch durch Wehrmacht und Polizei, gehörten zum Alltag und bildeten gleichzeitig aus humaner Sicht den Tiefpunkt menschlichen Miteinanders im Untersuchungsraum. Dies unterscheidet diese Überwachungsmuster von jenen nach Kriegsende, die für die beiden Phasen nach 1945 eine Kontinuität bilden. Sowohl unter sowjetischer als auch unter volkseigener Leitung richtete sich die Überwachung gegen die gesamte Belegschaft; Sabotage und Havarie stiegen zu Kategorien der Verfolgung auf. Kritik an wirtschaftlichen Problemen konnte, teilweise willkürlich, zum Verlust von Stellung, Beruf aber auch von Freiheit und Leben führen. Aber auch hier offenbaren sich graduelle Unterschiede, die in den differenten politischen Systemen von SBZ und DDR fußten. Waren Verfolgung, Haft und sogar Todesstrafe im stalinistischen System verbreitet und forderten nachweislich Opfer unter der Belegschaft, änderte sich dies sukzessive ab Mitte der 1950er-Jahre. Nun stand vor allem eine allumfassende, fast schon paranoide Überwachung im Vordergrund, ausgeführt durch Betriebsschutz und MfS. Die Kontrolle der Belegschaft war nach heutiger Erkenntnis und nach damaligen wirtschaftlichen Gesichtspunkten unsinnig. Zwar vermeldeten die Kontrollorgane immer wieder Flugblattfunde und Graffiti, die abweichende Meinungen belegen, auch einzelne Mitglieder der KgU und des UFJ, allerdings nicht in einem betriebsgefährdenden Ausmaß, fanden sich in der Belegschaft.[2011] Diese DDR typische Paranoia tritt besonders sinnfällig in den

---

2010 Vgl. SächsStA-L, 20687, Nr. 45, Werksleitungssitzung vom 10.06.1965, Werksleitungsvorlage gegenwärtige Wohnraumsituation vom 02.06.1965. Die Gründe für den Mangel an Wohnraum waren vor allem branchenspezifisch, da der Braunkohlentagebau zahlreiche Flächen beanspruchte und somit Umsiedlungsraum geschaffen werden musste. Gleichzeitig begrenzte er die Neubauflächen. Hinzu kam eine politische Dimension: Der weitere Ausbau des Industriekomplexes bis 1965 erforderte zusätzlichen Wohnraum.

2011 Vgl. o. A.: Faschistische Agentenbande zerschlagen, in: Leipziger Volkszeitung, 230 v. 03.10.1953, S. 4; Rudolph, Jörg/Drauschke, Frank/Sachse, Alexander: Hingerichtet (s. Anmerkung 936), S. 79 f.; SächsStA-L, 22244, Nr. 11, Geschichte des BS-Kdo. Espenhain im Ersten 5-Jahresplan 1951-1955, S. 70.

Havarien hervor, die bei näherer Betrachtung gerade keine Sabotageakte waren, sondern meistens durch Material- und Personalmangel ausgelöst wurden.

Brüche in der Wirtschaftsorganisation

Diesen Kontinuitäten standen Brüche in der Wirtschaftsorganisation gegenüber, die aufgrund der Länge des Untersuchungszeitraumes von 32 Jahren unvermeidlich scheinen. Zugleich waren sie der Entwicklung von privaten Aktiengesellschaften in öffentlicher Hand über Aktiengesellschaften im entstehenden Sozialismus hin zu Volkseigenen Kombinaten in der Planwirtschaft geschuldet. Die Diskontinuitäten vollzogen sich nicht nur zwischen den verschiedenen Zeiträumen, sondern teilweise in den Phasen selbst, besonders während der Implementierung des NÖSPL.

Auch hier lassen sich verschiedene Formen der Transformation feststellen. Dabei standen die Brüche teilweise diametral den Kontinuitäten gegenüber, obwohl sie zeitlich mit diesen zusammenfielen. Die Umstrukturierungen der Wirtschaftsorganisation im Industriekomplex hatten dabei dasselbe Ziel: Die Produktion des Industriekomplexes aufrechtzuerhalten und nach Möglichkeit zu erweitern – ergo die Absicherung des „Primates der Produktion".

Bei der Transformation der Wirtschaftsorganisation zeigen sich vier Bruchlinien, die durch die Übergänge der drei Phasen definiert werden. Die erste Zäsur erfolgte 1933 und stellte eine nationalsozialistische „Säuberung" von Vorstand und Aufsichtsrat der ASW in Dresden dar.[2012] In die privatwirtschaftliche Organisationsstruktur der Aktiengesellschaften (vgl. Schema 11) wurde hingegen nicht eingegriffen und Führungskräfte nur in wenigen Fällen abgelöst.[2013] Blieben die Veränderungen in der NS-Zeit anfänglich gering, änderte sich dies während des Krieges unter den Besonderheiten der Kriegswirtschaft. Gleichzeitig waren strukturelle Eingriffe von außen feststellbar, wie der Konflikt zwischen dem „Gauleiter" Martin Mutschmann und seinem Paladin Georg Lenk, der zur Absetzung Lenks und zur Etablierung des Mutschmann-Vertrauten Werner Schmiedel in AKA und ASW führte.[2014] Dies waren aber weniger organisatorische als per-

2012 Vgl. Hönsch, Fritz: Aktiengesellschaft (s. Anmerkung 98), S. 89 f.; SächsStA-D, 11605, Nr. 3231, Geschäftsbericht für das Jahr 1931 und 1934.

2013 Vgl. Kaufmann, Gregor/Nabert, Thomas: Böhlen (s. Anmerkung 16), S. 66. Nur ein einziger solcher Fall ist aus dem Untersuchungsraum überliefert. Allerdings muss es gerade unter Personen aus der Arbeiterklasse deutlich mehr gegeben haben, wie die Beispiele von Josef Kahn und anderen Personen, die auf einer Liste als politisch unzuverlässig geführt wurden, zeigen.

2014 Vgl. Schmeitzner, Mike: Fall Mutschmann (s. Anmerkung 842), S. 54 f.

sonalpolitische Veränderungen an der Führungsspitze, auch wenn Schmiedel die Organisationform der ASW überarbeiten ließ. Seine geplanten Veränderungen zielten auf eine Mobilisierung im „Totalen Krieg", deren Umsetzung aber nur begrenzt erfolgte.

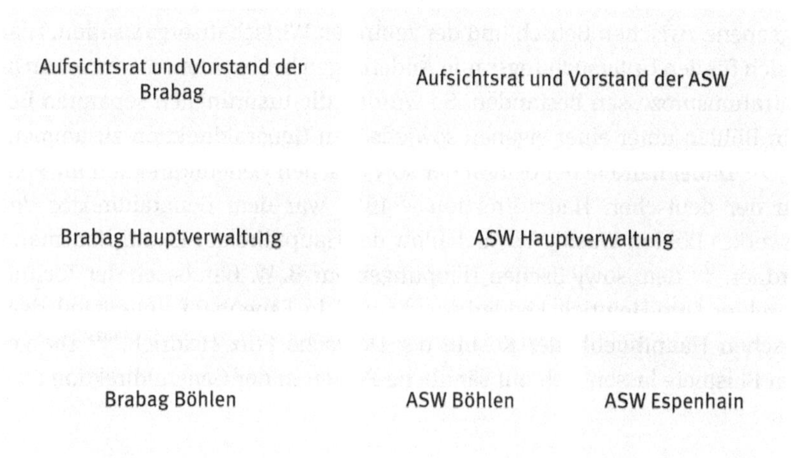

Schema 11: Hierarchie von Brabag und ASW im „Dritten Reich"[2015]

Der zweite Bruch erfolgte nach 1945 durch die Übernahme des Industriekomplexes durch die neuen Machthaber in der SBZ. Die Eingriffe in die Organisationsstruktur setzten allerdings nicht mit dem Kriegsende ein, sondern erst mit der Übernahme der Unternehmen durch die SMA im Sommer 1946.[2016] Davor sind nur Entlassungen und der Abgang von einzelnen Führungskräften zu konstatieren.[2017] Selbst die Hauptverwaltungen konnten weiterhin ihren Einfluss ausüben, auch wenn sich dies durch die Ländergrenzen in der SBZ teilweise schwierig gestaltete. Die Gründung der SAGs stellte hingegen den Beginn einer tiefgreifenden Strukturveränderung dar. Erstens wurden die Unternehmen enteignet und die Hauptverwaltungen abgewickelt.[2018] Zweitens erfolgte ein struktureller Umbau der

2015 Dieses Schema wurde vom Autor entworfen und hat keine Vorlage, orientiert sich allerdings an den Schemata 1 bis 3.

2016 Vgl. SächsStA-L, 20680 Nr. 17, Verfügung Nr. 1 vom 27.07.1946.

2017 Vgl. ebd., 20686, Nr. 141, Abteilungsleiterbesprechung am 09.01.1946.

2018 Vgl. BArch, DG 2/12718, Besprechung der früheren Braunkohle-Benzin-Werke vom 23.07.1946; SächsStA-L, 20686, Nr. 106, Gesamtverzeichnis der Ermittlung vom Dezember 1946, Befehl des Chefs der SMA f.d. BLS Nr. 239 vom 05.08.1946. Die Brabag bestand in den westlichen Besatzungszonen noch bis in die 1950er-Jahre.

obersten Führungsebene im Unternehmen (vgl. Schema 12) und die sowjetische Kontrolle etablierte sich auf zwei Ebenen. Auf der oberen Ebene bestanden die Hauptverwaltungen der SAGs, die verwandte Betriebe zusammenfassten und die an Profiten orientiert waren.[2019] Auf der unteren Stufe wurde zusätzlich zur deutschen eine sowjetische Direktion in den Werken eingerichtet, sie bildete die Leitungsebene zwischen Betrieb und der zentralen Wirtschaftsorganisation. Hier lassen sich für den Untersuchungsraum Änderungen beobachten, die vor allem in Konzentrationsprozessen bestanden. So wurden die ursprünglich separaten Betriebe in Böhlen unter einer eigenen sowjetischen Generaldirektion zusammengefasst.[2020] Dabei hatte jede Position der sowjetischen Generaldirektion ihr Pendant in der deutschen Hauptdirektion – 1946 war dem Generaldirektor des Benzinwerkes Böhlen Wasiliy W. Michailow der Hauptdirektor Ewald Hausmann beigeordnet,[2021] dem sowjetischen Hauptingenieur B. W. Barabasch der Technische Direktor Otto-Heinrich Ledderboge[2022] und in Espenhain unterstand dem sowjetischen Hauptbuchhalter Koshin der Deutsche Fritz Heidrich.[2023] Die genannten Beispiele lassen sich auf sämtliche Posten in der Generaldirektion ausdehnen.

2019 Vgl. Sperling, Dieter/Schossig, Wolfgang: Wirtschaftsorganisation (s. Anmerkung 76), S. 250. Der Untersuchungsraum ist ein Musterbeispiel für die Wechsel von Zuständigkeiten und Organisationsformen sowie für Probleme bei der Trennung von zusammenhängenden Betriebsteilen. Während 1946/47 alle Böhlener Betriebsteile sowie das Braunkohlenwerk Espenhain der SAG „Topliwo“ unterstanden, war das Kraftwerk Espenhain Teil der SAG „Elektrostancii“. Von Februar 1947 bis Ende Januar 1950 sah die Situation anders aus. Während alle Böhlener Betriebe weiterhin der SAG „Topliwo“ angehörten, die jetzt aber nur noch diesen Standort umfasste, wurde Espenhain zusammen mit dem Kombinat Regis Teil der SAG „Brikett“, die 1949 um die Kombinate Deutzen und Borna erweitert wurde. Erst seit 1950 bis zur Übergabe von Böhlen 1952 stand der gesamte Untersuchungsraum unter einheitlicher Verwaltung der SAG „Brikett“. Es lassen sich dabei wirtschaftliche Konzentrationsprozesse beobachten, die anfangs getrennte, aber produktionstechnisch zusammengehörende Teile wieder zusammenfügten. Ab 1949/50 ging es darum, die Effizienz durch eine straffere Verwaltung zu erhöhen, obwohl gleichzeitig die Wirtschaftlichkeit eher abnahm.

2020 Vgl. BArch, DN 4/2290, Überweisungen zwischen den Konten vom 18.12.1952.

2021 Vgl. SächsStA-L, 20686, Nr. 24, Anordnung Nr. 1 des Generaldirektors des Benzinwerkes Böhlen vom 07.08.1946.

2022 Vgl. ebd., Anordnung Nr. 1 des Generaldirektors vom Kombinat „Böhlen“ vom 22.07.1946, Anordnung Nr. 2 des Generaldirektors des Benzinwerkes Böhlen vom 07.08.1946.

2023 Vgl. BArch, DN 4/2022, Betr.: Konto 1820 vom 18.05.1948, Betr.: Konto Nr. 1011 vom 21.08.1948.

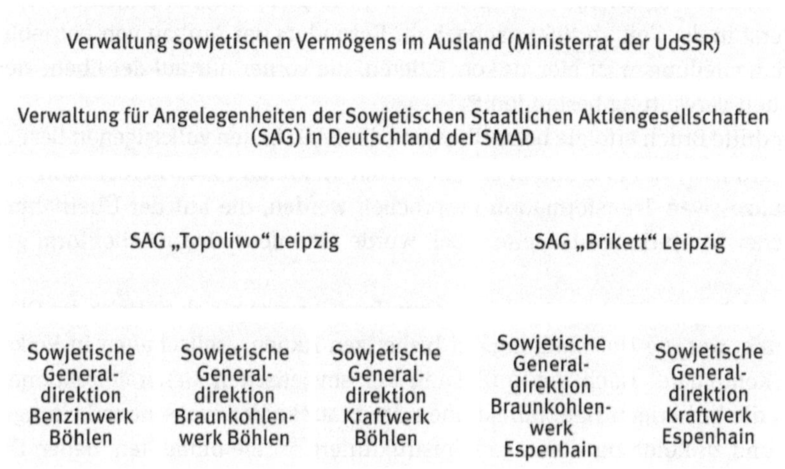

Schema 12: Struktur der SAG im Industriekomplex und ihrer übergeordneten Organe 1946[2024]

Trotz der Organisationsform einer Aktiengesellschaft stellte die SAG einen strukturellen Übergang von der Markt- zur Zentralplanwirtschaft dar, deren Ausrichtung spätestens seit der Gründung der DDR 1949 auch die SAGs prägte. Gewisse planwirtschaftliche Methoden und Abteilungen hatte die sowjetische Administration schon vorher eingeführt, sie bedingten erste betriebswirtschaftliche Veränderungen. Allerdings belegt auch die Geschichte des Industriekomplexes Karlschs Aussage, wonach die SAG nicht von Beginn an Ausgangspunkt einer „Sowjetisierung“ der Wirtschaft waren.[2025] Dennoch wurden mit den Dispatcherabteilungen Leitungsinstrumente aus der sowjetischen Zentralplanwirtschaft bereits 1946 im Untersuchungsraum etabliert, in der restlichen DDR allerdings erst 1953 eingeführt.[2026] Diese innerbetrieblichen Veränderungen sind auf persönliche Prägungen der sowjetischen Führungskräfte durch die Planwirtschaft in der Sowjetunion zurückzuführen, die hiermit auf die Probleme und Mängel der

2024 Vgl. Sperling, Dieter/Schossig, Wolfgang: Wirtschaftsorganisation (s. Anmerkung 76), S. 250.

2025 Vgl. Karlsch, Rainer: Die Arbeitsverhältnisse in den Betrieben der Sowjetischen Aktiengesellschaften (SAG), in: Hübner, Peter/Tenfelde, Klaus (Hrsg.): Arbeiter in der SBZ – DDR, (s. Anmerkung 51), S. 269 – 300, hier S. 297 ff.

2026 Vgl. Sperling, Dieter/Schossig, Wolfgang: Wirtschaftsorganisation (s. Anmerkung 76), S. 118; SächsStA-L, 20687, Nr. 24, Tabelle der Terminmeldungen und periodischen Rechenschaftsberichte vom 21.11.1946. Dabei hatte sie nur eine begrenzte Vorbildfunktion für die Planwirtschaft und diente zuvorderst der Betriebsführung.

Nachkriegszeit reagierten.[2027] Die Etablierung des planwirtschaftlichen Systems wurde erst in der Zeit ab 1950 nachgeholt. Besonders der Aufbau von betrieblichen Planabteilungen ist hier zu konstatieren, die vorher nur auf der Ebene der staatlichen Verwaltung bestanden.[2028]

Der dritte Bruch erfolgte beim Übergang der SAGs in den volkseigenen Besitz, in Böhlen am 01. Mai 1952 und in Espenhain am 01. Januar 1954. Hierbei kann von einer sukzessiven Transformation gesprochen werden, die auf der Übernahme zahlreicher Institutionen basierte, doch wurde eine neue Organisationform gewählt.

Der wichtigste Strukturwandel, der mit dem Übergang in den Besitz der DDR einherging, war die Umwandlung der bisherigen Aktiengesellschaften in Volkseigene Kombinate. Nach der Auflösung der sowjetischen Generaldirektionen wurden die bisherigen Hauptdirektionen der Braunkohlenwerke neue Leitungsorgane und zu Kombinatsleitungen umstrukturiert.[2029] Sie umfassten, neben Direktoren für die Bereiche Kohle, Chemie und Energie, den Arbeitsdirektor, den Kaufmännischen Direktor, den Technischen Direktor, den Produktionsdirektor, den Leiter der Planungsabteilung, den Leiter der Kaderabteilung, den Leiter der Sicherheitsinspektion, den Leiter der Investabteilung, den Haupttechnologen, den Hauptdispatcher, den Hauptökonomen, den Hauptbuchhalter sowie den Markscheider.[2030] Kultur- und Sozialdirektoren, wie in den SAGs, waren hingegen nicht mehr zu finden. Besonders im Vergleich mit der Zeit des Nationalsozialismus zeigt sich eine deutliche Vergrößerung des Direktoriums.

Mit dem Wechsel der Besitzverhältnisse änderte sich auch die Unterstellung unter die übergeordnete Wirtschaftsorganisation, die von mangelnder Konstanz und zahlreichen administrativen Eingriffen geprägt war, ein konstitutives Merkmal der DDR-Wirtschaftspolitik (vgl. Schema 13 und 14): Allein zwischen Januar

2027 Vgl. SächsStA-L, 20686, Nr. 24, Tabelle der Terminmeldungen und periodischen Rechenschaftsberichte vom 21.11.1946; Nr. 139, Niederschrift über die 2. KP-Abteilungsleiterbesprechung vom 25.01.1947. Besonders die Etablierung von Dispatcherabteilungen galt als ein Charakteristikum der Planwirtschaft. Gleichzeitig kannten die sowjetischen Manager aus ihrer Heimat diese Abteilungen als Mittel zur Steuerung und Kontrolle der Produktion. Gerade der Zeitpunkt der Etablierung des Systems unterstreicht die These, dass sie diese als Leitungsinstrument in einer potenziell feindlichen Umgebung des Kapitalismus nutzen wollten, um den Profit sicherzustellen.
2028 Vgl. ebd., 20680, Nr. 17, Befehl Nr. 335 vom 21.11.1946; Nr. 21, Befehl Nr. 23 vom 29.06.1950; 20686, Nr. 309, Zusammenstellung der Planstellen der Abteilung HW vom 01.04.1951.
2029 Vgl. SächsStA-L, 20237, Nr. 1, Vergütung von Bergschäden vom 27.12.1950; SAPMO, NY 4090/64, Einführung von legiertem Hochdruckmaterial aus der ČSR vom 12.01.1953. Trotz der teilweise höheren Qualifizierungen setzten sich in beiden Kombinaten die Leiter der Braunkohlenwerke durch. Allerdings blieben sie nicht lange auf diesen Posten.
2030 Vgl. SächsStA-L, 20687, Nr. 832, Werksdirektion und Plangehalt 1964 – Finanzabteilung.

1953 und Juli 1961 wechselte die Unterstellung des VEB „Otto Grotewohl“ Böhlen fünf Mal. Dies hing zum einen mit der unsicheren wirtschaftlichen Entwicklung der DDR vor dem Bau der Berliner Mauer zusammen, aber auch mit der Fokussierung auf die Grundstoffindustrie in den „Kohle- und Energieprogrammen“ 1954 und 1957 sowie dem „Chemieprogramm“ 1958, die den Untersuchungsraum in das Zentrum der DDR-Wirtschaft rückten. Die organisatorischen Eingriffe waren Versuche, auf die krisenhaften Erscheinungen der DDR-Wirtschaft vor dem Bau der Berliner Mauer einzuwirken. Dabei übersah die Machtelite, dass diese Interventionen teilweise der Grund für die Probleme waren.

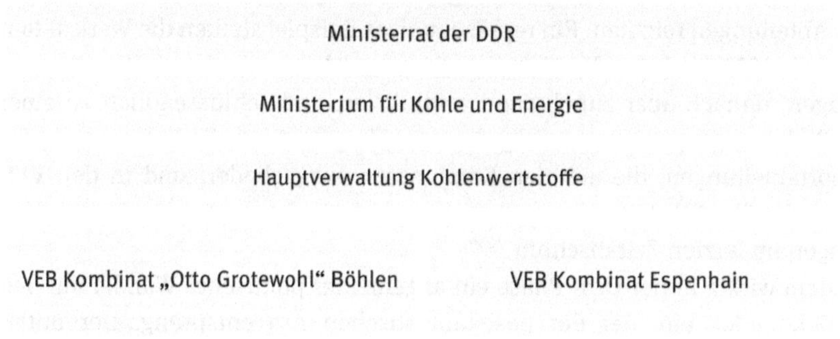

Schema 13: Struktur des Industriekomplex Dezember 1955 bis Juli 1958[2031]

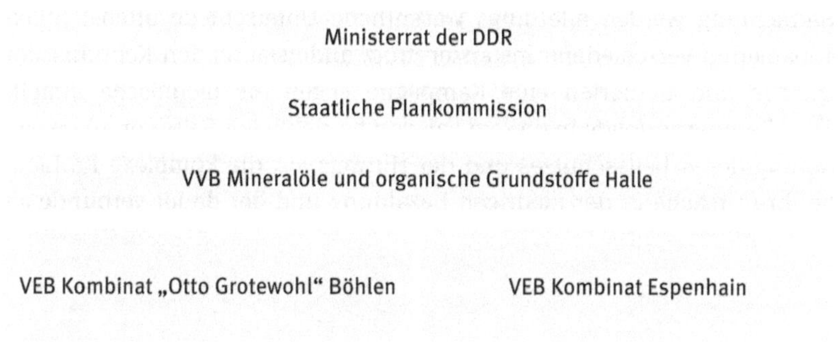

Schema 14: Struktur des Industriekomplex August 1958 bis Juni 1961[2032]

2031 Vgl. Sperling, Dieter/Schossig, Wolfgang: Wirtschaftsorganisation (s. Anmerkung 76), S. 276.

2032 Vgl. ebd.

Die letzte Untersuchungsphase kann als Zeit ständiger Veränderungen begriffen werden, sodass Unterschiede im Vergleich zu den anderen beiden Zeiträumen nicht immer benannt werden können bzw. diese nur kurzfristig bestanden. Das NÖSPL stellt die letzte der vier Bruchlinien dar. Teilweise waren die Verschiebungen und Verwerfungen im letzten Zeitraum größer als in den vorherigen Abschnitten zusammen. Dies hatte verschiedene Ursachen. Maßgeblich wurden die permanenten Änderungen durch die Suche nach einer effizienteren Wirtschaftsorganisationsform, die eine stabile Produktion garantieren sollte, ausgelöst. Die Programme zur Förderung der Grundstoffindustrie und das NÖSPL zogen daher Veränderungen in der betrieblichen Organisation nach sich, die bis in die einzelnen Abteilungen reichten. Ein repräsentatives Beispiel stellten die Werkstätten dar, die bis 1953 für jeden Bereich separat bestanden sowie kaum Wandlungen unterlagen, danach aber zunehmend zentralisiert und schlussendlich zu einer Instandhaltungsgruppe zusammengefasst wurden.[2033] Auch die Entwicklung der Transportabteilungen, die aus den Kombinaten ausgegliedert und in den VEB Kraftverkehr überführt wurden, zeigt exemplarisch die organisatorischen Verwerfungen im letzten Zeitabschnitt.[2034]

Zudem wirkte in der DDR-Phase ein allgemeiner politischer Wandel auf den Industriekomplex ein, der der poststalinistischen Ära entsprang. Der unterschiedliche Umgang mit den Havarien 1959 im Kraftwerk Espenhain und 1965 im Benzinwerk Böhlen verdeutlicht dies schlaglichtartig. Aufgrund des erheblichen Produktionsausfalls sind beide Ereignisse miteinander vergleichbar.[2035] Bei näherer Betrachtung werden allerdings wesentliche Unterschiede offensichtlich. 1959 propagierten verschiedene Instanzen trotz anderslautenden Kenntnisstandes Sabotage und initiierten eine Kampagne gegen die technische „Intelligenz".[2036] Allerdings erfolgte in diesem Fall von betrieblicher Seite vor allem eine Verbesserung des Arbeitsschutzes und der Hinweis auf die komplexe Problemlage, die ihre Ursache in der niedrigen Bezahlung und der damit verbundenen

2033 Vgl. SächsStA-L, 20687, Nr. 541, Strukturveränderung vom 05.01.1956, Dienstanweisung Nr. 19/60 vom 25.07.1960.

2034 Vgl. ebd., 20681, Nr. 330, Übergabe unserer KOM und LKW an VEB Kraftverkehr vom 23.09. 1958.

2035 Vgl. BArch, DE 4/681, Schadensbericht über den Großbrand im VEB Kombinat „Otto Grotewohl" Böhlen vom 05.02.1965, S. 4 f.; Lindenberger, Thomas: Havarie (s. Anmerkung 69), S. 261.

2036 Vgl. BArch, DO 1/10508, Die Leitung der Kraftwerke I und II vom 01.03.1960, Die Ursache der Havarie vom 01.03.1960; Lindenberger, Thomas: Havarie (s. Anmerkung 69), S. 249 ff., 253 und 259 f.; SächsStA-L, 20681, Nr. 344, Maßnahmen zur Sicherung des Kraftwerkes; 22243, Nr. 3, Kriminalität und Verbrechensbekämpfung vom 26.07.1959.

Abwanderung von Arbeitskräften hatte.[2037] Eine andere Wahrnehmung erfolgte nach der Havarie 1965. Anstelle der Vorwürfe einer Sabotageaktion, standen nun ausschließlich die Verbesserung der Sicherheit, der Wiederaufbau der wichtigen Anlagen zur Produktionssicherung sowie die Reduzierung der Auswirkungen auf die Volkswirtschaft der DDR im Vordergrund.[2038] Hierbei muss bedacht werden, dass zwischen beiden Ereignissen der Bau der Berliner Mauer am 13. August 1961 stand.

Manche Veränderungen lassen sich nicht einer klaren Bruchlinie zuordnen, sondern waren phasenübergreifende Entwicklungen der Nachkriegszeit. Die wichtigste Neuerung betraf die unterste Stufe der Arbeitsorganisation, die durch die Schaffung der „Sozialistischen Brigaden" verändert wurde. Ihre Etablierung ab 1950 im Untersuchungsraum und somit nach Gründung der DDR stellt eine wichtige Zäsur beim Übergang zum letzten, dem planwirtschaftlichen Zeitraum dar.[2039]

Unter diesen phasenübergreifenden Transformationen nach Kriegsende kann auch der Bedeutungswandel der Staatsparteien aufgefasst werden. Die politische Durchdringung der Werke durch die SED war im Vergleich wesentlich wirkmächtiger als die der NSDAP, die ebenfalls den Untersuchungsraum beeinflusste, deren Gestaltungsmöglichkeiten in der gelenkten Wirtschaft aber deutlich beschränkter waren. Nach 1945 besetzte die KPD/SED von Beginn an zentrale Führungspositionen und konnte diese bereits in der Zeit der SAGs festigen und ausbauen. Spätestens in der Periode der DDR wandelte sich ihre Rolle vollkommen. Die Partei war nun verantwortlicher Unternehmer. Entsprechend stieg die

2037 Vgl. BArch, DO 1/10508, Die Leitung der Kraftwerke I und II vom 01.03.1960, Schlußfolgerungen vom 01.03.1960; SächsStA-L, 20681, Nr. 344, Produktionsbetriebe vom 08.08.1959, Führung und Kontrolle der Schichtbücher des Kraftwerkes vom 06.08.1959.

2038 Vgl. BArch, DE 4/681, Tagesordnung vom 10.02.1965, Bericht und Schlußfolgerungen zum Großbrand in der Destillationsanlage im VEB Kombinat „Otto Grotewohl" Böhlen vom 10.02.1965, S. 2ff.; DE 4/20498, Bericht und Schlußfolgerungen zum Großbrand vom 10.02.1965. Dabei wurden strukturelle Mängel der DDR-Wirtschaft, wie das Fehlen von Speziallöschfahrzeugen oder die mangelnde Ausbildung der Brandverursacher, die Mitarbeiter einer Reparaturfirma waren, erkannt und benannt. Ebenso wurde auf die unzureichende Aufsicht durch den Betrieb hingewiesen. Allerdings erfolgte an keiner Stelle ein expliziter Vorwurf der Sabotage oder Schuld der „Intelligenz", anders als bei der Havarie des Kessels 13 in Espenhain 1959. Ziel der Maßnahmen war es, den Brandschutz insgesamt in der Chemieindustrie zu verbessern. Zwar kam es auch hier zu der Einleitung eines Strafverfahrens durch die Staatsanwaltschaft, das sich allerdings ausschließlich gegen die Unfallverursacher der Reparaturfirma und nicht gegen die Führungskräfte, die sie eigentlich mangelhaft eingewiesen hatten, richtete.

2039 Vgl. SächsStA-L, 20680, Nr. 21, Richtlinien über die Aufstellung von Brigadiers vom 27.12.1950; 20686, Nr. 176, Betriebsvertrag für das Jahr 1950, S. 7ff.

Bedeutung einer Mitgliedschaft in der Partei für die Werks- und Kombinatsleitung und wurde zur Voraussetzung für die Karriere.

Die Auswirkungen der Veränderungen auf Produktion, Produktionskosten und Arbeitsbedingungen im Industriekomplex über den gesamten Untersuchungszeitraum sind komplex und nur durch wenige Daten belegt. Zwischen 1943 (dem höchsten Stand der Produktion im „Dritten Reich") und 1960 (der letzten Gesamtaufstellung der Produktion für Böhlen und Espenhain) stieg die Treibstoffproduktion von 350 000 Tonnen auf 910 000 Tonnen, das entspricht einer Steigerung um 260 %.[2040] Ähnlich verhält es sich mit der Kohlenförderung, die deutlich über das im Nationalsozialismus geplante Volumen hinausging. Bei den Produktionskosten lässt sich die umgekehrte Aussage treffen, obwohl das Quellenmaterial beschränkt ist. Als 1948 in Böhlen wieder das Produktionsniveau von 1943 erreicht wurde, lagen die Kosten für eine Tonne Teer mehr als 400 % höher – bei aller Kritik an der entsprechenden Statistik.[2041] Auch der Verlust der Konkurrenzfähigkeit der Kohlenhydrierung ab Anfang der 1960er-Jahre zeigt eine Veränderung der Erzeugungskosten.[2042] Die Arbeitsbedingungen zu bewerten ist ebenfalls ein komplexer Sachverhalt und kann nur an einer Kennziffer festgemacht werden. Hierzu dienen die Unfallstatistiken, die geschlossen nur für die Zeit nach 1945 vorliegen. Allein in Espenhain sank die Anzahl von 2349 Unfällen 1948 auf 645 im Jahr 1964, was einem Rückgang von 364 % entspricht.[2043] Die Gründe hierfür waren die Zunahme der Qualifikationen, die besseren technischen Bedingungen, aber auch ein Alkoholverbot. Da sowohl die Qualifikationen vor 1945 geringer waren als auch nachweislich der Alkoholkonsum Probleme mit sich brachte, ist davon auszugehen, dass diese Entwicklung für den gesamten Untersuchungszeitraum galt und eine Professionalisierung darstellte.

2040 Vgl. BArch, DE 1/50425, Entwicklung der Mineralölindustrie vom 03.10.1960, S. 50; SächsStA-L, 20640, Nr. 78, Monatsberichte der Teerverarbeitung Espenhain, Januar bis Dezember 1943; 20686, Nr. 51, Geschäftsbericht zum Jahresabschluß 1948, S. 1.

2041 Vgl. SächsStA-L, 20686, Nr. 138, Betriebsleiterbesprechung Nr. 16 der C-Betriebe am 15.07. 1948. Allerdings muss hier einschränkend erwähnt werden, dass sich diese Preise auf RM beziehen und für spätere Zeiten keine entsprechenden Daten mehr vorhanden sind. Dadurch, dass die Lohnkosten die beherrschende Komponente der Preissteigerung war und in allen Zeiten nach 1945 mehr Personal beschäftigt wurde als im „Dritten Reich", ist davon auszugehen, dass die Lohnkosten insgesamt höher lagen. Aber auch in anderen Punkten kam es zum Anstieg der Kosten (vgl. Tab. 19).

2042 Vgl. ebd., 20687, Nr. 45, Veränderung des Treibstoffsortiments vom 21.12.1964.

2043 Vgl. ebd., 22243, Nr. 26, Kurzbericht über die Entwicklung des Arbeitsschutzes und der technischen Sicherheit im Jahre 1963 vom 11.01.1964; 20687, Nr. 45, Vorlage Werksleitungssitzung am 15.07.1965.

Verschiedene Wandlungen bestanden nur in einem Zeitabschnitt. Die Lohndiskussion im Untersuchungsraum beim Übergang in die DDR deutet beispielsweise eine Veränderung der Diskussionskultur an. Wurden vorher Konflikte meist vor Ort oder maximal in der nächsthöheren Organisationsebene geführt, erreichten sie nun sogar die oberste Staatsführung. Außerdem weisen sie auf ein Zerwürfnis in der Belegschaft hin, die nicht mehr pauschal als Einheit begünstigt wurde.

Andere Punkte zeigen Veränderungen an der Trennlinie 1945, die danach aber kontinuierliche Entwicklungen darstellen. Hierzu gehört die Integration von Frauen in die Betriebe, die eigentlich erst nach 1945 einsetzte und über den Untersuchungszeitraum hinausreichte. Die zweite stellte die Überwachung dar. Aufgrund des eklatanten Arbeitskräftemangels in der nationalsozialistischen Kriegswirtschaft bestanden keine Hemmungen, Zwangsarbeiterinnen, Zwangsarbeiter und Kriegsgefangene in Hochsicherheitsbereichen einzusetzen. Das paranoide Sicherheitsbedürfnis der SBZ und DDR rief hingegen eine Verschwendung von Arbeitskraft durch die Etablierung der BSAs als umfassende Kontrollorgane hervor. So waren nach 1945 mehr Arbeitskräfte in der betrieblichen Überwachung beschäftigt als davor.

Belegschaft 1933 bis 1965

Kontinuitäten in der Belegschaft

Die Belegschaftsentwicklung war über die Bruchlinie des Kriegsendes 1945 vor allem durch Kontinuität geprägt. Die High-Tech-Industrie im Untersuchungsraum mit ihrem Bedarf an gut ausgebildeten Fachkräften benötigte dabei eine konsistente Belegschaftspolitik. Dennoch stand der Industriekomplex nach den massiven Kriegszerstörungen, der Abwanderung der Kriegsgefangenen, Dienstverpflichteten, Zwangsarbeiterinnen und Zwangsarbeiter, aber auch normaler Belegschaftsangehöriger vor einem gravierenden Personalproblem. Daher wundert es nicht, dass am 04. Mai 1945 nur 160 Menschen mit dem Wiederaufbau in Böhlen begannen, wo noch einen Monat zuvor mehr als 5500 Personen tätig gewesen waren.[2044] Ebenso schnell entstand aber auch eine „neue" Belegschaft, die auf zahlreiche „alte" Arbeits-, Fach- und Führungskräfte aufbaute. Noch Mitte der 1950er-Jahre waren in Böhlen 8900 der 13 850 Beschäftigten (64,3%) bereits vor

2044 Vgl. ebd., 20686, Nr. 169, Besetzung des Werkes Böhlen – April 1945 vom 02.06.1945, S. 10.

1945 im Industriekomplex beschäftigt gewesen.[2045] In Espenhain war dieser Anteil mit 1650 von 8300 Belegschaftsangehörigen (19,9 %) bedeutend niedriger. Ähnlich gestaltete sich die Situation bei den Funktionseliten, von denen viele dem Untersuchungsraum bereits seit dem „Dritten Reich" verbunden waren.[2046]

Die Kontinuitätslinien der Belegschaftspolitik im Industriekomplex beginnen mit seinem Aufbau. Schon bei der Gründung der ASW in den 1920er-Jahren bot das Unternehmen gut bezahlte Arbeitsplätze, durch die eine ökonomische Privilegierung mit dem Ziel, eine loyale Belegschaft zu schaffen, erfolgte.[2047] Mit der „Machtübertragung" an die Nationalsozialisten wurde der Gedanke, politische Zustimmung der Belegschaft durch wirtschaftliche Privilegierung herzustellen, weiterverfolgt. Allerdings achteten ASW und Brabag zusätzlich auf die politische Gesinnung der Belegschaft und ließen missliebige Belegschaftsangehörige in „Schutzhaft" nehmen.[2048] Entsprechend trat bei Personalentscheidungen die politische Gesinnung verstärkt in den Vordergrund und die Unternehmen rekrutierten bevorzugt in Regionen mit einer nationalsozialistischen Prägung, wie dem Vogtland und dem Erzgebirge, während Arbeitskräfte aus Leipzig als „marxistisch verseucht" galten.[2049] Entlassungen blieben die Ausnahme, sodass sie keinen Bruch in der Belegschaftsentwicklung bildeten. Zusätzlich gab es auch die klassischen Übergänge von Personen, die aus dem Untersuchungsraum stammten und von der Landwirtschaft in die Braunkohlenindustrie wechselten.[2050] Viele Belegschaftsangehörige zeichneten sich auch durch eine Verbundenheit mit dem Werk aus, blieben über den gesamten Untersuchungszeitraum und waren nicht

2045 Vgl. BStU, BV Leipzig, Leitung, Nr. 173, Lage der operativen Arbeit auf der Linie der Konzerne vom 31.10.1957.

2046 Vgl. ebd., Nr. 57/01, Überprüfung des Objektes VEB Komb. „Otto Grotewohl" Böhlen vom 10.04.1957.

2047 Vgl. Hönsch, Fritz: Böhlener Werke (s. Anmerkung 101), S. 6; Jehnich, Günter/Kaufmann, Gregor: Böhlen (s. Anmerkung 440), S. 13 f. Die Erschließung des Braunkohlenfeldes sollte Arbeitsplätze schaffen, um die Erwerbslosenquote zu senken. Durch gute Bezahlung und eine Beihilfe in Höhe von 2000 RM sollte die Belegschaft an den Industriekomplex gebunden werden. Hinzu kamen Werkswohnungen, Werksküchen, Werkssparkasse, ein Wohlfahrtsfond und Erholungsheime. Da das Personal aus besonders bedürftigen Familien kommen sollte bzw. bewusst eine ökonomisch schwache Region als Ansiedlungsort gewählt wurde, lässt sich hier eine politische Absicht erkennen. Interessanterweise zogen die hohen Löhne besonders Personen aus den wirtschaftlichen Krisenregionen Südwestsachsens, aber auch aus Bayern oder Schleswig-Holstein an.

2048 Vgl. Dietrich, Gerhard: Großdeuben (s. Anmerkung 375), S. 28; Kaufmann, Gregor/Nabert, Thomas: Böhlen (s. Anmerkung 16), S. 66; SächsStA-L, 20632, Nr. 1141, Meldung von Werkangehörigen vom 30.05.1942.

2049 Vgl. Hofmann, Michael: Kohlearbeiter (s. Anmerkung 15), S. 94.

2050 Vgl. BStU, BV, Leitung, Nr. 19/01, Aufklärungsbericht vom 25.03.1953.

politisch organisiert. Dennoch war eine hohe Dichte an Parteimitgliedern der NSDAP kennzeichnend für den Industriekomplex.[2051]

Viele Strukturen, besonders in der Privilegierung der Belegschaft, blieben auch nach 1945 bestehen. Ein Beispiel stellen die zahlreichen Erholungsheime dar. Für betriebliche Urlaubseinrichtungen, die außerhalb der SBZ lagen, wurde Ersatz geschaffen. Die Betriebe traten als paternalistische Fürsorgeeinrichtungen gegenüber der Belegschaft auf. Entsprechend lassen sich die Besuche von regionalen und nationalen Repräsentanten der Staatsgewalt im Untersuchungsraum deuten. Ein Phänomen, das bis in die Zeit nach der Deutschen Wiedervereinigung anhielt.[2052]

Eine „Volksgemeinschaft im Betrieb" ist nur schwerlich als Kontinuität zu identifizieren, allein schon aufgrund der ideologischen Unterschiede zwischen „Dritten Reich" und DDR. Am ehesten lässt sich das Konstrukt einer „Betriebsgemeinschaft" nach der Gründung der DDR wahrnehmen, da ab diesem Zeitpunkt die Betriebe der Lebensmittelpunkt für das Personal auch in kultureller und sozialer Hinsicht waren. Allerdings lassen sich auch Zusammenhänge zwischen den verschiedenen Phasen erkennen, wie beispielsweise in der Lohn- oder Wohnraumpolitik gegenüber der Belegschaft. Allerdings gab es zu jeder Zeit Gruppen, für die dies explizit nicht galt.

Dass die 1945 bestehende Möglichkeit zum Umbau der Belegschaftsstruktur nicht realisiert wurde, begründet sich aus der Bedeutung des Braunkohlenbergbaus für die Brennstoffversorgung der Bevölkerung. Daher verwundert es auch nicht, dass die Belegschaftszahlen relativ schnell wieder alte Größenordnungen erreichten und ein Teil der alten Belegschaft, besonders der Fach- und Führungskräfte, im Betrieb verblieben bzw. nach kurzer Zeit zurückkehrten. Abgänge, die mit der NS-Belastung verbunden waren, blieben anfangs die Ausnahme.[2053] Erst im September 1945 gab es eine größere Entlassungswelle, die vor allem Parteigänger der NSDAP traf.[2054] Allerdings änderte dies nichts an der nationalsozialistischen Prägung der Belegschaft, im Gegenteil. Nur einen Monat später führte der Personalmangel zur Anfrage nach neuen Arbeitskräften, was wiederum

2051 Vgl. Hofmann, Michael: Kohlearbeiter (s. Anmerkung 15), S. 95; Karlsch, Rainer: Aktiengesellschaft Sächsische Werke (s. Anmerkung 15), S. 191.

2052 Vgl. Klotzsche, Heiner/Mai, Eberhard/Morgenstern, Heinz: Böhlen (s. Anmerkung 65), S. 40. So besuchten am 28. September 1994 der Bundeskanzler Helmut Kohl und der Ministerpräsident Sachsens Kurt Biedenkopf zur Eröffnung des Olefinwerkes Böhlen gemeinsam den Untersuchungsraum.

2053 Vgl. SächsStA-L, 20686, Nr. 141, Abteilungsleiterbesprechung am 09.01.1946; Nr. 169, Tagesordnung Umstellung der Werksleitung vom 28.06.1945.

2054 Vgl. ebd., Nr. 3, Direktionsbesprechung Nr. 15 vom 19.09.1945.

die Zuweisung von NS-Belasteten aus den Kreisen Borna und Leipzig nach sich zog.[2055] Diese Maßnahmen hatten eine weitere Konzentration vormaliger Nationalsozialisten in den Betrieben zur Folge. Ihnen wurde dabei allerdings eine „Bewährung in der Produktion" ermöglicht, um das „Primat der Produktion" nicht zu gefährden. Schnell entwickelte sich die anfängliche Bestrafung zum Ausgangspunkt beim Aufbau eines neuen, loyalen Belegschaftsstammes. Kontinuität bestand hierbei auch bei der Initiative für diese Regelung. Wieder waren es die politischen Machthaber, die auf die Belegschaftsentwicklung einwirkten. Vor allem der neuen Besatzungsmacht lag daran, die Produktion zu stabilisieren und zu erhöhen, weshalb sie die Dienstverpflichtung anregte und durchführte, stets verbunden mit dem Angebot zur Integration.[2056]

Diese inkludierende Maßnahme für die neuen Arbeitskräfte brachte Kontinuität für Teile der alten NS-Eliten mit sich. Dabei handelte es sich im Schwerpunkt um Funktionseliten, die nur schwer ersetzt werden konnten. Trotz umfangreicher Entnazifizierungskampagnen zwischen Herbst 1945 und Frühjahr 1948 ließ sich Anfang der 1950er-Jahre unter den Funktionseliten ein Anteil von ca. 40 % ehemaliger NSDAP-Mitglieder und 40 % alter Unternehmens- oder Werksangehöriger feststellen.[2057] Dieser hohe Prozentsatz ehemaliger Pg. resultierte unmittelbar aus dem Ziel der neuen Personalpolitik, technische Kompetenz im Industriekomplex zu halten. Diese Entwicklung lässt sich auch in anderen zentralen Branchen wie der Schwer- oder der Grundstoffindustrie um 1950 feststellen.[2058] Auch für den Aufbau einer sozialistischen Wissenschaft wurden NS-Belastete gewonnen. Mindestens sieben Belegschaftsangehörige aus dem Untersuchungsraum erhielten Rufe auf Lehrstühle in Berlin, Dresden, Freiberg und Leipzig, obwohl zwei von ihnen nachweislich NSDAP-Mitglieder und auch in anderen NS-Organisationen tätig gewesen waren.[2059] Ein Nachteil für ihre Karriere erwuchs ihnen daraus nicht.

2055 Vgl. Hofmann, Michael: Kohlearbeiter (s. Anmerkung 15), S. 98 f.; SächsStA-L, 20686, Nr. 3, Direktionsbesprechung Nr. 23 vom 27.11.1945.

2056 Vgl. BArch, DG 2/12718, Arbeitsamt, Arbeitseinsatz, Arbeitsbeschaffung.

2057 Vgl. ebd., DC 1/1568, Elektro-Kombinat Espenhain Böhlen vom 17.04.1950, S. 2 f.

2058 Vgl. Boldorf, Marcel: Governance (s. Anmerkung 14), S. 259–270. Dabei ließ sich ein Unterschied zu den weniger bevorzugten Branchen der DDR, wie der Leicht- und Konsumgüterindustrie, erkennen, bei denen es härtere Brüche gab. Dies konnte mit der Struktur der Schwerindustrie, die zwar Teil der Privatwirtschaft, aber bereits im Nationalsozialismus de facto einer Art „Tonnenideologie" unterworfen war und keinen Fokus auf eine marktwirtschaftliche Struktur in den eigenen Werken legte, erklärt werden. Hierin bestanden Überschneidungen mit den Chemie-, Kohle- und Energieindustrien im Untersuchungsraum.

2059 Vgl. Berlin-Brandenburgische Akademie der Wissenschaften (Hrsg.): Riedel, Hans-Günther (s. Anmerkung 119); Koppe, Klaus: Werner Boie (1901–1978) (s. Anmerkung 118); Piatkowiak,

Der Pragmatismus der sowjetischen Generaldirektionen bei den Entnazifizierungen lässt sich wie folgt zusammenfassen: Wenn die Personen bedeutend für den Betrieb waren oder durch ihre Entlassung ein Nachteil für die Produktion entstehen konnte, dann setzte sich die sowjetische Leitung auch über die entsprechenden Beschlüsse zu Versetzung, Degradierung oder Entlassung hinweg.[2060]

Selbst in der gewerkschaftlichen Vertretung lassen sich Kontinuitäten von Funktionären über die vermeintliche Zäsur 1945 hinaus feststellen. In mindestens einem Fall war ein vorheriges „Vertrauensrats"-Mitglied nach Kriegsende in der BGL aktiv.[2061]

Aber auch die Phasen nach 1945 lassen eine Kontinuität in den Rekrutierungsmethoden erkennen. Nicht nur, dass wieder eine sukzessive Privilegierung erfolgte, um eine systemtreue Belegschaft zu formen, sondern auch, dass der Industriekomplex weiterhin ein Rekrutierungspool für die Funktionseliten von Wirtschaft und Regierung bildete. An den zahlreichen beispielhaft genannten Führungskräften, von denen mindestens drei zu Ministern und sieben zu Professoren aufstiegen, wird dies besonders deutlich.

Eine andere, ebenfalls über alle drei Phasen bestehende Entwicklung stellt die Qualifizierung des Personals dar. Jeder der drei Phasen war dabei ein sukzessiver Fortschritt bei der Aus- und Fortbildung der Belegschaft eigen, der mit dem Versprechen von sozialem Aufstieg einherging. Dies konnte allerdings nur funktionieren, wenn ausreichend einfache Hilfskräfte vorhanden waren. In der NS-Zeit waren dies vor allem unfreiwillige Arbeitskräfte, wie Dienstverpflichtete sowie Zwangsarbeiterinnen und Zwangsarbeiter. Nach Kriegsende nahmen Frauen und kurzeitig NS-Belastete ihren Platz ein. Übrigens waren Frauen, und

---

Norbert: Karl Kegel (s. Anmerkung 1233), S. 77; Soziokulturelles Zentrum KuHstall e.V. (Hrsg.): Was wäre geworden wenn...? Unter: http://kuhstall-grosspoesna.de/veranstaltungen/ansicht/was-waere-geworden-wenn/bf18e9ba7fd33f30e3b81a24eed92cf4 (Stand: 21.12.2020); Technische Universität Bergakademie Freiberg (Hrsg.): Nachlässe in der Universitätsbibliothek. Unter: http://tu-freiberg.de/sites/ default/files/media/universitaetsbibliothek-5210/wa/nachlass.pdf (Stand: 21.12.2020); SächsStA-L, 20686, Nr. 172, Protokoll Sitzung der Entnazifizierungskommission 06.02.1947; Nr. 174, Angehörige BRABAG Böhlen NSDAP. Fritz Hönsch, von 1961 bis 1969 Lehrer an der Betriebsberufsschule Böhlen, erreichte als siebente Person einen Lehrstuhl. Da er allerdings erst am Ende des Untersuchungszeitraumes beruflich tätig wurde, wird er hier nicht berücksichtigt.

2060 Vgl. SächsStA-L, 20686, Nr. 171, Aufstellung der leitenden Angestellten, die nach den hier vorliegenden Unterlagen der NSDAP oder ihrer Gliederung angehörten, S. 3; Nr. 37, Befehl 35 für das Kombinat Böhlen vom 13.04.1951; Nr. 139, Niederschrift über die Sitzung der Arbeitsgemeinschaft für Verschwelung am 01.12.1950.

2061 Vgl. ebd., 20633, Nr. 12, Unser Werk im „Leistungswettkampf der deutschen Betriebe 1939/40" vom 10.01.1940; 20686, Nr. 186, Großproduktionsbesprechung vom 10.10.1949.

auch das stellt eine Kontinuität über alle drei Phasen dar, Diskriminierungen ausgesetzt, die bis zu sexueller Gewalt reichten.

Eine weitere Kontinuität lässt sich in der Bedeutung der staatstragenden Parteien für die Belegschaft erkennen – NSDAP und SED erfuhren viel Zuspruch, selbst direkte Parteiwechsel waren nicht selten.[2062] Während einige Personen im Zuge der Entnazifizierungen und Parteisäuberungswellen aus der SED ausgeschlossen wurden, konnten andere wiederum ihre Mitgliedschaft in der Partei ohne Probleme behalten. Besonders unter den Funktionseliten gab es einige, die trotz ihrer Mitgliedschaft in der NSDAP der SED beitraten und ihr auch dauerhaft angehörten, wie die geschilderten Fälle von Georg Böhm, Hans-Günter Riedel oder Johannes Bahr zeigen. Die soziografische Zusammensetzung der Parteien im Industriekomplex unterschied sich dabei von ihrer eigentlichen ideologischen Ausrichtung. Während die NSDAP sich im Untersuchungsraum als „Arbeiterpartei" charakterisieren lässt, war die SED vor allem eine „Intelligenz"- und Angestelltenpartei. Interessanterweise lag auch der Frauenanteil unter den Parteigängern der Regierungsparteien nach 1945 niedriger als vorher.[2063]

Die Klientelpolitiken der Parteien zeigen auch eine Form von Persistenz im Industriekomplex, wobei es besonders bei der SED Einschränkungen gab. Bemühte man sich in der NS-Zeit um Hilfe für arbeitssuchende Pg., so war auch nach 1945 die Hilfe für Parteigänger der SED (sofern sie sich in der Partei engagierten) üblich. Besonders die OdF waren anfangs eine begünstigte Gruppe, die aufgrund ihrer Opposition zum Nationalsozialismus als politisch zuverlässig galt. Allerdings lässt sich daran ein Unterschied erkennen: Die den OdF inneliegende Eigensinnigkeit – vielfach durch die Erfahrungen in der Illegalität im „Dritten Reich" begünstigt – wurde kritisch gesehen und konnte wie im Fall von Josef Kahn zu ihrer Ablösung aus Machtpositionen beitragen.

Kontinuität spiegelt sich auch in der Ausgrenzung und Überwachung der Belegschaft wider, wobei sich die Opfergruppen verschoben und die Täter wechselten. Vor 1945 waren es vor allem ehemalige KPD- und SPD-Mitglieder, Zwangsarbeiterinnen und Zwangsarbeiter sowie „Asoziale", die aus verschiedenen Gründen nicht dem Bild der „NS-Volksgemeinschaft" entsprachen.[2064] Nach

2062 Vgl. ebd., 20680, Nr. 25, Vorschlags-Liste Nr. 1 vom 17.02.1947; Nr. 26, namentliche Aufstellung 01.01.1947; 20687, Nr. 174, Nazis aus dem Hauptmagazin, welche zur Bereinigung des Betriebes vorgeschlagen werden. Allein in Espenhain ließen sich 38 dieser direkten Wechsel nachweisen.

2063 Vgl. SAPMO, NY 4090/ 63, Überblick der Statistik im VEB Kombinat „Otto Grotewohl" vom 19.02.1953; NY 4090/65, Belegschaftsstärke vom 24.08.1953.

2064 Vgl. Baumert, Martin: NS-Zwangsarbeit (s. Anmerkung 539), S. 94 f.; SächsStA-L, 20632, Nr. 1141, Meldung von Werkangehörigen vom 30.05.1942.

1945 wandelten sich die Kategorien und wurden im Zeitverlauf diffuser, was mit der paranoiden Überwachung jedes abweichenden Verhaltens zusammenhing, und differenzierter, was durch eine Ausweitung auf andere Gruppen geschah. Anfangs wurden die zahlreichen ehemaligen Nationalsozialisten, die im Zuge der Dienstverpflichtungen in die Betriebe kamen, kritisch von Werksführungen und den Sicherheitsorganen beäugt.[2065] Nach der Übergabe der Betriebe an die DDR wurden in erster Linie „Klassenfeinde", Westrückkehrende, Westzugezogene und Personen mit Westkontakten oder religiösen Bindungen kritisch betrachtet.[2066] Einzig der Begriff der „Asozialen" blieb als Verfolgungskategorie über alle Phasen erhalten.

Darüber hinaus bestand eine Ambivalenz zwischen der Kontinuität im Misstrauen gegenüber den betrieblichen Funktionseliten in den letzten beiden Phasen und der Konstanz ihrer Governance im Betrieb in den ersten beiden untersuchten Zeiträumen. Konnten sie in den Phasen des Nationalsozialismus und der SAGs prägend auf die Ausgestaltung des Industriekomplexes einwirken, nahmen diese Möglichkeiten aufgrund der Skepsis gegenüber der „Intelligenz" von Seiten der SED seit Gründung der DDR konstant ab. So verfügten in der Zeit der SAGs die Generaldirektoren, aber auch die deutschen Hauptdirektoren über den größten Grad an Selbstständigkeit. Die Reaktionen auf die Explosion des Kessels 13 in Espenhain wiederum zeigen beispielhaft den Umgang mit ihnen in der letzten Phase. Hier wurde versucht – trotz besseren Wissens – die Leitungskräfte des Kraftwerkes für den Unfall verantwortlich zu machen.[2067]

Brüche in der Belegschaft

Ebenso wie für die Wirtschaftsorganisation muss auch für die Belegschaft konstatiert werden, dass neben den Kontinuitäten Brüche feststellbar sind. Die Gründe dafür liegen hauptsächlich in der Länge des Untersuchungszeitraumes, aber auch in der Widersprüchlichkeit der unterschiedlichen Systeme mit ihren divergenten ideologischen und gesellschaftlichen Zielsetzungen.

Die wichtigste Transformation, die in der Belegschaftsentwicklung zwischen 1933 und 1965 zu verzeichnen war, betraf die Arbeit von Frauen im Industrie-

2065 Vgl. SächsStA-L, 21125, Nr. IV/4/03/061, Erweiterte Leitungssitzung am 23.11.1950.

2066 Vgl. ebd., 22243, Nr. 2, Maßnahmeplan zur Verhütung von Republikfluchten vom 17.05.1960; Nr. 26, Überprüfung aktiver Mitglieder der ev.- u. kathl. Kirche vom 31.05.1963; 22244, Nr. 3, Stand der Erfüllung der Direktive 4/60 des MdI vom 19.09.1960; Nr. 11, Geschichte des BS-Kdo. Espenhain im Ersten 5-Jahresplan 1951-1955, S. 55.

2067 Vgl. Lindenberger, Thomas: Havarie (s. Anmerkung 69), S. 259f.

komplex, die sich signifikant wandelte. Trotz des offenkundigen Arbeitskräftemangels vermieden die Nationalsozialisten die Mobilisierung von Frauen für den Arbeitseinsatz und griffen eher auf das ausländische Arbeitskräftepotenzial zurück. Für die Zwangsarbeit waren Geschlechterrollen allerdings kein Hinderungsgrund und zahlreiche nichtdeutsche Frauen mussten gegen ihren Willen im Industriekomplex tätig werden und waren teilweise schlimmeren Arbeits- und Lebensbedingungen ausgesetzt als Zwangsarbeiter, beispielsweise in „Ausländer-Bordellen".[2068]

Der zunehmende Arbeitskräftemangel und eine neue ideologische Vorstellung zur Rolle der Frau in der SBZ und DDR ließen ihren Anteil an der Belegschaft nach Kriegsende kontinuierlich wachsen.[2069] Allerdings blieb Widerstand vor allem in den Bergbauabteilungen nicht aus.[2070]

Kritisch gesehen werden muss ihre betriebliche Gleichstellung, insbesondere mit Blick auf Aufstiegschancen in Führungspositionen und eine faire Entlohnung. Der Aufstieg von Frauen in die Funktionselite stellte für die beiden Phasen nach 1945 keine Kontinuität dar, sondern begann erst in der letzten Periode und blieb hinter den selbst gesteckten Zielen zurück.[2071] Statt den avisierten 20% bekleideten Frauen 1964 in Böhlen nur 2% der Führungspositionen. Insofern lässt sich über alle drei untersuchten Zeiten hinweg eine sukzessive Veränderung erkennen, die auch eine gewisse Dynamik entwickelte, ohne dass sie jedoch die realen Machtverhältnisse zwischen den Geschlechtern in den Werken verschob. Sexismus und Diskriminierung blieben den Strukturen und den sie prägenden Männern inhärent. Andererseits stellt der Umstand, dass Frauenausschüsse gebildet wurden, ihre Arbeit Wertschätzung erfuhr und soziale Einrichtungen ihnen überhaupt erst eine verstärkte Berufstätigkeit – trotz Mehrfachbelastung durch Kinder und Familie – erlaubten, unbestreitbar eine Verbesserung dar. Der sichtbare Wandel wäre ohne die Systemtransformation am Kriegsende und die damit einhergehende Veränderung der Vorstellung zur weiblichen Erwerbstätigkeit undenkbar gewesen. Die Durchsetzung der Frauenarbeit kann nicht allein auf

2068 Vgl. Baumert, Martin: NS-Zwangsarbeit (s. Anmerkung 539), S. 94, 102 und 109.
2069 Vgl. BArch, DG 2/17901, Bericht über das Braunkohlenwerk Böhlen vom November 1946, S. 174; SAPMO, DY 34/20683, Rechenschaftsbericht der Betriebsgewerkschaftsleitung für das Jahr 1949 – Kombinat Böhlen, Bericht über Revierdeligiertenkonferenz der IG Bergbau am 12. und 13.05.1950; SächsStA-L, 20687, Nr. 45, Arbeitskräftebewegung vom 12.07.1965; Nr. 81, Bericht über die Verwirklichung des Beschlusses der 11. Bundesvorstandssitzung vom 17.12.1953.
2070 Vgl. SAPMO, NY 4090/64, Verehrter Herr Ministerpräsident vom 20.02.1953.
2071 Vgl. SächsStA-L, 20687, Nr. 81, Bericht über die Verwirklichung des Beschlusses der 11. Bundesvorstandssitzung vom 17.12.1953, Erweiterung von Frauenarbeitsplätzen vom 10.08.1953; 21125, Nr. IV/A/4/03/024, Entwicklung, Förderung, Einsatz und Qualifizierung der Frauen von 1964.

ideologische Gründe zurückgeführt werden, sondern es gilt, die ökonomischen Zwänge der Nachkriegszeit zu berücksichtigen. Die Abwesenheit von Männern erforderte die Erschließung neuer Arbeitskräftepotenziale. Entsprechend war die Beschäftigung von Frauen nur eine pragmatische Lösung, die sich jederzeit umkehren ließ, wie eine betriebsinterne Initiative im Braunkohlenwerk Böhlen 1947 bei der Entlassung von 10 % der Belegschaft andeutet, die sich beispielsweise der Denkfigur der nationalsozialistischen „Doppelverdienerkampagne" bei der Auswahl der zu Entlassenden bediente und bevorzugt Frauen traf.[2072] Insofern zeigten sowohl ihre weiter bestehende Dreifachbelastung von Beruf, Familie und Haushalt sowie ihre mangelnden Aufstiegschancen, dass nur ein langsamer, von den wirtschaftlichen Bedürfnissen determinierter Wandlungsprozess einsetzte. Von einer Geschlechtergleichberechtigung waren Frauen auch am Ende des Untersuchungszeitraumes weit entfernt.

Der zweite wesentliche Bruch in der Belegschaftsentwicklung stellte die Privilegierung eines Teils des Personals dar. Insgesamt lässt sich feststellen, dass die Löhne und Gehälter trotz aller Tarifkonflikte, die ab 1953 im Untersuchungsraum bestanden, vor allem für die Arbeitskräfte im Bereich Bergbau im Vergleich zur NS-Zeit stiegen. Dies betraf alle Beschäftigtengruppen, von der einfachen Hilfskraft über Leitungskräfte bis hinauf zum Management. Aufgrund der Währungsreform sowie der Festschreibung von Verbraucherpreisen auf niedrigem Niveau, wie etwa bei Nahrungsmitteln und Mieten, kann kein genauer Vergleich zwischen der Zeit vor und nach 1945 erfolgen. Wegen der insgesamt mangelhaften Überlieferung der Lohn- und Gehaltsunterlagen sowie der unterschiedlichen Einordnungen in Tarifgruppen ist es ebenso nicht möglich, allgemeine Lohnsteigerungen wiederzugeben, allerdings lässt sich festhalten, dass die Löhne im Industriekomplex insgesamt sich an die Durchschnittslöhne der DDR anpassten und somit die Privilegierung abnahm.

Neben den Löhnen und Gehältern stellten vor allem Prämien und zusätzliche Deputate eine Veränderung in der Bezahlung dar. Zwar wurden schon im Nationalsozialismus Werkszulagen gewährt, diese standen aber eher im Zusammenhang mit dem Verbot von Lohnerhöhungen und sollten den Industriekomplex konkurrenzfähig bei der Gewinnung von Arbeitskräften halten. Hierin bestand in gewisser Hinsicht eine Kontinuität, da die Verteilung der Prämien weniger zur Werbung von Arbeitskräften diente, als vielmehr ihren weiteren Verbleib in den Kombinaten sicherte. Die Gewährung von Prämien erfolgte zusätzlich zu den Löhnen und war an die Leistungen im „sozialistischen Wettbewerb" gekoppelt,

2072 Vgl. ebd., 20686, Nr. 139, Niederschrift über die 2. KP-Abteilungsleiterbesprechung vom 25.01.1947.

oder sie wurden für Verbesserungsvorschläge bzw. als Teil von Auszeichnungen gezahlt. Überproportional profitierten die Funktionseliten von diesen Zahlungen.[2073] Die Deputate stiegen ebenfalls und lagen beispielsweise bei Kohle über dem Bedarf der einzelnen Belegschaftsmitglieder,[2074] sodass sie vom Personal begehrte Handelsgüter wurden. Erst Anfang der 1960er-Jahre verloren die Kohlendeputate zunehmend ihre Rolle bei der Werbung neuer Arbeitskräfte.[2075]

Mit den Entnazifizierungen verband sich für einen Teil der Belegschaft ein biographischer Bruch. Zum einen wurden Arbeitskräfte entlassen, zum anderen führten Degradierungen und Überwachung zur Abwanderung aus dem Untersuchungsraum. Funktionsträger und Mitglieder besonders belasteter Gruppen, wie den Vertrauensräten oder dem Werkschutz, entfernten die Betriebe nahezu vollständig aus dem Untersuchungsraum.[2076] Die DDR hatte ein prinzipielles Misstrauen gegenüber ehemaligen NSDAP-Mitgliedern, aber auch Wehrmachtsangehörigen, wenn sie aus westlicher Kriegsgefangenschaft entlassen worden waren.[2077] In der Bestrafung überzeugter Nationalsozialisten unterschied sich die DDR, bei aller Kritik an den unzureichenden Entnazifizierungen im östlichen deutschen Teilstaat, doch wesentlich von der BRD, in der selbst schwerste NS-Belastungen Karrieren nicht zwangsläufig beeinträchtigten. Doch auch in der DDR setzte seit Mitte der 1950er-Jahre eine Amnesie hinsichtlich der individuellen NS-Vergangenheit ein, war diese doch nur noch bei Westzuzügen oder Rückkehrern von Bedeutung.[2078] Abschließend kann festgestellt werden, dass die „Antifaschistische Umwälzung" 1945 nur für einem Teil der Funktionsträger der NSDAP im Industriekomplex einen Bruch darstellte. Zugehörigkeit zu NS-Organisationen bzw. Verstrickungen in NS-Verbrechen führten eben nicht zwangsweise zum Ausscheiden aus dem Industriekomplex. Selbst wenn durch die Entlassung im Zuge der Entnazifizierung der Industriekomplex verlassen werden musste, so bedeutete dies nicht umgehend das Ende der Karriere in den SAGs. Otto Bauer-

2073 Vgl. ebd., 20681, Nr. 296, Betriebsprämienvereinbarung des VEB Kombinat Espenhain 1957, S. 3; 20686, Nr. 26, Befehl für das Kraftwerk „Otto Grotewohl" des Kombinats Böhlen vom 24.10.1950; 20687, Nr. 476, 10. Werksleitungssitzung am 24.04.1958; SAPMO, DY 34/20683, Bericht über Revierdelegiertenkonferenz der IG Bergbau am 12. und 13.05.1950.

2074 Vgl. SächsStA-L, 22243, Nr. 3, Analyse der polit-moralischen Zustand der Dienststelle.

2075 Vgl. ebd., 21125, Nr. IV/4/03/075, Werter Genosse Zschunke vom 16.02.1961.

2076 Vgl. ebd., 20633, Nr. 12, Unser Werk im Leistungskampf der deutschen Betriebe 1939/40 vom 10.01.1940, S. 2ff.

2077 Vgl. BArch, DG 2/1568, Elektro-Kombinat Espenhain Böhlen vom 17.04.1950, S. 2; SAPMO, NY 4090/64, Überblick der Statistik im VEB Kombinat „Otto Grotewohl" vom 19.02.1953; NY 4090/65, Belegschaftsstärke vom 24.08.1953.

2078 Vgl. SächsStA-L, 22243, Nr. 19, Einschätzung des inneren Zustandes des Betriebsschutzamtes Böhlen vom 12.07.1963.

sachs, von 1936 bis 1948 in Böhlen beschäftigt und „Ortsjugendwalter" in Böhlen und Espenhain, fand nach seiner Entlassung eine neue Stelle bei der SAG „Pfännerhall" im Geiseltal bei Merseburg.[2079]

Eine wesentliche Veränderung betraf nach 1945 die Rekrutierung neuer Funktionseliten. Entstammten sie vorher meist anderen Werken der ASW und der IG-Farben oder wurden direkt von den Universitäten abgeworben, änderte sich dies wesentlich. Zwar bestanden Kontinuitäten in Bezug auf Hydrierspezialisten, doch wurden neue Funktionseliten strukturell durch Delegierung zum Studium gewonnen.[2080] Eine Methode, die bis zum Ende des Untersuchungszeitraumes beibehalten wurde.[2081]

Paradoxerweise war der größte Bruch in der Belegschaftsbildung nach 1945 die Einstellung von NS-Belasteten aus den Kreisen Borna und Leipzig. Damit unterbreiteten die sowjetischen Instanzen ihnen indirekt ein Integrationsangebot in das neue System.[2082] Der genaue Umfang dieser Gruppe lässt sich nicht mehr bestimmen, stellte aber anfangs die Masse der Hilfskräfte für die einfachen körperlichen Arbeiten, die vorher Zwangsarbeiterinnen und Zwangsarbeiter sowie Kriegsgefangene durchgeführt hatten. In diesem von Restriktionen und Gewalt geprägten Milieu lässt sich eine Kontinuität über die gesamten 1940er-Jahre nicht leugnen. Entsprechend liegt vordergründig der Schluss nahe, in ihrer zwangsweisen Rekrutierung eine Parallele zur Dienstverpflichtung und Zwangsarbeit der NS-Zeit zu sehen. Allerdings greift dieser Vergleich fehl, da Restriktionen gegen diese Gruppe spätestens mit dem Abschluss der Entnazifizierungen im Frühjahr 1948 weitestgehend entfielen. Sie wurden zu jeder Zeit normal entlohnt, nicht mehr in den Wohnlagern kaserniert und verfügten durch Weiterbildung über Aufstiegschancen. Auffällig ist ein gewisser Widerspruch: Das von einer paranoiden Überwachungstätigkeit geprägte sozialistische Regime holte vor allem ehemalige überzeugte Nationalsozialisten in den Industriekomplex, was ihren Anteil anwachsen ließ. Für einen Teil von ihnen bot sich so die Möglichkeit zur unerwarteten Integration, wodurch sie das neue Regime akzeptierten, an seinen Ritualen, wie dem 01. und 08. Mai, dem „Tag des Bergmanns" sowie dem „Tag der Republik", partizipierten und die betrieblichen Strukturen, besonders die informellen, im Industriekomplex mitprägten. Dabei waren sie gleichzeitig nicht gezwungen, ihre inneren Überzeugungen zu Antisemitismus, Nationalismus oder

2079 Vgl. ebd., 20680, Nr. 27, Entnazifizierung des Personals der SSAG Brikett vom 01.03.1948; Nr. 139, Niederschrift über die Sitzung der Arbeitsgemeinschaft für Tagebautechnik am 03.11.1950.

2080 Vgl. ebd., 20687, Nr. 457, Vorschlag zur Verleihung des Nationalpreises vom 23.04.1963.

2081 Vgl. ebd., 20681, Nr. 244, Sozialistische Rekonstruktion vom 16.06.1959; 20687, Nr. 1037, Maßnahmen zur Realisierung des Kaderentwicklungsprogramms vom 18.04.1964.

2082 Vgl. Hofmann, Michael: Kohlearbeiter (s. Anmerkung 15), S. 98.

Rassismus abzulegen, solange sie sich den Losungen der sozialistischen Ideologie bedienten oder ihre Meinungen nur im Privaten äußerten. Ihre Eigliederung in die DDR-Gesellschaft widerspiegelt einen erstaunlichen Pragmatismus der Ära Ulbricht, der die Loyalität der Bevölkerung förderte. Diese Integration abweichender Positionen und das Bestehen von Räumen der Unmutsäußerung – auch wenn sie privat oder nur halböffentlich sind – trug, wie Sönke Neitzel und Harald Welzer bereits verdeutlichten, wesentlich zur Stabilität von Diktaturen bei.[2083]

Das Kriegsende markierte auch den Wendepunkt für die Altersstruktur des Personals. Waren es in der NS-Zeit vor allem junge, mobile Personen aus allen Teilen Deutschlands, die eine Tätigkeit in der aufstrebenden mitteldeutschen Chemieindustrie suchten, wandelte bereits der Krieg die Bevölkerungspyramide. Verstärkend wirkten strukturelle Umbrüche, wie die Abwanderung junger Menschen bis zum Bau der Berliner Mauer 1961. So stand der Industriekomplex im Wettbewerb mit anderen Teilen der Industrie: in den 1950er-Jahren zuerst mit der Metallurgie, wie das prominente Beispiel „Stalinstadt" zeigt, und später vor allem mit den neuen Kohlengewinnungs- sowie Kohlenverarbeitungsanlagen im Rahmen der „Kohle- und Energieprogramme" sowie des „Chemieprogrammes", hier sei nur Schwarze Pumpe genannt. In den 1960er-Jahren war es vor allem der Aufbau der Petrochemie mit dem PCK Schwedt, das junge Akademiker aber auch gestandene Experten des Industriekomplexes nach Brandenburg lockte. Nicht zu vergessen ist, dass besonders für ausgebildete Bergleute der Uranerzbergbau der Wismut mit deutlich besseren materiellen und immateriellen Konditionen über die gesamten letzten beiden Phasen lockte. Selbst innerhalb des Untersuchungsraumes wurden Arbeitskräfte gegenseitig abgeworben. Dabei war die Bezahlung für junge Ingenieure nicht allein dafür ausschlaggebend, einen Beruf außerhalb des Industriekomplexes aufzunehmen. Vielfach waren es die veralteten Anlagen, die die Werbung von Nachwuchskräften am Ende des Untersuchungszeitraumes erschwerten.[2084] Schlussendlich führten alle diese Gründe zu einer zunehmenden Überalterung der Belegschaft im Industriekomplex, die besonders nach Ende des Untersuchungszeitraumes und der nicht erfolgten Stilllegung der karbochemischen Anlagen die Probleme bedeutend verschärften.[2085] Mit der

2083 Vgl. Neitzel, Sönke/Welzer, Harald: Soldaten (s. Anmerkung 369), S. 54 ff.
2084 Vgl. Barkleit, Gerhard/Dunsch, Anette: Anfällige Aufsteiger. Inoffizielle Mitarbeiter des MfS in Betrieben der Hochtechnologie, Dresden 1998 (= Hannah-Arendt-Institut für Totalitarismusforschung: Berichte und Studien, Nr. 15), S. 41; Niethammer, Lutz/Plato, Alexander von/Wierling, Dorothee: Erfahrung (s. Anmerkung 68), S. 446, 496 f. und 507. Ein Phänomen, das auch in anderen Teilen der volkseigenen Wirtschaft zu beobachten ist.
2085 Vgl. Hofmann, Michael: Kohlearbeiter (s. Anmerkung 15), S. 112 ff.

veränderten Altersstruktur stieg gleichzeitig der Krankenstand, was wiederum Rückwirkungen auf die Arbeitsproduktivität hatte.

Die Befreiung Deutschlands 1945 brachte Chancen des sozialen und beruflichen Aufstiegs mit sich, von denen zunächst alte Kommunisten und Sozialisten profitierten. In der SAG-Zeit konnten sie in die obersten Führungspositionen aufsteigen, allerdings handelte es sich bei ihnen nur um eine zahlenmäßig kleine Gruppe, deren Einfluss jedoch nicht unterschätzt werden darf, da sie in der Phase nach Kriegsende den Wiederaufbau steuerten und das deutsche Direktorium in den SAGs dominierten. Interessanterweise stellte ihr Aufstieg meist nur eine kurze Episode dar. Außerhalb der Sicherheitsorgane blieben sie mehrheitlich nur bis Mitte der 1950er-Jahre in ihren Leitungspositionen. Vielfach wurden sie von jungen Parteiaktivisten der „Hitlerjugend-Generation" abgelöst. Gelegentlich war ihre Abberufung mit Parteiausschlussverfahren verbunden, die auf „Säuberungen" in der SED schließen lassen.[2086] Dabei stellen sie eine kurze Übergangsgeneration dar, die dennoch zur Durchsetzung der Parteiherrschaft im Industriekomplex wichtig war.

Die (schein-)gewerkschaftliche Organisation der Arbeitskräfte verzeichnete deutliche Umbrüche 1933 und 1945. Mit dem Schlag gegen die Gewerkschaften am 02. Mai 1933 zerstörten die Nationalsozialisten die freien Arbeitnehmerorganisationen. Die DAF hatte nicht einmal den Anspruch, Arbeitnehmervertretung zu sein, sondern verstand Arbeitnehmer und Arbeitgeber vielmehr als eine „Volksgemeinschaft im Betrieb". Das Kriegsende 1945 änderte dies vorerst. Mit den Betriebsräten tauchte nun ein machtvolles Instrument für die Mitbestimmung in allen betrieblichen Entscheidungen auf. Ihre Bedeutung wird sowohl an der freien Wahl als auch an ihrer Beteiligung an der Werksleitung klar. Jedoch begann bereits in der Phase der SAGs die Transformation der Arbeitnehmervertretung. Die Position des Betriebsrates wurde von der BGL, somit vom FDGB und von der BPO neu bestimmt. Allerdings verlor die BGL spätestens beim Übergang von den SAGs zu den VEBs an Einfluss gegenüber der BPO, wie der erwähnte Konflikt um den 17. Juni 1953 zeigt. In der letzten Phase verkam die BGL zu einem Erfüllungsinstrument der SED-Politik und wurde zwischen den Interessen der Arbeitskräfte und der Werksleitung aufgerieben.

Der Umbruch 1945 erhöhte die Durchlässigkeit der Gesellschaft und somit bestanden auch im Industriekomplex für Arbeiterinnen und Arbeiter sowie deren Kinder die Möglichkeit zum Aufstieg in Wirtschaft und Wissenschaft. So ermöglichte der Umbruch anderen Personenkreisen als vor 1945 die Möglichkeit, Kar-

2086 Vgl. SächsStA-L, 21125, Nr. IV/5/01/310, Euren Beschluß über meine Absetzung als Personalleiter vom 29.11.1951.

riere zu machen, anfangs unabhängig von ihrer Parteizugehörigkeit.[2087] Der Eintritt in die SED und das Emporsteigen in ihrer Hierarchie beförderten allerdings die Karriere nachhaltig, vor allem in der Werks- und Kombinatsleitung.

Für die jungen Führungskräfte bestanden vor allem in der letzten Phase deutlich mehr Chancen für den betrieblichen Aufstieg. Diese neue Generation nahm größtenteils nach 1945 ihr Berufsleben auf, stammte vielfach aus proletarischen Verhältnissen, hatte die Möglichkeiten für ein Studium in der DDR genutzt und trat als „Jungingenieur" in die Betriebe des Untersuchungsraums ein.[2088] Einige, wie Rudolf Lehmann, prägten den Industriekomplex bis zu seinem Ende und ließen eine neue Kontinuitätslinie aus der Tradition des Bruches entstehen.[2089]

Über den gesamten Zeitraum betrachtet ließ die Bindungs- und Werbekraft des Industriekomplexes mit der zunehmenden technologischen Überalterung der Anlagen nach. So gab es zwar schon in der NS-Zeit Abwanderungen von Funktionseliten, jedoch bildeten sie Ausnahmen. Nach 1945 änderte sich dies grundlegend, die Fluktuation unter den Funktionseliten wuchs stetig. Es waren vor allem junge, studierte Kader, die in neue Hochtechnologiebereiche der DDR-Wirtschaft abwanderten.[2090]

2087 Vgl. ebd., 21125, Nr. IV/A/4/03/024, Vorschlag zur Auszeichnung als „Verdienter Meister" vom 11.01.1965.

2088 Vgl. ebd., 20687, Nr. 457, Vorschlag zur Verleihung des Nationalpreises vom 23.04.1963.

2089 Vgl. PA Baumert, Sammlung Dissertation, Lebenslauf Rudolf Lehmann vom 24.10.2018.

2090 Vgl. Barkleit, Gerhard/Dunsch, Anette: Aufsteiger (s. Anmerkung 2084), S. 41.

Resümee

Wer heute – mehr als 30 Jahre nach Abschaltung des letzten Schwelofens im August 1990 – durch Espenhain fährt, merkt dem Ort auf dem ersten Blick kaum noch seine Vergangenheit als eines der bedeutendsten Werke der deutschen Braunkohlenindustrie zwischen 1938 und 1990 an. Weite Teile des Werkes und vor allem Rauch, Gestank, Lärm und Staub sind längst verschwunden. Eingerahmt von der heutigen Idylle der Hochhalde Trages sowie des Störmthaler und Hainer Sees liegt das Dorf beschaulich in der Leipziger Tieflandsbucht. Weite Teile der Werksanlagen sind einer Brache gewichen. Nur noch Hauptwerkstatt, Verwaltungsgebäude und die Kraftwerksschaltwarte künden vom einstigen Kombinat und wirken ob der einstigen Größe winzig. Einzig ein Detail bemerken aufmerksame Besucherinnen und Besucher: Getrennt von der Bundesstraße liegen Bereitschaftssiedlung und Arbeiterwohnsiedlungen unversöhnlich gegenüber und erinnern an knapp 60 Jahre Autarkiepolitik. Aber auch dieses Kapitel scheint seit dem Jahr 2020 und dem Beginn des Rückbaus der vierspurigen Straße, die den Ort teilte, vorbei. Mit Bezug auf die Studie schließt sich die Überlegung an: Was bleibt von der Wirtschaftspolitik dieser drei unterschiedlichen Systeme und gibt es Lehren, die aus dem Traum von wirtschaftlicher Unabhängigkeit gezogen werden können?

An dieser Stelle sei zunächst an die erkenntnisleitenden Fragen der Arbeit erinnert: Wie konnte ein kleiner Industriekomplex für die Wirtschaft dreier Systeme über mehrere Dekaden relevant sein? Wie schafften es drei verschiedene Regime mit unterschiedlichen ökonomischen Zielstellungen in der Autarkiepolitik, Funktionseliten und Belegschaft zu binden? Wie entwickelte sich die Wirtschaftsorganisation in den drei Phasen und wie wirkte sich diese auf das Betriebsergebnis aus?

Sowohl die Faktoren als auch die Ausgangslagen hierfür unterschieden sich in jedem der untersuchten Zeitabschnitte. Dennoch gab es auch zahlreiche periodenübergreifende Gemeinsamkeiten im Vorgehen, in der Organisation und bei den Interessen der drei unterschiedlichen Inhaber der Handlungsrechte im Industriekomplex Böhlen-Espenhain. Schlussendlich bestätigte sich auf der Mikroebene ein ambivalentes Bild der Betriebe. Lang- und mittelfristig den politischen Veränderungen unterliegend und dabei durchaus im Wandel, gestalteten sich die konkreten Übergänge weich und zeigten Kontinuitätslinien auf. Die Transformation erfolgte wiederum sukzessive als Prozess von einem öffentlichen Stromversorger über einen kriegswichtigen staatskapitalistischen Rohstoffproduzenten sowie einer ausländischen Aktiengesellschaft zu Reparationszwecken hin zu einem systemrelevanten Wirtschaftsgefüge in der Planwirtschaft. Dabei

https://doi.org/10.1515/9783110729962-007

muss die Autarkiepolitik, als phasenübergreifendes Konzept, auch an ihren Erfolgen und Misserfolgen gemessen werden.

Die Zeit des Nationalsozialismus 1933 bis 1945

Der Nationalsozialismus stellte den ersten untersuchten Zeitabschnitt dar. Zwar begann sich der Industriekomplex bereits seit den 1920er-Jahren herauszubilden, der Ausbau zu einem Zentrum der karbochemischen Roh- und Treibstoffproduktion erfolgte jedoch erst ab 1935. Hier konnte auf Pläne aus der Spätphase der Weimarer Republik zurückgegriffen werden, die bereits im Zeichen eines ordnungspolitischen Autoritarismus abseits einer Marktwirtschaft standen. Der Industriekomplex wurde zu einem strategischen Bestandteil der Politik zur Abkopplung der deutschen Wirtschaft vom Weltmarkt bei gleichzeitiger Vorbereitung des Angriffs- und Vernichtungskrieges. ASW – als Unternehmen der öffentlichen Hand nach 1933 problemlos von den Nationalsozialisten für ihre Zwecke genutzt – und Brabag waren prototypisch für die Verquickung von Staat und Ökonomie im „Dritten Reich“ und dienten der Erfüllung des „Führerwillens“ durch die deutsche Wirtschaft.

Dabei betraten die Unternehmen technisches Neuland im Industriekomplex. Stammten die verwendeten Technologien zwar größtenteils aus den ersten beiden Jahrzehnten des 20. Jahrhunderts, so erfolgte hier teilweise erstmals ihre industrielle Umsetzung. Besonders die Errichtung des Werkes Espenhain stellte reichsweit den ersten geplanten Aufbau eines karbochemischen Komplexes auf Braunkohlenbasis dar, der von Beginn der Planung an in die autarke Versorgung des Militärs und der Kriegswirtschaft integriert war. An der Konzeption dieses ersten synthetischen Treibstoffwerkes, das von der Rohstoffförderung bis zum fertigen Kraftstoff produzierte, lässt sich ein Modernisierungsschub erkennen.

Ein nur teilweiser Bruch zur Weimarer Zeit zeigt sich bei der Rekrutierung der Belegschaft. Wurde das Personal vor 1933 gezielt aus der ärmeren Landbevölkerung rekrutiert, sollten es danach vor allem Arbeitskräfte mit einer politischen Nähe zum Nationalsozialismus sein – eine Zugangsvoraussetzung, die allerdings nur auf dem Papier bestand. Die neuen Arbeitskräfte kamen auch weiterhin aus vorwiegend wirtschaftlich benachteiligten Regionen. Anders verhielt es sich bei den Funktionseliten, besonders bei der Brabag. Schon vor 1933 hingen überdurchschnittlich viele Akademiker den Nationalsozialisten und ihren Ideen an. Entsprechend verwunderte es nicht, dass die von der IG-Farben stammenden Ingenieure und Manager der NSDAP und ihren Unterorganisationen wohlwollend gegenüber auftraten und vielfach ab 1933 ihnen beitraten.

Genau wie in der Weimarer Republik waren die Lebens- und Arbeitsbedingungen für die Belegschaft in der ersten Phase überdurchschnittlich gut – ein Konsens bei NS-Musterbetrieben. So schafften die Unternehmen z. B. günstigen Wohnraum und stellten ihn dem Personal zur Verfügung. Durch die Gewährung von Deputaten konnte der Verdienst aufgebessert werden. Darüber hinaus schufen die Unternehmen ein betriebliches Kultur- und Freizeitangebot, das auch Ferienplätze umfasste. Ebenso bestand für die Belegschaft nach Kriegsausbruch ein besserer Zugang zu den knappen Lebensmitteln im Vergleich zur restlichen Bevölkerung.

In betriebsorganisatorischer Hinsicht veränderte sich wenig. Zwar kam es bei der „Machtübertragung" zu einer politischen „Säuberung" des Aufsichtsrates und des Vorstandes der ASW, sonst sind aber keine auf die politische Orientierung abzielenden Veränderungen feststellbar. Dies lässt sich auch für die Struktur der ASW Espenhain konstatieren, die weitestgehend kongruent zum Böhlener Werk aufgebaut wurde. Allerdings, und hier bestand wiederum eine Parallele zur Brabag, übernahm nun das Reich einen wesentlichen Teil der Finanzierung und somit der politischen Entscheidungsbefugnis. Ein wesentlicher Umbruch, hatte doch vor 1933 die ASW ihre Investitionen weitestgehend über Kredite des internationalen Finanzmarktes finanziert. Dieser Wandel ist charakteristisch für die „gelenkte Wirtschaft" im Nationalsozialismus.

Eingriffe in die Wirtschaftsorganisation der Unternehmen während der NS-Zeit sind vor allem als Reaktion auf den Krieg zu verstehen. Die – aus Sicht der Unternehmen – zuverlässige deutsche Belegschaft wurde zunehmend durch ausländische Arbeitskräfte, vor allem Kriegsgefangene, Zwangsarbeiterinnen und Zwangsarbeiter sowie KZ-Häftlinge, ersetzt. Dadurch wurde der Anspruch einer politisch-homogenen Belegschaft ad absurdum geführt. Die neuen Arbeitskräfte profitierten auch nicht von den Privilegien, sondern waren von Hunger, Krankheit und Tod bedroht. Gleichzeitig erfolgten Rationalisierungsmaßnahmen, um Material und Personal zu sparen. Materialmangel, der bereits in der Aufrüstungsphase ab 1936 bestand, führte zu weiteren Problemen in der und für die Produktion des Industriekomplexes. Hier sei besonders an die späte Fertigstellung der Abraumförderbrücke und die unzureichende Ausstattung des Tagebaus mit leistungsfähigen Baggern in Espenhain erinnert. Daher ist der Aufbau und der Betrieb des Werkes Espenhain in dieser Phase als ein wirtschaftlicher Fehlschlag zu bewerten. In Bezug auf die Autarkiepolitik besteht mithin eine gewisse Ambivalenz. So waren die Anlagen eine der Voraussetzungen für die deutsche Kriegsführung, konnten aber gleichzeitig die ausreichende Versorgung der Kriegswirtschaft trotz dem dominierenden „Primat der Produktion" zu keinem Zeitpunkt gewährleisten. Dabei überstiegen – besonders im Fall von Espenhain vor 1945 – die Kosten den Nutzen.

Die Zeit der Sowjetischen Aktiengesellschaft 1945 bis 1952/54

Die zweite, kürzeste Untersuchungsphase bildete die Zeit der sowjetischen Kontrolle. Aufgrund der Kriegszerstörungen und der Flucht des Personals war ein Wiederaufbau von Industrieanlagen und Belegschaft notwendig. Um eine möglichst reibungslose Wiederaufnahme der Produktion zu gewährleisten, griff die sowjetische Administration auf Strukturen und Personen der vorherigen Periode zurück. Die sowjetischen Verantwortlichen folgten dabei dem „Primat der Produktion", denn sie waren nicht primär an einem Umbau der Wirtschaft interessiert, sondern an einer Stabilisierung der SBZ und an einem möglichst großen Nutzen für ihre Reparationspolitik. Der sich zuspitzende Ost-West-Konflikt und der niedrige Grad der Arbeitsteilung in den Staaten des sowjetischen Machtbereiches verschärften das Problem des Materialmangels. Dieser Problemkonstellation zum Trotz zeichnet ein weiterer Modernisierungsschub die Phase der SAGs aus, der allerdings weniger rasant verlief als im ersten Zeitraum. Entsprechend blieb die Produktion nicht nur systemrelevant, sondern zeichnete sich auch durch die technischen Möglichkeiten aus. So galten die Böhlener Treibstoffe als die hochwertigsten in der gesamten DDR. Ziel der Produktion waren nun allerdings Gewinne für den Wiederaufbau der kriegszerstörten Sowjetunion.

Entsprechend bestanden beim Übergang zur SAG-Phase auf kurze Sicht eher Kontinuitäten als Brüche. Die Implementierung eines neuen betriebswirtschaftlichen Systems hätte schließlich das Produktionsergebnis gefährdet. Zudem waren die neuen Machthaber auf die Expertise der alten Führungskräfte angewiesen, um die Anlagen mit den bescheidenen Möglichkeiten der Nachkriegszeit wiederaufzubauen. Das gilt auch für die Belegschaft. Zwar konstatierte die bisherige Forschung eine repressive Umerziehung – dies lässt sich anhand der Fallstudie aber nur begrenzt bestätigen. Vielmehr war es eine Kombination aus Drohung und Verlockung durch die sowjetischen Betriebsleitungen. Dabei bestanden für die Belegschaften an beiden Orten die Privilegierungen aus der vorherigen Phase fort. Besonders eine geregelte Lebensmittelversorgung und die Verfügbarkeit von Heizmaterial waren wichtige Faktoren für die Arbeitsaufnahme in der unmittelbaren Nachkriegszeit. Gleichzeitig waren diese Waren begehrte Handelsgüter. Auch andere Bevorteilungen bestanden über die Grenzen des vorherigen Zeitabschnittes hinweg, wie beispielsweise das Kultur- und Freizeitangebot. So waren die neuen Machthaber daran interessiert, verloren gegangene Urlaubseinrichtungen durch neue betriebseigene Ferienorte zu ersetzen. Dies führte zu einer mehrheitlich zufriedenen Belegschaft, wie die Personalentwicklung und die begrenzte Fluktuation zeigen.

Zwischen 1945 und 1952/54 lassen sich aber auch Veränderungen beobachten. So wurden planwirtschaftliche Institutionen in den Werken implementiert, wie die Planabteilungen – wenn auch erst ab 1949/50. Die sowjetische Generaldirektion markiert zweifelsfrei eine wesentliche, zäsurale Veränderung, doch stand ihr kein entsprechend beschleunigter Wandel in der Arbeitsorganisation zur Seite. Zwar wurden „Brigaden" gegründet und „Aktivisten" ausgezeichnet, der Organisationsgrad blieb aber auf einem niedrigen Niveau und wurde erst nach Gründung der DDR zu einem eigenen Faktor. Auf der Belegschaftsseite stellten die Entnazifizierungen den spürbarsten Eingriff dar, allerdings mit geringen Konsequenzen. Nur besonders engagierte Nationalsozialisten oder in Verbrechen verstrickte Personen, die gleichzeitig fachlich ersetzbar waren, wurden entlassen. Aufgrund ihrer Bedeutung waren Funktionseliten kaum davon betroffen. Ihre Strafen bestanden meist nur aus einer Degradierung oder Gehaltskürzung. Aber selbst diese wurden nur teilweise umgesetzt. Eine Ausnahme bildete der Betriebsschutz, der als einzige Abteilung einen konsequenten Bruch durch seine Neugründung erlebte.

Neue Führungskräfte wurden nun neben den NS-Belasteten vor allem unter den Geflüchteten aus Ostmittel- und Südosteuropa gewonnen, die bei entsprechender Qualifikation auch erfolgreich an ihre Vorkriegskarriere anknüpfen konnten. Daneben bot sich den einstigen Verfolgten des Naziregimes die Möglichkeit zum sozialen Aufstieg.

Dennoch sind auch ablehnende politische Positionen in den Werken dokumentiert, in denen sich Kontinuitäten von rechtsextremen Einstellungsmustern spiegeln, wie Hakenkreuz-Graffitis oder die Zugehörigkeit zur KgU und UFJ zeigen. Unter den Bedingungen des sich abzeichnenden „Kalten Krieges" aber auch des paranoiden Sicherheitsbedürfnisses der UdSSR und ihrer ostdeutschen Verbündeten wurden gleichzeitig die Sicherheitsorgane, repräsentiert durch sowjetische Wachsoldaten und später durch die BSAs ausgebaut.

Auch für diese Phase ist die Autarkiepolitik ambivalent zu bewerten. Beispielsweise versorgte Böhlen die Streitkräfte des Ostblocks mit hochwertigen Treibstoffen, die sonst nicht ausreichend verfügbar waren. Auch das Ziel, Profit für die Besatzungsmacht zu generieren, war erfolgreich. Andererseits trug genau diese Politik zur Destabilisierung der jungen DDR bei und war eine der Ursachen für den „Volksaufstand vom 17. Juni 1953".

Die Zeit der DDR von 1952/54 bis 1965

Der letzte Zeitabschnitt brachte die deutlichsten Veränderungen im Untersuchungszeitraum mit sich: Die Planwirtschaft setzte sich organisatorisch in der Betriebsleitung durch und das „Brigade- und Aktivistenwesen" sowie der „sozialistische Wettbewerb" wurden im Betrieb ausgebaut. Gleichzeitig war diese Zeit auch ein Experimentierfeld für neue wirtschaftliche Organisationsformen, die der Suche nach einer möglichst effizienten und rationellen Form entsprachen, die Missstände der sozialistischen Planwirtschaft zu beheben, ohne ihre Prinzipien außer Kraft zu setzen. Dabei zeigt sich, dass versucht wurde, bestehende Probleme durch administrative Eingriffe zu lösen, die ohne eine entsprechende ökonomische Absicherung zum Scheitern verurteilt waren. Selbst im NÖSPL können keine Fortschritte bilanziert werden, da die Marktmechanismen zu zögerlich implementiert wurden. Für den Industriekomplex hätte dies eine Abkehr von der braunkohlenbasierten Karbochemie hin zu einer modernen Petrochemie bedeutet. Eine solche Zielstellung zeigen die Pläne zum Auslaufen des Tagebaus Espenhain und der Aufbau eines modernen Olefinwerkes in Böhlen. Die Gründe für das Scheitern lagen an systemimmanenten Faktoren, wie dem begrenzten Erdölexport der Sowjetunion oder die mangelnden Stromeinsparungen in der DDR. Somit sind nur in dieser Phase keine Modernisierungstendenzen, die vom Industriekomplex ausgingen, zu beobachten.

Auch die Belegschaft wandelte sich nur langsam. Der Druck auf die „Intelligenz" durch SED, ZKSK und MfS in den 1950er-Jahren führte in der zweiten Hälfte dieses Jahrzehntes zu einer verstärkten Abwanderung in die BRD. Viele verließen aber auch altersbedingt die Betriebe. Hinzu kam, dass die mittlerweile veralteten Technologien nur noch begrenzt attraktiv für junge Ingenieure waren und sich die Nachwuchsgewinnung zunehmend schwierig gestaltete. Die Stigmatisierung von Jugendlichen als „Rowdys" und die unzureichende Gleichstellung von Frauen trugen ihren Teil zum Personalmangel bei. Dennoch blieben zahlreiche Funktionseliten den Werken bis zu ihrem Renteneintritt und sogar darüber hinaus verbunden. Sie garantierten, trotz aller Probleme, das Funktionieren des wichtigen Rohstoff- und Energieerzeugungsstandortes. Dies spricht dafür, dass sich zumindest ein Teil weiterhin mit den Betrieben identifizierte.

In dieser Phase ist auch das bis dahin größte Ausmaß an innerbetrieblicher Überwachung festzustellen. Nicht nur die BSAs, sondern auch zwei Objektdienststellen der Staatssicherheit überwachten den Industriekomplex.

Der Untersuchungsraum erreichte Mitte der 1950er-Jahre den Höhepunkt seiner ökonomischen Bedeutung. Seine Systemrelevanz drückte sich politisch in der Einrichtung einer eigenen SED-Kreisleitung in Böhlen 1954 aus. Allerdings nahm spätestens seit 1960 die wirtschaftliche Bedeutung des Industriekomplexes Böhlen-Espenhain rasant ab, da die unzeitgemäße Technologie der Karbochemie niedrige Qualität bei zu hohen Preisen fertigte.

Ähnlich wie die Produktion muss auch die Belegschaftspolitik in der letzten Phase differenziert gesehen werden. Zwar war ein Teil des Personals immer noch privilegiert, allerdings gab es nun deutlichere Unterschiede zwischen den einzelnen Bereichen. Besonders die Arbeit in den Kraftwerken, aber auch in den chemischen Anlagen verlor an Attraktivität für neue Arbeitskräfte. Der Konflikt um einen Einheitskombinatstarif prägte die gesamten 1950er-Jahre, ohne dass eine zufriedenstellende Lösung erfolgte. Diese als ungerecht empfundene Behandlung führte zu einer zunehmenden Segregation der Belegschaft, die bis heute anhält. Beispielsweise dominieren vor allem Bergmänner die Ehemaligen-Organisationen.[2091] Entsprechend führte diese Politik zu Personalmangel außerhalb des Bergbausektors in der letzten Phase. Aufgrund der fehlenden Steuerungsmöglichkeiten zur Setzung von Anreizen blieben nur wenige Arbeitskraftreserven übrig, die mobilisiert werden konnten – so Frauen und Justizstrafgefangene.

Der Materialmangel wirkte sich weiterhin negativ auf den Industriekomplex aus, nahm sogar noch in der letzten Phase zu. Die beschränkten Möglichkeiten des Ost-West-Handels, aber auch die mangelnde Arbeitsteilung im RGW zeitigte negative Effekte auf die Produktion. Schlussendlich machte dies einen Improvisationsgeist der Leitungskräfte aber auch vieler einfacher Arbeiterinnen und Arbeiter notwendig. Diese waren es, die ein „weiter so" bis zum Ende der DDR überhaupt ermöglichten.

Auch für den letzten Zeitraum ist der Erfolg der Autarkiepolitik differenziert zu bewerten. Die DDR konzentrierte in den ersten beiden Jahrzehnten ihrer Existenz die Industriepolitik auf die Braunkohle, ihrem wichtigsten Rohstoff, womit sie Erfolge – auch im Industriekomplex – erzielte. Allerdings erfolgte der Ausbau nicht wie geplant und gleichzeitig auf Kosten der Umwelt. So trug die Fokussierung auf den Rohstoff Braunkohle im Zuge einer autarken Ökonomie durch die damit verbundenen Umweltschädigungen schlussendlich mit zum Untergang der DDR bei.

2091 Das Espenhainer Ehemaligentreffen, organisiert vom Bergbau-Technik-Park e.V., besteht bis heute als wichtigste Ehemaligen-Organisation. Dabei sind frühere Bergarbeiter im Verein die dominierende Gruppe, auch wenn der Anspruch auf Repräsentation der Gesamtheit des Personals erhoben wird. Die Interessengemeinschaft Braunkohlenveredelung Espenhain hatte hingegen nur kurz Bestand und ist mittlerweile wieder aufgelöst. Von Seiten der Beschäftigten des Bereiches Energie gibt es im heutigen Kraftwerk Lippendorf einen Verein, der aber eher im Zusammenhang mit den Entwicklungen nach 1990 im Energiesektor steht. Die Elektrotechnische Sammlung des VDE-Bezirksvereins Leipzig/Halle in Markkleeberg ist nur lose mit dem Untersuchungsraum verbunden, auch wenn personelle Überschneidungen bestehen.

Anhang

Biografischer Anhang

Entnazifizierung von Leitungskräften in Böhlen und Espenhain 1945 bis 1948

Helmut Arnold (1911 – k. A.)
Ausbildung: Meister
Arbeitsort: Magazin Brabag Böhlen
NS-Organisationzugehörigkeit: NSDAP (1931); SA (Oberscharführer)
Entnazifizierungsurteil: Versetzung auf niedrigeren Posten im Betrieb; Verbot von Leitungsfunktion
Weiterer Werdegang: unbekannt

Otto Bauersachs (1914 – k. A.)
Ausbildung: Ingenieur
Arbeitsort: Betriebsingenieur für Tagebautechnik ASW Espenhain
NS-Organisationzugehörigkeit: NSDAP
Entnazifizierungsurteil: Entlassung zum 31. 03. 1948; Verbot von Leitungsfunktion
Weiterer Werdegang: am 16. 06. 1948 noch im Betrieb beschäftigt; 1950 bei SAG „Pfännerhall" und spätestens ab 1952 im Tagebau „Phönix" in leitender Position tätig

Georg Böhm (1898 – k. A.)
Ausbildung: Dipl.-Ing., Oberingenieur
Arbeitsort: Direktor Chemie ASW Böhlen
NS-Organisationzugehörigkeit: NSDAP (1937); SA (1937 – 1942)
Auszeichnung: Kriegsverdienstkreuz 1941
Entnazifizierungsurteil: Freispruch
Weiterer Werdegang: Hauptingenieur in Böhlen bis zur Rente 1963

Karl Friese (1900 – k. A.)
Ausbildung: Ingenieur
Arbeitsort: Abteilungsleiter im Tagebau ASW Espenhain
NS-Organisationzugehörigkeit: NSDAP (1933)
Entnazifizierungsurteil: Entlassung; nach Einspruch Versetzung und Gehaltskürzung
Weiterer Werdegang: Hauptenergetiker im Kraftwerk Espenhain bis mindestens 1962

Karl Gerlach (1899 – k. A.)
Ausbildung: Dr.
Arbeitsort: Laborleiter der Brabag Böhlen
NS-Organisationzugehörigkeit: NSDAP (1937); Block- und Zellenleiter; NSBO
Entnazifizierungsurteil: sofortige Entlassung
Weiterer Werdegang: nach kurzzeitiger Entlassung vom 21.01. bis 24. 04. 1948, Wiedereinstellung als Chemiker für Sonderaufgaben; Leiter des Versuchslabors im Benzinwerk Böhlen bis mindestens 1951

https://doi.org/10.1515/9783110729962-008

Georg Gölz (1899 – k.A.)
Ausbildung: Dr.-Ing.
Arbeitsort: Laborleiter ASW Espenhain
NS-Organisationzugehörigkeit: NSDAP (1939)
Entnazifizierungsurteil: Entlassung; nach Einspruch Freispruch
Weiterer Werdegang: Laborleiter in Espenhain bis mindestens 1963

Erich Graichen (1904 – k. A.)
Ausbildung: Dipl.-Ing. (Maschinenbau)
Arbeitsort: Untergruppenleiter IZ Böhlen
NS-Organisationzugehörigkeit: NSDAP (1937); Blockleiter
Entnazifizierungsurteil: kein Recht, Personalentscheidungen vorzunehmen, darf aber auf Posten bleiben
Weiterer Werdegang: Leiter Hauptmechanik Gruppe Benzin Böhlen bis mindestens 1960

Franz Hausmann (1902 – k. A.)
Ausbildung: Ingenieur
Arbeitsort: Leiter Abteilung Planung ASW Espenhain
NS-Organisationzugehörigkeit: NSDAP (1937)
Entnazifizierungsurteil: Freispruch
Weiterer Werdegang: Leiter Schwelanlage Espenhain bis 1958; Leiter Betriebskontrolle ab 1958

Erich Mühlot (1902 – k. A.)
Ausbildung: Dipl.-Ing. und Obersteiger
Arbeitsort: betriebstechnische Abteilung des Tagebaus ASW Espenhain
NS-Organisationzugehörigkeit: NSDAP (1937); KdF-Wart (1936); NS-Volkswohlfahrt
Entnazifizierungsurteil: Versetzung auf niedrigeren Posten im Betrieb; Verbot von Leitungsfunktion
Weiterer Werdegang: Leiter Tagebauentwässerung Espenhain bis mindestens 1951

Alfred Neubert (1901 – k. A.)
Ausbildung: Oberingenieur
Arbeitsort: Betriebsleiter ASW Böhlen
NS-Organisationzugehörigkeit: NSDAP (1933); SA (1933)
Entnazifizierungsurteil: Entlassung; nach Einspruch Begnadigung
Weiterer Werdegang: bis zur Rente 1966 im Betrieb

Walter Prox (1913 – k. A.)
Ausbildung: Obermeister
Arbeitsort: Baggerfahrer ASW Espenhain
NS-Organisationzugehörigkeit: NSDAP (1933); SA
Entnazifizierungsurteil: Entlassung
Weiterer Werdegang: 1955 als Baggerfahrer weiterhin im Betrieb

Gottfried Roleder (1912 – k. A.)
Ausbildung: Zeichner
Arbeitsort: IZ Brabag

NS-Organisationzugehörigkeit: NSDAP (1933); Volkssturmführer
Entnazifizierungsurteil: Verbot der Arbeit in Behörden
Weiterer Werdegang: erst Leiter der Teerpresssteinerzeugung, später bis mindestens 1952 im IZ

Karl Schwitzer (1905 – k. A.)
Ausbildung: Dr. (Chemiker)
Arbeitsort: Gruppenleiter Hochdruck Brabag
NS-Organisationzugehörigkeit: NSDAP (1933); Kompanieführer Volkssturm
Entnazifizierungsurteil: Versetzung auf niedrigeren Posten; soll Familie aus den Westen zurückholen
Weiterer Werdegang: „Republikflucht" 1948

Wilhelm Spruck (1902 – k. A.)
Ausbildung: Dr. (Chemiker)
Arbeitsort: Gruppenleiter und stellvertretender Direktor Brabag Böhlen
NS-Organisationzugehörigkeit: NSDAP (1933)
Entnazifizierungsurteil: Versetzung auf niedrigeren Posten; Verbot von Leitungsfunktion
Weiterer Werdegang: „Hennecke-Aktivist"; weiter Führungsposition; Entlassung 1950 wegen politischer Unzuverlässigkeit

Max Sterz (k. A.)
Ausbildung: Baumeister
Arbeitsort: Leiter Bauabteilung Fabriken ASW Böhlen
NS-Organisationzugehörigkeit: NSDAP (1933)
Entnazifizierungsurteil: Entlassung
Weiterer Werdegang: Entlassung 1947 nach Urteil der Entnazifizierungskommission

Walter Thiel (k. A.)
Ausbildung: Elektroingenieur
Arbeitsort: Leiter Abteilung Elektrobetrieb Bergbau ASW Böhlen
NS-Organisationzugehörigkeit: NSDAP (1932); SA (1933); NS-Volkswohlfahrt
Entnazifizierungsurteil: Entlassung zum 30.04.1947
Weiterer Werdegang: bleibt im Betrieb; sogar Wiedereinstellung 1953 nach zehnmonatiger Haft

Ernst Tielsch (1907 – k. A.)
Ausbildung: Dipl.-Ing.
Arbeitsort: Betriebsingenieur, stellvertretender Leiter der Tagebau ASW Espenhain
NS-Organisationzugehörigkeit: NSDAP
Entnazifizierungsurteil: Degradierung zum technischen Sachbearbeiter ohne Personalbereich für Grube und Abraum
Weiterer Werdegang: 1952 Tagebau „Phönix"; 1954 Regis, aber Rückkehr nach Espenhain als Führungskraft im Tagebau bis mindestens 1957 (Leiter Produktionstechnische Abteilung)

Friedrich-Wilhelm Uffrecht (k. A.)
Ausbildung: Oberingenieur
Arbeitsort: Leiter Wasserwerk ASW Böhlen
NS-Organisationzugehörigkeit: NSDAP (1937); SA (1933)

Entnazifizierungsurteil: Entlassung
Weiterer Werdegang: Entlassung 1947 nach Urteil der Entnazifizierungskommission

Rudolf Vollmer (1913 – k. A.)
Ausbildung: Dipl.-Ing.
Arbeitsort: Untergruppenleiter bei der Brabag
NS-Organisationzugehörigkeit: NSDAP (1937); SA (1933 – 1939)
Entnazifizierungsurteil: Degradierung (in Abwesenheit)
Weiterer Werdegang: „Republikflucht" vor Urteil der Entnazifizierungskommission

Werk- und Kombinatsdirektoren in Böhlen 1933 bis 1965

Kurt Ammon (k. A.)
Direktor Kombinat Böhlen 1947 – 1950
Ausbildung: unbekannt
Vorheriger Werdegang: 1943 Hauptingenieur der ASW Böhlen zusammen mit Georg Böhm; späterer Werdegang: 1950 Versetzung als Betriebsdirektor in den Steinkohlenbergbau nach Zwickau; 1953 Leiter der Hauptverwaltung Steinkohle
Parteizugehörigkeit: unbekannt
Berufliche Einschätzung: Bergbau-Experte; angeblich bei Arbeitskräften beliebt

Hugo Eckardt (1905 – 1987)
Kommissarischer Direktor 1953 – 1954
Ausbildung: Dr.
Vorheriger Werdegang: 1948 – 1952 Mitarbeiter der VVB Kohlenwertstoffe; zeitgleich 1949 – 1952 Werksleiter Mineralölwerk Lützkendorf; späterer Werdegang: 1956 – 1961 Professor für Brenn-, Kraft- und Schmierstoffe an der TH Dresden (1957 Institutsdirektor)
Parteizugehörigkeit: SED
Berufliche Einschätzung: war Mitglied der Kreisleitung der SED 1955, wirkte aber nur kurzeitig im Industriekomplex

Herbert von Felbert (1899 – k. A.)
Direktor Brabag Böhlen 1938 – 1945
Ausbildung: Dipl.-Ing.
Vorheriger Werdegang: Ingenieur bei IG Farben Leuna; späterer Werdegang: „Aufenthaltsort: unbekannt, Befehl d. US. MG."; Brabag bis 1951; Ruhrbau GmbH 1951/1952
Parteizugehörigkeit: NSDAP
Berufliche Einschätzung: größte Machtfülle als Vertreter des GB chem vor 1945; verantwortlich für Zwangsarbeitereinsatz, auch von KZ-Häftlingen; laut MfS hält er noch Anfang der 1950er-Jahre Kontakt zu ehemaligen Untergebenen

Josef Gemböck (k. A.)
Direktor Benzinwerk Böhlen April 1948 – Mai 1949
Ausbildung: Dipl.-Ing.
Vorheriger Werdegang: unbekannt; späterer Werdegang: unbekannt

Parteizugehörigkeit: unbekannt
Berufliche Einschätzung: keine berufliche Einschätzung bekannt; trat angeblich auf eigenen Wunsch zurück

Ewald Hausmann (1909 – k. A.)
Direktor Benzinwerk Böhlen 1946 – April 1948
Ausbildung: Dipl.-Chemiker
Vorheriger Werdegang: Betriebsleiter Gaserzeugung; späterer Werdegang: „Republikflucht" 1948
Parteizugehörigkeit: NSDAP
Berufliche Einschätzung: keine berufliche Einschätzung bekannt; trat angeblich auf eigenen Wunsch zurück

Ernst Hochschwender (1889 – k. A.)
Direktor Brabag Böhlen 1935 – 1938
Ausbildung: Dr.
Vorheriger Werdegang: BASF Ludwigshafen; späterer Werdegang: 1938 Vorstand der Brabag, „Republikflucht" 1945; im Rahmen der Operation „Paperclip" Übersiedelung in die USA 1947
Parteizugehörigkeit: NSDAP
Berufliche Einschätzung: als späteres Mitglied der Hauptverwaltung der Brabag für die Zustände in den KZ-Außenlagern Berga, Böhlen, Königstein und Tröglitz verantwortlich

Josef Kahn (1906 – k. A.)
Direktor Kombinat „Otto Grotewohl" Böhlen 1950 – 1953
Ausbildung: Kranführer (Facharbeiter)
Vorheriger Werdegang: 1929 – 1945 Maschinen-Wärter ASW Böhlen; Leiter der politischen Überwachungsstelle 1945 in Böhlen; Personalchef Kombinat Böhlen 1946 – 1950; späterer Werdegang: Versetzung als Hauptdirektor ins Braunkohlenkombinat Hirschfelde
Parteizugehörigkeit: KPD (bis 1933); KPD (1945); SED (1946)
Berufliche Einschätzung: Anstellung als alleiniger Hauptdirektor wegen „guten proletarischen Bewusstseins"; SED sah ihn kritisch, da er eigenwillig ist und auf alte Führungskräfte hört

Kurt Ludwig (1910 – k. A.)
Kombinatsdirektor Böhlen 1955 bis Ende des Untersuchungszeitraumes
Ausbildung: Tischler; Chemiewerker; Meister
Vorheriger Werdegang: 1927 – 1938 Tischler; 1938 – 1943 Chemiewerker bei der Brabag; 1943 – 1950 Werkmeister in der Gaserzeugung; 1950 – 1955 Betriebsleiter Gaserzeugung; späterer Werdegang: unbekannt
Parteizugehörigkeit: 1927 – 1933 Arbeiter Turn- und Sportverein; 1945 SPD; 1946 SED; 1945 – 1947 Betriebsrat; 1947 – 1951 BGL; Mitglied der Kreisleitung ab 1955
Berufliche Einschätzung: häufige Abwesenheit durch Krankheit; tritt in Quellen kaum in Erscheinung; höchste Machtfülle, da gleichzeitig Mitglied im Präsidium der Kreisleitung Böhlen

Rudolf Mecke (1901 – k. A.)
Direktor Benzinwerk Böhlen Mai 1949 – Juni 1952; Direktor Kombinat „Otto Grotewohl" Böhlen" September 1952 – Dezember 1952
Ausbildung: Dr.

Vorheriger Werdegang: 1935 – 1940 Ruhrchemie AG Oberhausen; 1940 – 1944 Borsig Kokswerke AG Hindenburg; 1946 – 1947 Betriebsleiter in der SAG Espenhain; 1947 – 1949 Betriebsleiter Benzinwerk Böhlen; späterer Werdegang: 1952 – 1953 Kombinat Böhlen Leiter Forschung und Projektierung; 1953 – 1966 (Renteneintritt) Fachgebietsleiter Chemie in der SPK
Parteizugehörigkeit: 1945 SPD; 1946 SED; 1949 – 1951 in Kreisleitung Leipzig der SED aktiv
Berufliche Einschätzung: Wird differenziert eingeschätzt: So werden ihm fachliche Fähigkeiten attestiert, die er aber nur unzureichend einsetzt. Sein politisches Engagement wurde durch die SED als „schwach" bezeichnet, was aber seiner Position in der Kreisleitung widersprach; freiwilliger Rücktritt bei Übergabe an DDR wegen Nichtberücksichtigung als Hauptdirektor

Hans Michael (k. A.)
Direktor ASW Böhlen 1933 – 1944
Ausbildung: unbekannt
Vorheriger Werdegang: unbekannt; späterer Werdegang: unbekannt
Parteizugehörigkeit: NSDAP (vor 1933)
Berufliche Einschätzung: „Betriebsführer"; zunehmender Machtverfall gegenüber Hauptverwaltung trotz Beziehungen zum Kreisleiter und anderen Institutionen der NSDAP

Karl Moeser (k. A.)
Direktor Kombinat Böhlen 1946 – 1947
Ausbildung: unbekannt
Vorheriger Werdegang: DEA Borna; späterer Werdegang: „Republikflucht" nach Absetzung
Parteizugehörigkeit: NSDAP (1942), SED
Berufliche Einschätzung: Entlassung wegen Vorwurf, alte DEA-Führungskräfte gezielt anzustellen

Hans-Günter Riedel (1912 – 1979)
Direktor des IZ Böhlen 1947 – 1973
Ausbildung: Dipl.-Ing. Maschinenbau, Dr.
Vorheriger Werdegang: Grube Ilse, Anhaltinische Kohlenwerke; seit 1938 Betriebsingenieur bei der Brabag; späterer Werdegang: Mitglied der Akademie der Wissenschaften der DDR
Parteizugehörigkeit: NSDAP (1938)
Berufliche Einschätzung: „ein Managertyp mit hohem Fachwissen"; Untergebene beschweren sich über cholerische Art; Dozent an der Bergakademie Freiberg; Zuträger des MfS in seiner Funktion als Leiter des IZ

Martin Röhnick (1898 – 1966)
Direktor Kraftwerk Espenhain 1946; Direktor Kraftwerk Böhlen 1950
Ausbildung: Dipl.-Ing.
Vorheriger Werdegang: 1924 – 1927 Ingenieur Fa. Otto Maier in Kiel; 1927 – 1934 Oberingenieur Kraftwerk Neumünster; Ingenieur-Offizier Kriegsmarine; 1945 Elektroingenieur Fa. Hausschild; 1945 Oberingenieur Hirschfelde; 1945 – 1946 Direktor Kraftwerk Espenhain; 1947 – 1950 Betriebsleiter Kesselbetrieb Kraftwerk Böhlen; 1949 – 1950 Technischer Direktor Kraftwerk Böhlen; späterer Werdegang: Leiter Betriebsgruppe Energie bis 1962
Parteizugehörigkeit: SED
Berufliche Einschätzung: hohes fachliches Können, allerdings wird er als skeptisch gegenüber der Politik der SED gesehen, weshalb er auch vom Posten des Hauptdirektors abberufen wird;

auch wurde behauptet, dass er sein fachliches Wissen nicht anwenden würde; bewarb sich 1952 bei der Volkspolizei See, blieb aber im Untersuchungsraum

Friedrich Schwarz (k. A.)
Direktor ASW Böhlen 1944 – 1945, Direktor ASW Espenhain 1944 – 1945
Ausbildung: unbekannt
Vorheriger Werdegang: ASW Hauptverwaltung Dresden 1934; Stellvertretender Werksdirektor ASW Böhlen 1943; späterer Werdegang: Entlassung am Kriegsende wegen NSDAP-Mitgliedschaft
Parteizugehörigkeit: NSDAP
Berufliche Einschätzung: „Betriebsführer"; trat in den Quellen kaum in Erscheinung; vermutlich gute Beziehungen zum Vorstand der ASW und zur Gauleitung der NSDAP; Geilenberg-Beauftragter der ASW Böhlen und Espenhain

Werk- und Kombinatsdirektoren in Espenhain 1937 bis 1965

Werner Boie (1901 – 1978)
Direktor Kraftwerk Espenhain 1946 – 1950
Ausbildung: Dr. Ing.
Vorheriger Werdegang: 1940 – 1945 Oberingenieur der Kraftwerke Espenhain; 1945 – 1948 Betriebsleiter Kraftwerk Böhlen; späterer Werdegang: Professor für Wärmetechnik und Wärmewirtschaft an der TH Dresden, 1959 – 1961 Dekan der Fakultät Maschinenwesen
Parteizugehörigkeit: NSDAP
Berufliche Einschätzung: bedeutender Ingenieur im Bereich der Kraftwerkstechnik; auch in der Betriebsleitung erfahren und erfolgreich

Karl Förster (k. A.)
Direktor Kombinat Espenhain 1955 – 1972
Ausbildung: Ingenieur
Vorheriger Werdegang: 1937 Legion Condor; 1938 – 1944 Junkers & Co. GmbH; Werksleiter des Braunkohlenschwelwerkes Gölzau; späterer Werdegang: unbekannt
Parteizugehörigkeit: SED (1946)
Berufliche Einschätzung: wird als schwach eingeschätzt; versucht die betrieblichen Machtpositionen mit Getreuen zu besetzten; unzureichende Förderung von fähigem Personal; nach anderer Quelle Improvisationstalent, das richtige Schlüsse aus Problemen zieht

Richard Kilian (1900 – k. A.)
Direktor Kombinat Espenhain 1948 – 1955
Ausbildung: Schlosser; Meister
Vorheriger Werdegang: 1919 – 1928 Schlosser bei ASW Hirschfelde; 1928 – 1940 Brikettmeister bei verschiedenen Braunkohlenunternehmen in Niederlausitz; seit 1940 als Brikettmeister bei der ASW Espenhain; 1945 Leiter der Brikettfabrik; 1947 Hauptingenieur; späterer Werdegang: Werksleiter Tagebau Holzweißig (Bitterfeld)
Parteizugehörigkeit: SPD (1920 – 1933); KPD (1945); SED (1946)
Berufliche Einschätzung: Sowjetische Generaldirektion ist mit seiner Arbeit zufrieden und prämiert ihn; besetzt Leitungspositionen mit Vertrauten; 1950: „gutmütiger Charakter und leicht zu

beeinflussen“; Vorwurf der Misshandlung deutscher und ausländischer Arbeiter in NS-Zeit; in DDR-Zeit fachlich als gut eingeschätzt; Vorwurf der Vetternwirtschaft und des „Sozialdemokratismus“

Ernst Markus (k. A.)
Direktor Kombinat Espenhain 1945–1948
Ausbildung: unbekannt
Vorheriger Werdegang: unbekannt; späterer Werdegang: unbekannt
Parteizugehörigkeit: unbekannt
Berufliche Einschätzung: Betriebsdirektor; taucht kaum in den Quellen auf; verfasst Denkschriften zur Behebung des Kohlen- und Materialmangels (beide 1947)

Martin Röhnick (1898–1966)
Direktor Kraftwerk Espenhain 1946; Direktor Kraftwerk Böhlen 1950
Vgl. Eintrag in vorhergehender Aufstellung „Werk- und Kombinatsdirektoren in Böhlen 1933 bis 1965

Friedrich Schwarz (k. A.)
Direktor ASW Böhlen 1944–1945, Direktor ASW Espenhain 1944–1945
Vgl. Eintrag in vorhergehender Aufstellung „Werk- und Kombinatsdirektoren in Böhlen 1933 bis 1965

Richard Wahle (k. A.)
ASW Bauleitung Espenhain 1937–1941; Direktor ASW Espenhain 1941–1944
Ausbildung: Dipl.-Ing., Bergassessor
Vorheriger Werdegang: seit 1924 ASW, erst Leipnitz, dann Hirschfelde; späterer Werdegang: Direktor Bergbau bis 31.12.1945 (Entlassung im Zuge der Entnazifizierung); danach Ingenieur für Brikettierung und als unabhängiger Sachverständiger für SAG Espenhain in Großdeuben
Parteizugehörigkeit: NSDAP
Berufliche Einschätzung: fachliche Eignung; blieb als Experte über Arbeitsverhältnis hinaus im Industriekomplex

Abkürzungsverzeichnis

ABF	Arbeiter- und Bauernfakultät
AEL	Arbeitserziehungslager
AG	Aktiengesellschaft
AKA	Aktiengesellschaft für Kraftstoffanlagen
ASW	Aktiengesellschaft Sächsische Werke
Bedir	Bergbaudirektion
BGL	Betriebsgewerkschaftsorganisation
BHT-Koks	Braunkohlenhochtemperaturkoks
BKK	Braunkohlenkombinat

BPO	Betriebsparteiorganisation der SED
Brabag	Braunkohle-Benzin AG
BRD	Bundesrepublik Deutschland
BSA	Betriebsschutzamt
CDU	Christlich Demokratische Union
ČSR	Tschechoslowakische Republik
DAF	Deutsche Arbeitsfront
DDR	Deutsche Demokratische Republik
DEA	Deutsche Erdöl AG
DEBRIV	Deutscher Braunkohlen-Industrieverein
DSF	Gesellschaft für Deutsch-Sowjetische-Freundschaft
DVP	Deutsche Volkspolizei
DWK	Deutsche Wirtschaftskommission
DZVB	Deutsche Zentralverwaltung der Brennstoffindustrie
Eldir	Elektrodirektion
FDGB	Freier Deutscher Gewerkschaftsbund
FDJ	Freie Deutsche Jugend
GB chem	Generalbevollmächtigter für Sonderfragen der chemischen Erzeugung
Gestapo	Geheime Staatspolizei
GI	Geheimer Informant
GO	Grundorganisation der SED
HASAG	Hugo und Alfred Schneider AG
IG	Industriegewerkschaft
IG Farben	Interessengemeinschaft Farbenindustrie AG
IMI	Italienische Militärinternierte
IZ	Ingenieurtechnische Zentralstelle Böhlen
KdF	Kraft durch Freude
KgU	Kampfgruppe gegen Unmenschlichkeit
KPD	Kommunistische Partei Deutschlands
KPKK	Kreisparteikontrollkommission
KVP	Kasernierte Volkspolizei
KZ	Konzentrationslager
LDPD	Liberal-Demokratische Partei Deutschlands
LMBV	Lausitzer und Mitteldeutsche Bergbau-Verwaltungsgesellschaft mbH
LPG	Landwirtschaftliche Produktionsgenossenschaft
MdI	Ministerium des Innern
MfS	Ministerium für Staatssicherheit
NDPD	National-Demokratische Partei Deutschlands
NKWD	Volkskommissariat für innere Angelegenheiten
NÖSPL	Neues Ökonomisches System der Planung und Leitung
NSBO	Nationalsozialistische Betriebszellenorganisation
NSDAP	Nationalsozialistische Deutsche Arbeiterpartei
NVA	Nationale Volksarmee
OdF	Opfer des Faschismus
OKM	Oberkommando der Kriegsmarine
PCK	Petrochemisches Kombinat
Pg.	Parteigenosse (Mitglied der NSDAP)

RfW	Reichsstelle für Wirtschaftsausbau
RGW	Rat für gegenseitige Wirtschaftshilfe
RNS	Reichsnährstand
RWA	Reichsamt für Wirtschaftsaufbau
RWM	Reichswirtschaftsministerium
SA	Sturmabteilung
SAG	Sowjetische Aktiengesellschaft
SBZ	Sowjetische Besatzungszone
SED	Sozialistische Einheitspartei Deutschlands
SMAD	Sowjetische Militäradministration in Deutschland
SMAS	Sowjetische Militäradministration in Sachsen
SPD	Sozialdemokratische Partei Deutschlands
SPK	Staatliche Plankommission
SS	Schutzstaffel
TH	Technische Hochschule
UdSSR	Union der Sozialistischen Sowjetrepubliken
UFJ	Untersuchungsausschuss Freiheitlicher Juristen
VEB	Volkseigener Betrieb
VR	Volksrepublik
VVB	Vereinigung Volkseigener Betriebe
VVN	Vereinigung der Verfolgten des Naziregimes
VWR	Volkswirtschaftsrat
ZKSK	Zentrale Kommission für Staatliche Kontrolle

Archivalische Quellen

Behörde des Bundesbeauftragten für die Unterlagen des Staatssicherheitsdienstes der ehemaligen Deutschen Demokratischen Republik (BStU)

BStU, MfS, Allgemeine Personenablage (AP):
    BStU, MfS, Allgemeine Sachablage (AS):
    Nr. 48/56, 50/56, 122/55, 123/55
BStU, MfS, Archivierter Untersuchungsvorgang (AU):
    Nr. 7721/68
BStU, MfS, BV Frankfurt/Oder:
    Nr. 1671/84
BStU, MfS, BV Halle:
    Nr. 4/59
BStU, MfS, Bezirksverwaltung für Staatssicherheit (BV) Leipzig:
    Nr. 3/52, 28/55, 57/01, 69/52, 161/03, 176/55, 488/028, 648/53, 711/62, 750/007, 891/053, 970, 982, 1254/65, 1259, 1506/85, 1993/64, 2158/63, 3367/82, 3773/63, 3775/63
BStU, BV Leipzig, Leitung:
    Nr. 8/07, 19/01, 19/02, 20/01, 20/02, 20/03, 21/02, 21/03, 22/03, 145, 146, 148, 159/03, 169/02, 173, 176/55, 185, 296, 308/80, 312/01, 361/55, 488/028, 571, 648/53, 733/03,

812/04, 812/06, 823/03, 826/01, 826/03, 826/04, 828/01, 828/02, 889/10, 912/07, 931, 932/10, 947/01, 947/02, 947/09, 950/06, 955, 966, 967, 1207/77

BStU, MfS, D-SKS Archivmaterial über Strafnachweise:
Nr. 10034

BStU, MfS, HA IX/11 Archiv zur NS-Zeit:
Nr. 4, 21/89, 59/67, 421

BStU, MfS, HA XVIII Sicherung der Volkswirtschaft:
Nr. 19479, 23445

BStU, MfS, HA XX Sicherung des Staatsapparates:
Nr. 3458

BStU, MfS, Sekretariat des Ministers (SdM):
Nr. 1894

Bundesarchiv Berlin-Lichterfelde (BArch)

DA 1 Volkskammer der DDR:
Nr. 6569

DC 1 Zentrale Kommission für Staatliche Kontrolle:
Nr. 1568, 1776, 6259

DC 16 Koordinierungs- und Kontrollstelle für Industrie und Verkehr:
Nr. 46

DC 20 Ministerrat der DDR:
Nr. 3028, 3796, 16025

DC 20-I/4 Beschluss- und Sitzungsreihen des Präsidiums des Ministerrates:
Nr. 338, 380

DC 20BILD Ministerrat der DDR, Bildbestand:
Nr. 166

DE 1 Staatliche Plankommission:
Nr. 48113, 50425, 52846, 60721

DE 4 Volkswirtschaftsrat der DDR:
Nr. 681, 3899, 5678, 11209, 20498

DF 9 Oberste Bergbehörde der DDR:
Nr. 386

DG 2 Ministerium für Schwerindustrie:
Nr. 9752, 10129, 12117, 12718, 13939, 13941, 17376, 17901, 18739, 21763, 21868

DH 1 Ministerium für Bauwesen:
Nr. 39051

DN 4 Garantie- und Kreditbank AG:
Nr. 2012, 2015, 2022, 2024, 2290

DO 1 Ministerium des Inneren:
Nr. 10508, 27544

NS 5-IV Deutsche Arbeitsfront – Zentralbüro – Planbestand:
Nr. Plan/94

NS 19 Persönlicher Stab des Reichsführers SS:
Nr. 1363

R 2 Reichsfinanzministerium:
Nr. 1777, 17757, 17779
R 58 Reichsicherheitshauptamt:
Nr. 210, 3117
R 113 Reichstelle für Raumordnung:
Nr. 1366
R 154 Reichsanstalt für Wasser- und Luftgüte:
Nr. 11907
R 3003 Oberreichsanwalt beim Reichsgericht:
Nr. 11381
R 3101 Reichswirtschaftsministerium:
Nr. 18222, 31171
R 3112 Reichsamt für Wirtschaftsausbau:
Nr. 179
R 4604 Generalinspekteur für Wasser und Energie:
Nr. 121

Kreisarchiv Grimma

Bestand Großdeuben

Landesarchiv Sachsen-Anhalt (LASA), Abteilung Merseburg

I 525 Leuna Werke 1916 – 1990:
Nr. 920

Neuseenland-Sammlung im Soziokulturellen Zentrum KuHstall e.V. Großpösna (NlSG)

Fotosammlung
Sonderbestand
Bestand Rainer Dietrich
Bestand Günter und Renate Kroke
Bestand Paul Lehmann
Bestand Bernd Torka
Bestand Klaus-Dieter Wolf

Privatarchiv (PA) Baumert

Sammlung Dissertation

Sammlung Museum der Stadt Borna (MdSB)

Bestand Geschichte des Museums der Stadt Borna
Bestand VEB „Otto Grotewohl" Böhlen

Stiftung Archiv der Parteien und Massenorganisationen der DDR im Bundesarchiv (SAPMO)

DY 1 Deutsche Volksbühne:
Nr. 201
DY 34 Bundesvorstand des Freien Deutschen Gewerkschaftsbundes:
Nr. 759, 987, 1699, 3514, 15801, 15946, 16463, 17481, 20683, 24005, 24429
DY 37 IG Bergbau-Energie:
Nr. 1522, 2771, 2256, 2544, 2547, 3021, 3514, 12385
DY 42 Gewerkschaft Handel, Nahrung, Genuss:
Nr. 2847
DY 52 IG Wismut:
Nr. 1448
NY 4036 Pieck, Wilhelm:
Nr. 687
NY 4090 Grotewohl, Otto:
Nr. 63, 64, 65
NY 4113 Selbmann, Fritz:
Nr. 9

Sächsisches Staatsarchiv, Hauptstaatsarchiv Dresden (SächsStA-D)

11605 Fa. AG Sächsische Werke (ASW):
Nr. 417, 890, 915, 916, 2804, 3162, 3231, 3244
11606 AG für Kraftstoff-Anlagen (AKA):
Nr. 1023

Sächsisches Staatsarchiv, Staatsarchiv Leipzig (SächsStA-L)

20025 Amtshauptmannschaft Borna:
Nr. 492
20031 Polizeipräsidium Leipzig:
Nr. 2494/5, 2494/39
20114 Landgericht Leipzig:
Nr. 6180
20237 Bezirkstag und Rat des Bezirkes Leipzig:
Nr. 1, 4874, 18598, 19904

20632 ASW Braunkohlen- und Großkraftwerk Böhlen:
Nr. 1, 12, 14, 19, 114, 152, 247, 295, 305, 307/1, 308, 695, 698, 710, 852, 901, 951, 1034, 1102, 1103, 1104, 1107, 1109, 1135, 1141, 1142, 1147, 1159, 1161/1, 1161/2, 1167, 1175, 1185, 1187, 1194

20633 Braunkohle-Benzin Aktiengesellschaft (Brabag):
Nr. 1, 5, 12, 17, 30, 33, 35, 56, 73, 97, 105, 132, 182

20640 ASW Braunkohlen- und Großkraftwerk Espenhain:
Nr. 6, 8, 14, 26, 31, 34, 36, 38, 45, 60, 64, 75, 78, 87, 104, 105, 112, 153, 160, 165, 166, 172, 198, 227, 237, 247, 255, 281, 366, 413, 423, 434, 546, 571, 611, 710

20680 SAG Brikett Kombinat Espenhain:
Nr. 17, 21, 25, 26, 27, 71, 89, 139, 140, 144, 146, 151, 170, 179, 181, 182, 228, 229, 240

20681 VEB Braunkohlenveredelungswerk Espenhain:
Nr. 18, 31, 33, 65, 80, 123, 138, 150, 168, 169, 176, 195, 223, 225, 244, 268, 280, 286, 296, 308, 326, 330, 343, 344

20686 SAG Kombinat Böhlen bei Borna:
Nr. 1, 2, 3, 11, 15, 24, 25, 26, 31, 36, 37, 40, 50, 51, 53, 59, 62, 63, 67, 72, 104, 106, 133, 138, 141, 151, 153, 169, 170, 171, 172, 173, 174, 176, 178, 183, 184, 186, 187, 188, 228, 243, 251, 270, 302, 307, 309

20687 VEB „Otto Grotewohl" Böhlen:
Nr. 4, 21, 45, 47, 59, 81, 87, 107, 124, 167, 263, 266, 295, 297, 312, 352, 457, 476, 517, 541, 672, 781, 783, 803, 822, 832, 987, 988, 990, 1022, 1037, 1068, 1079, 1090, 1136, 1145

21125 SED-Kreisleitung Böhlen:
Nr. IV/4/03/001, IV/4/03/006, IV/4/03/016, IV/4/03/057, IV/4/03/059, IV/4/03/060, IV/4/03/061, IV/4/03/062, IV/4/03/066, IV/4/03/075, IV/4/03/091, IV/5/01/310, IV A/4/03/024

21145 SED-Stadtleitung Leipzig:
Nr. IV/5/01/560

21962 Familiengeschichtliche Sammlungen:
Nr. V/5/180

22243 Betriebsschutzamt Böhlen:
Nr. 2, 3, 4, 6, 8, 19, 26, 34, 46, 56, 57

22244 Betriebsschutzamt Espenhain:
Nr. 3, 11, 21, 24

Universitätsarchiv Leipzig (UAL)

NA Treibs, Wilhelm:
Nr. 3.4.4.1.

SSlg Museales Sammlungsgut:
Nr. 332

Literaturverzeichnis

Abelshauser, Werner: Deutsche Wirtschaftsgeschichte seit 1945, München 2004 (= beck'sche reihe, Nr. 1587).

Ahrberg, Edda/Hertle, Hans-Hermann/Hollitzer, Tobias: Die Toten des Volksaufstandes vom 17. Juni 1953, Münster 2004.

Ahrens, Ralf/Boldorf, Marcel: Systembedingte Innovationsschwäche und betriebliches Innovationsverhalten in der DDR, in: Technikgeschichte 79, 2012, S. 3–9.

Alberti, Hans-Joachim von: Der Braunkohlenschweler oder die „Böhlener Schwelfibel". Ein Handbuch für Schwelereimaschinisten und Praktikanten, Halle (Saale) 1951.

Amelin, Petr P.: Intelligenz und Sozialismus, Berlin 1974 (= Taschenbuchreihe unser Weltbild, Bd. 68).

Amos, Heike: Die Vertriebenenpolitik der SED 1949 bis 1990, München 2009 (= Schriftenreihe der Vierteljahreshefte für Zeitgeschichte, Sondernummer).

Arndt, Veronika/Schwarz, Heidrun: Hydrierwerk Zeitz. Die Geschichte eines Chemieunternehmens (1937–1996), Zeitz 1999.

Bäcker, Gerhard/Kistler, Ernst/Rehfeld, Uwe G.: Das Rentensystem der DDR. Ein Rückblick. Unter: http://bpb.de/politik/innenpolitik/rentenpolitik/223103/das-rentensystem-der-ddr-ein-rueckblick (Stand: 21.12.2020).

Bähr, Johannes/Karlsch, Rainer: Die Sowjetischen Aktiengesellschaften (SAG) in der SBZ/DDR. Bildung, Struktur und Probleme ihrer inneren Entwicklung, in: Lauschke, Karl/Welskopp, Thomas (Hrsg.): Mikropolitik im Unternehmen. Arbeitsbeziehungen und Machtstrukturen in industriellen Großbetrieben des 20. Jahrhunderts, Essen 1994 (= Bochumer Schriften zur Unternehmens- und Industriegeschichte, Bd. 3), S. 214–255.

Bammel, Ilse: Die Entwicklung des mitteldeutschen Braunkohlenbergbaus von 1918 bis 1939, Köln 1953.

Barkleit, Gerhard/Dunsch, Anette: Anfällige Aufsteiger. Inoffizielle Mitarbeiter des MfS in Betrieben der Hochtechnologie, Dresden 1998 (= Hannah-Arendt-Institut für Totalitarismusforschung: Berichte und Studien, Nr. 15).

Bartel, Frank: Auszeichnungen der Deutschen Demokratischen Republik von den Anfängen bis zur Gegenwart, Berlin 1979.

Barth, Rosemarie: Vergitterte Jahre. Schicksale Böhlener Bürger in sowjetischen Internierungslagern, Leipzig 2004.

Bästlein, Klaus: Das DDR-Urteil gegen Hans Globke. Zur Verurteilung des NS-Juristen und Chefs des Bundeskanzleramts unter Konrad Adenauer durch das Oberste Gericht der DDR im Sommer 1963, in: Heitzer, Enrico u. a. (Hrsg.): Nach Auschwitz: Schwieriges Erbe DDR. Plädoyer für einen Paradigmenwechsel in der DDR-Zeitgeschichtsforschung, Frankfurt (Main) 2018 (= Wochenschau Wissenschaft), S. 83–96.

Bauer, Reinhold: PKW-Bau in der DDR. Zur Innovationsschwäche von Zentralverwaltungswirtschaften, Frankfurt (Main) u. a. 1999 (= Studien zur Technik-, Wirtschafts- und Sozialgeschichte, Bd. 12).

Baumert, Martin: Nationalsozialistische Autarkiepolitik in der Braunkohlenwirtschaft. Tagebau und Braunkohlenwerk Espenhain 1936 bis 1945, Magisterarbeit Universität Leipzig 2011.

Baumert, Martin: KZ-Außenlager Böhlen, in: Kulturbahnhof e. V. (Hrsg.): Die Zukunft des Vergangenen. Künstlerische Positionen zur Erinnerung an die KZ-Außenlager im Landkreis Leipzig, Markkleeberg 2013, S. 42–43.

Baumert, Martin: NS-Zwangsarbeit und Erinnerungskultur im Landkreis Leipzig. Das Beispiel Böhlen-Espenhain, in: Brunner, Detlev/Kenkmann, Alfons (Hrsg.): Leipzig im Nationalsozialismus. Beiträge zu Zwangsarbeit, Verfolgung und Widerstand, Leipzig 2016 (= Quellen und Forschungen zur Geschichte der Stadt Leipzig, Bd. 13), S. 91–114.

Baumert, Martin: Der Betriebsschutz als Quelle für die Wirtschafts-, Sozial- und Betriebsgeschichte der DDR, in: Sächsisches Archivblatt 2, 2018, S. 6–7.

Baumert, Martin: „In der Landschaft eine klare Ordnung setzen" oder „die Verunstaltung der Umwelt"? Konjunkturen der Braunkohlenbergbausanierung in der Lausitz 1949 bis 1990, in: Der Anschnitt. Zeitschrift für Montangeschichte 72, 2020, S. 75–83.

Baumgartner, Gabriele/Hebig, Dieter (Hrsg.): Biographisches Handbuch der SBZ/DDR 1945–1990. Bd. 1 und Bd. 2, München 1996/1997.

Bavedamm, Dirk: 100 Jahre RWE-DEA. 1899–1999, Hamburg 1999.

Becker, Frank/Schmidt, Daniel (Hrsg.): Industrielle Arbeitswelt und Nationalsozialismus. Der Betrieb als Laboratorium der „Volksgemeinschaft" 1920–1960, Essen 2020 (= Schriftenreihe des Instituts für Stadtgeschichte – Beiträge, Bd. 21).

Becker, Martin: Die Betriebs- und Volksgemeinschaft als Grundlage des „neuen" NS-Arbeitsrechts. Arbeitsrechtsideologie im NS-Rechtssystem, in: Buggeln, Marc/Wildt, Michael (Hrsg.): Arbeit im Nationalsozialismus, München 2014, S. 107–121.

Becker, Peter/Lüdtke, Alf (Hrsg.): Akten, Eingaben, Schaufenster – die DDR und ihre Texte. Erkundungen zu Herrschaft und Alltag, Berlin 1997.

Beleites, Michael: Dicke Luft: Zwischen Ruß und Revolte. Die unabhängige Umweltbewegung der DDR, Leipzig 2016.

Benz, Wolfgang (Hrsg.): Wie wurde man Parteigenosse? Die NSDAP und ihre Mitglieder, Frankfurt (Main) 2009 (= Fischer: Die Zeit des Nationalsozialismus).

Benz, Wolfgang/Distel, Barbara (Hrsg.): Der Ort des Terrors. Geschichte der nationalsozialistischen Konzentrationslager, Bd. 3: Sachsenhausen, Buchenwald, München 2006.

Bergholtz, Detlev/Reichel, Andrea: Höhensonne und Alpenrose. Die Arbeitserziehungslager Lippendorf und Peres in der Zeit des 2. Weltkrieges und der Leidensweg niederländischer Zwangsarbeiter, Neukieritzsch 2012.

Berkner, Andreas: Braunkohlenbergbau im Südraum Leipzig, Dresden 2004 (= Bergbau in Sachsen, Bd. 11).

Berkner, Andreas/Nabert, Thomas (Hrsg.): Auf der Straße der Braunkohle, Leipzig 2003.

Berkner, Andreas u. a.: Schloss und Stadt Rötha. Landschaft, Archäologie und Geschichte, Dresden 2011 (= Archaeonaut, Nr. 10).

Berlin-Brandenburgische Akademie der Wissenschaften (Hrsg.): Riedel, Hans-Günther. Unter: http://archiv.bbaw.de/archiv/archivbestaende/abteilung-nachlasse/nachlasse/riedel_hans (Stand: 21.12.2020).

Bernstein, Wolfgang/Sturm, Alfred: Werner Boie – ein Pionier der Kraftwerkstechnik, in: VGB Kraftwerkstechnik 77, 1997, S. 1001–1007.

Bilkenroth, Klaus-Dieter/Piatkowiak, Norbert/Wächtler, Eberhard (Hrsg.): Braunkohle in Forschung und Lehre an der Bergakademie Freiberg. Herausgegeben aus Anlass des 125. Geburtstages von Prof. Dr. e.h. Karl Kegel am 19. Mai 2001, Freiberg 2001.

Bindernagel, Franka/Bütow, Tobias: Ein KZ in der Nachbarschaft. Das Magdeburger Außenlager der Brabag und der „Freundeskreis Himmler", Köln/Weimar/Wien 2003.

Bindernagel, Franka/Bütow, Tobias: Böhlen, in: Benz, Wolfgang/Distel, Barbara (Hrsg.): Der Ort des Terrors. Geschichte der nationalsozialistischen Konzentrationslager, Band 3: Sachsenhausen, Buchenwald, München 2006, S. 402–404.

Birkenfeld, Wolfgang: Der synthetische Treibstoff 1933–1945. Ein Beitrag zur nationalsozialistischen Wirtschafts- und Rüstungspolitik, Göttingen/Berlin/Frankfurt (Main) 1964 (= Studien und Dokumente zur Geschichte des Zweiten Weltkrieges, Bd. 8).

Bischoff, Ursula: Der Einfluss der bergbaulichen Traditionen und großindustriellen Entwicklungen auf das soziale Gefüge und die Mobilität der Braunkohlenarbeiterschaft von Borna, Berlin 2000.

Bispinck, Henrik: „Republikflucht". Flucht und Ausreise als Problem für die DDR-Führung, in: Hoffmann, Dierk/Schwartz, Michael/Wentker, Hermann (Hrsg.): Vor dem Mauerbau. Politik und Gesellschaft in der DDR der fünfziger Jahre, München 2003 (= Schriftenreihe der Vierteljahreshefte für Zeitgeschichte, Sondernummer), S. 285–309.

Blaschke, Karlheinz/Baudisch, Susanne: Digitales Historisches Ortsverzeichnis Sachsen. Böhlen. Unter: http://hov.isgv.de/B%C3%B6hlen_(2) (Stand: 21.12.2020).

Blaschke, Karlheinz/Baudisch, Susanne: Digitales Historisches Ortsverzeichnis Sachsen. Espenhain. Unter: http://hov.isgv.de/Espenhain (Stand: 21.12.2020).

Blaschke, Karlheinz/Baudisch, Susanne: Digitales Historisches Ortsverzeichnis Sachsen. Kitzscher. Unter: https://hov.isgv.de/Kitzscher (Stand: 21.12.2020).

Blaschke, Karlheinz/Baudisch, Susanne: Digitales Historisches Ortsverzeichnis Sachsen. Magdeborn. Unter: https://hov.isgv.de/Magdeborn (Stand: 21.12.2020).

Blaschke, Karlheinz/Baudisch, Susanne: Digitales Historisches Ortsverzeichnis Sachsen. Rötha. Unter: https://hov.isgv.de/R%C3%B6tha (Stand: 21.12.2020).

Boie, Werner: Berechnung eines J-Hu-t-Diagramms der Brennstoffe aus neuen statistischen Gleichungen, Berlin 1935.

Boie, Werner: Bau und Betriebsmerkmale des Kraftwerks Espenhain, in: Energietechnik 2, 1955, S. 50–59.

Boldorf, Marcel: Governance in der Planwirtschaft. Industrielle Führungskräfte in der Stahl- und Textilbranche der SBZ/DDR (1945–1958), Berlin/Boston 2015 (= Jahrbuch für Wirtschaftsgeschichte, Beiheft 18).

Boyer, Christoph: Deutsche Wirtschaftsverwaltung in der Diktatur 1933–1952. Nationalsozialismus und Staatssozialismus im Vergleich, in: Jahrbuch für Europäische Verwaltungsgeschichte 10, 1998, S. 239–265.

Bramke, Werner/Heß, Ulrich (Hrsg.): Sachsen und Mitteldeutschland. Politische, wirtschaftliche und soziale Wandlungen im 20. Jahrhundert, Weimar/Köln/Wien 1995.

Bramke, Werner/Heß, Ulrich (Hrsg.): Wirtschaft und Gesellschaft in Sachsen im 20. Jahrhundert, Leipzig 1998 (= Leipziger Studien zur Erforschung von regionenbezogenen Identifikationsprozessen, Bd. 2).

Bramke, Werner/Reisinger, Silvio: Leipzig in der Revolution von 1918/19, Leipzig 2009.

Broszat, Martin/Frei, Norbert: Das Dritte Reich im Überblick. Chronik, Ereignisse, Zusammenhänge, München/Zürich [1989] 1990 (= Piper, Bd. 1091).

Brunner, Detlev/Kenkmann, Alfons (Hrsg.): Leipzig im Nationalsozialismus. Beiträge zu Zwangsarbeit, Verfolgung und Widerstand, Leipzig 2016 (= Quellen und Forschungen zur Geschichte der Stadt Leipzig, Bd. 13).

Buggeln, Marc/Wildt, Michael (Hrsg.): Arbeit im Nationalsozialismus, München 2014.

Buggeln, Marc/Wildt, Michael: Arbeit im Nationalsozialismus (Einleitung), in: dies. (Hrsg.), Arbeit im Nationalsozialismus, München 2014, S. IX-XXXVII.

Buthmann, Reinhard: Kontrollierter Misserfolg. Wie das MfS Betriebe lenkte. Unter: http:// bpb.de/geschichte/deutsche-geschichte/stasi/218427/betriebe (Stand: 21. 12. 2020).

Carell, Claudia/Winkler, Werner: 1968 mit dem Zug nach Espenhain, um Clapton und Hendrix zu hören, in: Leipziger Volkszeitung. Unter: http:// lvz.de/Region/Borna/1968-mit-dem-Zug-nach-Espenhain-um-Clapton-und-Hendrix-zu-hoeren (Stand: 21. 12. 2020).

ChemieFreunde Erkner e.V. (Hrsg.): Birthler, Richard. Unter: http://chemieforum-erkner.de/ chemie-geschichte/personen/birthler_r.htm (Stand: 21. 12. 2020).

Crew, David F. (Hrsg.): Nazism and German Society. 1933 – 1945, London 1994.

Dahm, Erich: Für ein enges Kampfbündnis der Arbeiterklasse mit der wissenschaftlich-technischen Intelligenz beim sozialistischen Aufbau der Deutschen Demokratischen Republik, in: Institut für Gesellschaftswissenschaften beim ZK der SED, Lehrstuhl für Philosophie (Hrsg.): Sozialismus und Intelligenz. Erfahrungen aus der Zusammenarbeit zwischen Arbeitern und Angehörigen der Intelligenz, Berlin 1960, S. 9 – 54.

Danker, Uwe/Schwabe, Astrid (Hrsg.): Die NS-Volksgemeinschaft. Zeitgenössische Verheißung, analytisches Konzept und ein Schlüssel zum historischen Lernen?, Göttingen 2017 (= Beihefte zur Zeitschrift für Geschichtsdidaktik, Bd. 13).

Deák, István: Kollaboration, Widerstand und Vergeltung im Europa des Zweiten Weltkrieges, Wien/Köln/Weimar 2017.

Dehn, Stefan: Sachsens Südwesten als frühe Hochburg der NSDAP, in: Hermann, Konstantin (Hrsg.): Führerschule, Thingplatz, „Judenhaus“. Orte und Gebäude der nationalsozialistischen Diktatur in Sachsen, Dresden 2014, S. 47 – 49.

Deutscher Braunkohlen-Industrie Verein (DEBRIV) (Hrsg.): 50 Jahre Mitteldeutscher Braunkohlen-Bergbau. Festschrift zum 50jährigen Bestehen des Deutschen Braunkohlen-Industrie Vereins e.V. Halle Saale 1885 – 1935, Halle (Saale) 1935.

Deutscher Bundestag, Wissenschaftliche Dienste (Hrsg.): Arbeitspflicht für Strafgefangene. Geltende Rechtslage in Deutschland, Frankreich und Spanien, Berlin 2016.

Dieckmann, Christoph: Irrlicht und Sumpf, in: Krause, Joachim (Hrsg.): Fremde Eltern. Zeitgeschichte in Tagebüchern und Briefen 1933 – 1945, Beucha/Markkleeberg 2016, S. 381 – 385.

Dietrich, Gerhard: Großdeuben. Drei Bauernsiedlungen entwickeln sich zur Arbeiterwohngemeinde der Kombinate Böhlen und Espenhain, Großdeuben 1967.

Diesner, Angelika: Kohle – Brot der Industrie. Zur Entwicklung der Vorgängerbetriebe des heutigen Braunkohlenwerkes Regis von der Gründung der Republik bis zum Abschluß des ersten Fünfjahresplanes 1949 bis 1955, Regis-Breitingen 1988.

Dowe, Dieter/Kuba, Karlheinz/Wilke, Manfred (Hrsg.): FDGB-Lexikon. Funktion, Struktur, Kader und Entwicklung einer Massenorganisation der SED (1945 – 1990). Unter: http:// library.fes.de/FDGB-Lexikon/texte/sachteil/ (Stand: 21. 12. 2020).

Echternkamp, Jörg: Die Bundesrepublik Deutschland 1945/49 – 1969, Paderborn u. a. 2013 (= Seminarbuch Geschichte).

Eichholtz, Dietrich (Hrsg.): Deutsche Ölpolitik im Zeitalter der Weltkriege. Studien und Dokumente, Leipzig 2010.

Eichholtz, Dietrich: Ende mit Schrecken. Deutsche Ölpolitik und Ölwirtschaft nach Stalingrad, in: ders. (Hrsg.): Deutsche Ölpolitik im Zeitalter der Weltkriege. Studien und Dokumente, Leipzig 2010, S. 480 – 576.

Eichholtz, Dietrich: Krieg um Öl. Ein Erdölimperium als deutsches Kriegsziel (1939–1943), in: ders. (Hrsg.): Deutsche Ölpolitik im Zeitalter der Weltkriege. Studien und Dokumente, Leipzig 2010, S. 366–479.
Erbe, Günter: Arbeiterklasse und Intelligenz in der DDR. Soziale Annäherungen von Produktionsarbeiterschaft und wissenschaftlich-technischer Intelligenz im Industriebetrieb, Opladen 1982 (= Schriften des Zentralinstituts für Sozialwissenschaftliche Forschung der Freien Universität Berlin, Bd. 37).
Erker, Paul/Pierenkemper, Toni (Hrsg.): Deutsche Unternehmer zwischen Kriegswirtschaft und Wiederaufbau. Studien zur Erfahrungsbildung von Industrie-Eliten, München 1999 (= Quellen und Darstellungen zur Zeitgeschichte, Bd. 39).
Falter, Jürgen W.: Zur Soziographie des Nationalsozialismus. Studien zu den Wählern und Mitgliedern der NSDAP, Köln 2013 (= Historical social research/Supplement, Nr. 25).
Fink, Sebastian: Das Stahl- und Walzwerk Riesa in beiden deutschen Diktaturen 1933 bis 1963. Ein Vergleich, Leipzig 2012 (= Geschichte und Politik in Sachsen, Bd. 29).
Fischer, Wolfram (Hrsg.): Statistik der Montanproduktion in Deutschland. 1915–1985, St. Katharinen 1995 (= Quellen und Forschungen zur historischen Statistik von Deutschland, Bd. 16).
Fees, Eberhard u. a.: Effizienz, in: Gabler Wirtschaftslexikon (19. 02. 2018). Unter: https://wirtschaftslexikon.gabler.de/definition/effizienz-35160 (Stand: 21. 12. 2020).
Foitzik, Jan: Sowjetische Militäradministration in Deutschland (SMAD) 1945–1949. Struktur und Funktion, Berlin 1999 (= Quellen und Darstellungen zur Zeitgeschichte, Bd. 44).
Foitzik, Jan/Petrow, Nikita W.: Sowjetische Kommandanturen und deutsche Verwaltung in der SBZ und frühen DDR, Berlin u. a. 2015 (= Texte und Materialien zur Zeitgeschichte, Bd. 19).
Förderverein Technisches Denkmal und Museum Kraftwerk Hirschfelde e.V.: Betriebsgeschichte Kraftwerk Hirschfelde 1911–1992 – Kraftwerk Hagenwerda 1958–1997, Hirschfelde 2008.
Förster, Heike: Entwicklung von Handlungsstrategien bei Führungskräften in der DDR-Wirtschaft. Eine empirische Untersuchung von Lebens- und Karriereverläufen ehemaliger Betriebs- und Kombinatsdirektoren, Frankfurt (Main) 1995 (= Europäische Hochschulschriften/Reihe 5: Volks- und Betriebswirtschaft, Bd. 1705).
Frese, Matthias: Nationalsozialistische Vertrauensräte. Zur Betriebspolitik im „Dritten Reich“, in: Gewerkschaftliche Monatshefte 4–5, 1992, S. 281–297.
Führer, Karl C.: Anspruch und Realität. Das Scheitern der nationalsozialistischen Wohnungsbaupolitik 1933–1945, in: Vierteljahreshefte für Zeitgeschichte 2, 1997, S. 225–256.
Fulbrook, Mary: Ein ganz normales Leben. Alltag und Gesellschaft in der DDR, Darmstadt 2008.
Geißler, Rainer (Hrsg.): Sozialer Umbruch in Ostdeutschland, Opladen 1993 (= Schriftenreihe Sozialstrukturanalyse, Bd. 2).
Gieseke, Jens: Die Stasi 1945–1990, München [2001] 2011.
Gieseke, Jens/Wentker, Hermann (Hrsg.): Die Geschichte der SED. Eine Bestandsaufnahme, Berlin 2011.
Gießmann-Konrads, Antonia/Harwardt, Darius: Industrielle Arbeitswelt und Nationalsozialismus. Der Betrieb als Laboratorium der „Volksgemeinschaft“ 1920–1960. Unter: http://hsozkult.de/conferencereport/id/tagungsberichte-7507 (Stand: 21. 12. 2020).

Gillingham, John: The „Deproletarization“ of German Society. Vocational Training in the Third Reich, in: Journal of Social History 19, 1986, S. 423 – 432.
Görtemaker, Manfred: Geschichte der Bundesrepublik Deutschland. Von der Gründung bis zur Gegenwart, München 1999.
Grashoff, Udo: Schwarzwohnen. Die Unterwanderung der staatlichen Wohnraumlenkung in der DDR, Göttingen 2011 (= Hannah-Arendt-Institut für Totalitarismusforschung: Berichte und Studien, Nr. 59).
Grashoff, Udo: Der Kommunist Karl Plesse und die Gestapo. Taktik oder Verrat? in: Brunner, Detlev/Kenkmann, Alfons (Hrsg.): Leipzig im Nationalsozialismus. Beiträge zu Zwangsarbeit, Verfolgung und Widerstand, Leipzig 2016 (= Quellen und Forschungen zur Geschichte der Stadt Leipzig, Bd. 13), S. 27 – 45.
Grosche, Thomas: Georg Lenk. Wirtschaftsminister Sachsens, in: Naser, Gerhard/Pieper, Christine/Schmeitzner, Mike (Hrsg.): Braune Karrieren. NS-Protagonisten in Sachsen am Beispiel Dresdens, Dresden 2012, S. 180 – 186.
Groß, Hans: Tagebaukunde, Lehrbrief 7. Kohlegewinnung, Dresden 1954.
Grosse, Hermann: Massenbedarfsgüter. Aktuelle Fragen ihrer Produktion, Berlin 1955.
Haar, Ingo: Zur Sozialstruktur und Mitgliederentwicklung der NSDAP, in: Benz, Wolfgang (Hrsg.): Wie wurde man Parteigenosse? Die NSDAP und ihre Mitglieder, Frankfurt (Main) 2009 (= Fischer: Die Zeit des Nationalsozialismus), S. 60 – 73.
Hachtmann, Rüdiger: Überlegungen zur Vergleichbarkeit von Deutscher Arbeitsfront und Freiem Deutschen Gewerkschaftsbund, in: Heydemann, Günther/Oberreuther, Heinrich (Hrsg.): Diktaturen in Deutschland – Vergleichsaspekte. Strukturen, Institutionen und Verhaltensweisen, Bonn 2003 (= Bundeszentrale für politische Bildung: Schriftenreihe, Bd. 398), S. 366 – 395.
Hachtmann, Rüdiger: Rezension von: Schaufuß, Thomas: Die politische Rolle des FDGB-Feriendienstes in der DDR. Sozialtourismus im SED-Staat, Berlin 2011, in: sehepunkte 12, 2012. Unter: http://sehepunkte.de/2012/09/21250.html (Stand: 21. 12. 2020).
Hachtmann, Rüdiger: Arbeit und Arbeitsfront. Ideologie und Praxis, in: Buggeln, Marc/Wildt, Michael (Hrsg.), Arbeit im Nationalsozialismus, München 2014, S. 87 – 106.
Halder, Winfrid: „Modell für Deutschland“. Wirtschaftspolitik in Sachsen 1945 – 1948, Paderborn u. a. 2001.
Hartmann, Christian u. a. (Hrsg.): Hitler, Mein Kampf. Eine kritische Edition, Berlin/München 2016.
Hastedt, Regina: Ich bin Bergmann – wer ist mehr, Dresden 1961.
Hayes, Peter: Industry and Ideology. IG Farben in the Nazi Era, Cambridge/New York [1989] 2001.
Heitzer, Enrico u. a. (Hrsg.): Nach Auschwitz: Schwieriges Erbe DDR. Plädoyer für einen Paradigmenwechsel in der DDR-Zeitgeschichtsforschung, Frankfurt (Main) 2018 (= Wochenschau Wissenschaft).
Heitzer, Enrico: DDR-Systemgegnerschaft von rechts. Anregungen für eine Perspektiverweiterung, in: ders. u. a. (Hrsg.): Nach Auschwitz: Schwieriges Erbe DDR. Plädoyer für einen Paradigmenwechsel in der DDR-Zeitgeschichtsforschung, Frankfurt (Main) 2018 (= Wochenschau Wissenschaft), S. 64 – 83.
Herbert, Ulrich: Fremdarbeiter. Politik und Praxis des „Ausländer-Einsatzes“ in der Kriegswirtschaft des Dritten Reiches, Berlin/Bonn [1985] 1986.

Herbert, Ulrich: Geschichte Deutschlands im 20. Jahrhundert, München 2014 (= Europäische Geschichte im 20. Jahrhundert).
Herbst, Andreas u. a. (Hrsg.): Wer war wer in der DDR? Ein Lexikon ostdeutscher Biographien. Bd. 1 und Bd. 2, Berlin [2006] 2010.
Hermann, Konstantin: Arthur Göpfert. Zehn Jahre kommissarischer Leiter des Volksbildungsministeriums, in: Naser, Gerhard/Pieper, Christine/Schmeitzner, Mike (Hrsg.): Braune Karrieren. NS-Protagonisten in Sachsen am Beispiel Dresdens, Dresden 2012, S. 222 – 227.
Hermann, Konstantin (Hrsg.): Führerschule, Thingplatz, „Judenhaus". Orte und Gebäude der nationalsozialistischen Diktatur in Sachsen, Dresden 2014.
Hertle, Hans-Hermann/Jarausch, Konrad H./Kleßmann, Christoph (Hrsg.): Mauerbau und Mauerfall. Ursachen, Verlauf, Auswirkungen, Berlin 2002 (= Forschungen zur DDR-Gesellschaft).
Hertle, Hans-Hermann u. a.: Der Plan als Befehl und Fiktion. Wirtschaftsführung in der DDR. Gespräche und Analysen, Opladen 1995.
Herwig, Wolfgang: „Stopp Cospuden 90". Auseinandersetzungen um einen Tagebau, in: Steinbach, Brigitte (Hrsg.): Den Wandel zeigen – den Wandel erleben. Der Cospudener See, Rötha 2001 (= Südraum-Journal, Nr. 12), S. 4 – 9.
Heß, Ulrich: Sachsens Industrie in der Zeit des Nationalsozialismus. Ausgangspunkte, struktureller Wandel, Bilanz, in: Bramke, Werner/Heß, Ulrich (Hrsg.): Wirtschaft und Gesellschaft in Sachsen im 20. Jahrhundert, Leipzig 1998 (= Leipziger Studien zur Erforschung von regionenbezogenen Identifikationsprozessen, Bd. 2), S. 53 – 88.
Heß, Ulrich: Arbeitsplatzvernichtung und Arbeitsplatzerhalt in Leipzig (1944 – 1948), in: Hübner, Peter/Tenfelde, Klaus (Hrsg.): Arbeiter in der SBZ – DDR, Essen 1999 (= Veröffentlichungen des Instituts zur Erforschung der Europäischen Arbeiterbewegung: Schriftenreihe A, Darstellungen, Bd. 19), S. 129 – 144.
Heydemann, Günther: Integraler und sektoraler Vergleich. Zur Methodologie der empirischen Diktaturforschung, in: Heydemann, Günther/Jesse, Eckhard (Hrsg.): Diktaturvergleich als Herausforderung. Theorie und Praxis, Berlin 1998 (= Schriftenreihe der Gesellschaft für Deutschlandforschung, Bd. 65), S. 227 – 233.
Heydemann, Günther/Jesse, Eckhard (Hrsg.): Diktaturvergleich als Herausforderung. Theorie und Praxis, Berlin 1998 (= Schriftenreihe der Gesellschaft für Deutschlandforschung, Bd. 65).
Heydemann, Günther/Oberreuther, Heinrich (Hrsg.): Diktaturen in Deutschland – Vergleichsaspekte. Strukturen, Institutionen und Verhaltensweisen, Bonn 2003 (= Bundeszentrale für politische Bildung: Schriftenreihe, Bd. 398).
Heydemann, Günther/Schmiechen-Ackermann, Detlef: Zur Theorie und Methodologie vergleichender Diktaturforschung, in: Heydemann, Günther/Oberreuther, Heinrich (Hrsg.): Diktaturen in Deutschland – Vergleichsaspekte. Strukturen, Institutionen und Verhaltensweisen, Bonn 2003 (= Bundeszentrale für politische Bildung: Schriftenreihe, Bd. 398), S. 9 – 54.
Heydemann, Günther/Schulte, Jan E./Weil, Francesca (Hrsg.): Sachsen und der Nationalsozialismus, Göttingen 2014 (= Schriften des Hannah-Arendt-Instituts für Totalitarismusforschung, Bd. 53).
Hillen, Barbara: Curt Robert Lahr, in: Schattkowsky, Martina (Hrsg.): Sächsische Biografie. Unter: http://saebi.isgv.de/biografie/Curt_Lahr_(1898 – 1974) (Stand: 21.12.2020).

Hobsbawm, Eric J.: Nationen und Nationalismus. Mythos und Realität seit 1780, Frankfurt (Main) [1991] 2005 (= Bundeszentrale für politische Bildung: Schriftenreihe, Bd. 521).
Hoffmann, Dierk: Die Lenkung des Arbeitsmarktes in der SBZ/DDR 1945 – 1961. Phasen, Konzepte und Instrumente, in: Hübner, Peter/Tenfelde, Klaus (Hrsg.): Arbeiter in der SBZ – DDR, Essen 1999 (= Veröffentlichungen des Instituts zur Erforschung der Europäischen Arbeiterbewegung: Schriftenreihe A, Darstellungen, Bd. 19), S. 41 – 80.
Hoffmann, Dierk: Aufbau und Krise der Planwirtschaft. Die Arbeitskräftelenkung in der SBZ/DDR 1945 bis 1963, München 2002 (= Quellen und Darstellungen zur Zeitgeschichte, Bd. 60).
Hoffmann, Dierk/Schwartz, Michael/Wentker, Hermann (Hrsg.): Vor dem Mauerbau. Politik und Gesellschaft in der DDR der fünfziger Jahre, München 2003 (= Schriftenreihe der Vierteljahreshefte für Zeitgeschichte, Sondernummer).
Hofmann, Michael: Die Kohlearbeiter von Espenhain. Zur Enttraditionalisierung eines ostdeutschen Arbeitermilieus, in: Hofmann, Michael/Vester, Michael/Zierke, Irene (Hrsg.): Soziale Milieus in Ostdeutschland. Gesellschaftliche Strukturen zwischen Zerfall und Neubildung, Köln 1995, S. 91 – 135.
Hofmann, Michael: Mit und ohne Kohle. Soziale Erfahrungen der Kohlearbeiter von Espenhain, in: Sächsische Heimatblätter 5, 1997, S. 300 – 304.
Hofmann, Michael/Rink, Dieter: Die Kohlearbeiter von Espenhain. Eine Studie zur Enttraditionalisierung eines Arbeitermilieus in einer alten Industrieregion, in: Geißler, Rainer (Hrsg.): Sozialer Umbruch in Ostdeutschland, Opladen 1993 (= Schriftenreihe Sozialstrukturanalyse, Bd. 2), S. 163 – 178.
Hofmann, Michael/Vester, Michael/Zierke, Irene (Hrsg.): Soziale Milieus in Ostdeutschland. Gesellschaftliche Strukturen zwischen Zerfall und Neubildung, Köln 1995.
Hönsch, Fritz: Gründung und Aufbau der Böhlener Werke, in: Steinbach, Brigitte (Hrsg.): Braunkohle – Energie – Chemie. 80 Jahre Industrieentwicklung am Standort Böhlen-Lippendorf, Rötha 2004 (= Südraum-Journal, Nr. 15), S. 4 – 21.
Hönsch, Fritz: Der Industriekomplex Böhlen. Eine ökonomisch-geographische Untersuchung unter besonderer Berücksichtigung der historisch-geographischen Entwicklung, Leipzig [1968] 2011.
Hönsch, Fritz: Hermann Eugen Müller. Ein kaum bekannter Wegbereiter der staatlichen Braunkohlen- und Energiewirtschaft in Sachsen, in: Sächsische Heimatblätter 4, 2013, S. 352 – 356.
Hönsch, Fritz: Die Aktiengesellschaft Sächsische Werke und ihr Generaldirektor Hermann Eugen Müller, in: Sächsische Heimatblätter 1, 2014, S. 82 – 92.
Hönsch, Fritz: Die Grube „Margaretha“ in Espenhain und ihr Bergdirektor Hermann Eugen Müller, in: Heimatblätter. Beiträge aus dem Altenburger- und Bornaer Land 15, 2014, S. 50 – 72.
Hoquél, Wolfgang/Müller, Lienhard: Strasse der Braunkohle. 22 Stationen (Ein Erhaltungskonzept für Industriekultur), Leipzig 1998.
Hördler, Stefan u. a. (Hrsg.): Zwangsarbeit im Nationalsozialismus. Begleitband zur Ausstellung, Göttingen 2016.
Hübner, Peter/Tenfelde, Klaus (Hrsg.): Arbeiter in der SBZ – DDR, Essen 1999 (= Veröffentlichungen des Instituts zur Erforschung der Europäischen Arbeiterbewegung: Schriftenreihe A, Darstellungen, Bd. 19).

Huff, Tobias: Natur und Industrie im Sozialismus. Eine Umweltgeschichte der DDR, Göttingen 2015 (= Umwelt und Gesellschaft, Bd. 13).

Hürtgen, Renate: Zwischen Disziplinierung und Partizipation. Vertrauensleute des FDGB im DDR-Betrieb, Köln u. a. 2005.

Ihme-Tuchel, Beate: Die DDR, Darmstadt [2002] 2007 (= Kontroversen um die Geschichte).

Ingenieurtechnische Zentralstelle im VEB Kombinat „Otto Grotewohl" Böhlen (Hrsg.): 1946–1961. 15 Jahre im Dienste des friedlichen Aufbaues, Leipzig 1961.

Institut für Gesellschaftswissenschaften beim ZK der SED, Lehrstuhl für Philosophie (Hrsg.): Sozialismus und Intelligenz. Erfahrungen aus der Zusammenarbeit zwischen Arbeitern und Angehörigen der Intelligenz, Berlin 1960.

Jehnich, Günter/Kaufmann, Gregor: Böhlen. Vom Tagebau zur Braunkohlenverarbeitung, Böhlen/Neukieritzsch 2010.

Jesse, Eckhard: Diktaturen in Deutschland. Diagnosen und Analysen, Baden-Baden 2008.

Jork, Rainer/Knoblauch, Günter (Hrsg.): Zwischen Humor und Repression – Studieren in der DDR. Zeitzeugen erzählen, Halle (Saale) 2017.

Judt, Matthias: Aufstieg und Niedergang der „Trabi-Wirtschaft", in: ders. (Hrsg.): DDR-Geschichte in Dokumenten. Beschlüsse, Berichte, interne Materialien und Alltagszeugnisse, Berlin 1997 (= Forschungen zur DDR-Gesellschaft), S. 87–164.

Judt, Matthias (Hrsg.): DDR-Geschichte in Dokumenten. Beschlüsse, Berichte, interne Materialien und Alltagszeugnisse, Berlin 1997 (= Forschungen zur DDR-Gesellschaft).

Kabisch, Sigrun/Linke, Sabine: Revitalisierung von Gemeinden in der Bergbaufolgelandschaft, Opladen 2000 (= Forschung Soziologie, Bd. 97).

Kaelbe, Hartmut/Kocka, Jürgen/Zwahr, Hartmut (Hrsg.): Sozialgeschichte der DDR, Stuttgart 1994.

Kahane, Anetta: Von der ideologischen Schuldabwehr zur völkischen Propaganda, in: Heitzer, Enrico u. a. (Hrsg.): Nach Auschwitz: Schwieriges Erbe DDR. Plädoyer für einen Paradigmenwechsel in der DDR-Zeitgeschichtsforschung, Frankfurt (Main) 2018 (= Wochenschau Wissenschaft), S. 264–275.

Kaminsky, Anna: Frauen in der DDR, Berlin 2016.

Karlsch, Rainer: Allein bezahlt? Die Reparationsleistungen der SBZ/DDR 1945–53, Berlin 1993.

Karlsch, Rainer: Rekonstruktion und Strukturwandel in der Sächsischen Industrie von 1945 bis Anfang der Sechziger Jahre, in: Bramke, Werner/Heß, Ulrich (Hrsg.): Wirtschaft und Gesellschaft in Sachsen im 20. Jahrhundert, Leipzig 1998 (= Leipziger Studien zur Erforschung von regionenbezogenen Identifikationsprozessen, Bd. 2), S. 89–132.

Karlsch, Rainer: Die Arbeitsverhältnisse in den Betrieben der Sowjetischen Aktiengesellschaften (SAG), in: Hübner, Peter/Tenfelde, Klaus (Hrsg.): Arbeiter in der SBZ – DDR, Essen 1999 (= Veröffentlichungen des Instituts zur Erforschung der Europäischen Arbeiterbewegung: Schriftenreihe A, Darstellungen, Bd. 19), S. 269–300.

Karlsch, Rainer: Die Aktiengesellschaft Sächsische Werke (ASW) und das Hydrierwerk der Braunkohle-Benzin AG (Brabag) in Böhlen, in: Hermann, Konstantin (Hrsg.): Führerschule, Thingplatz, „Judenhaus". Orte und Gebäude der nationalsozialistischen Diktatur in Sachsen, Dresden 2014, S. 190–193.

Karlsch, Rainer/Laufer, Jochen (Hrsg.): Sowjetische Demontagen in Deutschland 1944–1949. Hintergründe, Ziele und Wirkungen, Berlin 2002 (= Zeitgeschichtliche Forschungen, Bd. 17).

Karlsch, Rainer/Schäfer, Michael: Wirtschaftsgeschichte Sachsens im Industriezeitalter, Dresden/Leipzig 2006.

Karlsch, Rainer/Stokes, Raymond: Faktor Öl. Die Mineralölwirtschaft in Deutschland 1859 – 1974, München 2003.

Kaschade, Hans: Kohle- und Energiepolitik in der Sowjetisch Besetzten Zone 1945 bis 1949, Neuruppin 2015 (= Beiträge zur Kohle und Energiewirtschaft der DDR, Bd. 1).

Kaschade, Hans: Kohle- und Energiewirtschaft in der DDR 1949 bis 1960, Neuruppin 2016 (= Beiträge zur Kohle und Energiewirtschaft der DDR, Bd. 2).

Kaschade, Hans: Kohle- und Energiewirtschaft in der DDR 1960 bis 1990, Neuruppin 2018 (= Beiträge zur Kohle und Energiewirtschaft der DDR, Bd. 3).

Kaufmann, Gregor/Nabert, Thomas: Böhlen. Vom Rittergut zur Industriestadt, Leipzig 2002.

Ketzer, Hans-Jürgen: Die Böhlener Werke im Krieg und in den ersten Nachkriegsjahren, in: Steinbach, Brigitte (Hrsg.): Braunkohle – Energie – Chemie. 80 Jahre Industrieentwicklung am Standort Böhlen-Lippendorf, Espenhain 2004 (= Südraum-Journal, Nr. 15), S. 28 – 32.

Kiechle, Oliver: Fritz Selbmann und die wirtschaftliche Neuordnung im Zeichen der Sozialisierung, in: Schmeitzner, Mike/Vollnhals, Clemens/Weil, Francesca (Hrsg.): Von Stalingrad zur SBZ. Sachsen 1943 bis 1949, Göttingen 2016 (= Schriften des Hannah-Arendt-Instituts für Totalitarismusforschung, Bd. 60), S. 367 – 382.

Klee, Ernst: Das Personenlexikon zum Dritten Reich. Wer war was vor und nach 1945, Frankfurt (Main) [2003] 2015.

Kleeberg, Walter: Über juvenile Gangrän (Thrombangiitis obliterans). Nach d. Material d. Leipziger chirurgischen Univ.-Klinik, Leipzig 1932.

Kleßmann, Christoph: Arbeiter im „Arbeiterstaat" DDR. Deutsche Traditionen, sowjetisches Modell, westdeutsches Magnetfeld (1945 bis 1971), Bonn 2007 (= Geschichte der Arbeiter und der Arbeiterbewegung in Deutschland seit dem Ende des 18. Jahrhunderts, Bd. 14).

Kleßmann, Christoph: 1945. Welthistorische Zäsur und „Stunde Null", in: Docupedia-Zeitgeschichte, S. 3 – 7 (15.10.2010). Unter: http://docupedia.de/zg/Klessmann_1945_v1_de_2010 (Stand: 21.12.2020).

Klotzsche, Heiner: Die Böhlener Werke 1952 bis 1990, in: Steinbach, Brigitte (Hrsg.): Braunkohle – Energie – Chemie. 80 Jahre Industrieentwicklung am Standort Böhlen-Lippendorf, Espenhain 2004 (= Südraum-Journal, Nr. 15), S. 33 – 43.

Klotzsche, Heiner/Mai, Eberhard/Morgenstern, Heinz: Sächsische Olefinwerke Böhlen. Geschichte eines Unternehmens (1920 – 1995), Böhlen 1995.

Knatz, Christian: „Ein Heer im grünen Rock"? Der Mitteldeutsche Aufstand 1921, die preußische Schutzpolizei und die Frage der inneren Sicherheit in der Weimarer Republik, Berlin 2000 (= Quellen und Forschungen zur brandenburgischen und preußischen Geschichte, Bd. 19).

Kockel, Titus: Zickzackurs in den Krieg. Deutsche Ölpolitik von Achnacarry Castle bis Karinhall (1928 – 1938), in: Eichholtz, Dietrich (Hrsg.): Deutsche Ölpolitik im Zeitalter der Weltkriege. Studien und Dokumente, Leipzig 2010, S. 188 – 278.

Kolditz, Gerald/Ludwig, Jörg (Hrsg.): Fremd- und Zwangsarbeit in Sachsen 1939 – 1945. Beiträge eines Kolloquiums in Chemnitz am 16. April 2002 und Begleitband einer Gemeinschaftsausstellung der Sächsischen Staatsarchive, Halle (Saale) 2002 (= Veröffentlichungen der Sächsischen Archivverwaltung. Reihe A: Archivverzeichnisse, Editionen und Fachbeiträge, Bd. 2).

Königseder, Angelika: Das Ende der NSDAP. Die Entnazifizierung, in: Benz, Wolfgang (Hrsg.): Wie wurde man Parteigenosse? Die NSDAP und ihre Mitglieder, Frankfurt (Main) 2009 (= Fischer: Die Zeit des Nationalsozialismus), S. 151–166.

Koppe, Klaus: Werner Boie (1901–1978). Unter: http://klauskoppe.de.tl/Werner-Boie (Stand: 21.12.2020).

Kornprobst, Rudolf: Leben und Kampf der Bergarbeiter im nordwestsächsischen Braunkohlenrevier in der Zeit der relativen Stabilisierung des Kapitalismus (1924–1927), Leipzig 1964.

Kott, Sabine: Die SED im Betrieb, in: Gieseke, Jens/Wentker, Hermann (Hrsg.): Die Geschichte der SED. Eine Bestandsaufnahme, Berlin 2011, S. 210–238.

Kramer, Nicole: Haushalt, Betrieb, Ehrenamt. Zu den verschiedenen Dimensionen der Frauenarbeit im Dritten Reich, in: Buggeln, Marc/Wildt, Michael (Hrsg.): Arbeit im Nationalsozialismus, München 2014, S. 33–51.

Krause, Joachim (Hrsg.): Fremde Eltern. Zeitgeschichte in Tagebüchern und Briefen 1933–1945, Beucha/Markkleeberg 2016.

Kretschmer, Kerstin: Braunkohlenbergbau in Nordwestsachsen und seine Umweltfolgen, in: Bramke, Werner/Heß, Ulrich (Hrsg.): Sachsen und Mitteldeutschland. Politische, wirtschaftliche und soziale Wandlungen im 20. Jahrhundert, Weimar/Köln/Wien 1995, S. 121–137.

Kretschmer, Kerstin: Struktur- und Umweltprobleme des Leipziger Südraumes in der ersten Hälfte dieses Jahrhunderts, in: Sächsische Heimatblätter 5, 1997, S. 283–288.

Kretschmer, Kerstin: Braunkohle und Umwelt. Zur Geschichte des nordwestsächsischen Kohlereviers (1900–1945), Frankfurt (Main) 1998 (= Europäische Hochschulschriften, Reihe 3: Geschichte und ihre Hilfswissenschaften, Bd. 768).

Kroener, Bernhard R./Müller, Rolf-Dieter/Umbreit, Hans: Das Deutsche Reich und der Zweite Weltkrieg. Band 5: Organisation und Mobilisierung des deutschen Machtbereichs, Zweiter Halbband: Kriegsverwaltung, Wirtschaft und personelle Ressourcen 1942–1944/45, Stuttgart 1999.

Krug, Herbert/Rentrop, Karl Heinz: Die Erzeugung eines hochfesten, grobstückigen Braunkohlehochtemperaturkokses (BHT-Koks) im einstufigen Verfahren nach Bilkenroth-Rammler – eine komplexe Aufgabe, Freiberg 1991.

Krüger, Kersten (Hrsg.): Matrikelportal Rostock. Datenbankedition der Immatrikulationen an der Universität Rostock seit 1419. Unter: http://matrikel.uni-rostock.de/id/200019435 (Stand: 21.12.2020).

Krüger, Ulrich: ELDIR und ASW – Etappen der sächsischen Elektroenergieversorgung, in: Energietechnik 2, 1991, S. 57–65.

Krummsdorf, Albrecht (Hrsg.): Ökonologie in Landschaftsgestaltung, Tagebau-Rekultivierung und Landeskultur/Umweltschutz, Beucha 2007.

Krummsdorf, Albrecht: Ökonologie in Landschaftsgestaltung, Tagebau-Rekultivierung und Landeskultur/Umweltschutz, in: ders. (Hrsg.): Ökonologie in Landschaftsgestaltung, Tagebau-Rekultivierung und Landeskultur/Umweltschutz, Beucha 2007, S. 7–23.

Kulturbahnhof e.V. (Hrsg.): Die Zukunft des Vergangenen. Künstlerische Positionen zur Erinnerung an die KZ-Außenlager im Landkreis Leipzig, Markkleeberg 2013.

Kulturbetriebs GmbH Böhlen (Hrsg.): Kulturhaus Böhlen. Unter: http://kulturhaus-boehlen.de/#historisches (Stand: 21.12.2020).

Kupfer, Rudolf/Sawall, Dieter/Wiese, Ulrich: Der Senftenberger See. Eine Chronik, Senftenberg 2003.

Lauschke, Karl/Welskopp, Thomas (Hrsg.): Mikropolitik im Unternehmen. Arbeitsbeziehungen und Machtstrukturen in industriellen Großbetrieben des 20. Jahrhunderts, Essen 1994 (= Bochumer Schriften zur Unternehmens- und Industriegeschichte, Bd. 3).

Lausitzer und Mitteldeutsche Bergbau-Verwaltungsgesellschaft mbH (LMBV) (Hrsg.): Espenhain, Senftenberg [2009] 2010 (= Wandlungen und Perspektiven/Mitteldeutsches Braunkohlenrevier, Nr. 02).

Lausitzer und Mitteldeutsche Bergbau-Verwaltungsgesellschaft mbH (LMBV) (Hrsg.): Böhlen/Zwenkau/Cospuden, Senftenberg [2009] 2010 (= Wandlungen und Perspektiven/Mitteldeutsches Braunkohlenrevier, Nr. 04).

Lenski, Katharina: „Asozialität" in der DDR. Re-Konstruktion und Nachwirkung eines Ausgrenzungsbegriffs, in: Heitzer, Enrico u. a. (Hrsg.): Nach Auschwitz: Schwieriges Erbe DDR. Plädoyer für einen Paradigmenwechsel in der DDR-Zeitgeschichtsforschung, Frankfurt (Main) 2018 (= Wochenschau Wissenschaft), S. 162–175.

Lillteicher, Jürgen (Hrsg.): Profiteure des NS-Systems? Deutsche Unternehmen und das „Dritte Reich", Berlin 2006.

Lindenberger, Thomas: Havarie. Die sozialistische Betriebsgemeinschaft im Ausnahmezustand, in: Lindenberger, Thomas/Sabrow, Martin (Hrsg.): German Zeitgeschichte. Studien zum modernen Deutschland in transatlantischer Perspektive, Göttingen 2016, S. 242–264.

Lindenberger, Thomas/Sabrow, Martin (Hrsg.): German Zeitgeschichte. Studien zum modernen Deutschland in transatlantischer Perspektive, Göttingen 2016.

Lüdtke, Alf: The „Honor of Labor". Industrial workers and the power of Symbols under National Socialism, in: Crew, David F. (Hrsg.): Nazism and German Society. 1933–1945, London 1994, S. 67–109.

Mählert, Ulrich: Kleine Geschichte der DDR, München [1998] 2004 (= beck'sche reihe; Nr. 1275).

Major, Patrick: Innenpolitische Aspekte der zweiten Berlinkrise (1958–1961), in: Hertle, Hans-Hermann/Jarausch, Konrad H./Kleßmann, Christoph (Hrsg.): Mauerbau und Mauerfall. Ursachen, Verlauf, Auswirkungen, Berlin 2002 (= Forschungen zur DDR-Gesellschaft), S. 97–110.

Malycha, Andreas/Winters, Peter J.: Geschichte der SED. Von der Gründung bis zur Linkspartei, Bonn 2009 (= Bundeszentrale für politische Bildung: Schriftenreihe, Bd. 1010).

Mangold, Paula/Schäfer, Florian: Vergessene Geschichte – NS-Zwangsarbeit in Leipzig. Zwei Rundgänge durch Connewitz und Lindenau, Leipzig 2014.

Martens, Bernd: Die Wirtschaft in der DDR, Bonn 2010. Unter: http://bpb.de/geschichte/deutsche-einheit/lange-wege-der-deutschen-einheit/47076/ddr-wirtschaft (Stand: 21.12.2020).

Mason, Timothy W.: Arbeiterklasse und Volksgemeinschaft. Dokumente und Materialien zur deutschen Arbeiterpolitik 1936–1939, Opladen 1975 (= Schriften des Zentralinstituts für Sozialwissenschaftliche Forschung der Freien Universität Berlin, Bd. 22).

Mayr, Lothar/Zimmermann, Siegfried: Die Rolle und Bedeutung der SAG-Betriebe für den Aufbau des Sozialismus im Kreis Borna und die Nutzung der sowjetischen Erfahrungen durch die Arbeiterklasse des Kreises, Borna 1975.

Meyer, Hansgünter (Hrsg.): Intelligenz, Wissenschaft und Forschung in der DDR, Berlin/New York 1990.

Meyer, Hansgünter: Wissenschaftspolitik, Intelligenzpolitik. Das Personal für Wissenschaft, Forschung und Technik in der DDR, in: ders. (Hrsg.): Intelligenz, Wissenschaft und Forschung in der DDR, Berlin/New York 1990, S. 1–51.

Meyerhoff, Jürgen/Petschow, Ulrich/Thomasberger, Claus: Umweltreport DDR. Bilanz der Zerstörung, Kosten der Sanierung, Strategien für den ökologischen Umbau, Frankfurt (Main) 1990.

Milert, Werner/Tschirbs Rudolf: Zerschlagung der Mitbestimmung. Das Ende der ersten deutschen Betriebsdemokratie, Düsseldorf 2013.

Minjuk, Andrej: Deutsche Betriebsanlagen und Technologien in der sowjetischen Automobilindustrie 1945–1950, in: Karlsch, Rainer/Laufer, Jochen (Hrsg.): Sowjetische Demontagen in Deutschland 1944–1949. Hintergründe, Ziele und Wirkungen, Berlin 2002 (= Zeitgeschichtliche Forschungen, Bd. 17), S. 147–186.

Mirsch, Rudolf: Zum Tag des Bergmanns, in: Verein Mansfelder Berg- und Hüttenleute e.V., Mitteilungen 81, 2006, S. 2–6.

Möller, Christian: Umwelt und Herrschaft in der DDR. Politik, Protest und die Grenzen der Partizipation in der Diktatur, Göttingen 2020 (= Kritische Studien zur Geschichtswissenschaft, Bd. 234).

Möller, Jürgen: Kriegsschauplatz Leipziger Südraum 1945. Der Vorstoß des V. US Corps im April 1945 zur Weißen Elster, die Kampfhandlungen im Leipziger Südraum, die letzten Kriegstage an Mulde und Elbe und die amerikanische Besatzungszeit im Leipziger Südraum, Bad Langensalza [2006] 2011 (= Kriegsende in Mitteldeutschland, Bd. 2).

Morocutti, Lilo: Als Werksfotografin bei den sächs. Werken Espenhain, Rottenmann 1996.

Mühlfriedel, Wolfgang/Wiessner, Klaus: Die Geschichte der Industrie der DDR bis 1965, Berlin 1989 (= Forschungen zur Wirtschaftsgeschichte, Bd. 25).

Munke, Martin (Hrsg.): Historische Protokolle des Sächsischen Landtages. Unter: https://landtagsprotokolle.sachsendigital.de/personen/details/?action=detail&pers_id=432 (Stand: 21.12.2020).

Naimark, Norman M.: Die Russen in Deutschland. Die sowjetische Besatzungszone 1945 bis 1949, Berlin 1997.

Naser, Gerhard/Pieper, Christine/Schmeitzner, Mike (Hrsg.): Braune Karrieren. NS-Protagonisten in Sachsen am Beispiel Dresdens, Dresden 2012.

Neitzel, Sönke/Welzer, Harald: Soldaten. Protokolle vom Kämpfen, Töten und Sterben, Frankfurt (Main) [2011] 2011.

Neubert, Ehrhart: Kirchenpolitik, in: Judt, Matthias (Hrsg.): DDR-Geschichte in Dokumenten. Beschlüsse, Berichte, interne Materialien und Alltagszeugnisse, Berlin 1997 (= Forschungen zur DDR-Gesellschaft), S. 363–430.

Neumeier, Gerd: „Rückkehr“ in die DDR. Das Beispiel des Bezirks Suhl 1961 bis 1972, in: Vierteljahreshefte für Zeitgeschichte 58, 2010, S. 69–91.

Niederhut, Jens: Die Reisekader. Auswahl und Disziplinierung einer privilegierten Minderheit in der DDR, Leipzig 2005 (= Schriftenreihe des Sächsischen Landesbeauftragten für die Stasi-Unterlagen, Bd. 4).

Niethammer, Lutz/Plato, Alexander von/Wierling, Dorothee: Die volkseigene Erfahrung. Eine Archäologie der Industrieprovinz der DDR, Berlin 1991.

Nolzen, Armin: Die sächsische NSDAP nach 1933. Sozialstrukturen und soziale Praktiken, in: Heydemann, Günther/Schulte, Jan E./Weil, Francesca (Hrsg.): Sachsen und der

Nationalsozialismus, Göttingen 2014 (= Schriften des Hannah-Arendt-Instituts für Totalitarismusforschung, Bd. 53), S. 43 – 57.

Petschel, Dorit: Die Professoren der TU Dresden. 1928 – 2003, Köln/Weimar/Wien 2003.

Petzina, Dietmar: Autarkiepolitik im Dritten Reich. Der nationalsozialistische Vierjahresplan, Berlin/Boston 1968 (= Schriftenreihe der Vierteljahreshefte für Zeitgeschichte, Nr. 16).

Piatkowiak, Norbert: Die Periode Professor Karl Kegel, in: Bilkenroth, Klaus-Dieter/Piatkowiak, Norbert/Wächtler, Eberhard (Hrsg.): Braunkohle in Forschung und Lehre an der Bergakademie Freiberg. Herausgegeben aus Anlass des 125. Geburtstages von Prof. Dr. e.h. Karl Kegel am 19. Mai 2001, Freiberg 2001, S. 75 – 143.

Piatscheck, Konrad: Aus der Braunkohle, Halle (Saale) 1937.

Pieper, Christine/Schmeitzner, Mike: Karl Fritsch. Stellvertretender Gauleiter und Sächsischer Innenminister in: Naser, Gerhard/Pieper, Christine/Schmeitzner, Mike (Hrsg.): Braune Karrieren. NS-Protagonisten in Sachsen am Beispiel Dresdens, Dresden 2012, S. 32 – 40.

Pohlmann, Tilmann: Die Ersten im Kreis. Herrschaftsstrukturen und Generationen in der SED (1946 – 1971), Göttingen 2017 (= Schriften des Hannah-Arendt-Instituts für Totalitarismusforschung, Bd. 73).

Port, Andrew I.: Die rätselhafte Stabilität der DDR. Arbeit und Alltag im sozialistischen Deutschland, Bonn 2010 (= Bundeszentrale für politische Bildung: Schriftenreihe, Bd. 1010).

Rauh-Kühne, Cornelia: Hans Constantin Paulssen. Sozialpartnerschaft aus dem Geiste der Kriegskameradschaft, in: Erker, Paul/Pierenkemper, Toni (Hrsg.): Deutsche Unternehmer zwischen Kriegswirtschaft und Wiederaufbau. Studien zur Erfahrungsbildung von Industrie-Eliten, München 1999 (= Quellen und Darstellungen zur Zeitgeschichte, Bd. 39), S. 109 – 192.

Reeken, Dietmar von/Thießen, Malte: „Volksgemeinschaft" als soziale Praxis. Neue Forschungen zur NS-Gesellschaft vor Ort, Paderborn u. a. 2013 (= Nationalsozialistische Volksgemeinschaft, Bd. 4).

Reichel, Thomas: „Sozialistisch arbeiten, lernen und leben". Die Brigadebewegung in der DDR (1959 – 1989), Köln/Weimar/Wien 2011.

Reichel, Wolfgang/Schauer, Manfred: Das Döhlener Becken bei Dresden. Geologie und Bergbau, Freiberg 2007 (= Bergbau in Sachsen, Bd. 12).

Riedel, Hans-Günter: Aussichten und Grenzen der Braunkohlengastechnik im System der energietechnischen und stoffwirtschaftlichen Gesamtentwicklung, Freiberg 1957.

Roesler, Jörg: Zum Strukturwandel in der Industrie der DDR in den fünfziger Jahren, in: Zeitschrift für Geschichtswissenschaft 35, 1987, S. 138 – 149.

Roesler, Jörg: Die Produktionsbrigaden in der Industrie der DDR. Zentrum der Arbeitswelt, in: Kaelbe, Hartmut/Kocka, Jürgen/Zwahr, Hartmut (Hrsg.): Sozialgeschichte der DDR, Stuttgart 1994, S. 144 – 170.

Roesler, Jörg: Die Brigaden, der Meister, die Werkleitung und der Plan. Arbeitsregime und Arbeitsklima in den Volkseigenen Betrieben der DDR, in: Jahrbuch für Forschungen zur Geschichte der Arbeiterbewegung 2, 2009, S. 42 – 55.

Roesler, Jörg/Semmelmann, Dagmar: Vom Kombinat zur Aktiengesellschaft. Ostdeutsche Energiewirtschaft im Umbruch in den 1980er und 1990er Jahren, Bonn 2005 (= Reihe Politik- und Gesellschaftsgeschichte, Bd. 66).

Röhr, Rita: Polnische Arbeitskräfte in der DDR 1960 – 1970, in: Hübner, Peter/Tenfelde, Klaus (Hrsg.): Arbeiter in der SBZ – DDR, Essen 1999 (= Veröffentlichungen des Instituts zur

Erforschung der Europäischen Arbeiterbewegung: Schriftenreihe A, Darstellungen, Bd. 19), S. 185–204.

Römer, Felix: Kameraden. Die Wehrmacht von innen, Bonn [2012] 2012 (= Bundeszentrale für politische Bildung: Schriftenreihe, Bd. 1010).

Rudolph, Jörg/Drauschke, Frank/Sachse, Alexander: Hingerichtet in Moskau. Opfer des Stalinismus aus Sachsen 1950–1953, Leipzig 2007 (= Schriftenreihe des Sächsischen Landesbeauftragten für die Stasi-Unterlagen, Bd. 6).

Rupieper, Hermann-Josef/Sattler, Friederike/Wagner-Kyora, Georg (Hrsg.): Die Mitteldeutsche Chemieindustrie und ihre Arbeiter im 20. Jahrhundert, Halle (Saale) 2005.

Sabrow, Martin: Die „Stunde Null" als Zeiterfahrung, in: Aus Politik und Zeitgeschichte 4–5, 2020, S. 31–38.

Sachse, Carola: Der Hausarbeitstag. Gerechtigkeit und Gleichberechtigung in Ost und West 1939–1994, Göttingen 2002.

Sachse, Christian: Das System der Zwangsarbeit in der SED-Diktatur. Die wirtschaftliche und politische Dimension, Leipzig 2014.

Schallenberg, Claudia: KdF: „Kraft durch Freude". Innenansichten der Seereisen, Bremen 2005 (= Volkskunde und historische Anthropologie, Bd. 11).

Schanetzky, Tim: „Kanonen statt Butter". Wirtschaft und Konsum im Dritten Reich, Bonn 2016 (= Bundeszentrale für politische Bildung: Schriftenreihe, Bd. 1764).

Schattkowsky, Martina (Hrsg.): Sächsische Biografie. Unter: https://saebi.isgv.de/ (Stand: 21.12.2020).

Schaufuß, Thomas: Die politische Rolle des FDGB-Feriendienstes in der DDR. Sozialtourismus im SED-Staat, Berlin 2011 (= Zeitgeschichtliche Forschungen, Bd. 43).

Schmeitzner, Mike: Der Fall Mutschmann. Sachsens Gauleiter vor Stalins Tribunal, Beucha/Markkleeberg [2011] 2011.

Schmeitzer, Mike: Martin Mutschmann und Manfred von Killinger. Die „Führer der Provinz", in: Naser, Gerhard/Pieper, Christine/Schmeitzner, Mike (Hrsg.): Braune Karrieren. NS-Protagonisten in Sachsen am Beispiel Dresdens, Dresden 2012, S. 22–31.

Schmeitzner, Mike/Vollnhals, Clemens/Weil, Francesca (Hrsg.): Von Stalingrad zur SBZ. Sachsen 1943 bis 1949, Göttingen 2016 (= Schriften des Hannah-Arendt-Instituts für Totalitarismusforschung, Bd. 60).

Schmeitzner, Mike/Wagner, Andreas (Hrsg.): Von Macht und Ohnmacht. Sächsische Ministerpräsidenten im Zeitalter der Extreme 1919–1952, Beucha 2006.

Schmidt, Karin: Zur Frage der Zwangsarbeit im Strafvollzug der DDR. Die „Pflicht zur Arbeit" im Arbeiter- und Bauernstaat, Hildesheim u. a. 2011 (= Sklaverei – Knechtschaft – Zwangsarbeit, Bd. 7).

Schmidt, Thomas: Der Großtagebau Espenhain. Unter: http://tagebau-espenhain.de/Tagebau-Espenhain/ (Stand: 21.12.2020).

Schmitz-Berning, Cornelia: Vokabular des Nationalsozialismus, Berlin/New York [1998] 2007.

Schneider, Michael C.: Die Wirtschaftsentwicklung von der Wirtschaftskrise bis zum Kriegsende, in: Vollnhals, Clemens (Hrsg.): Sachsen in der NS-Zeit, Leipzig 2002, S. 72–84.

Schneider, Michael C.: Sächsische Unternehmen in der Aufrüstungs- und Kriegswirtschaft, in: Schmeitzner, Mike/Vollnhals, Clemens/Weil, Francesca (Hrsg.): Von Stalingrad zur SBZ. Sachsen 1943 bis 1949, Göttingen 2016 (= Schriften des Hannah-Arendt-Instituts für Totalitarismusforschung, Bd. 60), S. 83–98.

Schöne, Jens: Das sozialistische Dorf. Bodenreform und Kollektivierung in der Sowjetzone und DDR, Leipzig 2008 (= Schriftenreihe des Sächsischen Landesbeauftragten für die Stasi-Unterlagen, Bd. 8).

Schroeder, Klaus: Der SED-Staat. Geschichte und Strukturen der DDR, München 1998 (= Bayerische Landeszentrale für Politische Bildungsarbeit/A, Bd. 104).

Schuhmacher, Martin: M.d.R. Die Reichstagsabgeordneten der Weimarer Republik in der Zeit des Nationalsozialismus. Politische Verfolgung, Emigration und Ausbürgerung 1933–1945, Düsseldorf [1991] 1994 (= Veröffentlichung der Kommission für Geschichte des Parlamentarismus und der Politischen Parteien in Bonn).

Schuhmann, Silke: „Die Frau aus dem Erwerbsleben wieder herausnehmen". NS-Propaganda und Arbeitsmarktpolitik in Sachsen 1933–1939, Dresden 2000 (= Hannah-Arendt-Institut für Totalitarismusforschung: Berichte und Studien, Nr. 27).

Schuhmann, Silke: Die soziale Lage der Bevölkerung und die NS-Sozialpolitik in Sachsen, in: Vollnhals, Clemens (Hrsg.): Sachsen in der NS-Zeit, Leipzig 2002, S. 57–71.

Schulz, Frank U.: Demontagen in Leipzig – „geeignet, den Lebensnerv der Stadt abzutöten"?, in: Karlsch, Rainer/Laufer, Jochen (Hrsg.), Sowjetische Demontagen in Deutschland 1944–1949. Hintergründe, Ziele und Wirkungen, Berlin 2002 (= Zeitgeschichtliche Forschungen, Bd. 17), S. 403–445.

Schulz, Maximilian: KZ-Alltag in Leipzig. Das Außenlager Leipzig-Thekla 1943–1945, in: Brunner, Detlev/Kenkmann, Alfons (Hrsg.), Leipzig im Nationalsozialismus. Beiträge zu Zwangsarbeit, Verfolgung und Widerstand, Leipzig 2016 (= Quellen und Forschungen zur Geschichte der Stadt Leipzig, Bd. 13), S. 69–89.

Schulz, Ulrike: Simson. Vom unwahrscheinlichen Überleben eines Unternehmens, 1856–1993, Göttingen [2013] 2018.

Schulz, Ulrike/Welskopp, Thomas: Wieviel kapitalistisches Unternehmen steckte in den Betrieben des real existierenden Sozialismus? Konzeptionelle Überlegungen und ein Fallbeispiel, in: Jahrbuch für Wirtschaftsgeschichte 58, 2017, S. 331–366.

Schwarzer, Oskar: Sozialistische Zentralplanwirtschaft in der SBZ/DDR. Ergebnisse eines ordnungspolitischen Experiments (1945–1989), Stuttgart 1999 (= Vierteljahresschrift für Sozial- und Wirtschaftsgeschichte/Beihefte, Bd. 143).

SED-Kreisleitung Borna, Kommission für Traditionsarbeit (Hrsg.): Antifaschistische Widerstandskämpfer, Partei- und Arbeiterveteranen des Kreises Borna, Borna 1986.

Segert, Astrid/Zierke, Irene: Gesellschaft der DDR: Klassen – Schichten – Kollektive, in: Judt, Matthias (Hrsg.): DDR-Geschichte in Dokumenten. Beschlüsse, Berichte, interne Materialien und Alltagszeugnisse, Berlin 1997 (= Forschungen zur DDR-Gesellschaft), S. 165–181.

Siegel, Tilla: Leistung und Lohn in der nationalsozialistischen „Ordnung der Arbeit", Opladen 1989.

Sonntag, Marcus: Die Arbeitslager in der DDR, Essen 2011.

Soziokulturelles Zentrum KuHstall e.V. (Hrsg.): Was wäre geworden wenn…? Unter: http://kuhstall-grosspoesna.de/veranstaltungen/ansicht/was-waere-geworden-wenn/bf18e9ba7fd33f30e3b81a24eed92cf4 (Stand: 21.12.2020).

Sperling, Dieter: Exposé Notkohlenbergbau. Kommunaler Braunkohlenbergbau in der SBZ/DDR 1945–1960, Cottbus 2014 (= Beiträge zur Geschichte des Braunkohlenbergbaus in der SBZ/DDR, Bd. 2).

Sperling, Dieter/Schossig, Wolfgang: Wirtschaftsorganisation der Braunkohlenindustrie in der SBZ/DDR 1945 bis 1990, Cottbus 2015 (= Beiträge zur Geschichte des Braunkohlenbergbaus in der SBZ/DDR, Bd. 1).
Sperling, Wolfgang: Mölbis. Lexikon zur Geschichte des Dorfes, Borna 2012.
Spittmann, Ilse/Helwig, Gisela: DDR-Lesebuch. Von der SBZ zur DDR 1945–1949, Berlin 1989.
Spoerer, Mark: Zwangsarbeit unter dem Hakenkreuz. Ausländische Zivilarbeiter, Kriegsgefangene und Häftlinge im Deutschen Reich und im besetzten Europa 1939–1945, Stuttgart/München 2001.
Stärk, Gerhard: Fritz & Bertel. Eine Chronik von 1909 bis 2009, Guntersblum 2020.
Steinbach, Brigitte (Hrsg.): Den Wandel zeigen – den Wandel erleben. Der Cospudener See, Espenhain 2001 (= Südraum-Journal, Nr. 12).
Steinbach, Brigitte (Hrsg.): Braunkohle – Energie – Chemie. 80 Jahre Industrieentwicklung am Standort Böhlen-Lippendorf, Espenhain 2004 (= Südraum-Journal, Nr. 15).
Steinbach, Walter C.: „Eine Mark für Espenhain". Vom Christlichen Umweltseminar Rötha zum Leipziger Neuseenland, Leipzig 2018.
Steinberg, Swen: Jenseits von Politik und Plan? Langfristigkeit als Moment der Transformation sächsischer Unternehmen nach 1945, in: Schmeitzner, Mike/Vollnhals, Clemens/Weil, Francesca (Hrsg.): Von Stalingrad zur SBZ. Sachsen 1943 bis 1949, Göttingen 2016 (= Schriften des Hannah-Arendt-Instituts für Totalitarismusforschung, Bd. 60), S. 425–443.
Steiner, André: Die DDR-Wirtschaftsreform der sechziger Jahre. Konflikt zwischen Effizienz und Machtkalkül, Berlin 1999.
Steiner, André: Von Plan zu Plan. Eine Wirtschaftsgeschichte der DDR, Bonn 2007 (= Bundeszentrale für politische Bildung: Schriftenreihe, Bd. 625).
Steiner, André: Bergbau in der DDR. Strukturen und Prozesse, in: Ziegler, Dieter (Hrsg.): Rohstoffgewinnung im Strukturwandel, Münster 2013 (= Der deutsche Bergbau im 20. Jahrhundert, Bd. 4), S. 303–354.
Stockhorst, Erich: 5000 Köpfe. Wer war was im Dritten Reich, Kiel 2000.
Stokes, Raymond: Primat der Politik – Primat der Technik. Das Verhältnis von Industrie und Staat im nationalsozialistischen Deutschland am Beispiel der IG Farbenindustrie AG, in: Lillteicher, Jürgen (Hrsg.): Profiteure des NS-Systems? Deutsche Unternehmen und das „Dritte Reich", Berlin 2006, S. 44–59.
Technische Universität Bergakademie Freiberg (Hrsg.): Geschichte des Institutes für Maschinenbau. Unter: https://tu-freiberg.de/fakult4/imb/geschichte-des-instituts (Stand: 21.12.2020).
Technische Universität Bergakademie Freiberg (Hrsg.): Nachlässe in der Universitätsbibliothek. Unter: http://tu-freiberg.de/sites/default/files/media/universitaetsbibliothek-5210/wa/nachlass.pdf (Stand: 21.12.2020).
Theißen, Friedrich: Zwischen Plan und Pleite. Erlebnisberichte aus der Arbeitswelt der DDR, Köln 2001.
Tooze, Adam: Ökonomie der Zerstörung. Die Geschichte der Wirtschaft im Nationalsozialismus, Bonn 2007 (= Bundeszentrale für politische Bildung: Schriftenreihe, Bd. 663).
Tooze, Adam: Arming the Reich. Quantifying Armaments Production in the Third Reich 1933–1945. Unter: https://adamtooze.com/app/uploads/2016/03/Arming-the-Reich-2016.pdf (Stand: 21.12.2020).

Urban, Thomas: Zwangsarbeit im Tagebau. Der Einsatz von Kriegsgefangenen und ausländischen Zivilarbeitern im mitteldeutschen Braunkohlenbergbau 1939 bis 1945, Essen 2006 (= Veröffentlichungen des Instituts für soziale Bewegungen; Schriftenreihe C: Arbeitseinsatz und Zwangsarbeit im Bergbau, Bd. 4).

Vesting, Justus: Zwangsarbeit im Chemiedreieck. Strafgefangene und Bausoldaten in der Industrie der DDR, Berlin 2012.

Vollnhals, Clemens (Hrsg.): Sachsen in der NS-Zeit, Leipzig 2002.

Vollnhals, Clemens: Entnazifizierung als Instrument kommunistischer Machtpolitik, in: Schmeitzner, Mike/Vollnhals, Clemens/Weil, Francesca (Hrsg.): Von Stalingrad zur SBZ. Sachsen 1943 bis 1949, Göttingen 2016 (= Schriften des Hannah-Arendt-Instituts für Totalitarismusforschung, Bd. 60), S. 293–328.

Wagenbreth, Otfried: Braunkohlenindustrie in Mitteldeutschland. Geologie, Geschichte, Sachzeugen, Beucha/Markkleeberg 2010.

Wagner, Andreas: Partei und Staat. Das Verhältnis von NSDAP und innerer Verwaltung im Freistaat Sachsen 1933–1945, in: Vollnhals, Clemens (Hrsg.): Sachsen in der NS-Zeit, Leipzig 2002, S. 41–56.

Wagner, Andreas: Martin Mutschmann. Der braune Gaufürst (1935–45), in: Schmeitzner, Mike/ Wagner, Andreas (Hrsg.), Von Macht und Ohnmacht. Sächsische Ministerpräsidenten im Zeitalter der Extreme 1919–1952, Beucha 2006, 279–308.

Wagner, Jens-Christian: Zwangsarbeit im Nationalsozialismus. Ein Überblick, in: Hördler, Stefan u. a. (Hrsg.): Zwangsarbeit im Nationalsozialismus. Begleitband zur Ausstellung, Göttingen 2016, S. 180–193.

Wagner-Kyora, Georg: Vom „nationalen" zum „sozialistischen" Selbst. Zur Erfahrungsgeschichte deutscher Chemiker und Ingenieure im 20. Jahrhundert, Stuttgart 2009 (= Beiträge zur Unternehmensgeschichte, Bd. 28).

Waibel, Harry: Diener vieler Herren. Ehemalige NS-Funktionäre in der SBZ/DDR, Frankfurt (Main) u. a. 2011.

Waibel, Harry: Der gescheiterte Anti-Faschismus der SED. Rassismus in der DDR, Frankfurt (Main) 2014.

Wayss & Freytag Ingenieurbau AG (Hrsg.): Erster Bau eines hyperbolischen Naturzugkühlturmes in Deutschland. Unter: https://wf-ib.de/ueber-uns/historie/ab-1910/1938/erster-bau-eines-hyperbolischen-naturzugkuehlturmes-in-deutschland/ (Stand: 21.12.2020).

Werner, Oliver: Direktoren ohne Handlungsspielräume? Ein Leipziger Maschinenbaubetrieb im „Dritten Reich" und in der SBZ/DDR, in: Heydemann, Günther/Oberreuther, Heinrich (Hrsg.): Diktaturen in Deutschland – Vergleichsaspekte. Strukturen, Institutionen und Verhaltensweisen, Bonn 2003 (= Bundeszentrale für politische Bildung: Schriftenreihe, Bd. 398), S. 420–440.

Werner, Oliver: Ein Betrieb in zwei Diktaturen. Von der Bleichert Transportanlagen GmbH zum VEB VTA Leipzig 1932 bis 1963, Stuttgart 2004 (= Beiträge zur Wirtschafts- und Sozialgeschichte, Nr. 101).

Werum, Stefan P.: Gewerkschaftlicher Niedergang im sozialistischen Aufbau. Der Freie Deutsche Gewerkschaftsbund (FDGB) 1945 bis 1953, Göttingen 2005 (= Schriften des Hannah-Arendt-Instituts für Totalitarismusforschung, Bd. 26).

Wierling, Dorothee: Der Staat, die Jugend und der Westen. Texte zu Konflikten der 1960er Jahre, in: Becker, Peter/Lüdtke, Alf (Hrsg.): Akten, Eingaben, Schaufenster – die DDR und ihre Texte. Erkundungen zu Herrschaft und Alltag, Berlin 1997, S. 223–240.
Wiesner, Albrecht: Taktieren und Aushandeln – Erziehen und Ausgrenzen. Zum Verhältnis von Mikropolitik und Produktionskampagnen in den Leuna Werken, in: Rupieper, Hermann-Josef/Sattler, Friederike/Wagner-Kyora, Georg (Hrsg.): Die Mitteldeutsche Chemieindustrie und ihre Arbeiter im 20. Jahrhundert, Halle (Saale) 2005, S. 237–258.
Wiesner, Hans J.: Verleihungsliste zum Ehrentitel „Verdienter Bergmann der DDR“ von 1951 bis 1989, 2013. Unter: http://deutsche-gesellschaft-fuer-ordenskunde.de/DGOWP/links/verleihungslisten/ddr/ (Stand: 21.12.2020).
Wildt, Michael: Geschichte des Nationalsozialismus, Göttingen 2008.
Winkler, Werner: Bordelle in der NS-Zeit. Unter: http://hirendo.de (Stand: 21.12.2020).
Winkler, Werner: Ein Bordell für Zwangsarbeiter. Unter: http://hirendo.de (Stand: 21.12.2020).
Winkler, Werner: Bordelle in der Rüstungsindustrie sollen Arbeitsmoral steigern, in: Leipziger Volkszeitung, Ausgabe Borna-Geithain v. 06.07.2015, S. 28.
Winkler, Werner: Nur für Ausländer, in: Leipziger Zeitung v. 10.07.2015, S. 19.
Wolle, Stefan: Die heile Welt der Diktatur. Alltag und Herrschaft in der DDR 1971–1989, München [1998] 2001.
Würzner, Erich: Benzingewinnung aus Braunkohle durch Schwelung und Spaltung in einem Arbeitsgang ohne Anwendung von Druck, Halle (Saale) 1932 (= Kohle, Koks, Teer, Bd. 31).
Ziegler, Dieter (Hrsg.): Rohstoffgewinnung im Strukturwandel, Münster 2013 (= Der deutsche Bergbau im 20. Jahrhundert, Bd. 4).
Zimmermann, Hartmut (Hrsg.): DDR-Handbuch. Bd. 1 und Bd. 2, Köln 1985.
Zollitsch, Wolfgang: Arbeiter zwischen Weltwirtschaftskrise und Nationalsozialismus. Ein Beitrag zur Sozialgeschichte der Jahre 1928 bis 1936, Göttingen 1990 (= Kritische Studien zur Geschichtswissenschaft, Bd. 88).

Periodikaverzeichnis

ASW-Mitteilungen, 16. Jahrgang 1939 und 21. Jahrgang 1944.
Bergwerksverzeichnis des Oberbergamts Freiberg, Jahrgänge 1939/1940 und 1941/1942.
Das Kollektiv Jahrgang 1953.
Der Kontakt, 1.–4. Jahrgang 1938–1941.
Die Brücke, 3. Jahrgang 1950.
Energie. Technische Fachzeitschrift für Maschinenbau, Metallbearbeitung, Elektrotechnik, Krafterzeugung und Rationalisierung, 21. Jahrgang 1942.
Feldpostbrief/Aktiengesellschaft Sächsische Werke, Jahrgang 1939.
Jahrbuch für das Berg- und Hüttenwesen in Sachsen, Jahrgang 108, 1934
Leipziger Volkszeitung (LVZ), Jahrgang 1953.
Reichsarbeitsblatt, Jahrgang 1943.
Statistisches Jahrbuch der Deutschen Demokratischen Republik, Jahrgänge 11, 1966 und 30, 1985.

Verzeichnis der Diagramme, Schemata und Tabellen

Bildnachweis

Personenregister

https://doi.org/10.1515/9783110729962-009

Ortsregister

https://doi.org/10.1515/9783110729962-010